Wilmot Robertson

La maggioranza diseredata

ØMNIAVERITAS®

Wilmot Robertson
(nome d'arte di Sumner Humphrey Ireland)
1915–2005

Wilmot Robertson è nato a Philadelphia, ai tempi in cui l'America era l'America. Frequentò un college della Ivy League, studiò all'estero e, dopo aver fatto del suo meglio per tenere gli Stati Uniti fuori dalla Seconda Guerra Mondiale, combatté nelle campagne del Nord Africa e d'Italia come ufficiale del Genio Militare. Alla fine della guerra sprecò alcuni anni preziosi in un'agenzia pubblicitaria di Madison Avenue, poi studiò fisica a Berkeley. Alla fine gli affari lo hanno spinto ad avviare una piccola società scientifica nell'area della baia di San Francisco, accumulando nel frattempo fondi sufficienti per prendersi qualche anno di pausa e dare gli ultimi ritocchi al manoscritto che è stato poi pubblicato con il titolo *The Dispossessed Majority* (*Ventilations*).

La maggioranza diseredata

The Dispossessed Majority
Pubblicato per la prima volta da Howard Allen Enterprises – 1972

Tradotto e pubblicato da
OMNIA VERITAS LTD

⊘MNIA VERITAS.

www.omnia-veritas.com

© Omnia Veritas Ltd - 2023

Per possedere ciò che non si possiede
bisogna percorrere la via dell'espropriazione
- T.S. Eliot, *Quattro quartetti*

PREFAZIONE 11

PARTE I - DINAMICHE RAZZIALI 13

CAPITOLO 1..15
Il concetto di razza 15
CAPITOLO 2..18
Razzismo..18
CAPITOLO 3..22
Metafisica razziale 22
CAPITOLO 4..34
Lo strato fisiologico della razza 34

PARTE II - COMPOSIZIONE RAZZIALE DEGLI STATI UNITI 47

CAPITOLO 5..49
Immigrazione bianca 49
CAPITOLO 6..55
Immigrazione non bianca 55
CAPITOLO 7..60
Le fallacie della fusione e del mosaico......................60
CAPITOLO 8..64
Un censimento razziale degli Stati Uniti 64

PARTE III - LA MAGGIORANZA A BAY 73

CAPITOLO 9..75
Origini della maggioranza 75
CAPITOLO 10..85
Il declino della maggioranza 85
CAPITOLO 11..103
La spaccatura dei ranghi 103
CAPITOLO 12..119
Il profeta estetico...119

PARTE IV - LE MINORANZE: ASSIMILATI E NON ASSIMILABILI ...125

CAPITOLO 13..127
Le minoranze assimilate 127
CAPITOLO 14..144
Minoranze bianche non assimilabili...........................144
CAPITOLO 15..151
Gli ebrei 151
CAPITOLO 16..197
Minoranze non bianche 197
CAPITOLO 17..212
I negri...212

PARTE V - LO SCONTRO CULTURALE **229**

CAPITOLO 18 231
La dissoluzione dell'arte 231
CAPITOLO 19 253
La secolarizzazione della religione 253
CAPITOLO 20 277
L'atrofia dell'educazione 277

PARTE VI - LO SCONTRO POLITICO **295**

CAPITOLO 21 297
L'adattabilità del dogma 297
CAPITOLO 22 305
Le tre fasi della democrazia 305
CAPITOLO 23 321
La metamorfosi del liberalismo 321
CAPITOLO 24 330
Il conservatorismo ridefinito...330

PARTE VII - LO SCONTRO ECONOMICO **341**

CAPITOLO 25 343
La biologia della rivoluzione 343
CAPITOLO 26 355
La sindrome del proletario...355
CAPITOLO 27 363
Il fronte di battaglia fiscale...363

PARTE VIII - LO SCONTRO LEGALE **373**

CAPITOLO 28 375
L'adulterazione della legge...375
CAPITOLO 29 384
La magistratura legislativa..384
CAPITOLO 30 399
La minoranza sotterranea 399

PARTE IX - LO SCONTRO IN POLITICA ESTERA..................**429**

CAPITOLO 31 431
La denazionalizzazione della politica estera.............................431
CAPITOLO 32 443
Stati Uniti ed Europa occidentale 443
CAPITOLO 33 450
Stati Uniti e Russia..450
CAPITOLO 34 465
Gli Stati Uniti e l'Estremo Oriente 465

CAPITOLO 35...475
   Gli Stati Uniti e il Medio Oriente *475*
CAPITOLO 36...495
   Gli Stati Uniti e l'Africa *495*
CAPITOLO 37...504
   Gli Stati Uniti e l'emisfero occidentale *504*

PARTE X - PROSPETTIVE E PREVISIONI.................................517

CAPITOLO 38...519
   Ipnosi nucleare *519*
CAPITOLO 39...528
   Raduno dell'Europa settentrionale *528*

APPENDICI 537

APPENDICE A..538
   Spiegazione del censimento razziale *538*
APPENDICE B..545
   Studio censuario dei gruppi di ascendenza *545*

BIBLIOGRAFIA 553

   ALTRI TITOLI 559

Prefazione

I PIÙ VERAMENTE svantaggiati sono coloro che si fanno odiare per le loro virtù e non per i loro vizi, che si ostinano a giocare la partita della vita con avversari che hanno abbandonato da tempo le regole, che continuano ostinatamente a credere che un insieme di istituzioni altamente sofisticate sviluppate da e per un particolare popolo in un particolare punto nel tempo e nello spazio sia operativo per tutti i popoli in tutte le circostanze.

L'intento di questo libro è quello di fornire ai membri di questo gruppo sconfortato e minacciato - qui provvisoriamente definito come la Maggioranza Americana - una diagnosi sistematica delle malattie e dei disturbi che li hanno ridotti sul lastrico e alcuni suggerimenti per la loro guarigione.

Poiché molti liberali sono diventati razzisti di minoranza e molti conservatori sono diventati dei fanatici senza radici, poiché la religione è diventata scienza sociale e la scienza sociale è diventata un gioco di prestigio intellettuale, il membro della maggioranza riflessiva non ha altro posto dove rivolgersi se non a se stesso. Questa, tuttavia, potrebbe essere la sua salvezza. Nell'isolamento la facoltà critica taglia più in profondità. Solo ora è possibile comprendere il tragico e umiliante destino della Maggioranza americana, perché solo ora alcune menti della Maggioranza, approfondite da decenni di contemplazione solitaria e affilate dalla triste cronaca degli eventi, si stanno finalmente sintonizzando sulla lunghezza d'onda dell'emergenza della sopravvivenza collettiva.

In superficie l'America sembra perduta. Ma l'animalizzazione del corpo e la brutalizzazione dello spirito, la profanazione dell'ambiente, la venalità della politica, le piaghe della droga e degli omosessuali, l'AIDS, le onde d'urto della pornografia che uccidono il gusto, la ferocia dei ghetti, la follia femminista, la discriminazione al contrario, la degenerazione dei militari, i torrenti di immigrati clandestini, l'apostasia dei professori e dei giornalisti, il menefreghismo degli studenti, il materialismo fobico e il babbittismo dei loro genitori - tutto questo, forse, non è una regressione irreversibile come sembra, ma solo un blocco o una deviazione a breve termine nel grande viaggio verso una forma di vita più alta e luminosa. Nella sequenza della rinascita organica, ciò che deve essere fatto deve prima essere disfatto. Il non pensare deve precedere il ripensare. Secondo la curva sinusoidale dell'azione umana, la degenerazione si alterna alla rigenerazione. È probabile che la fase attuale sia quella del reculer pour mieux sauter.

Sul versante della speranza, il materiale cromosomico, primo e fondamentale requisito per il risorgimento americano, è ancora abbondantemente disponibile. Gli scienziati della vita e quei pochi scienziati sociali degni di questo nome sono pieni di intuizioni e scoperte che non possono fare a meno di disinnescare alcune delle trappole dogmatiche che sono state deliberatamente tese agli intelletti della Maggioranza più attiva. Dalle ceneri rastrellate dello storicismo incenerito, spuntano una o due scintille di storia autentica. C'è persino il barlume di una nuova religione (o il ringiovanimento della vecchia) negli enunciati prometeici e negli enigmi della nuova ontologia.

In ogni caso, la Maggioranza uscirà presto dal limbo. Non può andare da nessuna parte se non verso l'alto o verso il basso. È davvero una questione di tempismo, una corsa tra la giungla che avanza e il raccolto che matura. La passeggiata sulla luna potrebbe rivelarsi l'ultimo miglio, o il passaggio del Rubicone.

PARTE I

Dinamiche razziali

CAPITOLO 1

Il concetto di razza

NULLA HA ELEVATO l'uomo a vette più alte di creatività o lo ha abbassato a maggiori profondità di distruttività quanto la duplice nozione di somiglianza e dissomiglianza umana.

Ogni uomo è uguale all'altro in quanto appartiene alla stessa specie, l'*Homo sapiens*. Il Watusi di sette piedi, il Pigmeo di quattro piedi, lo Svedese bianco come il latte, il meticcio latinoamericano color caffè e l'Orientale con gli occhi a mandorla sono tutti in grado di incrociarsi. Di conseguenza, l'idea di somiglianza umana ha origini biologiche. Ma anche l'idea di somiglianza umana. Ogni uomo differisce fisicamente e mentalmente da ogni altro uomo, il che spiega sia l'individualità umana sia le differenze di gruppo.[1] Come scrisse Shakespeare:

Strano è che il nostro sangue
di colore, peso e calore, versati tutti insieme,
confondano la distinzione, eppure si distinguano
in differenze così forti.[2]

La persona media probabilmente inizia la sua vita come somigliante e finisce come dissimile. Il bambino cresce e si allontana dal focolare familiare, solo per scoprire che tutti i padri non assomigliano a suo padre, tutte le madri non assomigliano a sua madre, tutti i figli non assomigliano ai suoi fratelli e sorelle. Man mano che si allontana, scopre notevoli differenze fisiche e culturali tra le popolazioni delle grandi città e dei Paesi stranieri.[3] Inevitabilmente riconosce che alcuni esseri umani hanno un insieme di

---

[1] Anche i gemelli identici differiscono leggermente in altezza, peso, lunghezza e larghezza della testa. L. C. Dunn e Theodosius Dobzhansky, Heredity, Race and Society, New American Library, New York, 1960, p. 27. "Due jumeaux identiques, provenienti dallo stesso œuf, che possiedono la stessa costituzione genetica, manifestano ognuno una personalità diversa". Alexis Carrel, *L'homme cet inconnu*, Librarie Plon, Parigi, 1935, p. 336.

[2] *Tutto è bene quel che finisce bene*, atto 2, scena 3.

[3] Uno scienziato sociale, George Murdock, sostiene di aver trovato 73 elementi comuni a tutte le culture, tra cui: il corteggiamento, la danza, la divisione del lavoro, l'istruzione, la famiglia, il folklore, i giochi, le acconciature, l'ospitalità, la legge e la magia. *The Science of Man in the World Crisis*, editore Ralph Linton, Columbia University Press, New York, 1945, p. 124.

caratteristiche fisiche e culturali simili alle sue, mentre altri non le hanno. Con o senza l'aiuto o il consiglio del padre, della madre, dell'insegnante, di un libro o della televisione, ha separato un gruppo di persone da un altro. Che gli piaccia o no, ha aderito al concetto di razza.

La convinzione che ogni uomo appartenga a una razza umana distinta è lo spauracchio degli antropologi sociali e una sfida per gli antropologi fisici, che hanno tentato di sradicare questo "pensiero libero" proponendo una definizione più rigorosa di razza. Finora i loro sforzi si sono concentrati in gran parte sull'accumulo e la classificazione dei dati biometrici e hanno prodotto tante controversie quanti accordi. Anche se alla fine riusciranno a stabilire la componente fisiologica della razza su un solido terreno scientifico, dovranno comunque affrontare i misteri e le complessità della componente psicologica. La razza, come ogni politico americano sa bene, va ben oltre il regno della fisica.

Sfortunatamente per quegli antropologi e biologi che lavorano con metro e computer e che permettono solo a fattori biologici di determinare e definire la razza, il concetto di razza si basa tanto sulla consapevolezza del legame di sangue quanto sul fatto.

Gli statisti, i poeti e i profeti hanno un approccio meno scientifico. Conoscono l'immenso potere che i sentimenti di parentela esercitano sulle vicende umane e le vaste trasformazioni politiche e sociali che avvengono quando questi sentimenti si accendono o si riaccendono nei cuori degli uomini. Quando gli uomini non possono appellarsi all'antropologia per giustificare l'esistenza della razza, spesso si appellano alla storia e al folklore. "L'uso dei miti per stabilire un'ascendenza comune per un gruppo etnico", ha osservato lo psicologo E. K. Francis mezzo secolo fa, "è molto antico".[4]

Gruppo etnico è il termine preferito dagli antropologi sociali che desiderano svuotare la razza del suo contenuto emotivo e della sua soggettività. Ancora più anemico è gruppo di popolazione. Ma cambiare il vocabolario dell'uomo non cambia necessariamente il suo pensiero. Sebbene gruppo etnico, gruppo di popolazione, cline, Formenkreis e simili siano etichette comode e appropriate per classificare alcuni segmenti dell'umanità con un attrito minimo, sono ben lungi dal raccontare l'intera storia.

Esistono altri sinonimi meno annacquati di razza, tra cui i più comuni sono stock, razza e nazionalità. Sono comunque piuttosto lontani dal bersaglio. Più descrittivi, anche se più scomodi, sono i neologismi we-feeling e we-group. William Graham Sumner, un pilastro della scuola conservatrice di

[4] "The Nature of the Ethnic Group", *American Journal of Sociology*, marzo 1947, p. 396.

sociologia un tempo dominante, aveva una particolare predilezione per ethos, una parola di origine greca che indica le idee, le norme e le abitudini che caratterizzano un individuo o un gruppo.[5] L'ethos, tuttavia, lascia molto a desiderare a causa della sua tendenza a eludere lo strato fisico.

Forse la parola che più si avvicina alla razza è "popolo", modificata da un pronome possessivo, "mio", "nostro", "vostro", o come la usò Oswald Spengler quando scrisse: "Il nome romano ai tempi di Annibale significava un popolo, ai tempi di Traiano nient'altro che una popolazione".[6] Espressioni più cariche di significato razziale sono i rozzi ma comunicativi "fratello di sangue" e "fratello d'anima", che i negozianti neri a volte dipingono sulle loro vetrine durante le rivolte dei ghetti per sfuggire all'ira di piromani e saccheggiatori.

Così significativo e allo stesso tempo così privo di significato, il concetto di razza racchiude così tanti fatti e fantasie, così tanto amore e odio, così tanta ragione e irragionevolezza che è più facile intuirlo che capirlo. Per certi aspetti, la razza è simile a certe altre parole di quattro lettere in inglese. È un pugno duro dal punto di vista emotivo e il suo uso viene evitato con cura nei circoli educati e accademici. Tuttavia, nonostante la sua sciatteria semantica, la razza esercita una profonda influenza sulla mente degli uomini. Come disse un importante scienziato sociale mezzo secolo fa, "l'assenza tra la gente di una definizione chiaramente formulata di razza, lungi dall'indebolirla, in realtà accresce la potenza dell'idea di razza".[7]

L'uomo è l'amalgama della sua eredità fisiologica e delle sue acquisizioni sociologiche. Può liberarsi di queste ultime, ma non delle prime. Può rinunciare alla sua religione, al suo Paese e alla sua cultura. Non può rinunciare alla sua razza. O, più precisamente, non può rinunciare al lato fisico della sua razza che, a parte le alterazioni superficiali di chirurghi plastici ed estetisti, è inesorabilmente determinato dalle leggi della genetica.[8]

---

[5] William Graham Sumner, *Folkways*, Ginn & Co., Boston, 1906, pag. 12.

[6] *Il declino dell'Occidente*, trad. it. C. F. Atkinson, Knopf, New York, 1957, Vol. II, p. 165.

[7] Edgar T. Thompson. "La razza nel mondo moderno", *Journal of Negro Education*, estate 1944, p. 8.

[8] Anche il fenomeno del passaggio ha a che fare principalmente con aspetti non fisici della razza. In sostanza, l'uomo che passa scambia gli orpelli culturali di una comunità con quelli di un'altra. Biologicamente parlando, il nero che "sembra" così bianco da essere accettato come bianco è ancora un nero frazionato.

CAPITOLO 2

Razzismo

COME L'IDEA sta all'ideologia, così il concetto di razza sta al razzismo.[9] Questo porta a definire il razzismo - gli inglesi lo chiamano razzismo - come una credenza nell'idea di razza. Ma credere implica una certa misura di assenso, un'attivazione interiore o esteriore della convinzione. Il razzismo, di conseguenza, può essere descritto come l'espressione palese o nascosta del concetto di razza a uno o più livelli dell'attività umana: politica, arte, religione, affari, vita comunitaria e privacy domestica.

Il razzismo, che presuppone un'ascendenza comune, non è la stessa cosa del nazionalismo, che presuppone una cittadinanza comune. Di solito, ma non sempre, è associato a forme esaltate di nazionalismo come il patriottismo, a forme estreme di nazionalismo come lo sciovinismo e lo sciovinismo, a forme localizzate come il sezionalismo, il regionalismo e il provincialismo. Il razzismo è presente sia nella fondazione che nella dissoluzione degli imperi. Può rafforzare il nazionalismo nelle società omogenee e contrastarlo negli Stati multirazziali. Nelle rivoluzioni proletarie e nelle controrivoluzioni fasciste può giocare un ruolo molto più importante della classe".[10]

Quando le razze sono geograficamente separate o isolate, è probabile che il razzismo sia diretto all'esterno, oltre i confini di una provincia, di una regione o di uno Stato, verso un'altra provincia, regione o Stato. Quando le razze vivono fianco a fianco, nello stesso quartiere o distretto scolastico, è probabile che il razzismo sia diretto all'interno dell'isolato o della classe. Entrambi i tipi di razzismo sono presenti nella maggior parte delle grandi nazioni (Giappone e Cina sono le eccezioni più evidenti). La Russia, principale erede della decomposta Unione Sovietica, divenuta molto più

---

[9] "Un'ideologia è un complesso di idee o nozioni che si rappresenta al pensatore come una verità assoluta per l'interpretazione del mondo e della sua situazione all'interno di esso; essa porta il pensatore a compiere un atto di autoinganno a scopo di giustificazione, offuscamento, evasione, in un senso o nell'altro a suo vantaggio". Karl Jaspers, L'origine e il fine della storia, trad. it. Michael Bullock, Yale University Press, New Haven, 1968, p. 132. "Per dirla in modo approssimativo, un ideologo è un pensatore convinto di aver scoperto soluzioni chiare a certi problemi o situazioni umane, soluzioni che possono essere espresse in termini teorici generali". *Times* Literary Supplement (Londra), 29 gennaio 1970, p. 1.

[10] Si veda il capitolo 25.

omogenea con la dissoluzione dell'impero comunista, è un esempio di Paese che pratica un razzismo esternalizzato, a differenza degli Stati Uniti, dove a causa dei molti elementi razziali dissimili che convivono, soprattutto nelle grandi aree metropolitane, il razzismo è più internalizzato.

Per quanto si possa accertare, praticamente ogni nazione o società è passata attraverso uno o più cicli razzisti. Nonostante le interminabili guerre intestine e le rivalità politiche e culturali, gli antichi Greci, secondo lo storico H. A. L. Fisher, "si ritenevano una cosa sola per razza, lingua e istituzioni".[11] Classificarono tutti gli stranieri come barbari e li trattarono generalmente come inferiori, ironia della sorte lo stesso status conferito più tardi agli Elleni dai Romani, che li consideravano dei deboli corrotti. Ancora oggi, molti ebrei si sono abbandonati all'idea della separazione e della "Chosenness". Gli atteggiamenti razziali prototipici dei conquistatori spagnoli e dei colonialisti britannici hanno infuso tutti i loro rapporti con gli indiani d'America e i negri. I sentimenti tradizionalmente ostili dei cinesi nei confronti dei non cinesi non hanno bisogno di essere elaborati, così come la supremazia bianca, un tempo endemica nella mentalità dei costruttori di imperi europei.[12]

Come la difesa nazionale o la bilancia dei pagamenti, il razzismo è spesso regolato e modificato da eventi e influenze esterne. Sebbene una società omogenea o eterogenea possa mostrare pochi segni di razzismo in tempi di pace, quando uno Stato vicino inizia ad agire in modo aggressivo, quando qualche migliaio di concittadini o cugini razziali all'estero diventano vittime di oppressione, il razzismo latente della nazione o di uno o più gruppi di popolazione all'interno della nazione può essere rapidamente risvegliato e assumere un carattere dinamico anziché statico.

Il razzismo, va osservato, opera in orbite diverse in luoghi diversi. Consideriamo due soldati americani, uno di origine scandinava, l'altro di origine italiana meridionale, a guardia di un avamposto solitario di fronte ai nordcoreani o ai nordvietnamiti. A casa il primo avrebbe potuto chiamare il secondo "latino" o "italiano" quando cercava di essere educato, "wop" o "greaser" quando non lo era. Ora sente di essere in presenza di un bianco.

Forse la prima legge del razzismo è che il razzismo genera razzismo. Paradossalmente, lo fa anche l'antirazzismo, che concentra così tanto l'attenzione sulla razza e la impianta così profondamente nella coscienza pubblica che la quantità netta di razzismo è in realtà aumentata.

---

[11] Come citato da T. J. Haarhoff, *The Stranger at the Gate*, Longmans Green, Londra, 1938, p. viii.

[12] Per una sintesi più dettagliata delle manifestazioni razziste tra i popoli del mondo, si veda Sumner, op. cit., p. 29.

L'antirazzismo, inoltre, permette a molte persone di praticare il razzismo in modo vicario, adottando la causa di tutte le razze tranne la propria.

Da un certo punto di vista, il razzismo è una forma di morale di gruppo. Fornisce un guscio psicologico protettivo ai popoli più indifesi e sulla difensiva. È anche in gran parte responsabile dell'alto *quoziente di aggressività* dei popoli dinamici. Nel promuovere il tribalismo sia nelle nazioni più ritardate che in quelle più avanzate, il razzismo rende il moderno Stato industriale, con la sua sofisticata tecnologia, un avversario temibile. A parità di potenza, di impianti industriali, di competenze scientifiche e di risorse naturali, uno Stato razzista può disporre di una forza militare più micidiale di uno Stato non razzista. Poiché le famiglie hanno più spirito combattivo dei gruppi meno imparentati, quando la guerra scoppia la tribù o la razza agisce spesso come estensione della famiglia. La morte è più facile per chi crede di morire per il proprio popolo e per il proprio Paese. Il soldato che ha solo un minimo di coscienza razziale può avere più difficoltà a essere coraggioso. Gli obiettori di coscienza, i pacifisti e i renitenti alla leva scarseggiano nelle società a orientamento razziale.

Il razzismo rimane così tanto sotto la superficie in ogni contesto storico che gli studenti del passato raramente gli danno il giusto risalto. Probabilmente è la *forza maggiore* delle conquiste e dei fallimenti umani. Chi può dimostrare il contrario? Chi può dimostrare che il razzismo non è un indizio migliore per l'ascesa e il declino delle civiltà rispetto all'economia, alla religione, alla crescita e alla decadenza organica, al tempo, ai grandi uomini o persino al destino?

Prendiamo gli Stati Uniti, con il substrato genetico omogeneo dei Padri fondatori, la lotta razziale con gli Indiani, le sfumature razziali della Guerra Civile, le differenze razziali della Vecchia e della Nuova Immigrazione, i meccanismi razziali della politica delle grandi città e del Sud, il ritmo crescente delle richieste e delle agitazioni delle minoranze. Prendiamo le Nazioni Unite, che ora si stanno coagulando in un conglomerato di blocchi razziali. Prendete la rivolta del XX secolo dei popoli di colore dell'Asia e dell'Africa contro il colonialismo bianco. Se valutiamo tutte queste prove, ci stupiamo degli storici liberali e conservatori che sfornano le loro storie fittamente annotate che evitano del tutto il razzismo o lo trattano come una malattia piuttosto che come un elemento fondamentale della natura umana.

Attualmente, in tutto il mondo sono in corso movimenti per l'abolizione del razzismo. Ma, come dimostrano gli eventi negli Stati Uniti e nei Paesi stranieri, il razzismo, lungi dall'essere abolito, si sta intensificando ovunque.

Invece di tentare di distruggere l'indistruttibile, sarebbe più saggio imparare di più sui riflessi razziali dell'uomo. La ricerca sulle fonti del razzismo potrebbe produrre modi efficaci per civilizzarlo, controllarlo e indirizzarlo verso canali più creativi e costruttivi.[13] Questa conoscenza potrebbe anche aiutare a distinguere tra il comportamento razziale che aiuta a costruire le nazioni e quello che le distrugge.

---

[13] "L'applicazione di questo principio [il razzismo] ha governato l'evoluzione di tutte le società progredite fin da subito dopo l'inizio dell'agricoltura". C. D. Darlington, *The Evolution of Man and Society*, George Allen and Unwin, Londra, 1969, p. 607.

CAPITOLO 3

Metafisica razziale

IL CONCETTO DI RAZZA e le ideologie razziali che ne derivano hanno permeato le grandi civiltà dell'antichità. La Bibbia divide le razze dell'umanità in figli di Shem (semiti), Ham (mediterranei non semiti),[14] e Japhet (popoli del Nord). Tra i figli di Shem c'erano gli ebrei, che furono avvertiti da Geova di preservare la loro identità razziale, in quanto erano "un popolo speciale a sé, al di sopra di tutti i popoli che sono sulla faccia della terra".[15]

Gli ariani che invasero l'India si preoccuparono a tal punto della razza da istituire un complesso sistema di caste, grazie al quale i sacerdoti brahmani riuscirono in parte a preservare il loro tipo fisico originale per più di 2.500 anni, anche se la loro carnagione, un tempo chiara, a seguito di mutazioni e di alcuni incroci, è ora più adatta al sole dell'India.[16] Le pitture delle tombe e dei templi degli antichi egizi raffiguravano una forma di razzismo più semplice e meno sofisticata. Gli dèi e i faraoni erano più grandi della vita, mentre i negri e gli altri forestieri erano in posa di obbedienza.[17]

Come era prevedibile, i Greci furono i primi a cercare le cause naturali delle differenze razziali e a filosofeggiare sulle questioni razziali. Il saggio di Ippocrate, *Sulle arie, le acque e i luoghi*, indicava il clima e la geografia come possibili cause delle variazioni nella fisiologia e nel temperamento umano.[18] Platone pensava che sarebbe stato bene inculcare un sentimento di purezza razziale nei giovani destinati alla futura guida del Commonwealth.

---

[14] I teologi cristiani hanno poi aggiunto gratuitamente i negri a questa categoria razziale bianca.

[15] Deut. 7:6. Le severe disposizioni contro l'esogamia si trovano in 7,3.

[16] "La prima divisione in caste... non era per status ma per colore; divideva i nasi lunghi da quelli larghi, gli ariani dai naga e dai dravidi... Il sistema delle caste aveva il valore eugenetico di preservare i ceppi presumibilmente più fini dalla diluizione...". Will Durant, *Our Oriental Heritage*, Simon and Schuster, New York, 1954, pp. 398, 487.

[17] I riferimenti ai negri nelle didascalie in inglese di questi dipinti murali esposti al British Museum nel 1968 erano stati parzialmente cancellati. A quanto pare, alcuni discendenti moderni delle vittime dell'antico razzismo egiziano non volevano che si ricordassero le indignazioni del passato.

[18] Ippocrate, *Sulle arie, le acque e i luoghi*, trans. Francis Adams, Great Books of the Western World, Chicago, Vol. 10, p. 18.

Questa idea, che egli definì una "nobile menzogna", avrebbe sviluppato nella giovane élite una maggiore dose di orgoglio e di responsabilità, qualità che presumibilmente avrebbero favorito una migliore capacità di governo.[19] D'altra parte, Aristotele contribuì a istituzionalizzare la schiavitù con la sua teoria dello schiavo "naturale".[20]

Le teorie razziali "scientifiche" vere e proprie, tuttavia, non presero forma prima di 2.000 anni. Solo tra la fine del XVIII e la prima metà del XIX secolo furono raccolti dati sufficienti per consentire ad alcuni intrepidi antropologi e biologi di classificare l'umanità in base alla razza. Insieme alle classificazioni arrivarono anche i giudizi di valore. Poiché i bianchi avevano ormai conquistato o colonizzato gran parte della terra e la stavano rifacendo a loro immagine e somiglianza, fu proposta una linea di sangue innatamente superiore per i superuomini, che furono variamente descritti come ariani, indoeuropei, anglosassoni, nordici, celti, alpini e teutoni.

La teoria della supremazia razziale nordeuropea è stata favorita e ampliata dalla scoperta di una sorprendente relazione linguistica tra gli ariani (intendendo in questo caso una specifica divisione della razza bianca o caucasica) invasori dell'India, gli ittiti, i kassiti, i persiani, i greci e i romani del mondo antico e i francesi, gli inglesi, i tedeschi, gli slavi e altri popoli dell'Europa moderna. Sebbene una lingua comune non presupponga necessariamente una razza comune, le lingue indoeuropee,[21] e i parlanti indoeuropei hanno dato vita a un'ipotesi razziale secondo la quale un popolo biondo, dai capelli chiari e con rare doti creative feconda nuove civiltà o rivitalizza quelle moribonde.[22]

Tra i principali sostenitori di questa ipotesi, spesso indicata come teoria ariana, vi erano: Arthur de Gobineau (1816-1882), conte francese e germanofilo che scrisse una delle prime interpretazioni razziali coerenti,

---

[19] *Repubblica*, IN, 414-15, trad. it. Paul Shorey, *The Collected Dialogues of Plato*, Bolingen Series, LXXI, Princeton University Press, Princeton, New Jersey, 1969.

[20] Ernest Barker, *The Politics of Aristotle*, Clarendon Press, Oxford, 1950, pagg. 13-14.

[21] Una parola di radice indoeuropea: *name* (inglese), *nama* (antico persiano), *nama* (sanscrito), *onoma* (greco), *nomen* (latino), *nome* (italiano), *nombre* (spagnolo), *nom* (francese), *Name* (tedesco), *eemya* (russo).

[22] Alcuni esempi: L'invasione ariana dell'India; l'invasione dorica della Grecia; il dominio germanico dell'Impero romano d'Occidente; la conquista normanna della Normandia e della Sicilia. Per maggiori informazioni sui popoli indoeuropei, si veda il capitolo 9.

anche se un po' fantasiose, della storia;[23] Houston Stewart Chamberlain (1855-1927), inglese naturalizzato tedesco, la cui grandiosa *Weltanschauung* individuò geni teutonici in quasi tutti i grandi uomini del passato, compreso Gesù; Madison Grant (1865-1937), giurista e naturalista americano, che parlò del declino dei grandi popoli nordici portatori di cultura e creatori di cultura e le cui argomentazioni furono utili per ottenere l'approvazione di leggi restrittive sull'immigrazione negli Stati Uniti all'inizio degli anni Venti; Lothrop Stoddard (1883-1950), filosofo politico americano, anch'egli attivo sul tema dell'immigrazione, che avvertì che i bianchi sarebbero stati presto sopraffatti dalla fecondità delle razze di colore.[24]

Sebbene le sue origini spagnole e le sue frequentazioni puritane nel New England precludessero qualsiasi affetto particolare per i teutoni, il filosofo George Santayana fu uno dei più vigorosi sostenitori dell'idea di gerarchie razziali, come dimostra il paragrafo seguente:

> Alcune razze sono ovviamente superiori ad altre. Un adattamento più completo alle condizioni dell'esistenza ha dato loro spirito, vitalità, ampiezza e una relativa stabilità... È quindi della massima importanza non oscurare questa superiorità con matrimoni con ceppi inferiori, annullando così i progressi compiuti da una dolorosa evoluzione e da un prolungato vaglio delle anime. La ragione protesta tanto quanto l'istinto contro qualsiasi fusione, ad esempio, tra la Maggioranza bianca e i popoli neri... Gli Ebrei, i Greci, i Romani, gli Inglesi non sono mai stati così grandi come quando si sono confrontati con altre nazioni... ma questa grandezza cade ogni volta che il contatto porta all'amalgama.[25]

Negli anni Trenta, probabilmente per la prima volta nella storia, le teorie sulla superiorità razziale divennero dottrina di Stato quando il Partito Nazista prese il comando in Germania.[26] Ma dopo l'inventario della politica razziale di Hitler, alla fine della Seconda Guerra Mondiale, tutte le argomentazioni a

---

[23] "Là ou l'élément germanique n'a jamais pénétré", dichiarò de Gobineau, "il n'y a pas de civilisation à notre manière". *Essai sur l'inégalité des races humaines*, Librairie de Firmin-Didot, Paris, 1884, Vol. I, p. 93.

[24] L'opera principale di Chamberlain fu *Die Grundlagen des neunzehnten Jahrhunderts*; quella di Grant, *The Passing of the Great Race*, e quella di Stoddard, *The Rising Tide of Color*.

[25] *The Life of Reason*, Scribner's, New York, 1922, Vol. II, pp. 166-67.

[26] O era la seconda volta? Alexander Stephens, vicepresidente della Confederazione, una volta declamò: "Questo nostro nuovo governo è il primo nella storia del mondo basato su questa grande verità fisica, filosofica e morale... che il negro non è uguale all'uomo bianco, che la schiavitù - la subordinazione alla razza superiore - è la sua condizione naturale e normale". Charles e Mary Beard, *The Rise of American Civilization*, Macmillan, 1930, Vol. 2, p. 68.

favore della supremazia razziale vennero messe al di fuori della sfera del pensiero ammissibile.

Essendo la razza un argomento così profondamente personale, non sorprende che i sostenitori della superiorità razziale di solito appartengano, o pensino di appartenere, alla razza che considerano superiore. Non sorprende nemmeno che in America l'opposizione alle teorie sulla superiorità nordica o nordeuropea sia stata guidata da antropologi e scienziati sociali che nella maggior parte dei casi appartenevano a gruppi minoritari. Forse nella convinzione che un buon mito ne meriti un altro, Franz Boas (1858-1942), studioso di origine tedesco-ebraica e professore di antropologia alla Columbia University, avanzò la prima teoria esaustiva dell'uguaglianza razziale. Boas ipotizzò che l'alimentazione, e non la natura, fosse il principale determinante di importanti differenze razziali. Arrivò ad affermare che anche un tratto genetico persistente come la forma della testa (indice cefalico)[27] poteva essere alterato da cambiamenti ambientali in una o due generazioni.[28]

Ashley Montagu, un antropologo fisico di origine anglo-ebraica, è diventato il grande volgarizzatore dell'egualitarismo razziale con un flusso apparentemente infinito di libri best-seller, apparizioni televisive e discorsi davanti a società colte e non.[29] Altri membri di spicco della scuola egalitaria, non tutti antropologi, furono Otto Klineberg, Melville Herskovits, Alexander Goldenweiser, Isador Chein, Theodosius Dobzhansky, Gene Weltfish, Kenneth Clark e due vocianti donne anglosassoni, Ruth Benedict e Margaret Mead.[30] Gene Weltfish raggiunse

---

[27] L'indice cefalico è dato dall'ampiezza massima della testa divisa per la lunghezza massima della testa moltiplicata per 100. Più basso è l'indice, più lunga è la testa. Come gli scienziati fisici, anche gli antropologi hanno una certa predilezione per l'uso di derivati greci prolissi per espressioni inglesi semplici e precise. Dolicocefalo è la testa lunga; brachicefalo è la testa rotonda.

[28] Franz Boas, "Changes in Bodily Form of Descendants of Immigrants", *American Anthropologist*, New Series, 14:530-62. Le opinioni quasi lamarckiane di Boas furono confutate da Henry Pratt Fairchild, un importante scienziato sociale, in *Race and Nationality*, Ronald Press, New York, 1947, pag. 105.

[29] Essendo uno degli sponsor, insieme al defunto vescovo James Pike e al buddista zen di origine britannica Alan Watts, di un servizio di incontri al computer, Montagu potrebbe essere stato in grado di mettere alla prova le sue teorie. *San Francisco Sunday Examiner & Chronicle, Date Book*, 19 gennaio 1969, p. 24.

[30] Mead e Benedict appartenevano a una razza un po' esotica di donne WASP. Per un certo periodo sono state amanti lesbiche e la prima ha dichiarato di avere avuto una nonna sefardita. Mary C. Bateson, *With a Daughter's Eye*, William Morrow, New York, 1984, pp. 72, 106. Il semiclassico della Mead, *Coming of Age in Samoa*, è stato efficacemente

una certa notorietà affermando che l'esercito americano aveva fatto ricorso alla guerra batteriologica nella guerra di Corea. Kenneth Clark, un nero, ha avuto un ruolo di primo piano nel convincere la Corte Suprema a ordinare la desegregazione scolastica nel caso *Brown v. Board of Education* (1954). Nelle sue monografie scientifiche, Dobzhansky, laureato all'Università di Kiev, ha riconosciuto con tatto alcune differenze nelle capacità razziali, ma le ha praticamente negate nei suoi scritti destinati al pubblico. La scuola antropologica evoluzionista di Leslie White e i tentativi di W. H. Sheldon di associare il temperamento al tipo di corpo (endomorfo, mesomorfo, ectomorfo) ricevettero scarso riconoscimento a causa della loro posizione anti-Boas.

L'uguaglianza razziale generale ha ricevuto la sanzione ufficiale delle Nazioni Unite con la pubblicazione delle dichiarazioni UNESCO sulla razza del 1950 e del 1962. Più simili a dichiarazioni di fede che ad argomentazioni scientifiche ragionate, i documenti dell'UNESCO hanno generato i seguenti assiomi:

> L'evidenza scientifica indica che la gamma delle capacità mentali di tutti i gruppi etnici è molto simile... Per quanto riguarda la personalità e il carattere, questi possono essere considerati privi di razza... Con un grado simile di opportunità culturali per realizzare le proprie potenzialità, i risultati medi dei membri di ogni gruppo etnico sono circa gli stessi.

Anche se in realtà intendeva descrivere la scuola di psicologia comportamentista, che andava a braccetto con gli antropologi egualitari sottolineando la malleabilità umana, il sociologo Horace Kallen ha riassunto le dichiarazioni dell'UNESCO con parole che dovrebbero essere incise sulle lapidi di Boas e Montagu: "Alla nascita i bambini umani, indipendentemente dalla loro eredità, sono uguali alle Ford".[31] Alcuni decenni prima, J. B. Watson (1878-1958), fondatore ed esploratore del comportamentismo, aveva fornito una base psicologica per l'egualitarismo affermando: "Non esiste un'eredità di capacità, talento, temperamento, costituzione mentale e caratteristiche".[32] Il suo discepolo più famoso, B. F. Skinner, in seguito condizionò i ratti con un tale successo che si pensò che avrebbe potuto compiere gli stessi miracoli con gli esseri umani. In effetti, Skinner progettò un'utopia attorno alle sue tecniche di rinforzo in un libro, *Walden II*, che fungeva da combinazione di Bibbia e Costituzione per una comune vivente

---

sviscerato dall'antropologo australiano Derek Freeman in *Margaret Mead and Samoa*, Harvard University Press, 1983.

[31] Si veda l'articolo di Kallen, "Behaviorism", *Encyclopedia of Social Sciences*, Macmillan, New York, 1963, Vols. 1-2, p. 498.

[32] J. B. Watson, *Behaviorism*, W. W. Norton, New York, 1930, p. 94.

che non funzionò mai troppo bene. Va detto, tuttavia, che l'inventore della Skinner Box non ha mai negato l'importanza dei fattori genetici nel comportamento umano.

All'inizio degli anni Sessanta l'idea dell'uguaglianza razziale innata si era affermata così saldamente nell'istruzione moderna e nei mezzi di comunicazione che era difficile metterla in discussione e mantenere la propria rispettabilità accademica o professionale. Ciononostante, si scatenò una reazione in gran parte non pubblicizzata ma persistente, stimolata dalla desegregazione scolastica e dalla violenza che accompagnava le crescenti richieste dei neri di un posto al sole in America. Carleton Putnam, pioniere del trasporto aereo e storico americano, dichiarò che la scuola antropologica di Boas basava le sue conclusioni sull'uguaglianza razziale su un malinteso interesse personale. Sostenendo un'accettazione realistica della netta differenza tra i modelli di pensiero e le capacità di apprendimento dei neri, egli sostenne che l'integrazione razziale a tutti i livelli, tranne quello economico, avrebbe portato a un costante e inesorabile deterioramento dell'istruzione, della vita sociale, della cultura e del potere nazionale americani, oltre che al deterioramento del negro stesso.[33] Boas e i suoi seguaci, sosteneva Putnam, hanno dato

> Il negro ha l'idea di avere un rancore nei confronti dell'uomo bianco e l'uomo bianco ha l'idea di doversi sentire in colpa nei confronti del negro. Il rancore incita il negro a rivolte e crimini, mentre il senso di colpa porta l'uomo bianco a una politica di perenne permissivismo e acquiescenza.[34]

Altrove Putnam ha affermato: "Il cuore dell'inganno è stato insegnare che la maggior parte delle differenze di status degli individui e dei gruppi tra di noi è dovuta all'ingiustizia sociale, mentre il fatto scientifico rimane che, per quanto frequenti siano le ingiustizie, queste differenze sono principalmente attribuibili a differenze innate di capacità".[35]

Henry E. Garrett, presidente del Dipartimento di Psicologia della Columbia University, si è spinto oltre Putnam definendo il dogma ugualitario "la bufala scientifica del secolo". Garrett ha accusato gli scienziati sociali di affidarsi alla denuncia morale quando le prove reali sulle capacità mentali dei negri sono diventate deboli. Ha incolpato i leader della Chiesa di aver falsificato

---

[33] Cfr. Putnam's *Race and Reason* (1961) e *Race and Reality* (1967), Howard Allen Enterprises, Inc., P.O. Box 76, Cape Canaveral, Florida 32920.

[34] Relazione su "Differenze generali di razza", 5 febbraio 1969.

[35] *Congressional Record*, 13 novembre 1969, pp. E9630-32.

la scienza per sostenere le loro argomentazioni etiche a favore dell'uguaglianza razziale.[36]

William Shockley, che ha vinto il Premio Nobel per la fisica per aver inventato il transistor, si è unito alla controversia quando ha suggerito che tutti i programmi contemporanei per il miglioramento dei negri erano basati su false premesse. "Il principale deficit nelle prestazioni intellettuali dei negri", affermò Shockley, "deve essere principalmente di origine ereditaria e quindi irrimediabile con miglioramenti pratici dell'ambiente".[37] Ha anche sottolineato che l'alto tasso di natalità dei neri più poveri e svantaggiati è una "tragedia disgenica".

Tra gli altri sostenitori delle disparità di intelligenza razziale vi erano Sir Cyril Burt[38] e H. J. Eysenck in Gran Bretagna, J. Philippe Rushton in Canada, Arthur Jensen e il britannico Raymond Cattell negli Stati Uniti. Jensen ha fatto scalpore rifiutandosi di attribuire il deficit di 15 punti nei punteggi del Q.I. dei neri a cause ambientali o a test "culturalmente distorti". Con scarsa attenzione alla coerenza, Julian Huxley, il noto biologo britannico che ha contribuito alla stesura delle dichiarazioni dell'UNESCO che condannano la razza, ha dichiarato che probabilmente è vero che "i negri hanno un'intelligenza media leggermente inferiore a quella dei bianchi o dei gialli".

Alcuni importanti antropologi e sociologi del XX secolo hanno tentato di porsi al di sopra o a cavallo della questione delle differenze razziali, tra cui A. L. Kroeber, Ales Hrdlicka, e Pitirim Sorokin. L. Kroeber, Ales Hrdlicka,[39] e Pitirim Sorokin.[40] Hrdlicka avvertì il pericolo di un afflusso massiccio di geni neri nella popolazione americana, ma si rifiutò di dire perché fosse un pericolo. Sorokin ammetteva l'esistenza di differenze mentali tra le razze, ma sottovalutava la funzione dell'ereditarietà. Una parte di questa reticenza era senza dubbio dovuta alla paura, un'altra alla naturale riluttanza degli scienziati in buona fede a generalizzare su ciò che

---

[36] Si veda l'articolo di Garrett, "The Equalitarian Dogma", in Perspectives in Biology and Medicine, estate 1961.

[37] Discorso pronunciato davanti all'Accademia Nazionale delle Scienze, 24 aprile 1968.

[38] Gli studi di Burt sui gemelli identici cresciuti separatamente sono stati un importante sostegno alla tesi dell'ereditarietà. Nel 1976, Oliver Gillie, un giornalista britannico, lanciò un attacco postumo e ad hominem contro Burt, morto nel 1971, affermando che aveva falsificato le sue ricerche, un'accusa successivamente ripresa e ripetuta da Leon Kamin e Stephen Jay Gould, due vituperati accademici ebrei. Alcuni anni dopo, due libri, *The Burt Affair* di Robert B. Joynson e *Science, Ideology and the Media; the Cyril Burt Scandal* di Ronald Fletcher, riabilitarono il britannico morto.

[39] *Atti della terza conferenza sul miglioramento della razza*, gennaio 1928, pp. 84-85.

[40] *Contemporary Sociological Theories*, Harper 8 Bros, N.Y., 1928, pagg. 291-93.

consideravano dati insufficienti. Uno dei grandi antropologi moderni, il professor Carleton Coon di Harvard, ha scritto: "L'argomento dell'intelligenza razziale... non è progredito abbastanza da meritare di essere incluso in un'opera generale di storia razziale".[41]

Tuttavia, Coon fornì potenti munizioni alla scuola antiegualitaria o ereditaria con una teoria sorprendente e illuminante sull'origine delle razze. Per migliaia di anni si era dato per scontato che le razze umane fossero discese o ramificate da un'unica specie. In diretta e iconoclasta contraddizione con questa dottrina tradizionale, Coon affermò che le cinque razze viventi dell'umanità, che chiamò caucasoide, mongoloide, australoide, capoide e congoide, si erano evolute separatamente in Homo sapiens seguendo calendari diversi. Se Coon aveva ragione sulla genesi parallela delle razze, ora esisteva una base evolutiva per le differenze razziali e la tesi contro gli egualitaristi era rafforzata. Ancora più dannosa per il punto di vista egualitario era l'affermazione di Coon secondo cui la razza negra, che egli assegnava al gruppo dei Congoidi, era l'ultima delle razze principali a evolversi. I neri, secondo Coon, erano allo stato *sapiens* da meno tempo delle razze bianca e gialla (40.000 contro 210.000 anni).[42] Ciò ha portato inesorabilmente alla conclusione che i neri erano i meno sviluppati e meno articolati tra le principali divisioni razziali dell'umanità.

La reazione violenta e vituperata che accolse le teorie di Coon dimostrò vividamente la natura metafisica della questione razziale. Ashley Montagu, che prima della pubblicazione del lavoro di Coon aveva affermato che l'origine multirazziale dell'uomo era "inammissibile", dichiarò che i fatti di Coon erano fraudolenti e paragonò l'ex presidente dell'Associazione americana degli antropologi fisici agli "antropologi razziali [di] cento anni fa".[43] Marvin K. Opler, un altro antropologo della corrente di Boas, è stato altrettanto veemente, affermando: "È facile capire perché la teoria di Coon lo renda il beniamino dei comitati segregazionisti e dei razzisti di tutto il mondo... non può scrivere in modo convincente la storia umana, nemmeno quella razziale. Per questo dovrà acquisire più conoscenza, più compassione e più umiltà".[44]

---

[41] *The Races of Europe*, Macmillan, N.Y., 1954, p. vii. Coon è morto nel 1981. La sua ultima opera, Racial Aptitudes, Nelson-Hall, Chicago, 1982, tocca questo argomento.

[42] Coon, *The Origin of Races*, Knopf, New York, 1962, pp. 3, 4, 85, 655-59, e *The Story of Man*, Knopf, New York, 1962, seconda edizione, pp. 35-38.

[43] *Man in Process*, New American Library, New York, 1961, p. 103, e *Man's Most Dangerous Myth*, World, Cleveland, 1964, p. 86.

[44] *New York Herald-Tribune*, sezione libri, 9 dicembre 1962, p. 7.

Invece dell'invettiva, che spesso è autolesionista perché pubblicizza il bersaglio, il trattamento silenzioso è stato riservato a un altro grande antropologo moderno, Sir Arthur Keith (1866-1955), il quale sosteneva che la massima esplosione del progresso biologico dell'uomo si è verificata nelle bande di cacciatori, quando una combinazione di isolamento geografico e coesione di gruppo ha prodotto il pool genetico equilibrato necessario per l'efficiente funzionamento del processo evolutivo. Keith temeva che la totale integrazione razziale richiesta dagli egualitaristi più convinti avrebbe potuto avere un effetto disgenico sull'uomo, annullando le mutazioni benefiche prima che avessero la possibilità di attecchire. L'antropologo scozzese ha anche sottolineato che il pregiudizio, la discriminazione, la xenofobia e alcune altre conquiste umane oggi considerate peccaminose possono in realtà servire a un importante scopo evolutivo. Potrebbero essere i principali strumenti della natura per la costruzione della razza e la creazione di condizioni di crescita favorevoli per le variegate culture e popolazioni che hanno reso il mosaico dell'uomo così ricco e variopinto.[45]

Se gli antropologi professionisti possono scendere ai livelli più bassi della polemica, del rivendicazionismo e del controllo del pensiero, come può, ci si può chiedere, il profano acquisire idee illuminate sulla razza? Una risposta è quella di guardare alle prove storiche, che indicano ineluttabilmente che alcune razze o popoli hanno ottenuto risultati di gran lunga superiori ad altri nei campi della tecnologia, del comfort materiale e del governo popolare. Se questi risultati sono dovuti a cause genetiche, le razze a basso rendimento nelle terre occidentali saranno sempre gravate, come lo sono state in passato, dallo stigma del basso rendimento, anche se potrebbero essere perfettamente in grado di ottenere risultati superiori nelle loro società ancestrali, molte delle quali sono ancora esistenti.

Gran parte dell'amarezza dell'attuale dibattito razziale deriva dal fatto che alcune razze sono costrette a competere o a scegliere di competere in un mondo che non hanno mai creato. L'importantissima questione se sia l'ereditarietà o l'ambiente ad avere il sopravvento nel plasmare il destino umano è degenerata in una disputa quasi teologica che coinvolge ingredienti psicologici cruciali come l'orgoglio e il risparmio. Una parte si appella all'ereditarietà per spiegare i successi del passato; l'altra all'ambiente, alla società e agli "incidenti storici" per giustificare i fallimenti del passato.

Se si dimostrasse senza ombra di dubbio che l'ereditarietà è il fattore centrale della realizzazione umana, la prova sarebbe quasi certamente respinta nell'attuale clima del pensiero moderno. Gli antiereditari hanno troppe cose in gioco, sia dal punto di vista fisico che spirituale, per abbandonare la loro

---

[45] Si veda *A New Theory of Human Evolution* di Keith, Watts, Londra, 1950; *Essays on Human Evolution*, Watts, 1948.

causa per qualsiasi motivo, meno che mai per un verdetto scientifico negativo sulla validità delle loro idee e dei loro programmi. Sono fin troppo consapevoli che l'accettazione o il riconoscimento di importanti diversità genetiche nell'uomo minerebbe seriamente l'intero fondamento del dogma politico e sociale prevalente, fonte dei miracolosi cambiamenti avvenuti nello status delle minoranze privilegiate e svantaggiate.

Ciononostante, il tempo sembra lavorare senza sosta per il partito dell'ereditarietà. Sebbene le indagini sull'intelligenza razziale siano ancora in gran parte tabù, i gruppi di ricerca continuano ad avvicinarsi all'argomento in modo tangenziale, con nuove significative scoperte relative alle divergenze razziali nella struttura del cervello, nella resistenza alle malattie, nella distribuzione dei gruppi sanguigni, nella funzione ghiandolare, nell'attività ormonale e nella ricombinazione genica.

Alla fine degli anni Sessanta le ricerche di Nikolaas Tinbergen, olandese, e Konrad Lorenz, tedesco, sull'ereditarietà degli istinti aggressivi e territoriali erano state ampiamente pubblicate, sia a loro nome che dal divulgatore Robert Ardrey, le cui profonde digressioni raggiungevano spesso alti livelli di commento politico e sociale. Se l'uomo è stato cacciatore per milioni di anni, agricoltore per 10.000 e operaio per 150, Ardrey voleva sapere come i suoi istinti più profondi - i suoi cervelli di rettile e mammifero - potessero essere modificati da pochi anni di istruzione inferiore. L'autore consigliava a coloro che desideravano migliorare l'uomo di comprendere, non di ignorare, la sua natura istintuale.

Un altro colpo è stato inferto all'egemonia ambientalista con la pubblicazione, nel 1974, di *Race* di John R. Baker, biologo di fama internazionale di Oxford e membro della Royal Society.[46] Il dottor Baker non ha usato mezzi termini e non ha evitato alcun problema in quello che un'autorevole rivista scientifica ha definito "forse il libro meglio documentato sulle razze umane mai pubblicato". Contrariamente ai bohémiens, Baker trovò significative differenze mentali e fisiche tra le razze, che classificò, analizzò e valutò con tale abilità professionale che quasi nessuno si alzò per sfidarlo. Negli Stati Uniti il libro fu generalmente ignorato dai mass media, con l'eccezione del *Washington Post*, che pubblicò una recensione splenetica di Amitai Etzioni, sociologo ed ex commando israeliano.

Un anno dopo Edward O. Wilson, entomologo di Harvard, aprì nuove prospettive per i deterministi genetici quando praticamente inventò la scienza della sociobiologia. Secondo Wilson, i geni non governano solo il

---

[46] Originariamente pubblicato dalla Oxford University Press, *Race* è stato ristampato nel 1981 dalla Foundation for Human Understanding, Athens, Georgia.

comportamento individuale, ma anche quello sociale. La morte sul campo di battaglia, ad esempio, è un atto supremo di altruismo in cui si sacrificano i propri geni per far sopravvivere i geni strettamente correlati della propria famiglia o del proprio gruppo. La xenofobia è semplicemente una risposta ereditaria alle minacce di contaminazione del pool genetico da parte di estranei.[47]

Le idee di Wilson, insieme alle affascinanti speculazioni dei biologi teorici R. L. Trivers, W. D. Hamilton, J. Maynard Smith e Richard Dawkins, hanno suscitato un vortice di polemiche. Due scienziati di minoranza, Richard Lewontin e Stephen Jay Gould, reagirono insinuando che la sociobiologia fosse razzista. Altri scienziati, come George Wald, un premio Nobel molto politicizzato, si scagliarono contro Wilson e la scuola determinista di biologia chiedendo la fine dell'amniocentesi, lo screening dei feti per i difetti genetici. Walter Bodmer e Liebe Cavalli-Sforza volevano mettere al bando le indagini sulle differenze di Q.I. tra bianchi e neri. Altri ancora chiedevano che il governo vietasse qualsiasi ricerca che potesse avvalorare le teorie razziali o portare a qualsiasi forma di ingegneria genetica. Quando Papa Giovanni Paolo II si è unito alla mischia e ha prestato il suo considerevole sostegno a queste restrizioni,[48] è sembrata nascere una strana alleanza inquisitoria tra l'ultrareligioso e l'ultrasinistra.

Il fatto che così tanti anti-Wilsoniani fossero membri di minoranza della corrente marxista è stato probabilmente l'effetto, piuttosto che la causa, della loro apparentemente innata avversione anche solo per un accenno di determinismo biologico. Sebbene Marx avesse tentato di dedicare *Das Kapital* a Darwin, forte sostenitore delle differenze razziali ereditate, i suoi seguaci hanno sempre nutrito una segreta simpatia per Lamarck, che credeva nell'ereditarietà delle caratteristiche acquisite. Nel suo disperato tentativo di costringere la scienza a cedere all'ideologia, Stalin elevò il ciarlatano Lysenko ai vertici della scienza sovietica, mentre lasciò perire in un gulag un genetista brillante come Nikolai Vavilov. Anche se la biologia dice di no, la maggior parte dei marxisti vuole comunque che l'uomo sia plasmabile al 100%. Gli uomini plasmabili possono essere trasformati in buoni marxisti, mentre i geni non hanno orecchie per ascoltare le lusinghe rivoluzionarie di Lenin. In effetti, l'attaccamento a Lamarck è così persistente che, sebbene la sua teoria sia stata totalmente screditata, continua a comparire non solo nei pamphlet dei marxisti extraterritoriali (la Russia e le altre repubbliche ex

---

[47] Edward O. Wilson, *Sociobiology: The New Synthesis*, Harvard University Press, Cambridge, Mass. 1975.

[48] Discorso ai rappresentanti dell'UNESCO a Parigi, 2 giugno 1980.

sovietiche hanno ora riabilitato la genetica mendeliana), ma anche nei libri e nei sermoni dei fondamentalisti cristiani.

La guerra contro Wilson in particolare e contro tutta la ricerca scientifica sul comportamento geneticamente indotto è passata troppo spesso dalle parole agli atti, spesso piuttosto sordidi. Lo stesso Wilson fu minacciato fisicamente e inzuppato d'acqua durante una conferenza. William Shockley ha subito l'interruzione di alcune sue lezioni universitarie da parte di radicali bianchi e neri. H. J. Eysenck è stato aggredito durante una conferenza a Londra e gli sono stati rotti gli occhiali. Richard Herrnstein, che non menzionava quasi mai la razza, fu continuamente molestato per aver proposto che una meritocrazia potesse derivare da accoppiamenti con un alto quoziente intellettivo. Edward Banfield, un urbanologo che aveva cose poco carine da dire sui ghetti, dovette sedersi in silenzio su un podio, mentre veniva minacciato da studenti di sinistra e di minoranza che ostentavano tirapugni. Le prove e le tribolazioni di Arthur Jensen saranno raccontate in un capitolo successivo. Le uniche affermazioni sulle differenze razziali che non provocano un'aspra reazione da parte dell'establishment intellettuale sono quelle che propongono la superiorità degli ebrei.

Man mano che l'ambiente dell'uomo diventa sempre più artificiale, il suo effetto sulla creazione e la perpetuazione delle differenze razziali è destinato a ridursi. L'ambiente umano sta diventando sempre più simile, soprattutto nelle aree altamente civilizzate dove una tecnologia comune, un sistema educativo comune, una rete di comunicazione comune e occupazioni comuni prescrivono uno stile di vita comune. Secondo la teoria dell'uguaglianza, le prestazioni e i livelli di rendimento delle diverse razze convergeranno con la convergenza dei loro ambienti. Di conseguenza, la prova suprema dell'ambientalismo potrebbe arrivare in un futuro non troppo lontano.

Nel frattempo, mentre le questioni sollevate dagli ereditari diventano ogni giorno più rilevanti, è difficile credere che si possa impedire ancora a lungo alla curiosità scientifica delle società più curiose del mondo di penetrare una delle frontiere più impegnative e più eccitanti della conoscenza. Va comunque tenuto presente che la metafisica dell'uguaglianza razziale, pur avendo finora fallito nel fornire soluzioni praticabili ai problemi più difficili dell'uomo moderno, accende ancora i cuori di decine di milioni di persone, alle quali si può perdonare il rifiuto di accettare la dura possibilità che la natura pratichi una forma di calvinismo razziale.

Poiché i fedeli sono certi di non rinunciare ai loro amati sogni egualitari senza combattere, è più probabile che ci sia un Galileo della genetica prima di un Newton.

CAPITOLO 4

Lo strato fisiologico della razza

È stato osservato che la razza inizia con la fisica. Per fornire un quadro più chiaro della fisiologia della razza, nella prima parte di questo capitolo verranno brevemente riassunti alcuni dei più noti sistemi di classificazione razziale. La seconda parte riguarderà i metodi di classificazione razziale dell'uomo della strada, il cui occhio dilettantesco ma attento è talvolta più perspicace in queste materie del freddo esame professionale dell'antropologo fisico. Secondo gli zoologi, le specie animali viventi sono ben più di un milione. L'uomo, *Homo sapiens*, è una di queste. La derivazione è la seguente: Regno animale; Phylum Chordata; Subphylum Vertebrata; Classe Mammalia; Ordine Primati; Famiglia Hominidae; Genere *Homo*; Specie *sapiens*.[49] Qui si ferma la zoologia e subentra l'antropologia. Dopo la specie viene la razza.

I tentativi seri di classificazione razziale sono iniziati quasi due secoli fa. La maggior parte di essi si è basata sul colore della pelle, ponendo l'accento sulle tre tonalità di pigmentazione più comuni e più evidenti: Bianco (caucasoide), Giallo (mongoloide), Nero (negroide). J. F. Blumenbach (1752-1840), il padre dell'antropologia fisica, decise che le razze brune (malesi) e rosse (amerindie) dovevano essere incluse nello spettro dei colori.[50] Utilizzando criteri quali la forma del naso, la statura e la forma della testa, oltre al colore della pelle, Joseph Deniker elaborò un sofisticato catalogo di diciotto razze.[51] A. L. Kroeber, professore di antropologia all'Università della California, aggiunse alle tre razze di base quattro razze: australoide, veddoide, polinesiana e ainu.[52] La raziologia di Carleton Coon è stata citata nel capitolo precedente. Uno o due antropologi hanno classificato le razze in base alla forma dei capelli: lisci, lanosi e ricci.[53] Basandosi su

---

[49] R. W. Hegner e K. A. Stiles, *College Zoology*, Macmillan. New York, 1959, pp. 2, 8.

[50] J. F. Blumenbach, *I trattati antropologici*, trans. Thomas Bendyshe, Longmans, Londra, 1865.

[51] Coon, *Le razze d'Europa*, pp. 281-82.

[52] A. L. Kroeber, *Anthropology*, Harcourt Brace, New York, 1948, p. 132.

[53] *Enciclopedia Britannica*, Vol. 18, pp. 864-65. Per ragioni proprie, la *Britannica ha* nascosto per anni i riferimenti alla sua 14a edizione. La data di copyright, 1963, è l'unico mezzo per identificare i volumi citati in questo studio. Nel 1974 la pubblicazione della 15ª edizione fu annunciata con grande clamore dal filosofo Mortimer Adler in qualità di

tratti genetici identificabili come i gruppi sanguigni, W. C. Boyd ha suddiviso l'uomo in tredici razze.[54]

Per quanto riguarda la classificazione razziale dei bianchi, la più popolare, se non la più accurata, è quella di William Z. Ripley, un importante antropologo americano le cui tre categorie meritano di essere notate per la loro influenza sulla formazione delle teorie razziali nella prima parte del secolo. Le razze bianche di Ripley, insieme ai loro "marcatori razziali" e alle patrie del Vecchio Mondo, sono elencate di seguito.[55]

NORDICO.[56] *Caratteristiche fisiche*: testa lunga, viso stretto o ellittico, carnagione chiara, capelli castano chiaro o biondi, occhi chiari, naso stretto, lineamenti regolari, corporatura alta e snella. Habitat del Vecchio Mondo: Scandinavia, Germania settentrionale, Paesi Bassi, Scozia, Inghilterra. Esistono anche popolazioni nordiche sparse in Irlanda, Belgio, Francia settentrionale, Germania centrale e meridionale, Svizzera, Austria, Polonia e Russia nordoccidentale (compresi gli Stati baltici).

ALPINO. *Caratteristiche fisiche*: testa rotonda, viso largo, capelli e occhi castani, carnagione rossiccia, corporatura robusta, altezza media. Habitat del Vecchio Mondo: Irlanda, Belgio, Francia, Germania, Svizzera, Italia settentrionale, Europa centrale, paesi di lingua slava.

MEDITERRANEO. *Caratteristiche fisiche*: testa lunga, viso sottile, capelli e occhi marrone scuro, carnagione olivastra, lineamenti regolari, altezza medio-piccola. Habitat del Vecchio Mondo: Portogallo, Spagna, Francia meridionale, Italia meridionale, Grecia, Medio Oriente, Nord Africa, isole del Mediterraneo.

Molti antropologi, sia prima che dopo Ripley, svilupparono classificazioni più complicate, più sottili e spesso contraddittorie per la parte bianca dell'umanità. Carleton Coon, che aggiunse altre sette razze bianche alle tre di Ripley, si soffermò in particolare sugli Alpini, sottolineando non solo le

---

presidente del comitato di redazione. Rivista nel 1985, la 15ª edizione comprende 32 volumi.

[54] Coon, *Le razze viventi dell'uomo*, pp. 18-19.

[55] W. Z. Ripley, *The Races of Europe*, Appleton, New York, 1910, capitolo 6.

[56] La maggior parte degli antropologi contemporanei è diffidente nei confronti di queste denominazioni razziali. Quando le usano, precisano che si riferiscono a frequenze e medie, consapevoli dell'ampia sovrapposizione razziale che rende la classificazione delle razze bianche così difficile e frustrante. Nel linguaggio antropologico corrente, un nordico significa semplicemente un individuo che possiede più tratti nordici che alpini o mediterranei. Dopo millenni di mescolanza razziale, è difficile trovare razze pure, anche se esistono ancora molti individui che si avvicinano molto ai modelli razziali idealizzati.

loro dissomiglianze fisiche, ma anche la loro diversa origine nel tempo e nel luogo. Secondo Coon e diversi antropologi europei, gli alpini discendono da razze del Paleolitico superiore che si sono ritirate nelle aree remote e nei rifugi montani dell'Europa all'arrivo degli invasori neolitici (nordici e mediterranei). Secondo Coon l'alpino rappresenta il riemergere del vecchio europeo, una reincarnazione razziale sempre più frequente e apparentemente favorita dall'urbanizzazione.[57]

Di particolare interesse per gli americani è la ricerca etnologica di E. A. Hooton, che ha proposto nove distinte divisioni razziali per la popolazione bianca degli Stati Uniti. Nell'elenco che segue sono riportate solo le razze, i loro tratti fisici e i loro punti di origine europei.[58] La loro distribuzione quantitativa è riportata nel Capitolo 8.

NORDICO-MEDITERRANEO. Testa lunga, occhi chiari e capelli scuri o occhi scuri e capelli chiari. *Habitat del Vecchio Mondo*: Isole britanniche.

NORDICO-ALPINO. Testa rotonda con un'alta concentrazione di biondismo o di tratti nordici e corporatura. *Habitat del Vecchio Mondo*: Terre slave, Germania, Francia.

PREVALEMENTE NORDICA. Non si tratta di un nordico puro. *Habitat del Vecchio Mondo*: Gran Bretagna, Scandinavia.

DINARICO. Testa rotonda, naso stretto, con grande varietà di pigmentazione. *Habitat del Vecchio Mondo*: Scozia, Francia, Germania, Polonia, Vicino Oriente.

CELTICO. Testa lunga, capelli rossi o rossicci con occhi blu, o capelli scuri con occhi blu. *Habitat del Vecchio Mondo*: Irlanda meridionale.

MEDITERRANEO PURO. Testa lunga, occhi scuri, capelli scuri. *Habitat del Vecchio Mondo*: Portogallo, Spagna, Italia.

BALTICO ORIENTALE. Teste rotonde di colore biondo puro con naso corto e largo. *Habitat del Vecchio Mondo*: Germania, Polonia, Russia.

---

[57] Coon, *Le razze d'Europa*, pp. 220, 289-93, 510, 560.

[58] E. A. Hooton, *Twilight of Man*, G. P. Putnam, New York, 1939, pp. 203-210. La classificazione di cui sopra si basa sugli studi fisici di circa 29.000 maschi americani adulti effettuati dal Museo antropologico di Harvard.

ALPINO PURO.[59] Capelli scuri, occhi scuri, teste rotonde con naso largo. *Habitat del Vecchio Mondo*: Francia, Spagna, Portogallo, Polonia, Balcani, Vicino Oriente.

NORDICO PURO. Testa lunga, capelli biondo cenere o dorati, occhi azzurri o grigi puri. *Habitat del Vecchio Mondo*: Gran Bretagna, Scandinavia.

La terminologia formale delle razze di Hooton non è affatto penetrata nell'idioma popolare. Sebbene il profano medio possa essere d'accordo in linea di principio con alcune delle ampie categorie razziali dell'antropologo professionista, ricorre a una nomenclatura più breve. Per l'americano comune, Mediterraneo è il nome di un mare e non ha alcun significato razziale. Il sinonimo popolare di Mediterraneo, nel suo senso antropologico, è "latino". "Di aspetto straniero", un termine ancora più ambivalente, descrive anche l'americano che ha una colorazione della pelle, dei capelli e degli occhi più scura della media. Ma non una colorazione troppo scura! Il nero americano non è "straniero".

Gli antropologi dilettanti non hanno paura di suddividere i latini. Quando qualcuno viene percepito come "dall'aspetto italiano" o "dall'aspetto spagnolo", significa che le persone di origine italiana o greca possono presumibilmente essere riconosciute a vista. Altri tentativi popolari di identificare i mediterranei, sia per gruppo di nazionalità che per razza, sono indicati da parole come "wop" (italiano), "dago" (spagnolo o italiano) e "spic" o "greaser" (applicato a tutti i latini e al meticcio messicano parzialmente mediterraneo). Occasionalmente anche gli indiani d'America vengono classificati come latini dagli abitanti delle città e dei sobborghi che non si sono mai avvicinati a una riserva.

Alpino è un altro termine razziale mai utilizzato dal grande pubblico. L'operaio della catena di montaggio, tarchiato e con la testa rotonda, proveniente dall'Europa centrale e orientale e il barista con il collo a botte dell'Irlanda[60] sono tipi razziali troppo sfumati per meritarsi una categoria speciale nell'antropologia popolare. Possono ancora avere l'aspetto contadino dei loro antenati del Vecchio Mondo, ma non hanno più un'occupazione contadina. In generale, la classificazione popolare degli alpini negli Stati Uniti si è limitata a termini gergali localizzati come

---

[59] Hooton, a differenza di molti suoi colleghi, non suddivide la sua categoria di alpino per includere l'*armenoide*, l'ibrido alpino-mediterraneo dalla testa scura e rotonda dell'Europa orientale-sudorientale e del Medio Oriente.

[60] Un esemplare di razza alpina. L'irlandese americano con i capelli rossi e le lentiggini e la collegiale con gli occhi azzurri hanno molti geni nordici.

"Bohunks" e "Polacks", espressioni spesso denigratorie e basate in gran parte sulle origini nazionali e geografiche.

Il termine "nordico" è l'unica designazione razziale bianca degli antropologi professionisti ad aver trovato spazio nel linguaggio comune. Sebbene il termine sia applicato più frequentemente agli scandinavi, molti americani, in particolare le star del cinema bionde e saline, sono descritti come "dall'aspetto nordico". Ma a causa della sua frequente associazione con la teoria hitleriana di una razza dominante, il termine nordico è usato con una certa parsimonia. Un sostituto poco lusinghiero e impreciso è l'acronimo WASP (White Anglo-Saxon Protestant), oggi un'etichetta comune per gli americani con una preponderanza di tratti fisici nordeuropei, sebbene milioni di americani onesti non siano né protestanti né anglosassoni. Poiché, dal punto di vista razziale, non esistono anglosassoni non bianchi, un acronimo meno ridondante e altrettanto pungente sarebbe ASP.

Maggioranza è un altro termine di crescente importanza nel dizionario razziale americano. Praticamente ignorata dagli antropologi professionisti, la Maggioranza americana comprende gli elementi nordici, alpini, nordico-alpini e nordico-mediterranei della popolazione, distinti dagli elementi mediterranei e di colore più scuri. È ben lontana dall'essere un'autentica razza, ma contiene tracce dimostrabili di una norma fisica "americana". Quando viaggiano all'estero, i membri della Maggioranza "sembreranno americani" alla popolazione locale, alla quale i cittadini americani di estrazione mediterranea, orientale o negra non sembreranno "americani". Persino sul fronte interno - tra gli scolari con la testa di cavallo della cintura agricola del Midwest, tra gli ufficiali dell'aeronautica, i piloti di linea e gli astronauti, tra gli sciatori, i surfisti, i giocatori di polo e i membri degli yacht club - ci sono persone che appaiono più "americane" di altre, il che significa che rientrano nei parametri razziali del modello fisico della Maggioranza. Se c'è un tipo razziale americano in divenire, quasi certamente emergerà dal pool genetico della Maggioranza.[61]

L'antropologia professionale è tanto riluttante a estendere il riconoscimento razziale alla Maggioranza americana quanto a conferire lo status di razza agli ebrei americani. Non un antropologo fisico su cento ammette l'esistenza di una razza ebraica, sebbene Carleton Coon abbia riscontrato una certa uniformità nell'indice cefalico, nella struttura facciale e nella colorazione tra gli ebrei russi e polacchi, che rappresentano l'80% della popolazione ebraica americana.[62] Alcuni etnologi hanno rilevato una certa "nostrilità" negli ebrei,

---

[61] Per la scoperta da parte di Wyndham Lewis di un tipo fisico americano "super-europeo", si veda il capitolo 12, La profezia estetica.

[62] *Le razze d'Europa*, pp. 643-44.

ma negano che esista un insieme unico di espressioni facciali e gesti ebraici.[63] "Sebbene gli ebrei in Europa", scrive C. D. Darlington, "abbiano sempre frequenze di gruppi sanguigni diverse dalle popolazioni cristiane che li circondano, si discostano dalle frequenze medie ebraiche in direzione di queste popolazioni".[64]

Storicamente, gli ebrei erano semiti e appartenevano al ramo del Vicino Oriente della razza mediterranea. Molti ebrei sefarditi conservano ancora i tratti fisici del Vicino Oriente, spesso caratterizzati come ebrei negli Stati Uniti perché solo di recente c'è stato un grande afflusso di arabi. Molti ebrei dell'Europa settentrionale e centrale, compresi alcuni sefarditi che si sono trasferiti in Olanda dopo l'espulsione dalla Spagna nel 1492, possiedono alcuni tratti nordici e una certa dose di biondismo. Gli ebrei dell'Europa orientale, che presentano anche occasionalmente segni di colorazione chiara, sono razzialmente distanti dai sefardim dalla pelle olivastra e dalla testa lunga dell'area mediterranea. Le loro teste rotonde derivano probabilmente dall'incrocio con armenoidi e slavi alpini.

Uno dei racconti più inflazionati attribuisce l'origine degli Ashkenazim (ebrei dell'Europa orientale) alla conversione all'ebraismo della tribù turca dei Khazar nell'VIII secolo. Arthur Koestler, romanziere e saggista, che nella sua vita ha attraversato l'intero spettro ideologico, dall'attivista del partito comunista al vitalismo, ha scritto un intero libro sull'argomento.[65] Incuriosito dalla leggenda, A. E. Mourant, specializzato nell'analisi dei gruppi sanguigni, ha testato migliaia di ebrei in Europa, Nord Africa e Medio Oriente ed è giunto alla conclusione che un ceppo di omogeneità genetica attraversa l'ebraismo, ma non un ceppo khazar. Anche in Russia, Mourant ha trovato pochissime prove di aggiunte khazar al pool genetico ebraico o non ebraico. Ciò che Mourant e due collaboratori hanno scoperto è che gli ebrei nel loro complesso presentano una commistione del 5-10% di geni negri, che potrebbero aver acquisito durante il loro soggiorno nell'antico Egitto o in seguito a un incrocio con popolazioni nordafricane.[66] Un altro argomento a favore di una biologia ebraica comune è rappresentato da una

[63] George Eaton Simpson e J. Milton Yinger, *Racial and Cultural Minorities*, Harper, New York, Revised Edition, 1958, pagg. 57-59.

[64] Darlington, *L'evoluzione dell'uomo e della società*, pp. 467-68.

[65] Arthur Koestler, *La tredicesima tribù*, Random House, New York, 1976.

[66] A. E. Mourant, *The Genetics of Jews*, Clarendon Press, Oxford, 1978. Se Mourant ha ragione, gli antisionisti che sostengono che i sionisti non hanno legami biologici con la Palestina si sbagliano. L'argomento secondo cui David Ben-Gurion, Golda Meir e Menachem Begin sarebbero discendenti di khazari non ebrei deve essere abbandonato.

serie di malattie genetiche specificamente ebraiche: Tay-Sachs, Niemann-Pick e Guacher.

Qualunque sia il verdetto biologico, una parte consistente dell'opinione pubblica americana, così come molti ebrei stessi, continua a considerare gli ebrei come una razza separata e distinta. Basano il loro giudizio sui riferimenti biblici a un'origine storica ebraica comune e su varie serie di tratti fisici che hanno un'incidenza maggiore tra gli ebrei che tra i membri di qualsiasi altro gruppo della popolazione americana. La concentrazione degli ebrei nelle occupazioni più visibili e la loro incontenibile solidarietà di gruppo alimentano molto l'idea popolare di razza ebraica.

Nella classificazione dei gruppi di popolazione mongoloidi negli Stati Uniti, antropologi dilettanti e professionisti si dividono ancora una volta. Il grande pubblico considera gli Indiani d'America una razza a sé stante, in linea con il tradizionale atteggiamento dei bianchi nei confronti dell'"uomo rosso", ma gli antropologi fisici li inseriscono nella più ampia categoria razziale dei Mongoloidi.[67] Per l'uomo della strada, la razza mongoloide è la razza gialla ed è composta interamente da orientali - cinesi, giapponesi e altri asiatici orientali - che "si assomigliano tutti", presumibilmente perché le tecniche popolari di identificazione dei mongoloidi non vanno molto oltre l'occhio obliquo (piega epicantica).[68] Gli antropologi professionisti collocano anche gli eschimesi e i polinesiani in generale nella nicchia razziale mongoloide, pur riconoscendo la presenza australoide nel background razziale polinesiano.[69] I non professionisti spesso considerano gli eschimesi e il numero sempre minore di polinesiani puri, soprattutto hawaiani, come appartenenti a razze separate.

Nelle aree più oscure della tavolozza razziale, antropologi professionisti e popolari sono di nuovo in disaccordo. I primi stimano che il contributo dei bianchi alla composizione genetica dei negri americani vada da un minimo del quattro per cento in alcune aree del Sud a un massimo del ventisei per cento a Detroit.[70] Il pubblico ha adottato un approccio meno sofisticato,

---

[67] Ai tempi della frontiera, a causa della loro pittura di guerra e del riflesso del sole sulla loro pelle molto tonica, gli indiani erano chiamati uomini rossi. Da qui il concetto di razza rossa, un'eccessiva semplificazione etnologica che fu poi abbandonata. In realtà, il colore della pelle degli indiani varia dal giallo chiaro al mogano. Coon, *Le razze viventi dell'uomo*, p. 153.

[68] Gli americani che hanno avuto esperienze dirette in Estremo Oriente o che hanno vissuto alle Hawaii o a San Francisco hanno imparato a rilevare alcune differenze razziali tra i mongoloidi, in particolare la colorazione più scura degli asiatici del sud-est.

[69] Coon, *op. cit.*, pp. 138, 184, 294.

[70] Baker, *Race*, pp. 228-31.

designando semplicemente come negro chiunque abbia il minimo tocco di pennello. Tranne che in alcune grandi città, dove hanno ottenuto uno status razziale distinto, le razze più scure dei portoricani sono generalmente etichettate come negre, anche quelle che hanno più geni mediterranei che negri. Lo stesso trattamento poco rigoroso viene spesso riservato a molti messicani, che sono un mix razziale amerindiano-mediterraneo e non hanno un solo gene negro nel loro DNA. In generale, la sensibilità alla colorazione della pelle è così grande che la maggior parte dei bianchi americani chiamerebbe negro un indù di alta casta, che possiede un viso stretto, un naso lungo e altri tratti aristocratici, a causa della tonalità della sua epidermide.

Le principali variazioni nelle classificazioni razziali popolari e professionali della popolazione americana sono riassunte nella tabella della pagina successiva, una tabella pensata per sottolineare e ribadire l'importanza preponderante che alcuni antropologi e quasi tutti i profani attribuiscono al colore della pelle.

SPETTRO DI PIGMENTAZIONE

COLORE DELLA PELLE	Bianco chiaro	Bianco	Bianco scuro	Da giallo a mogano	Da marrone chiaro a nero
ANTROPOLOGIA FISICA	Nordico Nordico-Alpino Keltico Nordico-Mediterraneo	Alpino Baltico orientale Dinarico	Mediterraneo Armenoide	Mongoloide	Negro Mulatto
ANTROPOLOGIA POPOLARE	Vespa bianca Anglo		Latino	Messicano Chicano Latino Orientale Indiano	Negro colorato Nero

La denominazione di ispanico, adottata da molte agenzie federali, è un termine generico per le varie miscele mediterranee, mongoloidi e negre delle popolazioni di lingua spagnola e portoghese dell'emisfero occidentale.

Ampiamente approssimativo e tutt'altro che rigoroso nella presentazione dell'amalgama razziale americano, Lo spettro della pigmentazione, oltre a illustrare il metodo spettroscopico di identificazione razziale, serve a chiarire graficamente quelle che sembrano essere le quattro regole cardinali delle relazioni razziali e del galateo razziale americano:

a) Quanto più le razze sono distanti nello spettro, tanto più i loro membri si comporteranno in modo razzista e si tratteranno come stereotipi piuttosto che come individui.

b) Più le razze sono vicine nell'area bianca dello spettro, più facilmente i loro membri possono sommergere o ignorare la loro differenza razziale, fino a rivendicare la stessa affiliazione razziale.

c) Quanto più una razza si trova a destra dello spettro, tanto più si discosta dalla norma fisica americana definita dai parametri razziali della maggioranza. In questo senso, lo spettro funge da "misuratore di assimilazione". Con un'importante eccezione, gli ebrei, più le razze differiscono dalla maggioranza per il colore della pelle, meno possibilità hanno i loro membri di assimilarsi.

d) Più le razze sono distanti nello spettro, più i membri di una razza accentueranno le differenze di colore dell'altra. I bianchi troveranno i latini più scuri, gli orientali più gialli e i negri più neri di quanto non siano in realtà. Al contrario, i membri delle razze di colore penseranno che i bianchi siano molto più chiari di quanto la loro pigmentazione meriti.

La regola (a) si riferisce all'ampio uso che il cittadino comune fa degli stereotipi nella classificazione razziale. Gli stereotipi, che sono la rovina dell'antropologia professionale, si presentano spesso in coppia: la versione idealizzata della propria razza e la caricatura della razza dell'altro. Il grado di caricatura può dipendere dal grado di tensione tra due razze in un determinato momento.

Nei sobborghi di Philadelphia, ad esempio, la famiglia Main Line di antico lignaggio americano può identificarsi con lo stereotipo nordico del biondo alto e bello, dai lineamenti regolari, occhi chiari, sopracciglia elevate e testa lunga. Nel centro di Philadelphia, i negri possono avere un'immagine diversa dei loro vicini della Main Line. Il collo è più spesso, la testa più rotonda, la corporatura più tozza. Labbra crudeli, occhi freddi e un'espressione gelida conferiscono un aspetto quasi brutale. La bestia bionda o bruna al posto del principe azzurro.

Gli stereotipi alpini, molti dei quali importati dal Vecchio Mondo, spaziano (a seconda di chi li fa) dal borghese gonfio di Milwaukee a Babbo Natale, dal camionista con le braccia spesse e la faccia piatta alla cameriera matta. Gli stereotipi latini si dividono tra gangster smorfiosi e valentiniani animati, carmelitani e carmelitane.

Per molti non ebrei, l'ebreo è spesso un volgare plutocratico o una testa d'uovo occhialuta. L'ebreo stesso si aggrappa allo stereotipo di un Mosè aristocratico e bianco, di un geniale premio Nobel o di un sabra israeliano spavaldo. Ai negri piace identificarsi con atleti neri imponenti, predicatori carismatici, imperatori Jones e Pantere Nere armate di fucile. Molti bianchi, invece, non riescono a dissociare l'immagine del negro dallo zio Tom, dalla zia Jemima, da Stepin Fetchit, dagli scippatori urbani o dai capi cannibali a caccia di teste con le ossa nel naso.

Lo strato fisiologico della razza comprende anche il carattere e l'intelligenza, nella misura in cui tali tratti hanno un'origine genetica. Platone, che equiparava il bello al buono, sosteneva una relazione diretta tra aspetto fisico e condotta morale.[71] Ippocrate ha scoperto che le persone con la carnagione bionda erano "per disposizione e passioni altezzose e volitive".[72] Il famoso studio di Hansen sulle differenze temperamentali e caratteriali delle popolazioni chiare e scure della Norvegia fu citato da Havelock Ellis nel suo confronto tra il colore della pelle e le prestazioni.[73] Il dottor Morgan Worthy, psicologo della Georgia, ha dimostrato che le persone con gli occhi chiari sono più autoironiche, più inibite e meno reattive all'ambiente rispetto alle loro controparti con gli occhi scuri.[74]

La fronte bassa e la testa appuntita sono state a lungo accettate come segni di stupidità e imbecillità. Nell'Inghilterra elisabettiana esisteva un proverbio: "Testa molto rotonda, smemorato e stupido. Testa lunga, intelligente e attento".[75] Nell'Antonio e Cleopatra di Shakespeare (atto 3, scena 3), l'eroina chiede: "Hai in mente il suo viso? È lungo o rotondo?". Il messaggero risponde: "Rotondo fino al difetto". Cleopatra: "Per la maggior parte sono sciocchi anche quelli che lo sono". La scarsa opinione degli inglesi sul brachicefalismo può essere spiegata dal fatto che gli inglesi hanno una minore incidenza di teste rotonde rispetto a qualsiasi altra popolazione del Nord Europa.[76] I Roundheads di Cromwell erano così chiamati non per la forma della loro testa, ma per i loro tagli di capelli a scodella, che contrastavano nettamente con le lunghe e fluenti chiome dei Cavaliers.

Per quanto controversi o esagerati possano essere, gli stereotipi razziali che vanno oltre le caratteristiche fisiche superficiali non possono essere ignorati se forniscono indizi significativi sulle concezioni popolari delle differenze razziali. Un esempio è l'americano bianco medio di origine nordeuropea che considera se stesso e i "suoi simili" saggi, laboriosi, coraggiosi, devoti, onesti e timorati di Dio - nel complesso una combinazione un po' sgonfia di divino puritano, piantatore della Virginia e pioniere dell'Ovest. Nella scala dell'intelligenza valuta piuttosto bene gli orientali e gli ebrei, ma trova più astuzia che saggezza. I latini sono considerati frivoli, sessualmente volubili,

---

[71] Lisi, 216d, trad. it. J. Wright, I dialoghi raccolti di Platone.

[72] On Airs, Waters, and Places, trans. Francis Adams, Grandi Libri, Vol. 10, p. 18.

[73] A Study of British Genius, Houghton Mifflin, Boston, 1926, pagg. 306-7.

[74] Morgan Worthy, Eye Color, Sex and Race, Droke House/Hallux, Anderson, South Carolina, 1974.

[75] Thomas Hill, Storia piacevole, Londra, 1613.

[76] Coon, Le razze viventi dell'uomo, p. 399.

superficiali e inclini al crimine organizzato e al tradimento. Ritiene che gli indiani, i messicani e i negri siano stupidi, incostanti, impuri e troppo amanti dell'alcol e dei narcotici.[77]

In cambio, i latini e gli ebrei più sofisticati classificano il membro medio della Maggioranza come un filisteo arruffone, credulone e zotico, mentre si considerano gli eredi di una religione e di una cultura superiori. Per i gentili, gli ebrei sono spesso avari come Shylock, mentre loro si considerano estremamente caritatevoli. Gli indiani e i negri sono portati a considerare i bianchi come commercianti di cavalli senza freni, paragoni dell'insensibilità, specialisti del genocidio, Horatio Algers sessualmente repressi e Simon Legree con la frusta.

Molti di questi stereotipi si dissolvono e ne emergono di nuovi con il mutare dello status politico, economico e sociale degli americani. Poiché un cambiamento di status di solito avviene molto prima di un cambiamento di stereotipo, può volerci un po' di tempo prima che lo stereotipo pubblico raggiunga lo stereotipo pubblicizzato. In meno di un secolo, tuttavia, il banco dei pegni ebreo ha ceduto all'affettuosa supermamma ebrea; il negro scalcinato e ossequioso al campione di pugilato; l'irlandese ubriaco e attaccabrighe al prete gentile; il coolie fumatore d'oppio e col codino a Charlie Chan. I tratti ripugnanti, sia fisici che psicologici, che oggi vengono attribuiti ai nazisti e agli arabi, un tempo erano riservati agli "indicibili turchi". In molte produzioni televisive, cinematografiche e di Broadway l'eroe biondo è diventato il cattivo biondo.

Oggi gli stereotipi razziali sono oggetto di un attacco tanto forte quanto il razzismo stesso. Ma i più contrari agli stereotipi di solito hanno i loro, e alla fine tutto ciò che si ottiene è la sostituzione di una serie di stereotipi con un'altra. Piuttosto che concentrarsi sull'abolizione degli stereotipi - compito impossibile quanto l'abolizione della nostra innata tendenza a generalizzare - gli scienziati sociali potrebbero accoglierli come segnali istruttivi per lo studio del comportamento intergruppi. Hanno un pedigree impressionante, derivante non solo dai pettegolezzi, dalle dicerie e dalle profondità più basse della depravazione umana, ma anche dal folklore, dal mito, dalla religione, dalla letteratura, dall'arte e dalla musica. Alcune delle più sublimi espressioni della creatività dell'uomo hanno fatto un uso liberale ed esteso degli stereotipi razziali.

---

[77] L'affermazione di Medill McCormick secondo cui Theodore Roosevelt comprendeva la "psicologia del bastardino" rivela un altro atteggiamento comune degli americani di vecchio stampo nei confronti di tutti gli altri americani, bianchi o di colore. Richard Hofstadter, *The American Political Tradition*, Knopf, New York, 1949, p. 230.

Carleton Coon è uno dei pochi antropologi moderni che non si preoccupa troppo degli stereotipi: "Le etichette popolari e soggettive nella designazione delle razze, usate da persone ignare dell'esistenza dell'antropologia fisica, sono spesso più vere dei risultati esitanti di erudite peregrinazioni nel labirinto dei numeri".[78]

Per arrivare a una comprensione più ampia delle dinamiche razziali americane, è giunto il momento di entrare nel "labirinto dei numeri" e passare dagli aspetti qualitativi a quelli quantitativi della razza.

---

[78] *Le razze d'Europa*, p. 335.

PARTE II

Composizione razziale degli Stati Uniti

CAPITOLO 5

Immigrazione bianca

È vero che tutti gli americani, indiani compresi, sono immigrati o discendenti di immigrati. È altrettanto vero che tipi radicalmente diversi di immigrati sono arrivati in America per motivi radicalmente diversi. Si pensi all'indiano che attraversa il ponte terrestre delle Aleutine in cerca di cibo, al pellegrino che costruisce la sua città di Dio nelle terre selvagge del New England, al negro incatenato alla stiva di una nave negriera. Dai primi tempi coloniali fino a quasi la metà del XIX secolo, gli immigrati bianchi erano motivati dall'amore per la fama e l'avventura, dalla fame di terra, dalla ricerca di fortuna, dalla speranza di conservare ed espandere la propria identità religiosa,[79] dai dubbi sui governi dei loro Paesi d'origine e dai dubbi dei loro governi su di loro, dalla preoccupazione per la libertà,[80] e, forse soprattutto, dall'assillante ed endemica voglia di vagabondaggio del Nord Europa. Il flusso migratorio era composto da contadini, artigiani, commercianti e soldati di ventura, con una leggera spuma di aristocratici dissidenti e un sottile sedimento di galeotti. Anche se spesso lo si dimentica, molti dei primi immigrati bianchi avevano già goduto di una discreta prosperità nelle loro terre d'origine.[81] Laddove esisteva, la spinta economica era importante, ma era diretta più al guadagno economico che alla sicurezza economica.

La selezione naturale fu estremamente dura per l'avanguardia pionieristica. La metà *dei* passeggeri *della Mayflower* morì durante il viaggio o durante il primo anno di permanenza nel Massachusetts.[82] A Jamestown, la prima

---

[79] La motivazione religiosa non deve essere sopravvalutata. Solo una piccola percentuale dei primi coloni era membro della Chiesa (vedi capitolo 19). Uno dei motivi del passaggio transatlantico dei Padri Pellegrini era il timore che i loro figli e le loro figlie si sarebbero "sposati nel mondo" se avessero prolungato il loro periodo di esilio in quella che allora poteva essere descritta come l'"altalenante" Olanda.

[80] D. H. Lawrence sosteneva che i Puritani stavano scappando dalla libertà e non erano disposti a sopportare il crescente umanesimo dell'Inghilterra post-rinascimentale. Secondo Lawrence, c'era molta più tolleranza religiosa nell'Inghilterra che lasciarono che nella Nuova Inghilterra che fondarono. *Studies in Classical American Literature*, Viking Press, New York, 1964, pp. 3, 5.

[81] Alexis de Tocqueville, *De la démocratie en Amérique*, Gallimard, Paris, 1961, tomo 1, p. 31.

[82] Ellsworth Huntington, *The Character of Races*, Scribner's, N.Y., 1925, p. 304.

colonia inglese permanente in America, c'erano più di 500 coloni nel 1609. Un anno dopo non ne vivevano più di sessanta.[83] La mattina del 22 marzo 1622, un gruppo di guerrieri indiani si abbatté sugli insediamenti coloniali nel corso superiore del fiume James, in Virginia. In poche ore furono uccisi 347 bianchi, senza distinzione di età o sesso.[84] Altrove la carestia, le malattie, le incursioni indiane e i rigori della frontiera portarono avanti un'incessante opera di selezione, selezione e vaglio di un popolo che, fin dall'inizio, non era mai stato una sezione trasversale tipica degli inglesi o di qualsiasi altra popolazione del Vecchio Mondo.[85]

Nel 1689 il numero di bianchi nelle tredici colonie era di circa 200.000 persone. Nel 1754 era salito a un milione: 300.000 nel New England, 300.000 nelle colonie centrali, 400.000 nel Sud. Nel 1790, anno del primo censimento federale, le origini nazionali dei bianchi americani e la loro percentuale sul totale della popolazione bianca erano stimate come segue: inglesi (77), tedeschi (7,4), irlandesi (4,4), olandesi (3,3), francesi (1,9), canadesi (1,6), belgi (1,5), svizzeri (0,9), scandinavi (0,9), altri (1,1).[86]

Il carattere profondamente protestante dell'immigrazione bianca persistette fino agli anni Quaranta del XIX secolo, quando gli irlandesi, cacciati dalla peronospora delle patate, iniziarono ad attraversare l'Atlantico a centinaia di migliaia, insieme a grandi contingenti di europei centrali, compresi i rifugiati politici delle abortive rivoluzioni del 1848.[87] Sebbene il suo equilibrio religioso possa essersi leggermente spostato nei tre o quattro decenni successivi, con l'arrivo di 3 milioni di irlandesi e di milioni di cattolici continentali, gli Stati Uniti rimasero ancora in maggioranza di origine nordeuropea. I geni alpini, kelti e dinarici che erano stati iniettati nel flusso sanguigno americano erano di tipo chiaro e i pochi tratti razziali irlandesi e centroeuropei che erano in contrasto con le norme fisiche nordeuropee non

---

[83] William W. Sweet, *The Story of Religion in America*, Harper, N.Y., 1939, pp. 42, 51.

[84] Ibidem, p. 34.

[85] I puritani provenivano in gran parte dall'Anglia orientale, una delle regioni più bionde dell'Inghilterra. Ellis, A Study of British Genius, nota a piè di pagina, p. 39. I processi selettivi erano in atto in tutte le fasi dell'immigrazione. Gli immigrati polacchi, ad esempio, erano più alti e più magri dei polacchi rimasti in patria. Coon. *The Races of Europe*, p. 565.

[86] I dati sulla popolazione riportati in questo paragrafo sono tratti da Morris Davie, World Immigraton, Macmillan, N.Y., 1949, p. 21. Dati percentuali tratti da *Immigration Quotas on the Basis of National Origin*, Senate Document 259, 70° Congresso.

[87] Gli irlandesi cattolici vanno distinti dagli scozzesi protestanti, un gran numero dei quali era originario delle pianure della Scozia e si era poi trasferito nell'Irlanda del Nord. Circa 200.000 scozzesi arrivarono nei cinquant'anni precedenti l'indipendenza americana. Davie, op. cit., pp. 21-24.

si scontravano nell'area critica del colore della pelle. Ciononostante, i vecchi immigrati organizzarono un attacco criptorazziale su larga scala contro i nuovi vecchi immigrati, soprattutto gli irlandesi, che in un revival di roboanti polemiche della Riforma furono accusati di "paternità".[88]

Molto prima che la vecchia immigrazione giungesse al termine, i discendenti dei coloni originari iniziarono una nuova migrazione di massa che li portò nella parte occidentale di New York e nel Midwest, infine in Texas e nel Far West, e che privò la Nuova Inghilterra di metà dei suoi anglosassoni. Fu questa migrazione, storicamente importante quanto quella dall'Inghilterra al New England, a fissare un'impronta razziale duratura su gran parte degli Stati Uniti trans-appalachiani.[89]

Gli anni Ottanta del XIX secolo segnarono l'inizio della Nuova Immigrazione, che portò milioni di ebrei, slavi, italiani e altri europei orientali e meridionali. Questa volta il carattere dell'immigrazione bianca, che era cambiato molto lentamente per quasi mezzo secolo, subì una rapida e profonda trasformazione. La maggior parte dei nuovi immigrati erano mediterranei bruni e olivastri o appartenevano alle divisioni più scure della razza alpina. La maggior parte era venuta per sfuggire alla fame, non per rischiarla, per affollare le città, non per dissodare le terre. I vecchi immigrati erano stati più che disposti a barattare la sicurezza con l'insicurezza. I nuovi arrivati avevano priorità inverse. Entrambi i gruppi erano pieni di sogni, ma i nuovi immigrati erano più banali. Che sia colpa della genetica, dell'ambiente o di entrambi, i tratti mentali dei tipi di Vecchi e Nuovi Immigrati erano spesso in netto contrasto con le loro caratteristiche fisiche.

L'ultima manifestazione organizzata a livello nazionale di quella che potrebbe essere definita la solidarietà dei vecchi immigrati fu il tentativo di arginare l'ondata della nuova immigrazione che culminò nella legge sull'immigrazione del 1924. L'immigrazione totale dall'Europa fu limitata a circa 150.000 persone all'anno, rispetto al record di 1.285.000 arrivi del 1907.[90] Inoltre, la legislazione era selettiva dal punto di vista razziale, in quanto ai Paesi europei venivano assegnate quote in base al loro contributo

---

[88] Il Partito Americano, i cui membri erano chiamati Know Nothings dai loro avversari politici, contava quarantatré rappresentanti, cinque senatori e sette governatori di Stato poco prima dello scoppio della Guerra Civile. L'urgenza crescente della questione della schiavitù, tuttavia, ha giocato a sfavore di un partito politico che, oltre alla sua inclinazione protestante, stava tracciando sottili distinzioni razziali tra i bianchi. Ibidem, p. 88.

[89] Stewart Holbrook, *The Yankee Exodus*, Macmillan, New York, 1950, p. 4.

[90] L'immigrazione totale dall'Europa meridionale e orientale nel periodo 1820-1930 è stata di 13.944.454 persone.

relativo alla popolazione americana a partire dal 1920.[91] Secondo i piani del Congresso, la piccola quantità di immigrazione ancora in arrivo doveva essere ponderata a favore della matrice razziale nordeuropea.

Ma gli eventi hanno seguito un corso diverso. Molti Paesi del Nord Europa lasciarono le loro quote parzialmente inutilizzate o le riempirono con persone in transito da altre parti d'Europa. Il Congresso e le Presidenze hanno concesso deroghe ai rifugiati antinazisti e anticomunisti, agli sfollati della Seconda Guerra Mondiale e a 120.432 "spose di guerra", molte delle quali asiatiche.[92] (Circa 290.000 ebrei europei, in gran parte sopravvissuti ai campi di concentramento, arrivarono negli Stati Uniti tra il 1933 e il 1954.[93] Alla fine degli anni Cinquanta a loro si aggiunsero circa 50.000 ungheresi, arrivati dopo il fallito tentativo di scrollarsi di dosso il dominio sovietico. Nel 1965, quasi 10 milioni di immigrati legali erano giunti in America con il sistema delle quote.[94]

Sia per quanto riguarda la tipologia che il numero, gli immigrati che arrivarono con il sistema delle quote violarono la lettera e l'intento delle leggi sull'immigrazione del 1921 e del 1924. L'obiettivo primario di questa legislazione era stato quello di preservare il profilo razziale degli Stati Uniti così come era stato definito e difeso dai Padri Fondatori[95] e come era diventato "fisso" alla fine del XIX secolo. Era troppo tardi per leggi che permettessero a una casta privilegiata di nordici dai capelli chiari di dominare su uno strato inferiore di schiavi neri e di bianchi etnici. Ma non era troppo tardi perché il Congresso impedisse al nucleo razziale dell'Europa settentrionale di essere fisicamente e culturalmente sommerso dalle continue migrazioni di massa degli europei del Sud e dell'Est. Le quote basate sulle

---

[91] Davie, op. cit., p. 377.

[92] *Ency. Brit.*, Vol. 15, pp. 467-68.

[93] James Yaffe, *The American Jews*, Random House, New York, 1968, p. 8.

[94] Statistical Abstract of the U.S., 1969, p. 91.

[95] Washington si opponeva a un'immigrazione senza restrizioni perché voleva proteggere il "carattere americano". Jefferson temeva che, poiché la maggior parte dell'immigrazione europea sarebbe dovuta provenire dall'Europa centrale, meridionale e orientale, i nuovi arrivati avrebbero importato con sé le idee e i principi di governo assoluto sotto i quali loro e i loro antenati avevano vissuto per tanti secoli. Charles Beard, *The Republic*, Viking Press, New York, 1962, pp. 10-11. Un argomento contro l'immigrazione era che essa limitava l'aumento naturale della popolazione autoctona. Secondo la "legge di Walker", che ipotizza che la fecondità dei gruppi indigeni sia ridotta dalla concorrenza degli immigrati, i 3,5 milioni di bianchi americani del 1790 sarebbero aumentati fino a raggiungere un numero equivalente alla popolazione odierna se la Costituzione avesse vietato ogni immigrazione. Madison Grant, *The Conquest of a Continent*, Scribner's, New York, 1933, p. 276.

origini nazionali riuscirono temporaneamente a realizzare quello che potrebbe essere descritto come il Grande Disegno del Congresso. La preponderanza dell'Europa settentrionale è stata salvaguardata in ambito politico, economico e culturale. Ma dopo la fine della Seconda guerra mondiale l'immigrazione divenne più che un rivolo, e la maggior parte di essa era composta proprio dagli elementi razziali che il Congresso aveva cercato di impedire.

Sebbene il sistema delle quote, è superfluo sottolinearlo, sia sempre stato una piaga per le organizzazioni liberali e delle minoranze, fu un oltraggio per coloro che credevano sinceramente nell'uguaglianza razziale e un ostacolo per coloro che cominciavano a promuovere forme di razzismo diverse da quelle nordeuropee. Nel 1965, piegandosi un po' vigliaccamente a uno sforzo di lobbying senza precedenti che stava raccogliendo slancio da più di mezzo secolo, il presidente Lyndon Johnson firmò una nuova legge sull'immigrazione che manteneva il sistema delle quote, ma ne cambiava radicalmente la natura. Le disposizioni sulle origini nazionali, tanto odiose alle forze liberali di minoranza, furono abolite e l'immigrazione fu limitata a: parenti di cittadini americani e residenti permanenti (74%); membri di professioni e altre persone di "eccezionale capacità" (10%); lavoratori qualificati e non qualificati certificati dal Segretario del Lavoro (10%); rifugiati da persecuzioni politiche o calamità nazionali (6%). La prima categoria, che ha escluso tutte le altre, è stata subito dominata da coniugi e figli non sposati di immigrati provenienti da Grecia, Italia e Filippine.[96] Per quanto riguarda i numeri, è stato fissato un tetto massimo annuale di 170.000 e 120.000 immigrati provenienti rispettivamente dall'emisfero orientale e occidentale, imponendo così per la prima volta una quota a canadesi e latinoamericani.[97]

Quando la legge sull'immigrazione di Johnson fu presentata al Senato, furono espressi solo diciotto voti contrari, tutti da parte di senatori del Sud, i cui collegi elettorali contenevano la più grande concentrazione di bianchi di vecchio stampo attenti al colore.[98] Il grande dibattito sull'immigrazione, che era diventato il grande dibattito razziale, era finito, almeno per quanto riguarda la tipologia degli immigrati. Su indicazione di un presidente di origine britannica, di mentalità sudista e nato in Texas, il Congresso aveva deciso che i discendenti dei britannici e di altri europei del Nord, che avevano

---

[96] *New York Times*, 31 agosto 1970, pp. 1, 37. Tra il 1900 e il 1980 gli Stati Uniti hanno ricevuto 30 milioni di immigrati legali e hanno perso 10 milioni di emigranti. Population Reference Bureau, citato nel *Pittsburgh Post-Gazette*, 3 maggio 1988.

[97] Un emendamento del 1976 alla legge sull'immigrazione ha esteso il limite di non più di 20.000 immigrati per paese del Vecchio Mondo ai paesi del Nuovo Mondo.

[98] *Time*, 1 ottobre 1965, p. 27.

creato e impresso la loro impronta culturale agli Stati Uniti, non meritavano più protezione legislativa.[99]

Dopo l'entrata in vigore della legge del 1965, l'immigrazione bianca cominciò a diminuire. Fanno eccezione coloro che richiedono lo status di rifugiati: circa 400.000 ebrei provenienti dall'Europa attraverso Israele e 250.000 ebrei direttamente dall'Unione Sovietica (prima e dopo la sua dissoluzione).

Nel 1991 il presidente Bush ha firmato una legge modificata sull'immigrazione che ha portato il numero di immigrati, esclusi i rifugiati e altri casi speciali, a 700.000 all'anno, con la maggior parte dei posti destinati ai familiari dei nuovi cittadini.

Gli immigrati bianchi continuano ad arrivare in America. Alcuni Paesi europei e il Canada lamentano una fuga di cervelli. Tuttavia, come vedremo nel prossimo capitolo, l'immigrazione bianca negli ultimi decenni è stata poco più di una goccia nel secchio genetico dell'immigrazione totale, legale e illegale, che, come ammettono liberamente e supinamente i leader governativi, è ormai fuori controllo.

---

[99] Il rappresentante Emanuel Celler di New York è stato uno dei più forti oppositori della legge sull'immigrazione del 1924, spesso chiamata Johnson Act, dal nome di Albert Johnson, presidente della commissione per l'immigrazione della Camera. Celler visse abbastanza a lungo da essere lo sponsor della legge del 1965, solitamente e ironicamente intitolata legge Kennedy-Johnson.

CAPITOLO 6

Immigrazione non bianca

G LI INGLESI hanno dato inizio alla Vecchia Immigrazione, gli indiani, arrivati circa 20.000 anni prima, hanno dato inizio a quella che si potrebbe definire l'Immigrazione Preistorica. Si stima che nel 1500 vi fossero 850.000 indiani entro i limiti geografici degli attuali Stati Uniti continentali e del Canada.[100] Nel 1770 gli abitanti indiani dell'area occupata dalle tredici colonie erano stati in gran parte sterminati, sfrattati o isolati. Durante e dopo la conquista dell'Ovest, gli indiani furono collocati in riserve. A un certo punto il loro numero totale potrebbe essersi ridotto a meno di 250.000.[101]

La migrazione mongoloide in Nord America - gli Amerindi possono essere classificati come propaggini della razza mongoloide - è stata ripresa dopo una ventina di millenni con l'arrivo dei coolies cinesi in California. Prima lavorarono nelle miniere d'oro, poi aiutarono a costruire la parte occidentale delle ferrovie transcontinentali. Chiamati in modo dispregiativo Chinamen e Chinks, i cinesi e le loro usanze esoteriche suscitarono le reazioni dei bianchi locali. Di tanto in tanto le legislature degli Stati occidentali e il Congresso cercarono di contenere il loro numero con atti di esclusione. Nel 1890 i cinesi erano 107.000.

L'immigrazione giapponese iniziò solo dopo la guerra civile e non raggiunse mai le proporzioni di quella cinese. Nel 1907 fu interrotta dal "Gentleman's Agreement" stipulato con il Giappone da Theodore Roosevelt. Dopo la prima guerra mondiale, l'immigrazione asiatica era una tale rarità che la quota annuale di 100 stabilita per la Cina e il Giappone dalla legge sull'immigrazione del 1924 si tradusse in un aumento del numero di immigrati legali provenienti da questi due Paesi.[102]

Non stranieri secondo la terminologia della legge del 1924, i filippini furono in seguito designati così dal Congresso. Nel 1930 circa 45.000 persone erano giunte negli Stati Uniti. Quando le Filippine ottennero l'indipendenza nel

---

[100] *Our American Indians at a Glance*, Pacific Coast Publishers, Menlo Park, Calif., 1961, p. 6.

[101] Negli ultimi decenni la popolazione indiana ha registrato una sostanziale ripresa. Si veda la *sezione Indiani d'America*, capitolo 16.

[102] La storia dell'immigrazione nelle isole Hawaii è *sui generis* e sarà esaminata brevemente nel capitolo 16.

1946, i filippini furono inseriti nella stessa categoria degli altri orientali e la loro quota annuale fu fissata a cinquanta.[103] Oggi arrivano al ritmo di quasi 60.000 all'anno.

L'immigrazione non bianca che ha avuto l'effetto più duraturo sulla composizione razziale della nazione è stata quella dei negri. I neri provenienti dall'Africa non sono mai stati classificati come vecchi immigrati a causa del colore della loro pelle e delle diverse circostanze che li hanno portati in America. Non potevano essere chiamati Nuovi Immigrati, poiché quasi tutti erano arrivati molto prima dell'inizio della Nuova Immigrazione. Infatti, alcuni negri arrivarono nelle colonie quasi subito dopo i primi bianchi. Come molti bianchi, alcuni vennero come servi indentrici. Ma mentre i bianchi erano in grado di lavorare per eliminare la loro servitù (la durata media nelle colonie del Sud era di quattro anni), lo status dei negri si indurì in un vincolo permanente e perpetuo, altrimenti noto come schiavitù. Il numero di gran lunga maggiore di neri, tuttavia, era schiavo al momento dell'arrivo.

Nel 1790, secondo il primo censimento federale, c'erano 697.623 schiavi negri e 59.538 negri liberi nelle colonie appena indipendenti. Pochi neri africani arrivarono dopo il 1820, quando gli inglesi misero fuori legge la tratta degli schiavi. Nel 1860 si contavano 3.953.760 schiavi negri e 488.070 negri liberi. Se queste cifre sono esatte, significa che quando la schiavitù era all'ordine del giorno negli Stati Uniti la popolazione negra è sestuplicata. Nei 130 anni successivi si è sestuplicata ancora.

Il più grande flusso di immigrazione dopo la Prima Guerra Mondiale non ha avuto origine nel Vecchio Mondo, ma al di sotto del Rio Grande e nelle Indie Occidentali. Anche se non possono essere classificati come non bianchi al 100%, i milioni di ispanici che si trovano attualmente in California, nel Sud-Ovest e nelle grandi città del Nord sono certamente più indiani che bianchi. Rientrano nella categoria dei non bianchi anche i numerosi portoricani, in parte negri e in parte mediterranei, che sono emigrati a nord, principalmente a New York, dopo il 1945.[104]

La legge sull'immigrazione del 1965, che avrebbe posto fine alle quote razziali, ha avuto l'effetto di favorire i non bianchi rispetto ai bianchi. Sebbene la quota per l'emisfero occidentale avrebbe dovuto ridurre significativamente il flusso genetico proveniente dal Messico, da altri Paesi dell'America centrale e dalle isole caraibiche, gli ispanici e gli indiani occidentali di colore non hanno mai prestato molta attenzione ai controlli sull'immigrazione in passato e non è probabile che cambino nel prossimo

[103] Davie, op. cit., pp. 342-47.

[104] Simpson e Yinger, *Minoranze razziali e culturali*, pag. 136.

futuro. Dei milioni di immigrati o stranieri illegali stimati negli Stati Uniti nel 1992, ben l'80% erano probabilmente messicani. In quanto cittadini, i portoricani continuano ad avere libero ingresso, anche se c'è stato un certo arretramento verso l'isola natale.

L'assegnazione all'emisfero orientale, così come le priorità date ai membri della famiglia e ai lavoratori professionisti e qualificati, ha portato a un aumento degli asiatici ma non degli africani neri. Questi ultimi non sono noti per le loro capacità professionali e sono stati separati troppo a lungo dai negri americani per poter mantenere dei legami familiari. D'altra parte, il numero di neri legali e illegali provenienti dall'area caraibica è aumentato notevolmente.

Il modo in cui la legge sull'immigrazione del 1965, pienamente attuata solo nel 1968, ha cambiato il modello dell'immigrazione americana è dimostrato dall'elenco del numero di immigrati legali nel 1965 e nel 1992, provenienti dalle dieci principali fonti di immigrazione.[105]

IMMIGRATI REGOLARI E PAESE D'ORIGINE

1965		1992	
Canada	40,103	Messico	91,332
Messico	37,432	Vietnam	77,728
Regno Unito	29,747	Filippine	59,179
Germania	26,357	Ex Unione Sovietica	43,590
Cuba	20,086	Repubblica	40,840
Repubblica	10,851	Dominicana	38,735
Dominicana	10,344	Cina (continente)	34,629
Italia	9,790	India	24,837
Colombia	7,458	Polonia	21,110
Polonia	5,629	El Salvador	19,757
Argentina		Regno Unito	

È da notare che solo tre dei Paesi nella colonna del 1992, l'ex Unione Sovietica, la Polonia e il Regno Unito, hanno fornito immigrati bianchi (per lo più ebrei, guarda caso), e non sono in cima alla lista. Gli altri sette Paesi che hanno fornito il maggior numero di immigrati nel 1992 sono non bianchi.

L'immigrazione legale, va aggiunto, è solo una parte del quadro dell'immigrazione. Ogni anno entrano negli Stati Uniti da uno a due milioni di clandestini,[106] la maggior parte dei quali ispanici, non tutti con successo.

---

[105] *New York Times*, 31 agosto 1970, pag. 37, e *INS Advance Report*, maggio 1993.

[106] Un rapporto del Census Bureau del 1980 stimava un totale di 5 milioni di clandestini negli Stati Uniti. All'inizio del 1986 Maurice Inman, consigliere generale dell'Immigration and Naturalization Service, stimava un numero di 12-15 milioni.

Nel 1992 la Border Patrol ha effettuato 1,6 milioni di arresti, ma la maggior parte dei fermati prova e riprova.

L'attuale ondata di minoranze porta con sé un bagaglio pericoloso e costoso. Tra il 1981 e il 1990, circa 150.000 haitiani legali e illegali, molti dei quali affetti da tubercolosi, malattie veneree e AIDS, hanno raggiunto la Florida. Nella primavera del 1980, una flotta improvvisata di oltre 100.000 cubani anticastristi salpò verso Key West e Miami. L'elemento criminale tra loro, i fuoruscirti dalle carceri cubane, in seguito si ribellò e incendiò le installazioni governative, dando un ulteriore impulso all'accelerazione del tasso di criminalità negli Stati Uniti. I clandestini provenienti da ogni parte del mondo hanno diritto al welfare e ai servizi sanitari gratuiti fin dal loro arrivo. I bambini concepiti sotto il Rio Grande nascono negli ospedali americani senza alcun costo per le loro madri ispaniche e diventano automaticamente cittadini americani. Altre decine di migliaia di immigrati continuano ad arrivare grazie a vari "accordi" del Congresso.[107]

Ad agosto 1993, il Presidente o il Congresso non hanno compiuto alcuno sforzo serio per risolvere il problema dell'immigrazione. Alla fine del 1986 il Congresso ha emanato una legge che sanziona le aziende che assumono consapevolmente stranieri illegali. La legge ha anche aumentato le dimensioni della pattuglia di frontiera, ma - e questo è un grosso ma - allo stesso tempo ha offerto un'amnistia agli stranieri illegali arrivati prima del 1° gennaio 1982.

L'amnistia attirerà sicuramente altri milioni di "lavoratori senza documenti", che senza dubbio si aspetteranno lo stesso trattamento indulgente. Nel marzo 1988, il Servizio Immigrazione e Naturalizzazione aveva ricevuto circa 1,5 milioni di domande di amnistia.

All'ultimo conteggio, l'immigrazione, legale o illegale che sia, raggiunge il ritmo di almeno 2 milioni di persone all'anno e porta con sé un conto annuale di 30,6 miliardi di dollari, la maggior parte dei quali spesi in cure ospedaliere gratuite, pagamenti assistenziali, prevenzione del crimine e montagne di scartoffie.[108] Il costo sta quasi mandando in bancarotta alcuni Stati, in particolare la California, dove il governatore Pete Wilson ha chiesto la fine

---

[107] In uno di questi casi, un deputato che aveva presentato una proposta di legge per consentire l'ingresso di 5.000 siciliani ottenne il sostegno di un altro deputato promettendo di votare a favore della proposta di legge di quest'ultimo per l'ingresso di 3.000 ebrei iracheni. *Time*, 21 novembre 1969, p. 86. Una parte delle tangenti date ai membri del Congresso nello scandalo Abscam del 1980 era un anticipo per le fatture dell'immigrazione privata di fantomatici sceicchi arabi.

[108] Donald Huddle, economista della Rice University, *Newsweek*, 9 agosto 1993, p. 19. Huddle afferma che nel periodo 1993-2002 gli immigrati legali costeranno ai contribuenti 482 miliardi di dollari; gli immigrati clandestini 186,4 miliardi di dollari.

della maggior parte del welfare per gli immigrati illegali e vuole negare il diritto di cittadinanza ai loro figli nati negli Stati Uniti.

Qualunque cosa accada sul fronte dell'immigrazione, i bianchi americani, anche se la maggior parte di loro vuole una forte riduzione di tutti i tipi di immigrazione, continueranno a essere sottoposti a una macinazione razziale. L'afflusso apparentemente inarrestabile di immigrati non bianchi, legali e illegali, di rifugiati e di richiedenti asilo, unito al tasso di natalità relativamente alto di neri, asiatici e ispanici e al tasso di natalità inferiore a quello di sostituzione della maggior parte dei bianchi americani, sta favorendo un rapido aumento della percentuale di non bianchi che sta lasciando un'impronta indelebile sullo stampo razziale americano. Non impercettibilmente, la carnagione della nazione diventa più scura di anno in anno.[109]

---

[109] Un romanzo inquietante, *L'accampamento dei santi*, di Jean Raspail, noto scrittore francese, descrive un'invasione della Francia da parte di una vasta armata di persone affamate provenienti dall'India. Per ragioni umanitarie il governo francese decide di non opporsi allo sbarco. In poco tempo la nazione viene invasa, conquistata e distrutta. L'unica azione militare è diretta contro i pochi francesi che cercano di resistere. Poiché la versione originale del libro è stata scritta nel 1972, l'inquietante preveggenza di Raspail, applicata a ciò che sta accadendo negli Stati Uniti di oggi, è un esempio memorabile di storia che imita l'arte.

CAPITOLO 7

Le fallacie della fusione e del mosaico

Il GRANDE SOGNO AMERICANO è stato un potpourri di sogni, uno dei quali è stato quello del Melting Pot. Il visionario del Melting Pot profetizzava che ogni immigrato, indipendentemente dalla razza, dalla nazionalità o dall'estrazione sociale, una volta immerso nella vertiginosa liquefazione della vita americana, si sarebbe trasformato in un solitario americano con tutte le eredità del Vecchio Mondo di casta e disparità culturale dissolte.[110]

Quel sogno, da tempo in via di estinzione, è ora morto. Il Melting Pot, che ha funzionato in una certa misura ai tempi della vecchia immigrazione, quando gli ingredienti erano più armoniosi dal punto di vista razziale e culturale, non è riuscito a fare il suo lavoro quando si è aggiunta la nuova immigrazione. I sostenitori del Melting Pot sembravano dimenticare che razze diverse gettate insieme nello stesso ambiente, anziché fondersi, hanno maggiori probabilità di stratificarsi e separarsi. "Quanto più due popoli diversi si assomigliano esteriormente", ha sottolineato George Santayana, "tanto più diventano consapevoli e gelosi della diversità nella loro anima..."[111]

La mescolanza di popolazioni che c'è stata negli Stati Uniti è avvenuta in gran parte tra gruppi di nazionalità, non di razza. Come ha detto un demografo, il dottor Richard D. Alba, "quasi il 99% dei bianchi non ispanici ha sposato altri bianchi non ispanici, mentre il 99% delle donne nere e il 97%

---

[110] Israel Zangwill scrisse un libro intitolato *The Melting Pot* (Macmillan, New York, 1909), in cui definiva l'America "come un crogiolo in cui razze e nazionalità diverse vengono fuse in una nuova e più grande razza con una cultura superiore". Se Zangwill era il sommo sacerdote del Melting Pot, Emma Lazarus era la sacerdotessa. Mai stata una grande poetessa, la signorina Lazarus era ancora meno profeta. Potrà anche aver invitato i "rifiuti brulicanti" dell'Europa a raggiungere le coste americane, ma quando i nuovi immigrati, come venivano chiamati, arrivarono a Ellis Island, lei non era lì ad accoglierli. In seguito, si rivelò una specie di razzista, con le sue osservazioni poco caritatevoli su russi e antichi greci e il suo acceso semitismo. Si veda *The Poems of Emma Lazarus*, Houghton Mifflin, Boston, 1889, in particolare "The Crowing of the Red Cock", "The Banner of the Jew" e "Gifts". Si veda anche la sua comunicazione etnocentrica al rabbino Gottheil in *The World of Emma Lazarus* di H. E. Jacob, Schocken Books, New York, 1949, p. 78.

[111] *The Life of Reason*, Scribner's, New York, 1951, vol. 2, p. 166.

degli uomini neri si sono sposati all'interno della loro razza".[112] Gli integrazionisti avevano previsto un'impennata del tasso di matrimoni tra bianchi e neri dopo la decisione della Corte Suprema del 1967 che aveva annullato una legge sulla miscegenazione in Virginia. Anche se l'aumento è stato notevole, non è stato così grande come ci si aspettava. Uno studio ha contato 45.019 nascite tra bianchi e neri nel 1989, rispetto alle 21.438 del 1975.[113] Il numero totale di coppie sposate bianche e nere era di 246.000 nel 1989, un numero ancora relativamente basso rispetto ai 50,9 milioni di coppie sposate della popolazione totale.

L'incrocio razziale negli Stati Uniti, iniziato con Pocahontas, non è finito con il matrimonio della figlia dell'ex Segretario di Stato Dean Rusk con un negro. È stato molto pubblicizzato, come i matrimoni interrazziali di star e celebrità del cinema, o clandestino, come le relazioni dei bianchi con le cameriere indiane alla frontiera, le schiave nelle piantagioni o le amanti mulatte di lusso a Charleston e New Orleans. È un segno dei tempi, e dell'allungarsi dell'ombra della presenza non bianca, il fatto che il marito nella miscegenazione coniugale abbia oggi più del doppio delle probabilità di essere non bianco rispetto alla moglie, tranne nel caso dei militari americani di stanza all'estero. Nonostante il costante aumento degli accoppiamenti interrazziali, con o senza licenza matrimoniale, le nascite miste rappresentano ancora solo il 3,2% delle nascite annuali negli Stati Uniti. Di conseguenza, la diminuzione della percentuale di bianchi e l'aumento della percentuale di non bianchi, due fattori demografici di vitale importanza, sono molto più il risultato dell'immigrazione che dell'accoppiamento razziale.

La socializzazione interrazziale, pur diventando più popolare e accettabile, non significa necessariamente reparti di maternità traboccanti di prole ibrida. Gli incontri tra bianchi e negri, ormai comuni negli ambienti dello spettacolo, accademici e d'avanguardia, non sono stati accompagnati da un aumento esponenziale degli accoppiamenti tra bianchi e negri. L'istruzione moderna

---

[112] *New York Times*, 11 febbraio 1985. Il dottor Alba non ha affrontato la questione del matrimonio tra ebrei e gentili, alla quale si può rispondere dicendo che gli ebrei sposano gentili nelle fasce alte dell'economia e della "società", nel mondo professionale e dello spettacolo e nelle città più piccole, dove le opportunità matrimoniali all'interno della comunità ebraica sono limitate. Alcuni sondaggi sostengono, forse in modo esagerato, che il 50% o più dei matrimoni ebraici coinvolgono oggi un coniuge non ebreo. Occasionalmente, in questi casi, il coniuge, di solito la moglie, si converte e i figli vengono educati come ebrei.

[113] Altre nascite di razza mista nel 1989: Asiatico/bianco 38.896; Asiatico/nero 3.435; Amerindiano/bianco 21.088; Amerindiano/nero 1.308; Amerindiano/Asiatico 711. Population Reference Bureau, *USA Today*, 11 dicembre 1992, p. 7A, e Bureau of the Census.

è apoditticamente daltonica, eppure la violenza e il chiasso in classe favoriscono la separazione piuttosto che l'integrazione delle razze. I concerti rock, i punti di ritrovo dei giovani presumibilmente non bigotti della nazione, sono spesso segregati come le rappresentazioni dell'Opera Metropolitana.

In diretta contraddizione con il concetto di Melting Pot, i figli di coppie interrazziali non diventano un tipo americano generalizzato o i progenitori di una nuova razza. Rimangono negri o indiani o orientali. Poiché in alcuni matrimoni ispanici entrambi i coniugi sono bianchi, i loro figli "passano" nei ranghi dei bianchi assimilati dopo una o due generazioni.

All'epoca della schiavitù, quando enormi barriere sociali e psicologiche separavano i bianchi dai negri, un'ondata di miscegenation nel Sud introdusse i geni bianchi in un ampio segmento della popolazione negra. Oggi, quando molte di queste barriere sono state abbassate, gli accoppiamenti tra bianchi e negri sono probabilmente meno numerosi di allora. Nonostante l'influenza che il livellamento razziale ha sull'istruzione e sui media, le razze americane, invece di scomparire in un qualche solvente teorico, stanno più spesso precipitando.[114]

Con la scomparsa della fantasia del Melting Pot è arrivato qualcosa di altrettanto irreale: il mosaico americano. La *messa in scena* intellettuale è stata improvvisamente riorganizzata per accogliere una nuova moda sociologica, la società pluralista, in cui tutte le razze e i gruppi di nazionalità vivono pacificamente fianco a fianco, ciascuno mantenendo e rafforzando la propria identità razziale e culturale, ciascuno dando il proprio contributo al tessuto generale della vita americana.

Come i promotori del Melting Pot, i venditori del pluralismo hanno frainteso la storia, che insegna che le società pluralistiche sono decadenti, piene di caste e un invito permanente al disordine e al disastro. Storicamente disorientate, le voci del pluralismo emettono rumori contraddittori. I sostenitori del concetto di mosaico si oppongono al razzismo in teoria, ma sostengono il razzismo delle minoranze in pratica. Sostengono l'identità di gruppo, ma chiedono l'integrazione sul posto di lavoro, a scuola, sul campo da gioco, nel quartiere e persino nel club privato. Approvano le quote razziali ma sono contrari alla discriminazione razziale. I leader negri sono divisi su

---

[114] Nel 1930, il 51% dei neri di Detroit viveva in aree prevalentemente bianche. Nel 1960, il 15% viveva in aree bianche. *Time*, 9 novembre 1962, p. 62. I neri delle campagne del Sud, le cui baracche erano sparse tra le case dei bianchi, sono fuggiti a centinaia di migliaia nei ghetti metropolitani segregati del Nord e del Sud. D'altra parte, una piccola parte di negri della classe media si è trasferita nei sobborghi bianchi o ha creato alcuni sobborghi neri propri.

questi temi. Alcuni sostengono una maggiore partecipazione alla società bianca, altri chiedono un ritiro parziale o totale.

Nel frattempo, l'ordine sociale americano vacilla nella morsa di crescenti tensioni razziali, che sono sia una causa che un effetto del pluralismo. Il concetto di mosaico si è rivelato un grande fallimento, un grande errore di immaginazione come il Melting Pot. I mosaici sono pezzi di materia inorganica che una volta messi al loro posto rimangono al loro posto. Le razze sono continuità organiche e pulsanti che cambiano di dimensione e di status, ora dinamiche, ora statiche, come l'epoca impone e come esse impongono all'epoca. L'immigrato oscuro non è la prova che l'America sta entrando in un'epoca di pluralismo egualitario. È un presagio del cambiamento delle gerarchie razziali.[115]

---

[115] La migliore speranza per la sopravvivenza della razza bianca in America è la frammentazione pacifica della nazione in etnostati, Stati separati e indipendenti basati sulla geografia e sull'omogeneità razziale e culturale dei vari gruppi di popolazione. Il Melting Pot è fallito perché gli ingredienti si sono rifiutati di sciogliersi. Un mosaico, definito nel *Terzo Dizionario Internazionale di Webster* come "un mosaico artificiale", non ha avuto successo perché i singoli pezzi sono stati raramente definiti geograficamente e la loro autonomia politica e culturale è stata compromessa dalle tendenze integrazioniste del grande governo, dalla perniciosa influenza dei media nazionali, in particolare della televisione di rete, e dal rabbioso livellamento razziale anti-bianco predicato nelle aule dell'accademia. Per saperne di più su questo argomento, si veda il capitolo 39 e il libro dell'autore, *The Ethnostate*, Howard Allen Enterprises, Inc., Cape Canaveral, Florida 32920.

CAPITOLO 8

Un censimento razziale degli Stati Uniti

U n censimento razziale degli Stati Uniti deve iniziare con le statistiche disponibili presso il Census Bureau. La Tabella I contiene una sintesi del censimento del 1990, seguita dal "censimento rivisto" dell'autore. Quest'ultimo è stato concepito per fornire una panoramica più realistica delle divisioni razziali della nazione.

TABELLA I

	Censimento 1990	Censimento rivisto
Bianchi	199,686,070	188,136,858
Negri	29,986,060	29,986,060
Amerindi, Eschimesi, Aleut	1,959,234	1,959,234
Asiatici e delle isole del Pacifico	7,273,662	7,273,662
Altra razza	9,804,847	1,000,000
Ispanici		20,354,059
Totale	248,709,873	248,709,873

Il Censimento federale del 1990, basato sull'auto-identificazione, ha classificato gli ispanici come bianchi, a meno che non scrivessero specificamente parole come "di razza messicana", "di nazionalità cubana" e definizioni analoghe, in tal caso venivano assegnati alla categoria "Altra razza". Poiché solo una piccola percentuale di ispanici è bianca (la maggior parte sono ibridi mediterranei/indiani), il censimento, per essere più accurato e significativo, deve avere una categoria ispanica. Avendo contato 22.354.059 ispanici in una voce separata e non razziale, il Censimento ne ha sottratti tutti i milioni, tranne 2, dalle categorie Bianco e Altra razza. Poiché, come spiegato in precedenza, la categoria Altra razza era composta in larga misura da ispanici, è rimasto solo 1 milione di persone che non hanno voluto o potuto attribuirsi un'identità razziale credibile. Per quanto riguarda il numero di ispanici dedotti dalla voce Bianchi, esso è costituito dagli ispanici rimasti dopo essere stati sottratti dalla categoria Altre razze. Per essere più precisi, il totale degli ispanici (22.354.059) meno il numero di ispanici rimossi dalla categoria Altre razze (8.804.847) equivale a 13.549.212. Quest'ultima cifra dovrebbe essere sottratta dalla voce "bianchi". Ma che dire del 5-10% di ispanici che sono bianchi? Per tenerne conto, la cifra di 13.549.212 è stata ridotta di 2 milioni e portata a 11.549.212, che è stata poi sottratta dalla voce "bianchi". Il risultato di tutti questi giochi di prestigio numerici appare nel Censimento riveduto alla pagina precedente. Qualunque cosa si possa dire di questo censimento non ufficiale, esso fornisce un quadro più accurato della composizione razziale degli Stati Uniti rispetto al censimento ufficiale del 1990 che assegnava gli ispanici alle categorie Bianco e Altra razza.

Una rapida lettura della Tabella I potrebbe indicare che la maggior parte del lavoro di un censimento razziale è già stato fatto.[116] La popolazione americana è stata suddivisa in una categoria bianca e in diverse categorie non bianche. Un secondo sguardo, tuttavia, rivela che solo due delle categorie, bianchi e negri, sarebbero considerate accettabili dagli antropologi professionisti, che preferirebbero che asiatici, isolani del Pacifico e ispanici fossero raggruppati sotto denominazioni razziali più autentiche, come mongoloide e polinesiano. Anche gli antropologi dilettanti, con l'appoggio di alcuni professionisti, potrebbero insistere per una suddivisione della classificazione bianca. Insisterebbero invano. Il Census Bureau non pubblica statistiche sulle varie razze o sottorazze bianche negli Stati Uniti, anche se ha pubblicato uno studio che ripartisce la popolazione in base ai "gruppi ancestrali" (vedi Appendice B).

Nella ricerca di statistiche razziali accurate tra la popolazione bianca, un certo aiuto viene fornito da quei gruppi di minoranza che cercano di tenere un conteggio abbastanza accurato del proprio numero. Un ulteriore aiuto viene fornito dalla *Harvard Encyclopedia of American Ethnic Groups*, generalmente riconosciuta come la migliore fonte di dati sulle minoranze e sulla demografia delle nazionalità.[117] Ma i risultati più soddisfacenti si ottengono con il metodo descritto nell'Appendice A. La popolazione bianca totale viene moltiplicata per la percentuale di bianchi che contribuisce da nazioni o patrie straniere, come stimato da uno studio del Censimento sulle origini degli immigrati. Questa cifra viene poi ulteriormente moltiplicata per la percentuale di alpini o mediterranei in questi Paesi, come determinato dalle stime di Carl Brigham in *A Study of American Intelligence*. Nei casi in

---

[116] La maggior parte dei demografi concorda sul fatto che il censimento del 1990 sia stato decisamente sottodimensionato; una cifra comunemente citata è l'1,8%. Se sommato alla popolazione totale, questo sottocontatore aumenterebbe in modo sproporzionato il numero dei non bianchi, che affollano i centri urbani e sono più difficili da localizzare. Distribuire i non contati tra le varie razze e gruppi di popolazione non farebbe altro che aumentare le imprecisioni presenti nella maggior parte delle indagini e delle proiezioni demografiche. Di conseguenza, il sottocontatore sarà ignorato in questo studio.

[117] *Harvard Encyclopedia of American Ethnic Groups (Enciclopedia di Harvard dei gruppi etnici americani)*, ed. Stephan Thernstrom, Harvard University Press, Cambridge, Mass., 1980. Un testo più vecchio è *One America*, eds. Francis J. Brown e Joseph S. Roucek, Prentice-Hall, Englewood Cliffs, N.J., 1962.

cui le percentuali razziali di Brigham non sono indicate, esse possono essere ricavate da altre autorevoli fonti demografiche citate nell'Appendice A.

Il numero e l'appartenenza razziale del resto della popolazione bianca può essere ottenuto sottraendo i totali dei mediterranei e degli alpini dalla voce "bianchi" riveduta della Tabella I. Questo resto rappresenta un conteggio approssimativo degli americani di origine nordeuropea, i pochissimi nordici puri e i molti impuri provenienti dalla Gran Bretagna e dalla Scandinavia, in parte dall'Irlanda, dalla Germania, dalla Svizzera, dall'Olanda e dal Belgio, e in parte dalla Francia, dall'Austria e dall'Europa orientale. Chi desidera vedere il calcolo dell'elemento nordeuropeo secondo il metodo delle origini nazionali può consultare l'Appendice A, che contiene anche un'interpretazione statistica della storia razziale bianca dell'America e le tabelle di ripartizione razziale di tutti i gruppi di nazionalità.

In linea con le procedure, le modifiche e le correzioni proposte finora, il censimento riveduto (Tabella I) è stato ulteriormente rivisto e appare come Tabella II nella pagina successiva.

Nella Tabella II sono state introdotte le percentuali razziali. Le categorie ispanici e altre razze sono state inserite in una voce non bianca, insieme a negri, indiani, eschimesi, aleviti, asiatici e abitanti delle isole del Pacifico (cinesi, giapponesi, coreani, vietnamiti, filippini, indonesiani, hawaiani, indiani asiatici, pakistani, ecc.) La categoria dei bianchi è stata suddivisa nelle divisioni razziali dei bianchi di Ripley (vedi pagine 26-27). Gli studi demografici e razziali a sostegno dei vari elenchi razziali sono riportati nella Parte IV (Capitoli 13-17) e nell'Appendice A.

TABELLA II

Gara	Numero	% della popolazione bianca	% della popolazione totale
Bianco			
Nordico	115,651,206	61.47	46.50
Alpino	59,137,001	31.43	23.78
Mediterraneo	13,348,651	7.10	5.37
Subtotale	188,136,858	100.00	75.65
Non bianco			
Negri	29,986,060		12.06
Amerindi			
Eschimesi, Aleut	1,959,234		0.79
Asiatici e delle isole del Pacifico	7,273,662		2.92
Ispanici	20,354,059		8.18
Altra razza	1,000,000*		0.40
Subtotale	60,573,015		24.35
Totale	248,709,873		100.00

(*) *Anche se una parte dei membri dell'Altra razza dovrebbe essere inclusa nella categoria dei bianchi, sarebbe una pura congettura determinare quanti siano. Per semplicità, e poiché la classificazione di metà o un quarto dei* *membri dell'Altra razza come bianchi non cambierebbe di molto i numeri o le percentuali razziali, l'Altra razza rimarrà come voce separata nella colonna Non bianchi.*

È inutile negare che, dal punto di vista matematico, la Tabella II lascia molto a desiderare. Le assegnazioni razziali dei bianchi sono state ottenute grazie a una combinazione di congetture istruite, definizioni antropologiche arbitrarie e proiezioni di ampio respiro. In alcuni casi, interi gruppi di popolazione sono stati assegnati a una categoria nordica, alpina o mediterranea sulla base della loro origine nazionale, sebbene nessun Paese europeo contenga una popolazione così omogenea.

Ma anche se dovesse contenere errori del 10-20%, la Tabella II ha uno scopo. Tenta di quantificare lo spettro di pigmentazione del Capitolo 4, attribuendo numeri ai gruppi di popolazione di diverso colore della pelle, il criterio principale della classificazione razziale popolare. La Tabella II mostra anche, in modo approssimativo, quanti americani sono neri, marroni, rossi, gialli e diverse sfumature di bianco.

A parziale conferma della ripartizione dei bianchi nella Tabella II, si fa nuovamente riferimento alla classificazione razziale della popolazione bianca degli Stati Uniti di E. A. Hooton (cfr. pp. 27-28). Le divisioni razziali di Hooton, si ricorda, non si basavano su dati di origine nazionale o su statistiche di gruppi di popolazione, ma su uno studio antropologico sponsorizzato da Harvard su 29.000 maschi americani adulti. Oltre a dividere i bianchi in nove razze distinte, Hooton ha stimato la percentuale di ciascuna razza rispetto alla popolazione bianca totale. Queste percentuali, precedentemente omesse, sono ora riportate nella Tabella III. Nelle colonne 3, 4 e 5 sono distribuite, in modo un po' arbitrario, tra le categorie razziali dello spettro di pigmentazione e i totali delle percentuali sono confrontati con le percentuali della Tabella II.

TABELLA III

LE DIVISIONI RAZZIALI DI E.A. HOOTON (1)	% DI HOOTON SUL TOTALE DELLA POPOLAZIONE BIANCA STATUNITENSE (2)	CATEGORIE DELLO SPETTRO DI PIGMENTAZIONE		
		BIANCO CHIARO *Nordico* Nordico-Alp. Nordico-Med. Keltico (3)	BIANCO *Alpino* Dinarico E. Baltico (4)	BIANCO SCURO *Medit.* Armenoide (5)
Nordico-mediterraneo	25	25		
Nordico-alpino	23	12	11	
Prevalentemente nordici	17	17		

Dinarico	13.3		13.3	
Keltic	8.48	8.48		
Mediterraneo puro	4.38			4.38
Baltico orientale	3		3	
Puro Alpino	2.68		2.68	
Puro Nordico	2.44	2.44		
Percentuale Totale		64.92	29.98	4.38
Tabella II Percentuali corrispondenti		61.47	31.43	7.10

Una discrepanza nelle percentuali della Tabella III può essere spiegata dal fatto che, dai tempi di Hooton, il contributo mediterraneo alla popolazione statunitense è aumentato in modo sproporzionato a causa di un tasso di natalità e di immigrazione più elevato. La discrepanza tra le percentuali alpine può essere spiegata sottolineando che la componente celtica dovrebbe probabilmente essere suddivisa tra le colonne Bianco chiaro e Bianco.

Altrimenti, la stretta correlazione delle percentuali razziali nelle tabelle II e III difficilmente può essere definita una coincidenza. Ma come sempre nel caso delle attribuzioni razziali, la precisione è stata sacrificata sull'altare della generalizzazione. Molti dei baltici orientali di Hooton, nonostante il loro fisico alpino e la crania circolare, sono più biondi e più chiari di molti nordici-mediterranei, che sono stati assegnati alla colonna dei bianchi chiari principalmente perché rappresentano un tipo razziale britannico.

La tabella III, che ha ricevuto una maggiore autorità e credibilità dalle stime di Hooton, sarà ora sottoposta a un'ulteriore revisione per renderla più aderente al quadro razziale americano visto dall'occhio antropologico dell'uomo della strada. Poiché il pubblico generalmente non distingue o non si preoccupa di distinguere tra nordici e alpini e varie sfumature nordico-alpine, queste due categorie di bianchi sono state combinate e designate come nordico-alpine nella Tabella IV. Sempre secondo i dettami dell'antropologia popolare, secondo cui molti, se non la maggior parte, dei mediterranei sono solo dubbiamente bianchi, essi sono stati sottratti dal totale dei bianchi della Tabella I e hanno ottenuto una voce a sé stante.

TABELLA IV

Gara	Numero	% Popolazione bianca	% Popolazione totale

Nordico/Alpino	174,788,207	92.90	70.28
Mediterraneo	13,348,651	7.10	5.37
Negro	29,986,060		12.06
Amerindi, Eschimesi, Aleut	1,959,234		0.79
Asiatici e delle isole	7,273,662		2.92
del Pacifico	20,354,059		8.18
Ispanici	1,000,000		0.40
Altra razza			
Totale	248,709,873	100.00	100.00

Per quanto possa essere offensiva per la sensibilità politica del Census Bureau e per quella professionale degli antropologi fisici, la Tabella IV fornisce un'indagine razziale della popolazione americana più accurata rispetto alla Tabella I. Ritrae gli Stati Uniti come una nazione moderatamente eterogenea, con poco più del 24% della popolazione non bianca e poco più del 5% dei bianchi sul lato oscuro del bianco. Osservando la Tabella IV, un fisico atomico potrebbe paragonare la composizione razziale del Paese a un nucleo bianco circondato da elettroni il cui raggio orbitale aumenta linearmente con il colore della pelle.

Ma la Tabella IV, purtroppo, non è ancora la fine della ricerca delle statistiche razziali. Come si è detto in precedenza in questo studio, la razza ha il suo lato culturale e psicologico. Secondo le parole di un controverso etnologo americano, esiste una "razza di sangue" e una "razza di pensiero"[118] - vale a dire che un gruppo di popolazione che si comporta come una razza dovrebbe essere definito e trattato come tale, anche se non si qualifica come razza nel significato antropologico, biologico e genetico accettato della parola. Così come una pelle troppo scura esclude alcuni bianchi dalla categoria razziale bianca della Tabella IV, certe "colorazioni" culturali ne escludono altre.

È quindi necessaria un'ulteriore tabella che tenga conto dello strato psicologico della razza. Per soddisfare questo requisito, la Tabella V (vedi pagina seguente) viene proposta come una versione "culturalmente corretta" della Tabella IV. La base fisica della razza è stata mantenuta elencando, ove possibile, le varie categorie e i totali numerici delle tabelle precedenti. La base culturale è stata introdotta classificando i gruppi di popolazione in base

---

[118] Lothrop Stoddard, *Il nuovo mondo dell'Islam*, Scribner's, New York, 1921, p. 160. È la "razza-pensiero" che ha permesso all'ex deputato Adam Clayton Powell, geneticamente difficilmente distinguibile da un mediterraneo, di definirsi negro. È la stessa "razza-pensiero" che permette al premier israeliano Yitzhak Rabin, con la sua carnagione chiara, gli occhi chiari e altri tratti nordeuropei, di definirsi ebreo. Quando Stoddard scrisse: "Per la sua razza sanguigna non si muoverà; per la sua razza-pensiero morirà", a quanto pare credeva che in una prova di forza tra il lato fisico e quello psicologico della razza, quest'ultimo avrebbe spesso prevalso.

al loro grado di assimilazione e non assimilazione. I mediterranei e alcuni gruppi non bianchi sono stati definiti minoranze non assimilabili. Tutti gli altri bianchi sono stati definiti assimilati o assimilabili, tranne gli ebrei, che sono stati classificati come minoranza non assimilabile a causa della loro lunga storia di non assimilazione in quasi tutti i Paesi tranne Israele.[119]

Il ragionamento che ha portato alla costruzione della Tabella V sarà spiegato in modo più approfondito nella Parte IV. In questa sede si può sottolineare che l'assimilazione, sebbene sia generalmente intesa come fusione di tratti culturali piuttosto che biologici, ha sfumature sia fisiche che psicologiche ed è un fattore decisivo e sempre presente nelle relazioni razziali americane.

TABELLA V

COMPOSIZIONE RAZZIALE DEGLI STATI UNITI (1990)

Designazione	Numero	% Popolazione totale	Fonte
Maggioranza americana *assimilata e assimilabile*	169,585,207	68.19	*
			Cap. 14
Minoranze bianche non assimilabili	12,723,651	5.12	**
Ebrei mediterranei	5,828,000	2.34	Cap. 15
	18,551,651	7.46	
Subtotale			
Minoranze non bianche non assimilabili	29,986,060	12.06	Cap. 17
Negri	1,959,234	0.79	Cap. 16
Amerindi, eschimesi, aleut	7,273,662	2.92	Cap. 16
Asiatici e delle isole del Pacifico	20,354,059	8.18	Cap. 16
Ispanici	1,000,000	0.40	Cap. 8
Altra razza			
	60,573,015	24.35	
Subtotale			
Assimilati e assimilabili	168,704,048	68.19	
Non assimilabili	80,005,825	31.81	
TOTALE	248,709,873	100.00	

* Totale nordico-alpino meno 5.203.000 ebrei
** Totale mediterraneo meno 625.000 ebrei

Psicologicamente definita, la Maggioranza è l'unico gruppo di popolazione completamente assimilato. Fino a poco tempo fa, ogni minoranza ha gravitato verso di essa e intorno ad essa. La definizione culturale della

---

[119] Solo la Cina è riuscita ad assimilare la sua popolazione ebraica. Nathaniel Peffer, *The Far East*, University of Michigan Press, Ann Arbor, 1958, pag. 43. Per qualche motivo Peffer non ha fatto un'eccezione per l'Israele antico o moderno.

Maggioranza è data dalla sua posizione centrale nella società americana, dal suo ruolo un tempo dominante nella formazione della nazione americana e dal ruolo storico che ha svolto come propagatore nel Nuovo Mondo della versione prima anglosassone, poi nordeuropea,[120] ora americanizzata della civiltà occidentale.

La tabella V, si noti, riporta la data del 1990. La domanda è: alla luce dei significativi spostamenti della popolazione negli ultimi decenni, le minoranze continueranno ad aumentare e la percentuale di bianchi della popolazione continuerà a diminuire? Se le ultime proiezioni del Census Bureau sono corrette,[121] la maggioranza americana diventerà solo una minoranza entro il 2050. Per la metà del prossimo secolo si prevede una popolazione di 383 milioni di persone. La componente non bianca comprenderà 81 milioni di ispanici, 62 milioni di negri, 41 milioni di asiatici/isole del Pacifico e 5 milioni di indiani d'America, per un totale di 189 milioni. Se dal totale dei bianchi si sottraggono i mediterranei e gli ebrei, la maggioranza americana sarà inferiore al 50% della popolazione.[122]

Entro i confini un po' arbitrari della Tabella V, la demografia degli Stati Uniti viene finalmente presentata in una forma che identifica e numera i principali partecipanti all'attuale confronto razziale. La Maggioranza americana, brevemente menzionata nel Capitolo 4, prende ora il suo posto come protagonista di questo studio e del dramma razziale americano. Un'enorme, ingombrante e sgraziata massa di popolazione, più di cinque volte più grande della più grande minoranza e che comprende quasi il 68% di tutti gli americani, la Maggioranza è fisicamente definita dalle sue affiliazioni razziali nordiche e alpine, la prima delle quali è predominante. Qualsiasi componente razziale mediterranea sia presente deve essere ben diluita.

Nel riassumere questo tentativo di definire alcune statistiche razziali significative per la popolazione statunitense, occorre sottolineare che la forza e la durata di una razza non dipendono dai numeri. Una sana morale, una sana biologia e una coscienza di genere sono fattori più importanti delle

---

[120] L'Europa del Nord, sebbene sia un termine geografico, è forse la migliore descrizione razziale della maggioranza americana. È abbastanza ampio da includere i vari incroci nordici e alpini, ma abbastanza ristretto da escludere gli europei meridionali più scuri e i gruppi di popolazione non bianchi.

[121] Proiezioni del Census Bureau, *Washington Post*, 4 dicembre 1992.

[122] I neri superano i bianchi ad Atlanta, Baltimora, Detroit, New Orleans, Newark e Washington D.C. e potrebbero presto superarli anche a Cleveland, Memphis e St. Louis. Gli ispanici superano i bianchi a San Antonio e El Paso. Neri, ispanici e asiatici, sommati, superano i bianchi a Chicago, Houston, Dallas, San Francisco e Los Angeles e potrebbero presto superarli a New York.

dimensioni. La moltitudine dei suoi membri, aggravata dalla loro ampia dispersione, dalla diversità religiosa e dalla costante aggiunta di elementi genetici meno compatibili, rende la Maggioranza americana estremamente suscettibile a varie forme di derattizzazione, in particolare a quella nota come proletarizzazione (vedi capitolo 26).

Per dirla senza mezzi termini, la dinamica razziale americana è entrata in una fase in cui la maggior parte dello spirito, la maggior parte della spinta, la maggior parte della competitività e la maggior parte della volontà di potere sono dalla parte dei battaglioni più piccoli, i battaglioni delle minoranze dinamiche che hanno preso l'iniziativa razziale.

PARTE III

La Maggioranza a Bay

CAPITOLO 9

Origini della maggioranza

U N SEGNO INAMMISSIBILE di razzismo, sinonimo di impotenza in uno Stato multirazziale, è l'apatia generalizzata verso il tema delle origini razziali. Come disse Macaulay: "Un popolo che non è orgoglioso delle nobili conquiste dei suoi remoti antenati non raggiungerà mai nulla che sia degno di essere ricordato dai suoi nobili discendenti".[123] Fino a poco tempo fa la maggioranza americana era poco incline a esaminare la propria storia o preistoria razziale. È stata ancora meno propensa a comporre, ricamare e propagare i miti che sono le radici e i simboli della coscienza razziale.

I membri della maggioranza hanno solitamente soddisfatto la loro ricerca di identità etnica facendo risalire la loro ascendenza a una madrepatria europea. È stata questa enfasi sulle origini nazionali che ha portato al presupposto che gli Stati Uniti fossero una nazione anglosassone, un termine ancora usato da molti giornalisti e storici stranieri e da alcuni americani quando si riferiscono, anacronisticamente, all'America come a una "potenza anglosassone". Nel primo secolo di indipendenza americana, la componente anglosassone[124] della popolazione era numericamente e politicamente predominante, per cui l'affermazione era ben fondata. Ma oggi, sebbene la lingua sia passata senza troppi danni e sebbene altre vestigia culturali siano ancora riconoscibili, la pluralità britannico-americana, radice del legame anglosassone, non esiste più.

Considerata in senso lato, la componente anglosassone della popolazione bianca americana (77% nel 1790) è oggi notevolmente inferiore.[125] Indicata anche come britannica, oggi comprende circa il 26% della maggioranza e si è ridotta a meno del 18% della popolazione nel suo complesso.[126] Inoltre,

---

[123] Thomas Macaulay, *History of England from the Accession of James II*, Macmillan, London, 1914, Vol. 3, p. 1526.

[124] In questa componente erano inclusi molti americani di origine gallese, scozzese e scozzese-irlandese che avevano il diritto di opporsi a un pedigree anglosassone.

[125] Nel 1920 la percentuale britannica della popolazione bianca statunitense era stimata al 41,4%.

[126] L'estrapolazione dell'autore di uno studio del Census Bureau sui gruppi "America's Ancestry", pubblicato nell'aprile 1983, indica in 43.666.413 il numero di americani di origine britannica. Si veda l'Appendice B.

non è più identificabile dal punto di vista razziale. Altri gruppi di origine nordeuropea sono ormai così indifferenziati, così completamente parte del colloide razziale della Maggioranza, che gli americani di origine scandinava, tedesca, belga e olandese, così come gli irlandesi, i francesi, gli italiani, i mitteleuropei e gli slavi assimilati e assimilabili, possono a malapena essere distinti dai WASP, acronimo di White Anglo-Saxon Protestants. (Perché bianchi? Non sono tutti bianchi i protestanti anglosassoni? ASP, come già detto in questo studio, sarebbe meno ridondante e più appropriato). Anche l'aristocrazia americana, o quello che passa per essa, non è affatto un monopolio anglosassone. Qualsiasi *Almanacco* americano *di Gotha* o *Debrett's* dovrebbe includere Du Pont, Vanderbilt, Astor, Rockefeller e Roosevelt, come fa attualmente il *Social Register*. I fondatori di queste famiglie intraprendenti difficilmente potrebbero essere definiti anglosassoni,[127] anche se né loro né i loro discendenti hanno perso tempo a sposarsi con famiglie anglosassoni.

Per trovare approdi ancestrali più solidi e più coesi, la Maggioranza, compresa la sua componente britannica, deve scavare più a fondo nel tempo e nello spazio. Le prospettive nane delle "storie nazionali" britanniche e di altri Paesi del Nord Europa dovranno essere ampliate in una storia razziale complessiva. Premesso che il contributo genetico e culturale dei britannici alla civiltà americana è stato innegabilmente molto più significativo di quello di qualsiasi altra singola nazione o gruppo di nazioni, i britannici sono tuttavia solo una propaggine di una più ampia divisione razziale a cui decine di milioni di altri membri della Maggioranza possono rivendicare una parentela. Poiché l'unità della Maggioranza non può mai basarsi sulle origini nazionali, che sono intrinsecamente divisive, sarebbe opportuno che gli storici smettessero di trattare il passato della Maggioranza come un coacervo cronologico di meschine rivalità del Vecchio Mondo, inframmezzate da dogmi sociologici tendenziosi, e cominciassero a trattarlo come un discreto continuum genetico e culturale.

Una delle grandi difficoltà di questo approccio non è il reperimento delle prove antropologiche. Ne esistono già a sufficienza. Il principale deterrente è la formidabile opposizione degli intellettuali che dettano la forma e il contenuto dell'interpretazione storica contemporanea. Un solo passo nella direzione di stabilire le radici razziali comuni della Maggioranza sarebbe, ai loro occhi, una sfida diretta a una o più delle mode attualmente accettate nello storicismo: le fissazioni materialistiche di Marx, le estasi religiose di

---

[127] Rudyard Kipling una volta sentì Theodore Roosevelt, che sarebbe stato un principe se ci fosse stata una nobiltà americana, "ringraziare Dio a gran voce di non avere una sola goccia di sangue britannico in lui". Kipling, *Something of Myself*, Doubleday, Garden City, New York, 1937, p. 131.

Toynbee, le profezie morfologiche di Spengler, le banalità liberali dell'American Historical Association e l'antistoria di Karl Popper.

D'altra parte, i curiosi due pesi e due misure della comunità intellettuale incoraggiano una certa quantità di minoranze che si dilettano di storia razziale. Non ci sono proteste quando gli ebrei americani, aggirando i Paesi europei da cui la maggior parte di loro è arrivata in America, rivendicano la loro discendenza da una razza semitica di ebrei dell'antica Palestina.[128] Si tratta di una concessione importante, dal momento che la scienza sociale contemporanea è assolutamente contraria alla derivazione di linee di sangue da somiglianze culturali e religiose. Non ci sono nemmeno forti obiezioni da parte degli accademici quando i neri scrivono volumi sui legami etnici dei negri americani, non solo con le tribù dell'Africa occidentale da cui sono nati, ma con la *négritude* e l'"anima africana". La stessa licenza storica è liberamente concessa ai romantici irlandesi e gallesi americani che sognano le glorie scomparse dei Kelt (nonostante le prove lampanti del loro nordismo),[129] e agli indiani d'America e ai messicani americani che ipotizzano nobili antenati in un'età dell'oro precolombiana. Ma tutti questi voli di fantasia razziale, tutti questi tentativi fantasiosi di stabilire un'identità razziale, sembrano essere proibiti alla Maggioranza. Dal punto di vista delle minoranze, questo tabù è abbastanza comprensibile. Più si va indietro nella storia razziale della Maggioranza, più è inevitabile la collisione con la teoria ariana.

Supponendo per amor di discussione che la teoria ariana meriti una certa credibilità, ne consegue che un prototipo indoeuropeo o nordico sia stato la fonte primaria di molte delle principali civiltà del mondo: ariana (India), kassita, ittita, persiana, micenea, greca, romana, celtica, teutonica, slava e l'ultima europea occidentale.[130] Inoltre, se si ammette un legame razziale e linguistico tra gli antichi popoli indoeuropei e gli attuali europei del Nord e i loro cugini razziali d'oltreoceano, i membri della Maggioranza possono rivendicare come propri antenati gli autori dei *Veda*, Omero, Dario, Platone, Alessandro e Cesare, nonché molte delle più grandi figure della storia medievale e moderna. Possono anche rivendicare un'arte antica come quella

---

[128] *This People* di Ludwig Lewisohn (Harper, New York, 1933) è forse il classico esempio di mistica razziale ebraica moderna.

[129] Coon, *Le razze d'Europa*, pp. 378, 397.

[130] Alcuni dei più vigorosi sostenitori della teoria ariana sono già stati citati nel capitolo 3, insieme alla sorprendente somiglianza di alcune parole di radice indoeuropea. L'adesione di Hitler alla teoria ariana, è superfluo aggiungere, non ha migliorato la sua già scarsa considerazione agli occhi della comunità intellettuale occidentale.

egizia e sumera (forse ancora più antica) e una letteratura che precede quella ebraica di oltre un millennio.[131]

Con un po' più di licenza antropologica, la teoria ariana può essere fatta risalire ai Cro-Magnon, i magnifici artisti delle pitture rupestri della Francia meridionale e della Spagna settentrionale, le migliori delle quali risalgono al 18.000 a.c. Gli scheletri dei Cro-Magnon, alcuni dei quali alti fino a un metro e cinquanta, hanno un cranio dolicocefalo (con un volume medio di 1650 cc, rispetto alla media di 1350 cc dell'europeo moderno).[132] Tali dimensioni scheletriche offrono qualche indicazione di una parziale ascendenza da Cro-Magnon per gli attuali nordici. A ciò si aggiungono le recenti scoperte di splendidi manufatti in oro lavorati nell'Europa orientale, che precedono di 1.600 anni i migliori gioielli in oro degli Egizi. Inoltre, la revisione della datazione al radiocarbonio dimostra che le splendide tombe a camera megalitiche dell'Europa occidentale hanno 6.000 anni, 1.300 anni in più delle Piramidi. A quanto pare, Stonehenge funzionava come laboratorio astronomico un migliaio di anni prima che Omero componesse una riga di poesia.[133] A tutto questo si aggiungono le leggende dei Vichinghi nell'America centrale e meridionale precolombiana,[134] e dei navigatori di una cultura nordica altamente sviluppata a Helgoland, la cui flotta avrebbe

[131] Gli inni vedici risalgono al 2000 a.C., mentre le parti più antiche della Bibbia all'850 a.C.

[132] *Ency. Brit.*, 14a edizione, 1963, vol. 6, pag. 792.

[133] Colin Renfrew, *Before Civilization*, Knopf, New York, 1973, pp. 16, 66, 123. Renfrew, professore di archeologia all'Università di Southampton (Inghilterra) e Marija Gimbutas dell'Università della California a Los Angeles sono stati in prima linea tra i revisionisti archeologici che hanno inferto colpi mortali alla teoria della diffusione della crescita della civiltà. In precedenza i progressi della cultura europea erano attribuiti alle influenze egizie e del Vicino Oriente. Si supponeva che tutta la luce venisse dall'Oriente (*ex oriente lux*). La datazione al radiocarbonio dimostra ora che molte luci hanno iniziato a brillare in modo indipendente nell'Europa occidentale. La teoria della diffusione inversa fu avanzata da Gustav Kossinna molto prima che si sentisse parlare del carbonio-14. *In Die deutsche Vorgeschichte, eine hervorragend nationale Wissenschaft* (1912), Kossinna dichiarò che la civiltà europea fu avviata da ondate di "indo-tedeschi" che portarono le loro invenzioni di scrittura e metallurgia verso sud nei grandi "movimenti popolari" del terzo millennio a.C.

[134] Si vedano le varie opere del compianto Jacques de Mahieu, un antropologo francese che ha vissuto in Argentina, in particolare *Drakkars sur l'Amazone*, Copernic, Parigi, 1977. I remoti antenati di questi vichinghi potrebbero essersi spinti fino alla Cina. Nel 1980 è stato ritrovato nel nord-ovest della Cina il corpo ben conservato di una donna alta, "estremamente bella", con lunghi capelli biondi, occhi grandi, naso alto e "labbra piccole e sottili". La datazione al radiocarbonio ha stimato che sia morta 6.470 anni fa. *Atlanta Constitution*, 19 febbraio 1981.

sconfitto quella di Ramses III in una battaglia navale egiziana nel XII secolo a.C.[135]

Sebbene non sia generalmente noto, diversi storici e studiosi di grande prestigio hanno dato il loro sostegno alla teoria ariana. Gordon Childe, descritto dall'Enciclopedia Britannica come "facilmente il più grande preistorico britannico della sua generazione, e probabilmente del mondo",[136] ha scritto che gli ariani "appaiono ovunque come promotori del vero progresso e in Europa la loro espansione ha segnato il momento in cui la preistoria del nostro continente inizia a divergere da quella dell'Africa o del Pacifico".[137] Un importante accademico francese, Georges Dumézil, andò ben oltre la relazione linguistica indoeuropea e ipotizzò una mitologia comune e persino una *struttura mentale spécifique* comune, che induceva una visione del mondo indoeuropea distinta.[138] Arnold Toynbee non ha danneggiato la causa ariana con alcune osservazioni lusinghiere sull'acume storico di Gobineau,[139] uno dei padri fondatori dell'arianesimo.

Più recentemente, il professore di Oxford C. D. Darlington ha affermato che gli Ariani: "Sebbene si estendano su due continenti, attribuiamo loro un'ascendenza e un'origine comune, da qualche parte tra il Danubio e il Don e in un momento precedente alla fine del terzo millennio a.C."[140]

Le prove più solide a sostegno della teoria ariana includono l'impronta genetica di crani adeguatamente datati con l'indice cefalico corretto nelle aree in cui si parlavano le lingue indoeuropee e un'abbondanza di allusioni letterarie e artistiche che attribuiscono la colorazione chiara e la biondezza agli dei e agli eroi delle prime culture indoeuropee.[141] La sensibilità degli invasori ariani dell'India per il colore della pelle, alla base del loro sistema di caste, potrebbe essere stato un tratto genetico piuttosto che acquisito, dal momento che è ancora prevalente tra gli europei del Nord e gli americani di maggioranza.

Infine, con grande sgomento ed estremo disagio degli egualitari razziali ortodossi, l'antropologo Carleton Coon ha risvegliato e dato nuova vita alla

---

[135] Jurgen Spanuth, *Atlantis*, Grabert, Tubingen, 1965.

[136] *Ency. Brit.*, Vol. 5, p. 502.

[137] Come citato da Darlington, *L'evoluzione dell'uomo nella società*, p. 146.

[138] Georges Dumézil, *L'Idéologie tripartite des Indo-Européens*, Latomus, Bruxelles, 1978.

[139] *Uno studio della storia*, vol. VI, pp. 216-17.

[140] Darlington, op. cit., p. 140.

[141] Coon, *Le razze d'Europa*, capitoli V e VI. Si veda anche il capitolo 12 di questo studio.

correlazione lingua/razza indoeuropea affermando che "le lingue indoeuropee erano, un tempo, associate a un unico, seppur composito, tipo razziale, e che quel tipo razziale era un nordico ancestrale".[142] Coon, che ha proseguito affermando che i patrizi della Repubblica Romana erano per lo più di razza nordica,[143] ha aggiornato la connessione genetica descrivendo il Nord America come il "più grande serbatoio nordico del mondo".

Da un punto di vista scientifico, la teoria ariana è una semplificazione eccessiva. Qualche cranio oblungo, qualche profilo nordico su statue in rovina, qualche riferimento letterario al biondismo non provano l'esistenza di una grande razza indoeuropea portatrice di cultura. Ma non la smentiscono nemmeno. In ogni caso, se l'intellighenzia della Maggioranza è troppo cauta o troppo intimidita per sottoscrivere una remota e lontana discendenza indoeuropea, non può certo ignorare la discendenza più facilmente rintracciabile della Maggioranza dai popoli germanici di lingua indoeuropea, che iniziarono a giocare un ruolo di primo piano nella storia mondiale durante e dopo la caduta dell'Impero Romano d'Occidente.

Nel quarto, quinto e sesto secolo d.C., i *Völkerwanderungen* provenienti dalle foreste tedesche riversarono un torrente di geni nordeuropei su gran parte del continente, alcuni dei quali si riversarono persino in Africa. Per i membri della Maggioranza di origine britannica in particolare, e per la storia americana in generale, la parte più movimentata di questa migrazione fu la teutonizzazione, germanizzazione o "nordificazione" di un'ampia parte dell'Inghilterra da parte degli Angli e dei Sassoni. Ulteriori influenze genetiche di questo tipo furono introdotte nelle isole britanniche nei quattro o cinque secoli successivi dalle incursioni di danesi e altri popoli del Nord.

Mentre l'ondata di espansione germanica si contraeva e gli Ostrogoti, i Visigoti e i Vandali[144] perdevano i loro regni in Italia, Spagna e Nord Africa, una nuova migrazione nordeuropea era in corso. Nei 600 anni successivi, i Vichinghi e i Normanni scandinavi conquistarono la Normandia, la Sicilia, l'Italia meridionale, l'Inghilterra e parte dell'Irlanda, e si stabilirono in Islanda, sulle coste della Groenlandia e, per breve tempo, a Terranova.[145] A

---

[142] Coon, op. cit., p. 221.

[143] Ibidem, pp. 554, 651. Forse lo erano anche alcuni dei primi imperatori. Svetonio parla dei capelli di Augusto come "tendenti al dorato", dei "capelli biondo chiaro" di Nerone e degli "occhi azzurri" di Galba. *De Vita Caesarum*, 2.79.

[144] Ottantamila Vandali, secondo il re Genserico, scomparvero dopo tre generazioni, presumibilmente per accoppiamento indiscriminato. Darlington, op. cit., p. 317.

[145] I nordici conquistarono quasi, ma non del tutto, Londra (895), Parigi (885-886) e Costantinopoli (860). In *A Study of History* (Vol. II, pp. 43), Toynbee ha inserito un

est, all'incirca nello stesso periodo, bande di guerrieri e mercanti svedesi itineranti, noti come Rus e Varangi, divennero signori delle vie fluviali russe. Oltre a dare il loro nome al Paese, istituirono uno dei loro capi, Rurik, come primo zar russo. Nel 1042, i Varangi che navigavano verso sud attraverso l'Egeo e i Normanni che navigavano verso est dalla Sicilia segnarono l'accerchiamento scandinavo dell'Europa ingaggiando una battaglia navale nel Mediterraneo.[146]

L'impulso razziale degli uomini del Nord, prima che venisse smorzato nella *dolce Francia* e nelle terre più calde e profumate di limone più a sud, catalizzò le Crociate, uno sforzo erculeo e sfortunato per fondare un vasto dominio di feudi teutonici nel Vicino Oriente. Sebbene lo scopo apparente dei crociati, guidati da capi normanni come Tancredi, Boemondo e Riccardo I d'Inghilterra, fosse quello di rendere la Terra Santa sicura per la cristianità, essi erano ugualmente, se non più intensamente, motivati dal desiderio di gloria e ricchezza.

In altri movimenti crociati che si svolgevano in Europa in quegli anni, gli obiettivi erano più specificamente razziali. A est e a nord-est i Cavalieri Teutonici stavano respingendo i Balti e gli Slavi. In Spagna, l'aristocrazia visigota era riemersa dopo secoli di clandestinità nelle montagne della Galizia e delle Asturie e stava organizzando un contrattacco per cacciare gli arabi dalla penisola iberica, un'operazione militare che culminò nella fondazione dell'Impero spagnolo e nella colonizzazione del Nuovo Mondo.[147] Inutile dire che nessuna di queste crociate fu condotta secondo gli insegnamenti del Nuovo Testamento. Qualunque freno morale e atto umano

---

affascinante pezzo di speculazione storica in cui immagina cosa sarebbe potuto accadere se gli scandinavi pagani avessero catturato queste capitali europee, avessero proseguito dall'Islanda per insediarsi stabilmente in America e, invece di convertirsi al cristianesimo, lo avessero bandito.

[146] Per secoli i Varangiani costituirono la guardia del corpo personale degli imperatori bizantini. Dopo la battaglia di Hastings, furono sostituiti da inglesi in fuga dalla conquista normanna della Britannia. Eric Oxenstierna, *The Norsemen,* trans. Catherine Hutter, New York Graphic Society Publishers, Greenwich, Conn., 1965, p. 279.

[147] I Visigoti e la loro progenie identificabile sono praticamente scomparsi dalla mappa razziale della Spagna. Ma se sono scomparsi nel solvente etnico mediterraneo della Spagna, alcune memorie razziali si agitano ancora in una delle menti più raffinate della Spagna moderna. Ortega y Gasset in *Meditación Preliminar* ha scritto: "¿Quién ha puesto en mi pecho estas reminiscencias sonoras, donde-come en un caracol los alientos oceanicos-perviven las voces intimas que da el viento en los senos de las selvas germánicas?". *Obras Completas,* Madrid, 1963, Vol. 1, p. 356.

venisse esibito poteva essere attribuito tanto alla cavalleria quanto al cristianesimo.[148]

Prima della fine del Medioevo,[149] la Terra Santa era perduta.

I Turchi iniziarono la loro marcia verso Costantinopoli, Budapest e la periferia di Vienna. I papi, in gran parte di origine longobarda (germanica),[150] si posero a capo delle popolazioni dell'Europa meridionale e umiliarono gli imperatori tedeschi. Nel frattempo, l'aristocrazia teutonica e normanna, avendo sviluppato una fedeltà nazionale, iniziò a sposarsi con ricche famiglie mercantili. A est, gli slavi nordici si stavano "alpinizzando", mentre la nobiltà e la soldataglia nordica si estinguevano in interminabili guerre contro gli invasori asiatici e i resti nordici più docili si mescolavano con i popoli vicini e con il nemico mongoloide.[151]

Le imprese coloniali su larga scala della Spagna e del Portogallo a partire dal XVI secolo non possono essere definite manifestazioni dello slancio razziale nordeuropeo, anche se non pochi conquistadores mostravano un'insolita

---

[148] La cavalleria è una raffinata miscela di cortesia militare stilizzata, onore e amore cortese, che è ancora leggermente riconoscibile nelle regole non scritte di quello che in Inghilterra e tra alcuni membri della Majority americana è noto come fair play. Tacito individuò un rito cavalleresco nella società tedesca pagana: "Tum in ipso concilio vel principum aliquis vel pater vel propinquus scuto frameaque juvenem ornant". *De Germania*, 13. 5-6. Swan Sonnenschein, Londra, 1901. Una visione meno riverente e un po' esilarante dello stesso argomento è fornita da *The Mothers* di Robert Briffault, Macmillan, New York, 1927, vol. 3, pp. 382-423.

[149] Lo storico Will Durant ha avuto alcune interessanti intuizioni sulla composizione razziale dell'Europa al culmine del Medioevo. "I tedeschi, grazie a un millennio di migrazioni e conquiste, avevano fatto prevalere il loro tipo nelle classi superiori di tutta l'Europa occidentale, ad eccezione dell'Italia centrale e meridionale e della Spagna. Il tipo biondo era così decisamente ammirato nei capelli e negli occhi che San Bernardo si affannò per un intero sermone a conciliare con questa preferenza il "sono nero ma bello" del Cantico dei Cantici. Il cavaliere ideale doveva essere alto, biondo e barbuto; la donna ideale nell'epica e nel romanticismo era snella e aggraziata, con occhi azzurri e lunghi capelli biondi o dorati". *The Age of Faith*, Simon and Schuster, New York, 1950, p. 832.

[150] Hildebrand, che divenne Gregorio VII e il più temporale di tutti i papi, era un lombardo di origine toscana. Prima che i tedeschi nell'ufficio papale anteponessero le loro preferenze religiose ai legami razziali, i loro sentimenti filo-teutonici si avvicinavano spesso a quelli di Hitler. Si veda in particolare la polemica del vescovo Liutprando del X secolo sulla "bassezza e viltà e avarizia e effeminatezza e mendacità" dei Romani, in Toynbee's *A Study of History*, Vol. IV, pp. 522-23.

[151] "Gli Slavi, come tutti gli altri popoli di lingua indoeuropea che siamo riusciti a rintracciare, erano originariamente nordici, e non c'è alcun accenno nei loro primi resti, nelle regioni studiate, agli incrementi razziali brachicefali numericamente predominanti che oggi sono considerati tipicamente slavi". Coon, *Le razze d'Europa*, p. 220.

sproporzione di tratti non mediterranei.[152] I tratti razziali della Riforma, tuttavia, erano inconfondibili. Nelle parole di Thomas Macaulay:

"La Riforma era stata una rivolta nazionale e morale. Era stata non solo un'insurrezione dei laici contro il clero, ma anche un'insurrezione di tutti i rami della grande razza tedesca contro una dominazione aliena".[153] Macaulay avrebbe fatto meglio a dire razza nordeuropea anziché tedesca, perché i tedeschi meridionali e austriaci rimasero solidamente cattolici.

Il protestantesimo, l'emancipazione religiosa del Nord, ha contribuito a ispirare e accelerare la più grande espansione nordeuropea di tutti i tempi. In una successione di grandi "Folkwandering" marittimi, che durarono dal XVII alla fine del XIX secolo, inglesi, tedeschi, scandinavi, francesi, olandesi e irlandesi si imbarcarono a milioni verso il Nord America, il Sudafrica, l'Australia e la Nuova Zelanda, e a decine di migliaia verso gli avamposti dell'impero in Africa nera, Sudamerica, Asia e nelle isole del Pacifico.

All'inizio del XX secolo, nonostante la Rivoluzione francese avesse quasi demolito la vecchia classe dirigente teutonica nella maggior parte dell'Europa latina, il potere e l'influenza del Nord Europa non erano mai stati così grandi. Gli imperi britannico e tedesco, con le loro invincibili forze di terra e di mare, il loro quasi monopolio del commercio mondiale, la loro efficienza tecnica e la sconfinata energia dei loro industriosi cittadini, costituivano una concentrazione di forza militare ed economica che nessun'altra nazione o gruppo di nazioni poteva nemmeno avvicinare.

Questo immenso potere, si noti, non poggiava solo su armi e burro. Era il prodotto finale di un insieme di istituzioni uniche, tra cui il governo rappresentativo, le cui origini Montesquieu aveva individuato nel comportamento e nelle pratiche delle antiche assemblee tribali tedesche.[154] La predilezione per la libertà personale, l'indipendenza di spirito, lo status insolitamente elevato concesso alle donne e il profondo affetto per la terra

---

[152] La bisnonna di Vasco da Gama era una Hereford, un membro della più alta nobiltà inglese. Henry Hart, *Sea Road to the Indies*, Macmillan, New York, 1950, p. 97. Colombo, un italiano del Nord, era alto, con la testa lunga, gli occhi azzurri e i capelli ramati. Samuel Morison, *Admiral of the Ocean Sea*, Little, Brown, Boston, 1942, p. 47. Cortés si rifaceva ai re longobardi d'Italia e Pedro de Alvarado, il suo luogotenente più coraggioso, era così biondo che gli Aztechi lo chiamavano *Tonatiuh*, il Sole. Prescott, *Conquest of Mexico*, Modern Library, New York, pp. 128, 258. Prescott descrive Re Ferdinando come il "goto dai capelli rossi" della Regina Isabella. Balboa, lo scopritore del Pacifico, era chiaro con capelli e barba rosso-dorati. Kathleen Romoli, *Balboa of Darien*, Doubleday, Garden City, N.Y., 1953, pag. 31.

[153] *Storia dell'Inghilterra dall'adesione di Giacomo II*, Vol. 1, p. 58.

[154] *De l'esprit des lois*, 11, 6-8. L'Islanda aveva un parlamento, l'Althing, già nel X secolo.

erano considerati da Tacito, nel suo saggio *De Germania,* caratteristiche tipiche dei popoli di lingua teutonica. Tali atteggiamenti e abitudini furono probabilmente i semi della Magna Carta e della successiva enfasi britannica sui diritti e le libertà individuali. Forse la più grande conquista istituzionale di tutte fu il sistema giuridico, compresa quell'invenzione scandinava o teutonica nota come processo con una giuria di pari, una forma rudimentale della quale fu trasportata in Inghilterra dai Normanni.[155]

Tutte queste pietre miliari dell'evoluzione politica e sociale sembrano essere nate dal riconoscimento quasi istintivo che "la base della... società era l'uomo libero".[156] La massima raffinatezza ed espressione di questo riflesso politico si è concretizzata nell'attività e nella legislazione del Parlamento britannico, che ha favorito un clima di stabilità politica ed economica senza precedenti nella storia. L'ambiente sociale relativamente stabile prodotto da queste istituzioni fu il presupposto fondamentale per la leadership del Nord Europa nel governo, nell'arte, nella scienza, nell'industria, nell'agricoltura e in quasi tutti gli altri aspetti dell'attività umana.

Era naturale che queste istituzioni venissero portate oltre l'Atlantico e ulteriormente perfezionate e sviluppate dagli inglesi e dagli altri europei del Nord che colonizzarono il Nord America. Se il progresso e la prosperità degli Stati nordeuropei nel Vecchio Mondo erano dovuti a una speciale eredità biologica, sarebbe stato ragionevole aspettarsi che un Paese del Nuovo Mondo con una sovrabbondanza delle stesse risorse genetiche sarebbe diventato una nazione ancora più grande, forse la più grande di tutte.

Ci sono voluti meno di due secoli di indipendenza nazionale e due guerre mondiali perché questa profezia si avverasse. L'ironia della sorte volle che quando gli Stati Uniti erano diventati la forza dominante negli affari mondiali, la Maggioranza Americana, il principale agente della grandezza americana, non era più la forza dominante in America.

---

[155] Si veda il capitolo 28.

[156] J. R. Green, *A Short History of the English People,* Harper, New York, 1892, Vol. 1, pag. 2.

CAPITOLO 10

Il declino della maggioranza

Il declino della maggioranza americana è iniziato con la lotta politica e militare tra Nord e Sud. Oltre alle differenze nazionalistiche e culturali, i nordeuropei in Europa erano divisi dalla geografia, principalmente dai mari Baltico e del Nord e dalla Manica. Negli Stati Uniti, il grande elemento di divisione era il clima. Le temperature medie di luglio del Massachusetts e della Pennsylvania sono rispettivamente di 73,5 °F e 75,5 °F. Le temperature medie di luglio della Virginia e del Mississippi sono di 79 °F e 80 °F. Questi pochi gradi in più di calore estivo rendevano impossibile per i proprietari di piantagioni del Sud reclutare forza lavoro bianca. Nei climi caldi l'europeo del Nord è inutile come manovale nei campi. Il Sud non avrebbe mai ottenuto nulla di simile alla sua fiorente prosperità antebellica senza una grande disponibilità di negri.

Per soddisfare le esigenze del loro ambiente, i sudisti crearono un *modus vivendi* unico, *la cui* versione altamente romanzata e profumata è ancora presente nella storia americana. I nordisti, spinti in parte da quello che è stato descritto come il "difetto sentimentale" degli anglosassoni,[157] il desiderio altruistico di estendere le libertà civili ai non inglesi, cercarono prima di alleviare la schiavitù, poi di porvi fine. I sudisti reagirono all'ingerenza del Nord come avevano reagito sia loro che i coloni del Nord all'ingerenza di Re Giorgio un secolo prima. Fecero la secessione.

Se il Nord fosse stato più paziente e fosse stato disposto ad "aspettare" un po' più a lungo la schiavitù - già minacciata dalla meccanizzazione della raccolta del cotone, dalla concorrenza straniera e da altre cause - la Guerra Civile forse non sarebbe mai stata combattuta. Il bilancio della guerra fu di 610.000 morti, rispetto ai 4.435 della Guerra d'Indipendenza, e quasi tutti i morti erano di origine nordeuropea. Nonostante il maggior numero di vittime del Nord,[158] gli effetti disgenici della guerra ricaddero molto più pesantemente sul Sud. Il Nord aveva una popolazione di 22 milioni di abitanti, quasi tutti bianchi, contro i 12 milioni del Sud, un terzo dei quali

---

[157] Madison Grant, *The Passing of the Great Race*, Scribner's, N.Y, 1916, pagg. 14, 77.

[158] I morti furono 360.000 per il Nord e 250.000 per il Sud. I costi della guerra ammontarono a circa 5 miliardi di dollari, cui si aggiunsero 3 miliardi di dollari per la riabilitazione postbellica. Beard, *The Rise of American Civilization*, Vol. 2, pp. 98-99.

erano schiavi.[159] La classe degli ufficiali del Sud, traboccante di bellicosità e spavalderia, fu decimata, mentre al Nord l'acquisto di sostituti era un business fiorente. Il 17% dei generali confederati fu ucciso, rispetto al 2,5% dei generali dell'Unione.[160]

Dopo la fine della carneficina, il ramo meridionale della maggioranza divenne una minoranza oppressa. I saccheggiatori del Nord e i furfanti del Sud, usando come strumenti negri confusi e inconsapevoli, fecero un tentativo riuscito, anche se di breve durata, per il controllo politico ed economico. Gli storici la chiamarono Ricostruzione. Il Sud, amareggiato dalla sconfitta, dovette sopportare una vendicativa occupazione militare. Il passare del tempo e gli slanci di unità nazionale durante la prima e la seconda guerra mondiale servirono a raffreddare il risentimento del Sud, finché non si riaccese negli anni Cinquanta con la riapertura della questione negra da parte del Nord. L'uso dei paracadutisti e degli sceriffi federali per far rispettare le sentenze della Corte Suprema al Sud non è certo servito a far sopire le animosità. Seconda solo alla tragica polarizzazione tra Nord e Sud come causa del declino della Maggioranza fu il tremendo sviluppo dell'economia nazionale. Se l'eccesso di denaro è il semenzaio della corruzione, è anche il focolaio dell'amnesia razziale. La grande ricchezza generata prima della Guerra Civile dai proprietari di piantagioni e dai magnati del trasporto marittimo della Maggioranza, e dopo la guerra dai magnati dell'industria e della finanza, tendeva a concentrare le loro menti ed energie su questioni mondane come la produzione di denaro, l'acquisizione di profitti e l'organizzazione aziendale. I plutocrati della maggioranza pensavano poco all'effetto che le loro richieste di una forza lavoro sempre più ampia avrebbero avuto sulla composizione razziale dell'America.

"Come il piantatore nordico del Sud", ha spiegato lo storico Charles Beard, "nella sua appassionata ricerca della ricchezza, era disposto a sabotare la sua stessa specie con un'ondata di negri provenienti dalle terre selvagge dell'Africa, così il nordico proprietario di mulini del New England, con la mente rivolta ai dividendi, si preoccupava poco della nazionalità o del colore di coloro che stavano pazientemente ai suoi fusi e ai suoi telai o si accalcavano nelle case popolari delle sue città".[161]

---

[159] John Hope Franklin, *From Slavery to Freedom*, Knopf, New York, 1967, p. 386.

[160] Nathaniel Weyl, *The Creative Elite in America*, Public Affairs Press, Washington, D.C., 1966, p. 57. "Il costo del sangue per l'Unione", aggiunge Weyl, "fu pagato soprattutto dalle classi più povere e da coloro che non avevano molta istruzione e influenza. La Confederazione, al contrario, promulgò leggi sulla leva che colpivano in egual misura ricchi e poveri...".

[161] Beard, op. cit., Vol. 1, p. 640.

Le conseguenze politiche di questa indiscriminata richiesta di manodopera non si fecero attendere. Già prima della Guerra Civile, la presenza irlandese cominciò a farsi sentire in alcune delle città più grandi, dove la Maggioranza assaggiò per la prima volta la sconfitta alle urne. La sconfitta divenne nazionale molti decenni dopo, quando le minoranze bianche del Nord si combinarono con i meridionali che odiavano gli Yankee per vincere le elezioni presidenziali.

È stato il materialismo ossessivo della Maggioranza, la sua abitudine di anteporre le cose tangibili a quelle intangibili della civiltà, a rendere possibile e forse certa la Grande Depressione. Il robusto individualismo, il *laissez-faire*, la separazione dei poteri e molte altre cose care alla speranza della Maggioranza sono andate in fumo durante la legislazione d'emergenza per salvare l'economia nazionale. Il New Deal, la prima amministrazione a iniettare una quantità significativa di personale non maggioritario e di ideologia non maggioritaria nel governo federale, significò il raggiungimento della maggiore età della coalizione liberal-minoritaria.

La partecipazione delle minoranze alla politica e a tutti gli altri aspetti della vita americana è ora aumentata al punto da poter affermare che la maggioranza non è più l'establishment razziale degli Stati Uniti.[162]

L'immagine della Maggioranza - quella dell'uomo occidentale come derivato da antecedenti nordeuropei (principalmente anglosassoni) e come modificato dalla frontiera e da altre peculiarità dell'ambiente americano - viene cancellata da altre impronte razziali e culturali. Mentre il potere e l'influenza della Maggioranza continuano a diminuire, la civiltà americana, come sta diventando sempre più evidente, sta perdendo gran parte del suo collante culturale. Le vecchie forme rimangono, ma il contenuto è andato o scomparso.

Poiché le forme rimangono, la maggioranza americana è solo vagamente consapevole della sua espropriazione. Vota ancora, ma non sceglie più. È ancora libera di parlare, ma non di parlare liberamente. Continua a patrocinare le arti, ma le arti sono diventate una landa desolata per le minoranze. Ha ancora un certo peso economico, ma non dirige più l'economia. Ancora influente nel determinare la politica locale, esercita solo un'influenza minore nel determinare aree vitali della politica nazionale ed

---

[162] Questo declino è stato mal interpretato dai sociologi liberali come un fenomeno esclusivamente WASP. "Esiste un establishment protestante bianco anglosassone che... ha perso gradualmente il suo potere e la sua autorità nel corso del ventesimo secolo". E. Digby Baltzell, *The Protestant Establishment*, Random House, New York, 1964, p. ix. Alcuni scrittori di minoranza non solo hanno descritto amorevolmente, ma hanno esultato per la caduta del potere della maggioranza. Si veda Peter Schrag, *The Decline of the Wasp*, Simon and Schuster, New York, 1972.

estera. Molti membri della Maggioranza conducono ancora una vita privata che fa invidia al mondo. In pubblico, tuttavia, sono circospetti fino alla pusillanimità.

Chi è incline a negare l'espropriazione della Maggioranza può essere perdonato se adotta la seguente linea di interrogazione. Come può la Maggioranza essere espropriata quando il Paese è pieno di ricchi americani di impeccabile lignaggio maggioritario... quando ci sono così tanti politici, scrittori, artisti, avvocati, medici, scienziati e agenti dell'FBI maggioritari... quando il Presidente, la maggior parte dei membri del Congresso e la maggior parte dei governatori degli Stati appartengono alla Maggioranza... quando le forze armate sono ancora comandate da un corpo di ufficiali in gran parte maggioritari... quando la Maggioranza, ancora il gruppo più numeroso della popolazione, può facilmente influenzare il voto?

Le risposte a queste e ad altre domande simili costituiranno gran parte dell'argomento rimanente di questo libro. In questa sede ci si limiterà a riassumerle.

Una delle prove principali dell'espropriazione della maggioranza è che non esiste un partito politico di maggioranza in quanto tale. Per la maggior parte del XX secolo la forza dinamica della politica americana è stata il partito democratico, ampiamente finanziato dalle minoranze,[163] il partito di Franklin D. Roosevelt, che "guidava un governo di minoranze".[164] I membri ricostruiti e non ricostruiti della maggioranza del Sud (i cosiddetti Yellow Dog Democrats) sostengono ancora il partito democratico, anche se in numero sempre minore. A causa dell'aumento vertiginoso del tasso di criminalità negra, molti di coloro che vivono al di sotto della linea Mason-Dixon stanno tornando alle nozioni di supremazia bianca dei loro antenati ai tempi della schiavitù. Ironia della sorte, questi suprematisti bianchi dell'ultima ora, alcuni dei quali preferiscono essere chiamati separatisti bianchi, ora includono i bianchi del Nord, che fino a poco tempo fa erano noti per guardare con sospetto i "bifolchi" del Sud.

Il partito repubblicano, o almeno i candidati repubblicani, sono attualmente favoriti dai membri della Maggioranza settentrionale, anche se molti tra le file dei lavoratori a basso reddito e dei sindacati votano ancora per i Democratici. In generale, i liberali della Maggioranza orientale sono molto più in sintonia intellettuale con i liberali della minoranza di quanto non lo siano con i conservatori della Maggioranza. Questi ultimi diluiscono la loro efficacia politica dividendo il voto conservatore nel Sud e grazie a una lunga storia di compromessi con il liberalismo settentrionale e orientale. Per quanto

---

[163] Si veda il capitolo 15.

[164] "Arcivescovo Spellman" di Robert I. Gannon, *Look*, agosto 1962, p. 103.

riguarda la Maggioranza Silenziosa, perennemente sbandierata, essa è definita più accuratamente dal suo approccio morbido e in punta di piedi al processo politico che da particolari abitudini di voto o pulsioni razziali. Bianco o di colore, cristiano, ebreo, musulmano o non credente, chiunque tenga la voce bassa e, nelle rare occasioni in cui vota, voti repubblicano, ha i requisiti per farne parte.

La "Strategia del Sud" repubblicana ha tuttavia alcune implicazioni razziali, in quanto mira a riunire all'ovile repubblicano i bianchi del Sud che non amano le posizioni filo-negreche dei politici del "Nuovo Sud" e il crescente peso dei negri nella politica democratica nazionale. Ma la strategia del Sud, sebbene abbia dato buoni risultati in alcune elezioni presidenziali, non ha ancora prodotto una maggioranza di deputati repubblicani negli Stati al di sotto della linea Mason-Dixon.

Persino il sancta sanctorum del privilegio protestante anglosassone, la presidenza, è stato attaccato. Al Smith perse le elezioni presidenziali del 1928,[165] ma un cattolico irlandese più carismatico, John F. Kennedy, vinse le elezioni del 1960. Barry Goldwater, in parte ebreo, è stato il portabandiera repubblicano senza successo alle presidenziali del 1964. Lyndon Johnson, il vincitore, era un vero e proprio membro della maggioranza che, come senatore del Texas, aveva combattuto con le unghie e con i denti contro la legislazione sui diritti civili.[166] Quando fu presidente, tuttavia, fece completamente marcia indietro, intonando una volta solennemente il grido d'appello della minoranza, "We shall overcome", in un collegamento televisivo nazionale.

Richard Nixon, che succedette a Johnson alla Casa Bianca, sebbene sia considerato da alcuni un super-WASP, era irlandese da entrambi i lati del

---

[165] Smith si è fatto strada nella scala politica come cattolico irlandese puro e semplice, anche se il nonno paterno era quasi certamente italiano e la nonna paterna molto probabilmente tedesca. Matthew e Hannah Josephson, *Al Smith*, Houghton Mifflin, Boston, 1969, pagg. 13-15. Smith, come molti politici delle grandi città, era "a pagamento". Thomas Chadbourne, un democratico milionario, gli diede 400.000 dollari in contanti e stock option quando era governatore di New York. *New York Times*, 22 maggio 1985. Se Herbert Hoover fosse morto in carica, gli Stati Uniti avrebbero avuto un capo esecutivo per un quarto indiano nella persona di Charles Curtis, il vicepresidente. *Globe and Mail* (Toronto), 13 luglio 1984.

[166] Nel 1948, il senatore Johnson disse: "Il programma per i diritti civili è una farsa e una messinscena, uno sforzo per creare uno stato di polizia sotto le spoglie della libertà". Clarke Newton, LB], *The Man From Johnson City*, Dodd, Mead, New York, 1964, p. 112.

suo albero genealogico.[167] Il suo primo vicepresidente, Spiro Agnew, aveva un padre greco e una madre della Virginia. Ronald Reagan, vincitore nel 1980 e nel 1984, annunciò più volte di essere "irlandese" in entrambe le campagne, poiché aveva un padre irlandese-cattolico. Parlava poco o per nulla della madre di origine britannica. La politica americana aveva raggiunto il punto in cui un candidato alla presidenza considerava impolitico parlare delle sue origini britanniche.

George Bush è entrato alla Casa Bianca sulla scia di Reagan. Quando l'economia ha vacillato e lui è stato percepito più come un liberale repubblicano dell'est smidollato che come un reaganiano, è durato solo un mandato, nonostante la facile vittoria nella Guerra del Golfo.

Le presidenze di Jimmy Carter e Bill Clinton potrebbero essere attribuite alla "Strategia del Sud" dei Democratici, che consiste nel candidare un meridionale alla presidenza per attirare alcuni Stati del Sud nel non più solido Sud. Sebbene Carter e Clinton siano membri della maggioranza, entrambi hanno fatto un grande gioco non solo per il sostegno dei bianchi del Sud, ma anche per i voti delle minoranze. Clinton ha fatto di tutto per riempire la sua amministrazione di neri, ispanici ed ebrei, per non parlare di Ruth Bader Ginsburg, il primo avvocato ebreo alla Corte Suprema dopo l'uscita un po' ingloriosa del compagno di Johnson Abe Fortas nel 1969.

Quando un uomo come Lyndon Johnson, con tutto il potere della presidenza alle spalle, si sente costretto a cambiare le sue convinzioni in modo così radicale e a proclamare le sue simpatie per le minoranze in modo così pubblico e stridente, il politico di minoranza, in netto contrasto con le priorità della maggior parte dei politici di minoranza, difficilmente può essere biasimato per aver anteposto il partito alla razza. Ovviamente, se rappresenta un distretto a stragrande maggioranza, il deputato di maggioranza sosterrà gli obiettivi e le aspirazioni di coloro che lo hanno votato per quanto riguarda le questioni locali e alcune delle questioni nazionali meno controverse. Ma nel momento in cui è costretto a prendere posizione su questioni più ampie che possono influenzare in modo cruciale l'intera nazione, di solito si piega e ondeggia alla volontà e al capriccio di organizzazioni e lobby minoritarie, riccamente finanziate, che sembrano dedicate a tutti gli interessi tranne che a quelli dei suoi elettori.

Passando agli affari esteri, i legami emotivi di alcune minoranze con le loro vecchie o talvolta nuove patrie d'oltreoceano - tenuti in caldo dalla meccanica del razzismo - hanno prodotto un'influenza minoritaria del tutto sproporzionata. La storia recente della politica estera americana rivela,

---

[167] I Nixon, che non erano cattolici, provenivano dalla contea di Cork; la famiglia Milhous dalla contea di Kildare. Phillips, op. cit., pp. 174-75.

esempio dopo esempio, impegni diplomatici, economici e militari che sono stati il risultato diretto della sensibilità della Casa Bianca e del Congresso alle pressioni delle minoranze.

La resa incondizionata della Germania, che ha consegnato l'Europa orientale alla Russia alla fine della Seconda Guerra Mondiale e che potrebbe aver causato un milione di vittime inutili, è un esempio di questo tipo. Il sostegno americano a Israele, che è costato agli Stati Uniti l'amicizia e la benevolenza di oltre 100 milioni di arabi e ha spianato la strada all'ingresso della Russia nella politica mediorientale, è un altro esempio. Un altro è l'assistenza militare e finanziaria dell'America alle nazioni africane, proprio nel momento in cui i media e i politici in cerca di titoli stavano intensificando le sanzioni economiche contro il Sudafrica, l'unica entità politica stabile del continente. La Rhodesia indipendente è stata costretta ad arrendersi ai marxisti neri anche grazie alle sanzioni economiche delle Nazioni Unite, alle quali gli Stati Uniti hanno partecipato di buon grado.

Se gli interessi delle minoranze coincidessero con l'interesse nazionale in queste importanti azioni di politica estera è materia di serio dibattito. Ciò che non è discutibile sono le motivazioni razziali insite in tali decisioni. La maggioranza, non avendo più una madrepatria se non gli Stati Uniti, tende a vedere gli affari esteri da un punto di vista puramente americano. Altri gruppi di popolazione spesso guardano alla scena internazionale da una prospettiva completamente diversa. Questo approccio schizoide alla politica estera è stato certamente un motivo convincente per il ritiro dell'America dalla guerra in Vietnam, dove gli interessi delle minoranze erano irrilevanti, proprio nel momento in cui la Casa Bianca e il Congresso erano impegnati a enfatizzare e ribadire gli impegni americani in Medio Oriente, dove gli interessi ebraici sono considerati più importanti della fornitura e della disponibilità di petrolio arabo. A Cuba, di cui le minoranze più influenti si preoccupano poco ma dove la minaccia alle difese americane era reale fino alla dissoluzione dell'Unione Sovietica, lo stazionamento delle forze armate russe è stato considerato un *fatto compiuto* dalla Casa Bianca.

Le due principali conquiste della politica estera della Maggioranza - la Dottrina Monroe e il non coinvolgimento nella politica di potenza del Vecchio Mondo - sono state ora demolite e sostituite da una politica estera senza centro di gravità, un'accozzaglia di *non sequitur* diplomatici che vola per una tangente per soddisfare l'emotività delle minoranze, per placare l'appassionato antitotalitarismo dei liberali, per placare la fobia del socialismo dei conservatori.

Nel bene e nel male, il controllo della maggioranza sugli affari esteri era l'unico mezzo per sviluppare e perseguire una politica estera coerente. Una volta che la diplomazia americana, guidata dal razzismo delle minoranze, è diventata pluralista, la successione di disastri che si è verificata nella seconda metà di questo secolo era inevitabile. Fino al regno di Henry Kissinger non c'era ramo del governo in cui la maggioranza avesse una rappresentanza pro capite maggiore che nel Dipartimento di Stato. Eppure è stato proprio nel settore della politica estera che l'interesse della maggioranza è stato ed è più studiosamente ignorato.

Una grande obiezione alla tesi dell'espropriazione da parte della Maggioranza nasce dal fatto innegabile che molte delle più grandi fortune della nazione e molte delle più importanti aziende sono ancora nelle mani della Maggioranza. Qui è sufficiente dire, insieme al professore ed economista di Harvard John K. Galbraith,[168] che la ricchezza non equivale più al potere, e che il membro medio della Maggioranza è considerevolmente meno opulento del membro medio di alcune minoranze, in particolare la minoranza ebraica,[169] che ora ha iniziato a sfidare la presa della Maggioranza sulle grandi aziende.[170] Il fatto che a queste stesse aziende, principali fonti di ricchezza della Maggioranza, fosse proibito per legge di contribuire con denaro ai partiti politici, mentre i sindacati, molti dei quali sotto il diretto controllo di una minoranza, erano in grado di trasferire milioni di dollari ai loro candidati preferiti attraverso i comitati d'azione politica (PAC), era solo un'ulteriore indicazione della curva discendente dell'influenza della Maggioranza. Alla fine degli anni '70, tuttavia, una decisione della Corte Suprema ha reso possibile sia per i sindacati che per le imprese sponsorizzare i PAC.

Ironia della sorte, molte delle maggiori fortune della Maggioranza sono passate in possesso di vasti trust e fondazioni, che spendono gran parte delle loro entrate e dei loro capitali per le cause delle minoranze. Inoltre, alcuni dei più ricchi membri della Maggioranza, quando si tratta di aiutare i propri, hanno fatto un feticcio del non coinvolgimento e dell'invisibilità Dei tre autentici miliardari della Maggioranza negli anni '70, uno, J. Paul Getty, che

---

[168] Uno dei principali liberali della nazione, il professor Galbraith si è esposto all'accusa di slealtà di casta quando ha tentato di riesumare la vecchia storia di una maggioranza cospirativa che lega la politica e l'economia americana ai suoi cordoni della borsa. John K. Galbraith, *The Affluent Society*, Houghton Mifflin, Boston, 1958, pp. 88-90.

[169] Per un'analisi della ricchezza degli ebrei si rimanda al capitolo 15. I dati sullo stato economico delle minoranze armena, cinese, giapponese e coreana non sono prontamente disponibili, ma le indicazioni sono che il membro medio di queste minoranze ha un patrimonio netto maggiore rispetto al membro medio della maggioranza. L'incalcolabile ricchezza della mafia potrebbe far salire il reddito e la ricchezza pro capite della minoranza italiana meridionale al di sopra della media nazionale.

[170] È degno di nota il fatto che il giudice federale Harold Greene, un rifugiato ebreo-tedesco, abbia supervisionato lo scioglimento della AT&T, un tempo la più grande azienda del mondo.

occasionalmente scriveva omelie economiche per una rivista erotica, è morto in splendido isolamento in una villa baronale inglese e non è stato nel suo Paese per decenni. Un altro, il pioniere dell'aviazione Howard Hughes, conduceva una vita di clausura in alberghi stranieri dopo aver costruito il più grande impero del gioco d'azzardo al mondo a Las Vegas. Il terzo, il magnate delle petroliere Daniel Ludwig, ha trascorso la maggior parte dei suoi ultimi anni costruendo un vasto e poco redditizio complesso industriale e agricolo in Brasile. Nel 1993, secondo la rivista *Forbes*, il più ricco membro della maggioranza era Warren Buffet, che ha un investimento sostanziale nella Washington Post Co. Va da sé che i super-ricchi delle minoranze sono molto meno inclini a dissociarsi da quelli che considerano i loro obblighi etnici.

Non sorprende che l'espropriazione della maggioranza sia più evidente nel campo dell'opinione pubblica. Se Ortega y Gasset ha ragione quando dice: "Mai nessuno ha governato su questa terra basandosi essenzialmente su qualcosa di diverso dall'opinione pubblica",[171] allora il dominio delle minoranze negli Stati Uniti di oggi è incontestabile. Membri delle minoranze si trovano ai vertici delle tre principali reti televisive e radiofoniche commerciali, della rete televisiva e radiofonica pubblica, di ogni grande casa cinematografica (compresi gli studi Disney), dei due giornali più influenti della nazione, di una delle più grandi catene di quotidiani, di almeno la metà delle case editrici più importanti, delle tre riviste di informazione e della maggior parte dei principali giornali di opinione (si veda il Capitolo 15 per i dettagli). Ma questa notevole concentrazione di potere non si ferma qui. Organizzazioni di minoranza aggressivamente censorie, tra cui la principale è la Anti-Defamation League del B'nai B'rith, controllano la stampa e il parlato alla ricerca delle più sottili allusioni anti-minoranza. Se ne vengono trovate, il proprietario, l'editore o il produttore del mezzo di comunicazione incriminato vengono avvisati e ammoniti. Queste pressioni non possono evitare di minimizzare, omettere o distorcere spesso notizie e informazioni vitali per l'interesse pubblico.[172] La Maggioranza, con sua grande perdita, non ha organizzazioni di controllo simili.

---

[171] *La rebelión de las masas*, Espasa-Calpe, Madrid, 1966, pag. 116.

[172] Il giornalista del *New York Times* Gay Talese ha scritto: "I media hanno costruito eventi drammatici e personaggi colossali a partire da molti piccoli incidenti e uomini minori". *The Kingdom and the Power*, World, New York, 1969, p. 194. Esempi lampanti di distorsione mediatica negli ultimi decenni: la diabolizzazione del senatore Joseph McCarthy; l'apoteosi dei fratelli Kennedy e di Martin Luther King, Jr. assassinati; l'affetto sghignazzante per i rivoluzionari bianchi e neri, i renitenti alla leva, i leader delle rivolte e le bande di assassini; il whitewash di Chappaquiddick. "Si è mai sentita una discussione equilibrata sulla situazione in Sudafrica? O una presentazione ragionevole del punto di vista dei 'falchi' sul Vietnam? O delle azioni di una forza di polizia di fronte

Essendo un composto di ciò che le persone leggono, vedono, sentono e
pensano, l'opinione pubblica è solo in parte una creazione dei canali di
informazione orientati alle minoranze. Nessun giornalista, commentatore,
autore, filosofo o profeta può far sì che un adulto normalmente intelligente
accetti come vero ciò che sa essere falso. Ma quando l'opinione pubblica si
sposta dalle questioni locali a quelle statali e nazionali, diventa meno
informata. Uno sciocco sa più cose a casa sua che un saggio dal suo vicino,
dice il proverbio spagnolo. Le conoscenze di prima mano vengono
soppiantate da informazioni di seconda mano e persino da pettegolezzi di
terza mano. Infine, nel campo degli affari esteri, l'opinione pubblica si basa
in gran parte sull'opinione "organizzata", che rappresenta l'agenda di coloro
che hanno un interesse diretto o indiretto a condizionare gli atteggiamenti
dell'opinione pubblica nei confronti degli eventi riportati e delle politiche in
discussione.

Per quanto riguarda i sondaggi di opinione, spesso sono più efficaci
nell'influenzare l'opinione pubblica che nel misurarla, rivelando più lo stato
d'animo del sondaggista che quello del pubblico. I giornali che sottoscrivono
i sondaggi hanno un'importante influenza sul tipo di domande che vengono
poste e sulla dimensione e composizione del campione. In occasione di
elezioni nazionali e statali, i sondaggi hanno spesso avuto lo scopo di fare
propaganda elettorale, in cui le statistiche favorevoli al candidato preferito
vengono enfatizzate, mentre quelle sfavorevoli vengono sminuite o
insabbiate.[173]

Nel caso in cui la maggioranza riconquisti il controllo dei mezzi di
informazione, l'opinione pubblica non subirà alcuna trasformazione da un
giorno all'altro. Il trattamento delle notizie forma le menti delle persone, ma
l'ideologia che definisce e circoscrive il modo in cui le notizie vengono

a folle indisciplinate?", si chiede Ernest van den Haag in *The Jewish Mystique*, Stein and
Day, New York, 1969, pag. 142. La tendenziosità dei media è più evidente nella tecnica
di editorializzazione dei titoli. "Lasciatemi controllare i titoli e non mi interesserà chi
controlla gli editoriali", ha detto Frederick Birchall, ex direttore del *New York Times*.
Talese, op. cit., p. 168. Negli anni Cinquanta, quando ogni forte obiezione al comunismo
evocava la risposta pavloviana del "maccartismo", il presidente Truman accusò il
candidato alla presidenza Eisenhower di "essere disposto ad accettare i principi che
identificano la cosiddetta razza padrona". *New York Times*, 18 ottobre 1952, pag. 1. Nella
corsa presidenziale del 1972 George McGovern associò due volte il presidente Nixon a
Hitler.

[173] Il Louis Harris Poll aveva previsto la vittoria di Hubert Humphrey alle elezioni
presidenziali del 1968. Senza alcuna eccezione, tutti i principali quotidiani e periodici
americani avevano previsto una schiacciante vittoria dei laburisti alle elezioni generali
britanniche del 1970, che hanno portato al potere il partito conservatore. Le capacità di
previsione dei sondaggisti per la vittoria di Reagan alle presidenziali del 1980 erano
ridicole.

trattate proviene dal dominio della cultura, di cui l'opinione pubblica è spesso solo un'appendice servile. Negli strati più bassi del dominio culturale americano - fumetti, film hollywoodiani e spettacoli televisivi - la dominanza della minoranza è a malapena messa in discussione. Anche negli strati più alti - la poesia, i romanzi seri, la critica letteraria, il teatro off-Broadway, la musica moderna, la pittura e la scultura - le minoranze hanno assunto una posizione dominante (si veda il capitolo 18).

È stato spesso osservato, con malizia più che con precisione, che l'unico contributo originale dell'America all'arte è stato quello di una minoranza: il jazz dei neri. Ora, si dice, le minoranze hanno preso il sopravvento su tutta la cultura americana, e sono stati scritti libri per documentare questo tema. Secondo Leslie Fiedler, il tono di base della vita intellettuale creativa degli Stati Uniti è diventato ebraico.[174] Nathaniel Weyl non solo proclama la supremazia degli ebrei nella cultura americana moderna, ma fornisce le ragioni biologiche di questa supremazia.[175] Espandendo l'approccio genetico di Weyl, Ernest van den Haag, professore di filosofia sociale alla New York University, afferma che "la stessa sensibilità americana è diventata in parte ebraica".[176] Van den Haag riconosce il dominio dei media da parte dei "liberali ebrei", il dominio culturale esercitato dall'"establishment culturale ebraico" e, in un parossismo di adulazione etnica che opportunamente ignora la civiltà greca e romana, il Rinascimento e i capolavori dell'arte e della scienza occidentale, dichiara che gli ebrei "hanno dato il significato essenziale agli ultimi duemila anni di storia occidentale".[177]

Come se fossero accecati dalla loro concentrazione su un fenomeno culturale, gli intellettuali di cui sopra sembrano aver sminuito l'importanza dei fermenti artistici provenienti da un'altra minoranza. Gli ebrei possono avere la cultura della maggioranza in fuga, ma i negri l'hanno messa all'angolo. La recente ondata di drammi negri e di testi razzisti semibiografici sotto forma di romanzi e documentari televisivi non si limita a rimodellare e riorientare la cultura della Maggioranza, ma si avvicina a ferirla mortalmente. Le nuove celebrità letterarie negre hanno una mente unica e temi costantemente ricorrenti (vedi capitolo 18). Le donne bianche sono un bersaglio facile per lo stupro. I maschi bianchi hanno gravi difetti

---

[174] *Time*, 19 agosto 1966, p. 80.

[175] *L'élite creativa in America*, capitolo XVIII.

[176] *La mistica ebraica*, p. 98.

[177] Ibidem, pp. 14, 41, 129-33.

sessuali.[178] Il saccheggio, l'incendio doloso, il caos, l'omicidio e persino il massacro sono spesso obiettivi degni e comprensibili. Il linguaggio utilizzato si basa molto su insulti razziali e incantesimi ripetitivi di bestemmie.

Nonostante queste limitazioni artistiche, la rinascita letteraria e drammatica dei negri è attivamente promossa dai principali editori e produttori e spesso viene trasmessa dalla televisione educativa.[179] Gli scrittori della Maggioranza non possono rispondere in alcun modo, poiché qualsiasi esibizione pubblica del razzismo della Maggioranza, culturale o di altro tipo, ricade sotto un divieto automatico e onnipervasivo.[180] Non essendo consentito alcun contrattacco o confutazione efficace o significativa, il putsch culturale si sta muovendo inesorabilmente verso l'affermazione della tesi secondo cui "la razza bianca è il cancro della storia umana".[181]

Per quanto riguarda la religione, una delle manifestazioni più importanti della cultura, non è tanto che la Maggioranza stia perdendo la sua chiesa, quanto che la chiesa, ad eccezione di alcune denominazioni fondamentaliste, sta perdendo la Maggioranza. Un gran numero di protestanti maggioritari non può sentirsi troppo entusiasta di fronte allo spettacolo dei loro ministri che dedicano molto del loro tempo e molti dei soldi delle loro congregazioni a ospitare e nutrire le bande rivoluzionarie di strada in patria e i guerriglieri anti-bianchi in Africa, e a trasportare stranieri dall'America centrale, da Haiti e dall'ex Unione Sovietica. I cattolici di maggioranza hanno sperimentato la

---

[178] Questa affermazione sembra particolarmente inappropriata se si considera che lo stato fisiologico noto come "femminilizzazione" è molto più diffuso tra i negri che tra i bianchi. L'atrofia dei testicoli e la ginecomastia (ingrossamento dei seni maschili) sono un'afflizione abbastanza comune tra i negri. J. C. Carothers, *The African Mind in Health and Disease*, Organizzazione Mondiale della Sanità, Ginevra, 1953, p.64. Il mito della virilità dei bianchi è stato ripreso da alcune pubblicazioni bianche, come la seguente, pubblicata su *Playboy*, ottobre 1967, p. 64. Domanda: "Come si chiama quando una prostituta serve un cliente bianco? Risposta: "Il nudo e il morto".

[179] Forse il dramma più violentemente razzista mai andato in scena è stato Slave Ship, presentato a Brooklyn nell'autunno del 1969. Il suo autore era LeRoi Jones (Imri Baraka), un negro che aveva sposato e poi divorziato da una donna ebrea perché era un rimprovero vivente "alle cose che mi stavano a cuore". *Village Voice*, 17-23 dicembre 1980. Le diffamazioni contro i bianchi e gli appelli "letterari" alla violenza razziale sono un tema frequente dei talk show della televisione nera.

[180] Il divieto selettivo di usare imprecazioni razziali non si limita alle opere letterarie e a ciò che appare nei mezzi di comunicazione. A Washington, la polizia ha ricevuto l'ordine formale di evitare le seguenti espressioni: boy, wop, kike, chink, dago, polack, bohunk, limey, frog, kraut, nigger, burrhead e spic. *San Francisco Chronicle and Examiner, This World*, 5 maggio 1968, p. 12.

[181] Questa dichiarazione della letterata ebrea Susan Sontag è apparsa su *Partisan Review*, inverno 1967.

stessa disillusione osservando i loro preti e le loro suore di sinistra promuovere la disaffezione delle truppe americane in Vietnam e fomentare l'antigenderismo in America Latina.

Prevedibilmente, il clero cattolico e protestante ha fornito molti dei più attivi pifferai della minoranza - il defunto padre Groppi, Adam Clayton Powell, Martin Luther King, Jr - che hanno tutti sviluppato l'abitudine di nutrire i loro seguaci con una miscela inebriante di cristianesimo sociale e razzismo delle minoranze. Al contrario, nessun grande difensore della Maggioranza è sorto da un organismo religioso, né è probabile che lo faccia fino a quando personaggi di colore come il reverendo due volte divorziato William Sloane Coffin, Jr, che predicava la disobbedienza civile in patria e il disimpegno in Estremo Oriente, mentre taceva sul Medio Oriente, si esibiscono nella Riverside Church di New York, finanziata da Rockefeller, e mentre Billy Graham e altri evangelisti, alcuni dei quali sono finiti in carcere per reati sessuali o finanziari, confondono il loro pubblico con le loro speciali marche di fossilismo religioso, e mentre il reverendo Jerry Falwell predica un "risveglio morale" strettamente legato a *Israele über Alles*.

Un assalto alla cultura di un popolo include necessariamente un assalto alla sua storia, che è sia il magazzino che l'arsenale della cultura. I muckrakers della minoranza[182] hanno iniziato a riscrivere il passato della maggioranza molti anni fa, ma solo di recente i testi scolastici, abilmente assistiti dai "western" e dai documentari televisivi, hanno deliberatamente fatto in modo

---

[182] Uno dei più importanti fu Gustavus Myers, che nel suo celebre studio, *La storia delle grandi fortune americane*, si dilungò a descrivere le favolose ricchezze delle più ricche famiglie della Maggioranza, ignorando praticamente i milionari delle minoranze come August Belmont, che era il rappresentante americano dei Rothschild e probabilmente disponeva di più denaro duro di tutti i suoi concorrenti nativi. Myers non ha nemmeno bilanciato la sua lista di colpi finanziari della maggioranza richiamando l'attenzione su Jesse Seligman, che ha contribuito a convincere gli americani e altri a mettere 400 milioni di dollari in un'impresa francese fallita per costruire un canale attraverso Panama. Nessuno ha avuto indietro un centesimo, ma Seligman si è tenuto il suo anticipo di 300.000 dollari e gli enormi profitti aggiuntivi che ha ottenuto come sottoscrittore. Stephen Birmingham, *Our Crowd*, Dell, New York, 1967, pp. 273-75. Myers non ha menzionato la possibile ascendenza minoritaria del suo principale cattivo, Jay Gould, che discendeva da Nathan Gold di Fairfax, Connecticut, con la "u" aggiunta nel 1806. Birmingham, op. cit., p. 132. Matthew Josephson presenta lo stesso tetro catalogo di peccati della maggioranza su larga scala nel suo libro *The Robber Barons*, omettendo quasi del tutto i giochi di prestigio finanziari dei magnati della minoranza. Un'altra opera di questo genere è *The Rich and the Super-Rich* di Ferdinand Lundberg. Pagine, a volte interi capitoli, sono dedicati ai Rockefeller, ai Mellon, ai Ford, ai Du Pont, agli Hunt e ai Vanderbilt, ma solo poche parole sono dedicate ai Rosenwald, ai Blaustein, agli Zellerbach, ai Loeb, ai Seligman e ai Warburg. L'indice non menziona nemmeno i Guggenheim, gli Zemurray, i Baruch, gli Schiff, i Sarnoff, gli Annenberg, i Sulzberger e gli Hirshhorn.

di screditare il ruolo da protagonista della maggioranza nella cronaca americana. Ai bambini della Maggioranza viene ancora permesso di imparare che i loro antenati, spesso con l'aiuto di gruppi minoritari, hanno aperto le terre selvagge e le hanno colonizzate, ma viene loro inculcato che questi stessi antenati bruciavano le streghe e commettevano atrocità indicibili contro indiani indifesi. Mentre li si caratterizza come sfruttatori di denaro senza legge e brutali sfruttatori di manodopera, si ammette ancora, anche se con un po' di rancore, che i giganti industriali della maggioranza hanno costruito le ferrovie e le acciaierie e hanno estratto il petrolio che ha dato all'umanità il motore a combustione.[183] Il Sud, viene insegnato, ha prodotto la maggior parte del cotone del mondo e una civiltà di classe, al prezzo di linciaggi di massa, cavalieri notturni, bande di schiavi e genocidi sotto il sole cocente. Poco della Maggioranza era giusto; ancor meno era decente.

Ammesso che la Maggioranza non abbia un'effettiva rappresentanza politica, che il suo ruolo nella definizione della politica interna ed estera sia tutt'altro che decisivo, che la sua influenza economica sia in eclissi, che i suoi leader religiosi l'abbiano abbandonata o le si siano rivoltati contro, che la sua cultura sia stata fatta a pezzi e la sua storia sminuita - ammesso tutto questo, si può comunque sostenere che la Maggioranza non potrà essere veramente espropriata finché non perderà il comando della fonte ultima di potere, le forze armate. La risposta è che gli Stati Uniti non sono la Prussia del XIX secolo. Non hanno una tradizione militare che incoraggi il corpo degli ufficiali a mantenere una spada di Damocle sulla politica. Grazie soprattutto alla resistenza delle istituzioni della maggioranza, le forze armate americane sono ancora saldamente sotto il controllo dei civili.

Se ci sono dubbi al riguardo, le sferzate verbali che i media hanno riservato agli ufficiali di alto rango negli ultimi decenni dovrebbero dissiparli. Il brusco licenziamento del generale MacArthur da parte del presidente Truman, la "cattiva stampa" del generale Curtis LeMay nelle presidenziali del 1968, gli alti e bassi del generale Edwin Walker,[184] gli attacchi postumi

---

[183] La dottoressa Lucy Rockefeller Hamlin, figlia di Laurance Rockefeller, ha dichiarato: "Non ho mai studiato la storia americana perché non volevo sedermi in classe e rischiare di sentire il mio bisnonno descritto come un barone rapinatore". *San Francisco Examiner and Chronicle*, 2 marzo 1969, sezione A, pag. 21.

[184] Walker era una figura popolare, almeno nel Nord, quando comandò le truppe che fecero rispettare la desegregazione di una scuola superiore di Little Rock nel 1957. In seguito, quando si dimise dall'esercito e cominciò a criticare le leggi che era stato chiamato ad eseguire, fu temporaneamente internato in un manicomio, fucilato da Lee Harvey Oswald e trasformato senza sforzo in un pazzo dagli opinionisti. Walker tornò alla ribalta delle cronache nel 1976, quando fu arrestato e accusato di adescamento di omosessuali.

al generale George Patton e il clamore suscitato dalle critiche del generale George Brown alla lobby israeliana sono la prova che, come sempre nell'America moderna, la penna è più potente e tagliente della spada.

Le forze armate, inoltre, non sono così maggioritarie come potrebbe sembrare. L'amministrazione Carter aveva un segretario alla Difesa ebreo, Harold Brown, e un segretario dell'esercito negro, Clifford Alexander. I più importanti negoziatori del presidente Reagan per il controllo degli armamenti erano ebrei. C'erano ammiragli ebrei nella marina,[185] generali negri nell'aeronautica e quadri rivoluzionari negri nell'esercito.[186] In un futuro non troppo lontano, i neri e gli ispanici potrebbero presto superare i membri della Maggioranza. La coalizione liberal-minoritaria, e non il Pentagono, ha presieduto allo stallo della Corea e al disastro del Vietnam, dove era già stato avviato un piano di sconfitta a rate e dove la vittoria, grazie alla copertura televisiva, era stata esclusa in anticipo.[187]

Il generale Norman Schwarzkopf ha ottenuto una buona stampa per la sua vittoria quasi senza sforzo e senza vittime sugli iracheni, ma l'ha persa quando ha criticato il suo presidente per il tentativo di Clinton di rendere gli omosessuali una minoranza militare protetta. Al suo superiore, il generale Colin Powell, primo presidente negro dei capi di Stato Maggiore, è stato dato

---

[185] Il defunto Hyman Rickover, il "padre del sottomarino nucleare", ricevette 67.628 dollari in regali illegali dalla General Dynamics.

[186] Ma ora in Vietnam si sta combattendo un'altra guerra, tra americani bianchi e neri... Sono stati organizzati gruppi "Ju Ju" e "Mau Mau"... I carri armati sventolano bandiere nere... Un elaborato addestramento alla guerriglia non è andato perduto e molti ufficiali, bianchi e neri, ritengono che il Vietnam possa rivelarsi un terreno di addestramento per il commando urbano nero del futuro". *Time*, 19 settembre 1969, p. 22. Alcuni giovani radicali e marxisti di vecchia data guardano a questo esercito nell'esercito come all'avanguardia della rivoluzione.

[187] Il processo per il massacro di My Lai, iniziato grazie al reportage del corrispondente di un giornale di minoranza Seymour Hersh, è stato messo in scena in modo tale da permettere ai militari di presiedere al proprio harakiri. Quando il pianificatore militare di minoranza Daniel Ellsberg rubò i "Pentagon Papers" top-secret, fu trattato più come un eroe che come un criminale. In seguito tutte le accuse contro di lui furono ritirate e fu praticamente canonizzato dai media, dopo che si seppe che gli investigatori della Casa Bianca si erano introdotti nello studio del suo psichiatra in cerca di informazioni dannose. La spia fu liberata. Le controspie furono incriminate. L'ultima volta che si è sentito parlare di Ellsberg è stato come un importante agitatore contro l'energia nucleare e come membro di un sex club di Los Angeles. In precedenza aveva fatto parte di un comitato di difesa per Abbie Hoffman, che nel 1973 aveva saltato la cauzione dopo essere stato arrestato come spacciatore di cocaina e la cui trionfale riemersione nel 1980 fu descritta dai media come una sorta di Seconda Venuta. *Miami Herald*, 30 agosto 1973, p. 16A.

molto credito per la vittoria, non perché lo meritasse - il suo contributo è stato insignificante - ma per il colore della sua pelle.

All'inizio degli anni Novanta, quando la violenza e il crimine raggiunsero livelli astronomici, ben al di là del controllo della polizia e delle sporadiche apparizioni della Guardia Nazionale, si parlò di trasformare le forze armate in una massiccia agenzia di applicazione della legge, qualcosa di simile al Federal Bureau of Investigation, un'altra organizzazione con la missione disperata di cercare di costringere una società malata a funzionare come una società ordinata. Piuttosto che servire come strumento per fermare l'espropriazione della Maggioranza, l'esercito, mite, permissivo e acquiescente come qualsiasi altro ramo del governo, è principalmente interessato alle promozioni e a stare il più lontano possibile da qualsiasi campo di battaglia, estero o interno. I generali politici, che dirigono le forze armate, sanno bene che il modo più sicuro per ottenere la seconda o la terza stella è quello di non fare assolutamente nulla, di non dare sfogo a opinioni controverse e di sorridere dolcemente all'elusore della leva alla Casa Bianca.

Tra tutte le prove del declino della maggioranza, nessuna è stata più conclusiva della compendiosa antologia di postumi mediatici sullo sbarco sulla Luna. Ecco la grande impresa del secolo per la Maggioranza, forse il momento più memorabile dell'umanità, eppure dopo la sua conclusione, dopo la copertura televisiva, dopo le sfilate di coriandoli, l'evento è stato spesso trattato con velata ostilità e persino descritto come un trucco deliberato per distogliere l'attenzione dalle condizioni e dai bisogni dei poveri e dei diseredati.

La linea liberal-minoritaria definitiva sulla missione Apollo 11 è stata stabilita in una sconclusionata dissertazione in tre parti su una rivista a larga diffusione dallo scrittore ebreo Norman Mailer.[188] L'insinuazione dell'autore era che l'epico viaggio di Neil Armstrong fosse un'avventura stravagante, ingiustificabile, dispendiosa, semi-nazista e offensiva delle aspirazioni dei negri. L'impronta nazista, presumibilmente, era dovuta alla partecipazione di scienziati di origine tedesca al programma spaziale. L'intera vicenda, secondo l'ottica di Mailer, era una lugubre anticipazione dell'epoca fredda e computerizzata che sarebbe venuta, un'epoca la cui unica salvezza sarebbe stata rappresentata dalle droghe, dai tamburi e dal dharma di una razza di uomini diversa e migliore degli astronauti. La scelta di Mailer, le cui pagliacciate in politica gli erano valse titoli di giornale più importanti dei suoi vezzi letterari, per valutare un exploit della Maggioranza quasi

---

[188] *Life*, 29 agosto 1969, 14 novembre 1969 e 9 gennaio 1970. Gli articoli della rivista dello scrittore sono stati successivamente ampliati in *Of a Fire on the Moon*, Little Brown, Boston, 1970.

inapprezzabile era di per sé un'altra triste indicazione del disfacimento della Maggioranza.[189]

Con il declassamento degli astronauti e la valorizzazione di stupratori pentiti come Eldridge Cleaver, di terroristi puerili come Tom Hayden e di personaggi di scarso spessore culturale come Abbie Hoffman e Jerry Rubin, la china discendente della storia della Maggioranza divenne sempre più ripida. L'elemento nordeuropeo della popolazione americana, dominante dai primi tempi coloniali fino a dopo la fine del secolo, era ora retrocesso a un posto secondario nello schema delle cose americane. Le istituzioni della Maggioranza e la sua fedeltà a queste istituzioni, le sue abitudini lavorative e la sua presenza fisica legano ancora il Paese, ma con un effetto decrescente ogni anno che passa.

Il processo complessivo di espropriazione della Maggioranza non è troppo difficile da riassumere. Frammentati dalla Guerra Civile, poi ammorbiditi in uno stato d'animo umanitario da una lunga era di pace e abbondanza, e spinti da un desiderio irrefrenabile di manodopera a basso costo, i costruttori di nazioni provenienti dalla Gran Bretagna e da altre parti del Nord Europa decisero di condividere i benefici delle loro istituzioni politiche, faticosamente sviluppate, con nuovi arrivi di razze e culture diverse. Poiché questi nuovi americani erano quasi del tutto inesperti e inesperti nei misteri dell'autogoverno e nella loro esperienza storica non avevano familiarità con idee come l'autosufficienza e i diritti individuali, erano tanto più desiderosi di ingozzarsi del ricco banchetto libertario, anche se più per i loro appetiti privati e collettivi che per il bene pubblico.

La piena uguaglianza sociale, tuttavia, era frenata dai sentimenti residui di superiorità razziale della Maggioranza. Per contribuire a eliminare quest'ultimo ostacolo, gli antropologi di minoranza introdussero e pubblicizzarono "prove scientifiche" secondo cui tutte le razze erano intrinsecamente uguali. Le teorie sviluppate da queste prove (o che le precedono) sono state promosse ampiamente e senza sosta da un'alleanza di intellettuali liberali e minoritari e da mercanti dell'opinione pubblica. Non passò molto tempo prima che l'egualitarismo razziale diventasse un dogma consolidato, ripreso con foga dai non bianchi, la cui esperienza storica era ancora più estranea all'organizzazione sociale della Maggioranza di quella dei bianchi della Nuova Immigrazione.

---

[189] In seguito Mailer definì i WASP "il popolo più faustiano, barbaro, draconiano, orientato al progresso e che distrugge le radici sulla terra" - un insulto razziale che gli valse alti voti da parte dell'intellighenzia. La sua ultima parola sull'Apollo 11 fu che il "nichilismo WASP ha trovato la sua perfetta espressione nell'odissea verso la Luna...". *Time*, 8 febbraio 1971.

Nel suo zelo per il livellamento razziale, la scuola egualitaria ha perso di vista il fatto che il dinamismo stesso che spinge una razza a ottenere l'uguaglianza la costringe ad andare oltre l'uguaglianza. Dopo decenni di lotte, gli interessi acquisiti nella scalata razziale diventano troppo grandi per essere chiusi arbitrariamente da risoluzioni dell'American Civil Liberties Union o dell'Americans for Democratic Action. Inevitabilmente, l'uguaglianza tende alla super-uguaglianza e la super-uguaglianza si trasforma in superiorità.

Oggi, sotto il nome di Affirmative Action, il razzismo delle minoranze è stato approvato dai tre rami del governo e istituzionalizzato in America. La pelle nera o marrone, un background ispanico, una piega epicantica ora forniscono ai fortunati possessori privilegi speciali nei posti di lavoro, nell'istruzione e persino nelle corti di giustizia.

Nel frattempo, le teorie che propongono la superiorità razziale di alcune minoranze vengono pubblicate dalle più importanti case editrici, vengono riportate dai media e vengono discusse seriamente nei più alti circoli dei conoscitori delle minoranze liberali.[190] Non dovrebbe sorprendere chi comprende le reali motivazioni degli integrazionisti razziali il fatto che gli stessi antropologi che hanno predicato con maggior vigore l'egualitarismo sembrino i meno disturbati da questa tendenza. Montague Francis Ashley Montagu (nato Israel Ehrenberg), per molti anni il principale sostenitore della scuola antropologica egualitaria, ha pubblicamente lodato e approvato un tour de force letterario che descrive gli ebrei come una razza dominante, innatamente dotata di un apparato intellettuale che li rende superiori a tutti gli altri gruppi di popolazione del pianeta.

E così è emerso che alla Maggioranza, un tempo dominante, è stato attribuito lo status - e lo stigma - di inferiorità, non solo dal radicale riassetto dell'ordine sociale americano, non solo dal dinamismo razziale delle minoranze, ma anche dai pronunciamenti *ex cathedra* degli scienziati sociali più influenti. Non c'è forma di espropriazione più grande che diventare un servo in casa propria.

---

[190] Nel capitolo 15 verranno esaminati tre casi di superiorità razziale ebraica e uno di inferiorità ebraica. Le affermazioni di Marshall McLuhan sulla superiorità razziale dei negri saranno discusse brevemente nel Capitolo 17. Un articolo della rivista *Sepia* (maggio 1980) si intitolava "Superiorità genetica dei neri". Il dottor Asa Hilliard III, preside di colore della School of Education della San Francisco State, un'università con un certo prestigio nel mondo accademico, cercò di sostenere questa pretesa superiorità affermando che Mozart, Haydn e Beethoven erano "afroeuropei". Discorso alla U.S. Air Force Academy, marzo 1980.

CAPITOLO 11

La spaccatura dei ranghi

NON È INCREDIBILE che il più grande gruppo di popolazione americana, il gruppo con le radici più profonde, il gruppo più ordinato e tecnicamente competente, il gruppo di popolazione nucleare della cultura e del pool genetico americano, abbia perso la sua preminenza a favore di minoranze più deboli, meno consolidate, meno numerose, culturalmente eterogenee e spesso reciprocamente ostili?

Con la dovuta considerazione per il dinamismo delle minoranze e per la varietà di cause esaminate nei capitoli precedenti, questo miracoloso spostamento di potere non avrebbe mai potuto avere luogo senza una "spaccatura nei ranghi" della Maggioranza, senza l'assistenza e la partecipazione attiva degli stessi membri della Maggioranza. È già stato sottolineato che la coscienza razziale è una delle più grandi forze vincolanti dell'umanità. Da ciò consegue che quando l'attrazione gravitazionale razziale si allenta, le persone tendono a staccarsi dal nucleo del gruppo. Alcuni vanno alla deriva senza meta nella vita come isolati umani. Altri cercano un nucleo sostitutivo in una vita religiosa o politica intensificata, o in una coscienza di classe espansa. Altri ancora, per idealismo, romanticismo, inerzia o perversione, si legano a un'altra razza nel tentativo di trovare la solidarietà che manca nella propria.

A rigore, come è già stato suggerito, nessuno può cambiare o scambiare la propria razza. Ciò è precluso dall'importantissimo strato fisico della razza. Ma si può perdere o rinunciare alla propria mentalità razziale, al proprio orgoglio razziale, al proprio razzismo. Si possono acquisire gli ornamenti culturali, la lingua e la religione di un'altra razza. Si può sposare una persona di razza diversa e avere figli meticci. Compiendo uno o più di questi passi, il membro della maggioranza si ritira a tutti gli effetti dal proprio gruppo e diventa, se non in buona fede, almeno un membro ad hoc di una minoranza.

I membri della Maggioranza si dividono per una moltitudine di ragioni, la principale delle quali è probabilmente l'ignoranza, l'ignoranza del mondo moderno che li circonda e del mondo antico che li circonda, ignoranza che deriva dalla mancanza di volontà o dall'incapacità di riconoscere l'influenza osmotica della razza sulle questioni che riguardano la loro esistenza quotidiana. Paradossalmente, questa ignoranza è diffusa tra gli elementi più istruiti della Maggioranza, perché l'uomo alfabetizzato che non legge altro che sciocchezze è più ignorante dell'analfabeta che non legge nulla. La prosperità, che aumenta la mobilità sociale mentre diluisce la coscienza di razza, è anche un fattore importante per dividere la Maggioranza dall'interno. L'eccessiva preoccupazione per gli agi materiali e le comodità della tecnologia moderna serve a spegnere sia la ragione che gli istinti. Ma a prescindere dalle circostanze, chi esce dall'ovile razziale indebolisce l'ovile razziale. Non è tanto la forza del numero, quanto la debolezza della defezione. Chi sono esattamente gli scissionisti della maggioranza dei ranghi? In generale, si possono suddividere in cinque categorie.

1. GRACCHI. Il nome deriva dai Gracchi, due fratelli che, pur appartenendo a una delle grandi famiglie patrizie di Roma, non riuscirono a nutrire a sufficienza la propria ambizione rimanendo nell'orbita della propria casta aristocratica. Tiberio e Gaio Gracco scoprirono che in tempi di stress, in una repubblica relativamente tollerante, una discesa di uno o due gradini nella scala sociale equivaleva a una salita di diversi gradini nella scala politica. Di conseguenza, divennero i portabandiera della rivoluzione e della rivolta agraria e furono adulati dalla plebe. La strategia politica dei Gracchi non si limitava affatto ad aizzare classe contro classe, contadino contro proprietario,[191] sfruttato contro sfruttatore. I patrizi, discendenti degli invasori italici, si differenziavano razzialmente dalla plebe, figlia di immigrati precedenti e successivi. L'appello dei Gracchi, di conseguenza, era rivolto alle razze oppresse e alle classi oppresse.

In uno Stato multirazziale, il membro ben nato e ambizioso di una razza dominante è costantemente tentato di intraprendere la strada gracchiana verso il potere. Per il patrizio è più difficile ottenere il rispetto del patrizio che quello del plebeo. È anche molto più facile regalare denaro che guadagnarlo; allentare la disciplina che farla rispettare; essere un eroe per il proprio valletto che per il proprio specchio.

La storia è piena di Gracchiani. L'elenco comprende papi, monarchi e principi famosi. Philippe d'Orléans, che votò per la morte di Luigi XVI, suo cugino, per ottenere il favore della folla rivoluzionaria, è forse il caso più noto. Aristocratici teutonici come Leone IX, che da papa fomentò le masse italiane contro il Sacro Romano Imperatore, rientrano certamente nella descrizione. Così come i re e i duchi regnanti che in epoca tardo feudale stabilirono il dominio assoluto schiacciando i loro colleghi nobili con l'aiuto della borghesia e della plebaglia urbana. Un noto gracchiano del XX secolo

---

[191] Nel programma rivoluzionario dei Gracchi c'erano più di qualche traccia di populismo. Spinto dalle sue peculiari dinamiche razziali, il populismo può essere unificante ma anche divisivo. C'è una netta differenza tra il riformatore che si appella ai contadini e ai contadini della sua stessa razza e l'estremista politico le cui proposte di riforma agraria sono solo un elemento di un ampio pacchetto di cambiamenti rivoluzionari e di agitazioni razziali e di classe.

fu il principe Valeriano Obolensky, che passò dallo zar ai bolscevichi e servì come alto funzionario sovietico fino a quando non fu epurato da Stalin.[192]

I gracchisti sono stati particolarmente numerosi negli Stati Uniti a partire dagli anni Trenta. Franklin D. Roosevelt, Averell Harriman e Adlai Stevenson sono i tre che mi vengono subito in mente. Tutti sono nati milionari. Tutti erano rampolli di famiglie ben radicate nella maggioranza. Nessuno di loro ha avuto particolare successo nel settore privato.[193] Nella loro carriera pubblica si sono specializzati nel soddisfare le minoranze, circondandosi di consiglieri, consulenti e ghostwriter appartenenti alle minoranze.[194] Il loro terreno naturale è stato il partito democratico, precedentemente descritto come il partito delle minoranze. Ma ci sono anche repubblicani che si avvicinano molto ai Gracchiani. Nelson Rockefeller potrebbe eguagliare le sue controparti democratiche per nascita, ricchezza e tutti gli altri elementi di ciò che in America passa per aristocrazia, avendo basato la sua carriera su una reputazione di liberalismo, tolleranza, amicizia per il lavoro e un'attenzione molto pubblicizzata per gli oppressi. Ma poiché la base elettorale del partito repubblicano è costituita da membri della maggioranza piuttosto che della minoranza, il confronto con i Gracchiani democratici è valido solo se limitato ai feudi statali o cittadini dei Gracchiani repubblicani. A New York, ad esempio, il governatore Rockefeller ha operato quasi esattamente come il presidente Roosevelt a livello nazionale, ovvero rispondendo doverosamente alla volontà della coalizione liberal-

---

[192] *Enciclopedia della Russia e dell'Unione Sovietica*, pag. 403.

[193] La lunga e ridicola serie di speculazioni finanziarie di FDR nei primi anni Venti a New York includeva una perdita di 26.000 dollari con Louis Howe in un progetto di ingrasso di aragoste! Alfred B. Rollins, Jr., *Roosevelt and Howe*, Knopf, N. Y., 1962, pp. 196-97.

[194] Un Gracchite ancora in auge è John D. Rockefeller IV, che nel 1980 ha speso un milione di dollari, pari a circa 25,80 dollari a voto, per farsi rieleggere governatore della Virginia Occidentale. Jay, come viene chiamato, potrebbe aver scelto il partito democratico dopo aver assistito al costante fallimento dello zio Nelson nel vincere la nomination presidenziale repubblicana. Un Gracchite la cui stella è tramontata è John Lindsay, che ha corso sotto la bandiera repubblicana fino a quando non è stato ripudiato dal suo partito nella corsa a sindaco di New York del 1969, che ha vinto come indipendente. Nel 1970, Lindsay disse a un raduno di studenti dell'Università della Pennsylvania: "Quelli per cui ho un'ammirazione infinita sono i ragazzi che dicono: "Semplicemente non servirò nell'esercito degli Stati Uniti in Vietnam e sono disposto a subirne le conseguenze". Questi sono i ragazzi che sono eroi". *Human Events*, 16 maggio 1970, p. 374. Suo padre, banchiere di origine britannica, e sua madre, membro di una delle più antiche famiglie della nazione, Lindsay diede sua figlia in sposa a uno studente universitario ebreo. *New York Times*, 7 giugno 1970, p. 80. Nonostante una costosa campagna televisiva che pubblicizzava i suoi tratti fisici nordici, Lindsay rimase fuori dalla corsa alle primarie presidenziali democratiche del 1972.

minoritaria.[195] Nel campo delle relazioni estere, invece, è probabile che i Gracchiani repubblicani tengano un po' più in considerazione gli interessi della maggioranza.

Il Gracchita fa un uso considerevole del patrimonio familiare per attaccare o minare il sistema in cui la sua famiglia ha prosperato. Capitalizza il suo portamento aristocratico, la sua voce colta e le sue maniere raffinate per affascinare e conquistare i proletari, proprio come il raffinato attore inglese, che a Londra è un attore qualsiasi, "li stende nei corridoi" nei comizi elettorali dell'Iowa. L'adulazione cinguettante dei bassifondi è un vino inebriante per il Gracchite. Tutto questo non significa che la politica gracchiana sia necessariamente o sempre negativa. Può arrivare un momento nella vita di ogni nazione in cui certe questioni diventano così critiche da dover essere risolte anche a rischio di una rivoluzione o di una conflagrazione razziale. Se in un momento di crisi non si riesce a trovare un vero leader, come spesso accade in una società demoralizzata e decadente, il Gracchita è a volte una soluzione più felice del nichilista psicotico o del rivoluzionario che fa rotolare la testa. Di solito nel cuore del Gracchita rimane almeno una scintilla di sentimento per le persone a cui ha voltato le spalle.

I Gracchiti, naturalmente, si trovano anche in settori diversi dalla politica. Marshall Field III, nipote del principe mercante di Chicago e sovvenzionatore del *PM*, il defunto quotidiano di New York orientato verso le minoranze, era un Gracchite convinto. Così come Michael Straight, figlio di un socio di Morgan, ex direttore ed editore del *New Republic* e compagno di avventure delle spie sovietiche. Così come il figlio di un altro socio di Morgan, Corliss Lamont, il benestante apologeta e filosofo del marxismo. Così come Hamilton Fish III, l'ex editore dell'ultrasex *The Nation*. Ci sono avvocati, medici e filantropi Gracchite. Ci sono Gracchiti del palcoscenico e dello schermo. C'è un agglomerato sorprendentemente grande di diplomatici gracchiani. Ci sono numerose donne Gracchite, la più importante delle quali è la defunta Eleanor Roosevelt. Ci sono anche Gracchiani matrimoniali: uomini e donne di famiglie maggioritarie consolidate che sposano membri di minoranze per denaro, per uno specchietto per le allodole razziali o per le lusinghe e le attenzioni che gli arrampicatori sociali rivolgono a chi ha un albero genealogico più alto e più leggero.

Il Gracchita di solito paga un prezzo alto per la sua misura di gloria. L'adulazione e le lodi della folla non compensano mai del tutto l'odio

---

[195] Nelson Rockefeller è diventato un mainstreamer di centro strada nel concorso governatoriale di New York del 1970, al fine di capitalizzare un'ondata conservatrice nelle file degli irlandesi e degli italiani.

implacabile che ogni gruppo riserva al disertore.[196] In guerra la diserzione di un generale fa molto più scalpore di quella di un soldato semplice. In tempi di conflitti razziali, la diserzione di un aristocratico, custode della razza, suscita emozioni molto più forti della diserzione di un popolano. Non solo Tiberio e Gaio Gracco furono assassinati, ma anche due successivi aristocratici romani di stampo gracchiano, Catilina e Clodio.[197]

Il Gracchita, ancor più della maggior parte dei liberali, ha la peculiare abitudine di fomentare le guerre, ma raramente di combatterle.[198] Denuncia a gran voce la ricchezza degli altri, ma mantiene la propria. Disprezza le classi superiori, ma non può evitare di identificarsi con esse. È pubblicamente a favore delle scuole integrate, ma manda i propri figli in

---

[196] Fu questo marchio di odio a impedire a Nelson Rockefeller, potenzialmente il candidato più forte, di ottenere la nomination repubblicana nel 1964. Questo ha anche dato origine ai fischi stentorei di Rockefeller alla convention repubblicana di San Francisco da parte degli attivisti conservatori, che per anni si sono sentiti oltraggiati dalla sua abitudine orientale di lavorare più per le minoranze che per i voti della maggioranza. Il ricordo di questi fischi probabilmente indusse Rockefeller a presentare al popolo americano un'immagine in qualche modo "deliberata" nel 1974, quando fu nominato vicepresidente degli Stati Uniti nell'amministrazione Ford.

[197] Non è del tutto esatto chiamare Clodio e Catilina Gracchiani, poiché entrambi furono abbattuti nel bel mezzo delle loro cospirazioni e ribellioni, con il risultato che gli storici hanno avuto grandi difficoltà a scandagliare le loro reali intenzioni. Forse stavano imitando Giulio Cesare, che praticava una forma di politica molto più sofisticata. Il cesarismo è l'uso della folla per ottenere il potere di distruggere la folla.

[198] Durante la Prima guerra mondiale, Franklin Roosevelt, allora in buona salute e in età militare, fu segretario aggiunto della Marina. Harriman e Stevenson rimasero fuori dalla Seconda Guerra Mondiale come burocrati di Washington, anche se entrambi furono interventisti estremamente attivi. Thomas Jefferson, che visse in un'epoca in cui i gracchiani erano pochi e lontani tra loro, aveva comunque alcune tendenze gracchiane evidenti. Suo padre era un uomo che si era fatto da solo e di discendenza incerta, ma sua madre era una Randolph, membro di una delle famiglie più importanti della Virginia. Nessuno più di Jefferson fu responsabile della Guerra d'Indipendenza, eppure non sentì mai una volta sparare con rabbia. La sua unica impresa militare fu un'ignobile e frettolosa ritirata sulle montagne della Virginia quando gli inglesi fecero un'improvvisa discesa su Monticello. "Dov'è Jefferson?", scrisse amaramente Washington mentre si trovava a Valley Forge. Fu lo stesso Jefferson, così attento alla propria vita, che fu ispirato dalla ribellione di Shay a scrivere: "Dio non voglia che passino 20 anni senza una simile ribellione... Quale Paese può preservare le sue libertà se i suoi governanti non vengono avvertiti di tanto in tanto che il loro popolo conserva lo spirito di resistenza? Che prendano le armi!... Cosa significano poche vite perse in un secolo o due? L'albero della libertà deve essere rinfrescato di tanto in tanto con il sangue di patrioti e tiranni. È il suo concime naturale...". Si veda la lettera di Jefferson a Smith, 13 novembre 1787. Cfr. anche Nathan Schachner, *Thomas Jefferson*, Thomas Yoseloff, New York, 1957, p. 216, e Albert Beveridge, *The Life of John Marshall*, Houghton Mifflin, Boston, 1916, Vol. 1, pp. 126, 303.

scuole segregate. Probabilmente è chiedere troppo a qualsiasi uomo, in particolare a un gracchiano, di mettere in pratica ciò che predica. Giovanni Francesco Bernardone, che divenne San Francesco dopo un breve periodo da playboy come giovane più ricco di Assisi, e Gautama Siddharta, che da principe si trasformò in Buddha, erano i più rari tra i mortali, e certamente non erano Gracchiani. Erano umanitari nel senso più pieno e migliore del termine. L'umanitarismo dei Gracchiani, tuttavia, sembra sempre essere accompagnato da un accumulo di potere e da un torrenziale riversamento di odio su tutti coloro che osano sfidare questo potere.

Quali sono le vere motivazioni del Gracchita? È solo un uomo la cui ambizione è superiore al carattere, che, nonostante gli immensi vantaggi della sua nascita, non riesce a entrare in prima squadra e di conseguenza decide di abbandonare i suoi compagni, passare dalla parte opposta, cambiare le regole del gioco e cercare di vincere comunque? Non sarà che la paura della competizione con i suoi coetanei è sempre la sua più grande preoccupazione? Non è che, a lungo andare, sta scaricando le sue mancanze sui suoi stessi simili?

2. AUTOTRASPORTATORI. Sono i membri della Maggioranza che non sono nati ricchi come i Gracchiani e non emanano l'aroma aristocratico che delizia gli organi olfattivi degli hoi polloi. Provengono dagli strati medi e bassi della Maggioranza. Se sono uomini ricchi - e molti lo sono - hanno fatto i soldi da soli, negli affari, nelle professioni o, nel caso non insolito di Lyndon Johnson, in politica.

I camionisti svolgono un ruolo attivo nella vita pubblica e nella formazione dell'opinione pubblica, ma allo stesso tempo abiurano quasi formalmente la propria nicchia razziale nella società. L'unico razzismo che accettano è quello delle minoranze, che contribuiscono a coltivare con il loro zelante interesse e la loro ingerenza nelle questioni delle minoranze. Ma le loro ragioni per fare il gioco delle minoranze sono più opportunistiche che idealistiche. Sanno per lunga esperienza che le coccole alle minoranze aumenteranno il loro prestigio e la loro rispettabilità, daranno loro un'immagine più favorevole sulla stampa e, se sono politici, porteranno loro più sostegno finanziario e più voti. Sono anche ben consapevoli di ciò che accadrebbe se si associassero anche solo minimamente al razzismo della maggioranza.

Un tipico camionista è il giovane e ingenuo giornalista della Maggioranza che, dopo aver scritto il suo primo importante servizio su un giornale o una rivista su qualche evento internazionale o nazionale da un punto di vista puramente maggioritario, un giorno viene chiamato in ufficio e gli viene consegnato un mucchio di lettere indignate e persino minacciose con carta intestata di lusso e firme illustri. In quel momento può (1) rifiutare le pressioni ed essere licenziato in tronco; (2) dimettersi prima di essere licenziato; (3) promettere di essere più "obiettivo" in futuro e conservare il posto di lavoro. Avendo speso molto tempo e denaro per diventare giornalista e non volendo abbandonare la carriera scelta prima che sia appena iniziata, sceglie inevitabilmente la strada (3). Acquisisce quindi maggiore "obiettività" adattando i suoi scritti in modo da eliminare ulteriori lettere e ulteriori rimproveri. È nato un altro Truckler.[199]

Una seconda specie di Camionista è il giovane politico o burocrate della Maggioranza che, durante il suo primo soggiorno a Washington o nella capitale di uno Stato, fa inavvertitamente un'osservazione fuori dalle righe, criticando qualche stravagante esibizione di razzismo delle minoranze. Vilipeso nel giro di un'ora, rischia di diventare un emarginato sociale. Si scusa e non commette più lo stesso errore. Ora ha capito come stanno le cose. Ora si avvarrà dei servizi di un consulente delle minoranze per essere sempre all'erta sulle questioni che riguardano le minoranze, e di un ghostwriter delle minoranze per preparare i suoi discorsi. In questo modo eviterà di lasciarsi sfuggire altri commenti imbarazzanti, migliorando allo stesso tempo la sua oratoria. Il linguaggio dinamico del razzismo delle minoranze si manifesta molto bene nelle reazioni del pubblico, in contrasto con le frasi svogliate e inscatolate degli autori di discorsi della maggioranza.[200]

Uno degli aspetti più curiosi del camionismo politico è la sua dipendenza dalla geografia. Harry Truman, un simpatico merciaio caduto in disgrazia e

---

[199] Il *nec plus ultra* Truckler nel campo dell'informazione era Turner Catledge, nativo del Mississippi e a lungo direttore del *New York Times*. Come scrisse un altro giornalista del Times, "lo Stato natale di Catledge era stato denigrato regolarmente dalla stampa per un decennio...". Gay Talese, *Il regno e il potere*, pag. 143. Il *Times*, ovviamente, era stato il principale denigratore. Altri noti camionisti del giornalismo sono Benjamin Bradlee, a lungo direttore del *Washington Post*, e Osborne Elliott, a lungo direttore di *Newsweek*. I conduttori televisivi rientrano in questa categoria, anche se di solito si limitano a leggere ciò che viene loro consegnato.

[200] Il giudice Sam Rosenman, in seguito presidente del consiglio di amministrazione della Twentieth Century Fox, scrisse molti dei discorsi di Roosevelt e Truman. Molti famosi discorsi di Kennedy e Johnson furono scritti da scrittori di minoranza, Theodore Chaikin Sorensen e Richard Naradoff Goodwin. Il principale scrittore di discorsi per Carter nella sua fallimentare campagna di rielezione del 1980 fu Hendrik Hertzberg, che accolse con favore la vittoria comunista in Vietnam. I discorsi scialbi e turgidi di Eisenhower erano generalmente scritti da professori della Maggioranza. Per quanto riguarda la creazione di frasi, l'epiteto "guerriero felice" di FDR per Al Smith fu ideato dal giudice Joseph Proskauer, mentre la "Nuova Frontiera" di Kennedy fu frutto della mente di Walt Rostow e Max Freedman. Ernest K. Lindley, *Franklin D. Roosevelt*, Bobbs-Merrill, New York, 1931, p. 223, e *San Francisco Chronicle*, This World, 17 agosto 1965. Ken Khachigan era il responsabile della preparazione dei discorsi del Presidente Reagan.

che ha flirtato con il Ku Klux Klan,[201] ha esordito in politica come garzone della corrotta macchina politica Pendergast di Kansas City. Quando si trasferì alla Casa Bianca era già un campione dei diritti civili. Infine, dopo essersi ritirato da Washington e tornato al sicuro nei sobborghi di Kansas City dominati dalla maggioranza, fece commenti al vetriolo sul movimento per i diritti civili e sul suo leader, il reverendo Martin Luther King Jr.[202] Mentre era procuratore generale della California, Earl Warren trovò una giustificazione legale per il raduno e il trasporto nei campi di "trasferimento" di oltre 110.000 giapponesi della costa occidentale nel 1942, il 64% dei quali erano cittadini americani. Fu forse la più grande violazione di massa del Bill of Rights nella storia americana.[203] A Washington, il Presidente della Corte Suprema Warren si trasformò nell'angelo custode del Bill of Rights.

I camionisti non si trovano solo nei rami esecutivo, giudiziario e legislativo del governo. Abbondano in ogni angolo luminoso e oscuro della vita americana. Ci sono romanzieri che si preoccupano di rendere "inoffensivi" i loro personaggi appartenenti alle minoranze; drammaturghi e scenografi che danno metodicamente ai loro cattivi il pedigree e i tratti fisici della Maggioranza; uomini d'affari che prestano il nome delle loro aziende a un numero qualsiasi di lobby di minoranze; ecclesiastici che predicano la giustezza delle cause delle minoranze e non sono contrari a far valere le loro ragioni guidando violente dimostrazioni di strada e sit-in.

Consapevoli delle immense ricompense distribuite ai fedeli, molti camionisti diventano appassionati di minoranze a tempo pieno, ricevendo non solo numerosi riconoscimenti accademici e un mercato prefabbricato per i loro libri e articoli, ma anche denaro contante. Gli organizzatori delle raccolte fondi delle minoranze pagano migliaia di dollari a importanti oratori della Maggioranza. Il vicepresidente Hubert Humphrey, i senatori Henry Jackson e Robert Packwood, il segretario alla Difesa Les Aspin e una serie di altri personaggi di minoranza della Maggioranza hanno guadagnato cifre considerevoli come star delle cene di Bonds for Israel e B'nai B'rith.

I camionisti spesso rendono un servizio maggiore ai progetti delle minoranze rispetto agli stessi leader delle minoranze. Molti camionisti legislativi sono stati così ben addestrati alle questioni razziali che spesso sono più sensibili

---

[201] Truman pagò 10 dollari per la sua iniziazione al Missouri Ku Klux Klan nel 1922. I 10 dollari gli vennero restituiti quando si oppose alle politiche anticattoliche del Klan, cosa certamente leale da fare vista la religione di Boss Pendergast. Alfred Steinberg, *The Man from Missouri*, Putnam, New York, 1962, p. 64.

[202] Per gli attacchi post-presidenziali di Truman ai diritti civili, cfr. *New York Times*, 13 aprile 1965, p. 24.

[203] *Harvard Encyclopedia of American Ethnic Groups*, pag. 566.

alle preoccupazioni delle minoranze che a quelle dei loro stessi elettori. Per quanto riguarda l'attrattiva sugli elettori, un membro della maggioranza bello e imponente è talvolta una risorsa politica e sociale per le minoranze, a condizione che sia adeguatamente "sensibilizzato", più di un candidato di minoranza. Quest'ultimo può mancare di quell'aspetto pulito così utile ad attirare un ampio sostegno per una legislazione orientata alle minoranze.

Nessun membro della Maggioranza nasce camionista. Il Truckling è il risultato di un processo educativo - a volte durato anni, altre volte una conversione in una notte - in cui il giovane aspirante politico o professionista ha imparato il catechismo americano del successo. Impara che deve avere tatto piuttosto che essere sincero, che può mettere in discussione ciò che non è controverso, ma non ciò che è controverso, che deve navigare davanti ai venti dell'"opinione pubblica", ma non andarci contro. Gli viene insegnato a temere tutti i no attuali con la stessa intensità con cui all'uomo primordiale veniva insegnato a temere i tabù del suo tempo.

Si può ammirare una persona che, cambiando le proprie idee e i propri principi, rischia la morte, il disonore o una grave perdita economica. Ci si riserva il diritto di adottare un certo scetticismo nei confronti di coloro che, con il loro strappo ideologico, spesso opportunamente e magnificamente tempificato, diventano ricchi, potenti e famosi. Forse Camionista è un termine troppo forte per indicare quei faccendieri politici e morali che, almeno in apparenza, mettono in atto l'antico trucco di sacrificare l'integrità all'ambizione. Ma il camionista, come qui definito, supera questo vizio comune. Va oltre il feticcio dell'interesse personale. Trascende tutti i normali limiti del comportamento umano mettendo gli interessi di altri gruppi etnici al di sopra dei propri.

3. PUSSYFOOTERS. Sono i membri della Maggioranza che non intraprendono azioni positive contro il proprio gruppo, ma raramente, se non mai, lo difendono. Sono le seconde e terze file della leadership della Maggioranza: avvocati, medici, scienziati, redattori di giornali di provincia, professori, insegnanti, predicatori, uomini d'affari grandi e piccoli, funzionari locali, statali e federali.

A differenza dei Gracchiani e dei Camionisti, che tradiscono e violano gli interessi della Maggioranza, i Pussyfooters li assecondano e li subordinano. Immersi nei loro problemi quotidiani, ossessionati dagli aspetti materiali dell'esistenza, spesso isolati in aree in cui la Maggioranza è preponderante, i Pussyfooters hanno meno contatti diretti con il dinamismo delle minoranze e di conseguenza se ne preoccupano meno. Quando e dove si trovano faccia a faccia con i razzisti delle minoranze, negli incontri sociali o negli affari della comunità, invece di difendere il punto di vista della Maggioranza, semplicemente tacciono.

I Pussyfooters sanno che qualcosa non va, ma non sanno cosa, e non hanno il tempo, l'inclinazione, il coraggio o l'iniziativa intellettuale per scoprirlo. Alcuni Pussyfooters si muovono con cautela perché non amano le discussioni; altri temono per il loro sostentamento. Alcuni sono semplicemente inadatti per temperamento a subire i colpi verbali e la logica isterica in cui i loro vicini liberali e di minoranza cercano di coinvolgerli. Finché se la passano bene dal punto di vista economico, finché hanno la pancia piena, ci si può aspettare che i Pussyfooters continuino a fare i passi falsi. Solo una varietà di razzismo al plesso solare può farli destare dalla loro mancanza di razzismo.

Ma ogni giorno innumerevoli piccoli scontri sociali e innumerevoli piccole fette poco attraenti della vita americana corrodono il non coinvolgimento del Pussyfooter. Ogni giorno il vicedirettore del costoso hotel della Maggioranza accoglie un afflusso sempre maggiore di rumorose minoranze milionarie. Ogni giorno l'artista, il poeta, il drammaturgo e il romanziere della Maggioranza devono fare i conti con il crescente dominio delle minoranze nell'arte, nella letteratura e nel teatro. Ogni giorno chi è in cerca di un lavoro per la Maggioranza e chi ha un lavoro per la Maggioranza vede le proprie opportunità di lavoro, le promozioni o l'anzianità messe in pericolo da quote razziali più ampie per i neri, gli ispanici e gli asiatici e dai punti extra assegnati ai non bianchi nei test di qualificazione professionale. Con la criminalità, le rivolte, la discriminazione al contrario e l'immigrazione clandestina in aumento in patria, con i miliardi di dollari che ogni anno vengono ancora riversati in Medio Oriente, il razzismo delle minoranze sta diventando così stridente che anche i sordi cominciano a sentire.

Ascoltare, tuttavia, è molto lontano dal comprendere. A differenza dei membri delle minoranze dinamiche, che si agitano e fremono come un unico organismo al minimo accenno di riduzione dei programmi di welfare o di ripristino di una politica estera "America First", i Pussyfooters continuano ad andare supinamente alla deriva sul bordo del grande vortice sociale, vorticando in senso orario o antiorario secondo l'opinione pubblica.

4. VECCHI CREDENTI. La tradizione politica americana è una rara e delicata miscela di whiggery inglese, egualitarismo francese, stoicismo classico e cristianesimo sociale. Questo complesso amalgama dottrinale era un tempo l'ideologia esclusiva della Maggioranza americana. Oggi, notevolmente alterata nella sostanza e chiamata liberalismo, è stata adottata con entusiasmo, se non addirittura fatta propria, dalle minoranze. Tuttavia, molti membri della Maggioranza si definiscono ancora liberali. Coloro che aderiscono onestamente al liberalismo, non nella sua forma moderna e perversa, ma nella sua versione originale lockeana, jeffersoniana e lincolniana, sono qui indicati come Vecchi Credenti. I Gracchiti e i Camionisti sono ipocriti, opportunisti, timorosi o pseudo-liberali. I

Pussyfooters sono liberali riluttanti o incostanti. I Vecchi Credenti appartengono alla razza in via di estinzione dei liberali onesti.

I Vecchi Credenti raramente diventano particolarmente importanti o di successo nell'America di oggi, perché la verità è che l'establishment liberale non può sopportare il liberalismo nella sua forma pura e non adulterata. I Vecchi Credenti non solo fingono di credere, ma credono davvero nella libertà della parola stampata e parlata, una superstizione intollerabile per i mediacrati che hanno stabilito determinati confini critici per il pensiero americano. Il liberalismo è altrettanto intollerabile per i politici e gli opinionisti la cui carriera è costruita su una visione unidimensionale, unilaterale e semplicistica della società moderna.

Sempre più fuori moda, i Vecchi Credenti si trovano attualmente nelle piccole università, nei circoli libertari o nel clero non fondamentalista, non violento e non permissivo. I più accesi sono spesso i discendenti di famiglie con radici nelle riunioni cittadine del New England o nella tradizione populista. In generale, stanno cercando di trapiantare un'ideologia sbiadita e appassita, che ha funzionato adeguatamente in un particolare insieme di condizioni storiche e genetiche, in un'epoca diversa e in un ambiente spesso ostile ed estraneo - un trapianto che viene continuamente respinto dal corpo politico americano. A prescindere dall'insegnamento moderno, il liberalismo non è indipendente dal tempo e dalla razza.

Due dei più importanti Vecchi Credenti in tempi recenti sono stati Dorothy Thompson, l'editorialista, e Charles Beard, lo storico. La prima ha conquistato il plauso nazionale quando condannava con veemenza veterotestamentaria la persecuzione nazista degli ebrei. Ma quando, dopo la Seconda Guerra Mondiale, usò gli stessi argomenti appassionati per denunciare l'espropriazione degli arabi palestinesi, perse i suoi più importanti giornali e morì in Portogallo in una relativa oscurità. Charles Beard, considerato all'inizio del New Deal il più grande storico americano vivente e un esempio di liberalismo, fu cacciato dalla comunità intellettuale americana dopo aver accusato il presidente Roosevelt di atti incostituzionali nella gestione della diplomazia e della politica estera americana prima di Pearl Harbor. Lo stesso trattamento fu riservato all'illustre storico Harry Elmer Barnes, che commise l'imperdonabile crimine di mettere in discussione l'Olocausto e di accusare Roosevelt di aver architettato Pearl Harbor.[204]

---

[204] Charles Beard, *President Roosevelt and the Coming of the War*, 1941, Yale University Press, New Haven, 1948. Si veda Barnes's *Revisionism: A Key to Peace and Other Essays*, Cato Institute, San Francisco, California, 1980.

Anche i vecchi credenti sono riuniti in gruppi, uno dei più influenti dei quali è la Società degli Amici, o Quaccheri. Praticando una tolleranza religiosa, politica e sociale quasi totale, e spinti da una pulsione per le "buone opere", gli Amici riversano i loro sforzi e il loro denaro (di cui dispongono in misura considerevole) in progetti che promuovono attivamente il razzismo delle minoranze, nonostante la dottrina quacchera sia contraria al concetto stesso di razza. L'accettazione acritica da parte dei quaccheri del liberalismo anglosassone di vecchia data, applicato a una società moderna e razzialmente eterogenea, ha dato vita a strani ibridi ideologici all'interno della comunità quacchera. Drew Pearson, il più vituperato degli editorialisti; Alger Hiss, il più subdolo dei cospiratori comunisti; Klaus Fuchs, la più subdola delle spie atomiche, così come alcuni dei più noti membri della Maggioranza delle bande terroristiche marxiste, avevano un passato quacchero.[205] Come ci hanno spesso ricordato i grandi titoli dei giornali, la distanza tra il Vecchio Credente e il Vero Credente è spesso solo un breve passo.

I quaccheri e gli altri vecchi credenti devono essere lodati per la loro fede incrollabile nella natura umana. Allo stesso tempo, devono essere aspramente criticati per la loro carità ingerente e mal indirizzata e per la compassione distorta che ha fatto guadagnare loro il nome di Cuori Sanguinanti. Per certi versi, il Vecchio Credente può essere paragonato al capitano di una nave in difficoltà che, in un altro secolo e con un altro equipaggio, avrebbe potuto contare sul suo ostinato coraggio per condurre la sua imbarcazione in porto. Oggi, prigioniero della sua obsoleta abilità marinaresca, naviga alla cieca di scoglio in scoglio.

5. PRODUTTORI.[206] La quinta e ultima categoria di coloro che hanno portato alla spaccatura dei ranghi della Maggioranza è unica nel suo genere, in quanto i suoi membri sono macchiati da una vera e propria slealtà, non solo verso la Maggioranza, il loro gruppo di popolazione, ma verso l'America, la loro nazione. Il Gracchita o il Camionista, pur andando spesso contro i migliori interessi del popolo americano, non si spingerà consapevolmente nell'ignominioso regno dell'alto tradimento. Franklin D. Roosevelt scendeva a compromessi con i comunisti, li promuoveva ad alte cariche, dava loro molto più di quanto avesse ricevuto a Teheran e a Yalta, ma non fu mai uno di loro. Politici e personaggi pubblici minori li hanno

---

[205] La madre di Pearson, tuttavia, era figlia di un dentista ebreo.

[206] La parola, che indica una forma particolarmente sgradevole di traditore, è usata qui nel senso shakespeariano: "tu usurpatore di proditori, e non di protettori, del re o del regno". I Enrico VI, atto 1, scena 3.

coccolati per anni, ma alla fine li hanno denunciati.[207] Il Proditore, invece, prova un piacere selvaggio nel recidere tutte le sue radici, nel cercare deliberatamente e nell'unirsi ai nemici del suo Paese, stranieri e nazionali, e nel processo di entusiastica distruzione di tutti e di tutto ciò che un tempo era più vicino al suo cuore e alla sua mente.

Il Proditore, in breve, prende residenza permanente in quel paese lontano che il Gracchita e il Camionista non osano e non vogliono penetrare. Per quanto possa credersi un Robin Hood, per quanto possa inventarsi le scuse più plausibili e idealistiche per i suoi piccoli e grandi tradimenti, il Proditore - perché essere eufemistici?

Le circostanze che generano il Proditore non sfuggono all'analisi. Come nel caso del Gracchita, c'è spesso un fallimento personale preliminare. La successiva deriva verso filosofie politiche esotiche è più un indicatore che una causa del tradimento che verrà.

Thomas Paine abbandonò la moglie e dichiarò bancarotta. Poi abbandonò il suo Paese, l'Inghilterra, andò in America e dopo qualche anno tornò in Europa, dove contribuì a fomentare il terrore rivoluzionario in Francia. Nel 1796 Paine accusò Washington di tradimento,[208] una calunnia che non ha scosso Paine dal suo alto piedistallo nel pantheon liberale, anche se accuse più recenti di tradimento da parte di non-liberali non sono state accolte così calorosamente.[209]

Anche John Brown attraversò la bancarotta prima di trovare la sua vera vocazione: lottare per infiammare la Guerra Civile. La prima volta che assaggiò il sangue fu durante le dispute per la colonizzazione del Kansas, quando lui e i suoi quattro figli attaccarono cinque uomini addormentati nelle loro tende e li colpirono a morte con le spade.[210] Ad Harpers Ferry sembrava

---

[207] Dedicare alcuni dei migliori anni della propria vita al sostegno dell'Unione Sovietica era una forma di slealtà per qualsiasi membro della Maggioranza, sia che si trattasse di spionaggio vero e proprio, sia che si trattasse di menzogne in libri, riviste e discorsi in difesa di regimi comunisti rapaci. Per questo motivo, membri del Partito o compagni di viaggio come Max Eastman, Granville Hicks, John Chamberlain, William Henry Chamberlin e James Burnham sono stati molto vicini a rientrare nella categoria dei Proditori, anche se tutti loro alla fine hanno visto l'errore dei loro modi e hanno finito per predicare *contro* invece che a favore dell'URSS, la loro patria spirituale di un tempo, e di Marx, Engels e Lenin, la loro Santa Trinità di un tempo.

[208] Per rappresaglia, Theodore Roosevelt definì Paine "un piccolo sporco ateo".

[209] In particolare, le accuse del senatore Joseph McCarthy contro il generale Marshall e quelle di Robert Welch contro Eisenhower.

[210] In tutto erano otto i membri della squadra omicidi di Brown. Uno di loro, Theodore Weiner, era ebreo.

desideroso di incitare gli schiavi alla rivoluzione e al caos, così come di liberarli.

È insito nella professione del rinnegato che il tradimento sia più facile la seconda volta. Il disertore diventa a malapena un ridefattore, l'agente un doppiogiochista. Quasi per rituale, il Proditore fa una nuova carriera confessando i suoi precedenti peccati e informando contro i suoi precedenti soci.

Whittaker Chambers è stato forse il primo esempio di ridefinizione. Da giovane era un triste rottame, ma dotato di una certa intellettualità insapore, e divenne, in successione, vagabondo, marxista, corriere del partito comunista, redattore capo del Time, testimone chiave contro Alger Hiss e, nell'autunno dei suoi anni, autore di una confessione straziante e vendutissima. Se il tema di Witness non fosse stato così banale, Chambers, quacchero tardivo, avrebbe potuto raggiungere le vette autobiografiche di un Sant'Agostino. Con un'introspezione tormentata e con dettagli da soap opera, ha raccontato come ha tradito prima se stesso, poi il suo popolo, poi il suo Paese, poi il suo Paese d'adozione (l'URSS) e infine i suoi amici.

John Reed, originario dell'Oregon, un altro Proditore degno di nota, divenne effettivamente membro del Comitato esecutivo del partito comunista a Mosca. Morì, all'età di trentatré anni, all'apice del fermento bolscevico e giace in una tomba accanto al muro del Cremlino, a ottomila chilometri da casa, ma a pochi passi dalle ossa di Stalin.

Proditori più recenti sono: Jane Fonda e Ramsey Clark, che hanno entrambi trafficato apertamente con il nemico durante la guerra in Vietnam; gli uomini e le donne della Maggioranza che appartenevano all'Esercito di Liberazione Simbionese di razza mista, impegnato in omicidi, caos e rapimenti; gli studenti della Maggioranza che appartenevano agli Studenti per una Società Democratica, un'altra organizzazione dedicata principalmente, non alla guerra di classe, ma all'ascesa di una minoranza razziale.

Alger Hiss, che meriterebbe quasi una categoria a sé stante, supera tutti gli altri traditori della Maggioranza, passati e presenti, non solo per la natura ma anche per la portata del suo tradimento. Benedict Arnold, i cui antenati erano inglesi, che aveva sposato una lealista e che aveva tradito un Paese che aveva solo pochi anni di vita, non poteva essere accusato del più alto tradimento delle sue origini razziali e culturali. Il tradimento di Aaron Burr non era totale, poiché avrebbe potuto portare alla creazione di un impero americano in Messico.

Alger Hiss, invece, servì direttamente un colosso totalitario straniero la cui filosofia politica, sociale ed economica e la cui strategia militare erano inequivocabilmente antiamericane. Sebbene si muovesse nei circoli più alti e avesse ricevuto molte delle importanti ricompense e onorificenze che il suo Paese era in grado di conferire, mise i suoi ampi talenti e le sue preziose conoscenze a disposizione di un complotto internazionale, il cui obiettivo era la distruzione o la mutazione di tutto ciò che aveva reso possibile il suo successo. Hiss è il caso supremo di una mente brillante che, svincolata da tutti gli ormeggi razziali, si rivolta contro se stessa. Nella *Divina Commedia*, Dante ha riservato i tormenti più grandi a Giuda, Cassio e Bruto, i traditori dei loro benefattori. Sarebbe stato difficile per lui concepire un girone infernale adeguato a personaggi come Alger Hiss.[211]

Tutti gli scissionisti - gracchisti, camionisti, pussyfooters, vecchi credenti e proditori - feriscono e mortificano la Maggioranza non tanto per la loro attività o passività, per la loro segreta complicità o aperta collaborazione con gli avversari, quanto per la confusione con cui circondano il confronto Maggioranza-minoranza. La semplice presenza di un membro della Maggioranza nei raduni delle minoranze o nelle manifestazioni di piazza, la semplice apparizione di un nome della Maggioranza sulla carta intestata delle lobby delle minoranze o delle organizzazioni di raccolta fondi aiuta a mascherare il carattere essenzialmente razziale di questi gruppi. Inoltre, appellandosi a principi di pensiero liberale e di civiltà, nonché a principi religiosi ed etici accuratamente selezionati, gli scissionisti della Maggioranza sono in grado di porsi come legittimi eredi della grande tradizione umanitaria occidentale. In questa veste possono più facilmente conferire la patina di rispettabilità morale e un senso di urgenza cristiana alla *Realpolitik* delle minoranze.

Il numero e l'influenza degli scissionisti non diminuiranno sostanzialmente fino a quando i membri della Maggioranza che incoraggiano, difendono o giustificano il liberalismo orientato alle minoranze e il razzismo delle minoranze non potranno più fare una carriera di successo svalutando la partecipazione della Maggioranza alla civiltà americana. Fino a quel momento, i ranghi inferiori della Maggioranza dovranno sostenere il peso principale della difesa della Maggioranza, affidandosi principalmente ai loro istinti, al loro buon senso non lavato e non lavabile dal cervello, e alla loro

---

[211] Il tradimento delle spie atomiche Julius ed Ethel Rosenberg, Harry Gold, Morton Sobell e David Greenglass, anche se potrebbe avere un impatto più letale sul futuro americano (si veda il capitolo 38), non ha la depravazione razziale e culturale e l'autodistruzione dei traditori della Maggioranza. I Rosenberg e altri erano membri di una minoranza inassimilabile. Poiché partivano con meno legami reali e sentimentali con il loro Paese di residenza, il nodo gordiano che dovevano tagliare era più lasco e fatto di una corda più debole. Jonathan Pollard, l'ebreo americano condannato nel 1987 per spionaggio a favore di Israele, ha ammesso apertamente la sua fedeltà al sionismo. Ha detto che i suoi crimini erano un "obbligo razziale".

inespugnabile coscienza di gentilezza - in altre parole, alle loro risorse genetiche. |

CAPITOLO 12

Il profeta estetico

Tale risorsa genetica potrebbe essere definita come Prop. Estetica. Anche il più convinto egualitarista razziale difficilmente potrà negare che i tratti fisici dello stereotipo nordico idealizzato sono considerati desiderabili dalla maggior parte dei bianchi e da molti non bianchi.[212] La linea sociologica attuale, in parte derivata dal marxismo, è che questi tratti non sono favoriti da una preferenza estetica innata o universale, ma perché sono tipici del gruppo di popolazione dominante e conferiscono ipso facto uno status sociale più elevato a chi li possiede.

Non è difficile trovare delle falle nella teoria materialista dell'estetica. La prima prova documentata del biondismo è una pittura murale egizia di una figlia di Cheope, la regina Hetep-Heres II.[213] Se uno dei primi e più grandi faraoni egizi aveva una figlia bionda, sia lui che la moglie dovevano avere dei geni biondi.[214] La biondezza, di conseguenza, doveva essere attraente o prestigiosa già nel 3075 a.C. in una terra altamente civilizzata di mediterranei bruni e mai governata, per quanto se ne sappia, da una razza bionda.

In epoca classica vi erano continui riferimenti al biondismo degli dei e dei semidei romani.[215] Le convenzioni del teatro greco prevedevano un tiranno dalla parrucca nera e dai capelli neri, capelli rossi per lo schiavo disonesto e riccioli chiari per l'eroe giovane.[216] Ovidio e Marziale dichiararono che le matrone romane preferivano i capelli chiari per le parrucche, una preferenza che si diffuse in America 1.900 anni dopo.[217] Papa Gregorio Magno chiamò

---

[212] Lo stereotipo è stato descritto a pag. 26.

[213] Coon, *Le razze d'Europa*, p. 98.

[214] Il biondismo è un tratto recessivo che deve essere presente in entrambi i genitori. Può essere indicato sia da capelli castano chiaro che da capelli biondi, che anche nei nordici più puri rischiano di scurirsi con l'avanzare dell'età.

[215] *Flavens*, la parola latina per giallo, dorato o ramato, era "il colore universalmente attribuito dagli antichi ai capelli delle persone eroiche". J. B. Greenough, *Virgil and the Other Latin Poets*, Ginn & Co., Boston, 1930, p. 133, nota 590.

[216] A. E. Haigh, *Attic Theatre*, Clarendon Press, Oxford, 1907, pp. 221, 239.

[217] "Paghiamo 10 dollari al chilo per i capelli orientali e fino a 350 dollari al chilo per i migliori capelli biondi europei", ha dichiarato Adolph Jacoby, dirigente di una ditta di parrucche di New York. *Wall Street Journal*, 17 ottobre 1962, pag. 1.

"angeli" alcuni prigionieri anglosassoni che gli capitò di vedere a Roma, perché erano "belli e luminosi" e di "graziosa lucentezza esteriore".[218]

Il *Rigsthula*, un poema culturale dei Vichinghi, descrive la società scandinava primitiva come tripartita: una classe inferiore dai capelli neri e dalla pelle rugosa, una classe di nobili con corpi robusti e volti rubicondi e una nobiltà con capelli biondi e pelle più bianca della neve.[219] Del califfato medievale di Cordova è stato scritto: "La maggior parte dei califfi aveva i capelli chiari o rossi e gli occhi azzurri",[220] una colorazione forse dovuta all'incrocio con la precedente nobiltà visigota. Le famiglie più nobili della Spagna cristiana, che rivendicavano una discendenza diretta dai Visigoti, avevano una pelle così bianca che la rete blu delle vene era ben visibile. Per questo motivo *sangre azul* (sangue blu) divenne sinonimo di membri dell'aristocrazia. Le vene degli spagnoli più umili erano oscurate dalla loro pelle mediterranea più scura.[221]

Una prova più tenue del fascino estetico della colorazione chiara è offerta dalla leggenda di Quetzalcóatl, il dio azteco dell'aria, che avrebbe istruito i messicani dalla pelle di rame nell'uso dei metalli e nelle arti di governo. Si dice che avesse la pelle bianca e la barba, quest'ultima praticamente sconosciuta ai nativi quasi senza barba. Dopo aver suscitato l'ira di un'altra divinità, lasciò il Messico e navigò verso est attraverso il Grande Oceano, dicendo che sarebbe tornato. In Perù, un mito simile narra di uomini bianchi e barbuti che conquistarono gli abitanti preincaici e trasmisero loro i segreti della civiltà.[222] Ancora oggi l'Estetista persiste in America Latina, soprattutto nelle zone in cui predominano negri e indiani. In una città remota come Ita, nell'alta Amazzonia, vige una semplice regola di status: più chiara

---

[218] Will Durant, *L'età della fede*, p. 522.

[219] Coon, *Le razze d'Europa*, p. 321.

[220] Enrique Sordo, *Moorish Spain*, Crown, New York, 1962, p. 24. Si veda anche Cities of Destiny, ed. Arnold Toynbee, McGraw-Hill, New York, 1967. Anche se non è molto noto, gli arabi hanno sempre tracciato una linea di colore molto netta. Nell'attuale Iraq un cittadino può ottenere una sentenza legale contro una persona che lo accusa ingiustamente di ascendenza negra. Carleton Coon, *Caravan*, Henry Holt, New York, 1951, p. 161.

[221] Don Chisciotte dice della fittizia, non reale, Dulcinea: "sus cabellos son oro... su blancura, nieve". Cervantes, *Don Quijote*, E. Castilla, Madrid, 1966, p. 98.

[222] William H. Prescott, *The History of the Conquest of Mexico and the History of the Conquest of Peru*, Modern Library, New York, pagg. 39, 736. Altri studiosi della preistoria messicana negano che Quetzalcóatl avesse tratti fisici bianchi. César A. Saenz, *Quetzalcóatl*, Instituto Nacional de Antropología e Historia, Messico, 1962. Per una serie di vivaci battute sul dio messicano, si veda D. H. Lawrence, *The Plumed Serpent*. Chi è propenso a strappare la storia dal mito non può fare a meno di pensare che Quetzalcóatl fosse un vichingo naufrago e nostalgico.

è la pelle, più alta è la classe. La carnagione chiara è riconosciuta da tutti come il segno distintivo della bellezza.[223] Anche in Giappone le carnagioni chiare sono favorite. L'espressione giapponese che indica i nati bene è "finestra profonda", che si riferisce alla pigmentazione più chiara delle persone protette dal sole da case dalle pareti spesse.[224]

Il fascino puramente estetico del nordismo è innegabile negli Stati Uniti contemporanei. I maschi con i capelli chiari, il viso stretto e la testa lunga dominano ancora le pubblicità della moda maschile, mentre nella cosiddetta controcultura, che si suppone sia un rifiuto totale dei gusti e degli stili contemporanei, la ragazza con i capelli biondi, che siano lunghi, lisci o arricciati, crespi o con le treccine, rimane ancora il simbolo della femminilità desiderabile. Ogni anno milioni di donne americane spendono decine di milioni di dollari in decoloranti per capelli. "Le bionde si divertono di più" è praticamente diventato un proverbio, così come "I signori preferiscono le bionde".[225] La valanga di bionde artificiali scatenata da questa pubblicità, accompagnata dall'incongruo e brutto contrasto dei capelli platino con gli occhi scuri, le sopracciglia scure e la pelle olivastra, avrebbe dovuto essere sufficiente a distruggere per sempre l'ideale della bionda. Ma non è stato così, perché si è verificata una preferenza estetica duratura e profondamente radicata nella maggior parte degli americani.[226] Molti altri modi di manomettere la natura: raddrizzamento del naso e nose bobbing, elettrolisi per alzare la linea dei capelli e la fronte, scarpe da ascensore per aumentare

---

[223] Charles Wagley, *Amazon Town*, Macmillan, New York, 1953, pagg. 12-40.

[224] *Life*, 5 settembre 1969, p. 42.

[225] *Gentlemen Prefer Blondes* era il titolo di un romanzo di una bruna scrittrice cinematografica di Hollywood, Anita Loos, il cui padre era di origine francese. La signorina Loos spiegò in seguito perché aveva scritto il libro: "La soddisfazione di vendicarmi di Mae Davis per aver sedotto l'uomo che amavo [H. L. Mencken] mi ripagò ampiamente della fatica [di scriverlo]". Continuò la sua vendetta contro le bionde in un altro romanzo, *Ma i gentiluomini sposano le brune*. Nonostante le migliori intenzioni dell'autrice, tuttavia, la "stupida" Lorelei, avida di oro, è entrata nel folklore americano come la giovane bionda saccente che si fa strada. Anita Loos, *A Girl Like I*, Viking Press, New York, 1966, p. 274.

[226] Il biondismo è più attraente se accompagnato da altre caratteristiche fisiche nordiche. Se non fosse per la sensibilità al colore della maggior parte degli americani, la pigmentazione nordica e la tonalità della pelle potrebbero essere meno importanti di altri tratti nordici come criteri di bellezza maschile e femminile. Certamente i nordici mediterranei "alti, scuri e belli" sono esemplari fisicamente più attraenti dei tipi più bassi e tozzi, anche se più biondi.

la statura sono stati adottati dai membri delle minoranze che cercano di darsi un "look da maggioranza".[227]

Il potere della Prop Estetica è evidente anche nelle attuali abitudini americane di accoppiamento e di frequentazione. Sebbene la Maggioranza sia in fase discendente, i maschi delle minoranze più emergenti sembrano spinti a sposare o a cercare la compagnia delle donne della Maggioranza. Per averne la prova basta guardare le coppie che affollano i locali notturni, i ristoranti e gli hotel più costosi. Inoltre, l'ideale fisico nordico non è stato solo l'ideale matrimoniale della minoranza dei "nuovi ricchi" in America, ma anche degli arrampicatori sociali europei per almeno mille anni.

Il numero relativamente esiguo di nordici nel mondo, stimato in 300 milioni nel 1980 e in rapida diminuzione, ha senza dubbio aumentato il loro fascino estetico. La rarità di per sé esercita un'attrazione speciale, e ciò che è bello contiene generalmente un elemento di non comune. Proprio come il nordico puro è una rarità tra i nordici parziali che costituiscono la maggior parte della maggioranza americana, così la maggioranza americana rappresenta un tipo raro ed esoterico della popolazione mondiale nel suo complesso. Per i bianchi e i non bianchi, i nordici sono la personificazione della razza bianca perché sono i bianchi più "bianchi". Forse la migliore descrizione dell'attrattiva fisica della Maggioranza è stata fornita da Wyndham Lewis:

> È un'esperienza comune, parlando con gli americani, sentire un magnifico esemplare umano (che è ovviamente il risultato di una svedese di prima classe e di una magnifica svizzera, con un po' di irlandese e un tocco di basco) definirsi "bastardo". È inconcevibile, eppure è proprio così che un prodotto "misto" è portato a considerare questo superbo connubio tra scandinavi, goti e celti, tutti ceppi strettamente imparentati nel sangue... come la casta brahmanica in India...

> Basta osservare questo splendido tipo di americano "misto" per ammirare la purezza della linea e la finezza della regolazione ottenuta grazie all'unione di questi ceppi fratelli. Lungi dall'essere un "bastardo", naturalmente, è una sorta di super-europeo; il meglio di diversi ceppi strettamente alleati si sono incontrati in lui, esattamente come accadeva costantemente nelle nobili famiglie europee, dove il risultato del matrimonio tra nobili, sia che provenissero dall'Inghilterra e dall'Italia, o

---

[227] La mania dell'abbronzatura non contraddice la logica della Prop. Estetica: i raggi ultravioletti del sole possono scurire la pelle, ma anche schiarire i capelli e fornire un piacevole contrasto con gli occhi chiari e altre manifestazioni di colorazione chiara. In sostanza, l'abbronzatura è un segno di salute e di ricchezza, sia un camuffamento temporaneo che una mascherata esotica.

dalla Spagna e dalla Russia, non costituiva un "mezzosangue", ma piuttosto un prodotto feudale più elevato... [228]

La possibilità che il Prop Estetico vada sotto la pelle, che ci sia una relazione tra ciò che Herbert Spencer chiamava "bellezza del carattere e bellezza dell'aspetto", solleva problemi che esulano dallo scopo di questo studio.[229] Tuttavia, senza impelagarsi troppo in complessità psicobiologiche, si deve concordare con il suggerimento di Spencer che la bellezza è "idealizzazione lontana dalla scimmia". Le tre principali fonti di bruttezza, secondo Spencer, sono la recessione della fronte, la protuberanza della mascella e gli zigomi grandi. Di conseguenza, sono belli solo quegli esseri umani le cui mascelle e zigomi sono stati tirati indietro e le depressioni nasali sono state riempite. Altri requisiti sono l'assenza di aperture in avanti delle narici e una bocca piccola.[230] Poiché il nordico idealizzato soddisfa questi requisiti più di altri stereotipi razziali, ne consegue che i nordici sono i meno "simili" ai mortali e quindi più meritevoli del primo premio nel concorso di bellezza etnica.[231]

Il Profeta Estetico, inoltre, è stato spesso trasportato nel regno dell'etica e persino della politica. Platone non è stato né il primo né l'ultimo a equiparare la bellezza al bene. A parità di condizioni, il politico o lo statista bello (cioè dall'aspetto nordico) è sempre stato in grado di suscitare maggiore deferenza rispetto al suo rivale meno bello (cioè dall'aspetto meno nordico), il cui aspetto poco appariscente può costituire un grave handicap per conquistare e mantenere un seguito. Rendendosi conto della forza che questi standard estetici esercitano ancora in Occidente, un intellettuale perspicace come il

---

[228] Wyndham Lewis, *Pale Face*, Chatto and Windus, Londra, 1929, p. 278.

[229] Herbert Spencer, *Essays*, Appleton, New York, 1910, Vol. II, p. 387. Schopenhauer era un altro filosofo che credeva in un legame tra l'aspetto esteriore e l'essere interiore. La bocca, diceva, esprime il pensiero dell'uomo, mentre il volto esprime il pensiero della natura e della specie. "Vielmehr ist jedes Menschengesicht eine Hieroglyphe", così Schopenhauer riassumeva la sua opinione in merito. *Parerga und Paralipomena*, F. A. Brockhaus, Lipsia, 1877, pp. 670-71.

[230] Ibidem, pp. 390-92.

[231] In un'opera che non ha nulla da invidiare a *Moby Dick* e *Billy Budd*, Melville porta questo argomento fisico sul piano spirituale quando cerca di equiparare il biondismo alla bontà. In *Pierre*, Melville fa lamentare Isabel: "Oh, Dio! Se fossi nata con gli occhi azzurri e i capelli chiari! Questi fanno la livrea del paradiso! Hai mai sentito parlare di un angelo buono con gli occhi scuri, Pierre? No, no, no... tutto blu, blu, blu, il blu del cielo...". *Pierre*, Hendrick's House, New York, 1957, p. 370. Al contrario, la novella di Melville, *Benito Cereno*, eguagliata solo da *Cuore di tenebra* di Conrad nello scandagliare il lato oscuro della mentalità negra, sembrava proporre una correlazione tra la negritudine e il male. Anche Montesquieu e Mozart erano membri fondatori del club "Il nero non è bello". Nell'opera di quest'ultimo, *Die Zauberflöte*, il suo cattivo nero, Monostatos, canta: "Weiss ist schon, weil ein Schwarzer hasslich ist".

filosofo marxista George Lukács, che si trova ben al di fuori del locus genetico e culturale nordeuropeo, ha reagito con una "paura liberale della bellezza, con [un] sospetto ossessivo che la bellezza e, di conseguenza, buona parte dell'arte sia una maschera che impedisce una visione chiara del male e della sofferenza umana".[232]

È stata la Propulsione Estetica a prolungare la sopravvivenza della decadente aristocrazia teutonica nell'Europa centrale e meridionale, secoli dopo che questa era stata privata della sua preminenza. È la stessa Prop Estetica che aiuta la Maggioranza americana a mantenere gli orpelli, ma non la sostanza, del suo antico potere.[233] Solo nel settore dell'estetica, attraverso la pervasività del tipo biologico nordico idealizzato e la sua continua accettazione come modello nazionale di fascino fisico e attrattiva, la Maggioranza è stata in grado di organizzare una piccola ma fruttuosa azione di resistenza nell'attuale mischia razziale.

---

[232] *Times Literary Supplement*, 18 giugno 1970, p. 660.

[233] Dopo aver cercato di convincere le ragazze negre a tornare a pettinature naturali e lanose e a rinunciare alle creme decoloranti e ai vestiti occidentali, i militanti neri cercano ragazze bianche, preferendo, quando vanno in vacanza all'estero, la Scandinavia all'Africa. Fletcher Knebel, "Il fardello della donna nera", *Look*, 23 settembre 1969, pp. 77-79.

PARTE IV

Le minoranze:
Assimilati e non assimilabili

CAPITOLO 13

Le minoranze assimilate

È stato dimostrato che 55.506.205 americani - quasi il 30% della popolazione nazionale - appartengono a quelle che sono state descritte come minoranze assimilate.[234] Nella terminologia dell'antropologia fisica, queste minoranze sono prevalentemente alpine, una denominazione che in questo studio comprende anche le razze dinariche e baltiche orientali. Dal punto di vista geografico, i loro Paesi di origine sono l'Irlanda, la Francia, le terre slave e vari Stati dell'Europa centrale e dei Balcani. Per lo più discendenti da coloro che sono arrivati a metà del XIX secolo e nelle ondate migratorie successive, i membri della minoranza assimilata, a causa delle loro affinità razziali e culturali non remote con gli elementi nordici o europei della popolazione, sono stati in gran parte assorbiti nella matrice demografica della maggioranza.

Nelle sezioni seguenti, che elencano ed esaminano brevemente le minoranze assimilate, non si troverà alcun gruppo di popolazione del Nord Europa, ad eccezione degli irlandesi e dei finlandesi. Ciò può sembrare strano, dal momento che molti dei tedeschi, olandesi e belgi, e non pochi degli scandinavi e degli inglesi che giunsero in America erano alpini e facevano parte della Nuova Immigrazione. Ma l'alpinismo di per sé non costituisce un serio impedimento al processo di assimilazione. Né lo è l'arrivo tardivo. Ciò che ritarda o ostacola l'assimilazione è una combinazione o, più precisamente, una molteplicità di alpinismo, arrivo tardivo, differenze religiose e linguistiche, una tradizione di assolutismo politico e di peonaggio e, nel caso dei gruppi slavi, un'eredità culturale europea orientale piuttosto che occidentale.

Poiché gli alpini di origine nordeuropea non hanno avuto questa molteplicità di ostacoli che ne hanno impedito l'assimilazione, alla maggior parte di essi è stato riconosciuto lo status di maggioranza automatica e sono stati considerati assimilati. La stessa dispensa è stata estesa agli alpini di origine svizzera, austriaca e francese settentrionale. Ma questo non significa che tutti gli americani di origine nordeuropea, nordica o alpina, siano membri della Maggioranza in regola. Alcuni irlandesi e altri americani di stirpe nordeuropea altrettanto autentica conservano ancora un pizzico di

---

[234] Cfr. Tabella II, pag. 60.

clandestinità, votano in blocco[235] e si aggrappano a malincuore alle loro tradizioni popolari del Vecchio Mondo. Gli olandesi della Pennsylvania sono un altro esempio di clannismo persistente. Alcuni europei dell'Est, soprattutto quelli che sono stati minoranze nei loro Paesi d'origine, hanno portato con sé una coscienza di minoranza che è stata solo in parte sradicata. Molti francesi della Louisiana e del New England parlano ancora il patois dei loro antenati europei. Alcune sette religiose insegnano ai loro membri la necessità di una secessione morale o fisica dalla società in generale. Tutti questi gruppi di popolazione, tuttavia, hanno perso parte o la maggior parte delle loro affiliazioni al Vecchio Mondo e, se non ancora completamente assimilati, potrebbero esserlo tra qualche decennio. A causa del loro numero in calo e del loro accelerato tasso di americanizzazione, è probabilmente più corretto classificarli come tribù, clan o culti piuttosto che come vere e proprie minoranze. Le crescenti pressioni e sfide da parte delle minoranze non assimilabili inducono talvolta i membri delle minoranze assimilate a rispolverare alcuni dei loro sbiaditi legami con il Vecchio Mondo, ma in generale stanno serrando i ranghi come bianchi, non come polacchi, francesi o altro.

Un americano di origine nordeuropea che non può essere definito completamente assimilato è l'americano di prima generazione e, meno spesso, di seconda generazione proveniente da Gran Bretagna, Germania, Olanda, Scandinavia o Canada. Per quanto si avvicini alla norma razziale e culturale della maggioranza, il nuovo arrivato, a differenza dell'ultimo arrivato, conserva quasi sempre qualche traccia di coscienza di minoranza, che spesso riesce a trasmettere ai figli e talvolta, a seconda della sua intensità, ai nipoti. La nascita all'estero di figure pubbliche contemporanee di sinistra come Cyrus Eaton, John Galbraith e James Reston ha probabilmente influenzato i loro atteggiamenti politici e sociali più di quanto non vogliano ammettere. Se il padre di Earl Warren fosse nato in America invece che in Norvegia e se non fosse stato un socialista così intransigente, è possibile che suo figlio, quando era Presidente della Corte Suprema, si sarebbe occupato più degli interessi della maggioranza che di quelli della minoranza.[236]

---

[235] Il voto tedesco, diffuso in tutta la nazione ma indeciso, è stato notato fino alla Seconda Guerra Mondiale, quando alcuni tedeschi americani si sono rivoltati contro il Presidente Roosevelt a causa delle sue politiche interventiste. Sia i protestanti tedeschi che i cattolici tedeschi votarono in gran numero per Eisenhower, ma molti di questi ultimi tornarono al partito democratico quando il cattolico John Kennedy si candidò alla presidenza. Kevin Phillips, *The Emerging Republican Majority*, Arlington House, New Rochelle, New York, 1969, pp. 296, 314, 339.

[236] Reston è nato in Scozia. Eaton e Galbraith in Canada. Come Warren, il senatore Henry Jackson e il candidato alle presidenziali del 1980 John Anderson avevano padri immigrati scandinavi.

Poiché è solo una questione di tempo prima che la progenie dei pochi rimasti del Nord Europa sia parte integrante della Maggioranza, l'attenzione si concentrerà ora sulle Minoranze Assimilate. Si tratta di quei gruppi di popolazione che, in un momento o nell'altro del passato, erano reticenti nei confronti dell'assimilazione, un processo che consideravano un salto culturale verso l'ignoto, se non addirittura una forma di resa etnica.

IRISH:[237] Una delle maggiori ironie della storia americana è che il gruppo di popolazione che ha esercitato così tanto potere politico negli Stati Uniti nella prima metà del XX secolo aveva, fino al suo arrivo nel Nuovo Mondo, un'esperienza molto limitata con il processo democratico.[238] Anche se questa inesperienza non era necessariamente dovuta a un difetto personale o a un'antipatia innata per la democrazia - i loro padroni britannici distribuivano la libertà con parsimonia - gli irlandesi non sono mai stati in grado di stabilire un governo rappresentativo permanente in Irlanda fino a tempi relativamente recenti. Solo nel 1948, quando le grandi migrazioni irlandesi oltreoceano verso l'America erano ormai terminate da tempo, l'Irlanda, dopo alcuni decenni di status di Commonwealth, raggiunse la completa indipendenza.

L'Irlanda o l'Eire possono essere ora una repubblica, ma gli antenati degli attuali irlandesi d'America non erano in gran parte mai passati attraverso il lungo, esasperante ma ricco di insegnamenti ciclo di apprendistato politico che si è evoluto dall'aristocrazia feudale alla monarchia assoluta fino alla democrazia rappresentativa.

Nello studio razziale dettagliato di E. A. Hooton su 10.000 maschi irlandesi in Irlanda, il 28,9% è stato classificato come nordico-mediterraneo, il 25,3 come keltico, il 18,6 dinarico, il 18,4 nordico-alpino, il 6,8 prevalentemente nordico, l'1,1 baltico orientale, lo 0,6 nordico puro, lo 0,3 mediterraneo puro.[239] Carleton Coon, la cui terminologia razziale spesso differiva da quella del dottor Hooton, ha riscontrato una vena paleolitica superiore relativamente ampia nella composizione razziale irlandese.[240] I tipi fisici irlandesi vanno quindi da un mix razziale di tipo nordico, a malapena distinguibile da quello della maggior parte degli altri europei

---

[237] Per la distinzione tra irlandesi cattolici e irlandesi scozzesi protestanti dell'Ulster, si veda la nota 9, pag. 43.

[238] "L'importanza dei gruppi di immigrati nella storia della politica americana non può essere sopravvalutata. In questa storia gli irlandesi hanno svolto il ruolo principale". One America, Francis J. Brown, ed., Prentice-Hall, Englewood Cliffs, N. J., p. 61.

[239] E. A. Hooton e C. W. Dupertuis, *The Physical Anthropology of Ireland*, Papers of the Peabody Museum of Archaeology and Ethnology, Harvard University, Vol. XXX, Nos. 1-2, p. 143.

[240] Coon, *Le razze d'Europa*, pp. 376-84.

settentrionali,[241] al tipo paleolitico superiore, con ossatura pesante, viso largo e ossatura larga, presumibilmente i resti genetici di una razza europea più antica che si rifugiò nelle regioni più periferiche dell'Europa occidentale per sfuggire ai Kelt e ad altri invasori. Un'altra razza caratteristica è quella degli "irlandesi neri", gli abitanti dell'Isola di Smeraldo con la più marcata impronta mediterranea, presunti discendenti di preistorici atlantico-mediterranei che risalivano la costa atlantica da Gibilterra e dal Portogallo. Secondo le leggende che circolano da secoli sugli Ould Sod, gli irlandesi neri sarebbero i lontani discendenti dei marinai naufraghi dell'Armada spagnola.

L'equilibrio razziale dell'Irlanda è stato riprodotto abbastanza fedelmente dagli irlandesi d'America, anche se forse con meno accento sull'elemento nordico. L'esodo irlandese fu composto principalmente dai segmenti più poveri della popolazione: i fittavoli e gli irlandesi occidentali che vivevano nelle paludi, più lontani nel tempo e nel luogo dagli irlandesi più nordici dell'est, dove vichinghi, normanni e inglesi si erano stabiliti per secoli. Una serie di tratti fisici - naso a carponi, lentiggini, capelli rossi e gli "occhi più azzurri del mondo" - pur non essendo esclusivamente irlandese, è stata considerata, almeno in America, come l'ingrediente base di un comune stereotipo irlandese.[242]

Se gli studi razziali di E. A. Hooton sono corretti, gli alpini nordici, i nordici predominanti e i nordici puri rappresentano il 25,8% degli irlandesi d'Irlanda. Questo dato potrebbe essere ridotto al 20% per l'immigrazione irlandese, per tenere conto della minore percentuale di elementi nordici. In totale, quasi 22 milioni di americani di origine irlandese si trovano negli Stati Uniti.[243]

Il record di voti degli irlandesi è una dimostrazione eloquente della loro marcia da assimilabili ad assimilati. Nella corsa presidenziale del 1952, si stima che circa il 38% del voto cattolico sia andato a Eisenhower. Una percentuale ancora più alta di cattolici votò repubblicano nelle elezioni del 1956.[244] Nel 1960, tuttavia, un sondaggio Gallup affermò che tre cattolici su cinque che avevano votato per Eisenhower passarono a Kennedy.[245]

[241] Wyndham Lewis, descrivendo una manifestazione mista anglo-irlandese a Londra, scrisse: "Non sono mai riuscito a scoprire quali fossero gli irlandesi e quali gli inglesi... mi sembravano esattamente uguali". *Pale Face*, pp. 284-85.

[242] Coon, op. cit., pp. 371, 381, 383. Sopracciglia folte, teste grandi, menti prominenti, labbra superiori lunghe e convesse e grande ampiezza malare sono altri tratti irlandesi piuttosto comuni.

[243] Si veda la Tabella 2, Appendice B.

[244] William Shannon, *The American Irish*, Macmillan, N. Y., 1963, pp. 410-11.

[245] Ibidem.

Applicando queste percentuali al segmento irlandese della popolazione cattolica e alla popolazione irlandese-americana nel suo complesso, nonché agli elettori irlandesi, 6,8 milioni di irlandesi (38%) erano nelle file repubblicane nel 1952, forse addirittura 7 milioni nel 1956. Poi, nel 1960, il 60% di questi repubblicani temporanei tornò all'ovile democratico. Rimasero 2,8 milioni di irlandesi che votarono per Nixon, il perdente non cattolico. Un numero molto maggiore di irlandesi votò per Ronald Reagan, che aveva un padre irlandese, nelle sue due vittoriose corse alla presidenza, che ebbero l'effetto collaterale di spazzare via alcune macchine politiche irlandesi delle grandi città. Nel 1992 gli irlandesi riconquistarono la carica di sindaco di Chicago, ma nel 1993, ponendo fine a un regno di 68 anni, persero quella di Boston a favore di un italiano. Gli irlandesi votano ancora come irlandesi in alcune grandi città del Nord, ma non possono più essere descritti come un solido blocco elettorale a livello nazionale.[246]

Questo non significa che gli irlandesi, avendo cambiato le loro abitudini di voto, abbiano cambiato il loro carattere, che Carl Wittke ha descritto come una

> un misto di ego fiammeggiante, temperamento focoso, testardaggine, grande fascino e calore personale e un'arguzia che brilla attraverso le avversità. Un'allegria incontenibile, uno spirito vivace, una gentilezza e una tolleranza verso le comuni fragilità degli uomini... veloce ad arrabbiarsi e veloce a perdonare, spesso ingannato... generoso, ospitale e leale.

Wittke ha anche affermato che gli irlandesi, pur dimostrando un talento per l'arte e la letteratura, non sono mai stati particolarmente brillanti nei campi della scienza e dell'invenzione.[247]

Fu la grande carestia di patate del 1840 a portare per la prima volta gli irlandesi in America in gran numero. Portavano con sé ricordi amari di fame, umiliazione e soppressione sotto il tallone degli inglesi. Una volta terminato l'apprendistato con il piccone e la pala sul Canale Erie e sulle ferrovie, si riunirono nelle grandi città e spesso rinnovarono la loro faida con l'Impero britannico estendendola agli americani di origine inglese.

---

[246] Durante le elezioni presidenziali del 1960 Nixon parlò raramente dei suoi antenati irlandesi, che non erano cattolici, mentre Kennedy, con il suo inconfondibile aspetto keltiano, fece leva sul suo background etnico e religioso nelle aree urbane del Nord. Nella campagna elettorale per il Congresso del 1970, tuttavia, Nixon, che stava progettando una seconda candidatura alla presidenza, fece un viaggio in Irlanda, dove si parlò molto dei suoi antenati irlandesi.

[247] Carl Wittke, *The Irish in America*, Louisiana State University Press, Baton Rouge, 1956, p. 233.

Quando gli irlandesi americani iniziarono a controllare le macchine politiche democratiche nelle città del nord, le usarono spesso come armi di difesa e di vendetta contro il partito repubblicano, che agli occhi di molti irlandesi-americani rappresentava gli interessi dell'establishment di origine inglese. La promessa ben pubblicizzata del sindaco di Chicago "Big Bill" Thompson nel 1927 di "far sì che il re d'Inghilterra tenga il suo naso fuori dall'America" era un tipico appello all'anglofobia gaelica.[248] Una successiva fiammata di questa secolare ostilità si ebbe in occasione dello sciopero della metropolitana di New York del 1966, durante il quale Michael Quill, capo del sindacato dei lavoratori dei trasporti, tentò di trasformare lo sciopero in una vendetta personale contro il sindaco John Lindsay, che nonostante il suo ultraliberismo gracchiano era considerato, se non cattivo come un Orangeman, almeno cattivo come un WASP.[249]

È quasi impossibile scrivere degli irlandesi in America senza parlare della Chiesa cattolica romana. Il cattolicesimo irlandese, dove sia gli uomini che le donne partecipano alle funzioni, è molto diverso da quello di Spagna, Francia e Italia, dove le congregazioni sono composte quasi esclusivamente da donne e dove l'anticlericalismo è una tradizionale prerogativa maschile. Il posto di riguardo che gli irlandesi riservano ovunque alla Chiesa è in gran parte dovuto alla partecipazione di quest'ultima alla lunga lotta per l'indipendenza irlandese. I sacerdoti irlandesi hanno spesso avuto un prezzo alto sulla testa come i patrioti laici, poiché la Chiesa ha usato tutte le sue risorse per non far crollare il morale degli irlandesi nei giorni più bui dell'occupazione protestante. Di conseguenza, tra la Chiesa cattolica e la maggior parte degli irlandesi americani esiste un legame laico e religioso. Nei Paesi latini dove, per lunghi periodi della storia medievale e moderna, i prelati cattolici si sono alleati con aristocratici, monarchi e plutocrati, il legame secolare è molto più debole.

Dopo aver contribuito a mantenere in vita l'Irlanda per tanti secoli, la Chiesa cattolica ha combattuto un'azione di retroguardia, ma perdente, per isolare il suo gregge irlandese-americano dalle tentazioni e dalle pressioni dell'assimilazione. La Chiesa temeva che sposarsi, o addirittura socializzare, con membri della maggioranza non irlandese e non cattolica potesse essere il primo passo per abbandonare la fede, quella che riempie i banchi e le cassette di raccolta fino a traboccare. Sebbene gli irlandesi rappresentino meno della metà di tutti i cattolici americani, rimangono la congregazione cattolica dominante, fornendo la maggior parte del denaro e la maggior parte

---

[248] *Literary Digest*, 5 novembre 1927, p. 5.

[249] *New York Times*, 2 gennaio 1966, p. 1, e 4 gennaio 1966, pp. 14, 17. L'intera atmosfera che circondava le trattative per lo sciopero, secondo un giornalista del Times, era "Abbasso i protestanti inglesi! In alto gli irlandesi!".

della gerarchia. A parte le implicazioni culturali e finanziarie, un declino dell'etnocentrismo irlandese e un conseguente calo del fervore religioso irlandese potrebbero esporre il ramo americano della Chiesa a un'acquisizione da parte di italiani, polacchi o ispanici.

Per impedire un simile sviluppo, la Chiesa ha cercato di mantenere acceso il fuoco dell'etnia irlandese attraverso una rete di scuole parrocchiali, campagne ben organizzate contro il controllo delle nascite, restrizioni contro i matrimoni fuori dal paese e il sovvenzionamento e la promozione di una moltitudine di attività irlandesi. Per queste ragioni, il cattolicesimo deve assumersi gran parte della responsabilità per il persistente status di sifenazione di un numero sempre minore di irlandesi d'America. Nonostante le remore dei sacerdoti, tuttavia, la maggior parte degli irlandesi, quando entrò nei ranghi della Maggioranza, riuscì a portare con sé la propria religione.

Per ovvie ragioni, la Chiesa cattolica si oppone ufficialmente al marxismo e al comunismo. L'ateismo non è l'ismo preferito dalla gerarchia. Ma non ne consegue che tutti gli irlandesi americani siano dei capitalisti sfegatati. Ispirati tanto dagli antagonismi nazionali e razziali quanto dalle antipatie di classe, i leader irlandesi sono entrati e usciti dai movimenti socialisti e comunisti americani quasi dal primo giorno in cui sono arrivati su queste coste. William Z. Foster, il cui padre era un "immigrato irlandese che odiava gli inglesi", è stato per molti anni il Grand Old Man del comunismo americano ed Elizabeth Gurley Flynn, la Grand Old Lady.[250] Jim. Larkin, un importante sobillatore comunista negli anni '20, scontò un periodo di detenzione a Sing Sing prima di essere graziato da Al Smith, il governatore cattolico di New York. Vincent Sheean, che in seguito divenne un devoto del Mahatma Gandhi, scrisse un libro, *Storia personale,* che probabilmente attirò più americani verso la bandiera della falce e martello di qualsiasi opera o trattato di Engels, Marx, Lenin, Trotsky o Stalin.[251]

Come ci si poteva aspettare da un gruppo di immigrati estremamente verbosi, con il pugno di ferro e che lavorano sodo, gli irlandesi sono stati

---

[250] Elizabeth Flynn scrisse una volta: "La consapevolezza di essere irlandesi ci è arrivata da piccoli, attraverso canti struggenti e storie eroiche... abbiamo attinto un odio bruciante per il dominio britannico con il latte di nostra madre". Shannon, *The American Irish*, pp. 166-67. Una donna irlandese-americana radicale più moderna e "filosofa" del Movimento di liberazione della donna è Kate Millett, sposata con un giapponese. *New York Times*, 27 agosto 1970, p. 30.

[251] Sheean saltò giù dall'espresso sovietico dopo la firma del patto di non aggressione russo-tedesco. Una volta ammise a Granville Hicks di aver deliberatamente taciuto fatti dannosi per l'URSS quando scriveva delle glorie dello stalinismo. Granville Hicks, *Part of the Truth*, Harcourt, Brace, N.Y., 1965, p. 187.

profondamente coinvolti nel sindacalismo americano, spaziando dalle organizzazioni sindacali più radicali[252] a quelle più conservatrici. John Mitchell fu uno dei fondatori della United Mine Workers e P. J. McGuire contribuì all'organizzazione della American Federation of Labor. Altri noti leader sindacali irlandesi-americani: Joseph Curran della National Maritime Union, P. H. Morrissey della Brotherhood of Railway Firemen, Teddy Gleason dell'International Longshoremen's Association, James O'Connell dell'International Association of Machinists, Michael Quill della Transport Workers Union e, non ultimo, George Meany, che guidò l'AFL-CIO per un quarto di secolo.

I muscoli irlandesi hanno contribuito a costruire l'America industriale e il sangue irlandese a difenderla. Ci sono stati grandi americani di origine irlandese in ogni epoca della storia americana e in ogni settore dell'attività americana. Sebbene sia impossibile determinare l'entità e la portata del contributo irlandese, lo storico Samuel Eliot Morison sostiene che sia stato inferiore a quello tedesco.[253] In ogni caso è stato considerevole e significativo. Senza di esso l'America di oggi sarebbe notevolmente diversa.

Mentre le passioni politiche irlandesi-americane sono state elevate, gli standard politici irlandesi sono stati spesso bassi. Gli scandali di sindaci come Jimmy Walker e William O'Dwyer di New York, James Curley di Boston e John Houlihan di Oakland, in California, testimoniano il successo degli irlandesi nell'ottenere cariche pubbliche e il loro occasionale fallimento nel renderle dignitose. Per molti anni Boston, New York, Chicago, San Francisco e molte altre grandi città americane sono state poco più che feudi politici irlandesi, dove i boss dei partiti hanno ottenuto grandi percentuali di voti per i candidati di loro scelta, indipendentemente dai problemi. Recentemente, tuttavia, gli irlandesi sono stati costretti a condividere i loro baliati urbani con altre minoranze. In molte città il loro controllo politico, un tempo indiscusso, è terminato.

I cattolici irlandesi, come già detto, lasciarono il partito democratico in gran numero nel 1952, quando contribuirono a far vincere le elezioni a Dwight Eisenhower. La fedeltà democratica dei capi del partito rimase incrollabile, ma il liberalismo da torre d'avorio del candidato alla presidenza Adlai Stevenson, sempre più orientato verso l'appeasement dell'Unione Sovietica, era troppo per molti dei fedeli, che avevano raggiunto un certo grado di rispettabilità e di benessere della classe media nel boom economico del dopoguerra. È questa stessa rispettabilità e ricchezza, se diffusa tra altre

---

[252] Per la più radicale di tutte, le Molly Maguires, si veda la nota 1, capitolo 26.

[253] Samuel Eliot Morison, *The Oxford History of the American People*, Oxford University Press, New York, 1965, pagg. 480-81.

minoranze assimilate, che spesso dà origine alle abitudini di voto dei repubblicani.

Come già sottolineato in precedenza, la maggior parte degli irlandesi serrò nuovamente i ranghi nelle elezioni presidenziali del 1960, quando ebbero la possibilità di votare per uno dei loro, per giunta eroe di guerra. John F. Kennedy, con l'aiuto delle grandi ricchezze del padre e del proliferare dei suoi parenti, diede una chance nelle urne alla politica irlandese-americana. L'emergere della dinastia Kennedy, nonostante l'assassinio dei suoi due membri più importanti nell'arco di sei anni, non sembrò smorzare l'affetto degli irlandesi e dei non irlandesi per le dinastie minori.

La nomina di George McGovern come portabandiera democratico nel 1972, tuttavia, provocò un'altra defezione di massa verso il partito repubblicano. Più pragmatico che ideologico, il tipico politico di macchina irlandese vuole i voti della gente, non le menti della gente. Sebbene il liberalismo sia la teologia accettata dal partito democratico, i boss irlandesi lo trattano in gran parte come un espediente per ottenere voti; è chiaro che nell'intimità delle loro case è probabile che le loro convinzioni politiche abbiano un tono marcatamente anti-liberale. Quando si tratta di politica estera, queste convinzioni vengono spesso portate alla luce del sole. Nel complesso, gli irlandesi americani hanno esercitato un'influenza costante e conservatrice sulle relazioni internazionali americane nella maggior parte di questo secolo, in primo luogo aiutando a preservare la neutralità americana durante la guerra civile spagnola,[254] in secondo luogo sostenendo i partiti cattolici anticomunisti in Europa occidentale dopo la seconda guerra mondiale. Senza questo sostegno, un'area molto più ampia del continente europeo avrebbe potuto essere sovietizzata.

In patria, la paura e l'odio per il comunismo ispirarono alcuni irlandesi-americani a superare le linee di partito e ad attaccare il marxismo e gli apologeti del marxismo con le insinuazioni demagogiche che fino ad allora erano state monopolio dei comunisti e dei liberali al vetriolo. Due di questi individui furono padre Charles Coughlin, il prete radiofonico dell'era del New Deal, e il senatore Joseph McCarthy, da non confondere con Eugene McCarthy, l'erudito senatore irlandese-scandinavo del Minnesota. Un tono intellettuale più elevato fu fornito da William F. Buckley, figlio di un multimilionario irlandese, come il presidente Kennedy, la cui arguzia acerba e il cui modo di porsi ricordavano conservatori francesi come Léon Daudet

---

[254] Joseph Kennedy, mentre era ambasciatore in Gran Bretagna, prese l'iniziativa di difendere l'embargo, che vietava la spedizione di materiale bellico sia alle forze nazionaliste che a quelle repubblicane, in un momento in cui la maggior parte dei funzionari americani era pronta a revocarlo. Hugh Thomas, *The Spanish Civil War*, Harper & Row, N.Y., 1961, pp. 536, 614.

e Charles Maurras dell'Action Frangaise.[255] Fedeli ai precetti egualitari della loro chiesa, Buckley e molti altri importanti conservatori irlandesi-americani hanno sostenuto con convinzione l'integrazione razziale. Parlando della componente irlandese del conservatorismo, non bisogna dimenticare che il presidente Nixon, di origine irlandese non cattolica, "fu eletto alla presidenza in una campagna sostanzialmente pianificata dai conservatori irlandesi di New York".[256] Né va dimenticato che Reagan aveva un padre irlandese cattolico e che il Presidente Clinton si qualifica parzialmente come legato agli Ould Sod sulla base del fatto che il nome da nubile di sua madre era Kelley.

A causa delle loro affinità razziali e culturali nordeuropee, perché sono diventati per molti versi così tipicamente e genericamente americani, è difficile sostenere che gli irlandesi americani appartengano ancora a una minoranza. In superficie e sotto la superficie, l'americano di origine irlandese è un prototipo di maggioranza su misura. È patriottico. È disposto a vivere e a lasciar vivere. Non è invadente o acquisitivo come i membri di altri gruppi di popolazione. Non affolla le professioni. Il suo patrimonio netto non è superiore alla media. È solo quando entrano in gioco questioni di fede, orgoglio, politica di macchina e Irlanda - questioni su cui gli irlandesi sono ancora piuttosto sensibili - che un numero sempre minore di irlandesi americani sfoggia con forza quelli che potrebbero essere definiti colori di minoranza. Quasi tutte le ragioni un tempo convincenti per la separazione irlandese-americana sono ormai evaporate. Il tempo, la distanza e il declino e la caduta dell'Impero britannico hanno attenuato l'antico rancore verso l'Inghilterra. Solo l'Ulster rimane una ferita aperta e un ricordo fin troppo frequente dell'antica faida. La maggioranza americana, in cui gli irlandesi trovavano tante caratteristiche e usanze inglesi sgradevoli, non è più esclusivamente anglosassone e ha acquisito una base di popolazione nordeuropea più uniformemente distribuita. Per quanto riguarda le differenze religiose, gran parte del protestantesimo di frontiera, che risuonava di toni anticattolici e antipapali della Riforma, si sta dissolvendo in un deismo "vivi e lascia vivere", le cui principali preoccupazioni sono la tolleranza e la giustizia sociale. Le direttive liberalizzanti di Roma, le domande

---

[255] James Buckley, fratello di William, che è stato senatore di New York, è un membro di spicco di una cricca conservatrice irlandese all'interno del partito repubblicano che cerca di controbilanciare il potere della cosiddetta mafia irlandese o fazione Kennedy nel partito democratico.

[256] Phillips, op. cit., pp. 174-75. Il responsabile della campagna elettorale di Nixon nel 1968 era John N. Mitchell, in seguito procuratore generale, in ultima analisi uno dei principali responsabili del Watergate. Presbiteriano di madre irlandese, Mitchell aveva un vice di nome Peter Marcus Flanigan. Molti ex uomini di idee di Nixon, in particolare Patrick Buchanan, sono anch'essi di origine irlandese.

sull'infallibilità papale, le richieste di porre fine al celibato sacerdotale, il numero crescente di sacerdoti radicali, la messa de-latinizzata, l'aspra controversia sul controllo delle nascite e sull'aborto: tutti questi pezzi del movimento ecumenico stanno minando la secolare struttura monolitica del cattolicesimo,[257] e nel processo abbassano il prestigio della Chiesa agli occhi e alle orecchie di coloro che preferiscono prendere la loro religione con una grande dose di dogmi, drammaturgia e rituali.

Prima dell'arrivo dei Romani in Britannia, i Kelti (i primi nordici) dell'Irlanda e della Britannia erano simili per cultura, civiltà e razza. Dopo la partenza dei Romani e l'arrivo dei missionari cristiani, l'Irlanda e la Gran Bretagna hanno condiviso la stessa religione per più di mille anni, anche se per almeno la metà di questo periodo il cattolicesimo irlandese è stato più keltiano che romano. Se i due popoli continuano ad avere difficoltà a capitalizzare le loro somiglianze nel Vecchio Mondo, i loro discendenti nel Nuovo hanno dimostrato che i vecchi odi e le divisioni non hanno più molto senso. Che cosa ci guadagna un irlandese americano a legare il suo benessere alle code di dinastie etniche irresponsabili, la cui unica funzione residua è quella di fungere da cavallo di battaglia politico per il liberalismo e il razzismo delle minoranze?

È nel più profondo interesse degli irlandesi, che ora sono membri in buona fede della maggioranza americana, fare in modo che questa protegga e custodisca il suo stampo razziale e culturale. Se questo stampo si rompe, gli irlandesi americani rischiano di perdere tanto quanto tutti gli altri americani di origine nordeuropea.

MINORANZE FINLANDESI E BALTICHE: Alcuni finlandesi erano associati all'immigrazione svedese originaria, avvenuta quando gli americani erano ancora coloni britannici. Ma un numero apprezzabile di persone arrivò negli Stati Uniti solo nel 1864. Molti andarono in Michigan per diventare minatori; altri avviarono fattorie in Minnesota. La repressione politica russa alla fine del XIX secolo spinse altri finlandesi in America. Uno

---

[257] Il legame tra il popolo irlandese e il cattolicesimo romano non è congenito o indissolubile. Molti dei più grandi irlandesi, forse i più grandi in assoluto, erano protestanti o non credenti. L'elenco comprende Charles Parnell, il grande combattente per la libertà irlandese del XIX secolo, Douglas Hyde, il primo presidente irlandese, Swift, Goldsmith, Sheridan, Wilde, Shaw, Yeats, Joyce, Synge e O'Casey. Paul Carroll, un moderno drammaturgo irlandese, riecheggia nel suo *White Steed* i sentimenti di molti suoi connazionali quando la sua eroina inveisce contro i preti e i "piccoli uomini" per aver privato gli irlandesi del loro orgoglio primordiale e della loro virilità.

studio del Census Bureau stima in 615.872 gli americani di origine finlandese o parzialmente finlandese.[258]

Nonostante la loro lingua difficile e agglutinante e la loro presunta origine eurasiatica, la maggior parte dei finlandesi americani si distingue difficilmente dai loro vicini del Vecchio Mondo, gli svedesi. Sono quasi altrettanto nordici e altrettanto protestanti (luterani). Dopo la Prima Guerra Mondiale, ai finlandesi americani è stata riconosciuta una sorta di appartenenza onoraria alla Maggioranza quando la Finlandia è stata salutata come l'unica nazione europea a pagare interamente il suo debito di guerra. L'etica protestante può essere morta a Boston, ma è sopravvissuta a Helsinki. La popolarità della Finlandia negli Stati Uniti guadagnò qualche punto in più quando i finlandesi opposero una resistenza valorosa, anche se un po' disperata, agli invasori russi nel 1939-40, una delle brutali conseguenze del patto Hitler-Stalin. Tuttavia, quando la Germania attaccò l'Unione Sovietica nel 1941 e i finlandesi divennero volenti o nolenti un alleato della Germania, il sostegno americano alla Finlandia si esaurì rapidamente. La successiva resa a Stalin del territorio strategico finlandese alla fine della Seconda Guerra Mondiale suscitò pochi sentimenti di simpatia tra gli americani. Oggi, la Finlandia si attiene a una politica estera rigorosamente neutrale per evitare di dare ai russi una scusa per esercitare ulteriori pressioni sul Paese, in particolare ora che alcuni nazionalisti moscoviti, molto agguerriti, parlano di "reincorporare" quello che un tempo era il Granducato di Finlandia degli zar in un rinato Impero russo.

Meno retoriche e più specifiche sono le attuali richieste russe ai tre Stati baltici, che hanno dichiarato la loro indipendenza dopo la dissoluzione dell'Unione Sovietica. A differenza della Lituania, che è cattolica e ha legami culturali con la Polonia, l'Estonia e la Lettonia sono protestanti e culturalmente più vicine alla Scandinavia. Tutti e tre i Paesi baltici, ognuno dei quali ha un'ampia minoranza russa, hanno avuto un breve periodo di indipendenza tra la prima e la seconda guerra mondiale. Il successo del loro nuovo tentativo di diventare nazione dipenderà probabilmente meno da ciò che faranno i lettoni, gli estoni e i lituani che dalla politica estera di Mosca, che ha già minacciato di interrompere le forniture di petrolio agli Stati baltici se le minoranze russe saranno oggetto di discriminazione.

I 25.994 estoni, i 92.141 lettoni e i 742.776 lituani presenti negli Stati Uniti fanno il tifo per le loro patrie appena liberate. Non pochi sono tornati nei loro Paesi d'origine per dare una mano a portarli ai livelli occidentali. Poiché i baltici sono nordici o alpini o miscele di questi, sono razzialmente qualificati

---

[258] Se non diversamente indicato, tutti i dati sulla popolazione riportati in questo capitolo sono tratti dallo studio del Census Bureau del 1980 sui gruppi di ascendenza. Si veda l'Appendice B.

LA MAGGIORANZA DISEREDATA

per lo status di assimilati. I biondi e gli occhi chiari abbondano negli estoni, nei lettoni e nei loro discendenti d'oltremare, anche se i lituani sono per lo più un po' più scuri. Nel corso dei secoli, il pesante imperialismo russo e sovietico ha acceso e riacceso l'irredentismo baltico. Ma nell'ultimo decennio di questo secolo si può affermare che gli immigrati baltici rimasti negli Stati Uniti, nonostante il loro arrivo relativamente tardivo, sono passati dallo stadio di assimilabili a quello di assimilati.

MINORANZE SLAVE: I russi furono gli unici bianchi a migrare in America seguendo una rotta verso est, arrivando prima in Alaska e proseguendo poi lungo la costa di Washington, Oregon e California. All'epoca della Seward's Folly del 1867, tuttavia, l'espansione zarista in Nord America aveva perso quasi del tutto il suo slancio e stava ripiegando verso la Siberia. L'emigrazione russa su larga scala, questa volta attraverso il passaggio convenzionale dell'Atlantico, iniziò solo dopo la fine della Nuova Immigrazione. Dopo la prima e la seconda guerra mondiale, decine di migliaia di anticomunisti russi cercarono di entrare negli Stati Uniti, molti dei quali senza successo.

Poiché moltissimi immigrati non slavi, soprattutto ebrei, hanno indicato la Russia come loro patria, è piuttosto difficile arrivare a una cifra precisa per gli americani di autentica discendenza russa. Una stima abbastanza attendibile parla di 350.000 persone.[259] La maggior parte dei russi americani sono agricoltori e lavoratori dell'industria, anche se tra gli scampati alla rivoluzione del 1917 vi erano alcuni artisti e scienziati di alto livello.

Il nazionalismo ucraino, intensificato da mille anni di dominazione russa e di altri stranieri, è spesso ardente in America come lo è - o lo era - nell'Unione Sovietica, prima che lo Stato comunista fallisse e l'Ucraina ottenesse finalmente la sua tanto desiderata indipendenza. Tuttavia, ciò che è stato detto sulla minoranza russa in America vale in generale per quella ucraina, tranne che per il fatto che quest'ultima, con circa 730.056 membri, è più numerosa. Gli ucraini americani esultano per la nuova indipendenza acquisita dalla loro patria, ma le loro mani e i loro cuori sono saldamente piantati, almeno per il momento, su questa sponda dell'Atlantico.

I polacchi sono arrivati prima e hanno avuto un ruolo più attivo nella storia americana rispetto alle altre minoranze slave. Circa 10.000 dissidenti polacchi arrivarono negli Stati Uniti dall'epoca coloniale fino alla Guerra Civile. Due ufficiali polacchi, Thaddeus Kosciusko e il conte Casimir Pulaski, combatterono coraggiosamente sotto Washington. La grande migrazione polacca in America, tuttavia, non ebbe luogo fino ai primi tredici

---

[259] Il dato del Census Bureau di 2.781.432 è considerato grossolanamente gonfiato. Deve includere ebrei e non russi provenienti da molte altre parti dell'ex Unione Sovietica.

139 |

anni di questo secolo, quando 1,5 milioni di polacchi passarono per Ellis Island. Oggi la nazione conta circa 5,1 milioni di persone di origine polacca, cifra che non include gli ebrei polacchi. Ciò rende il contingente polacco la più grande e influente minoranza slava.

Come gli ucraini, i polacchi sono antirussi per abitudine e per istinto, come dimostra il tentativo del Movimento di Solidarietà di staccarsi dall'orbita sovietica quando gli altri satelliti sovietici erano ancora in ginocchio negli anni Ottanta. A differenza degli ucraini[260] e dei russi, sono cattolici romani. Come in Polonia, la Chiesa cattolica negli Stati Uniti si sforza di mantenere vivo il sentimento etnico polacco e incoraggia ufficialmente la conservazione della lingua polacca, "la lingua dell'anima". Sebbene una piccola percentuale di polacchi americani sia costituita da agricoltori, la maggior parte risiede nelle grandi città ed è distribuita in modo piuttosto uniforme nell'industria, nel commercio e nelle professioni. Cinquant'anni fa i polacchi d'America votavano per il partito democratico. Ma negli ultimi decenni molti polacchi, alcuni per la posizione antisovietica dei Repubblicani nella Guerra Fredda, altri a causa delle rivolte dei negri, si sono orientati verso il Partito Repubblicano, anche se l'incredibile osservazione di Gerald Ford nella corsa presidenziale del 1976, secondo cui la Polonia era una nazione indipendente, non gli ha fatto guadagnare molti voti dai gruppi di popolazione dell'Europa orientale.

Alcuni cechi, in particolare i membri della Fratellanza Morava, sbarcarono in America ai tempi del colonialismo. Ma la grande ondata di immigrazione ceca e slovacca non ebbe inizio fino ai primi anni del 1900, quando il fermento nazionalista nell'Impero austro-ungarico era al suo apice. Oggi, con circa 1,75 milioni di persone, le minoranze ceche e slovacche, che nel Nuovo Mondo si mescolano poco come nella Cecoslovacchia, ormai in disfacimento, sono fortemente concentrate nelle grandi città del Midwest. In media, i cechi e gli slovacchi, la maggior parte dei quali sono cattolici romani, hanno una carnagione più scura dei polacchi e dei russi.

Gli slavi meridionali sono costituiti principalmente da serbi, croati e sloveni, un tempo ma non più collettivamente noti come jugoslavi. Attualmente negli Stati Uniti vivono circa 500.000 croati, 300.000 sloveni e 200.000 serbi, la maggior parte dei cui antenati è arrivata alla fine del XIX secolo e all'inizio del XX. I croati e gli sloveni sono cattolici. I serbi sono ortodossi orientali. La maggior parte dei lavoratori ha lavorato - e molti lavorano ancora - nell'industria pesante, nelle miniere e nelle cave.

---

[260] Gli ucraini occidentali dell'U.R.S.S., per lo più Uniati (greco-cattolici legati a Roma), furono convertiti con la forza alla Chiesa ortodossa orientale nel 1945-46.

Alcuni slavi presentano tratti fisici nordeuropei, in particolare quelli con origini ancestrali nella Russia nordoccidentale e nella Polonia settentrionale. Una discreta percentuale di russi americani ha gli occhi azzurri, i capelli biondi e la testa lunga degli svedesi varangiani che fondarono la Russia un millennio fa. Ma in generale i volti slavi sono generalmente larghi, gli zigomi alti, le teste rotonde e i nasi a punta. Sebbene alcuni tratti mongoli, fisici e mentali, siano occasionalmente presenti, i gruppi di popolazione slava in America non hanno incontrato ostacoli razziali o culturali insormontabili sulla strada della loro assimilazione. Persino i polacchi americani, che qualche decennio fa avevano centinaia di società letterarie, teatrali, canore, sociali, religiose e sportive negli Stati Uniti, stanno diventando lentamente ma completamente "maggioritarizzati".

UNGHERESI: gli americani di origine ungherese coprono un ampio spettro razziale. Originari delle steppe asiatiche, i proto-ungheresi sono oggi considerati membri della razza bianca piuttosto che di quella gialla. Oggi, senza più dubbi sulla loro bianchezza, vengono definiti alpini. Per quanto riguarda il numero di ungheresi americani, il pot-pourri razziale del vecchio Impero austro-ungarico ha reso estremamente difficile ottenere un conteggio affidabile degli arrivi dall'Europa centrale. Includendo i 35.000 fuggiti attraverso l'Atlantico dopo l'abortita rivolta del 1956, si stima che oggi ci siano 310.000 americani di origine ungherese.

FRANCESI CANADESI E FRANCESI DELLA LOUISIANA: i francesi sono una delle minoranze americane più difficili da classificare. Dalla parte della maggioranza ci sono gli ugonotti, protestanti di fede calvinista che iniziarono la loro migrazione negli Stati Uniti quando Luigi XIV revocò l'Editto di Nantes nel 1685. Paul Revere e John Jay sono i due ugonotti più celebri dell'epoca rivoluzionaria. Sebbene costituissero solo lo 0,5% della popolazione coloniale bianca originaria, oggi ci sono forse 2 milioni di americani di origine ugonotta, oltre ad altri 1,2 milioni di discendenti di francesi cattolici. I francesi d'America tendono ad avere una carnagione più chiara rispetto ai francesi di Francia, per cui è opportuno attribuire loro una piccola componente nordica. La maggior parte dei francesi, tuttavia, dovrebbe essere assegnata alla razza alpina con una spruzzata di geni mediterranei. Il più importante degli arrivi all'inizio del XIX secolo fu Pierre Samuel du Pont de Nemours, fondatore dell'impero industriale Du Pont.

Per quanto riguarda i canadesi francesi, circa 1,5 milioni si trovano oggi negli Stati Uniti, concentrati soprattutto nelle aree rurali e industriali del New England. Non è un popolo economicamente aggressivo, non è noto per il tentativo di dominare i pensieri o la politica degli altri, ma i franco-canadesi si aggrappano tenacemente al loro patrimonio culturale e al loro dialetto francese. La vicinanza alla loro patria di lunga data, il Canada francese, agisce come un freno all'assimilazione, ma pochi contesterebbero i loro forti legami politici, economici e sociali con gli Stati Uniti. Come i messicani, essi presentano agli americani un problema di minoranza sul modello europeo: un gruppo di popolazione di frontiera con legami emotivi e storici sia con il lato lontano che con quello vicino del confine nazionale. Nel 1886, a Rutland, nel Vermont, alcuni delegati tentarono di organizzare una "nazionalità" franco-canadese con una propria bandiera e un inno nazionale, che avrebbe dovuto fungere da organizzazione ombrello per tutti i francofoni, sia in Canada che negli Stati Uniti.[261] Il progetto non si è mai concretizzato, ma è sintomatico del motivo per cui un diplomatico americano ha affermato che i franco-canadesi sono "la razza più difficile da assimilare tra tutte quelle immigrate".[262] Ma queste parole sono state pronunciate più di mezzo secolo fa. Anche se forse un paio di sfumature più scure rispetto alla norma della popolazione americana, tutti i canadesi francesi, tranne una manciata di irriducibili, possono essere tranquillamente assegnati alla categoria degli assimilati. Questo non vuol dire, tuttavia, che se il disordine razziale negli Stati Uniti continuerà ad aumentare, un numero considerevole di persone non tornerà al punto di partenza, il Quebec, che a quel punto potrebbe essere diventato un Paese indipendente.

Degli 800.000 louisiani di origine francese, circa 300.000 parlano ancora un patois francese ereditato dai loro antenati, gli esuli acadiani della Nuova Scozia ricordati da Longfellow.[263] Alcuni di questi "cajun" hanno un volto che mostra una colorazione mediterranea,[264] ma non così scura da definire i proprietari di questi volti come inassimilabili. Lavorando in piccole fattorie e pescando in baie remote, fino a poco tempo fa conducevano un'esistenza isolata che offriva poche possibilità di assimilazione. Ma i rapidi cambiamenti economici in atto in Louisiana li stanno facendo uscire dal loro isolamento e stanno modificando pesantemente le loro abitudini matrimoniali endogamiche e i loro costumi provinciali. Molti, se non la maggior parte, si sono già qualificati per lo status di assimilati, e gli altri probabilmente si accoderanno prima della fine del secolo.

È improprio concludere una discussione sulle Minoranze Assimilate senza dire che, per certi versi, sono più dinamicamente americane della

---

[261] Wilfred Bovey, *Canadien*, J. M. Dent, Toronto, 1934, pag. 100.

[262] Ibidem, pag. 187.

[263] Il governatore della Louisiana Edwin Edwards sostiene che sua madre aveva geni cajun.

[264] Alexis Carrel, biologo francese e premio Nobel, ha affermato che gli elementi mediterranei della popolazione francese sono inferiori a quelli settentrionali. Ciò è dovuto al fatto che l'acclimatazione dei bianchi al calore avviene a spese dello sviluppo del sistema nervoso e dell'intelletto. *L'homme, cet inconnu*, p. 300.

Maggioranza nel suo complesso. La maggior parte dei membri della Minoranza Assimilata *crede* ancora nell'America con un'intensità d'altri tempi che è quasi svanita nei cuori di molti che hanno radici più profonde nel passato americano. Molti membri della Minoranza Assimilata, inoltre, riescono a mantenere questa fede, anche se, in quanto operai e impiegati, vivono e lavorano nel tumulto delle grandi città, dove hanno imparato molto più velocemente degli americani delle campagne e dei sobborghi cosa sta accadendo al loro Paese.

Poiché le minoranze assimilate hanno sofferto molto di più della desegregazione scolastica, della criminalità e del degrado dei quartieri rispetto agli altri elementi della maggioranza, è molto probabile che la leadership di una rinascita della maggioranza provenga dai ranghi delle minoranze assimilate, dai gruppi di popolazione le cui vite e i cui mezzi di sostentamento sono stati minacciati più apertamente di quelli degli americani delle periferie e delle campagne. L'esposizione diretta ai problemi spesso crea un maggiore interesse per le soluzioni.

Ma è anche possibile che, se l'attuale torpore della maggior parte dei membri della Maggioranza continua e le Minoranze Assimilate vengono abbandonate e lasciate a loro stesse, per sopravvivere nella giungla megapolitana possano far rivivere le loro vecchie lealtà etniche. Una simile reazione potrebbe facilmente far pendere la bilancia verso l'irreversibilità dell'espropriazione della Maggioranza.[265]

---

[265] Nella primavera del 1972, Michael Novak, in *The Rise of the Unmeltable Ethnics* (Macmillan, New York), sollecitò un'alleanza politica tra i neri e le minoranze assimilabili. Secondo Novak (p. 20) quest'ultimo gruppo comprendeva 70.000.000 di americani di origine irlandese, italiana, slava, spagnola, greca e armena. Jerome Rosow, ex assistente del Segretario del Lavoro, è stato citato come fonte di questa cifra. Rosow, tuttavia, si era limitato a dire che 70.000.000 di americani erano membri di famiglie a "reddito medio-basso". In seguito, forse come ricompensa per l'impresa accademica di trasformare un gruppo di reddito in un agglomerato di gruppi etnici, il professor Novak è apparso come autore di discorsi per Sargent Shriver nella campagna presidenziale del 1972. In realtà, ci sono almeno 2.000.000 di negri nella fascia di reddito "medio-bassa", oltre a decine di milioni di membri della Maggioranza. Si veda Jerome Rosow, *Overcoming Middle Class Rage*, Westminster Press, Philadelphia, 1971, p. 87. Dopo aver lavorato per la Fondazione Rockefeller, Novak è diventato editore di una newsletter etnica e opinionista di fama nazionale, i cui scritti e opinioni hanno mostrato una vena sempre più conservatrice.

CAPITOLO 14

Minoranze bianche non assimilabili

In contrasto con le minoranze assimilate, le cui differenze razziali e culturali non erano abbastanza grandi da precludere l'assimilazione, le minoranze non assimilabili sono permanentemente escluse dallo status di maggioranza. La linea del colore, nel caso dei non bianchi, è di per sé un ostacolo insormontabile. Per quanto riguarda le minoranze bianche non assimilabili, le cause che impediscono l'assimilazione possono essere culturali o biologiche, o entrambe.

Questo non significa che le minoranze non assimilabili siano legate da un background razziale o culturale simile o da uno status economico o sociale comune. Al contrario, è probabile che alcune minoranze non assimilabili, bianche e non bianche, differiscano tra loro più di quanto non differiscano da alcune minoranze assimilate. Tra le minoranze non assimilabili si trovano i gruppi di popolazione americana più ricchi e quelli più impoveriti, quelli più verbosi e quelli più taciturni, quelli più religiosi e quelli più irreligiosi. In effetti, le divisioni che affliggono le minoranze inassimilabili sono abbastanza grandi da dare origine a scontri razziali interni. Uno di questi casi è stato l'omicidio nel 1992 a Crown Heights di un ebreo chassidico da parte di una folla di neri come rappresaglia per aver perso il controllo della sua auto e aver investito e ucciso un giovane negro. Le cause precedenti della frattura razziale sono state lo sciopero degli insegnanti di New York del 1968, largamente sostenuto dai neri, per ottenere una maggiore retribuzione, e il licenziamento di Andrew Young, ambasciatore alle Nazioni Unite, per aver parlato con un rappresentante dell'Organizzazione per la Liberazione della Palestina.

Nonostante le loro marcate divergenze, tuttavia, le minoranze inassimilabili hanno messo insieme un'alleanza politica, economica e culturale che, con l'assistenza attiva degli scissionisti della maggioranza, ha guidato la marcia degli eventi americani per la maggior parte del secolo. Oltre a unire i loro voti per candidati politici accuratamente selezionati, le minoranze più dinamiche hanno superato le loro differenze polari per forgiare il fronte ideologico che sta rovesciando una dopo l'altra le istituzioni americane più sacrosante.

Qual è allora la forza unificante abbastanza forte da prevalere su tutta questa diversità, la forza centripeta abbastanza potente da spegnere la centrifuga razziale in cui queste minoranze dovrebbero logicamente girare a parte?

Parafrasando Nietzsche, probabilmente ha a che fare sia con la volontà di potenza che con la volontà di impotenza: il desiderio di potenza da parte delle minoranze inassimilabili che hanno poco, il desiderio di maggiore potenza da parte di coloro che hanno molto e il desiderio di cedere il potere da parte dei membri della maggioranza derattizzati. Ad alimentare questi desideri sono vecchi fattori psicologici imponderabili e intangibili come l'invidia, l'insicurezza, la paura, l'odio e persino l'auto-odio. Questi desideri hanno ricevuto anche un notevole nutrimento economico. Negli ultimi anni nei ghetti delle grandi città, sebbene una minoranza abbia saccheggiato, derubato e bruciato i beni di un'altra, quest'ultima continua a mettere a disposizione della prima una quantità significativa di cervello e denaro.

L'unica ipotesi sicura da fare sulla forza che unifica e galvanizza le minoranze inassimilabili è che essa è più evidente e più forte quando è diretta contro la maggioranza. Di conseguenza, si può dire che la fonte principale dell'unità e del coordinamento delle minoranze è la grande balena demografica malata e fluttuante, che può essere attaccata, tagliata, morsa e azzannata impunemente. Soprattutto, è l'opposizione alla maggioranza che ha costruito l'efficace ma scomoda alleanza tra le minoranze inassimilabili e i Gracchiani della maggioranza, i Camionisti, i Pussyfooters, i Vecchi Credenti e i Proditori - un'alleanza che gode ancora del sostegno parziale ma non sempre entusiasta di segmenti considerevoli delle minoranze assimilabili.[266]

Prima di presentare l'ordine di battaglia della Minoranza Inassimilabile, sarebbe opportuno avvertire che ci sono sempre innumerevoli eccezioni a tutte le generalizzazioni sulle masse di qualsiasi cosa, in particolare sulle masse di esseri umani. Ovviamente, ci sono membri non assimilabili di ogni minoranza assimilata e membri assimilabili di ogni minoranza bianca non assimilabile. Ma in ciò che segue l'accento è posto sulle frequenze e non sugli individui, sulle medie statistiche e non sulle curve di un punto.

ITALIANI DEL SUD: in generale, l'Italia è una nazione birazziale. Gli alpini predominano nel nord e nel centro, mentre i mediterranei sono concentrati nel basso stivale (Campania e Calabria) e in Sicilia. Sono queste le regioni che hanno dato vita all'80% dell'immigrazione italiana.[267] Si stima

---

[266] Questa alleanza, nei suoi aspetti puramente minoritari, è stata definita da un importante analista politico come costituita da "grandi e coese comunità etniche ancora semi-sradicate a Cork, in Calabria e a Cracovia". Kevin Phillips, *The Emerging Republican Majority*, p. 438. Phillips ha esagerato un po' per quanto riguarda Cork ed è stato quasi corretto per quanto riguarda la Calabria, la base degli italiani del Sud, ma ha sbagliato se si riferiva ai polacchi quando ha menzionato Cracovia, giusto se si riferiva agli ebrei.

[267] L. F. Pisani, *The Italian in America*, Exposition Press, New York, 1957, p. 143.

che gli italoamericani siano 8.764.000,[268] semplice matematica e le regole per l'assimilazione definite in precedenza in questo studio indicano che almeno la metà è troppo scura per qualificarsi per l'assimilazione.

Tra tutti i nuovi immigrati, gli italiani erano i più numerosi. Sebbene la maggior parte di loro fosse contadina nel vecchio Paese, quando arrivarono in America si raggrupparono nelle "Little Italies" urbane, dove la parlata italiana, la cucina italiana, la canzone italiana, le usanze italiane e l'esuberanza italiana proiettano ancora un sapore italiano fortemente resistente alla dissoluzione in qualsiasi melting pot. La Chiesa cattolica fa la sua parte nel preservare questo sapore, ma gli italiani del Sud non sono cattolici nel senso irlandese-americano o franco-canadese. Un autore spiega: "Forse l'italiano medio [è] troppo vicino a Roma... per esserne affascinato".[269] Molti italoamericani guardano con sospetto alla Chiesa a causa della sua lunga associazione con i ricchi interessi terrieri dell'Italia.

New York conta 1,3 milioni di italo-americani,[270] molti dei quali lavorano nel settore del commercio degli aghi. È la terza città italiana più grande del mondo, superata solo da Roma e Milano. A differenza degli italiani del Sud, la maggior parte dei quali preferì rimanere nell'est urbano, i tipi più avventurosi dell'Italia settentrionale e centrale andarono a ovest, molti in California, dove divennero agricoltori e viticoltori e dove uno di loro, A. P. Giannini di origine genovese, fondò quella che fu la banca più grande e più dinamitarda del mondo.[271] La loro dispersione nel Paese, la loro operosità e i loro tratti razziali alpini anziché mediterranei hanno reso la maggior parte degli italiani del Nord e del Centro facili candidati all'assimilazione.

La minoranza italiana del Sud contiene al suo interno un'organizzazione criminale, in cui l'etnia è il requisito principale per l'appartenenza.[272] Il

---

[268] Rapporto dell'Ufficio del censimento, 1973. Si vedano anche le tabelle A e B, Appendice A. Alcune stime azzardate e politicamente ispirate arrivano a 21 milioni.

[269] Pisani, op. cit., p. 54.

[270] *New York Times Magazine*, 10 agosto 1969, pag. 56.

[271] Altri ricchi italoamericani, oltre al defunto Giannini, appartengono per lo più alla categoria degli assimilati: la famiglia DiGiorgio (dinastia di fruttivendoli californiani), Angelo Petri e la famiglia Gallo (vino), John Cuneo (proprietario di una delle più grandi aziende tipografiche del mondo), Pio Crespi (re del cotone texano), Antonio Giaccione (carta), Louis Pagnotti (carbone), Joseph Martino (piombo), Salvatore Giordano (condizionamento dell'aria), Vincent Riggio (ex presidente dell'American Tobacco Co.), Lee Iacocca (Chrysler Corp.), la famiglia Pope (giornali), Bernard Castro (mobili), Jeno Paolucci (robot da cucina). Si veda Michael Musmanno, *The Story of the Italians in America*, Doubleday, New York, 1965, pp. 247-49.

[272] La storia della mafia o di Cosa Nostra sarà esaminata nel capitolo 30.

comune italoamericano, tuttavia, non ha alcun legame con i 5.000 italiani del Sud, per lo più siciliani, che dominano la criminalità organizzata. Per far passare questo messaggio al pubblico, i lobbisti italiani hanno cercato, non sempre con successo, di convincere i produttori televisivi e cinematografici ad "alleggerire" i loro personaggi malavitosi e a dare loro nomi non italiani.[273] In questo modo, Sacco e Vanzetti, i cattivi radicali degli anni Venti, sono stati parzialmente riabilitati.

Storicamente, gli italoamericani hanno votato la lista democratica,[274] anche se, quando sulla scheda elettorale compariva un cripto-comunista come Vito Marcantonio o un cripto-repubblicano come Fiorello La Guardia, la lealtà razziale aveva la precedenza sulla politica.[275] Ultimamente, reagendo alla radicalizzazione di altre minoranze inassimilabili più assetate di potere, gli italoamericani hanno abbandonato il partito democratico in numero sempre maggiore. Nel 1970, il voto degli italiani contribuì al sorprendente rovesciamento che portò James Buckley, candidato del partito conservatore, a diventare senatore junior di New York. Una vittoria altrettanto sorprendente è stata l'elezione del repubblicano Alphonse D'Amato nel 1980 al seggio senatoriale da tempo occupato da Jacob Javits, una figura ebraica fissa nella politica statale. L'ex governatore di New York Mario Cuomo è stato spesso considerato come un timbro presidenziale. La democratica Geraldine Ferraro è stata la prima donna candidata alla vicepresidenza di un partito importante.

---

[273] La sensibilità etnica italiana è stata anche suscitata dalla scoperta di una mappa "vichinga" che mostrava il "Vinland" come parte del Nord America. Gli italoamericani di professione hanno definito la mappa una frode e un'offesa al buon nome di Colombo. *Ency. Brit. Book of the Year*, 1967, p. 102. La mappa può essere o meno falsa, ma i Vichinghi sono sbarcati nel Nuovo Mondo molto prima che le tre navi di Colombo gettassero l'ancora al largo di San Salvador.

[274] Tra i politici italo-americani di spicco, in carica o meno, si annoverano il governatore di New York Mario Cuomo, il senatore del New Mexico Peter Domenici, John Volpe, ex segretario ai trasporti, Anthony Celebrezze, ex segretario dell'HEW, Jack Valenti, presidente della Motion Picture Association of America, il deputato californiano George Miller, i sindaci Hugh Addonizio di Newark e Joseph Alioto di San Francisco. Frank Carlucci è stato segretario alla Difesa negli ultimi giorni della presidenza Reagan. Tra gli italoamericani nelle arti e nel mondo dello spettacolo figurano: il compositore Gian Carlo Menotti, il poeta John Ciardi, i registi Frank Capra e Francis F. Coppola, i cantanti popolari Dean Martin, Frank Sinatra e Tony Bennett.

[275] Vito Marcantonio fu inviato al Congresso dal partito laburista americano e il suo voto rivelò l'alleanza spesso stretta tra il comunismo e le antipatie razziali delle minoranze inassimilabili. Fu l'unico oppositore quando la Camera dei Rappresentanti votò 350 a 1 per la legge sugli stanziamenti del Dipartimento della Guerra del 1941 per costruire le difese americane in un mondo che si avviava alla guerra totale.

In generale, gli italoamericani esercitano un'influenza politica e sociale relativamente scarsa, tranne che in alcune grandi città e nelle zone in cui si concentra la mafia. Si accontentano di vivere in una sorta di quarantena etnica autoimposta e non hanno un grande desiderio di imporre il loro stile di vita agli altri. Le donne hanno più figli della maggior parte delle madri delle minoranze bianche, assimilate o meno. Come altri europei meridionali, mostrano un forte attaccamento alla famiglia e alla Chiesa cattolica romana.

Carleton Coon ha proposto che gli italiani del Sud negli Stati Uniti siano composti da due sottorazze facilmente identificabili: Mediterranea "grossolana" e Armenoide.[276] Il membro medio della Maggioranza, ignaro di queste sottigliezze razziali, sa solo che la pigmentazione del Sud Italia è più scura della sua, che la maggior parte degli americani provenienti dal Sud Italia e dalla Sicilia hanno un "aspetto straniero" e sono quindi predestinati a una duratura separazione razziale e culturale.[277]

MINORANZE BIANCHE DI LINGUA SPAGNOLA: Gli spagnoli arrivarono in Florida, Louisiana, nel Sud-Ovest e in California molto prima che i Padri Pellegrini sbarcassero nel Massachusetts. Ma la colonizzazione spagnola fu così limitata che probabilmente non più di 100.000 spagnoli del Vecchio Mondo o messicani di origine prevalentemente spagnola si stabilirono in modo permanente entro i confini degli attuali Stati Uniti. Il tempo e gli incroci hanno assimilato i loro discendenti, ad eccezione di coloro che, come gli ispanos del Nuovo Messico, hanno sposato gli indiani locali. Per la maggior parte troppo scuri per rientrare nello schema della maggioranza o della minoranza assimilata, i 100.000-125.000 spagnoli arrivati con la nuova immigrazione sono rimasti in gran parte non assimilati.

La minoranza cubana negli Stati Uniti si è moltiplicata in modo esponenziale dopo l'istituzione del primo - e forse ultimo - Stato comunista dell'emisfero occidentale da parte di Fidel Castro nel 1959. Sebbene la Perla delle Antille abbia una considerevole popolazione negra, la prima ondata di rifugiati dall'isola totalitaria di Castro era in gran parte bianca (mediterranea) e apparteneva ai segmenti più agiati della società cubana. Le ondate successive di immigrati cubani erano notevolmente più scure e contenevano un'ampia componente criminale e omosessuale. Oggi si stima che ci siano 800.000 cubani negli Stati Uniti, la maggior parte dei quali concentrati nel sud della

---

[276] Coon, *Le razze d'Europa*, p. 558.

[277] Il giudice Michael Musmanno scrive in modo toccante - e accurato - della situazione di quasi tutti gli italiani del Sud per quanto riguarda l'assimilazione. Da ragazzo fece una proposta di matrimonio a una ragazza appena arrivata dall'Inghilterra. All'epoca aveva solo dodici anni, ma lei non lo rifiutò a causa della sua età. Disse che non avrebbe mai potuto sposare uno "straniero". Musmanno era nato in America. La ragazza inglese era negli Stati Uniti da soli sette mesi. Musmanno, op. cit., p. 7.

Florida, che stanno trasformando in una piccola America Latina. Circa un terzo di loro sono negri o mulatti.

Un'altra minoranza con radici in Spagna, ma che vanta una lingua più antica dello spagnolo, è composta da 10.000 baschi, concentrati soprattutto in Nevada, dove sono diventati la casta dei pastori americani. Nel 1966 hanno contribuito a eleggere governatore un altro basco, Paul Laxalt. In seguito Laxalt è entrato in Senato e, nonostante le accuse di legami con la criminalità organizzata, ha svolto un ruolo importante nelle vittorie elettorali del 1980 e del 1984 del Presidente Reagan. I baschi sono al limite tra i bianchi scuri e i bianchi. Anche se ci sono sempre eccezioni come Paul Laxalt, sono stati definiti non assimilati, se non altro perché non sono mai stati assimilati con successo dagli spagnoli. Non è certo che l'America avrà più fortuna.

MINORANZE MEDITERRANEE E BALCANICHE VARIE: I circa 435.000 americani di origine portoghese - la maggior parte dei quali sono pescatori, agricoltori, allevatori di bestiame e lavoratori del settore tessile - hanno un aspetto tipicamente mediterraneo e di conseguenza sono troppo bruni per essere assimilati.[278] L'influenza razziale mediterranea è evidente anche tra i 70.000 albanesi,[279] 90.000 rumeni, 70.000 bulgari, quasi 100.000 turchi e 1,4 milioni di greci,[280] questi ultimi particolarmente attivi nelle industrie del tabacco, delle caramelle, delle spugne e delle spedizioni. La pelle olivastra, i capelli neri e gli occhi scuri offrono poche possibilità di assimilazione agli 1,5 milioni di arabi, ai 75.000 iraniani, ai 2.500 afghani e a un numero imprecisato di altri gruppi di popolazione del Medio Oriente e del Nord Africa.[281] I 400.000 americani armeni, che hanno una propria

---

[278] Gli Azoreani di Gloucester, Massachusetts, dai capelli biondi o rossi, sono un'eccezione a questa regola. Discendono da coloni fiamminghi che si stabilirono nelle Azzorre di proprietà portoghese molti secoli fa.

[279] Una volta c'erano 100.000 albanesi negli Stati Uniti, ma circa un terzo di loro è tornato a casa.

[280] Spiro Agnew è per metà greco, mentre sua madre era virginiana. Se fosse stato un mediterraneo scuro e piccolo come Aristotele Onassis, avrebbe potuto sposare Jacqueline Kennedy, ma non sarebbe mai stato il 39° vicepresidente degli Stati Uniti. Il lato minoritario di Agnew emerse nella sua calorosa amicizia con Frank Sinatra e nella sua frequentazione con i venditori di influenza della minoranza che gli si rivoltarono contro e lo distrussero politicamente. Anche Peter Peterson, ex segretario al Commercio, è un greco-americano, così come Michael Thevis, il magnate della pornografia che ha una casa ad Atlanta da 1.200.000 dollari e ha trascorso un periodo in prigione. Il governatore del Massachusetts Michael Dukakis, un greco-americano sposato con un'ebrea americana, è stato il candidato democratico alla presidenza nel 1988.

[281] Danny Thomas, lo showman televisivo, Ralph Nader, il gadfly consumista delle grandi aziende, e il giudice Robert Merhige, che ha emesso l'ordine di integrazione delle scuole

Chiesa apostolica armena, derivano da uno dei popoli più antichi del mondo. Per motivi culturali, razziali e di pigmentazione, meno della metà può essere considerata assimilabile.[282]

Mentre le minoranze assimilabili hanno generalmente la cultura che lavora contro di loro ma la razza che lavora a favore nel processo di assimilazione, le minoranze mediterranee hanno sia la cultura che la razza che lavorano contro di loro. In Europa, le popolazioni latine hanno di solito risolto le loro differenze con i conquistatori del Nord attraverso l'intermarriage, fagocitandoli geneticamente. Negli Stati Uniti, dove i nordeuropei superano di gran lunga i mediterranei, questo processo non è così facile. Né lo è il suo contrario: l'assorbimento dei mediterranei da parte dei nordeuropei. La sensibilità cromatica di questi ultimi, acuita dalla presenza di negri, indiani, messicani e altri non bianchi, è molto maggiore di quella dei nordeuropei in Europa e più simile a quella dei nordeuropei in Sudafrica.

Alla maggior parte dei mediterranei basterebbero poche generazioni di matrimoni con i membri della Maggioranza per ottenere le credenziali fisiche adeguate per l'assimilazione. Ma gli italiani del Sud, gli spagnoli, i portoghesi, i greci e altri bianchi dalla pelle scura sono esclusi dalla deriva genetica americana per loro scelta e per tabù della Maggioranza. In queste condizioni, ci vorrà un bel po' di tempo prima che un numero apprezzabile di membri della Maggioranza - tra i quali i nordici sono mediterranei "sbiancati", secondo Carleton Coon[283] - si ricongiunga con la razza più piccola, più scura, ma in qualche modo simile, dalla quale i loro antenati si sarebbero separati cento secoli fa.

---

urbane e suburbane a Richmond, in Virginia, sono tra i libano-americani più importanti. Sirhan Sirhan, che ha assassinato Robert Kennedy, è il palestinese americano più conosciuto.

[282] Charles Garry, l'avvocato di origine armena delle Pantere Nere e del Peoples Temple del reverendo Jim Jones, ha dichiarato di non aver mai dimenticato di essere stato chiamato "maledetto armeno" a scuola. *Time*, 12 gennaio 1970, p. 30. Il più ricco armeno americano è probabilmente Kirk Kerkorian, magnate del cinema, che ha ammesso di aver pagato 21.300 dollari a Cosa Nostra. *New York Times*, 17 gennaio 1970, p. 1. George Deukmejian, ex governatore della California, è stato probabilmente il più potente politico armeno del suo tempo. Il numero di armeni che entrano negli Stati Uniti è in aumento perché ai cittadini del nuovo Stato indipendente dell'Armenia vengono concessi più visti di uscita e l'America ne accoglie molti come rifugiati.

[283] "La razza nordica in senso stretto è solo una fase di pigmentazione della mediterranea". *Le razze d'Europa*, p. 83.

CAPITOLO 15

Gli ebrei

A buon diritto, la minoranza ebraica avrebbe dovuto essere inclusa nel capitolo precedente. È bianca e non assimilabile. Ma è anche la minoranza più influente, più organizzata e più dinamica. Come tale, merita un capitolo a sé.

Ovunque nell'opinione pubblica, solidamente insediati all'apice della piramide americana, gli ebrei rappresentano un sorprendente 2,34% della popolazione totale: 5.828.000 su 248.709.873 abitanti.[284] Queste cifre evidenziano una sproporzione piuttosto straordinaria tra le dimensioni dell'ebraismo americano e la sua influenza, una disparità non nuova alla storia, non limitata agli Stati Uniti e non ben compresa dai non ebrei. Infatti molti americani, impressionati dall'ubiquità della presenza ebraica, sono convinti che gli ebrei siano molto più numerosi di quanto non siano in realtà. Un sondaggio condotto dal B'nai B'rith su 2.000 studenti delle scuole superiori di ventuno città, esclusa New York, ha rivelato che l'82% ha sovrastimato la popolazione ebraica - alcuni studenti addirittura di 70 milioni![285] Per spiegare questa diffusa illusione popolare e molti altri strani fenomeni sociologici associati agli ebrei, è utile e necessario fare una breve escursione nella storia ebraica.

Gli Ebrei erano una tribù di pastori semitici che si è riunita in qualcosa di simile a una nazione nel secondo millennio a.C. Una volta stabilitisi in Canaan, molti di loro andarono in Egitto come predoni del deserto, coloni, prigionieri o rifugiati. Lì, come si legge in Esodo 1:7, "i figli d'Israele furono fecondi, aumentarono abbondantemente, si moltiplicarono e divennero molto potenti e il paese ne fu pieno". Fu in Egitto che gli ebrei acquisirono Mosè, che diede loro la legge e li istruì sul monoteismo. Non si tratta di un'invenzione ebraica o mosaica, ma la fede in un unico dio era stata brevemente imposta all'Egitto già nel XIV secolo a.C. dal faraone Ikhnaton.

---

[284] Popolazione statunitense dal censimento del 1990. Popolazione ebraica dall'*American Jewish Yearbook* del 1992. Come tutte le statistiche compilate da gruppi privati i cui metodi di tabulazione non sono aperti al pubblico scrutinio, questi numeri devono essere accettati con qualche riserva, tanto più che l'ebraismo organizzato si è opposto con successo agli sforzi del Census Bureau per contare gli ebrei. *New York Times*, 13 dicembre 1957, p. 30.

[285] *New York Post*, 20 marzo 1962, p. 12.

È appena possibile che Mosè (un nome egiziano) fosse uno dei sommi sacerdoti di Ikhnaton e un membro della famiglia reale. Dopo la morte del faraone e il ristabilimento del politeismo, Mosè potrebbe essere diventato un profeta senza onore tra i suoi stessi compatrioti. Alla ricerca di un nuovo seguito, potrebbe aver predicato la "causa persa" di Ikhnaton agli ebrei, la cui condizione di servi potrebbe averli resi piuttosto sensibili a una nuova e rivoluzionaria forma di conforto spirituale. Questa teoria, proposta dal celebre ebreo moderno Sigmund Freud, è supportata dalla misteriosa nascita di Mosè, dalla sua educazione regale e dall'uso di Aronne come interprete.[286]

Si racconta che durante il soggiorno in Egitto gli ebrei sopravvissero alla prima delle loro innumerevoli persecuzioni, anche se in questo caso gli egiziani furono ripagati in natura. Prima dell'inizio dell'Esodo, Geova eliminò i primogeniti di ogni famiglia egiziana. Oggi, più di tre millenni dopo la prima Pasqua, gli ebrei di[287], nella loro reincarnazione di israeliani, hanno di nuovo castigato gli egiziani (nelle guerre del 1967 e del 1973) - questa volta non con pidocchi, pustole, sciami di locuste e altre piaghe e afflizioni assortite, ma con i jet Phantom americani.

Alcuni secoli dopo aver raggiunto e organizzato la Terra Promessa, gli ebrei decisero di essere il popolo eletto e l'etnocentrismo più duraturo della storia era in piena fioritura. Sebbene la Bibbia sia piena di battaglie emozionanti, di fortezza sacerdotale, di gloria salomonica e di cattività assira e babilonese, l'impronta ebraica sulla coscienza e sulla consapevolezza del mondo non si sviluppò da un giorno all'altro. Lo storico greco Erodoto, che nel V secolo a.C. compì un lungo giro del Medio Oriente e descrisse dettagliatamente quasi tutte le nazioni e i popoli dell'area, non menzionò gli ebrei, che o non riuscì a localizzare o ritenne troppo insignificanti per scriverne.

---

[286] Sigmund Freud, *Mosè e il monoteismo*, trad. it. Katherine Jones, Hogarth Press, Londra, 1951. Riguardo alla sua egizianizzazione di Mosè, Freud scrisse (p. 11): "Negare a un popolo l'uomo che esso loda come il più grande dei suoi figli non è un'azione da intraprendere a cuor leggero, specialmente da parte di un appartenente a quel popolo". Freud non si è soffermato sull'omicidio di un egiziano da parte di Mosè, sul suo matrimonio con una donna madianita e sulle sue cruente istruzioni ai suoi seguaci ebrei su cosa fare con i Madianiti (Numeri: 31.17-18): "Uccidete dunque ogni maschio tra i piccoli e uccidete ogni donna che ha conosciuto un uomo giacendo con lui. Ma tutte le donne bambine, che non hanno conosciuto l'uomo giacendo con lui, tenetele in vita per voi".

[287] Geova risparmiò gli ebrei "passando sopra" le loro case, che avevano segnato con il sangue di agnello. Quanto agli Egiziani, "non c'era casa in cui non ci fosse un morto". La Pasqua ebraica viene celebrata ogni anno come giorno sacro, anche se è difficile trovare un contenuto religioso in un atto di filicidio di massa. Esodo 12:35 racconta anche che gli ebrei, prima di partire, "presero in prestito dagli egiziani gioielli d'argento, d'oro e vesti".

Lo Stato ebraico fu invaso dai Persiani sotto Ciro nel VI secolo a.C. e dai Greci e dai Macedoni sotto Alessandro Magno due secoli dopo. I generali successori di Alessandro e i loro eredi dinastici mantennero l'occupazione del territorio ebraico, nonostante le sporadiche rivolte ebraiche, fino all'arrivo dei Romani sotto Pompeo. Di tanto in tanto scoppiarono feroci ribellioni contro il dominio romano, che culminarono con la conquista di Gerusalemme da parte di Tito nel 70 d.C. e con la dispersione e l'espulsione da parte di Adriano sessantacinque anni dopo[288] di quegli ebrei che non erano già fuggiti.

Nel I secolo a.C. gli ebrei avevano abbandonato l'ebraico e parlavano l'aramaico, la lingua di Gesù. La prima versione esistente dell'Antico Testamento, la Septuaginta, non è in ebraico, aramaico o altra lingua semitica, ma in greco. La sua traduzione fu realizzata ad Alessandria d'Egitto durante il dominio dei Tolomei, tradizionalmente da settanta rabbini, che erano isolati in capanne separate, ma che comunque arrivarono a settanta versioni identiche, esattamente uguali anche nella punteggiatura. Gli scritti religiosi degli ebrei furono il loro unico contributo duraturo alla civiltà antica, a meno che non si voglia aggiungere la filosofia sciovinista di Filone e le storie allegoriche di Giuseppe.[289] Quasi nessuna pittura o scultura ebraica, contro la quale esistevano ingiunzioni bibliche, e solo le minime tracce di musica, architettura e scienza ebraiche sono sopravvissute dall'epoca classica.[290]

Per quanto riguarda l'Antico Testamento, i primi cinque libri, il Pentateuco, sono una raccolta di storie e di leggende, molte delle quali sono state a lungo consolidate nel folklore mediorientale. La Legge mosaica, il diluvio, la donna del gregge, il giardino dell'Eden, la storia di Davide, derivano tutti da fonti specificamente non ebraiche.[291] I restanti trentaquattro libri sono costituiti da genealogie e leggi, dalla storia razziale, dalle fulminazioni e dalla saggezza trascendentale dei profeti, da eventi miracolosi, da volgari

---

[288] Fu l'intransigenza degli ebrei nei confronti di Roma e il loro rifiuto della Pax Romana che portò Gibbon a biasimarli per "l'odio inconciliabile verso il genere umano" e a definirli una "razza di fanatici". *Declino e caduta dell'impero romano*, Lippincott, Filadelfia, 1878, Vol. 2, p. 4.

[289] Filone cercò senza successo di dimostrare che i filosofi greci avevano plagiato i profeti ebraici. Sebbene Giuseppe si sia schierato con Tito contro i suoi compatrioti, in seguito cercò di rimediare al suo tradimento scrivendo storie filosemite.

[290] Nell'*Ency. Brit.* (14a edizione) vi sono articoli separati sull'architettura, l'arte, la letteratura e la musica greca. Ci sono anche articoli separati sull'architettura romana, l'arte romana e la letteratura latina. Le attività artistiche degli ebrei sono state limitate a un articolo, Letteratura ebraica.

[291] P. E. Cleator, *Lost Languages*, Mentor Books, New York, 1962, pp. 109, 112.

diffamazioni e da poesie dell'anima. Quando il suo protagonista, Geova, mette a ferro e fuoco tutti i suoi nemici, l'Antico Testamento è letteratura e religione al massimo grado. In altri momenti, in particolare in Isaia, nell'Ecclesiaste, in Giobbe e nei Salmi, risuona con le più alte espressioni del genio umano. L'Antico Testamento esercita un fascino particolare sul mondo anglosassone grazie alla lingua splendente ed evocativa della versione di Re Giacomo.

I libri più antichi dell'Antico Testamento risalgono al massimo al IX secolo a.C. e alcuni sono stati scritti meno di 200 anni prima della nascita di Cristo, ben dopo che l'influenza letteraria greca era diventata predominante nel Mediterraneo orientale.[292] L'Ecclesiaste fu oggetto di molta animosità rabbinica a causa del suo stile e pensiero greco.

In epoca classica, come oggi, l'antisemitismo perseguitava senza sosta il semitismo. Molto prima dell'inizio della loro diaspora ufficiale, gli ebrei erano migrati in tutto il Mediterraneo e nel Vicino Oriente. Ovunque andassero, come chiarisce il Libro di Ester, l'antisemita era presto una figura familiare. I primi pogrom e bagarre antiebraiche storicamente documentate ebbero luogo ad Alessandria, la capitale dell'Egitto tolemaico, dove c'erano molti più ebrei che a Gerusalemme.[293] Nel 19 d.C., forse a causa della loro costante ostilità verso tutto ciò che è romano, Tiberio li espulse dalla sua capitale.[294] Ma il divieto fu solo temporaneo. Meno di un secolo dopo, si dice che Traiano fosse circondato da "empi Giudei".[295] Nel II secolo d.C., gli ebrei portarono il loro tradizionale antiellenismo fino al genocidio. "A Cirene", scrive Gibbon, "massacrarono 220.000 greci; a Cipro 240.000; in Egitto una grandissima moltitudine".[296]

---

[292] "[Poco nell'Antico Testamento è più di un secolo o due prima dei poemi omerici... Erodoto era contemporaneo di Malachia e Abdia... Teocrito cantava in Sicilia mentre il Cantico dei Cantici veniva compilato in Palestina". " T. Eric Peet, *A Comparative Study of the Literature of Egypt, Palestine and Mesopotamia*, Oxford University Press, 1931, pp. 1-2. Peet afferma che quando i primi frammenti dell'Antico Testamento assunsero la forma attuale, intorno all'850 a.C., "le letterature dell'Egitto e della Babilonia avevano già centinaia, si potrebbe quasi dire migliaia, di anni".

[293] I trattati antisemiti abbondavano in epoca greca e romana e un'opera (non più esistente) del greco Apione era così nota e influente che Giuseppe dedicò un intero libro alla sua confutazione.

[294] "Solo loro, tra tutte le nazioni, evitavano di trattare con qualsiasi altro popolo e consideravano tutti gli uomini come loro nemici". *Diodoro di Sicilia*, trad. F. R. Walton, Loeb Classical Library, Harvard University Press, Cambridge, 1967, Vol. XII, p. 53.

[295] *Papiri di Ossirinco*, X, 1242, 42.

[296] Gibbon, op. cit., Vol. 2, p. 4, comprese le note a piè di pagina.

Una delle principali fonti di antisemitismo nel mondo classico era l'alto grado di partecipazione degli ebrei nel settore bancario e del prestito di denaro. In Egitto, secondo le parole di E. M. Forster, "speculavano sulla teologia e sul grano...".[297] Descrivendo le condizioni economiche dell'Italia al tempo di Giulio Cesare, Theodor Mommsen, uno specialista di questo periodo della storia romana, ha scritto: "Accanto all'allevamento di proprietà che prosperava in modo innaturale sulla rovina dei piccoli agricoltori, anche il settore bancario privato assunse proporzioni enormi, poiché i mercanti italiani in competizione con gli ebrei si diffusero in tutte le province e i protettorati dell'impero".[298]

Ma furono le pratiche religiose e l'endemica clandestinità degli ebrei, più che il loro acume finanziario, a suscitare commenti acidi da parte di "vecchi romani" come Cicerone, Giovenale, Tacito e Seneca.[299] La stessa critica fu rivolta agli ebrei molto più tardi, nella nascente civiltà araba, dove Maometto prese in prestito molto dalla loro religione, ma li perseguitò senza pietà. Nei *suq* e nei centri commerciali più grandi dell'Arabia, tuttavia, dove "gli ebrei controllavano molte delle banche locali",[300] le ragioni finanziarie dell'antisemitismo probabilmente superavano tutte le altre.

L'avvento del cristianesimo fu una benedizione mista per gli ebrei. Ha dato loro un'importanza speciale come "Popolo del Libro", in quanto antenati fisici e spirituali di Gesù. Ma li rese anche complici della crocifissione. Furono Caifa, i capi dei sacerdoti e gli anziani a sobillare la folla per chiedere la morte di Cristo e la liberazione di Barabba. Oggi la partecipazione ebraica all'esecuzione di Gesù è stata sminuita al punto che un'enciclica papale ha assolto gli ebrei dal deicidio. Ma le assoluzioni più solenni dei Santi Padri più solenni non avranno molto effetto finché Matteo (27,24-25) citerà Pilato che dichiara: "Sono innocente del sangue di questo giusto", e gli ebrei che rispondono: "Il suo sangue sia su di noi e sui nostri figli".

All'inizio c'era la possibilità che il cristianesimo e l'ebraismo si fondessero, ma nel momento in cui i primi cristiani ebrei ammisero i gentili alle funzioni cristiane l'etnocentrismo ebraico costrinse a una divisione permanente delle due religioni. Al tempo di Cristo, gli ebrei desideravano un Messia che punisse i loro nemici, non un Figlio dell'Uomo tollerante che perdonasse i

---

[297] E. M. Forster, *Pharos and Pharillon*, Knopf, New York, 1961, p. 17.

[298] Theodor Mommsen, *The History of Rome*, a cura di Saunders e Collins, Meridian, New York, 1961, pag. 539.

[299] I sentimenti di Seneca riguardo alla grande influenza del giudaismo sui suoi concittadini romani furono sfogati nell'epigramma *Victi victoribus leges dederunt*. Seneca, *Opera*, Teubner, Lipsia, 1878, Vol. III, p. 427.

[300] R. V. C. Bodley, *The Messenger*, Doubleday, New York, 1946, p. 166.

peccati di tutti e accogliesse tutti, ebrei e non ebrei, in una Chiesa universale. Nel giro di un secolo, il divario tra le due fedi era così ampio che alcune allusioni antisemite furono inserite nei Vangeli. Persino Gesù stesso dice di Natanaele (Giovanni 1:47): "Ecco un israelita in cui non c'è malizia!".

Nel complesso, il cristianesimo ha fornito ai non ebrei nuovi motivi per rispettare gli ebrei e nuovi motivi per perseguitarli. Forse, nel bilancio finale, gli ebrei hanno guadagnato più di quanto abbiano perso. Il cristianesimo è stato il loro passaporto per la civiltà occidentale, nella quale sono periodicamente precipitati nei più bassi abissi della degradazione e saliti a vette empiree di preminenza. Inoltre, è stato facendo appello agli insegnamenti sociali e morali di Gesù, principalmente alle propaggini democratiche e liberali del messaggio sconvolgente del Discorso della Montagna, che gli ebrei sono riusciti a uscire dai loro ghetti europei negli anni tra la rivoluzione francese e quella russa.

Gli ebrei sopravvissero alla caduta di Roma così come sopravvissero alla caduta di Gerusalemme. Nel Medioevo furono alternativamente tollerati e perseguitati dai Teutoni invasori. In Spagna ottennero le più alte cariche pubbliche nel regno moresco di Granada nell'XI secolo, dominarono il commercio e possedettero un terzo dei beni immobili della Barcellona cristiana nel XII secolo.[301] In Inghilterra, Aronne di Lincoln, un precursore medievale dei Rothschild, accumulò abbastanza ricchezza da finanziare la costruzione di nove monasteri cistercensi e dell'abbazia di St. Albans.[302] Ma le fortune degli ebrei diminuirono quando l'Europa fu presa dal fervore - spesso più gotico che cristiano - che costruì le grandi cattedrali e scatenò le crociate. Dalla Renania tedesca, dove crociati troppo zelanti organizzarono una serie di pogrom, una violenta reazione antiebraica si diffuse irresistibilmente nell'Europa medievale e rinascimentale.[303] L'Inghilterra espulse i suoi ebrei nel 1290, la Francia nel 1306, l'Austria nel 1420, la

---

[301] Durant, *L'età della fede*, pagg. 371-73.

[302] Ibidem, pp. 377-78.

[303] In generale, nel Medioevo gli ebrei sostenevano le monarchie perché era più facile trattare con un solo re che con decine di nobili. Avevano anche un debole per il papato, che li proteggeva e li umiliava alternativamente. Nel 1215, Innocenzo III ordinò a tutti gli ebrei, uomini e donne, di indossare un distintivo giallo. Darlington, *L'evoluzione dell'uomo e della società*, p. 459. La tensione tra gli ebrei e l'aristocrazia inglese fu rivelata dalla Magna Carta, che conteneva specifiche restrizioni sul pagamento di debiti e interessi agli ebrei.

Spagna nel 1492, Firenze nel 1495, il Portogallo nel 1496-97, Napoli nel 1541 e Milano nel 1597.[304]

Portando con sé un rudimentale dialetto teutonico, poi evolutosi in yiddish, la maggior parte degli ebrei tedeschi e dell'Europa centrale si spostò a est verso la Polonia, il grande rifugio medievale dell'ebraismo. Quelli che si spingevano più a est potrebbero essersi incontrati e mescolati con contingenti di ebrei che per secoli si erano fatti strada verso nord dal Caucaso, durante il tragitto si erano mescolati con non ebrei, che poi avevano convertito all'ebraismo. Gli ebrei dell'Europa orientale, gli ashkenaziti, si distinguono dai sefarditi, gli ebrei mediterranei di sangue puro espulsi dalla Spagna da Ferdinando e Isabella nello stesso anno in cui Colombo scoprì l'America. I Sefardim trovarono rifugio in Olanda, a Livorno (Italia) e in Turchia; alcuni si spinsero fino al Brasile, da cui furono poi deportati dai portoghesi. Ventiquattro di questi deportati, catturati dai francesi sulla via del ritorno in Olanda, furono depositati a Nieuw Amsterdam (New York) nel 1654.[305]

La composizione razziale degli ashkenaziti e dei sefarditi è già stata discussa, così come i numerosi e importanti cambiamenti genetici apportati da 2.500 anni di incroci intermittenti con popoli non ebrei.[306] Tuttavia, gli ebrei moderni di origine sefardita o ashkenazita - ebrei francesi, americani, russi, iraniani, yemeniti o di qualsiasi altra nazionalità - amano pensare di discendere direttamente dagli antichi ebrei della Palestina. Vale la pena ripetere che questa convinzione di un'ascendenza comune, rafforzata da tradizioni religiose tramandate per trenta secoli, può superare ogni sorta di differenza biologica ereditata nel saldare una forte coscienza di razza.

Nel tardo Medioevo la maggior parte degli ebrei europei viveva completamente isolata in ghetti murati. L'associazione con i cristiani era limitata principalmente a questioni economiche. In molti Paesi europei e in molte città libere vigeva da secoli il divieto assoluto di frequentare gli ebrei. Di conseguenza, nell'Inghilterra di Chaucer e Shakespeare, nella Firenze di Michelangelo e nella Spagna di Cervantes e Velazquez non si trovava quasi nessun ebreo identificabile o professante.

---

[304] Le date di espulsione sono tratte dagli articoli sui Paesi e le città in questione della *Jewish Encyclopedia*, Ktav Publishing, New York, 1904.

[305] Peter Stuyvesant, il governatore, non voleva lasciarli rimanere, ma i dirigenti ebrei della Compagnia olandese delle Indie occidentali gli fecero cambiare idea. Howard M. Sachar, *The Course of Modern Jewish History*, World Publishing, Cleveland, 1958, p. 161. Vedi anche Stephen Birmingham, *The Grandees*, Harper & Row, New York, 1971, cap. 4.

[306] Cfr. pagg. 30-31.

Agli ebrei non fu permesso di tornare in Inghilterra fino all'epoca di Cromwell. Solo nel 1791 l'Assemblea francese concesse agli ebrei francesi la piena cittadinanza. Da quel momento in poi il destino degli ebrei si illuminò. A partire dalle guerre napoleoniche, scrive Joseph Wechsberg,

"La supremazia dei Rothschild nella finanza internazionale è durata cento anni".[307] Nel 1858, Lionel Rothschild fu il primo ebreo britannico a essere eletto in Parlamento. Nel 1868, Disraeli divenne primo ministro britannico. Mentre la liberalizzazione e la commercializzazione dell'Occidente proseguivano nell'ultima parte del XIX secolo e nel XX, l'emancipazione ebraica teneva il passo.

Negli anni Venti si può affermare che gli ebrei stavano dando il tono a gran parte della cultura occidentale. Basta citare Marx, Freud, Einstein, i filosofi Bergson e Wittgenstein e l'antropologo Boas. Dopo 500 anni di eclissi e un recupero durato poco più di un secolo, gli ebrei avevano raggiunto un potere e un'influenza mai avuti prima nella loro storia.

Poi arrivò Hitler. Sebbene la Seconda guerra mondiale sia stata un altro disperato tentativo della Germania di creare un impero continentale in Europa, è stata anche un'aspra guerra tra tedeschi ed ebrei. Il numero di ebrei europei effettivamente uccisi dai tedeschi e dai loro alleati non è mai stato stabilito correttamente. La cifra accettata e ampiamente citata di 6 milioni è apparentemente basata su una testimonianza per sentito dire fornita da un ufficiale delle SS, Wilhelm Hottl, che dichiarò che Adolf Eichmann lo aveva informato che 4 milioni di ebrei erano morti nei campi di sterminio e 2 milioni altrove.[308] L'Enciclopedia Britannica (1963) è più conservativa e usa la frase "più di 5 milioni".[309] Uno storico ebreo ha collocato la cifra tra i

---

[307] *The Merchant Bankers*, Little, Brown, Boston, 1966, p. 343. Un aspetto del potere dei Rothschild fu ampiamente dimostrato durante la campagna di Wellington contro i francesi in Spagna. Il generale britannico aveva un gran bisogno di oro, che i Rothschild britannici avevano difficoltà a trasmettere a causa del blocco terrestre e marittimo francese. I Rothschild francesi risolsero il problema per le loro relazioni britanniche organizzando il trasbordo dell'oro di Wellington attraverso la Francia. Tuttavia, Wechsberg elogia i Rothschild per la loro lealtà nei confronti dei governanti dei Paesi in cui risiedono. Ibidem, pp. 338, 342.

[308] *Processo ai maggiori criminali di guerra davanti al Tribunale Militare Internazionale*, Norimberga, Germania, Vol. XXI, Doc. 2738-PS, p. 85. Un altro ufficiale delle SS, Dieter von Wisliceny, disse che Eichmann lo aveva informato che erano stati uccisi 4 milioni di ebrei. Altre volte, secondo Wisliceny, Eichmann aumentò il totale a 5 milioni. Hottl, che fu espulso dalle SS nel 1942, dopo la guerra lavorò per il controspionaggio americano. Nel 1953 fu arrestato a Vienna e accusato di spionaggio.

[309] Vol. 13, pag. 64.

4.200.000 e i 4.600.000, un terzo dei quali morì per malattie e fame.[310] D'altra parte, Paul Rassinier, socialista francese e ex detenuto di Buchenwald, ha scritto una serie di libri in cui afferma che le vittime ebree del nazismo furono solo un milione circa. Egli negò specificamente l'esistenza delle camere a gas e accusò i sionisti di essere una bufala deliberata, ideata per ottenere un risarcimento dai tedeschi e un sostegno morale e militare per lo Stato di Israele.

Robert Faurisson, professore francese di letteratura all'Università di Lione 2, Arthur Butz, professore americano di ingegneria elettrica alla Northwestern University, Wilhelm Staglich, giudice tedesco occidentale in pensione, lo storico britannico David Irving e Fred Leuchter, esperto americano di procedure di esecuzione (iniezioni letali, sedie elettriche più efficienti, progettazione avanzata di camere a gas) hanno difeso la tesi di Rassinier in libri, articoli e conferenze.[311] Il loro lavoro non è stato ben accolto. L'auto di Butz è stata bombardata e gli uffici e il magazzino della sua casa editrice sono stati rasi al suolo. Faurisson, cacciato dalla sua cattedra e vittima di una sanguinosa aggressione fisica, è stato condannato a 90 giorni di carcere con la condizionale e multato. A Staglich fu ridotta la pensione, gli fu tolto il dottorato e tutte le copie invendute del suo libro furono sequestrate dalla polizia tedesca. David Irving fu ammanettato ed espulso dal Canada, gli fu negata l'ammissione in Australia e gli fu ordinato di lasciare la Germania e l'Austria. All'inizio del 1994, Leuchter trascorse quasi un mese in prigione in Germania per incitamento all'odio razziale. Fu arrestato pochi istanti prima di apparire in un programma di interviste televisive. Ernst Zundel, un tedesco che vive in Canada, è stato condannato a 15 mesi di carcere per le sue pubblicazioni che mettevano in dubbio l'esistenza di camere a gas ad Auschwitz. (James Keegstra, un insegnante canadese, perse il lavoro per aver negato l'Olocausto davanti ai suoi studenti.

Poiché non c'è stato un ampio dibattito pubblico su ciò che è avvenuto nei campi di concentramento nazisti durante la Seconda Guerra Mondiale, potrebbe passare del tempo prima che i fatti vengano finalmente accertati. La propaganda della Prima Guerra Mondiale che raccontava di unni che

---

[310] Sachar, op. cit., p. 457.

[311] Si veda Paul Rassinier, *Debunking the Genocide Myth*, trans. Adam Robbins, Noontide Press, Torrance, California, 1978; Arthur Butz, *The Hoax of the Twentieth Century*, Noontide Press, 1977; Wilhelm Staglich, *Der Auschwitz Mythos*, Grabert Verlag, Tubingen, 1979. Una sintesi delle argomentazioni di Robert Faurisson è riportata in *Vérité historique ou vérité politique* di Serge Thion, La Vieille Taupe, Parigi, 1980. L'Institute for Historical Review, con sede a Torrance, in California, pubblica una rivista che nel corso degli anni ha tenuto d'occhio i travagli dei più importanti scettici dell'Olocausto. È probabilmente la migliore fonte delle esperienze di Zündel e Irving con le forze dell'ordine in tre continenti.

mutilavano le infermiere, tagliavano le mani ai neonati belgi, davano caramelle avvelenate ai bambini, profanavano gli altari, crocifiggevano i soldati canadesi: tutti questi racconti di atrocità, alcuni dei quali corredati da fotografie false, furono sfatati solo pochi anni dopo la guerra e messi a tacere per sempre nel 1928 con la pubblicazione di *Falsehood in Wartime* di Arthur Ponsonby. La propaganda della Seconda Guerra Mondiale, al contrario e perversamente, è ancora forte dopo quasi cinquant'anni, anche se troppo basata su confessioni forzate, prove falsificate e testimoni provati.

La Seconda guerra mondiale fu disastrosa per gli ebrei in Germania e nella maggior parte dell'Europa. Ma rafforzando l'unità ebraica al di fuori delle aree controllate dall'Asse, l'antisemitismo nazista contribuì a sancire la sconfitta della Germania. L'appoggio massiccio e convinto dell'ebraismo mondiale, in particolare di quello americano, nella guerra contro Hitler è stato un fattore determinante per la vittoria finale degli Alleati.[312]

Nel dopoguerra, gli ebrei raggiunsero nuovi livelli di prosperità nel mondo non comunista. In Spagna, per la prima volta dal 1492, agli ebrei fu permesso di aprire sinagoghe. Anche in Germania, dove vivevano ancora 30.000 ebrei, in molte delle città più grandi sorsero nuovamente comunità ebraiche. Il più grande trionfo dell'ebraismo moderno, tuttavia, fu la fondazione di Israele, che fornì agli ebrei una spinta psicologica che non avevano più avuto dai tempi di Giuda Maccabeo e Bar Cocheba.[313] Con grande stupore dei non ebrei e degli ebrei, lo stereotipo storico dell'ebreo si è trasformato quasi da un giorno all'altro dal viscido cambiavalute all'impavido combattente del deserto.[314] Ma l'insediamento e la conquista della Palestina portarono con sé una nuova ondata di antisemitismo in una regione, il Medio Oriente, che ne era stata relativamente libera per secoli.

Sebbene Israele sia la patria spirituale dell'ebraismo, gli Stati Uniti rimangono il centro di gravità ebraico. Così come nessuno può comprendere appieno gli affari mondiali attuali senza tenere conto degli ebrei, allo stesso modo nessun membro della Maggioranza americana può anche solo iniziare a comprendere lo schema degli eventi americani del XX secolo senza una

---

[312] Il ruolo di primo piano svolto dagli ebrei americani nello sviluppo della bomba atomica, nella richiesta di resa incondizionata della Germania nella Seconda Guerra Mondiale e nella messa in scena dei processi di Norimberga sarà trattato più avanti.

[313] L'influenza di Israele sulla politica estera americana sarà trattata nel Capitolo 35. Giuda Maccabeo e Bar Cocheba furono eroi ebrei che guidarono ribellioni armate contro le forze di occupazione greche e romane.

[314] I pionieri sionisti della Palestina erano per lo più ashkenaziti, un gruppo selezionato, come lo sono in genere i pionieri, che contribuisce a spiegare la loro sorprendente dimostrazione di valore marziale. Il temperamento e il carattere "non ebraico" di molti di questi sionisti erano illustrati dal loro aspetto "non ebraico".

conoscenza rudimentale degli obiettivi, delle abitudini e dello status politico, economico e sociale degli ebrei americani.

Fu durante la Guerra Civile che gli ebrei si imposero per la prima volta all'attenzione del grande pubblico americano. Il primo ebreo americano ad attirare l'attenzione internazionale fu Judah Benjamin, segretario di Stato confederato, che fuggì in Inghilterra dopo Appomattox.[315] Sul fronte nordista, mentre l'amministrazione Lincoln si appoggiava pesantemente ai Rothschild per il sostegno finanziario, il generale Grant su[316] generò un furore antisemita ordinando ai suoi comandanti subordinati di espellere i venditori ambulanti e i commissionari ebrei da dietro le linee dell'Unione.[317] Eppure, quando era presidente, Grant aveva preso in seria considerazione l'idea di nominare Joseph Seligman, suo intimo amico, segretario al Tesoro. Quando il Presidente Garfield fu fucilato nel 1881, fu portato a Elberon, nel New Jersey, dove Jesse Seligman, fratello di Joseph, aprì la sua casa alla

---

[315] David Levy Yulee, eletto nel 1845, fu il primo senatore ebreo della Florida.

[316] August Belmont, l'agente americano dei Rothschild, "fu in grado, grazie all'enorme riserva di capitale dei Rothschild, di iniziare a gestire in America il proprio Sistema di Riserva Federale". Belmont fu uno dei primi ebrei a entrare nel sancta sanctorum dell'alta società americana quando sposò la figlia dell'eroe navale Commodoro Perry. Birmingham, *La nostra folla*, pp. 27, 79-80, 101.

[317] Ibidem, p. 98. Fino ad oggi, la storia dell'antisemitismo americano è stata poco impressionante e gonfiata. Ci sono stati alcuni noti incidenti sociali, come il rifiuto del Grand Union Hotel di Saratoga di ospitare Joseph Seligman (1877); alcuni processi in stile Dreyfus in cui i tribunali americani sono stati accusati di aver condannato ingiustamente gli ebrei, come il caso dello stupro di Leo Frank, che portò al suo linciaggio ad Atlanta (1913-15), e il caso della spia atomica Rosenberg dopo la Seconda Guerra Mondiale; alcuni focolai antiebraici, come il risorto Ku Klux Klan e il *Dearborn Independent* di Henry Ford negli anni Venti, e l'oratoria radiofonica di padre Coughlin e la rivista *Social Justice* alla fine degli anni Trenta; alcuni movimenti contro la guerra, come il Fronte Cristiano e il Bund tedesco-americano. Huey Long fu l'unico leader politico americano sufficientemente scaltro da aver portato l'antisemitismo in modo efficace nella politica nazionale, ma fu assassinato dal dottor Carl Weiss nel 1935. Il defunto Gerald L. K. Smith, uno dei principali aiutanti di Long, pubblicò una vasta gamma di letteratura antisemita per diversi decenni. In un discorso radiofonico nazionale del 1941, Charles Lindbergh accusò gli ebrei di essere guerrafondai e ripeté l'accusa nelle sue memorie di guerra pubblicate 29 anni dopo Alcune organizzazioni sparse - alcuni gruppi del Klan, alcune unità naziste americane - hanno alimentato l'antisemitismo nel periodo successivo alla Seconda Guerra Mondiale. Liberty Lobby, un'organizzazione conservatrice con sede a Washington, D.C., e il tabloid *Spotlight* hanno organizzato forti campagne antisioniste nell'ultima parte del secolo. David Duke, un tempo associato ad alcuni gruppi del Klan, dopo aver ottenuto un seggio nella legislatura della Louisiana, si candidò a senatore e successivamente a governatore. In entrambi i casi ha ottenuto risultati di tutto rispetto, nonostante l'establishment politico e mediatico lo abbia attaccato senza pietà. Nella sua candidatura a governatore ha ottenuto più voti bianchi del vincitore, l'ex governatore Edwin Edwards.

famiglia del moribondo. Ad un incontro del sabato di Seligman a Elberon, "non è mai stata una sorpresa trovare un ex presidente degli Stati Uniti, un giudice della Corte Suprema, diversi senatori e un deputato o due".[318]

I relativamente pochi ebrei sefarditi e il numero molto maggiore di ebrei tedeschi guardarono con sentimenti contrastanti all'afflusso massiccio di ebrei iniziato negli anni Novanta del XIX secolo e originato in gran parte dall'esteso regno degli zar russi antisemiti. Tuttavia, anche se non aprirono i loro cuori ai nuovi arrivati o non li accettarono socialmente, i vecchi immigrati ebrei aprirono i loro portafogli. Questo denaro di partenza, rapidamente integrato dall'abilità finanziaria dei nuovi immigrati, permise alla maggior parte di loro di fuggire dai tuguri del Lower East Side nel giro di una generazione. Oggi, mentre gli ebrei di origine europea occidentale e centrale conservano ancora gran parte della loro ricchezza, gli ebrei dell'Europa orientale, oltre a essere ricchi di per sé, hanno assunto la leadership non solo dell'ebraismo americano, ma anche di quello mondiale.

L'amministrazione di Franklin Roosevelt è stata la prima a introdurre decine di ebrei nei vertici decisionali del governo.[319] È vero che Theodore Roosevelt nominò Oscar Straus segretario al commercio e al lavoro, così come è vero che ci furono nomine sparse di ebrei nelle epoche di Wilson e Hoover, tra cui figure di rilievo come Paul Warburg, Louis Brandeis, Benjamin Cardozo e Felix Frankfurter.[320] Ma la lista dei New Dealers conteneva molti altri nomi ebrei, anche se meno illustri: Henry Morgenthau, Jr., Benjamin Cohen, Sol Bloom, Emanuel Celler, Herbert Lehman, David Niles, Samuel Rosenman, Isador Lubin, Mordecai Ezekiel, Anna Rosenberg, Morris Ernst, Nathan Straus, Donald Richberg, Lawrence Steinhardt e Robert Nathan. Bernard Baruch, nel cui appartamento di New York Winston Churchill pernottava durante le visite di Stato in America durante la Seconda Guerra Mondiale, sembrava sovrapporsi a tutte le amministrazioni, essendo stato consigliere di cinque presidenti americani.[321] Come Baruch, i banchieri Alexander Sachs e

---

[318] Birmingham, op. cit., pp. 126, 308-9.

[319] Gli ebrei erano particolarmente presenti nella Securities and Exchange Commission, nel National Labor Relations Board, nel Social Security Board e nei Dipartimenti del Lavoro e della Giustizia. *Reader's Digest*, settembre 1946, pp. 2-3. Tre governatori ebrei durante l'era Roosevelt furono Henry Horner dell'Illinois, Julius Meier dell'Oregon e Herbert Lehman di New York. Quando Roosevelt morì, un rabbino lo paragonò a Mosè. Barnet Litvinoff, *A Peculiar People*, Weybright and Talley, New York, 1969, p. 41.

[320] Warburg è stato in parte responsabile dell'ideazione del Federal Reserve System ed è stato nominato vicepresidente del Federal Reserve Board.

[321] Baruch guadagnò la maggior parte dei suoi milioni speculando sulle azioni di rame. Quando l'America entrò nella Prima Guerra Mondiale, Wilson lo nominò capo del War Industries Board.

Sidney Weinberg parteciparono a importanti sessioni politiche di entrambe le amministrazioni, repubblicana e democratica.

Dopo la Seconda Guerra Mondiale, David Lilienthal e Lewis Strauss furono presidenti della Commissione per l'Energia Atomica e contribuirono a guidare gli Stati Uniti nell'era nucleare. Negli anni Cinquanta, il senatore Joseph McCarthy portò sotto i riflettori dell'opinione pubblica i suoi due giovani assistenti ebrei, David Schine e Roy Cohn.[322]

Il Presidente Truman mantenne molti degli incaricati ebrei di Roosevelt sul libro paga federale. Ma il Presidente Eisenhower, che ottenne solo una piccola frazione del voto ebraico, lasciò andare la maggior parte di loro. Eisenhower, tuttavia, nominò Douglas Dillon a un alto incarico del Dipartimento di Stato. Nel frattempo, i senatori repubblicani Barry Goldwater e Jacob Javits, l'ex candidato del partito alle presidenziali del 1964 che non ebbe successo, raggiunsero la ribalta nazionale e internazionale.[323]

Gli ebrei tornarono in forze a Washington quando John F. Kennedy assunse la presidenza nel 1961. Arthur Goldberg fu nominato segretario al Lavoro e il senatore Abraham Ribicoff segretario alla Sanità, all'Istruzione e al Welfare. Quando Goldberg passò alla Corte Suprema, gli succedette Willard Wirtz. Tra gli altri nominati da Kennedy figurano Newton Minow, capo della Commissione federale per le comunicazioni, Mortimer Caplin, capo dell'Agenzia delle Entrate, e Pierre Salinger, addetto stampa presidenziale. Dillon rimase come segretario al Tesoro di Kennedy. Arthur Schlesinger, Jr.,

---

[322] Per la carriera successiva di Cohn, si veda il capitolo 30.

[323] È davvero corretto dire che uomini come Dillon e Goldwater sono ebrei? Entrambi avevano come nonni paterni degli ebrei polacchi: Samuel Lapowski (di Dillon) arrivò in Texas come commerciante di stoffe e Michael Goldwasser (di Goldwater) arrivò nel Sud-Ovest come venditore ambulante. Sia Dillon che Goldwater, come i loro padri prima di loro, sposarono dei non ebrei. Entrambi conducevano la vita di membri benestanti della Maggioranza - Dillon, il banchiere, era più benestante di Goldwater. Ma i residui della coscienza razziale ebraica sono profondi. In un ambiente caratterizzato da intense divisioni razziali, come l'America di oggi, è estremamente difficile stabilire con esattezza quando un ebreo cessa di essere tale. Anche se un individuo non vuole più considerarsi ebreo, il mondo può costringerlo a esserlo. Il background razziale di Goldwater, ad esempio, potrebbe aiutare a spiegare le sue misteriose amicizie con gangster ebrei. Per gli antecedenti di Dillon e Goldwater, si veda *Time*, 18 agosto 1961, pag. 13 e 24 luglio 1964, pag. 22. Per gli amici gangster di Goldwater, si veda il capitolo 30.

Theodore Chaikin Sorensen e Richard Goodwin furono tra coloro che sussurrarono più forte all'orecchio di Kennedy.[324]

Quando Lyndon Johnson divenne presidente dopo l'assassinio di Kennedy, spostò Goldberg dalla Corte Suprema alle Nazioni Unite. Altre nomine di Johnson: Walt Rostow, consigliere presidenziale capo per gli affari esteri; Wilbur Cohen, segretario alla Sanità, all'Istruzione e al Welfare; Abe Fortas, giudice associato della Corte Suprema.[325] Edwin Weisl, presidente del comitato esecutivo della Paramount Pictures, fu il consulente finanziario personale di Johnson.

Richard Nixon, nonostante il suo atteggiamento ambivalente nei confronti degli ebrei, continuò la pratica di circondare la presidenza con membri di gabinetto e consiglieri di alto livello ebrei. Henry Kissinger era segretario di Stato e praticamente assistente del presidente durante l'alta marea del Watergate; James Schlesinger, convertito al luteranesimo, era capo della CIA e poi segretario alla Difesa; Arthur F. Burns,[326] presidente del Federal Reserve Board; Herbert Stein, principale consigliere economico; Laurence Silberman, vice procuratore generale; Leonard Garment, responsabile del dipartimento per i diritti civili della Casa Bianca.[327]

---

[324] In qualità di consigliere di Kennedy per gli affari caraibici nella corsa alle primarie del 1968 per la nomination presidenziale democratica, Goodwin, che ebbe molto a che fare con il fiasco della Baia dei Porci, era combattuto tra Eugene McCarthy e Robert Kennedy. "Il problema, tesoro", spiegò, "è che non so chi dei due nominare presidente". Disse a Seymour Hersch, l'addetto stampa di McCarthy: "Solo tu, io e due macchine da scrivere, Sy, e faremo cadere il governo". *San Francisco Sunday Examiner & Chronicle, Sunday Punch*, 14 luglio 1968, p. 2.

[325] Sia prima che dopo l'insediamento di Johnson, Abe Fortas era "al telefono [con Johnson] almeno una volta al giorno e spesso anche tre o quattro volte". *Esquire*, giugno 1965, p. 86. Il telefono continuò a squillare anche dopo l'ingresso di Fortas alla Corte Suprema. Questa stretta relazione, in qualche modo incostituzionale, tra l'esecutivo e il potere giudiziario fu uno dei motivi principali per cui il Senato rifiutò di confermare la nomina di Fortas a Presidente della Corte Suprema da parte di Johnson. Non è noto se Johnson fosse a conoscenza dei rapporti monetari di Fortas con il condannato per appropriazione indebita di azioni, Louis Wolfson, che in seguito portarono alle dimissioni di Fortas. Si veda il capitolo 30.

[326] "Il presidente del Consiglio della Federal Reserve ha un'influenza maggiore sulla vita quotidiana di tutti i cittadini statunitensi rispetto a quasi tutti gli altri, tranne il presidente...". *Time*, 24 ottobre 1969, pag. 89.

[327] *Newsweek*, 18 novembre 1968, pag. 44. Di conseguenza, tutte le comunicazioni riguardanti i problemi delle minoranze dovevano passare attraverso l'ufficio di Garment.

Come primo presidente nominato, Gerald Ford mantenne Kissinger, licenziò Schlesinger, portò Edward Levi, un vecchio compagno di viaggio stalinista, come procuratore generale e sostituì Stein con Alan Greenspan.

Per quanto riguarda i perdenti nelle corse presidenziali del 1968 e del 1972, Hubert Humphrey ebbe come suo più stretto consigliere E. F. Berman e gli undici maggiori finanziatori della sua campagna furono ebrei.[328] Anche la candidatura di George McGovern alle presidenziali del 1972 fu pesantemente finanziata dagli ebrei. Il suo principale assistente era Frank Mankiewicz.

L'amministrazione Carter, anche se non tutti contemporaneamente, ebbe Harold Brown come segretario alla Difesa, James Schlesinger come segretario all'Energia (come Dillon servì entrambi i partiti), Michael Blumenthal, segretario al Tesoro, Neil Goldschmidt, segretario ai Trasporti, Philip Klutznick, segretario al Commercio, Stuart Eizenstat, consigliere principale per gli Affari interni, Robert Strauss, che gestì la campagna presidenziale democratica del 1980, Robert Lipshutz, consigliere presidenziale, e Gerald Rafshoon, consulente per i media. Sol Linowitz, forza trainante dei negoziati per il Canale di Panama, fu poi incaricato di attuare gli accordi di Camp David. Durante la presidenza Carter, gli ebrei sono stati a capo dell'Internal Revenue Service, della Securities and Exchange Commission, della Federal Trade Commission, del Bureau of the Census, della General Services Administration, del Congressional Budget Office e della Library of Congress. Gli ebrei occupavano anche le posizioni numero due o tre nei Dipartimenti di Stato, Tesoro, Agricoltura, Interni, Lavoro, Commercio, Trasporti, Alloggi e Sviluppo Urbano, Salute, Istruzione e Benessere. Anche diverse agenzie federali e gruppi consultivi governativi erano in mano agli ebrei. Il Consiglio di Sicurezza Nazionale era particolarmente noto per il numero di ebrei presenti nel suo staff.

I risultati delle elezioni presidenziali del 1980 fecero presagire una forte riduzione della percentuale di minoranze nell'esecutivo, anche se molti ebrei furono attratti dalla piattaforma repubblicana, che spesso superava i democratici per quanto riguardava Israele. Solo una persona di origine ebraica, Caspar Weinberger, un episcopale con un nonno ebreo, ottenne un posto (segretario alla Difesa) nel gabinetto di Reagan; Murray Weidenbaum fu nominato consigliere economico principale; Henry Kissinger era ora l'anziano statista americano. Reagan terminò il suo secondo mandato con Kenneth Duberstein come suo uomo del venerdì e capo dello staff della Casa Bianca.

---

[328] *San Francisco Chronicle*, 23 novembre 1968, p. 9.

Anche l'amministrazione Bush aveva relativamente pochi ebrei. Alan Greenspan rimase come presidente della Federal Reserve, e Robert Mosbacher, un alto profilo di raccolta fondi repubblicano,[329] fu nominato segretario al Commercio.

La componente ebraica del governo americano salì alle stelle con l'avvento dell'amministrazione Clinton. Robert Reich, un professore di Harvard fortemente liberale, divenne segretario al Lavoro; Madeleine Albright, ambasciatrice alle Nazioni Unite; Bernard Nussbaum (costretto a dimettersi in seguito per aver cercato di nascondere le carte di Vincent Foster, amico intimo di Clinton, che si suicidò); Abner Mikva, successore di Nussbaum; Mickey Kantor, rappresentante del commercio; Ruth Ginsburg, il primo giudice ebreo della Corte Suprema dopo le dimissioni di Fortas nel 1976; Stephen Breyer, la seconda nomina ebraica di Clinton all'Alta Corte; Robert Rubin, segretario al Tesoro; John Deutch, capo della CIA. Clinton disse di voler rendere il suo governo "più simile all'America". Per quanto riguarda le sue nomine, ha fatto in modo di "assomigliare di più a Israele".

Poiché gli ebrei dichiarano di essere solo il 2,3% della popolazione (*American Jewish Yearbook* 1992), il loro numero al Congresso (33 alla Camera, 11 al Senato nel 1994) è chiaramente sproporzionato. Ma dove la sovrarappresentazione ebraica è schiacciante è nei santuari della formazione delle opinioni dell'ordine sociale americano. In teoria il politico è il servitore del pubblico. In pratica è troppo spesso il servo dei media.

Le grandi catene di giornali e i tabloid a diffusione massiccia hanno una parte della responsabilità di plasmare la mente del pubblico. Ma solo pochi giornali selezionati, la cosiddetta stampa "ad alto impatto", plasmano le menti di coloro che governano il pubblico. I più importanti sono il *New York Times* e il *Washington Post*. Ciò che pubblicano e come lo presentano determina in larga misura ciò che la leadership americana dice, pensa e fa. Il controllo di entrambe le testate è detenuto da ebrei. Il *New York Times*, che si vanta di essere il quotidiano nazionale di riferimento,[330] è stato per diverse generazioni il bene rifugio degli Ocheses e dei Sulzbergers[331], così come il

---

[329] Secondo uno studio del 1985 sponsorizzato dall'American Jewish Congress, "gli ebrei danno più della metà del denaro raccolto dal partito democratico e fino a un quarto dei fondi repubblicani". *Washington Post*, 6 marzo 1985, pag. A5.

[330] Ogni giorno cinquanta copie del *Times* arrivano alla Casa Bianca. È distribuito in 11.464 città americane. Talese, *Il regno e il potere*, pp. 72, 346.

[331] George, fratello di Adolph Ochs, il fondatore della dinastia, anglicizzò in parte il suo nome in Ochs-Oakes. John Oakes, suo figlio, una volta supervisionava la pagina editoriale *del Times*. Quando altri editoriali hanno "opinioni [che] contrastano con le sue, non vengono pubblicati". Talese, op. cit., pp. 72, 79, 81.

Chattanooga Times.[332] La maggior parte delle azioni con diritto di voto della Washington Post Co. è di proprietà di Katharine Graham, figlia di Eugene Meyer, un banchiere ebreo. La signora Graham, descritta come "la padrona del monolite editoriale", controlla anche *Newsweek* e una stazione televisiva di Washington D.C. situata in posizione strategica.[333] L'altro quotidiano della capitale, il *Washington Times*, benché coerentemente conservatore e a volte persino patriottico, è finanziato dall'evangelista ed evasore fiscale coreano Sun Myung Moon.

Tra i giornali meno importanti, nel senso che la loro influenza è più regionale che nazionale, ci sono: il St. Louis Post-Dispatch, dominato da un nipote di Joseph Pulitzer, l'editore ebreo-ungherese a cui si attribuisce l'invenzione del giornalismo giallo;[334] il *San Francisco Chronicle*, il secondo quotidiano più influente della California, di proprietà e gestito dalla famiglia Thieriot, discendente di Charles e Michael de Jung, i fondatori ebrei del giornale; il *Post-Gazette* e il *Press* di Pittsburgh e il *Blade* e il *Times* di Toledo, di proprietà della famiglia Block. I ventisei quotidiani dei due fratelli Newhouse costituiscono un impero giornalistico che è terzo per diffusione nazionale e primo per profitti. Il New York *Daily News*, un tempo il principale tabloid della nazione e faro dell'isolazionismo, è stato acquistato nel 1992 da Mortimer Zuckerman e ora batte i tamburi per Israele. Esercitando un'influenza che va ben oltre la comunità economica, il *Wall Street Journal* (Peter Kann, editore) è di proprietà della Dow Jones & Co. il cui presidente, Warren Phillips, nato ebreo, è ora cristiano.

Molti giornali più piccoli sono di proprietà, gestiti o editi da ebrei, per non parlare dei giornali in yiddish o in inglese rivolti a specifiche comunità ebraiche. Anche alcuni dei più grandi giornali o catene di giornali non posseduti o controllati da ebrei hanno dirigenti, manager, redattori, reporter o editorialisti ebrei. L'*International Herald-Tribune*, pubblicato a Parigi e letto quotidianamente da molti funzionari di alto livello dei governi europei, è di proprietà di un consorzio in cui il *New York Times* e il *Washington Post* hanno un investimento significativo.

---

[332] Nel 1970 il *Chattanooga Times* fu imputato in una causa antitrust per "tentativi illegali" di monopolizzare l'attività giornalistica nella città del Tennessee. *New York Times*, 8 maggio 1970, p. 9.

[333] Le informazioni relative alla signora Graham, come molti altri dati sui mezzi di informazione e comunicazione presenti in queste pagine, sono state tratte dall'articolo "America's Media Baronies", pubblicato su *Atlantic*, luglio 1969.

[334] Beard, op. cit., Vol. 2, p. 461. Harry Truman definì Joseph Pulitzer "il più meschino assassino di personaggi di tutta la storia dei bugiardi".

L'elenco delle riviste controllate o dirette da ebrei è voluminoso. Include: *Vogue, Glamour, Mademoiselle, House and Garden, New Yorker, Vanity Fair* (tutte della catena Newhouse), *American Home, Consumer Reports, Family Circle, Ladies' Home Journal, McCall's, Redbook, Seventeen, Woman's Day, American Heritage, Atlantic, Commentary, Daedalus, Dissent, Esquire, Human Events, High Times, Ms, Nation, National Journal, New Republic, New York Review of Books, Newsweek, Partisan Review, The Public Interest, Rolling Stone, Village Voice, New York Observer* e *U.S. News & World Report. TV Guide*, con la più grande tiratura d'America (20.000.000) e i maggiori introiti pubblicitari annuali (quasi 200.000.000 di dollari) è stata per anni, fino a quando non l'ha venduta per un'enorme somma a Rupert Murdoch, di proprietà di Walter Annenberg.

Nel 1991, Time, Inc. (*Time, Fortune, Sports Illustrated, Money, People*, 13 stazioni televisive, Home Box Office, Little, Brown book publishers, e grandi partecipazioni in Metro-Goldwyn-Mayer) si è fusa con Warner Communications, controllata dal defunto artista ebreo delle acquisizioni, Steven Ross, per diventare Time Warner, attualmente il secondo impero mondiale dei media e dell'intrattenimento. L'amministratore delegato è Gerald Levin; il caporedattore è Norman Pearlstine. Nel 1969, come redattore capo del *Time*, Henry Grunwald, nato in Germania da genitori ebrei, è stato forse il "giornalista lineare più influente del mondo".[335]

Indipendentemente dal fatto che siano controllate o meno da ebrei, praticamente tutte le pubblicazioni più importanti si contendono i servizi di opinionisti ebrei. A livello alfabetico o semianalfabetico ci sono o c'erano nomi come: Walter Lippman, David Lawrence, Max Lerner, Arthur Krock, David Broder, Richard Cohen, Anthony e Flora Lewis, Joseph Kraft, Midge Decter, Paul Goodman, Irving Howe, Barbara Ehrenreich, Irving e William Kristol, Victor Navasky, William Phillips, Norman e John Podhoretz, Philip Rahv, Susan Sontag, William Safire, Frank Rich e Art Buchwald; a livello di spionaggio, Walter Winchell, Drew Pearson, Leonard Lyons, Irv Kupcinet e Herb Caen;[336] a livello di cuori solitari, Ann Landers e Abigail van Buren; a livello di sessuologia, la dott.ssa Ruth Westheimer, ex membro della commissione per i diritti umani. Ruth Westheimer, ex membro dell'Haganah. Uno dei vignettisti più influenti e più feroci della nazione è

---

[335] *Atlantic*, luglio 1969, p. 43.

[336] Quando un giornale della costa occidentale titolò "Uragano assassino si avvicina al Texas", Caen toccò il minimo storico per la sua professione commentando: "Promesse, promesse". *San Francisco Chronicle*, 20 settembre, p. 24.

Herblock (Herbert Block) del *Washington Post*. Una delle strisce a fumetti più popolari: *L'il Abner* di Al Capp.[337]

Nell'editoria libraria, l'impero Newhouse possiede Random House, The Modern Library, Knopf, Pantheon e Ballantine Books. La Columbia Broadcasting System possiede Popular Library, Fawcett Publications e Holt, Rinehart and Winston. Music Corporation of America possiede G. P. Putnam's Sons. Gulf and Western possiede Simon and Schuster. Altre case editrici ebraiche sono Grosset and Dunlap, Lyle Stuart, Viking Press, Stein and Day, Grove Press, Crown, Schocken Books e Farrar, Straus and Giroux. Quasi tutti i principali editori, ebrei e non, promuovono opere di autori ebrei e impiegano ebrei in posizioni dirigenziali o editoriali.

La Ancorp National Services di Henry Garfinkle detiene il quasi monopolio della distribuzione di giornali, riviste e libri in brossura a New York e riceve quelle che il *Wall Street Journal* ha descritto come "tangenti" di 30.000 e 26.000 dollari all'anno rispettivamente dal *New York Times* e dal *Daily News*. Stretto collaboratore di personaggi mafiosi, Garfinkle si è vantato di avere "editori in tasca".[338]

Una forza potente nel campo della distribuzione dei libri è il Book-of-theMonth Club, pionieristicamente creato dal defunto Harry Scherman, nato a Montreal da genitori anglo-ebraici. Oggi parte del conglomerato Time Warner, il BOMC ha spedito più di 250 milioni di libri nei primi 40 anni della sua esistenza. Altrettanto influenti sono le ditte di vendita all'ingrosso di libri, tra cui le più importanti sono Bookazine e Diamondstein, entrambe di proprietà ebraica. Anche i critici letterari giocano un ruolo potente nel settore librario.[339] Come era prevedibile, il *New York Times Book Review* e la *New York Review of Books*, le due principali pubblicazioni di questo genere, operano sotto l'egida di editori ebrei. In effetti la critica letteraria ebraica è un punto fermo di quasi tutte le cosiddette riviste intellettuali.

Forse la prova più evidente del loro controllo sui media è fornita dalla posizione dominante degli ebrei nelle industrie della televisione, della radio e del cinema. Laurence Tisch ha gestito con pugno di ferro la Columbia

---

[337] La striscia a fumetti di gran lunga più divertente, *L'il Abner*, è stata tuttavia un attacco a puntate alle tradizioni popolari della maggioranza, una versione capovolta di Esopo in cui il topo di città trionfa sul cugino di campagna. Nel personaggio di Daisy Mae, tuttavia, Capp è attento a rendere la dovuta obbedienza alla Prop Estetica. Nel 1972 il fumettista si dichiarò colpevole di un'accusa di tentato stupro e fu multato di 500 dollari da un giudice del Wisconsin. *Facts on File*, 1972, p. 335.

[338] *Wall Street Journal*, 3 luglio 1969, pag. 43.

[339] Per semplificare le procedure contabili, molte delle librerie più grandi ordinano solo da grossisti di libri.

Broadcasting System fino a quando l'ha venduta alla Westinghouse Electric nel 1995. La Capital Cities Communications Inc., una società di maggioranza, era proprietaria dell'American Broadcasting Co. fino alla sua vendita al colosso dell'intrattenimento Disney, controllato dagli ebrei. La General Electric, una società a maggioranza, è la controllante della National Broadcasting Company, che spesso sembra essere in palio. Il Public Broadcasting System è in gran parte finanziato a livello federale, ma ciò non lo sottrae a una significativa influenza ebraica sui suoi programmi di intrattenimento ed educativi. Né il fatto che la rete Fox appartenga all'australiano-americano Rupert Murdoch la libera da una quantità schiacciante di input ebraici. Non c'è bisogno di aggiungere che i produttori e i direttori di tutti i programmi di intrattenimento, notiziari, documentari e talk della rete e locali sono sproporzionatamente ebrei. Inoltre, è giusto dire che gli ebrei sono i principali responsabili della maggior parte degli "speciali" televisivi, dei documentari, dei docudrammi e delle sitcom, la cui preponderante parte raffigura i membri delle minoranze in modo simpatico e i membri della maggioranza come cattivi, bifolchi ignoranti o fanatici di destra.[340] Don Hewitt è il produttore dell'apprezzatissimo *60 Minutes*, i cui testimonial sono Mike Wallace, Morley Safer e Leslie Stahl. Michael Kinsley, Robert Novak, Maury Povich, Geraldo Rivera e Larry King conducono alcuni dei talk show più popolari. Barbara Walters è la regina delle intervistatrici. Daniel Schorr e Bob Simon sono due dei giornalisti televisivi più impegnati.

Hollywood, fin dalla sua nascita, è stata indiscutibilmente ebraica. Basta citare compagnie come Metro-Goldwyn-Mayer, 20th Century-Fox, Paramount Pictures, Warner Brothers, Universal, Columbia Pictures, United Artists, e personaggi mitici come Samuel Goldwyn, William Fox, Carl

---

[340] Ben Stein, un saggista ebreo che ha fatto uno studio esaustivo sulla televisione, sottolinea che la TV di intrattenimento è nelle mani di poche centinaia di ebrei borghesi, aiutati e sostenuti da un piccolo numero di irlandesi e italiani, tutti sopra i trentacinque anni e praticamente tutti provenienti da New York e residenti nella zona ovest di Los Angeles. I loro stipendi sono spesso in media di 10.000 dollari a settimana, eppure propendono fortemente per il socialismo, amano i poveri e odiano le piccole città, i militari, gli uomini d'affari e i poliziotti. Nelle loro sitcom e nelle loro storie d'avventura, pochi membri delle minoranze vivono di sussidi e pochi commettono crimini. Il cattivo è quasi sempre un bianco, più biondo e più simile a un WASP è meglio è. Questi produttori-scrittori televisivi in realtà "credono che il mondo sia gestito da un consorzio di ex nazisti e dirigenti di multinazionali". Ben Stein, *The View from Sunset Boulevard*, Basic Books, New York, 1979.

Laemmle, Joe Schenck, Jesse Lasky, Adolph Zukor, Irving Thalberg, Harry Cohn, Louis Mayer, David Selznick e i tre fratelli Warner.[341]

Questi magnati del cinema appartengono ovviamente alla vecchia generazione di Hollywood. Ma anche la nuova generazione è in gran parte ebraica: Ted Ashley, Gordon Stulberg, Dan Melnick, Jennings Lang, Robert Evans e David Begelman. Tra i principali produttori e registi figurano Peter Bogdanovich, Sidney Lumet, Woody Allen, John Frankenheimer, Arthur Penn, Stanley Kubrick, Stanley Kramer, Oliver Stone, Mike Nichols e Steven Spielberg. Il legame di Hollywood con Broadway è sempre stato stretto e anche in questo caso c'è stata una sovrarappresentazione quasi fantastica degli ebrei.[342] Una breve idea del dominio ebraico nello show business americano, passato e presente, è fornita dalla lista di "giganti" dell'intrattenimento come i produttori David Belasco, Daniel Frohman, Florenz Ziegfeld, Jed Harris, Billy Rose, Mike Todd, Hal Prince, David Merrick e Joseph Papp;[343] come Irving Berlin, Richard Rodgers e Lorenz Hart, Oscar Hammerstein II, Ira Gershwin, Harold Arlen, Burton Lane, Burt Bacharach, E. Y. Harburg, Jerry Bock, Sheldon Harnick, Stephen Sondheim, Lerner e Loewe;[344] personaggi del mondo dello spettacolo come Al Jolson, Fanny Brice, Eddie Cantor, Sophie Tucker, Ethel Merman, Sammy Davis, Jr. (convertito) e Barbra Streisand; celebri comici, la maggior parte dei quali "stand-up", come Jack Benny, Bert Lahr, George Jessel, Shelley Berman,

---

[341] Anche i pochi importanti decisori non ebrei di Hollywood avevano origini minoritarie, come Darryl Zanuck, di origine ungherese, e Spyros Skouras, di origine greca. Tuttavia, uno dei grandi pionieri del cinema, D. W. Griffith, non era ebreo. E nemmeno gli altri due grandi di Hollywood, Greta Garbo e Charlie Chaplin. L'affermazione che Chaplin sia in parte ebreo è un'invenzione a ruota libera dei pro e degli anti-semiti più sgarbati. Sua madre era per tre quarti irlandese e per un quarto zingara. Suo padre era un discendente degli ugonotti francesi che erano stati in Inghilterra per secoli. Charles Chaplin, *My Autobiography*, Simon and Schuster, New York, 1964, pp. 18-19, 37, 45, 109. Chaplin ammise di aver finto di essere ebreo per farsi strada nel mondo del cinema. J. L. de Vilalengue, *Gold Gotha*, Parigi, 1972.

[342] I drammaturghi seri, ebrei e non, saranno discussi nel capitolo 18. Gli autori di opere di messaggio e di testi politici e sociologici drammatizzati non sono affatto elencati, ma una rapida consultazione degli archivi dei giornali mostrerà che i loro produttori e autori sono quasi tutti membri di minoranze, soprattutto ebrei. Per quanto riguarda i drammi pornografici, è sufficiente dire che le opere teatrali più sconce degli ultimi decenni, come "*Ché*", "*Geese*" e "*Oh, Calcutta*", sono state tutte scritte, dirette o prodotte da ebrei, così come molti dei film pornografici e di sfruttamento dei neri ("hate whitey").

[343] "Lo spettacolo americano... deve la maggior parte della sua arguzia, dell'animazione e della franchezza emotiva all'entusiasmo del talento ebraico", scrisse il compianto Kenneth Tynan, il critico teatrale più pagato della Gran Bretagna e lui stesso in parte ebreo, sulla rivista *Holiday* (giugno 1961). Tynan era il produttore di *Oh, Calcutta!*

[344] Tin Pan Alley è quasi al 100% ebraico. *Alta fedeltà*, luglio 1977, pp. 27-29.

Joey Bishop, Morey Amsterdam, Myron Cohen, Henny Youngman, Buddy Hackett, Victor Borge, i fratelli Marx, Ed Wynn, George Burns, Don Rickles, Mort Sahl, Alan King, Jerry Lewis, Red Buttons, Lenny Bruce, Milton Berle, Joan Rivers, Sid Caesar, Rodney Dangerfield e Howard Stern. Grazie ai comici sopra elencati, le barzellette ebraiche sono diventate le pietre di paragone dell'umorismo americano contemporaneo.[345]

Le industrie dell'editoria e dell'intrattenimento si nutrono di idee e di eventi, e nel regno delle idee gli ebrei americani sono saldamente inseriti come altrove. Quello che segue è un campionario di ebrei che nella seconda metà del secolo hanno occupato un posto di rilievo nelle varie scienze sociali e in altre discipline accademiche. Alcuni di questi uomini colti hanno concentrato le loro attività in Paesi stranieri, soprattutto in Gran Bretagna e nella Germania pre e post hitleriana.

FILOSOFI: Mortimer Adler, Hannah Arendt, Morris Cohen, Irwin Edman, Sidney Hook, Abraham Kaplan, Herbert Marcuse, Robert Nozick, Murray Rothbard, Paul Weiss, Walter Kaufman, Karl Popper, Leo Strauss, Nathaniel Brandon, Horace Kallen, Robert Nozick, Martin Buber, Jacob Bronowski, Ernest Cassirer.

STORICI: Daniel Boorstin, Herbert Feis, Peter Gay, Eric Goldman, Oscar Handlin, Gertrude Himmelfarb, Richard Hofstadter, Bernard Lewis, Richard Morris, Arthur Schlesinger, Jr., Barbara Tuchman, Louis Hacker, Richard Pipes, Bertram Wolfe, Walter Laqueur, Arno Mayer, George Mosse, Allen Weinstein, Lewis Namier.

SCIENZIATI POLITICI: Stanley Hoffman, Hans Kohn, Hans Morgenthau, Saul Padover, Adam Ulam, Paul Green, Michael Walzer, Morton Kaplan, Richard Neustadt, Isaiah Berlin, Max Beloff.

SOCIOLOGI: Daniel Bell, Peter Drucker, Amitai Etzioni, Nathan Glazer, Philip Hauser, Paul Lazarsfeld, Seymour Lipset, Robert Merton, David Riesman, Lewis S. Feuer, Arnold Ross, Theodor Adorno, Melville Tumin.

ECONOMISTI: Kenneth Arrow, Abraham Becker, Mordecai Ezekiel, Alfred Kahn, Ludwig von Mises, Arthur Okun, Paul Samuelson, Milton Friedman, Alan Greenspan, Morton Feldstein, Otto Eckstein, Arthur Burns, Robert Lekachman, Simon Kuznets, Leon Keyserling, Wassily Leonief, Murray Weidenbaum, Robert Heilbroner, Lawrence Klein, Robert Solomon, Peter Bernstein, Solomon Fabricant, Allan Meltzer, Herbert Stein.

PSICOLOGI O PSICHIATRI: Franz Alexander, Bruno Bettelheim, Eric Berne, Erik Enkson, Victor Frankl, Sigmund e Anna Freud, Erich Fromm,

---

[345] Gli ebrei costituiscono l'80% dei fumetti professionisti della nazione. *Time*, 2 ottobre 1978.

Haim Ginott, Robert Jay Lifton, Abraham Maslow, Thomas Szasz, Melanie Klein, Lawrence Kubie, Wilhelm Reich, Gregory Zilboorg Marvin Opler, Otto Rank, Theodor Reik.

ANTROPOLOGI: Franz Boas, Melville Herskovits, Oscar Lewis, Ashley Montagu, Edward Sapir, Sol Tax, Lionel Tiger, Saul Riesenberg, Geza Roheim, Melford Spiro, Morton Freed, Robert Lowie, Morris Opler, David Mandelbaum, Paul Radin, Lucien Levy-Bruhl, Claude Levi-Strauss, Phillip Tobias.

Gli ebrei sono anche molto rappresentati nelle professioni e nelle scienze fisiche, come testimonia la loro lunga serie di premi Nobel.[346] Sono incredibilmente sovrarappresentati nell'istruzione superiore, essendo presidenti dei tre college più prestigiosi della Ivy League: Neil Rudenstine (Harvard), Richard C. Levin (Yale), Harold T. Shapiro (Princeton).

Prima di sondare altre aree di influenza e potere ebraico, sarebbe opportuno menzionare uno dei tanti effetti collaterali dell'ascendente ebraico. Si tratta della marea favorevole di pubblicità che trabocca sugli ebrei, in parte grazie alla loro posizione strategica nei media, in parte perché la pubblicità sfavorevole è spesso condannata come antisemitismo. L'inevitabile risultato di questo protezionismo e di questo controllo dell'immagine è che quando un ebreo e un non ebreo hanno ottenuto risultati simili nello stesso settore di lavoro, è probabile che il primo riceva più attenzione e riconoscimento del secondo.

Ne sono un esempio Max Planck e Albert Einstein, i due uomini che hanno dato alla fisica moderna le due ipotesi fondamentali, la teoria dei quanti e la relatività. Planck, non ebreo, era poco conosciuto in America se non negli ambienti scientifici, mentre Einstein, anche quando era un acritico sostenitore di Joseph Stalin, era oggetto della più calda stima del pubblico americano.[347] Un altro esempio di adulazione fuori luogo è Sigmund Freud, considerato un semi-ciarlatano in molte parti d'Europa, ma fino a poco tempo fa acclamato con tale vigore negli Stati Uniti che l'opinione pubblica lo considerava un genio universale. Carl Jung, invece, il più eminente psichiatra non ebreo, ha ricevuto solo una frazione della pubblicità di Freud, in parte estremamente ostile. L'ampio consenso dato a un antropologo ebreo come Ashley Montagu e lo scarso riconoscimento concesso a un antropologo

---

[346] Nel periodo 1901-62, il 16% dei 225 scienziati premiati con il Nobel erano ebrei. Weyl e Possony, *Geografia dell'intelletto*, p. 143.

[347] Per il ruolo di Einstein nella promozione e nella costruzione della bomba atomica, si veda il Capitolo 38. Per alcune critiche non note alla fisica einsteiniana, si veda il capitolo 21.

non ebreo di gran lunga superiore, come Carleton Coon, è un'ulteriore prova dell'inclinazione semitica dei canali di informazione pubblica.[348]

Questo stesso pregiudizio è stato trasferito nel campo delle relazioni internazionali, soprattutto nella "buona stampa" accordata a Israele, che è stata solo lievemente attenuata dalle ripetute invasioni del Libano, dai bombardamenti di Beirut, dal devastante attacco alla *U.S.S. Liberty, dal massacro dei palestinesi nei campi di Sabra e Shatilah da parte dei falangisti, alleati di Israele e, forse più raccapricciante di tutti, dall'assassinio di 30 musulmani.S.S. Liberty*, il massacro dei palestinesi nei campi di Sabra e Shatilah da parte dei falangisti, alleati di Israele e, forse il più raccapricciante di tutti, l'omicidio di 30 musulmani in preghiera nella moschea di Hebron da parte di un colono ebreo americano.

La proprietà o il controllo ebraico di molte delle principali condutture del pensiero moderno potrebbe aver soppiantato l'ebraismo stesso come causa secondaria più importante della sopravvivenza, dell'unità e del potere degli ebrei. La causa primaria rimane, come sempre, la ricchezza ebraica. Fin dalla diaspora, e anche prima, il finanziere, l'usuraio e l'usuraio ebreo sono stati identificati dai non ebrei come tipi quasi biologici. Per 2.000 anni di storia ebraica, la sopravvivenza del più adatto ha spesso significato la sopravvivenza del più ricco.[349]

---

[348] L'inclinazione semitica delle attuali relazioni pubbliche è ulteriormente illustrata dall'abbondanza di articoli di riviste e libri che sottolineano l'arricchimento ebraico della cultura americana, ma omettono nomi come Arnold Rothstein, i fratelli Minsky, Mickey Cohen, Meyer Lansky, Abe Fortas, Louis Wolfson, Fred Silverman, Serge Rubinstein, Julius ed Ethel Rosenberg, Bugsy Siegel, Bernard Goldfine, Michael Milken, Ivan Boesky, Jack Ruby e la schiera di raider aziendali ebrei. A volte questo approccio unilaterale si dissolve in pura satira letteraria, come nel caso di una "biografia" di Albert Lasker. Uno dei primi magnati della pubblicità, e certamente il più ricco, Lasker è stato l'eroe di un lungo encomio da parte di un giornalista di fama internazionale, anche se i punti salienti della carriera di Lasker sono stati l'organizzazione delle prime soap opera e l'introduzione di milioni di donne al vizio del fumo ("Reach for a Lucky instead of a sweet"). John Gunther, *Taken at the Flood, The Story of Albert D. Lasker*, Harper, New York, 1960, pp. 4-5.

[349] Nel capitolo 10 di questo libro, J. K. Galbraith ha affermato che la ricchezza non equivale più al potere. Nella misura in cui si riferiva alla ricchezza della Maggioranza, aveva ragione. Come detto in precedenza, la maggior parte delle grandi fortune della Maggioranza sono state disperse, sprecate o consegnate a fondazioni che sostengono progetti che spesso vanno contro gli interessi della Maggioranza. La maggior parte delle ricchezze ebraiche, invece, sono state messe insieme e concentrate su obiettivi etnici specifici: Israele, l'anti-semitismo, le cause delle minoranze e le campagne politiche, economiche e sociali per eliminare le ultime vestigia del privilegio della Maggioranza. Al contrario del professor Galbraith, una grande ricchezza indirizzata verso un *vantaggio di gruppo* non solo equivale al potere, ma al grande potere.

La ricchezza ebraica è un tema estremamente delicato. Da quando Fortune, nel febbraio del 1936, ha esaminato in modo un po' superficiale il problema, negli Stati Uniti non c'è stato uno studio serio, obiettivo e su larga scala. Anche nel 1936, *Fortune* trovò gli ebrei americani saldamente insediati in alcune aree economiche. Ora, a distanza di più di cinque decenni, è giunto il momento di dare un'altra occhiata.

Un'idea della ricchezza ebraica in America è stata fornita da un sondaggio nazionale che ha cercato di correlare il reddito con la confessione religiosa. È emerso che il 18,9% di tutti gli americani con un reddito annuo superiore a 10.000 dollari erano ebrei. Gli episcopaliani rappresentavano il 14,1%, gli individui senza affiliazione religiosa l'11,6%, i presbiteriani l'8,7%, i cattolici il 4,6% e i battisti il 2,1%.[350] Tradotto in termini razziali, il sondaggio indicava che gli ebrei erano gli americani più benestanti, i membri della maggioranza dopo, i membri delle minoranze bianche assimilabili e non assimilabili dopo, e i negri, tradizionalmente battisti, i più poveri.

Risultati simili sono stati ottenuti da uno speciale rapporto del censimento federale del 1950, che ha rivelato che, tra i trentanove diversi gruppi di popolazione statunitense, i "russi nati all'estero" avevano il reddito mediano più alto. Il reddito mediano degli americani di origine bianca era inferiore del 40%. Il rapporto del Censimento spiegava il successo economico dei russi nati all'estero affermando che "il gruppo russo contiene ampie componenti di rifugiati ed ebrei".[351]

Poiché gli ebrei sono il 2,3% della popolazione americana, un incauto statistico potrebbe essere così sciocco da prevedere che il 2,3% dei milionari americani sarebbe stato ebreo e che gli ebrei avrebbero posseduto il 2,3% della ricchezza del Paese. Nel 1955, la rivista *Look* pubblicò un elenco dei 400 americani più ricchi (con un valore di 100 milioni di dollari o più). Circa il 25% delle persone che figuravano nell'elenco portava nomi identificabili come ebrei.

Forse la prova migliore della costante espansione del potere finanziario ebraico negli Stati Uniti è fornita dalle attività delle grandi banche d'investimento ebraiche. Anno dopo anno, Goldman Sachs, Shearson Lehman, Lazard Frères, Salomon Bros., Warburg Paribas Becker, Wertheim & Co., Oppenheimer & Co. e altri stanno estendendo il loro raggio d'azione finanziario su segmenti più ampi dell'economia. Nessuno è in grado di determinare l'entità di questo controllo, ma un'indicazione si ottiene esaminando la lista dei direttori delle principali società americane. Ogni

---

[350] D. J. Bogue, *The Population of the U. S.*, The Free Press of Glencoe, Illinois, 1959, p. 706.

[351] Ibidem, pp. 367-69, 371.

volta che un socio o un funzionario di queste società di investimento compare come amministratore di una grande società, è segno che rappresenta un interesse finanziario significativo, anche se non necessariamente di controllo.[352] Si potrebbe aggiungere che, sebbene questi "banchieri d'affari", come li chiamano gli inglesi, possano avere diversi soci non ebrei, i soci ebrei hanno generalmente l'ultima parola".[353]

Dovrebbe essere ormai evidente che gli ebrei hanno più di un punto d'appoggio nella produzione di automobili, nell'acciaio, nei servizi pubblici,

---

[352] Henry Ford, protestante convinto, era avverso a Wall Street, ai liberali, agli stranieri, agli ebrei e ai non protestanti in generale. Si potrebbe immaginare la sua reazione se tornasse sulla terra e trovasse: (1) Joseph Cullman, un magnate ebreo del tabacco, direttore della Ford Motor Co.(2) la Fondazione Ford, il più ricco sponsor mondiale di cause liberali e minoritarie; (3) suo nipote, Henry Ford II, convertito al cattolicesimo, sposato per la seconda volta con un'italiana del jet set, che poi ha divorziato; (4) le due pronipoti, Anne e Charlotte, sposate una volta con uno straniero, la prima con un magnate greco del trasporto marittimo, la seconda con un ebreo fiorentino che è un gestore di borsa a Wall Street; (5) il pronipote Alfred, un devoto Hare Krishna, sposato con una giovane donna di Bombay.

[353] *Lo Standard and Poor's Register of Corporations, Directors and Executives* (1980) elenca i soci di Goldman, Sachs come direttori delle seguenti società: Associated Dry Goods, Capital Holding Corp., Kraft, Knight-Ridder Newspapers, Witco Chemical, TWA, Franklin Mint, Corning, Pillsbury, Brown Group, Eagle-Picher, B. F. Goodrich, Cluett Peabody, Cowles Communications, J. P. Stevens. Lehman Brothers e Kuhn, Loeb si sono fuse nel 1977 e sono state acquisite da American Express nel 1983. Sanford Weil fu messo a capo di quella che venne chiamata Shearson Lehman, che presumibilmente ereditò i vecchi incarichi di amministratore di Lehman Brothers e Kuhn, Loeb nelle seguenti società: Goebel Brothers, Twentieth Century-Fox, United Fruit, Commercial Solvents, Chesebrough Pond's, Paramount Pictures, Beckman Instruments, Singer Sewing Machine, Bristol-Myers, General Cable, RCA, Federated Department Stores, Bulova Watch, Western Union, Shell Oil, General Analine and Film, Standard Oil of California, Greyhound, FMC, Jones & Laughlin Steel, Anchor-Health, FMC. Laughlin Steel, Anchor-Hocking, Times-Mirror, United California Bank, Union Oil, Wells Fargo Bank, Hertz, Litton Industries, General Motors, Allied Chemical, Continental Can, United States Lines, Caterpillar Tractor, IBM, Southern Pacific, Chase Manhattan Bank, Pacific Gas and Electric, Air Reduction, Northern Pacific, Bendix, Smith-Corona Marchant, Flintkote, Sperry-Rand, Allied Stores. Negli anni '60, i soci di Kuhn, Loeb sono stati direttori di: Westinghouse Electric, Sears Industries, U.S. Rubber, Anglo-Israel Bank, Revlon, Benrus Watch, Tishman Realty, American Export Lines, Polaroid, C.I.T. Financial, Brush-Beryllium, Getty Oil, A & P, Kennecott Corp., Marine Midland Trust, Metromedia, Buckeye Pipe, General American Transportation. Il *Poor's* del 1964 e del 1968, che riportava molte più informazioni su Lazard Freres rispetto alle edizioni attuali, mostrava che i soci dell'azienda erano direttori di: Jones & Laughlin Steel, National Fire Insurance, Olivetti-Underwood, Owens-Illinois, Manufacturers Life Insurance, Chemical Bank-New York Trust, Harcourt Brace, Harper and Row, Libby-Owens-Ford Glass, Warner Lambert Pharmaceutical, Sun Insurance, RCA, Engelhard Minerals & Chemicals Corp., ITT.

nelle ferrovie, nelle compagnie aeree, nelle assicurazioni, nel petrolio e nei prodotti chimici, in molte delle stesse aziende di punta che si supponeva avessero avuto maggior successo nel resistere all'infiltrazione ebraica.[354] In alcuni casi gli ebrei sono diventati amministratori delegati delle aziende più antiche o più innovative, come Irving Shapiro, per molti anni amministratore delegato della Du Pont, e Michael Blumenthal, che ha diretto prima la Bendix, poi la Burroughs e infine la Unisys. In alcune importanti aree aziendali gli ebrei esercitano sia il controllo manageriale che quello finanziario. Le due maggiori distillerie (Seagram e Schenley) appartengono a questa categoria, così come alcune delle più grandi aziende tessili, le imprese calzaturiere, i produttori di computer e software informatici, le due principali aziende del tabacco (P. Lorillard e Philip Morris) e una delle più grandi birrerie (Miller). Il maggiore azionista della Pabst Brewing è o è stato il raider aziendale Irwin Jacob. L'industria dell'abbigliamento a livello di produzione, vendita all'ingrosso e al dettaglio è prevalentemente ebraica. Gli ebrei controllano o possiedono molti dei più grandi magazzini della nazione e sono diventati una forza potente nella pubblicità (Saatchi e Saatchi). I gioielli e le pietre preziose sono praticamente un monopolio ebraico, così come i cosmetici e le forniture per animali.

L'anonimato che circonda le operazioni delle banche d'investimento e delle società di intermediazione mobiliare è occasionalmente rotto da effusivi riferimenti alla ricchezza dei loro partner principali. Robert Lehman di Lehman Brothers, è stato rivelato prima della sua morte, aveva una collezione d'arte del valore di oltre 150 milioni di dollari.[355] Gustave Levy, socio di Goldman, Sachs, è stato descritto come "il più grande finanziere di Wall Street".[356] Il defunto André Meyer di Lazard Frères, fondata più di cento anni fa da un commerciante d'oro franco-ebraico di New Orleans, non si è stabilito negli Stati Uniti fino al 1940, eppure era "il più importante banchiere d'investimento del mondo".[357]

Meyer è stato direttore di RCA e Allied Chemical negli Stati Uniti, e di Fiat e Montecatini Edison in Italia. Il presidente Kennedy lo nominò a importanti incarichi governativi e tra i suoi amici intimi vi erano Robert McNamara, Henry Fowler, ex segretario al Tesoro, Eugene Black, ex capo della Banca Mondiale, e Jacqueline Kennedy. Lyndon Johnson consultò Meyer

[354] Nel 1980, secondo le voci di Wall Street, i Rothschild europei detenevano interessi sostanziali in Kaiser Aluminum, Atlas Steel, Bethlehem Steel, Anaconda, U.S. Borax, Aetna Life, Litton Industries, Standard Oil of California e Rand Corporation.

[355] Joseph Wechsberg, *The Merchant Bankers*, Little, Brown, Boston, 1966, pag. 333.

[356] Martin Mayer, *Wall Street*, Harper, New York, 1955, p. 193.

[357] *Fortune*, agosto 1968, pag. 101.

regolarmente. David Rockefeller si unì a lui in diverse iniziative immobiliari. La filiale di New York di Lazard Frères ha partecipato a vaste transazioni finanziarie che hanno coinvolto American Metal Climax, Minnesota Mining e Lockheed Aircraft. Nel 1966 Lazard ha organizzato la fusione McDonnell-Douglas per un compenso di 1 milione di dollari. Lazard ha o aveva una partecipazione di 40 milioni di dollari nella International Telephone and Telegraph, uno dei maggiori conglomerati nazionali. Le filiali di Lazard a New York, Londra e Parigi hanno supervisionato investimenti per un totale di 3 miliardi di dollari.[358]

Sebbene non abbiano il potere esercitato da uomini d'affari come Meyer, i fondi comuni d'investimento, i fondi pensione e le società di intermediazione, che detengono enormi blocchi di azioni delle maggiori società, esercitano una grande influenza sui livelli più alti dell'economia americana. La posizione ebraica in questo settore della comunità finanziaria è molto forte. Ci sono enormi bacini di denaro controllati dagli ebrei, come il Fondo Dreyfus, e grandi società di intermediazione ebraiche come Salomon Brothers, i cui due massimi dirigenti ebrei sono stati rimossi per cattiva gestione nel 1991 e temporaneamente sostituiti da Warren Buffet, un non ebreo. Gli ebrei sono direttori o funzionari di alcune delle più grandi banche commerciali, anche se bisogna ammettere che la loro influenza è relativamente debole. Gli ebrei sono stati presidenti o presidenti della Borsa di New York e delle borse più piccole. Gli ebrei siedono nelle commissioni del Senato e della Camera che scrivono le leggi che regolano la finanza aziendale. Altrettanto importante, gli ebrei spesso dominano la Securities and Exchange Commission, che ha il potere di far fallire o distruggere qualsiasi società che ritenga abbia violato le norme e i regolamenti della SEC. L'incarico più importante del sistema bancario statunitense spetta senza dubbio ad Alan Greenspan, da tempo presidente della Federal Reserve Bank. Il programma televisivo "Wall Street Week", presieduto da Louis Rukeyser, è visto da decine, forse centinaia, di migliaia di investitori o potenziali investitori.

Nell'elenco *Forbes del* 1993 dei 400 americani più ricchi, almeno il 26% erano ebrei. Tra coloro che sono entrati nella fascia dei miliardari ci sono:

John W. Kluge (7,05 miliardi di dollari). Convertito al cattolicesimo di origine tedesca. Ha donato 110 milioni di dollari alla Columbia University per borse di studio per le minoranze. Non si sa cosa fosse prima della conversione, ma i suoi legami commerciali e politici, la sua vita sociale e i suoi matrimoni indicano almeno uno o due rami ebraici

---

[358] Nell'articolo citato nella nota precedente *Fortune* affermava: "Il nucleo finanziario duro del capitalismo nel mondo libero è composto da non più di 60 imprese, società di persone e società di capitali possedute o controllate da circa 1.000 uomini".

nel suo albero genealogico. Ha fatto i soldi con il cinema, la radio e i telefoni cellulari.

Sumner M. Redstone (5,6 miliardi di dollari). Sale cinematografiche, televisione via cavo. La sua società Viacom è stata la vincitrice della contesa per l'acquisizione di Paramount Communications (studi cinematografici, Simon & Shuster) nel febbraio 1994.

Ted Arison (3,65 miliardi di dollari). Un tempo tenente colonnello israeliano. Navi da crociera, squadra di basket Miami Heat.

Ronald Perelman (3,6 miliardi di dollari). Cosmetici Revlon, intrattenimento Marvel, attrezzature per esterni, S&L, prodotti per la salute.

Fratelli Newhouse, Donald e Samuel Jr. (3,5 miliardi di dollari ciascuno). Ventuno quotidiani, cinque riviste, sei stazioni televisive, quattro stazioni radio, venti sistemi televisivi via cavo, Random House, Condé Nast.

Edgar Bronfman (2,3 miliardi di dollari). Barone dei liquori, figlio di un contrabbandiere canadese. Maggiore azionista di The Seagram Co. Ltd., che possedeva il 24,3% di Du Pont e ha il 5,7% di Time Warner. Il figlio Edgar Jr., erede designato, magnate di Hollywood, sposò e divorziò da una negra che gli diede tre figli.

Fratelli Pritzker, Jay Arthur e Robert Alan (2,2 miliardi di dollari ciascuno). Hyatt Hotels, società di produzione e di servizi, 33% di Royal Caribbean Cruises.

Lester Crown (2,2 miliardi di dollari). General Dynamics, Material Service Corp., partecipazioni in stazioni sciistiche, N.Y. Yankees, Chicago Bulls.

Walter Annenberg (2,2 miliardi di dollari). Ambasciatore di Nixon in Gran Bretagna, Triangle Publications, azioni GM, ha venduto TV Guide a Rupert Murdoch, ha pagato 57 milioni di dollari per un Van Gogh. Il padre Moses è stato incarcerato per frode.

Marvin H. Davis (1,7 miliardi di dollari). Davis Oil Co., locazioni petrolifere, proprietà immobiliari.

Lawrence J. Ellison (1,6 miliardi di dollari). Ha abbandonato l'università, è figlio di immigrati russi, si occupa di software per computer.

Leslie H. Wexner (1,6 miliardi di dollari). Abbigliamento femminile, Victoria's Secret, Lane Bryant, costruttore di case, forte sostenitore di cause ebraiche.

William B. Ziff, Jr. (1,5 miliardi di dollari). Riviste commerciali e di consumo.

Peter E. Haas, Sr. (1,4 miliardi di dollari). Levi Strauss & Co., la più grande azienda di abbigliamento del mondo.

Fratelli Tisch, Laurence Alan e Preston Robert (1,3 miliardi di dollari ciascuno). CBS, Loews Corp., Bulova Watch, partecipazioni in Macy's Dept. Store, tabacco Lorillard, 50% dei New York Giants.

Donald L. Bren (1,3 miliardi di dollari). Immobiliarista, in parte proprietario di Irvine Ranch.

Samuel J. LeFrak (1,3 miliardi di dollari). Sviluppatore di immobili e centri commerciali, il più grande proprietario privato di appartamenti negli Stati Uniti.

Milton Petrie (1,1 miliardi di dollari). Figlio di immigrati russi, 1.729 negozi di abbigliamento in 50 Stati.

George Soros (1,1 miliardi di dollari). Gestore di denaro, speculatore valutario, ha costruito il Quantum Fund che ora vale 4,2 miliardi di dollari. È riuscito quasi da solo a svalutare la sterlina britannica.

Famiglia Lauder, Estée, Leonard Alan e Ronald Steven (1 miliardo di dollari ciascuno). Cosmetici.

Michel Fribourg (1 miliardo di dollari). Commerciante di cereali.

Nella lista di *Forbes* sono stati nominati esattamente 100 miliardari. Come indicato in precedenza, il 26% era ebreo. La stessa percentuale, più o meno di qualche punto, si applica al resto dei 400 americani più ricchi di *Forbes*. Gli ebrei sono stati anche ai primi posti tra coloro che hanno percepito gli stipendi e i bonus annuali più alti. Nel 1943 l'americano più pagato era Louis Mayer della MGM (949.765 dollari); nel 1979 Frank Rosenfelt della MGM (5,1 milioni di dollari); nel 1981 Steven Ross della Warner Communications (22,5 milioni di dollari).

Ai vertici del benessere americano si trovano sempre le vecchie famiglie ebraiche (alcuni membri delle quali sono diventati cristiani) come i Seligman, i Warburg e i Kahn, e le più *nuove* Straus, Gimbel, Kaufmann e Magnin. Anche le famiglie ebraiche d'élite di San Francisco - Hellman (Wells Fargo Bank), Fleishhackers, Sutros e Schwabachers - meritano di essere menzionate in un censimento completo della ricchezza ereditata.

Mentre le gigantesche imprese industriali americane diventano sempre più ingombranti e i costi di gestione si perdono di vista, mentre la contabilità, i finanziamenti, le relazioni sindacali e governative e le azioni positive hanno la precedenza sull'invenzione, la produzione e il controllo della qualità, gli ebrei si sono affollati nei pascoli lucrosi dell'arbitraggio, della speculazione fondiaria di[359] , delle suddivisioni, dei centri commerciali, delle catene di discount, delle carte di credito e di varie imprese tecnologiche come i chip per computer e la giunzione genetica. Tra questi Armand Hammer della Occidental Petroleum, i Levitt di Levittown, Louis Aronson degli accendini Ronson, Alfred Bloomingdale del Diners Club, Eugene Ferkauf dei grandi magazzini E. J. Korvette, Stanley Marcus della Nieman-Marcus, Herbert Siegel della ChrisCraft Industries e Irving Feist, l'immobiliarista di Newark che è stato più volte presidente dei Boy Scout d'America. Uno dei più fulminei tra questi mercanti d'azzardo è Meshulam Ricklis, nato a Istanbul, cresciuto in Israele, naturalizzato americano, che in una settimana ha guadagnato 2 milioni di dollari in borsa.[360] Tra i multimilionari ebrei con ambizioni politiche ci sono il repubblicano Lew Lehrman della Rite-Aid Drugs, il senatore democratico Frank Lautenberg del New Jersey, la cui ricchezza deriva dalla società Automatic Data Processing, e il senatore democratico Herbert Koch del Wisconsin, un tempo magnate delle assicurazioni. Un ebreo politicamente incline a lavorare dietro le quinte è Felix Rohatyn, socio viennese della Lazard Fréres, che ha contribuito a districare le ingarbugliate finanze della città di New York, tecnicamente in bancarotta.[361]

Un'altra importante fonte di ricchezza ebraica è la preferenza apparentemente congenita degli ebrei per le occupazioni più remunerative. Circa il 35-40% degli adulti ebrei attivi lavora nel commercio, contro il 13,8% dei non ebrei; il 10-12% nelle professioni contro il 6,8% dei non ebrei; il 73% nei "colletti bianchi" contro il 43% dei protestanti e il 33% dei cattolici; il 48% come lavoratore autonomo contro il 19% dei protestanti e il 10% dei cattolici.

Prevedendo una morsa ebraica sulle professioni, all'inizio del secolo molte scuole americane di medicina e giurisprudenza hanno istituito un sistema di quote. Sotto la pressione dei liberali e delle minoranze, il *numerus clausus* per gli ebrei è stato ora ampiamente abbandonato.[362] Attualmente, le facoltà

---

[359] La maggior parte dei membri di Wall Street giudicati colpevoli di inside trading e altri crimini finanziari, da Michael Milken e Ivan Boesky in giù, sono ebrei.

[360] Schenley Industries, il gigante della distillazione, è una filiale della Rapid American Corp. di Ricklis.

[361] Nathan Ruck in *Economic Trends in the American Jew*, ed. Oscar Janovsky, Harper, New York, 1942, pp. 162, 165. Oscar Janovsky, Harper, New York, 1942, pp. 162, 165.

[362] Con l'affermarsi dell'azione positiva, tuttavia, sono sorte delle complicazioni. Le quote un tempo imposte contro gli ebrei sono state trasformate in "obiettivi" sponsorizzati dal governo per i non bianchi a svantaggio dei bianchi, una categoria che include gli ebrei. L'ambivalenza degli ebrei nei confronti di questo programma governativo di preferenza razziale verrà esplorata più avanti in questo libro.

di medicina ricevono circa 14.000 domande di ammissione all'anno, di cui 5.000-7.000 da parte di ebrei.[363] A New York la metà dei 15.000 medici sono ebrei. L'aumento vertiginoso delle rette delle scuole di medicina e giurisprudenza ha dato agli ebrei un ulteriore vantaggio nella corsa alle lauree professionali. Appartenendo al gruppo più ricco della popolazione americana, gli ebrei possono permettersi più facilmente gli alti costi dell'istruzione post-laurea.

Per riassumere il fenomeno dell'opulenza ebraica, quello che sta accadendo oggi negli Stati Uniti è ciò che è accaduto in gran parte della storia occidentale. Gli ebrei, trovandosi senza vincoli e senza freni in una terra ricca di risorse e di lavoro, stanno rapidamente acquisendo una quota del tutto sproporzionata della sua ricchezza. È quasi certamente lo stesso processo storico che ha avuto luogo nella Spagna visigota, araba e cattolica, nell'Inghilterra, nella Francia e nella Germania medievali e, più recentemente, nella Germania del XX secolo. Eppure quasi nessuno si preoccupa - o osa - notarlo. Coloro che si preoccupano tanto dei cartelli petroliferi, della proliferazione dei conglomerati, dell'influenza della Chiesa cattolica romana, del complesso militare-industriale, dell'AIDS e della discriminazione razziale e di genere, sono stranamente silenziosi e del tutto indifferenti alle attività di un etnocentrismo sovranazionale sempre più potente e sempre più dominante, con risorse finanziarie illimitate a sua disposizione.

Ma il silenzio non è così strano se si riflette su quello che il compianto analista politico britannico R. H. S. Crossman ha descritto come "il veto antisemita che ha soppresso con successo qualsiasi scritto candido ed efficace sul problema ebraico".[364] Qualsiasi discussione critica sulla ricchezza ebraica - o, se vogliamo, qualsiasi critica obiettiva su qualsiasi aspetto del potere ebraico - espone immediatamente l'oratore all'accusa di antisemitismo. Poiché l'antisemitismo è la grande eresia dei tempi moderni, una persona così accusata è immediatamente sottoposta a dosi tali di ostracismo sociale e logoramento economico che una carriera pubblica di successo gli è preclusa per sempre. Di conseguenza, non c'è da stupirsi che quasi tutto l'establishment intellettuale occidentale si sia sottratto a un compito così ingrato e poco redditizio. Nell'Occidente di oggi si può essere veramente obiettivi sugli ebrei solo se si è ebrei. Pochissimi ebrei antisionisti, che ritengono che il sionismo danneggi l'ebraismo esponendo lealtà ebraiche bipolari, declamano contro Israele. Pochissimi pensatori e scienziati ebrei, e pochissimi romanzieri ebrei che lasciano scappare i loro personaggi, mostrano occasionalmente i sintomi dell'antica nevrosi ebraica

---

[363] Simpson e Yinger, op. cit., pp. 677-79.

[364] R. H. S. Crossman, *Partisan Review*, autunno 1964, p. 565.

di *Selbsthass* e sfogano i loro sentimenti in modo incoerente con lo sforzo tutto ebraico di mantenere l'antisemitismo sotto un involucro impenetrabile.[365]

L'eliminazione di tutto ciò che è ebraico dall'arena della discussione razionale relega automaticamente le opinioni ostili sugli ebrei ai sussurri sommessi dell'ufficio, del salotto e del country club, ai "fogli dell'odio" clandestini e alle riflessioni verbali di pazzi ossessionati da visioni di anziani barbuti che tramano la conquista del mondo. Tutto ciò conferisce all'antisemitismo un'aura di misticismo e oscurantismo romantico che non merita e che lo dota di una sorta di diabolismo cinetico e sotterraneo. Il giorno in cui l'antisemitismo tornerà alla luce - come le ideologie represse hanno l'abitudine di fare - non potrà evitare di diventare il cavallo di battaglia del vendicatore apocalittico che sa che l'emozione e il dogma muovono più montagne della ragione. L'improvvisa liberazione delle tensioni e degli odi repressi durante decenni di censura e indottrinamento potrebbe evitare qualsiasi esito meno esplosivo. Invece di sottoporre l'antisemitismo al libero gioco delle idee, invece di farne un argomento di dibattito pubblico a cui tutti possono partecipare, gli ebrei e i loro sostenitori liberali sono riusciti a organizzare un'inquisizione in cui tutti gli atti, gli scritti e persino i pensieri critici nei confronti dell'ebraismo sono trattati come una minaccia all'ordine morale dell'umanità. Il filosemita si è quindi trasformato in un'immagine speculare dell'antisemita. Il Tartufo dell'epoca contemporanea si rivela essere l'intellettuale ebreo che crede appassionatamente nei diritti di libertà di parola e di riunione pacifica per tutti, ma si rallegra quando i permessi vengono rifiutati per le riunioni antisemite e le pietre si infrangono contro i crani degli oratori antisemiti.

Ammettendo la disparità quasi incredibile tra il numero di ebrei e l'influenza degli ebrei negli Stati Uniti - ed è sempre più difficile per chiunque non ammetterla - come la spiega la ricerca moderna? La risposta immediata è che la maggior parte degli studiosi moderni non cerca affatto di spiegarla o, se lo fa, si limita a negare che il problema ebraico non sia altro che una serie di coincidenze storiche. Quelli con una mente più curiosa o con una particolare asperità hanno proposto alcune interessanti teorie sull'argomento - teorie, tuttavia, che sono fondamentalmente delle scuse, poiché sono circoscritte

---

[365] Uno di questi pensatori è Simone Weil, la poetessa-filosofa franco-ebraica che ha equiparato lo spirito dell'ebraismo a quello del nazismo e si è lamentata del fatto che il culto del "Geova terreno, crudele ed esclusivo ha trasformato gli ebrei in una nazione di schiavi fuggitivi". Uno di questi scienziati fu il premio Nobel Karl Landsteiner, che chiese senza successo un'ingiunzione contro Who's Who in American Jewry per averlo definito ebreo. Sachar, *Il corso della storia ebraica moderna*, p. 404. Uno di questi romanzieri è Philip Roth, autore di *Portnoy's Complaint*.

dall'avvertenza corrente che qualsiasi discussione sugli ebrei non deve mai metterli in una luce sfavorevole.

Una teoria ben diffusa, avanzata dallo studioso ebreo Ludwig Lewisohn, è che gli ebrei erano principalmente un popolo agricolo che fu spinto verso il settore bancario e commerciale dagli editti papali che vietavano a tutti i cristiani di praticare l'usura.[366] L'implicazione è che gli ebrei, contro le loro inclinazioni naturali, sono stati costretti a diventare ricchi, obbligati a creare una casta plutocratica ereditaria. Questa proposta, tuttavia, è insostenibile per l'ovvia ragione che gli ebrei erano molto attivi nel prestito di denaro molto prima che il cristianesimo - per non parlare del papato - entrasse nell'arena della storia.

Il compianto A. L. Kroeber, rispettato direttore del dipartimento di antropologia dell'Università della California, ha avuto un approccio non ostile alla questione ebraica. Sottolineando la "partecipazione estremamente sporadica degli ebrei alle grandi civiltà", Kroeber definiva l'attuale ascesa ebraica come un "fenomeno di transizione". Secondo Kroeber, è stata la "mobilità liberata" degli ebrei a spingerli ad avanzare "più rapidamente dei gentili in campi in cui entrano di recente, e temporaneamente con brillante successo".[367] Con il passare degli anni, tuttavia, e con la curva ascendente degli ebrei che mostra pochi segni di appiattimento, la tesi di Kroeber sta perdendo gran parte della sua validità.

Una tesi più plausibile ha una base darwiniana. Era l'ebreo più ricco ad avere le migliori possibilità di sopravvivere ai pogrom e alle persecuzioni minori che hanno segnato i passi degli ebrei nel corso dei secoli. Nella maggior parte dei casi poteva comprarsi la via d'uscita. Ma l'ebreo più ricco era in genere l'ebreo più abile, quello che meglio si adattava alle condizioni e ai requisiti peculiari della vita urbana e del ghetto. L'ebreo benestante e cittadino di oggi è il prodotto finale di 2.000 anni di una speciale forma di selezione naturale, il fortunato possessore di un cosmopolitismo innato che rappresenta un grande vantaggio competitivo nelle società decadenti e urbanizzate, incapaci di proteggere i propri cittadini dal dinamismo razziale degli intrusi.

Richard Swartzbaugh, professore assistente di antropologia presso la Eastern Illinois University, ritiene che una società multirazziale, frammentata, divisa

[366] Sachar, op. cit., p. 533. Lewisohn, che insegnò in diverse università americane prima di diventare professore di letteratura comparata a Brandeis, era un suprematista ebreo che inveiva contro i tedeschi, gli slavi, i negri e la "barbarie" anglosassone. Si potrebbe ipotizzare la reazione dei media a un professore della Maggioranza che inveiva contro la "barbarie" ebraica.

[367] A. L. Kroeber, *Configurazioni della crescita culturale*, Università della California, Berkeley, 1969, pag. 740.

e con un'elevata densità di classe non possa sopravvivere senza una massiccia dose di mediazione. Poiché gli ebrei sono sempre stati abili mediatori, poiché il loro status di estranei li qualifica come mediatori professionali, soprattutto nei settori delle relazioni di lavoro, della legge e della politica, sono stati quasi automaticamente elevati ai vertici di un ordine sociale che deve risolvere i suoi moltiplicati conflitti interni con l'arbitrato e gli "accordi" o dissolversi nella guerra e nell'anarchia.[368]

Forse la teoria più originale che cerca di spiegare l'attuale ascesa degli ebrei nelle scienze sociali è stata avanzata da John Murray Cuddihy, professore assistente di sociologia e rampollo di un'importante famiglia irlandese-americana. Secondo Cuddihy, gli scritti di Freud, Marx, Claude Lévi-Strauss e degli altri importanti ebrei della diaspora che hanno fatto tanto per danneggiare la cultura occidentale non erano motivati dall'amore per la verità o dal desiderio di migliorare l'umanità, ma dalla paura e dal disgusto per la civiltà occidentale, il comportamento represso e controllato che è incomprensibile per un popolo incontenibile. Non potendo, ovviamente, attaccare direttamente la condotta dei gentili, hanno elaborato, consapevolmente o inconsapevolmente, interpretazioni molto ramificate della storia, dell'economia, della politica, della psicologia e dell'antropologia per minarla. Il comunismo era l'arma ideale per dividere e distruggere l'ordine politico ed economico occidentale. Il freudianesimo attaccava la morale occidentale con la sua enfasi nevrotica sul sesso e conferendo rispettabilità ai suggerimenti degli istinti più bassi. L'antropologia di Levi-Strauss ha messo a confronto le società selvagge e quelle civilizzate, a svantaggio di queste ultime. Cuddihy lascia persino intendere che la fisica di Einstein sia stata ispirata in parte dal desiderio di sconvolgere e frantumare piuttosto che di perfezionare e far progredire la scienza occidentale.[369]

Il passo dal riconoscere che i popoli o le razze hanno attitudini speciali per ottenere risultati elevati in determinate occupazioni allo sviluppo di teorie di inferiorità o superiorità razziale è breve. Un ardente sostenitore contemporaneo della supremazia ebraica, Nathaniel Weyl, sostiene che gli ebrei sono intrinsecamente più intelligenti di altri popoli perché si sono riprodotti per l'intelligenza fin dall'inizio della diaspora. Secondo Weyl, gli ecclesiastici gentili, la crema dell'intellighenzia medievale non ebraica, erano solitamente celibi e morivano senza lasciare figli, mentre i rabbini e gli studiosi talmudici, meno inibiti sessualmente, erano avidamente ricercati

---

[368] Richard Swartzbaugh, *Il mediatore*, Howard Allen, Cape Canaveral, Florida, 1973.

[369] John M. Cuddihy, *The Ordeal of Civility*, Dell Publishing, New York, 1976.

dalle figlie di importanti mercanti ebrei.[370] Il punto di vista di Weyl sulla combinazione e ricombinazione sinergica piuttosto che sull'ottundimento ascetico dei geni ebraici intelligenti sarebbe più valido se non confondesse l'intelligenza con il verbalismo e la lucentezza intellettuale.[371] La maggior parte dei re, degli artisti, degli scrittori, degli architetti e dei guerrieri del Medioevo, così come più di qualche papa, non erano forse lussuriosi e prolifici come i suoi rabbini e i magnati del ghetto?

Ne *La geografia dell'intelletto*, scritto insieme a Stefan T. Possony, Weyl sostiene le sue affermazioni sull'intelligenza ebraica facendo riferimento a diciassette studi: "Undici hanno trovato gli ebrei superiori nei punteggi dei test mentali, quattro li hanno trovati uguali e due li hanno trovati inferiori".[372] Gli autori hanno fornito dettagli solo su uno studio, una serie di test su quasi 2.000 bambini ebrei e non ebrei in tre scuole di Londra: una di classe superiore, una povera e una molto povera. I punteggi degli ebrei erano significativamente più alti.[373]

Weyl non l'ha menzionato, ma doveva essere consapevole del fatto che i test che cercano di confrontare l'intelligenza degli ebrei con quella di gruppi ad ampio spettro come i bianchi, i gentili o i cristiani, sono necessariamente caricati a favore degli ebrei. Poiché la popolazione ebraica è concentrata quasi interamente nelle città più grandi o nei dintorni, i test che coinvolgono un gran numero di ebrei devono essere condotti in aree in cui la popolazione

---

[370] *L'élite creativa in America*, cap. XVII. Boccaccio e Rabelais avrebbero sorriso delle affermazioni di Weyl sul celibato e sull'intelligenza del clero. Parte del tema di Weyl è stato ripreso da Sir Francis Galton, che era altrettanto amareggiato dalla disgenia del celibato religioso. Ma nelle sue valutazioni dell'intelligenza Galton escludeva gli ebrei e dava il primo posto agli ateniesi, che collocava due gradi sopra gli inglesi del XIX secolo e quattro gradi sopra i negri. Francis Galton, *Hereditary Genius*, Macmillan, Londra, 1869, in particolare pp. 42, 257, 342, 357.

[371] "Tutta l'intellettualità è alla lunga superficiale; non permette mai di sondare le radici di una questione, non permette mai di raggiungere le profondità dell'anima o dell'universo. Perciò l'intellettualità rende facile passare da un estremo all'altro. Ecco perché tra gli ebrei si trovano fianco a fianco l'ortodossia fanatica e il dubbio non illuminato; entrambi nascono da un'unica fonte". Werner Sombart, *Gli ebrei e il capitalismo moderno*, trad. it. M. Epstein, Dutton, N.Y., 1914, p. 269.

[372] Uno studio che ha rilevato l'inferiorità mentale degli ebrei è stata l'analisi di Carl Brigham dei test di intelligenza dell'esercito durante la prima guerra mondiale. Per maggiori informazioni su Brigham, si veda l'Appendice A.

[373] Nathaniel Weyl e Stefan T. Possony, *The Geography of Intellect*, Henry Regnery, Chicago, 1963, pagg. 162-63. Gli autori hanno anche omesso di menzionare uno studio dettagliato della dottoressa Audrey Shuey, che ha dimostrato che gli studenti universitari protestanti hanno ottenuto punteggi migliori rispetto alle loro controparti ebraiche nei test di intelligenza. Si veda *The Journal of Social Psychology*, 1942, vol. 15, pp. 221-43.

bianca è estremamente eterogenea, con una forte enfasi sui gruppi di origine diversa dal Nord Europa. Molti di questi "bianchi" potrebbero in realtà essere non bianchi. Quando è costretto a classificare gli americani come bianchi o non bianchi, il Census Bureau spesso inserisce molti portoricani e quasi tutti i messicani nella categoria dei caucasici.

Per ottenere una misura accurata dell'intelligenza degli ebrei, sembrerebbe ragionevole confrontare gli ebrei, un gruppo selezionato all'interno della popolazione bianca, con altri gruppi selezionati della popolazione bianca, non con la popolazione bianca nel suo complesso. Un test di intelligenza limitato agli ebrei e agli americani di origine nordeuropea potrebbe produrre risultati significativamente diversi dai test citati da Weyl. Inoltre, poiché alcuni test del Q.I. rivelano informazioni sull'agilità verbale, sulla rapidità di memorizzazione e sui livelli di istruzione tanto quanto sull'intelligenza in sé, si dovrebbe prendere in considerazione il fatto che gli ebrei, essendo il gruppo di popolazione più ricco e cosmopolita, hanno accesso più facilmente degli altri americani all'istruzione e a prodotti educativi come l'allenamento della memoria e la costruzione del vocabolario. Anche se può sembrare eretico al giorno d'oggi, una laurea, un abbonamento al *New York Times* e una passione per la scienza forense non sono prove conclusive di un'intelligenza superiore.

Sono stati gli ebrei delle città istruite, non i montanari, ad alimentare il fuoco del comunismo mondiale, un credo mal concepito che, pur promettendo uguaglianza e libertà, ha stabilito nuovi record di disuguaglianza e oppressione, trasformando ogni Paese che lo ha sposato in un caso economico disperato.

Sono stati gli ebrei delle città istruite, non i montanari, ad essere in gran parte responsabili dell'imposizione alla popolazione americana dell'azione positiva, del busing forzato, dell'integrazione dei luoghi di lavoro e di studio.

Sono stati gli ebrei istruiti, non i montanari, a comporre, finanziare e distribuire le sitcom televisive di cattivo gusto e senz'anima, a gestire gli affari e a dividere i ricchi guadagni dei rapper negri dell'età della pietra.

Sono stati gli ebrei delle città istruite, non i montanari, a convincere gli Stati Uniti a contribuire con almeno 50 miliardi di dollari alla conquista e all'occupazione sionista della Palestina, rendendo così gli americani, volenti o nolenti, acerrimi nemici di gran parte del mondo arabo e musulmano e partecipando automaticamente alle guerre passate e future in Medio Oriente, guerre che un giorno potrebbero diventare nucleari quando il miliardo di aderenti all'Islam lancerà la sua *riconquista*.

Nonostante queste imprese di statistica non proprio brillanti, la tesi della superiorità intellettuale degli ebrei continua a raccogliere consensi. Ernest van den Haag ha dedicato il capitolo iniziale del suo bestseller, *La mistica ebraica*, a generalizzazioni di ampio respiro sul più fine apparato cerebrale degli ebrei.[374] Sebbene in un solo caso abbia fornito una documentazione per le sue affermazioni[375] e sebbene non abbia mai fatto riferimento a Weyl per nome, il professor van den Haag stava ovviamente ampliando l'ipotesi della "selezione per l'intelligenza" di Weyl e il suo scritto respirava lo spirito delle argomentazioni di quest'ultimo.

Tuttavia, la tesi della superiorità genetica dell'intelligenza ebraica non ebbe risalto a livello nazionale fino a un'intervista del 1969 con lo scienziato britannico diventato romanziere C. P. Snow. Citando un discorso che si stava preparando a tenere all'Hebrew Union College, Snow affermò che gli ebrei erano sicuramente più intelligenti di altri popoli viventi e attribuì questa superiorità alla consanguineità.[376]

Ironia della sorte, le teorie della supremazia razziale ariana, nordica o teutonica, che assegnavano agli ebrei i gradini più bassi della scala razziale bianca, sono state completamente ribaltate. A cinquant'anni dalla morte di Adolf Hitler e dopo l'esecuzione, l'imprigionamento o l'ostracismo sociale di tutti i suprematisti razziali dell'Europa settentrionale, dentro e fuori la Germania, uno scrittore di fama internazionale, come C. P. Snow, ha ricevuto un ricco stipendio e un trattamento molto generoso dalla stampa americana dopo aver proclamato pubblicamente una teoria della superiorità razziale. Ma tutto sommato, il ragionamento di Snow, van den Haag e Weyl non

---

[374] Le osservazioni di Van den Haag sulla dominazione culturale ebraica sono state citate a p. 91.

[375] *La mistica ebraica*, p. 24. L'autore si è basato su un vecchio studio di Lewis Terman, che in test su bambini delle scuole californiane ha rilevato un numero di studenti ebrei dotati doppio rispetto alla loro percentuale di popolazione. Anche in questo caso, i test sono stati condotti nelle città più grandi - San Francisco, Oakland e Los Angeles - dove gli ebrei californiani erano concentrati e dove la Maggioranza era sottorappresentata sia in termini quantitativi che qualitativi. Altri gruppi di popolazione hanno ottenuto punteggi estremamente elevati, ma Van den Haag non li ha menzionati. Gli scozzesi hanno fatto persino meglio degli ebrei su base percentuale. La lezione più importante fornita dallo studio di Terman è stata la pessima performance dei bambini negri e messicani. Lewis Terman, *Genetic Studies of Genius*, Stanford University Press, 1925, Vol. 1, pp. 55-56.

[376] *Pittsburgh Post-Gazette*, 1 aprile 1969, p. 26. Nella stessa intervista Snow rifiutò di essere coinvolto in una discussione sull'intelligence negra. Evitando di affrontare la questione dei negri, Snow si è dimostrato meno coraggioso di Weyl, che dopo aver lasciato il partito comunista ha scritto molto sull'argomento dell'inferiorità intellettuale dei negri. Il professor van den Haag, che ha idee precise sulle capacità dei neri, ha testimoniato per i bambini bianchi del Sud in un procedimento legale avviato nel 1963 per rovesciare (senza successo, si potrebbe aggiungere) la sentenza della Corte Suprema sulla desegregazione scolastica del 1954. Putnam, *Razza e realtà*, pp. 87-88.

dimostra la preminenza intellettuale ebraica, quanto piuttosto il rimescolamento della struttura di potere razziale dell'Occidente.

Quando si tratta di valutare l'intelligenza razziale, i dati storici, le prove accumulate dell'esperienza umana sembrano essere più affidabili di alcuni *obiter dicta* accademici e punteggi del Q.I. sparsi e spesso autoreferenziali. Se gli ebrei sono davvero superiori al resto dell'umanità, ci si potrebbe chiedere perché, con una o due eccezioni, le più grandi conquiste culturali dell'uomo occidentale sono avvenute proprio in quelle aree in cui gli ebrei erano sconosciuti, segregati, banditi o attivamente perseguitati?[377] Se la superiorità deve essere misurata in termini politici ed economici piuttosto che culturali, come mai i più grandi e duraturi imperi, repubbliche e città-stato della civiltà occidentale sono stati fondati senza l'assistenza degli ebrei e hanno raggiunto il loro apice prima della comparsa di influenti istituzioni ebraiche all'interno dei loro confini?[378] Nessun ebreo ha firmato la Magna Carta o la Dichiarazione di Indipendenza. Nessun ebreo ha partecipato al Lungo Parlamento, alla Convenzione costituzionale di Filadelfia o alla maggior parte delle altre grandi deliberazioni che hanno dato forma e sostanza ai più riusciti esperimenti di governo rappresentativo dell'uomo.

I pochi casi, almeno nella storia recente, in cui corpi di ebrei hanno assunto un vero e proprio controllo politico - il regime di Kurt Eisner in Baviera (alla fine del 1919), la breve rivolta di Spartaco a Berlino (dicembre 1918-gennaio 1919), l'orgia sadica di Bela Kun a Budapest (marzo-agosto 1919) - difficilmente potrebbero essere classificati come epoche d'oro della statualità. E nemmeno la Rivoluzione russa, in cui gli ebrei ebbero un ruolo di primo piano fino alle purghe staliniane. La regione autonoma ebraica di

---

[377] L'elenco dei Paesi e delle città vietati agli ebrei nelle diverse epoche è stato fornito in precedenza in questo capitolo. Qui l'elenco può essere allungato aggiungendo che non c'erano ebrei di alcuna influenza nell'Atene di Pericle e che la partecipazione ebraica alla vita culturale della Repubblica e dell'Impero romani (nei loro grandi giorni) era poco identificabile. Nella Germania di Goethe e nella Russia di Dostoevskij, gli ebrei stavano appena iniziando a uscire dal loro bozzolo di ghetto. L'unico esempio di una cultura grande e unicamente ebraica, anche se in qualche modo limitata dal fatto che il giudaismo proibiva specificamente la pittura e la scultura, si sviluppò nell'antica Palestina, dove gli ebrei erano la maggioranza nella loro terra.

[378] Per zenit non si intende l'epoca di maggiore espansione territoriale o di maggiore ricchezza, ma il momento di apice del morale, dello scopo e dell'unità nazionale. In questo senso, i giorni più belli dell'Inghilterra si sono verificati nel XVI secolo piuttosto che nel XIX. L'America è ben oltre il suo apice o è molto lontana da esso.

Birobidzhan, nell'Estremo Oriente dell'Unione Sovietica, si è spenta quasi prima di iniziare.[379] Israele è in stato di guerra dalla sua creazione nel 1948.

Per quanto riguarda i vantaggi economici che gli ebrei dovrebbero conferire ai Paesi che li ospitano, non c'è dubbio che essi portino con sé una grande quantità di denaro e di competenze finanziarie. Ma un flusso crescente di denaro è spesso accompagnato da inflazione, crimini finanziari e una marea di speculazioni. Se gli ebrei sono intrinseci alla buona vita economica come sostengono alcuni economisti, sembra strano che la Repubblica di Weimar, con la sua pletora di finanzieri ebrei, sia stata un miasma economico, mentre il miracolo economico della Germania occidentale è avvenuto nell'unica grande nazione occidentale quasi priva del dominio finanziario ebraico e proprio mentre (1952-1962) pagava 900 milioni di dollari a Israele in risarcimenti e altri miliardi a singoli ebrei in tutto il mondo. Un Paese con un'economia altrettanto dinamica nel periodo successivo alla Seconda Guerra Mondiale, il Giappone, non ha alcun ebreo.[380]

Un altro modo per misurare il contributo ebraico alla civiltà è quello di esaminare le condizioni politiche, economiche e sociali delle aree in cui gli ebrei sono fortemente concentrati. I due principali centri di potere e popolazione ebraica nel mondo moderno sono New York e Israele. La prima, finanziariamente e moralmente fallita, può essere descritta solo come una delle grandi catastrofi municipali del giorno d'oggi, un ammasso scabroso di bruttezza, cattivo gusto e illegalità, non certo la brillante capitale mondiale di un popolo con superiori doti civilizzatrici. Sebbene non siano riusciti a far fiorire New York, gli ebrei hanno comunque compiuto meraviglie tecnologiche nel deserto palestinese. Ma la vera misura del genio di un popolo non è determinata dalla sua capacità di coltivare la terra, costruire città e condurre una serie di guerre di successo. Il posto finale di una nazione nella storia è determinato dalla sua abilità statutaria, dalla sua capacità di creare uno speciale ambiente fertilizzante in cui la cittadinanza possa sviluppare le proprie risorse culturali distintive al massimo livello possibile.

Gli ebrei moderni possono essere più dotati di tutti gli altri popoli. Oppure possono essere, come afferma Toynbee, i resti di una civiltà fossilizzata.[381]

---

[379] Per la disfatta di Birobidzhan, si veda *Encyclopedia of Russia and the Soviet Union*, McGraw-Hill, New York, 1961, p. 258.

[380] Il commercio molto redditizio del Giappone con l'Occidente, tuttavia, coinvolge molte aziende di importazione ebraiche. Nel tentativo di spiegare perché gli ebrei hanno una così grande influenza negli Stati Uniti, a metà degli anni '80 sono stati pubblicati in Giappone diversi libri antisemiti.

[381] Per aver espresso questa idea, Toynbee è stato accusato dallo storico ebreo Maurice Samuel di perpetuare un "antisemitismo demonologico". Toynbee, *A Study of History*, Vol. V, p. 76, e Samuel, *The Professor and the Fossil*, Knopf, N.Y., 1956, p. 194.

Oppure potrebbero essere, come sostengono gli antisemiti, un organismo sociale parassitario che sopravvive nutrendosi di altri organismi sociali. Quale di queste descrizioni sia più realistica è troppo presto per dirlo. Gli ebrei moderni si sono emancipati da meno di due secoli e non sono stati raccolti dati sufficienti. Ma se dovesse risultare che gli ebrei sono esseri superiori, come molti di loro si sentono e come i loro studiosi e benefattori più entusiasti cercano sempre di dimostrare, è tempo di una dimostrazione più conclusiva delle loro capacità.

Una cosa è rimodellare le abitudini di pensiero e i modelli di vita di un'America decadente, un'altra è dare al mondo uno scrittore più grande di Shakespeare, un compositore più grande di Mozart, un artista più grande di Michelangelo. Non è un compito facile per Israele esistere come una minuscola oasi militare in mezzo a un ambiente umano e naturale ostile. Ma è un compito molto più difficile intraprendere una missione di civilizzazione in Medio Oriente paragonabile a quella della Spagna in America Latina, della Gran Bretagna in Nord America e della Francia in Nord Africa. Come prova finale della superiorità ebraica, le teorie di Einstein devono diventare leggi di Einstein e l'effetto netto sul processo evolutivo di Marx, Freud e altri profeti e saggi ebrei moderni deve essere positivo e non negativo, costruttivo e non distruttivo.

Finché non saranno disponibili tutte le prove, la spiegazione più logica dell'egemonia ebraica negli Stati Uniti è la semplice verità che una minoranza organizzata con una determinata quantità di intelligenza può ottenere la supremazia su una maggioranza disorganizzata di pari intelligenza. Un gruppo di popolazione consapevole della propria razza è molto più efficace e di successo nella maggior parte delle attività rispetto a un gruppo di popolazione non consapevole della propria razza. Lo spirito razziale, come lo spirito di squadra, stimola la vittoria in tutti i tipi di competizione, atletica o politica, intellettuale o sociale. Se la maggioranza avesse la stessa coscienza razziale della minoranza ebraica e avesse la metà delle organizzazioni che lavorano per essa, la predominanza ebraica in America scomparirebbe da un giorno all'altro.

Dove gli ebrei divergono più nettamente dalla Maggioranza, a parte importanti differenze di personalità,[382] è nel loro più alto grado di

---

[382] Secondo James Yaffe, gli ebrei hanno più interesse per il sesso rispetto ai non ebrei, meno interesse per l'atletica, meno fede nell'aldilà, un tasso di natalità più basso, fanno molte più vacanze costose, vivono più a lungo, passano più tempo in psicoanalisi e hanno molte più probabilità di essere hippy. A Hollywood, gli ebrei divorziano di più, commettono più adulterio e bevono meno dei loro vicini non ebrei. Gli ebrei ricorrono a medici ebrei nel 95% dei casi e ad avvocati ebrei nell'87% dei casi. Anche se a volte cercano di entrare a forza nei country club non ebraici, sono molto esclusivi nei loro. Uno

etnocentrismo, non nel più alto grado di intelligenza. Per dirla in una prospettiva diversa, il potere ebraico può derivare tanto o più dalla debolezza e dalla disorganizzazione della Maggioranza che dalla forza ebraica.

Poiché il tabù antisemita ha reso impossibile sottoporre la questione ebraica a una discussione libera e a un'indagine aperta, gli ebrei di[383] devono ringraziare solo se stessi per essersi posti al di sopra e al di fuori delle regole della condotta democratica convenzionale. Considerando la loro storia e la loro memoria, è umano che gli ebrei lo abbiano fatto. Ma è anche umano da parte dei membri della Maggioranza opporsi al tipo di comportamento di gruppo organizzato per il quale le loro istituzioni non sono mai state concepite. Quando se ne presenta l'occasione, gli ebrei possono appellarsi al fair play e alla tolleranza per se stessi, ma quando il dibattito è incentrato sull'ebraismo raramente estendono queste tradizionali prerogative democratiche ad altri. Se i membri della Maggioranza che la pensano diversamente dovessero fare anche solo il primo passo vacillante verso un gruppo di protezione razziale come la Anti-Defamation League del B'nai B'rith,[384] verrebbero cacciati dalla vita pubblica da un giorno all'altro dai

di questi, l'Hillcrest di Los Angeles, ha la quota di iscrizione più alta (22.000 dollari) di tutti i golf club degli Stati Uniti e vieta l'ingresso ai non ebrei, ad eccezione di alcuni personaggi dello spettacolo che sono ammessi come "ebrei onorari". Gli ebrei, continua Yaffe, sono noti per la loro "paura, ossequio, isolazionismo e belligeranza" - un abisso psicologico tra ebrei e non ebrei che non potrà mai essere colmato. Tradizionalmente dogmatici essi stessi, pretendono il razionalismo negli altri. Per l'ebreo "l'intelletto non può essere solo uno strumento... deve essere anche un'arma. Non lo usa semplicemente per scoprire com'è il mondo o per creare qualcosa di bello, o per comunicare le sue idee. Deve usarla per battere i suoi concorrenti, per dimostrare la sua superiorità. Per lui la polemica è inseparabile dall'attività intellettuale. Osservatelo a una festa; notate il piacere feroce con cui mette all'angolo gli intelletti inferiori. È implacabile; né il decoro sociale né la compassione umana possono attenuare il suo attacco. Se volete osservare questa caratteristica a una distanza più sicura, leggete ciò che scrive nelle lettere ai direttori. In tutte le pubblicazioni ebraiche, da *Commentary* fino al più oscuro settimanale yiddish, queste pagine inondano il lettore di vetriolo. Come suo padre, l'industriale dell'abbigliamento, l'intellettuale ebreo non commercia facilmente". *Gli ebrei americani*, pp. 38, 65, 68, 234-35, 268-69, 292-93.

[383] Queste cospirazioni di silenzio si estendono anche alle scuole di pensiero e alle vie di ricerca che potrebbero rafforzare l'unità della Maggioranza e quindi, in ultima analisi, andare a svantaggio degli ebrei: ad esempio, l'interpretazione razziale della storia americana, le argomentazioni genetiche a favore dell'istruzione segregata, gli studi statistici sulla criminalità finanziaria e così via.

[384] Nel 1963, anno del suo 50° anniversario, l'Anti-Defamation League poteva vantare una sede centrale a New York, uffici regionali in trenta città, uno staff di 150 avvocati, scienziati sociali, educatori e specialisti delle pubbliche relazioni. Il suo bilancio per il 1960 era di 3.940.000 dollari. Thomas B. Morgan, "La lotta contro il pregiudizio", Look,

media, dagli investigatori "privati", dalle forze dell'ordine e, se necessario, dalle commissioni del Congresso, tutti spinti all'azione da una valanga di proteste ebraiche a livello nazionale.

Nel lungo periodo, il posto degli ebrei nella vita americana non può basarsi sulla santità delle istituzioni, sui dogmi datati, sugli *argumenta ad misericordiam* o sul diritto divino delle minoranze. Deve basarsi sul rapporto di causa-effetto tra l'ascesa dell'establishment ebraico e la dissoluzione della maggioranza. Se gli ebrei sono i principali responsabili dell'attuale assalto alla spina dorsale razziale della nazione, allora la minoranza ebraica deve essere sottoposta a un esame pubblico. L'America potrebbe sopravvivere per sempre senza gli ebrei. Non potrebbe durare un giorno senza la Maggioranza.

Nel frattempo, la ciclica resa dei conti che ha scandito il ritmo della sopravvivenza ebraica in passato si avvicina all'ebraismo americano. Sebbene l'accumulo e la conservazione della ricchezza ebraica siano possibili solo in una società ordinata in cui la proprietà privata è un diritto, non un crimine, gli ebrei sembrano intenzionati a distruggere proprio il clima politico, economico e sociale che ha reso possibile il loro successo.[385] Come in preda a una frenesia da lemming, sono stati in prima linea in ogni forza divisiva dell'era moderna, dall'agitazione di classe al razzismo delle

---

4 giugno 1963. Sebbene sia esente da imposte, l'ADL svolge un ruolo altamente politico e occasionalmente usurpa il potere della polizia. Il direttore regionale di New Orleans dell'ADL ha messo a disposizione la maggior parte del denaro per gli informatori che l'FBI ha usato per intrappolare un presunto attentatore di sinagoghe nel Mississippi. Una giovane insegnante è stata uccisa con un colpo di pistola durante l'arresto, ma l'ADL è sfuggita alle consuete indagini che vengono condotte su qualsiasi individuo o gruppo coinvolto in un omicidio. *Los Angeles Times*, 13 febbraio 1970. Per quanto riguarda il B'nai B'rith stesso, fondato nel 1843 e guidato da un Gran Saar, conta 205.000 membri maschi in 1.350 logge in quarantatré Paesi e 130.000 membri femmine in 600 capitoli. Edward Grusd, *B'nai B'nth*, Appleton-Century, New York, 1966, pp. 283, 286. Il B'nai B'rith è l'unica agenzia privata ad aver ottenuto lo "status di consultazione" ufficiale dalle Nazioni Unite, dove agisce come una forte lobby per Israele e altri interessi ebraici, anche se non si è mai registrata come agente di un governo straniero. *New York Times*, 28 maggio 1970, p. 21. Nel 1993 la filiale dell'ADL di San Francisco, sfuggita per un pelo a un'azione penale, ha dovuto pagare una multa di 50.000 dollari per aver ricevuto da uno dei suoi agenti pagati documenti riservati della polizia.

[385] L'effetto finale di un'economia statale e diretta dallo Stato sugli ebrei è stato ampiamente frainteso, non solo dalla maggior parte degli ebrei ma anche dalla maggior parte degli antisemiti. Dopo che il regime comunista in Russia aveva confiscato le fortune degli ebrei e messo fuori legge il capitalismo finanziario, gli ebrei russi non avevano nessuna delle solite difese ebraiche su cui contare quando Stalin decideva di rivoltarsi contro di loro: nessuna stampa di proprietà ebraica, nessuna opinione pubblica orientata verso gli ebrei, nessuna rete di lobby ebraiche riccamente finanziate. Dopo il crollo dell'Unione Sovietica, uno Stato marxista creato in gran parte dalla propaganda ebraica, un numero enorme di ebrei è fuggito in Israele e negli Stati Uniti.

minoranze, dal peggiore sfruttamento capitalistico al collettivismo più brutale, dalla cieca ortodossia religiosa all'ateismo e alla psicoanalisi, dalla rabbiosa intolleranza al totale permissivismo.

Inoltre, con l'accentuarsi della dominazione ebraica, si è accentuato anche il separatismo ebraico, una tendenza pericolosa per una minoranza che prospera meglio nascondendo la propria divergenza dalla norma razziale. Stimoli storici recenti come l'antisemitismo nazista, l'esperienza israeliana, l'antisionismo sovietico e il ritmo accelerato della disintegrazione sociale hanno riempito le scorte ebraiche di coscienza razziale fino a farle traboccare. L'apparizione di un numero sempre maggiore di ebrei ai vertici della vita pubblica produce inevitabilmente una maggiore auto-identificazione ebraica e una maggiore consapevolezza degli ebrei da parte dei non ebrei. L'intensificazione della pubblicità, se da un lato rivela la coltivazione estrema di alcuni ebrei, dall'altro focalizza l'attenzione su tratti ebraici poco attraenti come l'invadenza, la litigiosità, il mercanteggiare e sulla sgarbatezza che permea Catskills, Miami Beach, Las Vegas e altri centri della vita turistica ebraica.

La stessa dinamica razziale che ha sporadicamente elevato gli ebrei al vertice della società li ha anche gettati nell'abisso. L'oscillazione pendolare della storia ebraica, da straccioni a ricchi, ha portato sia ai castelli fatati dei Rothschild sia al filo spinato di Buchenwald e Auschwitz. Vista dall'Olimpo, la storia del vagabondaggio degli ebrei attraverso il tempo e lo spazio è allo stesso tempo affascinante e ripugnante, nobilitante e degradante - in parte comica, in gran parte tragica.

L'unica ultima parola che si può dire sugli ebrei è che non c'è un'ultima parola. Gli ebrei sono una tale massa di contraddizioni e racchiudono tali estremi del comportamento umano che sono semplicemente al di là della portata di formule banali, generalizzazioni casuali o cliché profetici. Sono sia il "Popolo del Libro" che gli sfruttatori dello striptease.[386] Erano e sono campioni sia della plutocrazia che del socialismo. Hanno dato origine e vivono con il concetto di popolo eletto, ma pretendono di essere i più accesi antirazzisti. Sono i più timorati di Dio e i più odiosi, i più rigidi e i più edonisti, i più generosi e i più scrocconi, i più cosmopoliti e i più gretti, i più colti e i più volgari. I sabaudi ebrei in Israele hanno combattuto (fino alla guerra del 1973) come 10.000 Lawrence d'Arabia. In Europa, con poche eccezioni, come la rivolta di Varsavia, i loro fratelli sono stati ammassati come pecore nei recinti dei campi di concentramento.[387] Come ultimo

---

[386] *New York Times*, 25 febbraio 1937, p. 10.

[387] La docilità degli ebrei nei campi di concentramento di Hitler ha suscitato le ire degli ebrei militanti, in particolare degli israeliani. "Ma perché", si chiede un articolo di

paradosso, va sottolineato che molti dei più grandi ebrei, forse i più grandi in assoluto, sono stati ebrei rinnegati, mezzi ebrei o pseudo ebrei.[388]

In tutta questa montagna di incoerenza si intravede una sottile e poco visibile vena di logica. Il sistema nervoso ebraico porta il carico di molte ossessioni, "la principale delle quali è un'implacabile, quasi innata ostilità verso i popoli che in tempi diversi li hanno protetti o perseguitati, arricchiti o impoveriti, divinizzati o satanizzati". Il fascino ebraico per gli esperimenti politici, economici e sociali potrebbe non essere, come spesso si suppone, la prova di un nobile e disinteressato desiderio di salvare l'umanità da parte di un gruppo di Messia professionisti, ma la prova di una vendetta profondamente radicata, semiconsapevole e semicoordinata - Francis Bacon l'ha definita un "rancore segreto e covato"[389] - contro tutto ciò che non è ebraico e, nel conto alla rovescia finale, forse anche contro tutto ciò che è ebraico.

Se il passato è indicativo, se ciò che Lord Acton ha detto sugli individui è applicabile ai gruppi, si prospetta una forte riduzione del vettore razziale ebraico. Questo obiettivo potrebbe essere raggiunto nel modo più semplice e indolore attraverso l'assimilazione. Ma non ci sono segnali convincenti in tal senso all'orizzonte, nonostante il calo delle nascite e l'aumento dell'incidenza dei matrimoni tra ebrei. Il record di 3000 anni di non assimilazione degli ebrei è stato superato solo una volta.[390] L'alternativa all'assimilazione è la repressione, di cui la storia fornisce molti modelli: la schiavitù egiziana, la cattività assira e babilonese, le deportazioni di massa, il battesimo forzato, i ghetti in quarantena, i pogrom russi e i campi di concentramento tedeschi.

Commentary (aprile 1962, p.354), "non c'è stata resistenza?... Ad Auschwitz il rapporto tra prigionieri e guardie variava da 20 a 1 a 35 a 1. [Eppure] gli ebrei accettavano docilmente ogni ordine successivo che li rendeva impotenti, si mettevano in fila per i treni di deportazione...".

[388] Rinnegati in quanto abbracciarono il cristianesimo (Berenson, Disraeli, Heine, Husserl, Mahler, Mendelssohn, i Santi Pietro e Paolo) o divennero atei (Marx, Trotsky e altri importanti materialisti dialettici). La possibilità che Mosè fosse un egiziano e il fatto che Giuseppe fosse un voltagabbana sono già stati menzionati in precedenza. Spinoza, il più grande filosofo ebreo, fu espulso dalla comunità ebraica di Amsterdam nel 1656 per ordine rabbinico. Molti ebrei ortodossi e antisemiti concordano - o sperano - che Gesù non fosse ebreo perché proveniva dalla "Galilea dei gentili". Una tradizione talmudica prevalente vuole che Gesù fosse il figlio illegittimo di Giuseppe Panthera, un centurione romano, e di Miriam, moglie di un falegname. *Jüdische Enzyklopädie*, Judischer Verlag, Berlin, 1930, Band IV/I, pp. 772-73.

[389] *New Atlantis*, Great Books, Chicago, 1952, vol. 30, p. 209.

[390] Cfr. nota 4, pag. 64.

Quando e se una maggioranza americana risorta avrà la forza e la volontà di porre fine all'involucro ebraico dell'America, la storia non dovrà ripetersi. L'operazione dovrebbe essere compiuta con una finezza che fa onore a entrambe le parti. L'obiettivo dovrebbe essere morale, oltre che culturale e politico: trascendere, per la prima volta, le antiche lotte razziali affrontando la questione con la testa e il cuore, non con la clava e il coltello.

Le soluzioni ai problemi derivanti dai massicci scontri razziali all'interno dei confini di un Paese richiedono ogni goccia di ragione e immaginazione che esiste nel pozzo traboccante dello spirito umano. La separazione è ovviamente parte della soluzione. Ma come si può portare a termine con successo la più pericolosa delle operazioni sociali? Come si può portare a termine senza dislocazioni insopportabili nelle terre dell'esodo e sacrifici intollerabili nella terra del raduno?

In teoria la risposta è Israele. Ma Israele è la miccia spenta di un olocausto nel Medio Oriente.[391]

---

[391] La miccia si è accesa un po' più del solito in occasione dell'attacco aereo di Israele al reattore nucleare iracheno nel giugno 1981 e del massacro di 29 musulmani in preghiera da parte di un fondamentalista ebreo ossessionato nella moschea di Hebron all'inizio del 1994.

CAPITOLO 16

Minoranze non bianche

ISPANICO È un termine piuttosto generico che i media e il Census Bureau hanno attribuito a minoranze di qualsiasi razza o combinazione di razze i cui membri sono in gran parte di lingua spagnola o portoghese e aderiscono a qualche forma di cultura spagnola. Quasi tutti i cosiddetti ispanici, ad eccezione di un piccolo contingente di bianchi arrivati direttamente dalla Spagna, hanno avuto origine nell'America centrale e meridionale e nei Caraibi, e il numero di gran lunga maggiore è arrivato dopo la Seconda guerra mondiale. Secondo il Census Bureau, nel 1990 gli ispanici presenti negli Stati Uniti erano 22.354.059. Nelle pagine seguenti si cercherà di esaminare gli ispanici da una prospettiva razziale e geografica. Il resto del capitolo sarà dedicato alle minoranze asiatiche, seguito da un capitolo a parte sulla più grande minoranza non bianca di tutte: i negri.

MESSICANI: Il tipico messicano non è né spagnolo né asiatico, né bianco né giallo.[392] Sebbene parli spagnolo e sia l'erede di una cultura spagnola laminata, non sogna la Spagna e le glorie del passato spagnolo. Non è consapevole di avere legami con l'Asia nord-orientale, punto di partenza dei suoi antenati mongoloidi. Principalmente un meticcio, un incrocio o un ibrido spagnolo-indiano, il messicano si considera un esemplare razziale unico.

A parte la distinzione genetica, ciò che differisce maggiormente i messicani dai membri della Maggioranza è l'arte di vivere. Con le sue feste e i suoi fiori, le sue forme d'arte antiche e moderne, le sue ricche e varie risorse minerarie e petrolifere, le sue aspre *mesetas* e *barrancas* e le sue sgargianti spiagge tropicali, il vero Messico, non gli orrendi sciami di persone che fanno delle grandi città dei formicai umani, non l'inquinamento industriale che rende l'aria urbana irrespirabile e grigia, ma il vero Messico che aggiunge grazia e bellezza a un mondo sempre più grigio. Dopo le rivoluzioni e le controrivoluzioni dei primi del Novecento, un'intensa ondata di nativismo ha investito il Paese, portando con sé splendori culturali come le pitture murali di Orozco, certamente la più magnifica e la più abbagliante arte pittorica uscita dal Nuovo Mondo. Il nemico giurato di quest'arte è il

---

[392] *Focus*, una pubblicazione della National Geographic Society, afferma che la popolazione del Messico è per il 55% meticcia, per il 29% indiana, per il 15% europea e per meno dell'1% negra e mulatta. Al visitatore occasionale la stima degli europei appare elevata.

kitsch di Madison Avenue e Hollywood esportato in Messico dagli Stati Uniti, una cultura spuria che volgarizza e degrada sia gli esportatori che gli importatori.

Il censimento del 1990 ha contato 13.495.938 persone di origine messicana negli Stati Uniti. Il numero rappresenta il 60% di tutti gli ispanici sparsi nei 50 Stati. La maggior parte di loro vive in California, Texas, Colorado e nel sud-ovest, anche se grandi concentrazioni si stanno radicando in molte città del nord.[393] I *pochos*, ovvero i cittadini nati in patria, e i *cholos*, ovvero gli immigrati legali, costituiscono una parte consistente del conteggio del censimento. Non si sa quanti clandestini o "lavoratori senza documenti" siano stati inclusi. Membri della seconda più grande minoranza non bianca, i messicani americani sono spesso scarsamente istruiti ed economicamente svantaggiati come i negri. Il loro tasso di abbandono scolastico è alto, il loro reddito pro capite basso.[394] Nonostante ciò, il tenore di vita della maggior parte dei messicani americani è di gran lunga superiore a quello dei messicani in Messico.

Perennemente inassimilabili a causa della loro colorazione e dei loro tratti mongoloidi o indiani, i messicano-americani accentuano il loro status di minoranza tenendosi stretti alla loro lingua (vaste aree del Sud-Ovest americano sono ora bilingui), votando il ticket democratico,[395] con la loro sindacalizzazione e la loro agitazione di classe e razzista.

Emulando i negri, i messicani americani hanno iniziato a fare politica etnica con il pugno di ferro. Le valli della California e le pianure del Texas, i barrios di Los Angeles e Denver sono già stati teatro di alcuni seri scontri con gli anglosassoni, anche se "la rivolta dei chicani [messicano-americani] contro l'establishment anglosassone è ancora in fase di pianificazione".[396] L'etnocentrismo messicano-americano è alimentato anche dai continui richiami all'aggressione americana contro la loro patria e da una demagogia che ritiene che i messicani americani siano ora cittadini di seconda classe in una regione del Nord America che un tempo apparteneva ai loro antenati.

---

[393] Provenienti dal Messico diversi secoli fa, circa 250.000 "ispanos" del Nuovo Messico, che considerano gli arrivi successivi come degli intrusi, perpetuano una propria sottocultura ispanofona a prova di assimilazione.

[394] *New York Times*, 20 aprile 1969, p. 54.

[395] Un solido blocco di voti messicano-americani, alcuni dei quali provenienti da elettori morti da tempo, fece vincere a Lyndon Johnson le combattutissime primarie senatoriali del 1948 in Texas, in un momento cruciale della sua carriera politica. Cfr. pp. 428-29.

[396] *New York Times*, 20 aprile 1969, p. 1.

Esiste la possibilità concreta che, se il costante afflusso legale e illegale di geni messicani attraverso il Rio Grande continuerà e se i tassi di natalità messicano-americani e messicani si manterranno agli alti livelli attuali, i messicani americani riconquisteranno i loro territori perduti dell'Alta California e del Texas - già denominati dai fanatici irredentisti come Aztlan - non con la violenza o con la politica delle minoranze, ma semplicemente esercitando i diritti degli abusivi.

CUBANI: Nonostante la sua grande componente negra e la sua duratura dittatura, Cuba conserva, nella sua sciatteria e nella sua povertà, più di qualsiasi altro Paese dell'America Latina, l'antica atmosfera coloniale spagnola. Per quanto riguarda le relazioni dell'isola con gli Stati Uniti, esse sono state calde e fredde. Dopo l'affondamento della corazzata *Maine* nel porto dell'Avana nel 1898, le truppe americane aiutarono attivamente Cuba a conquistare l'indipendenza dalla Spagna. Con l'arrivo sulla scena di Fidel Castro, tuttavia, il Paese ha voltato le spalle o è stato costretto a farlo al gigantesco vicino del nord ed è passato al lato rosso dello spettro politico ed economico. Il disastroso fallimento della Baia dei Porci da parte di un'eterogenea banda di anticomunisti e di straccioni nemici di Castro non contribuì a migliorare le relazioni tra Cuba e gli Stati Uniti. L'inaspettata apparizione di bombe atomiche sovietiche nella Perla delle Antille fu quanto di più vicino a provocare una guerra nucleare, guerra che fu evitata quando Kruscev batté le ciglia e rispedì a casa le sue bombe.

Da diversi decenni Cuba e gli Stati Uniti, pur distanti solo 90 miglia, si comportano come se fossero due mondi diversi, il cui contatto principale è il deflusso di anticastristi verso gli Stati Uniti, soprattutto nel sud della Florida, dove è rimasta la maggior parte dei 1.043.932 cubani e dove hanno creato una fiorente enclave cubana. Poiché molti cubani appartenevano alla classe media e persino a quella superiore e possedevano varie capacità imprenditoriali, hanno prosperato nel loro nuovo Paese. A differenza di altri immigrati ispanici, la maggior parte di loro si è iscritta al Partito Repubblicano e ha fatto politica con tale diligenza da diventare la principale forza politica dell'area di Miami. Un cubano americano è stato eletto sindaco, deputato e capo della polizia. È difficile che un politico bianco o negro venga eletto a una carica locale o addirittura statale della Florida senza il sostegno dei cubani. A differenza della maggior parte degli altri immigrati ispanici, gran parte dell'immigrazione cubana, soprattutto nella fase iniziale, era composta da bianchi, il che ha contribuito a diminuire la diffidenza nei confronti degli stranieri dalla pelle scura. Solo nelle fasi successive il flusso di immigrati fu composto in gran parte da neri e mulatti. I meticci (incroci tra spagnoli e indiani) e gli indiani puri, che costituiscono gran parte dei messicani negli Stati Uniti, erano quasi invisibili nell'immigrazione cubana.

Il primo gruppo di cubani in fuga da Castro ha ricevuto un caloroso benvenuto nel sud della Florida. Erano considerati rifugiati e quindi fuori dalle quote di immigrazione. Tra gli arrivi successivi ci furono anche i rifiuti delle carceri cubane, che misero a dura prova le forze dell'ordine. Dopo lunghe trattative, Castro accettò di riprendere alcuni di loro.

Cosa faranno i cubani negli Stati Uniti quando Castro se ne andrà? Sicuramente molti di loro torneranno a casa. Ma molti altri resteranno, soprattutto quelli che sono stati via per 30 anni o più. Gli elementi più ricchi (bianchi) probabilmente se ne andranno se la situazione politica ed economica si stabilizzerà. Gli elementi più poveri (neri), che oggi rappresentano quasi la metà dei cubani negli Stati Uniti, probabilmente resteranno. I bianchi rimanenti, che sono abbastanza bianchi, potrebbero lentamente scivolare nei ranghi della Maggioranza. Nel complesso, tuttavia, le famiglie cubane, a prescindere dal colore della pelle, sono così unite che il loro potenziale di assimilazione rimarrà probabilmente basso ancora per qualche tempo.

PUERTO RICANI: I portoricani originari, da 20.000 a 50.000 indiani Arawak, si estinsero nel XVI secolo dopo alcune rivolte infruttuose contro gli spagnoli, che li avevano fatti lavorare troppo nelle miniere d'oro. Il vuoto di manodopera fu colmato dagli schiavi negri provenienti dall'Africa. Poiché la maggior parte dei portoricani negli Stati Uniti proviene in gran parte dagli elementi più poveri della popolazione - in diretto contrasto con le prime ondate dell'immigrazione cubana - l'alta frequenza dei loro tratti negroidi non solo li rende inassimilabili, ma rende difficile non confonderli con i neri.

In quanto cittadini americani, i portoricani non sono soggetti a quote di immigrazione. Con poche complicazioni legali che ne impediscono l'ingresso e con un tasso di natalità estremamente elevato, gli americani di nascita o discendenza portoricana, secondo il censimento del 1990, ammontano a 2.727.754 persone. Più della metà di loro è concentrata a New York e dintorni. Come i messicani, i portoricani hanno portato con sé una cultura spagnola profonda come la pelle. Come i messicani, anche i portoricani hanno riposto le loro fortune politiche nelle mani del partito democratico. Per non perdere tempo nel raccogliere questi voti, i politici di New York hanno cambiato il test di alfabetizzazione per gli elettori, permettendo che fosse fatto in spagnolo. Di conseguenza, i portoricani possono arrivare a New York senza conoscere una parola di inglese e ottenere quasi subito il sussidio.

Provenienti da una delle isole più belle e dal clima più amichevole del mondo, i portoricani riescono in qualche modo ad adattarsi a una delle baraccopoli più brutte e alle zone climatiche più crudeli del mondo. Il loro status economico si avvicina a quello dei negri, che guardano dall'alto in basso nonostante la loro ascendenza in parte africana. Coloro che superano la barriera linguistica, tuttavia, superano presto i neri nativi nella maggior parte dei risultati.

I portoricani di Porto Rico, ora Commonwealth degli Stati Uniti, hanno finora dimostrato di essere troppo orgogliosi per essere uno Stato, ma non abbastanza per l'indipendenza o l'autosufficienza (metà dell'isola riceve buoni pasto). La vena di fervente nazionalismo che attraversa alcuni segmenti della popolazione ha motivato una banda di "patrioti" a tentare di assassinare il presidente Truman nel 1950, un'altra a sparare a cinque membri del Congresso nel 1954 e un'altra ancora a lanciare attacchi terroristici con bombe in varie città degli Stati Uniti negli anni Settanta. Al momento non è possibile prevedere se i sentimenti separatisti dei portoricani si placheranno e porteranno alla nascita del cinquantunesimo Stato o se i portoricani, come i filippini, opteranno per l'indipendenza. Ciò che si può prevedere è che la maggior parte di loro non ha più possibilità di essere assimilata rispetto agli abitanti di altre isole caraibiche.

ALTRE MINORANZE LATINO-AMERICANE NON ASSIMILABILI: Le isole minori dei Caraibi sono popolate per la maggior parte da negri e mulatti, con una sottile spuma di bianchi in cima. L'eccezione è Haiti, la metà occidentale della grande isola di Hispaniola. Haiti non solo è a stragrande maggioranza nera, ma aderisce a un lontano retaggio coloniale francese e a un patois francese degradato come lingua. Molti haitiani sono salpati per la Florida su barconi sovraffollati, con perdite e fatti in casa, alcuni dei quali sono annegati prima di raggiungere le spiagge della Terra Promessa. Complessivamente l'immigrazione dai Caraibi, compresi Cuba e Porto Rico, supera i 5 milioni. Ha gravato sull'economia della Florida in modo così pesante che il governatore Lawton Chiles stima che i nuovi arrivati costino al suo Stato un miliardo di dollari all'anno, cifra per la quale sta facendo causa al governo federale, sostenendo che l'Immigration and Naturalization Service non è riuscito a far rispettare le leggi sull'immigrazione.

Anche l'America centrale ha fornito un gran numero di immigrati, sia legali che illegali, la maggior parte dei quali meticci. In generale, la popolazione indiana non diluita è rimasta a casa. L'unico Paese dell'America Centrale con una popolazione prevalentemente bianca è il Costa Rica, i cui cittadini sono per la maggior parte di razza mediterranea, il che significa che la maggior parte è troppo scura per essere considerata maggioritaria. Le rivolte rivoluzionarie e le guerre di guerriglia in alcune di queste piccole nazioni hanno accelerato l'emigrazione verso nord, e all'orizzonte politico non c'è nulla che indichi una stabilità a lungo termine. Strategicamente e idealmente, i Caraibi dovrebbero essere un lago americano ben sorvegliato. Gli Stati Uniti hanno una base a Guantanamo Bay, sulla punta orientale di Cuba. Il Canale di Panama rimarrà nelle mani degli Stati Uniti fino al 1999. Tuttavia, i Caraibi sono diventati un'affollata via d'acqua per meticci, mulatti e bianchi mediterranei in fuga verso nord. Non sarebbe difficile interdire questo traffico con l'uso della moderna tecnologia navale, ma finora i tentativi di farlo sono stati tutt'altro che incerti. Il quadro è complicato dal fatto che molti immigrati centroamericani prendono la via di terra attraverso il Messico. I più abbienti pagano dei "tour director" per portarli in autobus al confine con gli Stati Uniti.

Il censimento statunitense del 1990, escludendo messicani, cubani e portoricani, riporta 5.086.435 ispanici di origine centro-sudamericana. I non bianchi provenienti dalla fascia settentrionale degli Stati sudamericani sono per lo più meticci; quelli provenienti dal Brasile lusofono per lo più mulatti. Argentina, Uruguay e Cile hanno all'incirca la stessa composizione razziale delle popolazioni di Italia e Spagna. Di conseguenza, gran parte degli immigrati provenienti da questi Paesi dovrebbe essere assegnata alla categoria razziale mediterranea, largamente inassimilabile.

In sintesi, l'America Latina, cioè l'intero Nuovo Mondo dal Rio Grande in su, ha tassi di natalità relativamente alti che stanno esercitando una forte pressione demografica per cambiare la composizione razziale degli Stati Uniti.[397] Gli ispanici, che hanno già "conquistato" ampie zone della Florida meridionale, del Texas meridionale e della California meridionale, stanno diventando una forza politica anche in alcune grandi città del nord. Quando in queste aree i neri e gli ispanici uniscono le loro forze politiche e sociali, i bianchi possono fare ben poco se non affidarsi alle vecchie garanzie costituzionali per essere protetti.

Ogni giorno gli ispanici già presenti superano la maggioranza dei bianchi. Ogni giorno innumerevoli meticci e mulatti, che arrivano in barca o a piedi, entrano illegalmente negli Stati Uniti, dove molti si stabiliranno presto e alleveranno i propri figli, che diventeranno automaticamente cittadini americani. Non c'è da stupirsi che i demografi prevedano che entro circa mezzo secolo la popolazione bianca americana, che già comprende un gran numero di non assimilabili, diventerà una minoranza in quella che un tempo era la sua terra.

CINESI: Il primo grande contingente di immigrati cinesi (13.100) arrivò in California nel 1854.[398] Di una civiltà completamente estranea e totalmente estranea all'ambiente americano, i cinesi partirono con i più gravi handicap culturali ed economici. Membri di una vera e propria classe servile del XIX secolo, posero i binari della ferrovia in tutto il West, lavorarono

---

[397] Un modo indiretto per confrontare i tassi di natalità è dire che un terzo di tutti i bambini nati negli Stati Uniti nel 1993 sono nati grazie a Medicaid.

[398] Davie, *World Immigration*, p. 308.

faticosamente nelle miniere e fornirono gran parte dell'aiuto domestico ai coloni bianchi. Il cinese con il codino nel retrobottega era un'istituzione che resistette a San Francisco per più di mezzo secolo.

Una volta che il boom dell'oro si era attenuato e le ferrovie erano in funzione, il Congresso rispose alle pressioni degli occidentali che temevano la concorrenza della manodopera dei coolie e la crescente ondata di colore (123.201 cinesi arrivarono in California negli anni Settanta del XIX secolo) approvando l'Exclusion Act del 1882: Exclusion Act del 1882. Fu il primo tentativo del Congresso di legiferare in materia di immigrazione, precedendo di quasi quarant'anni l'istituzione di quote complessive.[399] La legge del 1923 prevedeva una quota annuale di 124 persone.

Il censimento del 1970 elencava 435.062 americani di origine cinese, di cui 52.039 risiedevano nelle Isole Hawaii. Il censimento del 1990 ha portato la cifra a 1.645.472, dimostrando che la popolazione cinese, concentrata soprattutto in California, New York e Hawaii, è quasi triplicata in tre decenni. Se le relazioni con la Cina continentale si stabilizzeranno, i cinesi d'America potrebbero ricominciare a viaggiare verso casa attraverso il Pacifico, una migrazione verso ovest che un tempo riusciva a mantenere il loro tasso di crescita inferiore a quello della maggior parte delle altre minoranze.

I cinesi americani sono il primo esempio di minoranza autosufficiente e statica. Sebbene un tempo siano stati vittime di persecuzioni e discriminazioni quasi intollerabili,[400] hanno ormai seppellito gran parte del loro risentimento ed evitato di ricorrere ad agitazioni razziali e a lobby di minoranza.[401] Piuttosto orgogliosi del loro status di sifenazione, mantengono i loro nomi di famiglia, molti dei loro modi di fare dell'Estremo Oriente e se ne stanno per conto loro. La loro vita è caratterizzata da una moralità e da una rispettabilità da classe media. Quando la maggior parte delle altre minoranze non bianche si trasferisce in un'area urbana, questa di solito si trasforma in una baraccopoli. Le enclave cinesi, invece, diventano spesso centri di attrazione. La Chinatown di San Francisco, la più grande del Nuovo Mondo, è una delle zone più pulite e meglio tenute della città. Un tempo

---

[399] Ibidem, p. 313. Per maggiori informazioni sulle quote si vedano i capitoli 5 e 6.

[400] L'intera popolazione cinese di 1.000 persone fu cacciata senza pietà da Truckee, in California, nel 1878. L'anno precedente a San Francisco c'era stata una guerra quasi aperta tra irlandesi e cinesi. Davie, op. cit., pp. 318-21.

[401] Alle Hawaii, dove i non bianchi sono in maggioranza, i cinesi sono più attivi politicamente, come dimostra la presenza al Senato (1959-77) del repubblicano milionario Hiram Fong. Negli Stati Uniti continentali, la minoranza cinese si distingue dalla coalizione liberal-minoritaria votando spesso per candidati conservatori e prendendo una posizione aggressiva contro il busing dei bambini nelle scuole.

terreno di scontro tra bande rivali, nel secondo dopoguerra vantava una bassa incidenza di crimini violenti e delinquenza giovanile, fino al grande aumento dell'immigrazione asiatica. Negli anni '70 le bande provenienti da Taiwan e Hong Kong iniziarono a terrorizzare i cinesi rispettosi della legge in California e a New York. Nel 1983 scoppiò un omicidio di massa in una bisca cinese a Seattle.

La minoranza cinese, almeno sulla terraferma, è per qualsiasi standard una minoranza solitaria. Conserva e sviluppa la propria cultura senza cercare di imporla agli altri, anche se, come altri gruppi asiatici, è una "minoranza protetta". Nella sfera di cristallo del futuro cino-americano si può scorgere una macchia scura. Se il fervore rivoluzionario o razziale dovesse indurre la Cina a muovere di nuovo guerra contro gli Stati Uniti - ne ha combattuta una non dichiarata in Corea nel 1950-51 - la posizione della minoranza cinese potrebbe diventare tanto fragile quanto quella dei giapponesi nella Seconda Guerra Mondiale. Nel frattempo, la pressione demografica in Cina e l'esistenza di reti di contrabbando altamente professionali fanno sì che il numero di cinesi negli Stati Uniti sia in costante aumento.

GIAPPONESI: gran parte di ciò che è stato scritto sui cinesi americani vale anche per i giapponesi americani, o almeno per quei giapponesi americani che non risiedono nelle isole Hawaii. I giapponesi sono arrivati in America più tardi dei cinesi, ma hanno incontrato lo stesso grado di ostilità. Sebbene il Giappone stesso avesse bandito tutti gli stranieri, ad eccezione di alcuni olandesi, per 230 anni (1638-1868) e avesse vietato ai suoi cittadini di recarsi all'estero pena la morte, il governo giapponese si oppose con forza ai piani del Congresso di includere i giapponesi nel divieto di immigrazione cinese.[402] Per placare l'orgoglio giapponese, nel 1907 il presidente Theodore Roosevelt negoziò un "Gentleman's Agreement", con il quale il Giappone accettava di fermare l'esodo giapponese, a condizione che il Congresso non approvasse alcuna legge restrittiva sull'immigrazione che menzionasse i giapponesi per nome. Nel 1940 circa 140.000 giapponesi vivevano negli Stati Uniti, l'86% dei quali nel Far West, dove molti erano diventati prosperi coltivatori di camion. Nel 1990 il numero di giapponesi americani era salito a 847.562, la maggior parte dei quali in California (312.959), Hawaii (247.486), New York (35.281) e Washington (34.366).[403]

Poco dopo Pearl Harbor, che mostrò i pericoli della spavalderia militare giapponese, più di 110.000 giapponesi della costa occidentale, la maggior parte dei quali cittadini statunitensi, furono allontanati dalle loro case,

---

[402] Davis, op. cit., p. 321.

[403] Ibidem, p. 324. Dati sulla popolazione tratti dal censimento del 1990. L'aumento della popolazione è in gran parte attribuito al programma di unificazione familiare.

fattorie e aziende e trasportati nei "campi di trasferimento" occidentali, con una perdita media di 10.000 dollari per famiglia.[404] I giapponesi delle Hawaii, dove erano più concentrati e dove la loro potenziale minaccia alla sicurezza nazionale era molto più grande, furono lasciati in relativa pace. Nel 1944 il 442° Regimental Combat Team, composto in gran parte da Nisei, giapponesi americani di seconda generazione provenienti da Oahu, combatté valorosamente contro le truppe tedesche dirompenti nella campagna d'Italia e continuò ad accumulare uno dei migliori record negli annali militari americani.

Tranquilli e poco appariscenti sulla terraferma, dove alcuni votano repubblicano, i giapponesi giocano a fare politica razziale con una certa aggressività alle Hawaii. Il gruppo di popolazione più numeroso nelle isole, i giapponesi votano democratico. I due senatori delle Hawaii sono giapponesi, così come uno dei due rappresentanti e il governatore. Questo voto di blocco smentisce l'affermazione dell'assenza di tensioni razziali alle Hawaii.

Per la disperazione delle famiglie giapponesi più anziane e più insulari, un numero considerevole di loro figli, maschi e femmine, si sta sposando con i bianchi. Gli orientali di tutte le taglie e forme sono molto attratti dalle bionde, un'attrazione che spinge anche gli agenti e i protettori giapponesi del vecchio Paese a reclutare showgirl bionde per le loro apparizioni in Giappone, dove alcune vengono poi indotte o costrette a prostituirsi.

Il Giappone è una nazione terribilmente sovraffollata, il primo Paese asiatico a riprendersi dalla Seconda Guerra Mondiale, grazie anche all'industria del suo popolo e all'assistenza costruttiva dell'occupazione militare statunitense. La sua prosperità, tuttavia, è minacciata da altre nazioni asiatiche, in particolare Corea e Cina, che vogliono partecipare all'espansione economica. Con un budget di difesa irrisorio e protetto dall'ombrello nucleare statunitense e da tariffe occidentali amichevoli, il Giappone è stato in grado di accumulare un surplus commerciale senza precedenti dopo aver copiato e migliorato prodotti dell'ingegno occidentale come macchine fotografiche, automobili, apparecchiature informatiche, fotocopiatrici e ogni sorta di prodotti per la casa e l'ufficio. Mentre la qualità giapponese aumentava, quella americana diminuiva.

Ma la fine del miracolo economico giapponese è già in vista. La concorrenza asiatica e le forti riduzioni delle importazioni giapponesi dovute agli enormi squilibri commerciali, insieme alle concomitanti agitazioni sindacali,

---

[404] Simpson e Yinger, op. cit., pp. 132-33. Dopo la guerra, le richieste di risarcimento furono liquidate a un tasso medio di dieci centesimi di dollaro. *Washington Post*, 5 ottobre 1965, p. 1.

finiranno per provocare disordini interni e aumentare l'emigrazione verso altri Paesi, soprattutto verso gli Stati Uniti.

La visita del commodoro Perry e della sua flottiglia americana, nel 1853, scosse il Giappone feudale in una frenesia di modernizzazione. Dopo aver vinto la guerra russo-giapponese, la prima volta che una nazione bianca è stata sconfitta da una nazione orientale in un conflitto vero e proprio, il Giappone si unì allo schieramento vincente (alleato) nella Prima Guerra Mondiale. Alcuni anni dopo iniziò a scorrazzare su gran parte dell'Asia Orientale - Corea del Sud, Cina, Indonesia, fino ai confini dell'India - fino a quando non fu definitivamente messo alle strette nella Seconda Guerra Mondiale da due bombe a fissione americane. Il Sol Levante sorse e il Sol Levante affondò. Ma non per molto. In pochi anni la minaccia militare giapponese si è trasformata in una minaccia economica altrettanto grave, anche se fortunatamente più facile da contenere. La potenza economica è destinata ad avere difficoltà a mantenere il suo boom di prosperità, dato che le nazioni occidentali, compresi gli Stati Uniti, sono costrette a imporre dazi più alti sui prodotti giapponesi e di altri Paesi dell'Asia orientale per salvare la propria base produttiva.

ALTRE MINORANZE DELL'OCEANO PACIFICO E ASIATICHE: La storia ci ricorda che fino a poco tempo fa le Hawaii, il 50° Stato, erano un territorio governato con mano forte dai piantatori bianchi e dalle forze armate americane. Il fatto che le minoranze statunitensi più rumorose non siano presenti in gran numero alle Hawaii,[405] non significa che il razzismo sia inesistente o che in futuro i vari gruppi etnici non ingaggeranno un'aspra lotta per il potere. I paradisi insulari non sono eccezioni alle leggi delle dinamiche razziali.

A partire dal 1979, i crimini a sfondo razziale contro i residenti e i turisti bianchi sono diventati un elemento ricorrente nelle cronache hawaiane. Molti studenti bianchi si assentano dalle lezioni l'ultimo giorno dell'anno scolastico, che viene osservato da molti hawaiani con minacce e intimidazioni - finora limitate alle parole e non ai fatti - del tipo "uccidi un haole [bianco] al giorno".

Le statistiche del censimento dimostrano il dispiegarsi di una tragedia razziale nelle Hawaii, l'unico Stato in cui i non bianchi superano i bianchi. Una delle minoranze più colorate e romantiche d'America, quella dei polinesiani, si sta rapidamente estinguendo. Dei 211.014 hawaiani o

---

[405] Il censimento del 1990 ha registrato 1.108.229 persone nelle Isole Hawaii, così suddivise: Bianchi, 369.616; giapponesi, 247.486; hawaiani, 211.014 (meno del 10% di sangue puro); filippini, 168.682; cinesi, 68.804; negri, 27.195; altri, 15.432. Molti dei bianchi appartengono a famiglie di militari.

parzialmente hawaiani contati dal censimento del 1990, rimangono forse solo 10.000 o 15.000 esemplari "puri". Si sta cercando di salvarli mantenendo un rifugio sovvenzionato sull'isola di Niihau, dove vivono in quarantena volontaria, parlano la vecchia lingua hawaiana e non hanno a disposizione televisione, automobili, negozi di liquori e fast-food.

Una minoranza non bianca molto numerosa nelle isole Hawaii e sulla terraferma è quella filippina. Nel 1990, negli Stati Uniti c'erano 1.406.770 persone il cui punto di origine erano le Isole Filippine: un salto di oltre 600.000 unità in soli vent'anni. I filippini hanno avuto facile accesso all'America quando il loro Paese era un possedimento americano, ma sono stati sottoposti a una quota quando hanno ottenuto l'indipendenza nel 1946. A tutti gli effetti, la legge sull'immigrazione del 1965 ha eliminato la quota.

Come il Giappone, la Corea del Sud è diventata un quasi protettorato degli Stati Uniti. Le forze armate americane, dopo aver difeso con successo il Paese dall'assalto nordcoreano e poi cinese nel 1950-51, sono pronte a farlo di nuovo. Questa collaborazione militare, insieme a un cambiamento radicale della politica di immigrazione, ha innescato una massiccia migrazione trans-pacifica di civili sudcoreani. Una volta giunti negli Stati Uniti, i coreani si specializzarono nell'apertura di piccole drogherie nei pressi o nei centri urbani, dove molti furono rapinati senza pietà e uccisi a colpi di pistola dai neri.

All'indomani della guerra del Vietnam e della conquista di gran parte dell'Indocina da parte del Vietnam del Nord comunista, il governo degli Stati Uniti si trovò improvvisamente di fronte ai "boat people", centinaia di migliaia di sudvietnamiti (molti di origine cinese) in fuga dal Vietnam del Sud via mare. Dopo averli abbandonati sul campo di battaglia, il Congresso e i media si sentirono in dovere di accoglierli: nel 1990 erano più di un milione. A loro si aggiunse in seguito un numero minore di cambogiani, la cui nazione, un tempo placida, fu dilaniata da epurazioni di ispirazione comunista che si avvicinarono al livello del genocidio. Al momento della stesura di questo articolo, i Khmer Rossi, che si agitano e adorano Marx, sono stati respinti nella giungla. Per quanto tempo, nessuno lo sa.

Milioni di sud-est asiatici vorrebbero seguire le orme di coloro che hanno già trovato rifugio in questo Paese. Quanti altri potranno stabilirsi qui dipenderà dalle intenzioni demografiche dei vari governi indocinesi e dalla politica di immigrazione, o dalla sua mancanza, della Casa Bianca e del Congresso.

Altre minoranze asiatiche o mongoloidi comprendono 62.964 samoani, 49.345 guamaniani, 815.447 indiani asiatici del subcontinente indiano,

81.371 pakistani,[406] 57.152 eschimesi e 23.797 aleut[407] (antichi immigrati asiatici). Le domande sulla probabilità di assimilazione di questi gruppi trovano la migliore risposta nei noti versi di Kipling.

INDIANI AMERICANI: sono state sviluppate diverse teorie per spiegare le origini razziali dei più antichi abitanti del Nuovo Mondo. Quella più accettabile per l'antropologia contemporanea è che si tratti di discendenti di tribù mongole che indossavano pellicce, portavano lance e mangiavano mammut, e che hanno attraversato lo Stretto di Bering a piedi o a piedi circa 10.000-20.000 anni fa, quando la maggior parte del territorio era una pianura erbosa. Alcuni antropologi dissidenti alludono alla possibilità di una parziale discendenza da polinesiani e melanesiani che potrebbero aver raggiunto il Sud America dall'Isola di Pasqua. Ci sono anche leggende di rifugiati da Atlantide e dal continente perduto di Mu, e di marinai naufraghi di giunche cinesi arenati sulla costa del Pacifico.[408] Le sorprendenti sacche di gruppo sanguigno A possono essere spiegate da elementi australoidi e c'è persino una remota possibilità di una lontana parentela con gli Ainus del Giappone.

Nel 1500, il Nord America (al di sopra del Rio Grande) contava circa 850.000 indiani.[409] Nel 1900 la popolazione indiana degli Stati Uniti era scesa a 237.196,[410] un declino che sembrava avvalorare la teoria dell'Americano che scompare e la mezza verità dello storico Arnold Toynbee, secondo cui i popoli di lingua inglese avrebbero colonizzato con l'espropriazione e il genocidio.[411] Ma il censimento del 1990 ha contato 1.878.285 indiani, molte centinaia di migliaia in più di quelli che esistevano

---

[406] I pakistani si sono lanciati nel business dei motel con una certa decisione.

[407] Gli Aleuti facevano parte della prima migrazione dalla Siberia, ma non si spinsero mai più a est delle Isole Aleutine. Lì, circa 200 anni fa, i commercianti di pellicce russi trovarono 25.000 loro discendenti. Quando i russi partirono, dopo aver venduto l'Alaska agli Stati Uniti nel 1867, rimasero in vita solo 2.950 aleviti. Se il censimento del 1990 è corretto, il loro numero è ora in ripresa.

[408] *The American Heritage Book of Indians*, American Heritage Publishing Co., New York, 1961, pp. 9, 25.

[409] *Our American Indians at a Glance*, Pacific Coast Publications, Menlo Park, California, 1961, pag. 6.

[410] *Harvard Encyclopedia of American Ethnic Groups*, pp. 58-59. Oggi la tribù indiana più numerosa è quella dei Navajo, con una popolazione di 160.000 persone. Nel XVII secolo i Navajos erano 9.000.

[411] *A Study of History*, Vol. V, p. 46. Con la stessa esagerazione Toynbee avrebbe potuto descrivere l'eterna guerra tra tribù indiane nomadi come un genocidio.

prima dell'arrivo degli europei. Circa il 70% di questi indiani vive in 399 riserve governative.[412]

Gli indiani degli Stati Uniti e del Canada non divennero mai una popolazione meticcia come molti indiani dell'America Latina. Il colono inglese, che spesso portava con sé la propria famiglia, non era così incline al meticciato come il solitario soldato spagnolo. Inoltre, gli indiani del Nord America erano cacciatori, nomadi, agricoltori isolati e pescatori, meno abili a socializzare rispetto ai mongoloidi negli agglomerati urbani degli imperi azteco e inca. Questo non significa che non ci sia stato un incrocio tra gli indiani e i trapper, i commercianti e altri "squaw men" bianchi nell'Ovest e con gli schiavi negri negli Stati del Sud.[413] In America Latina, la miscegenazione dell'Europa meridionale ha diluito il patrimonio indiano e negro. In Nord America, la mescolanza tra europei del Nord e neri del Sud è stata largamente diffusa. Ai tempi della frontiera, nonostante la nozione ben pubblicizzata di "nobile selvaggio" di Rousseau e i Mohicani plutarchiani di Cooper, gli indiani erano considerati il più basso e svilito degli umanoidi.[414] Ora che entrambe le parti hanno abbandonato il sentiero di guerra e i contatti diretti tra loro sono scarsi, se non nelle loro bische tribali, sono lusingati e coccolati dai loro nuovi amici bianchi, la moderna generazione di ideologi eleimosinari, e dimenticati dai loro nemici di un tempo. In effetti, è diventato un luogo comune - e una misura del declino della loro coscienza razziale - che alcuni bianchi si vantino del loro "sangue indiano". Non troppo, ovviamente, ma abbastanza da evocare visioni di ampi spazi aperti e scout Remington. Mezzosangue, un tempo l'espressione più sprezzante dell'inglese americano, è stata annacquata fino a diventare un peggiorativo così anemico che a malapena solleva un sopracciglio.

Se la vociferazione delle minoranze fosse proporzionale alle sofferenze passate, gli indiani avrebbero tutte le ragioni per essere i più clamorosi di tutti i gruppi di popolazione americani. Un tempo unico e incontrastato

[412] *Time*, 3 settembre 1965, p. 72. Uno scrittore indiano, Vine Deloria, Jr, non è d'accordo con queste cifre. Secondo le sue stime, la metà degli indiani negli Stati Uniti vive nelle città dell'est e altri 100.000 sono sparsi nelle aree rurali dell'est. *New York Times Magazine*, 7 dicembre 1969.

[413] Almeno 200 comunità negli Stati Uniti orientali sono costituite in gran parte da ibridi trirazziali di ascendenza mista indiana, negra e bianca. Coon, op. cit., p. 307. Madison Grant riteneva che metà della popolazione indiana americana avesse sangue bianco.

[414] Nel 1866, tre anni dopo che Lincoln aveva liberato gli schiavi, una contea dell'Arizona offriva ancora 250 dollari per uno scalpo Apache. *American Heritage Book of Indians*, p. 384. La dettagliata descrizione di Francis Parkman del cannibalismo indiano e dell'abitudine degli indiani di torturare i prigionieri bianchi di entrambi i sessi rende più comprensibili le feroci reazioni degli uomini di frontiera. *The Works of Francis Parkman*, Little Brown, Boston, 1892, Vol. III, in particolare il capitolo XVII.

dominatore di tutto ciò che dominava, il pellerossa è caduto ed è stato abbassato in fondo alla scala sociale americana, dove rimane. È stato ammassato nelle riserve, drogato con l'alcol, decimato dal vaiolo e ha ottenuto pieni diritti di cittadinanza solo nel 1924. Nel 1966 l'indiano medio aveva il reddito più basso di tutti gli americani e un tasso di disoccupazione di quasi il 40%. Il 90% delle abitazioni era al di sotto degli standard accettabili. La sua aspettativa di vita era di ventuno anni inferiore a quella della popolazione generale.[415] Gli indiani delle riserve sono ancora affidati al Bureau of Indian Affairs, un'organizzazione di 16.000 funzionari governativi che si distingue per una lunga serie di inettitudini amministrative.[416]

Prendendo spunto da minoranze più dinamiche, gli indiani hanno recentemente compiuto alcuni sforzi per serrare i ranghi, un compito alquanto formidabile dato che parlano ancora più di cento lingue diverse e appartengono a più di 250 tribù. Come raramente sono stati in grado di unirsi quando i bianchi li sfrattavano dai loro campi e dalle loro zone di caccia, il loro tribalismo endemico continuerà sicuramente a ostacolare l'organizzazione di qualsiasi lobby nazionale efficace. L'ultimo grande tentativo di rinascita indiana fu la religione della Ghost Dance (1889-90), quando Wovoka, un uomo di medicina Paiute, promise il ritorno dell'Età dell'Oro. Mandrie di bisonti dalle mille zampe avrebbero ripopolato le praterie. I prodi morti si sarebbero sollevati con i loro grandi capi e avrebbero intrapreso un ultimo sentiero di guerra, che avrebbe estirpato le facce pallide dalla terra. Il movimento fu facilmente stroncato dal Settimo Cavalleggeri.[417] Le agitazioni degli indiani degli ultimi giorni, come il saccheggio dell'ufficio dell'Indian Bureau a Washington e la "rivolta" di Wounded Knee del 1973, pur dimostrando che il razzismo indiano era in crescita, sono più esattamente descritte come eventi mediatici che come seri tentativi di indipendenza.

La noblesse oblige esige che un certo rispetto, anche se le loro azioni e i loro comportamenti attuali non lo meritano, sia accordato agli americani più antichi, la maggioranza di un tempo che secoli fa è diventata una minoranza, l'unico gruppo di popolazione americana con una cultura in gran parte non derivata. L'indiano, anche se raramente è stato all'altezza del suo ruolo, è l'eroe tragico dell'epopea americana. È stato il nemico per più di 250 anni.[418]

---

[415] *Time*, 15 marzo 1968, p. 20.

[416] *San Francisco Examiner*, This World, 14 aprile 1968, p. 19.

[417] *American Heritage Book of Indians*, pag. 371.

[418] Le guerre indiane si conclusero nel 1891 con la pacificazione finale dei Sioux. Ibidem, p. 400. Rispetto alla lotta secolare con gli indiani, le guerre dell'America contro la Francia

È giusto che gli onori della sconfitta garantiscano la sua sopravvivenza fisica e la sua continuità spirituale.

---

nel periodo coloniale, la Gran Bretagna in epoca rivoluzionaria, il Messico e la Spagna nel XIX secolo, la Germania, il Giappone, la Corea del Nord, il Vietnam del Nord e l'Iraq nel XX secolo furono relativamente brevi.

CAPITOLO 17

I negri

L A MINORANZA NEGRA, la più numerosa e violenta, merita un capitolo speciale perché presenta agli Stati Uniti un problema che spesso sembra irrisolvibile. Alimentato e surriscaldato da agitatori bianchi e neri per scopi ideologici diversi, il razzismo negro ha raggiunto il punto in cui ha letteralmente messo a terra lo *Zeitgeist* americano, un tempo in ascesa, e minaccia di mutilarlo in modo irriconoscibile. Per la prima volta dalla pacificazione degli indiani, che ora ricorrono a sporadici episodi di resistenza localizzata, i leader autodefiniti di una minoranza americana parlano seriamente di prendere le armi contro l'autorità dello Stato. Contemporaneamente, all'interno della comunità negra si sta moltiplicando una grande casta criminale, insieme a una casta ancora più grande di beneficiari di assistenza sociale e tossicodipendenti disumanizzati. Si è formata anche una classe media nera, ma anche un ghetto di famiglie senza padre, i cui figli illegittimi sono ormai più numerosi dei figli di famiglie negre con due genitori.

I primi negri ad arrivare nei possedimenti britannici in Nord America furono venti servi indentured che sbarcarono da una nave olandese a Jamestown, in Virginia, nel 1619. I neri, si sa, sono in America da altrettanto tempo della maggioranza e da più tempo di tutte le altre minoranze, ad eccezione degli indiani. Sopraffatti dalla cultura bianca, i negri hanno rapidamente scambiato i loro dialetti tribali con l'inglese, le loro divinità tribali con il cristianesimo e i loro nomi tribali con quelli dei loro padroni bianchi. Ma non hanno mai potuto scambiare la loro pelle.

La schiavitù negra, una delle più antiche e durature istituzioni umane, fu introdotta nel Nuovo Mondo per volere del pio vescovo cristiano Bartolomé de las Casas, il quale predicò che solo i negri potevano sopravvivere al giogo della servitù che gli spagnoli avevano imposto agli indiani.[419] Sebbene l'"istituzione peculiare" fosse saldamente stabilita nelle colonie meridionali alla fine del XVII secolo, la schiavitù non divenne un grande affare fino agli inizi della rivoluzione industriale. Quando il cotone divenne il re e gli "oscuri mulini satanici" di Blake iniziarono a sfregiare i paesaggi della Nuova e della

---

[419] Davie, op. cit., p. 587. La proposta di De las Casas fu adottata troppo tardi. Quasi tutti i nativi delle grandi isole delle Indie Occidentali furono spazzati via prima dell'arrivo dei loro sostituti neri.

Vecchia Inghilterra, solo i negri erano in grado, e disponibili, a sopportare i rigori del lavoro nei campi delle piantagioni del Sud.

Contrariamente alle teorie cospiratorie della storia negra che attribuiscono le disgrazie dei neri interamente ai bianchi, i capi tribù africani svolsero un ruolo chiave nella tratta degli schiavi. Erano gli agenti di approvvigionamento che radunavano gli uomini delle tribù vicine, così come molti dei loro stessi sudditi, e li facevano marciare verso le navi negriere.[420] Il rum era la base di questo discutibile commercio e passava per moneta corrente sulla costa occidentale africana. Lì, scrive Charles Beard, "per saziare il loro feroce appetito, [i negri] vendevano i loro nemici, i loro amici, le loro madri, i loro padri, le loro mogli, le loro figlie e i loro figli per la pozione bollente del New England".[421]

La schiavitù è stata la disumanità dei bianchi verso i neri. Ma era anche la disumanità dei neri nei confronti dei loro stessi simili. Per molti negri il trasporto in America significava semplicemente abbandonare una forma di servitù per un'altra. Spesso si trattava di una fuga fortuita da fame, malattie, sacrifici umani e cannibalismo. I bianchi che si sentono in colpa per la schiavitù dovrebbero tenere conto del fatto che, sebbene sia stata proibita da più di un secolo negli Stati Uniti, è ancora diffusa in Africa. Negli anni '60, con 5,60 dollari si comprava un bambino meticcio sano in Somalia; con 2.200 dollari una ragazza attraente in Sudan.[422] Nel 1980 il governo della Mauritania approvò una legge che aboliva la schiavitù, come aveva fatto più volte in precedenza, con scarsi risultati. La questione della schiavitù ha iniziato a dividere gli americani fin dal momento della loro indipendenza. Le migliori menti dell'epoca - Franklin, Patrick Henry, Washington, Hamilton, Jefferson, Madison - erano contrarie alla schiavitù, ma non volevano affrontarla per l'urgenza di unificare la giovane Repubblica. L'opposizione alla schiavitù, va notato, non significava necessariamente credere nell'uguaglianza predicata in modo così eloquente nella Dichiarazione d'Indipendenza. Thomas Jefferson, l'autore della maggior parte di quel documento, suggerì che "i neri, sia che siano originariamente una razza

---

[420] Lo storico negro John Hope Franklin sottolinea che "la schiavitù era una funzione importante della vita sociale ed economica africana". *From Slavery to Freedom* (*Dalla schiavitù alla libertà*), Knopf, New York, 1967, p. 31. Uno dei metodi preferiti per le retate era quello di incendiare un villaggio di notte e catturare gli abitanti in fuga. *Ency. Brit.*, Vol. 20, p. 780.

[421] Beard, *Rise of American Civilization*, Vol. I, pp. 93-94. Gli schiavi venivano trasportati su navi dalle quali erano state temporaneamente rimosse le teste di maiale.

[422] Sean O'Callaghan, *The Slave Trade Today,* recensito in *San Francisco Chronicle*, This World, 27 maggio 1962. Negli ultimi anni negli Stati Uniti sono stati arrestati i negri, non i bianchi, per aver commesso il reato di peonaggio. *Miami Herald*, 22 marzo 1973, p. 1.

distinta, sia che siano stati resi tali dal tempo e dalle circostanze, sono inferiori ai bianchi nelle dotazioni del corpo e della mente".[423] Jefferson era particolarmente pessimista sulle capacità intellettuali dei neri.

> Confrontandoli con le loro facoltà di memoria, ragione e immaginazione, mi sembra che in memoria siano uguali ai bianchi; in ragione molto inferiori, poiché penso che difficilmente uno di loro potrebbe essere in grado di tracciare e comprendere le indagini di Euclide; e che in immaginazione siano ottusi, insipidi e anomali... Ti stupiscono con colpi della più sublime oratoria... Ma non ho mai trovato che un nero abbia pronunciato un pensiero al di sopra del livello della semplice narrazione".[424]

Dopo che la questione della schiavitù aveva raggiunto una fase incandescente, il giudice capo Roger B. Taney, originario del Maryland, scrivendo l'opinione di maggioranza nella decisione Dred Scott (1857), prese atto che i negri erano "esseri di ordine inferiore". Abraham Lincoln, un altro non credente nell'uguaglianza genetica dei negri, era fermamente impegnato nella separazione delle due razze e un forte sostenitore della legge dell'Illinois che rendeva il matrimonio tra bianchi e negri un crimine.[425]

---

[423] *The Life and Selected Writings of Thomas Jefferson*, Modern Library, N.Y., 1944, p. 262. Jefferson era favorevole all'emancipazione dei negri, ma avvertiva che il nero, "una volta liberato... deve essere allontanato dalla portata della mescolanza...". Ibid. Il modo in cui le idee di Jefferson sono state modificate per adattarle alle moderne nozioni liberali di uguaglianza è dimostrato dall'iscrizione sul Jefferson Memorial di Washington, che recita: "Nulla è più certamente scritto nel libro del destino che questo popolo debba essere libero". Lo scalpellino ha messo un punto al posto del punto e virgola originale. La frase di Jefferson continuava: "Né è meno certo che le due razze, ugualmente libere, non possano vivere sotto lo stesso governo". George Washington, il cui interesse per i negri non era verbale come quello di Jefferson, ma forse più generoso, fece in modo che i suoi schiavi fossero liberati alla sua morte. Jefferson, che un tempo ne aveva ben 212, non lo fece.

[424] Ibidem, pp. 257-58.

[425] Benjamin Quarles, *Lincoln and the Negro*, Oxford University Press, N.Y., 1962, pp. 36-37. In uno dei suoi dibattiti del 1858 con Stephen Douglas, Lincoln fu citato per aver detto: "Ciò che desidererei maggiormente sarebbe la separazione della razza bianca da quella nera". Nel 1862, Lincoln invitò alcuni negri liberi alla Casa Bianca per spiegare le ragioni di uno dei suoi progetti preferiti, il rimpatrio dei neri americani in Africa. "Abbiamo tra noi una differenza più ampia di quella che esiste tra quasi tutte le altre due razze... Questa differenza fisica è un grande svantaggio per entrambi... La vostra razza soffre molto... vivendo tra noi, mentre la nostra soffre per la vostra presenza... Se questo viene ammesso, offre una ragione, almeno, per cui dovremmo essere separati". Carl Sandburg, *Abraham Lincoln, The War Years*, Harcourt Brace, N.Y., 1939, vol. 1, p. 574. Per una sintesi degli atteggiamenti di Lincoln nei confronti dei negri, si veda la

Come sottolineato in precedenza in questo studio, i neri negli Stati Uniti sono passati da circa 750.000 a quasi 4.500.000 negli anni (1790-1860) in cui quasi il 90% dei negri era schiavo.[426] La schiavitù era abominevole per il corpo e per lo spirito, ma come dimostra un aumento di quasi sei volte della popolazione nera in settant'anni, non era certo un genocidio. Poiché il Congresso aveva messo fuori legge la tratta degli schiavi nel 1808, la maggior parte dell'aumento poteva essere attribuita solo alla fecondità dei neri.

Le enormi perdite della Guerra Civile sono la prova che la maledizione della schiavitù si è abbattuta sia sui bianchi che sui neri. Dopo la fine della guerra e l'abolizione della schiavitù con il 13° emendamento, venti rappresentanti e due senatori negri furono inviati al Congresso. Allo stesso tempo, le capitali degli Stati del Sud erano affollate di titolari di cariche negre e di aspiranti tali. Per un po' sembrò che la potenza militare e la vendicatività yankee, sommate al numero dei negri e alla demoralizzazione del Sud, potessero cambiare il colore e il carattere della civiltà meridionale. Ma i bianchi del Sud si diedero alla clandestinità e organizzarono il Ku Klux Klan, i cui cavalieri notturni insegnarono alle forze di occupazione e ai loro collaboratori bianchi e neri alcune nozioni sulle tattiche di terrore e sulla guerriglia. Il Nord, sempre più immerso nella speculazione finanziaria e nell'espansione industriale, si stancò infine di cercare di imporre l'uguaglianza dove non esisteva. Il presidente Rutherford B. Hayes, un repubblicano moderato, rimosse le ultime truppe federali nel 1877 e il Sud fu restituito ai sudisti. Mentre i negri sprofondavano nuovamente nella servitù della gleba e nella mezzadria, la Corte Suprema riconobbe la costituzionalità della segregazione postbellica nella dottrina "separati ma uguali" di *Plessy v. Ferguson* (1896).

Un visitatore casuale del Mississippi o dell'Alabama alla fine del secolo avrebbe potuto giungere alla conclusione che, a parte alcune formalità legali, la schiavitù era stata ripristinata. Avrebbe avuto ragione, ma non per molto. La rivoluzione industriale, ora nella sua fase centrale, si stava preparando a strappare il destino dei negri in una nuova direzione. L'ingresso dell'America nella Prima Guerra Mondiale fu accompagnato da una grande carenza di operai. Decine di migliaia di negri, contadini e operai, sentirono il richiamo e iniziarono una migrazione di massa verso le città del nord che si arrestò solo alla fine degli anni '70. Nel 1900, il 90% della popolazione

---

dichiarazione di Ludwell H. Johnson, professore associato al College of William and Mary, in Putnam's *Race and Reality*, pp. 134-37.

[426] Franklin, op. cit., pp. 186, 217.

negra viveva sotto la linea Mason-Dixon; nel 1950, il 70%. Oggi, dei 29.986.060 neri censiti nel 1990, poco più della metà vive nel Sud.

La trasformazione della minoranza negra in una popolazione urbana pose fine all'isolamento politico dei neri e li portò per la prima volta alla portata della coalizione liberal-minoritaria, che ha dominato la politica americana per la maggior parte di questo secolo. Nel Nord, e successivamente nel Sud, ai negri fu insegnato il segreto del voto di blocco.[427] Quando le carriere politiche sono diventate sempre più dipendenti da questi voti, una cittadella dopo l'altra della resistenza bianca ha cominciato a crollare. Le chiavi principali del successo del movimento per i diritti civili furono gli enormi contributi finanziari delle fondazioni, delle chiese e delle organizzazioni delle minoranze bianche benestanti, nonché le manovre legali e l'attività di lobbying delle organizzazioni negre finanziate e in gran parte dirette da liberali ed ebrei bianchi.[428] La Corte Suprema diede una mano abbattendo la poll tax e i test di alfabetizzazione, due salvaguardie politiche che il Sud

---

[427] Alle elezioni presidenziali del 1964, i negri votarono al 95% per Lyndon Johnson. *Time*, 4 novembre 1964, p. 4. Ventotto anni dopo, nella corsa presidenziale del 1992, Clinton, il vincitore democratico, ricevette l'83% dei voti neri. L'11% dei neri scelse Bush; il 7% votò per Perot. *Voter Research and Survey*, studio ABC su 15.214 elettori.

[428] Julius Rosenwald di Sears, Roebuck è stato per molti anni il maggior finanziatore delle cause negre. Il primo presidente della Urban League, la seconda più grande organizzazione negra, fu il banchiere newyorkese Edwin Seligman. Per un quarto di secolo i presidenti della National Association for the Advancement of Colored People (400.000 membri e un bilancio annuale di 13 milioni di dollari, al 1992) sono stati ebrei, l'ultimo dei quali è stato Kivie Kaplan, cinquantotto membri della cui famiglia erano soci a vita da 500 dollari. Il responsabile permanente del NAACP Legal Defense Fund è Jack Greenberg. Yaffe, *The American Jews*, p. 257, e Arnold Rose, *The Negro in America*, Beacon, Boston, 1961, p. 267. Prima di essere assassinato dai separatisti neri, l'attivista negro Malcolm X scrisse: "Ho riconosciuto all'ebreo il merito di essere stato, tra tutti gli altri bianchi, il finanziatore, il 'leader' e il 'liberale' più attivo nel movimento per i diritti civili dei negri". *Autobiografia di Malcolm X*, p. 372. Il sostegno intellettuale e finanziario degli ebrei fu altrettanto generoso nei confronti delle organizzazioni radicali negre, come lo era stato per la Urban League e la NAACP. Gruppi come il CORE e l'SNCC vivevano praticamente di contributi ebraici. Nel gennaio 1970, Leonard Bernstein diede una festa nel suo appartamento di Park Avenue e raccolse 3.000 dollari, a cui aggiunse il compenso del suo concerto successivo, per ventuno Pantere Nere arrestate per aver complottato per uccidere poliziotti e far esplodere con la dinamite una stazione di polizia, grandi magazzini e una strada ferrata. *Time*, 26 gennaio 1970, p. 14. Una settimana dopo l'ex giudice della Corte Suprema Goldberg contribuì a formare una commissione speciale per indagare se la polizia di Chicago avesse violato i diritti delle Pantere Nere. In precedenza, la stampa aveva riportato che le Pantere avevano ucciso cinque poliziotti e ferito altri quarantadue in "sparatorie" in venti Stati. *Human Events*, 7 febbraio 1970, p. 10. Il denaro ebraico è stato fondamentale nelle campagne elettorali dei sindaci negri Carl Stokes di Cleveland e Richard Hatcher di Gary, Indiana. Phillips, *The Emerging Republican Majority*, p. 350.

aveva eretto contro il ripetersi del Black Power dei tempi della Ricostruzione. Alla fine degli anni Cinquanta sembrava che la Guerra Civile stesse per essere combattuta di nuovo in miniatura. Marciatori per la libertà, sceriffi federali, procuratori del Dipartimento di Giustizia, predicatori, insegnanti, kibitzers, liberali, ultraliberali - in breve un'intera nuova generazione di "carpetbaggers" - si unirono al Sud per aumentare la tensione e alimentare la violenza che accolse la decisione della Corte Suprema sulla desegregazione scolastica (1954). Ma i tempi e la geopolitica erano cambiati. La squallida desolazione dei ghetti del Nord ricordava quotidianamente che il problema dei negri non poteva più essere relegato nella metà inferiore di una netta bipartizione geografica.

I liberali bianchi e i membri delle minoranze che, nella tradizione degli abolizionisti del XIX secolo, avevano usato con entusiasmo le privazioni dei negri come una clava politica ed economica con cui battere l'odiato Sud, l'ultima roccaforte del razzismo della Maggioranza, non erano altrettanto entusiasti quando si sono trovati di fronte ai negri del Sud che migravano *in massa* nelle città del Nord. È più confortante dire agli altri come rimediare ai loro errori che correggere i propri. Parte della soluzione liberale-minoritaria per la situazione dei negri è stata quella di inculcare loro l'odio per i bianchi del Sud. Ma per i negri del Nord tutti i bianchi erano uguali. Ironicamente, i capri espiatori stavano diventando i capri espiatori.

Il vento era stato seminato e il turbine si è scatenato quando i negri hanno finalmente percepito l'ipocrisia e la codardia dei loro alleati bianchi. Dal 1964 alla prima metà del 1968, le rivolte razziali dei negri,[429] la maggior parte delle quali nelle grandi città del Nord, hanno causato 215 morti, 8.950 feriti e 285 milioni di dollari di risarcimenti assicurativi.[430] La rivolta di Los Angeles del 1992 è stata la più grande fino ad oggi, con un costo di circa 1 miliardo di dollari e 58 vite. Anche se i media non ne hanno dato notizia, le rivolte, alcune delle quali potrebbero essere descritte più accuratamente come insurrezioni, non erano sempre atti folli e irrazionali di auto-immolazione. Si potevano anche considerare come una strategia ben congegnata per bruciare i commercianti, soprattutto coreani, che secondo i

---

[429] Il sociologo svedese Gunnar Myrdal, il cui trattato sull'integrazione in due volumi, *An American Dilemma* (1944), ha acceso la miccia intellettuale del Black Power, ha previsto che non ci sarebbero state "altre rivolte di un grado significativo di violenza nel Nord". Il suo coautore, Arnold Rose, nel 1962 disse che tutta la segregazione formale e la discriminazione sarebbero finite in un decennio e che la segregazione informale sarebbe "diminuita fino a diventare un'ombra" in due. *New York Times Magazine*, 7 dicembre 1969, p. 152.

[430] *U.S. News & World Report*, 15 luglio 1968, p. 31. Negli anni '70 si verificarono altri episodi di saccheggio e uccisioni. La rivolta di Miami, una delle più sanguinose, si verificò nel 1980.

residenti del ghetto li avevano truffati e sovraccaricati.[431] Inoltre, non è generalmente noto il fatto che le rivolte non furono guidate dai poveri o dagli svantaggiati, ma dai negri più istruiti e con un reddito più elevato.[432]

Nel 1969 i quadri paramilitari neri che cercavano di affermarsi come guardia d'élite della rivoluzione razziale lanciarono attacchi contro i poliziotti, tendendo loro imboscate nelle strade dei ghetti o uccidendoli a bruciapelo quando fermavano i militanti neri per violazione del codice della strada. Bande armate di negri occuparono edifici o aule di diversi college, tennero in ostaggio funzionari amministrativi e professori e furono poi amnistiati dopo aver costretto presidenti, presidi e facoltà tremanti a piegarsi alle loro richieste. Altri gruppi di negri hanno imposto tributi alle chiese come "riparazione" per i maltrattamenti subiti all'epoca della schiavitù.[433] I peccati dei padri si ripercuotevano sui figli ben oltre la terza e la quarta generazione. Ai liberali di maggioranza e ai razzisti di minoranza, che non potevano sopportare le leggi di Norimberga di Hitler, veniva chiesto di accettare - e molti accettarono - una legge morale che riteneva le razze responsabili di atti commessi da individui morti da tempo.

---

[431] Alla fine del 1968, dopo diversi anni di esposizione a incendi dolosi e saccheggi, il 39% dei negozi dei quindici ghetti più grandi era ancora di proprietà di ebrei. *Wall St. Journal*, 31 dicembre 1968, pp. 1, 12. I militanti neri accompagnarono i loro attacchi alle attività commerciali ebraiche con occasionali esplosioni di antisemitismo. Will Maslow, allora direttore esecutivo dell'American Jewish Congress, si dimise dal comitato esecutivo del CORE dopo aver partecipato a una riunione scolastica a Mount Vernon N.Y., durante la quale un educatore di Nego dichiarò che Hitler non aveva ucciso abbastanza ebrei. La maggior parte degli ebrei era troppo impegnata nella causa negra per applaudire il gesto di Maslow. Yaffe, op. cit., p. 261. Solo quando i leader negri attaccarono apertamente il sionismo nel 1979, dopo il licenziamento da parte di Carter dell'ambasciatore delle Nazioni Unite Andrew Young per aver parlato con un membro del P.L.O., la spaccatura nell'alleanza nero-ebraica divenne un argomento da telegiornale serale.

[432] I sospetti nel confronto con la polizia dopo le rivolte di Washington del 1968 sono risultati "sorprendentemente rispettabili". La maggior parte non aveva mai avuto problemi con la legge. Più della metà erano padri di famiglia. *U.S. News & World Report*, 22 aprile 1968, p. 29.

[433] La questione dei risarcimenti è stata ripresa dai membri neri del Congresso che hanno introdotto alla Camera dei Rappresentanti la proposta di legge H.R. 40, volta a istituire una commissione per raccomandare, tra le altre cose, l'ammontare dei risarcimenti dovuti ai negri per il periodo trascorso dai loro antenati come schiavi dai tempi delle colonie fino all'approvazione del Tredicesimo Emendamento.

Quando non è attribuita alla cattiveria intenzionale del "razzismo bianco",[434] militanza nera è spesso spiegata come il risultato atteso e giustificabile della bassa condizione economica dei negri. Si fa riferimento alle statistiche governative che mostrano la presenza di un'enorme e crescente sottoclasse nera.[435] Le statistiche del 1978, tuttavia, dimostrano i progressi economici dei neri che sarebbero stati impensabili fino a pochi decenni prima. L'occupazione nera nei settori professionali e tecnici è salita all'8,7% (dal 6,7% del 1970). Il reddito mediano delle donne nere che lavorano era di 8.097 dollari, rispetto agli 8.672 dollari delle donne bianche che lavorano. Nel lavoro impiegatizio le donne nere guadagnavano più delle donne bianche (169 dollari settimanali contro 165). I diplomati neri guadagnavano il 77% del reddito delle loro controparti bianche (rispetto al 69% del 1967). I laureati neri guadagnavano dall'80 all'85% del reddito dei laureati bianchi (rispetto al 54% del 1967). Le famiglie nere a doppio reddito nel Nord e nell'Ovest guadagnavano più delle famiglie bianche a doppio reddito (14.995 dollari contro 14.030 nel 1974).[436] La militanza negra, a quanto pare, è una funzione del progresso economico negro come della privazione negra.

Esiste anche un'abbondanza di prove storiche che dimostrano che la violenza e la povertà dei neri non hanno un forte legame causale. Nessuno può negare che la condizione economica dei neri fosse molto peggiore durante l'epoca della schiavitù e della mezzadria rispetto a oggi. Eppure, in tutto quel periodo

---

[434] Il razzismo bianco è stato specificamente indicato come il principale responsabile della condizione dei negri americani dal *Rapporto Kerner* (1967), sponsorizzato dal governo e redatto dal giudice federale Otto Kerner che, insieme al suo ex collaboratore Theodore Isaacs, è stato poi riconosciuto colpevole di corruzione, frode ed estorsione. *Time*, 13 dicembre 1971, p. 15. Queste denunce ufficiali inevitabilmente intensificano l'odio verso i bianchi come gruppo, che a sua volta indurisce i sentimenti dei bianchi verso i negri. Malcolm X esemplificò il punto di arrivo dell'ostilità razziale quando disse, a proposito di un incidente aereo che uccise una trentina di bianchi americani, per lo più di Atlanta: "Ho appena sentito una buona notizia!". *Autobiografia di Malcolm X*, p. 394. Tale veemenza razziale, ovviamente, non è appannaggio esclusivo dei negri. Una tensione simile si notava nel defunto Ben Hecht, che scriveva di avere una "festa nel cuore" ogni volta che un sionista uccideva un soldato britannico. *New York Times*, 20 maggio 1947, p. 1.

[435] Tuttavia, il reddito della famiglia media negra negli Stati Uniti supera quello della famiglia media britannica. *Economist*, Londra, 10 maggio 1969, p. 19.

[436] The *Sunday Oregonian*, 14 settembre 1980. Questi guadagni sono compensati, ovviamente, dall'alta disoccupazione dei bianchi e dei neri e dal deterioramento delle condizioni sociali dei neri del ghetto. Nel 1992, il 67% dei bambini neri è nato da madri non sposate. Più della metà delle famiglie con capofamiglia donna viveva al di sotto della soglia di povertà. Per quanto riguarda i giovani neri disoccupati, alcuni studi hanno indicato che, se gli venisse offerto un lavoro, un gran numero di giovani negri lo rifiuterebbe o verrebbe presto licenziato per incompetenza o assenteismo.

sono note solo tre rivolte di negri, e anche queste furono di scarso rilievo. La più grande fu guidata da Nat Turner nella contea di Southampton, in Virginia, nel 1831. Se questo evento piuttosto ignobile - i morti bianchi ammontarono a dieci uomini, quattordici donne e trentuno bambini - fu la più grande esplosione di furia negra sulla terraferma nordamericana in tre secoli, si può tranquillamente concludere che i neri non erano spinti alla violenza dai proprietari di schiavi WASP.[437]

Altrove i risultati dei negri sono stati diversi. L'esperienza francese ad Haiti, dove il massacro della popolazione bianca è stato quasi totale, e la recente guerra tra la Nigeria e il Biafra, in cui sono morti un milione di neri, difficilmente indicano una propensione negra al pacifismo. E nemmeno il bagno di sangue intertribale del 1994 in Ruanda, dove sono stati massacrati più di 500.000 uomini, donne e bambini. Ciò che indica, invece, che i negri sono più propensi alla rivolta o alla sommossa, non quando sono oppressi, ma quando sono stimolati dal fervore tribale, dai discorsi razzisti di radicali bianchi e neri e dalle occasioni di saccheggio di massa.

Una causa innegabile della violenza dei neri è stata l'indebolimento della resistenza dei bianchi. Per tutta la storia americana la supremazia bianca è stata una premessa fondamentale delle relazioni sociali del Paese. Anche gli abolizionisti più accesi emanavano l'aria del Grande Padre Bianco. In effetti, la supremazia bianca era talmente accettata, radicata e istituzionalizzata che i negri quasi non osavano criticarla, né tantomeno adottare misure più incisive. Oggi, invece, la supremazia bianca o, per darle il suo nome moderno, il razzismo bianco, è talmente debilitata che la militanza negra non solo è possibile, ma anche proficua. L'idea che si fermerebbe una volta che i negri avessero ottenuto pari opportunità e pari risultati è la forma più pura di wishful thinking. Chi sarebbero i giudici? Gli attivisti neri? I politici neri militanti? E come si misurano i pari risultati?

Se i membri della Maggioranza comprendessero che il punto, la spinta, l'essenza stessa del razzismo delle minoranze non è ottenere l'uguaglianza ma la superiorità, si eviterebbero la maggior parte dei malintesi e delle interpretazioni errate del comportamento contemporaneo dei negri. Il razzismo non può essere eliminato con nomine di gabinetto, seggi alla Corte Suprema o quote razziali. Nelle sue fasi dinamiche, il razzismo può essere controllato o soppresso solo da una forza superiore, una forza fornita più

---

[437] Due di queste tre ribellioni furono tradite da schiavi domestici negri. Ognuna di esse fu ispirata dalla Rivoluzione francese o da passi appropriati dell'Antico e del Nuovo Testamento. Franklin Frazier, *The Negro in the United States*, Macmillan, New York, 1957, pp. 87-91.

efficacemente da un razzismo opposto o contrario. Ciò che è indiscutibile è che l'unico modo per non fermare la militanza negra è premiarla.

Non c'è prova migliore del declino della maggioranza americana che i continui successi del razzismo nero. I negri appartengono alla più arretrata delle grandi razze del mondo e alla più arretrata delle grandi popolazioni americane. Ciononostante, negli ultimi decenni sono riusciti a costruire una sorta di Stato nello Stato e, in nome dell'uguaglianza, hanno raggiunto una sorta di super-uguaglianza che ha portato all'istituzione di un doppio standard, uno per loro e uno per i bianchi, nei settori giudiziario, educativo ed economico della società americana. Il fatto che ciò che è stato definito affirmative action sia stato realizzato così rapidamente è una vivida conferma del potere del razzismo. I negri, come alcuni dei loro stessi leader ammetteranno in privato, hanno poco altro da fare per loro. Sono state avanzate diverse teorie per spiegare l'arretratezza dei negri. Una delle più pubblicizzate è stata avanzata da Arnold Toynbee, il cui monumentale *Studio della Storia* registra ventuno civiltà, la maggior parte delle quali create da uomini bianchi, alcune da uomini gialli, nessuna da uomini neri.[438] Toynbee spiegò la mancanza di civilizzazione del negro con la teoria della sfida e della risposta. Circondato dall'abbondanza della natura nei lussureggianti tropici africani, il negro, secondo Toynbee, doveva solo alzare la mano per raccogliere il suo sostentamento. Con un minimo di sfida c'era un minimo di risposta. Essendo, per così dire, imboccato da Madre Natura, il negro non era sufficientemente stimolato a sviluppare il suo apparato mentale al suo pieno potenziale.[439]

Un'altra ipotesi, basata su quella che il compianto A. L. Kroeber ha chiamato diffusione culturale, afferma che il negro, essendo stato spinto fuori dai binari principali del progresso sociale dalla geografia, ha sofferto per la mancanza di contatti con altre civiltà e di conseguenza è stato programmato per resistere alla barbarie. Una teoria più ordinata, così ordinata da essere praticamente inattaccabile, afferma che la situazione del negro è semplicemente dovuta alla sfortuna, che il destino di tutte le razze non è altro che il risultato del cieco caso e dell'accidente storico, che se la fortuna non fosse stata così gentile con i bianchi, essi vivrebbero ancora nelle caverne. Un altro punto di vista, più razionalizzante che razionale, sostiene che l'attuale condizione dei negri è dovuta a un complotto bianco abilmente truccato. I mercanti di schiavi bianchi sono incolpati di aver deliberatamente spazzato via le fiorenti civiltà negre in Africa, e i costruttori di imperi bianchi che li hanno seguiti sono accusati di aver trasformato gli Stati tribali

---

[438] Vol. 1, p. 232.

[439] Vol. 2, pp. 26-29.

sopravvissuti in sordide enclavi finanziarie e piantagioni dominate dai padroni.

Come ci si aspettava, alcune o tutte queste congetture hanno trovato il favore delle scuole ambientaliste di scienze sociali, nonostante siano cariche di non sequitur, di congetture e di macinature razziali. L'ipotesi della sfida e della risposta di Toynbee perde gran parte della sua credibilità quando si ricorda che molte zone geografiche occupate dai negri africani, come gli altopiani dell'Africa orientale, sono del tutto prive di caratteristiche tropicali e simili per clima, flora e fauna alle aree che hanno prodotto alcune delle ventuno civiltà di Toynbee.[440] Per quanto riguarda la teoria della diffusione culturale, dal momento che un gran numero di negri viveva da tempo immemorabile sul confine meridionale dell'antico Egitto, essi erano di conseguenza i più vicini di tutti i popoli - a una breve navigazione lungo il Nilo - a una delle prime e più grandi civiltà del mondo. Dato questo vantaggio, i negri dovrebbero essere molto più avanti delle altre razze nei risultati culturali. Per quanto riguarda la teoria dell'incidente storico, tutto ciò che si può dire è che in 6.000 anni la fortuna dei negri dovrebbe essere cambiata almeno una volta.

Coloro che trovano basi genetiche per l'arretratezza dei negri sembrano avere un argomento molto più forte dei comportamentisti e degli egualitari. Essi indicano la tesi di Carleton Coon secondo cui la razza negra è più giovane nel grado evolutivo rispetto alle altre razze.[441] Essi producono ricerche mediche per dimostrare che i neonati negri hanno un tasso di maturazione più rapido di quelli bianchi, così come gli animali hanno un tasso di maturazione più rapido degli esseri umani. Per quanto riguarda la fissurazione, lo spessore dello strato sopragranulare e il numero di neuroni piramidali, hanno scoperto che il lobo frontale e la corteccia del cervello sono meno sviluppati nei negri che nei bianchi.[442]

Coloro che ripongono più fiducia nei geni che nell'ambiente presentano anche una massa di documentazione derivata da decenni di test di

---

[440] Potrebbe essere stata la malattia, e non una sfida insufficiente, a rendere il negro così letargico. La metà dei neri africani soffre di anemia falciforme, una malattia endemica che aiuta a immunizzarli contro la malaria, ma rallenta le funzioni corporee e mentali. L'anemia falciforme affligge 50.000 americani, la maggior parte dei quali sono negri.

[441] Cfr. pag. 19.

[442] Per i tassi di maturazione, cfr. Marcelle Geber, *The Lancet*, 15 giugno 1957, vol. 272, n. 6981, pp. 1216-19. Per gli studi sul lobo frontale e sulla corteccia, si veda C. J. Connolly, *External Morphology of the Primate Brain*, 1950, Springfield, Illinois, pp. 146, 203-4; C. W. M. Pynter e J. J. Keegan, "A Study of the American Negro Brain", 1915; *Journal of Comparative Neurology*, Vol. 25, pp. 183-212; Ward C. Halstead, *Brains and Intelligence*, 1947, Chicago, p. 149; F. W. Vint, "The Brain of the Kenya Native", 1934, *Journal of Anatomy*, vol. 68, pp. 216-23.

intelligenza per dimostrare che il punteggio medio del Q.I. dei negri è da 15 a 20 punti inferiore a quello dei bianchi.[443] Fanno riferimento a studi che attribuiscono i consistenti scarsi risultati scolastici dei neri a difficoltà di apprendimento intrinseche.[444] Accostano l'emancipazione dei negri negli Stati Uniti alla contemporanea emancipazione dei servi della gleba russi, contrapponendo la mobilità sociale dei discendenti di questi ultimi alla prolungata pigrizia post-schiavitù dei neri americani.[445] Citano la storia di successo dei coolies cinesi che, al loro arrivo in America, erano analfabeti e senza un soldo come i negri del periodo postbellico e avevano molta meno familiarità con le abitudini americane. Ciononostante, non hanno avuto bisogno di più di un secolo per raggiungere e superare il livello di reddito mediano. Citano Hegel, Conrad, Schweitzer e Faulkner per suggerire che le differenze tra i negri sono dovute alla natura e non all'educazione.[446]

I sostenitori dell'ereditarietà avvalorano ulteriormente la loro tesi facendo riferimento al curriculum politico e culturale dei negri. Essi sottolineano che né nel Vecchio né nel Nuovo Mondo i negri hanno mai prodotto un sistema di governo che andasse un passo oltre le forme più elementari di assolutismo; che le società negre indigene non hanno lasciato dietro di sé alcuna letteratura, né iscrizioni o documenti, né un corpo di leggi, né filosofia, né scienza - in breve, nessuna storia. Anche in quei campi dell'arte in cui i negri hanno mostrato una certa creatività e originalità, l'effetto finale, almeno in Occidente, è stato anticulturale: la bruttezza contorta della pittura e della

---

[443] Audrey M. Shuey, *The Testing of Negro Intelligence*, Social Science Press, New York, 1966. Il libro analizza 380 test di questo tipo accumulati in un periodo di quarant'anni.

[444] Gli studi più importanti sono quelli del dottor Arthur R. Jensen, che ha scoperto che gli studenti bianchi hanno una "capacità significativamente maggiore di afferrare concetti astratti". Si veda il capitolo 20.

[445] Parlando della posterità dei servi della gleba russi, Pitirim Sorokin scrisse che essi "hanno dato un numero considerevole di geni di primo grado, per non parlare delle persone eminenti di calibro minore... i negri americani non hanno prodotto fino ad oggi un solo genio di grande calibro". Teorie sociologiche contemporanee, p. 298, nota 162.

[446] Hegel, il filosofo domestico di Marx, equiparava i neri agli animali. *Vorlesungen tiber die Philosophie der Geschichte*, Stuttgart, 1971, pp. 137-44. Per l'illuminazione di Conrad dei meandri della psiche negra, si veda *Cuore di tenebra*. Schweitzer, che trascorse gran parte della sua vita in Africa, disse che l'uomo bianco era il "fratello maggiore" del negro. Considerava il negro medio un bambino, aggiungendo che "con i bambini non si può fare nulla senza ricorrere all'autorità". Putnam, *Race and Reason*, pag. 76, e *Newsweek*, 8 aprile 1963, pag. 21. Per quanto amasse e rispettasse i negri, Faulkner disse che se le agitazioni razziali anti-bianchi fossero aumentate sarebbe stato costretto a unirsi al suo stato natale, il Mississippi, contro gli Stati Uniti e a sparare ai negri per strada. *Reporter*, 22 marzo 1956, pp. 18-19.

scultura moderne, lo stridore da giungla della musica jazz e rock, il grottesco scalpiccio e la tessitura delle ultime mode di danza.

Sarebbe superfluo dire che gli intellettuali negri e i loro partigiani bianchi non sono d'accordo con queste argomentazioni biologicamente inclinate. Per confutarle, tuttavia, non rinunciano a ritoccare la storia. Le rovine di pietra dello Zimbabwe, nella Rhodesia meridionale, sono state presentate come la prova che un'antica e sofisticata civiltà negra era in piena fioritura quando gli europei si facevano strada a tentoni nei secoli bui. Poco dopo, i "regni" del Ghana, del Mali e di Songhai avrebbero inaugurato un'età dell'oro in Africa occidentale, dove due nuove nazioni emergenti sono state chiamate in loro onore. Il fatto che la "fortezza" di pietra dello Zimbabwe sia stata probabilmente costruita da commercianti arabi nell'XI secolo con manodopera ottentotta non dovrebbe rovinare una bella leggenda. Per quanto riguarda il Ghana, il Mali e il Songhai, sono stati fondati da berberi hamitici e arabi semitici e non si trovavano in Africa occidentale, ma più a est.[447] In realtà, le enclave culturali più evolute e interamente negre si trovavano nella Nigeria occidentale e non hanno bisogno di ricami storici da parte di coloro che si ostinano a misurare i risultati dei neri con gli standard dei bianchi.

In un tentativo troppo zelante di portare l'orgoglio negro al punto di ebollizione, uno storico ghanese ha scritto che Mosè e Buddha erano negri egiziani, che il cristianesimo ha avuto origine nel Sudan e che gli scritti di Nietzsche, Bergson, Marx e degli esistenzialisti erano riflessi del pensiero bantu. Allo stesso modo, gli "ebrei originari" e San Paolo sono descritti come neri e Spinoza è definito un "ebreo nero spagnolo".[448] La 25a dinastia nubiana, apparsa al crepuscolo della storia dell'Antico Egitto (730-663 a.C.), è considerata una prova del fatto che le brillanti civiltà egizie dell'Antico e Medio Regno erano opera di neri.[449] Per il pubblico televisivo Cleopatra viene talvolta rappresentata come una negra,[450] e un programma televisivo per neri ha informato i suoi spettatori che un re dell'Africa occidentale inviò un centinaio di navi in Sud America 200 anni prima di Colombo.[451] Per

[447] R. Gayre, "Negrophile Falsification of Racial History", *The Mankind Quarterly*, gennaio-marzo, 1967, pagg. 131-43. Si veda anche "Zimbabwe" dello stesso autore nel numero di aprile-giugno 1965.

[448] *Autobiografia di Malcolm X*, pp. 180, 190.

[449] L'Antico Regno costruì dei forti per respingere i nubiani. Il Medio Regno impedì l'ingresso di tutti i nubiani, tranne gli schiavi. Darlington, L'evoluzione dell'uomo e della società, p. 121.

[450] Cleopatra non era nemmeno nativa egiziana, "essendo per discendenza metà greca e metà macedone". John Buchan, Augustus, Houghton Mifflin, Boston, 1937, p. 77.

[451] Dal programma *Soul*, WNET, New York, 21 agosto 1969.

quanto riguarda la storia degli Stati Uniti, Crispus Attucks, che potrebbe essere stato un negro o un indiano, è diventato un eroe nero, celebrato come il primo patriota a dare la vita nella battaglia per l'indipendenza americana.[452]

Forse l'esempio più inverosimile di revisionismo storico negro è la versione della Genesi di Elijah Muhammad, il defunto profeta dei musulmani neri, che afferma che 6.600 anni fa, quando tutti gli uomini erano negri, uno scienziato nero di nome Yacub fu esiliato dalla Mecca con 59.999 seguaci. Inimicato da Allah, Yacub decise di creare una razza demoniaca di "bianchi sbiancati". Allevati scientificamente per diventare biondi, i seguaci di Yacub divennero, in fasi successive durate 200 anni, bruni, rossi, gialli e infine "diavoli biondi, dalla pelle pallida e dagli occhi azzurri e freddi, selvaggi, nudi e senza vergogna; pelosi, come animali [che] camminano a quattro zampe e [che] vivono sugli alberi". In seguito questi bianchi furono radunati dai negri e inviati nelle caverne europee dove, dopo 2.000 anni, Mosè andò a domarli e civilizzarli. Poi si misero a governare la terra per 6.000 anni. L'interregno bianco doveva finire quando un salvatore, il Maestro W. D. Fard, un venditore di seta mezzo bianco e mezzo nero, portò il messaggio di Allah e la guida divina a Elijah Muhammad nel 1931.[453]

La doratura del passato negro da parte degli appassionati di religione e di storia getta poca luce costruttiva sul grande dibattito sulle differenze razziali dei negri. Se gli ambientalisti hanno ragione, allora i negri dovrebbero raggiungere i bianchi non appena saranno concessi loro pari diritti politici e legali e pari opportunità educative ed economiche. Se, come sosteneva il compianto Marshall McLuhan, il negro è in realtà un essere superiore, il ritardo dovrebbe essere molto breve.[454] Eppure, ogni giorno il problema dei negri aumenta di gravità. Più i negri vengono aiutati, più sembrano aver bisogno di aiuto e più lo chiedono a gran voce. Più progrediscono, più l'America come nazione sembra regredire.

Se, invece, coloro che sostengono la tesi genetica hanno ragione, allora tutti i guadagni a breve termine che i negri hanno ottenuto negli ultimi decenni si

---

[452] Nel massacro di Boston del 1770. *New York Times Magazine*, 20 aprile 1969, pp. 33, 109-110.

[453] *Autobiografia di Malcolm X*, pp. 164-67. Alla morte di Elijah Muhammad, il figlio Wallace ereditò la leadership dei musulmani neri e attenuò la retorica antibianca.

[454] Le teorie razziali di McLuhan mettono al primo posto l'indiano e il negro. Il critico sociale di origine canadese ha scritto: "Il negro e l'indiano... sono in realtà psichicamente e socialmente superiori all'uomo frammentato, alienato e dissociato della civiltà occidentale... È stato il triste destino del negro e dell'indiano di essere... nati in anticipo piuttosto che in ritardo rispetto al loro tempo". Julius Lester, *Search for the New Land*, Dial Press, New York, 1969, pp. 57-58.

sommeranno a un disastro a lungo termine. Invece di cercare di essere uguali ai bianchi, i negri dovrebbero cercare di essere negri migliori. Invece di giocare al gioco dell'uomo bianco con i dadi che l'eredità ha caricato contro di loro, dovrebbero sviluppare i loro talenti speciali nei loro modi speciali. Le frustrazioni dei negri, dicono gli ereditari, spariranno solo quando i negri americani condurranno una vita da neri anziché da bianchi.

Alcuni dei più ardenti sostegni alla convinzione che le differenze razziali dei negri siano così distinte da rendere l'integrazione quasi impossibile sono venuti dagli stessi negri americani. Booker T. Washington ha avvertito il suo popolo di accettare la segregazione e di rimanere ben lontano dalle principali correnti della civiltà bianca.[455] Marcus Garvey, che dopo la prima guerra mondiale organizzò il primo autentico movimento di massa negro, decise che la soluzione era tornare in Africa.[456] Padre Divine, nonostante Madre Divine fosse una bionda canadese, insistette per trasferire la sua congregazione in comunità murate, fuori dalla portata della contaminazione bianca.

I più recenti sostenitori del separatismo nero sono i musulmani neri e alcuni gruppi nazionalisti neri, che chiedono il ritorno in Africa o la creazione di uno o più Stati negri indipendenti sul suolo americano. Ma allineandosi con frange di bianchi e regimi stranieri ostili, i leader neri non fanno altro che aggravare i loro problemi.

Il grande deterrente al separatismo nero non sono le aspirazioni integrazioniste di marxisti e arrampicatori sociali neri assortiti, ma l'intera sovrastruttura del pensiero liberale moderno. Se la nozione di uguaglianza razziale viene ceduta al separatismo, che riconosce e istituzionalizza le differenze razziali, l'ambientalismo, il comportamentismo, il determinismo economico e persino la stessa democrazia verrebbero presto messi in discussione. Le ortodossie occidentali prevalenti potrebbero allora dissolversi nel nulla e la mente occidentale potrebbe dover imboccare una strada completamente nuova o ritrovare quella vecchia. Da un punto di vista politico, il separatismo nero sarebbe una perdita schiacciante per la coalizione liberal-minoritaria. Poiché la separazione razziale di qualsiasi tipo non è affatto sgradita ai bianchi di mentalità razziale, non è inverosimile che i membri della Maggioranza, specialmente nel profondo Sud, e i membri

---

[455] "In tutte le cose puramente sociali", ha detto Washington, "possiamo essere separati come le dita, ma uno come la mano in tutte le cose essenziali per il progresso reciproco". Putnam, *Razza e ragione*, p. 90.

[456] È significativo che Garvey fosse un negro purosangue che rivolse il suo appello agli elementi più neri della popolazione negra. Fu un'eccezione alla dubbia regola secondo cui i leader dei movimenti neri devono essere mulatti, il cui status ibrido li rende mediatori ideali tra bianchi e negri.

della Minoranza assimilabile, più duramente colpiti nelle maggiori città della nazione, si uniscano ai separatisti neri in un patto per liberare sia i bianchi che i neri da un'amministrazione liberale integrazionista a Washington. Inoltre, se il separatismo negro dovesse mai diventare all'ordine del giorno, altre minoranze non assimilabili potrebbero cogliere l'occasione, lasciando il liberalismo come un'ideologia in cerca di un partito. All'altro estremo, l'integrazione totale infliggerebbe un colpo altrettanto letale al potere politico della sinistra, decretando la fine di tutte le minoranze e con esse della principale ragion d'essere del liberalismo attuale.[457] È solo nella zona di confine tra la società segregata e quella integrata, tra la realtà e l'utopia, che il liberale di oggi si sente veramente a casa.

Poiché è in gioco molto di più del destino dei negri americani, la coalizione liberal-minoritaria, sostenuta da un considerevole contingente di cosiddetti conservatori, spinge per l'integrazione a tutti i costi. Come sempre, coloro che hanno il coraggio di esprimere opinioni opposte vengono ignorati o sottoposti a un'istantanea distruzione del carattere.

Ma se il liberalismo domina ancora il pensiero del Paese in materia di politica sociale, ha poco controllo sui processi organici della società. Come uomo delle tribù, il negro era un membro della famiglia tribale. Come schiavo, aveva la famiglia del suo padrone. Come mezzadro, aveva la sua famiglia. Come peone dell'industria o come disoccupato di massa, non ha alcuna famiglia, dal momento che l'attuale sistema di welfare prevede incentivi finanziari per i nuclei familiari senza padre e per ogni figlio illegittimo. Il risultato è che il negro urbano ha raggiunto un'impasse in cui non gli rimane altro che il suo colore e il suo senso di oppressione. Avendo perso il suo focolare, le sue radici, la sua religione e la sua strada, sta rapidamente perdendo i pochi impegni sociali che ancora conserva.[458]

Dopo che il peggio è stato fatto, i negri più dinamici chiedono riparazione, un po' come i bambini indisciplinati che hanno perso la loro innocenza potrebbero chiedere riparazione ai genitori che li hanno abbandonati. A queste richieste i bianchi possono scegliere tra quattro risposte: l'oppressione, che è immorale;[459] l'integrazione senza intermateria, che è

---

[457] "Quello a cui arriviamo è che l'"integrazione", dal punto di vista sociale, non è un bene per nessuna delle due parti. L'integrazione, in definitiva, distruggerebbe la razza bianca... e distruggerebbe la razza nera". *Autobiografia di Malcolm X*, p. 276.

[458] Charles Murray, in *Losing Ground* (Basic Books, 1984), ha analizzato i programmi federali che, secondo lui, hanno portato direttamente alla condizione contemporanea dei negri.

[459] È troppo tardi per la tattica che Tacito mette in bocca a un generale romano che cerca di reprimere una rivolta dei Galli. "Nunc hostis, quia molle servitium; cum spoliati

impossibile; l'integrazione con intermateria, che è inconcepibile; e la separazione, che è impraticabile.

Di queste quattro linee d'azione insostenibili l'ultima, che comporterebbe il rimpatrio in Africa o la creazione di comunità negre indipendenti tangenti alle comunità bianche negli Stati con un gran numero di neri, è forse la più sostenibile. In ogni caso, il negro americano prima o poi uscirà dalla sua natura selvaggia e privata. O tornerà nella sua patria del Vecchio Mondo o gli verrà assegnata una patria nel Nuovo, oppure non ci sarà alcuna patria per nessuno, bianco o non bianco, nell'America urbana.

---

exutique fuerint, amicos fore". *Historiarum*, IV, lvii. "Ora sono nostri nemici perché il peso della loro servitù è leggero; quando li avremo depredati e spogliati saranno nostri amici".

PARTE V

Lo scontro culturale

CAPITOLO 18

La dissoluzione dell'arte

IL TEMA PRINCIPALE delle parti I-IV è stato il declino della Maggioranza e l'ascesa delle Minoranze non assimilate. Il tema minore è stato il conflitto tra maggioranza e minoranza, comprese le origini, le motivazioni e i numeri dei combattenti. Il resto di questo studio esaminerà l'estensione di questo conflitto nel campo dell'arte, della religione, dell'educazione, della politica, dell'economia, del diritto e della politica estera. Questo capitolo, il primo dei tre che tratteranno delle incursioni delle minoranze nella cultura nazionale, si occuperà della fase artistica della lotta.[460] Nell'espropriazione della Maggioranza, è l'artista della Maggioranza ad aver subito le maggiori perdite.

Un assunto di base del pensiero occidentale contemporaneo è che la democrazia sia la forma politica e il liberalismo l'ideologia politica più generativa di arte. Più c'è di entrambe, si ammette generalmente, maggiore sarà l'effusione artistica, sia quantitativamente che qualitativamente. Il corollario è che, una volta liberata l'arte dal peso morto della casta, della classe e del bigottismo religioso e razziale, il suo orizzonte diventerà illimitato.

Di tutti i miti moderni, forse questo è il più fuorviante. Semmai, l'arte, o almeno la grande arte, sembra dipendere da due fenomeni sociali che si distinguono dalla democrazia e dal liberalismo. Si tratta di:

(1) un gruppo di popolazione dominante e omogeneo che ha risieduto abbastanza a lungo nella terra da far sorgere tra le sue fila un'aristocrazia responsabile e funzionante;[461] (2) una o più scuole di scrittori, pittori,

---

[460] La cultura è "una ricerca della nostra totale perfezione attraverso la conoscenza... del meglio che è stato pensato e detto nel mondo; e attraverso questa conoscenza, rivolgere un flusso di pensiero fresco e libero sulle nostre nozioni e abitudini di base, che ora seguiamo in modo rigido ma meccanico, immaginando vanamente che ci sia una virtù nel seguirle in modo rigido, che compensa il male di seguirle meccanicamente". Matthew Arnold, *Culture and Anarchy*, Cambridge University Press, Inghilterra, 1961, p. 6.

[461] Con aristocrazia si intende il dominio dei benestanti. Il suo significato non è limitato alle famiglie di alto livello sociale o ai prodotti di una o due generazioni di preminenza politica o finanziaria. Aristocratici di questo tipo si trovano in tutti gli Stati, comprese le società proletarie e plutocratiche. Per coloro che sono convinti che esista un divario incolmabile tra aristocrazia e libertà, Alexis de Tocqueville scrisse le seguenti parole di

scultori, architetti o compositori che appartengono a questo gruppo di popolazione e i cui impulsi creativi cristallizzano i gusti, i toni e le maniere della leadership aristocratica in una continuità culturale irradiante.

Pochi contesteranno che le società della Grecia omerica, della Roma augustea, dell'Europa occidentale medievale, dell'Inghilterra elisabettiana, della Spagna del XVI e XVII secolo, della Francia di Luigi XIV, della Vienna di Mozart, della Weimar di Goethe e della Russia del XIX secolo avessero una base aristocratica. Pochi contesteranno il fatto che la grande arte sia stata prodotta in queste società.[462] Ma che dire di Atene, teatro della più grandiosa efflorescenza artistica di tutti i tempi, e di Firenze, con il più alto genio pro capite del Rinascimento? Queste città-stato non erano forse prive di una nobiltà o di un'aristocrazia formale? Non è forse vero che né Pericle né Cosimo de' Medici erano principi?

Prima di giungere a qualsiasi conclusione, queste due città e i loro due più grandi statisti dovrebbero essere messi a fuoco storicamente. Se Atene è stata la gloria della Grecia, l'età di Pericle - in senso artistico - è stata la gloria di Atene. Nel 431 a.C., due anni prima della morte di Pericle, la popolazione maschile adulta di Atene era composta da 50.000 cittadini, 25.000 meticci o stranieri residenti e 55.000 schiavi.[463] Poiché gli schiavi avevano pochi o nessun diritto, poiché i meticci e le donne non potevano votare e poiché la cittadinanza era limitata a coloro che avevano genitori ateniesi da entrambe le parti, uno storico, Cyril Robinson, ha descritto Atene come "un'aristocrazia di una classe semi-libera".[464] Questa aristocrazia, di cui Pericle era un membro di spicco, traeva le sue origini dalla guerra di Troia.[465]

Per quanto riguarda Firenze, non dovrebbe sorprendere sapere che nel 1494, quando era in vigore la costituzione più liberale della città, non c'erano più di 3.200 cittadini su una popolazione totale di 90.000".[466] Dai tempi di Dante fino all'ascesa dei Medici, con l'eccezione di alcuni brevi tentativi di

---

cautela: "parmi toutes les sociétés du monde, celles qui auront toujours le plus de peine à échapper pendant longtemps au gouvernement absolu seront précisément ces sociétés ou l'aristocratie n'est plus et ne peut plus être". *L'antico regime e la rivoluzione*. Michel Lévy Frères, Parigi, 1856, p. xvi.

[462] La grande arte in questo contesto è considerata senza tempo, non datata; i grandi artisti sono creativi, non geni dell'interpretazione.

[463] Cyril Robinson, *A History of Greece*, Barnes & Noble, New York, 1957, p. 83.

[464] Ibidem, p. 82.

[465] La madre di Pericle discendeva da un'antica famiglia ateniese, gli Alcmaeonidi, e il padre era un vittorioso comandante navale.

[466] Pasquale Villari, *Life and Times of Machiavelli*, Fisher, Unwin, London, p. 4.

governo popolare da parte dei mercanti e delle corporazioni, Firenze fu in gran parte il giocattolo politico di due fazioni aristocratiche rivali, i Guelfi (pro-papa) e i Ghibellini (pro-imperatore). Cosimo de' Medici, il mecenate di Donatello, Ghiberti, Brunelleschi e Luca della Robbia, poteva vantare una discendenza che si estendeva per dieci generazioni nella storia fiorentina. Sebbene Cosimo stesso rifuggisse dai titoli, cardinali, principi, duchi regnanti e persino due papi portarono in seguito il nome dei Medici.

Se si ammette che Firenze e Atene sono semi-aristocrazie o almeno repubbliche aristocratiche, è evidente che tutte le grandi epoche artistiche dell'Occidente si sono svolte in società aristocratiche. Nelle società non aristocratiche c'è stata arte, spesso buona, ma mai qualcosa che si avvicinasse alla scultura e alla drammaturgia greca, alle cattedrali gotiche, alla pittura rinascimentale, alle opere di Shakespeare, alla musica tedesca o ai romanzi russi. La semplice esistenza di un'aristocrazia non garantisce una grande arte. Deve essere un'aristocrazia vitale, con i suoi atteggiamenti, le sue maniere e i suoi modi di vita ben impressi nella società in cui opera. Non è necessario che sia troppo ricca, anzi non dovrebbe esserlo. Più importante è il possesso di una coscienza culturale, oltre al tempo libero e alla volontà di esprimere questa coscienza sotto forma di arte. Per l'artista, un'aristocrazia ha un immenso valore pratico, perché gli fornisce un pubblico colto e discriminante che lo mantiene sul *"qui vive"* creativo, nonché un senso di raffinatezza e un insieme di standard critici che sono sia un modello che un incentivo per la massima qualità dell'artigianato artistico.

Paradossalmente, i rapporti tra artista e mecenate sono generalmente più "democratici" in un'aristocrazia che in una democrazia.[467] L'aristocratico, avendo acquisito per nascita ed educazione una facile familiarità con l'arte, si trova a suo agio in compagnia degli artisti e in genere li cerca. L'uomo che si è fatto da sé, invece, per quanto possa salire in politica o negli affari, non riesce mai a liberarsi del proprio filisteismo. Può interessarsi all'arte, spesso

---

[467] Pericle, Augusto e i Medici si mescolarono liberamente con i grandi artisti del loro tempo. Virgilio lesse ad Augusto le sue *Georgiche* completate al ritorno di quest'ultimo dall'Egitto nel 30 a.C. L'incontro fu importante perché i versi di Virgilio potrebbero aver ravvivato l'italianità latente di Augusto. Buchan, *Augustus*, p. 124. Lincoln, a parte una breve stretta di mano a un ricevimento alla Casa Bianca, non incontrò mai Melville. Raymond Weaver, *Herman Melville*, Pageant Books, N.Y., 1961, p. 375. Nemmeno Franklin D. Roosevelt ha mai incontrato Faulkner o T. S. Eliot. John F. Kennedy può aver concesso qualche minuto di amicizia a Robert Frost, ma questo non può essere paragonato all'attenzione che Luigi XIV riservava a Racine e Molière. In un certo senso, il Re Sole fece da "uomo d'avanscoperta" per l'*Esther* di Racine e partecipò effettivamente a una delle produzioni di Molière. Racine, *Théâtre complet*, Edition Garnier Frères, Paris, 1960, p. 598; H. C. Chatfield-Taylor, *Molière*, Duffield, New York, 1906, pp. 189-90.

di nascosto per evitare accuse di effeminatezza, ma avrà sempre difficoltà a muoversi liberamente nei circoli artistici.

La stretta alleanza tra arte e aristocrazia è anche vantaggiosa per l'artista, in quanto facilita la conoscenza personale di molti dei principali uomini del suo tempo. Aristotele ci dice che la tragedia ha successo solo quando riguarda la caduta di un grande o di un nobile - teoria ancora non contraddetta dai più valorosi sforzi dei drammaturghi liberali e marxisti. La storia o l'attualità possono fornire nomi e trame, ma solo un contatto ravvicinato con gli strati dominanti del proprio tempo fornisce al drammaturgo che affronta l'alta tragedia la carne e i nervi di una rappresentazione e di una caratterizzazione credibili.

Che i grandi artisti debbano appartenere al gruppo di popolazione dominante di una nazione sembra essere inattaccabile come la legge secondo cui la grande arte cresce meglio in un terreno aristocratico. Un background razziale e culturale simile a quello del suo mecenate permette all'artista di evitare i consueti ostacoli psicologici e sociali che spesso rallentano o interrompono la comunicazione tra membri di gruppi umani razzialmente e culturalmente differenziati.

Il difetto fatale che nega all'artista di minoranza un posto tra i grandi dell'arte è la sua intrinseca alienazione. Poiché non gli appartiene veramente, perché sta scrivendo o dipingendo o componendo per "altre persone", si spinge un po' troppo in là, alza un po' troppo la voce, fa valere le sue ragioni in modo un po' troppo disperato. È inevitabilmente un po' fuori dagli schemi - nella terra, ma non della terra. La sua arte sembra sempre gravata da una dimensione artificiale, la prova della sua appartenenza.[468]

In una società non aristocratica, eterogenea e frammentata, in un'arena di culture o subculture in competizione, l'artista di minoranza può concentrarsi sulla dimostrazione della sua "non appartenenza". Invece di adottare la cultura ospitante, la rifiuta e sprofonda nel nichilismo o ritorna alle tradizioni culturali del proprio gruppo etnico. Nel processo la sua arte diventa un'arma. Avendo sacrificato il suo talento all'immediatezza e privandolo della proporzione e della sottigliezza che rendono l'arte, l'artista di minoranza non solo abbassa i propri standard artistici, ma anche quelli della società nel suo

---

[468] Alcuni esempi che vengono subito in mente sono i lieder tedeschi super-romantici di Heine, i martellanti inni cristiani di Mendelssohn, gli iperbolici paesaggi spagnoli e i santini allungati di El Greco, le *Wahnschaffe* cristiane truccate di Jakob Wasserman, le sintetiche *Memorie di un cacciatore di volpi* di Siegfried Sassoon e l'*Oklahoma* totalmente contraffatto di Rodgers e Hammerstein. Per capire meglio la differenza tra l'autentico e l'inautentico nell'arte, confrontate il *Faust* di Goethe con il *Doktor Faust* di Heine.

complesso. Tutto ciò che rimane è la forza cruda della sua stridenza e del suo "messaggio".[469]

Forse la prova più evidente delle qualità artistiche e nutritive dell'aristocrazia e dell'omogeneità razziale si trova nella storia di quelle nazioni che sono passate attraverso fasi aristocratiche e democratiche, omogenee ed eterogenee. Le cattedrali di Chartres e Reims non sono state costruite nella Prima, Seconda, Terza o Quarta Repubblica francese, ma nella Francia feudale, quando c'era un gruppo etnico dominante (i Teutonici) e la struttura della società era aristocratica. I più alti voli del genio inglese ebbero luogo durante i regni dei monarchi assoluti, non costituzionali, ben prima che gli inglesi venissero assorbiti nella cittadinanza allargata e più eterogenea del Regno Unito di Gran Bretagna e Irlanda. La Roma di Augusto, che favorì e arricchì i patrizi e impose restrizioni ai plebei, ai non romani e agli schiavi, diede vita all'età dell'oro della letteratura latina. La Roma di Caracalla, che nel 211 d.C. estese la cittadinanza a tutti gli abitanti liberi dell'Impero Romano, lasciò ben poco di artistico. La Spagna di Filippo II, III e IV, con tutto il suo bigottismo religioso e lo zelo inquisitorio, fu l'epoca di Cervantes e Calderon, artisti di un calibro che non si trovavano nelle epoche più liberali della storia spagnola. Dostoevskij e Tolstoj, il culmine del genio letterario russo, fiorirono sotto gli zar, non sotto i commissari di minoranza.

A prescindere dal dogma liberale, obiettivi popolari come l'alfabetizzazione universale non favoriscono necessariamente la grande letteratura. L'Inghilterra di Shakespeare, oltre ad avere una popolazione molto più ridotta, aveva un tasso di analfabetismo molto più alto dell'attuale Gran Bretagna.[470] Né il suffragio universale sembra innalzare la qualità della produzione artistica. Quando Bach era *Konzertmeister* a Weimar e componeva una nuova cantata ogni mese, nessuno poteva votare. Circa 220 anni dopo, nella Repubblica di Weimar c'erano decine di milioni di elettori, ma nessun Bach.

Il grande dramma, che di solito incorpora la grande poesia, è la forma più rara di grande arte. I critici e gli storici dell'arte non hanno saputo spiegare perché le grandi opere teatrali siano apparse così raramente nella storia e solo a gruppi: Atene del V secolo (a.C.), Inghilterra della fine del XVI e

---

[469] Esempi di stridore minoritario contemporaneo sono la musica di Darius Milhaud, la scultura di Jacques Lipchitz, la poesia di Allen Ginsberg e le opere teatrali di LeRoi Jones.

[470] Per alfabetizzazione si intende la semplice capacità di leggere e scrivere. Il ricco linguaggio della letteratura e della drammaturgia elisabettiana indica che, se all'epoca il numero di persone in grado di scrivere era inferiore, quelle in grado di scrivere scrivevano molto meglio degli inglesi contemporanei. Anche gli "analfabeti" di quel tempo sembravano avere un apprezzamento più profondo e una migliore comprensione della letteratura rispetto ai loro successori alfabetizzati.

dell'inizio del XVII secolo, Spagna e Francia del XVII secolo. La risposta potrebbe essere che le condizioni per un grande dramma sono mature solo quando l'artista e il pubblico sono in rapporto biologico e linguistico. Tale rapporto, purtroppo, è destinato a durare poco perché l'epoca del grande dramma è solitamente accompagnata da progressi economici e materiali su larga scala che tendono ad ammorbidire il carattere nazionale, ad acuire le divisioni di classe e ad attirare elementi razziali e culturali estranei dall'estero. Per il grande drammaturgo un pubblico eterogeneo o diviso non è affatto un pubblico.

Non solo l'arte alta, ma tutta l'arte sembra ristagnare in un ambiente di minoranze in lotta, religioni diverse, tradizioni in contrasto e abitudini contrastanti. Probabilmente è per questo che, nonostante le loro vaste ricchezze e il loro potere, città mondiali come Alessandria e Antiochia nell'antichità e New York e Rio de Janeiro nell'epoca moderna non hanno prodotto nulla che possa essere paragonato all'arte di comuni di una frazione delle loro dimensioni. L'artista ha bisogno di un pubblico che lo capisca, un pubblico della sua stessa gente. L'artista ha bisogno di un pubblico a cui scrivere, dipingere e comporre: un'aristocrazia del suo popolo. Queste sembrano essere le *due conditio sine qua non* della grande arte. Ogni volta che sono assenti, la grande arte è assente.

Come spiegare altrimenti l'arte senza tempo del "benpensante" Medioevo e quella già datata del "progredito" Novecento? Perché tutte le risorse culturali di una superpotenza *dernier cri* come gli Stati Uniti non riescono a produrre una sola opera musicale che possa essere paragonata a una composizione minore di Mozart? Perché forse il più grande contributo alla letteratura inglese del XX secolo non è stato dato dagli inglesi, dagli americani, dagli australiani o dai canadesi, ma dagli irlandesi, il popolo più nazionalista, più tribale, più religioso e più razziale di tutti gli attuali anglofoni. L'Inghilterra moderna può aver avuto il suo D. H. Lawrence e gli Stati Uniti il suo Faulkner, ma solo l'Irlanda in questo secolo ha riunito una formidabile schiera di letterati come Yeats, Synge, Shaw, Joyce, O'Casey, Elizabeth Bowen, Paul Vincent Carroll, Joyce Carey e James Stephens. Se, come sostiene l'opinione corrente, la democrazia liberale, l'internazionalismo e il pluralismo culturale arricchiscono il terreno dell'arte, allora questi artisti irlandesi sono sbocciati in un giardino molto improbabile.

La sequenza storica delle comunità umane sembra essere la costruzione della razza, della nazione, dell'arte e dell'impero. Man mano che il Paese si avvicina all'imperialismo, le persone si allontanano. Le forze vincolanti dello Stato si indeboliscono a causa di guerre, lotte civili ed entropia, mentre il guscio culturale viene penetrato da estranei. L'aristocrazia si ritira in una decadenza isolata, sostituita da una plutocrazia. I membri del gruppo di popolazione un tempo dominante si mescolano con i nuovi arrivati e, per competere, sono costretti ad adottare molte delle loro abitudini. L'arte diventa multirazziale, multinazionale, multidirezionale e multiforme.

Gran parte dell'arte occidentale, in particolare negli Stati Uniti, si trova oggi in questa fase di dissoluzione. I pittori surrealisti, i musicologi jazz atonali, i poeti prosaici, i romanzieri emetici, i cripto-pornografi e i pamphleti revanscisti dicono di essere alla ricerca di nuove forme perché quelle vecchie sono esaurite. In realtà stanno riesumando le forme più antiche di tutte: forme geometriche semplici, bolle di colore, battiti di tamburo, genitali, parole di quattro lettere e frasi di quattro parole. Le vecchie forme non sono esaurite. L'artista di minoranza semplicemente non le sente, perché non sono le sue forme. Poiché lo stile non è una merce che si può comprare o inventare, l'*avanguardia*, non avendo uno stile proprio, può solo ritirarsi in un primitivismo senza stile.

La dissoluzione dell'arte è caratterizzata dall'emergere del falso artista[471] - l'uomo senza talento e senza formazione che diventa artista autoproclamandosi e autopromuovendosi. Egli prospera in una cultura fissipara, perché è un gioco da ragazzi sconvolgere la sensibilità artistica dei vari *nouveaux riches*, degli avvoltoi della cultura, dei critici d'arte sessualmente ambivalenti e degli agenti artistici di minoranza che dettano i livelli del gusto moderno. Non è altrettanto facile ingannare coloro i cui standard di gusto si sono sviluppati nel corso delle generazioni.

In una società omogenea l'artista deve confrontarsi con un minor numero di pregiudizi. Non deve pesare e bilanciare la sua arte per essere "giusto". Non deve temere di ferire i sentimenti religiosi e razziali degli altri. Anche se i suoi istinti, le sue opinioni e i suoi giudizi spesso si sommano ai pregiudizi, per l'artista stesso possono essere le forze motrici della sua creatività. Ciò che limita e devitalizza l'arte non sono i pregiudizi dell'artista, ma quelli del suo pubblico, di cui esiste una varietà infinita in una società vasta ed eterogenea come gli Stati Uniti. L'artista ha già problemi con un solo censore. Quando ne ha venti, la sua arte si trasforma in una sistemazione quotidiana.

Le aristocrazie sono state aspramente criticate per aver congelato i cittadini in caste e classi. Tuttavia, gli artisti hanno quasi certamente maggiori possibilità in uno Stato diretto da una nobiltà colta che in uno diretto da un congresso di Babbitt. Omero, Virgilio, Dante, Chaucer, Michelangelo, Shakespeare, Cervantes, Moliére, Mozart, Beethoven, Wagner e Dostoevskij

---

[471] Il falso artista non è estraneo all'antiartista, il tipo di persona che ha fatto esplodere il *Pensatore* fuori dal Museo di Cleveland nella primavera del 1970. Si trattava di una delle undici fusioni realizzate sotto la supervisione personale di Rodin. *New York Times*, 17 luglio 1970.

sono riusciti ad acquisire una mobilità sociale sufficiente nelle società aristocratiche per raggiungere la vetta della perfezione artistica. Quanti di questi geni sarebbero stati appiattiti dalla pressione livellatrice dell'America di fine Novecento è una questione aperta.

Le aristocrazie sono state attaccate per l'ottundimento dell'arte, anche se gli artisti che lavorano o credono in società orientate alla tradizione hanno fatto molte più scoperte artistiche degli artisti soi-disant liberali o progressisti. Aristofane, che ha rivoluzionato la commedia, Wagner, che ha rivoluzionato la musica, Dostoevskij, che ha rivoluzionato il romanzo, e T. S. Eliot, che ha rivoluzionato la poesia moderna,[472] non erano certo liberali. L'artista proletario o egualitario, d'altra parte, difficilmente va oltre il naturalismo fotografico o lo scarabocchio infantile: l'arte trattoristica obbligatoria della tarda Unione Sovietica e l'op art, la pop art e l'arte spray del "mondo libero".[473]

Nessuna grande arte è mai emersa dall'isolamento e nessun grande artista è mai spuntato a pieno titolo dalla fronte di Zeus. I grandi artisti sono il prodotto di scuole d'arte. Le loro opere sono le cime che si ergono su un altopiano culturale. Le "prime famiglie", i cui atteggiamenti e gusti sono stati plasmati da secoli di partecipazione alle alte sfere della vita nazionale, non si accontentano di collezionare arte antica. Mantengono scuole di artisti impegnati a elaborare e migliorare ciò che è stato fatto in precedenza, l'approccio più sicuro all'evoluzione artistica. Al contrario, l'attuale gruppo di milionari semianalfabeti, che speculano sull'arte come farebbero con i futures sul rame o sul bestiame,[474] spende i propri soldi in vecchi maestri e artisti "di nome" le cui opere possono essere rivendute con un buon profitto o regalate per ottenere una buona detrazione fiscale. Non essendoci più domanda di continuità nell'arte, le scuole di artisti scompaiono presto, per

---

[472] Si confronti l'effetto sorprendentemente nuovo della poesia di Eliot, che si dichiarava realista e anglo-cattolico, con i versi quasi classici della migliore opera del poeta marxista francese Louis Aragon. William Butler Yeats, l'altro grande poeta dei tempi moderni, difficilmente può essere definito di sinistra.

[473] Il dipinto di una lattina di Campbell Soup di Andy Warhol, omosessuale polacco-americano, è stato venduto per 60.000 dollari a un'asta a New York nel 1970, e in seguito è aumentato di prezzo. Il defunto critico d'arte britannico Herbert Read possedeva due dipinti di una coppia di scimpanzé che, spiegava, lasciavano "che i loro pennelli fossero guidati da gesti istintivi, proprio come i pittori d'azione americani". *Times Literary Supplement*, 28 agosto 1970.

[474] A proposito di Joseph Hirshhorn, il re dell'uranio, James Yaffe ha scritto: "Quando gli piace il lavoro di un pittore, spesso lo compra all'ingrosso e insiste per una riduzione del prezzo, proprio come qualsiasi produttore di abbigliamento che acquista tessuti". Yaffe, *Gli ebrei americani*, p. 233.

essere sostituite da cricche artistiche.[475] L'arbitro del gusto non è più l'amante dell'arte, ma il mercante d'arte.[476] L'arte si trasforma in artisticità.

I modelli di crescita e di declino artistico delineati nei paragrafi precedenti hanno già spento la maggior parte della creatività degli artisti della Maggioranza. Oggi l'ebreo americano scrive dell'ebreo e della sua eredità, il negro del negro, l'italoamericano dell'italiano, e così via. Ma di chi scrive l'americano, lo scrittore della Maggioranza? Di nordici e anglosassoni? Se lo facesse e se li ritraesse come eroi dai capelli chiari, verrebbe deriso dalla letteratura americana moderna. La coscienza del proprio popolo, una delle grandi riserve emotive, uno dei grandi stimoli artistici, viene negata all'artista di maggioranza proprio nel momento in cui il pittore, il compositore e lo scrittore di minoranza se ne nutrono così voracemente. Oltre ad altri handicap psicologici, questa censura selettiva unilaterale costruisce ovviamente un alto muro di frustrazione intorno al libero gioco dell'immaginazione.

Consapevoli o inconsapevoli delle forze che lavorano contro di loro, molti artisti della Maggioranza sono fuggiti all'estero per cercare la parentela culturale che manca loro in patria. Stephen Crane è morto in Inghilterra. Eliot divenne cittadino britannico. Robert Frost fu scoperto e pubblicato per la prima volta mentre viveva nell'Isola dello Scettro. Pound, che probabilmente ha esercitato più di chiunque altro un'influenza sulla letteratura inglese moderna, si stabilì a Rapallo, in Italia, dove si dedicò alla politica di destra. Hemingway si trasferì in Francia, Italia, Spagna, Africa e Cuba, prima di suicidarsi nell'Idaho. Thomas Wolfe e F. Scott Fitzgerald trascorsero molti dei loro anni più creativi all'estero. Tornati in patria, entrambi morirono

---

[475] Picasso, spesso considerato il più grande pittore del XX secolo, avrebbe detto questo sul suo ruolo nell'arte moderna: "Sono solo un intrattenitore pubblico che ha capito i suoi tempi e ha esaurito come meglio poteva l'imbecillità, la vanità, la cupidità dei suoi contemporanei. La mia è una confessione amara, più dolorosa di quanto possa sembrare, ma ha il merito di essere sincera". Non è stato verificato se Picasso abbia davvero pronunciato queste parole. Tuttavia, *Life*, all'epoca in cui era la rivista più diffusa d'America, le attribuì a Picasso (27 dicembre 1968, p. 134). Si veda anche *Picasso, Ordine e destino* di Michael Huffington.

[476] Frank Lloyd, un imprenditore viennese del settore petrolifero, gestiva una catena di gallerie d'arte a Londra, Roma e New York, che nel mondo dell'arte si distingueva "come la U.S. Steel [in] una comunità di fabbri". Un concorrente ha detto di Mr. Lloyd, che non colleziona quadri, "potrebbe anche essere nel settore delle auto usate"...". *Wall Street Journal*, 31 dicembre 1968, pagg. 1, 10. Quando si è saputo dell'ultima volta, Lloyd era un latitante che viveva alle Bahamas. Per i racket dell'arte di Bernard Berenson e Lord Duveen, entrambi ebrei, si veda Colin Simpson, *The Partnership*, Bodley Head, Londra, 1987.

precocemente, favoriti o avvelenati dall'alcol. Il genio del cinema D.W. Griffith fu un'altra vittima della bottiglia.

Alcuni artisti della Maggioranza cercarono di sfuggire al dilemma della derattizzazione con una forma di emigrazione spirituale. Il poeta Robert Lowell, dei Lowell di Boston che parlavano solo con i Cabot, si convertì al cattolicesimo romano.[477] Altri presero misure più disperate. Hart Crane, un poeta promettente, si gettò da una nave e annegò nei Caraibi.[478] Ross Lockridge, Jr. scrisse un eccellente romanzo d'esordio, *Raintree County*, poi chiuse la porta del garage, salì in macchina e accese il motore.[479] Thomas Heggen, un altro giovane autore che ha imparato l'inutilità del successo in una società aliena, ha scritto *Mister Roberts* e poi ha preso un'overdose di sonniferi in un appartamento in affitto a New York.[480] F. O. Matthiesen, un brillante critico letterario moderno, sentì il canto delle sirene del comunismo e si gettò nella morte da una stanza d'albergo di Boston.[481] W. J. Cash, un saggista nato in Carolina e dotato di un'intelligenza raffinata, ha denunciato il suo Sud natale per la gioia dei critici liberali, ma apparentemente non per la sua stessa gioia. È stato trovato appeso per la cravatta nel bagno di un hotel di Città del Messico.[482] Altri scrittori di talento della Maggioranza si ritirano nella sterilità e nella barbarie dei campus universitari, dove evitano il problema del contenuto concentrandosi sulla forma, in un tentativo disperato e infruttuoso di separare l'inseparabile.

Tutti gli artisti della Maggioranza sperimentano necessariamente la straziante depressione che deriva da una forzata mancanza di casa culturale.

---

[477] *Time*, 17 giugno 1965, p. 29.

[478] *New York Times*, 28 aprile 1932, p. 4.

[479] *New York Times*, 8 marzo 1948, p. 1. Altri scrittori di maggioranza che si sono tolti la vita: i poeti John Berryman e Sylvia Plath; Laird Goldsborough, scrittore di esteri del Time; Parker Lloyd-Smith, genio di Fortune.

[480] *New York Times*, 20 maggio 1949, p. 1.

[481] *Time*, 10 aprile 1950, p. 43. Un altro scrittore di talento che sentì la stessa canzone e che forse simboleggiò meglio di chiunque altro il tragico destino dell'artista di maggioranza in una società ossessionata dalle minoranze fu Howard Rushmore. Americano di decima generazione nato nel South Dakota, Rushmore scrisse inizialmente per il *Daily Worker*, finendo per perdere il lavoro per essersi rifiutato di inserire sentimenti negrofili nelle sue recensioni cinematografiche. In seguito passò a scrivere di argomenti anticomunisti per i giornali di Hearst. Il suo ultimo lavoro fu con la rivista di gossip diffamatorio *Confidential*, per la quale, all'insaputa sua e del suo editore, scrisse alcune delle più belle satire della letteratura americana. Nel 1958 si sparò e uccise se stesso e la moglie sul sedile posteriore di un taxi. *Newsweek*, 13 gennaio 1958, pp. 19-20.

[482] W. J. Cash, *The Mind of the South*, Knopf, New York, 1941. Si veda anche Joseph L. Morrison, W. J. Cash, Knopf, New York, 1967, p. 131.

Tra tutti gli uomini, l'artista è il meno capace di lavorare nel vuoto. Impedito di esercitare il proprio "popolo", l'artista della Maggioranza cerca dei sostituti nel razzismo delle minoranze, nelle religioni esotiche e nei culti orientali, nelle imprese strampalate di disobbedienza civile, nell'arte africana e precolombiana, nella psicoanalisi, nei narcotici e nell'omosessualità. Su quest'ultimo argomento Susan Sontag, la nota opinionista ebrea, ha detto questo:

> Ebrei e omosessuali sono le principali minoranze creative della cultura urbana contemporanea. Creativi, cioè, nel senso più vero del termine: sono creatori di sensibilità. Le due forze pioniere della sensibilità moderna sono la serietà morale ebraica e l'estetica e l'ironia omosessuale.[483]

George Steiner, un opinionista ebreo, non potrebbe essere più d'accordo:

> L'ebraismo e l'omosessualità (più intensamente dove si sovrappongono, come in un Proust o in un Wittgenstein) possono essere visti come i due principali generatori dell'intero tessuto e sapore della modernità urbana in Occidente.[484]

Il divieto di mostrare l'etnocentrismo della Maggioranza nell'arte - divieto scritto nella pietra della cultura americana attuale - arriva anche al passato culturale della Maggioranza. Chaucer e Shakespeare sono stati tagliati e cancellati, e alcune delle loro opere sono state messe all'indice delle minoranze.[485] Il film di Charles Dickens Oliver Twist ha avuto difficoltà a essere distribuito a causa dei tratti riconoscibilmente ebraici di Fagin.[486] Il capolavoro del cinema muto americano, *La nascita di una nazione*, non può più essere proiettato in pubblico senza la minaccia di picchetti, mentre film

---

[483] Susan Sontag, "Notes on Camp" in *Against Interpretation*, Dell, New York, 1969, pagg. 291-92.

[484] George Steiner, "Il chierico del tradimento", *New Yorker*, 8 dicembre 1980, p. 180.

[485] Dopo che il Consiglio dei Rabbini di New York ha protestato contro la trasmissione televisiva del *Mercante di Venezia*, il film è stato rimosso dal programma di inglese delle scuole superiori di New York. *Time*, 29 giugno 1962, p. 32. Una presentazione televisiva della ABC de *Il mercante di Venezia* (16 novembre 1974) termina con Rachel che si allontana dalla casa del marito mentre un cantore ebreo canta in sottofondo. Shakespeare la faceva entrare in casa. Un'edizione Simon and Schuster del 1941 dei *Racconti di Canterbury* di Chaucer è apparsa con una prefazione di Mark Van Doren, ma senza il *Racconto della Priora*, che racconta un efferato omicidio commesso da ebrei. La *Passione* di Oberammergau, un appuntamento fisso della cultura europea dal 1634, è stata costantemente attaccata dall'American Jewish Congress per il suo "testo notoriamente antisemita". Nel 1980 il Segretario dell'Esercito ha proibito ai militari di stanza in Germania Ovest di visitare l'opera.

[486] *The Saturday Review of Literature*, 26 febbraio 1949, pp. 9-10.

neri di "sexploitation" di produzione ebraica come *Mandingo* (1975), pieni dei più crudi insulti razziali contro i bianchi, vengono proiettati in tutta la nazione. *Huckleberry Finn* è stato rimosso dalla biblioteca della Mark Twain Intermediate School in Virginia.[487]

Tropico del Capricorno di Henry Miller è stato attaccato dal romanziere milionario Leon Uris come "antisemita".[488] Alle bande di liceali e universitarie del Sud è stato proibito di suonare il Dixie nelle riunioni pubbliche. Persino le filastrocche e le canzoni di Stephen Foster sono state riscritte e rese più leggere.[489] Una scuola privata di Chicago ha cambiato il titolo della rappresentazione teatrale di *Biancaneve* in *Principessa del bosco* per paura di essere accusata di razzismo. Nel frattempo, una vendetta letteraria instancabile e clandestina è ancora in corso contro scrittori, compositori e studiosi moderni, sia americani che europei, come Eliot, Dreiser, Pound, Toynbee, Ernst Junger, D. H. Lawrence, Céline, Roy Campbell, Wyndham Lewis, Kipling, Knut Hamsun, Franz Lehar e Richard Strauss. I loro crimini sono stati quelli di essersi lasciati sfuggire qualche osservazione casuale, di aver scritto qualche poesia,[490] romanzo o saggio, di aver aderito, o almeno di non essersi opposti, a qualche movimento politico offensivo per una o più minoranze. Inutile dire che non c'è stata una contro-vendetta evidente dei critici letterari della maggioranza contro gli artisti che indulgono al razzismo delle minoranze.

A questo punto si potrebbe aggiungere che praticamente tutti i principali direttori d'orchestra, musicisti e interpreti d'opera che rimasero in Germania o si esibirono in Germania durante la Seconda Guerra Mondiale furono vittime dei boicottaggi ebraici dopo la fine della guerra. L'elenco

---

[487] Il Philadelpia Board of Education bandì Huckleberry Finn dal sistema scolastico pubblico della città e lo sostituì con una versione in cui tutti i riferimenti sprezzanti ai negri erano stati eliminati. *San Francisco Chronicle, This World*, 27 maggio 1962, p. 16 e 27 aprile 1963, p. 8.

[488] *Los Angeles Times*, 16 febbraio 1962, sezione lettere. L'attacco di Uris è stato particolarmente sgradevole perché egli è lo scrittore razzista minoritario *per eccellenza*. Il suo bestseller, Exodus, che esulta per la conquista israeliana della Palestina, è un Kipling di quinta categoria.

[489] In *My Old Kentucky Home*, l'inno di Stato del Kentucky, espressioni come "Massa", "Darkies" e "Mammy" sono state accuratamente eliminate. L'inno di Stato della Virginia, *Carry Me Back to Old Virginny*, è stato attaccato da un senatore di Stato negro come "ripugnante per la sua razza". Un deputato del Sud ha previsto, non del tutto velatamente, che le lobby delle minoranze finiranno per rinominare la Casa Bianca. *U.S. News & World Report*, 9 agosto 1957, p. 43 e *New York Times*, 2 marzo 1970, p. 28.

[490] Random House ha escluso tutte le opere di Pound da un'antologia di poesia, anche se Conrad Aiken, uno dei curatori, aveva scelto specificamente dodici poesie di Pound da includere. Charles Norman, *Ezra Pound*, Macmillan, N.Y., 1960, p. 416.

comprende: Wilhelm Furtwangler, Herbert von Karajan, Walter Gieseking ed Elisabeth Schwarzkopf.[491] Forse la censura più bigotta è stata esercitata dagli accademici rifugiati che per anni sono riusciti a "escludere" o sminuire Martin Heidegger, uno dei pensatori più originali e inquietanti dell'era moderna. Hanno permesso che le idee del filosofo tedesco si diffondessero solo negli adattamenti diluiti e mimetici di Sartre.

Per tornare al tema principale di questo capitolo, il potere e il sostentamento che un artista trae dall'appartenenza a una comunità omogenea dal punto di vista razziale e culturale aiuta a spiegare il successo di William Faulkner, l'unico scrittore di prim'ordine della Maggioranza che è sopravvissuto sia come individuo che come artista allo sradicamento del suo patrimonio culturale a livello nazionale. Faulkner è nato, ha vissuto, è fiorito ed è sepolto nel Mississippi, considerato il quarto Stato più analfabeta.[492] Dovendo ignorare la natura comunitaria dell'arte, i liberali e i marxisti possono trattare Faulkner solo come un paradosso.[493] La logica ambientalista non può "spiegare perché uno Stato presumibilmente arretrato del profondo Sud debba produrre il più grande romanziere americano del XX secolo, così come non può spiegare perché la nazione più alfabetizzata d'Europa abbia ceduto a Hitler".

Al di fuori del Sud, l'arte americana è stata travolta da membri di minoranze. Per dare corpo all'affermazione che il tono di base della vita intellettuale creativa americana è diventato ebraico, basta snocciolare la lista quasi infinita di ebrei e parzialmente ebrei nelle arti.[494] Il contingente di artisti,

---

[491] Per anni i "monitori" ebrei nel periodo successivo alla Seconda Guerra Mondiale sono stati anche responsabili di privare il pubblico americano del rinomato Bolshoi Ballet, la cui tournée americana fu cancellata nel 1970 dopo una serie di attacchi sionisti, tra cui un bombardamento, contro le installazioni sovietiche a New York. Il piano era quello di punire i russi per il presunto antisemitismo di alcuni alti funzionari del Cremlino e per aver dato aiuto e conforto alla causa palestinese.

[492] Stima del 1960 dell'Ufficio del censimento.

[493] Così come trattano come un paradosso il fatto che un numero sproporzionato di tutti i moderni protagonisti della letteratura maggioritaria siano meridionali: James Agee, Flannery O'Connor, Katherine Anne Porter, John Crowe Ransom, Robert Penn Warren, Thomas Wolfe, Walker Percy, James Dickey, Stark Young, Carson McCullers, Eudora Welty, Allen Tate, Tom Wolfe, per citarne alcuni.

[494] *Scrittori*: Edna Ferber, Gertrude Stein, Fannie Hurst, Mary McCarthy, Nathanael West, Bruce Jay Friedman, J. D. Salinger, Herbert Gold, Harvey Swados, Bernard Malamud, Saul Bellow, Norman Mailer, Irving Stone, Jerome Weidman, Irwin Shaw, Howard Fast, Budd Schulberg, Ben Hecht, Irving Wallace, Harold Robbins, Philip Roth, Joseph Heller, Herman Wouk, Meyer Levin, S. J. Perelman, Alexander King, E. L. Doctorow, Rona Jaffe, William Goldman.

scrittori,[495] e compositori negri e di altre minoranze, sebbene non possa essere paragonato all'aggregato ebraico, cresce ogni giorno di più.

Il dominio minoritario della scena artistica contemporanea è complicato dalla presenza di un'altra minoranza, ancora non menzionata, unica nel suo genere in quanto composta da membri sia della maggioranza che della minoranza. Si tratta del culto omosessuale. Gli omosessuali, com'è noto, sono uno dei due principali attori del teatro americano, il secondo sono gli ebrei.[496] Gli ebrei possiedono quasi tutte le grandi case teatrali, comprendono

---

Poeti: Louis Untermeyer, Dorothy Parker, Delmore Schwartz, Kenneth Fearing, Babette Deutsch, Karl Shapiro, Allen Ginsberg, Joseph Auslander, Howard Nemerov, Muriel Rukeyser.

Drammaturghi: Elmer Rice, Ceorge S. Kaufman, Moss Hart, Lillian Hellman, Sidney Kingsley, Clifford Odets, Sam e Bella Spewack, Arthur Miller, J. Howard Lawson, Neil Simon, Jack Gerber, Arthur Kopit, Paddy Chayefsky, Abe Burrows, Murray Schisgal, S. N. Behrman.

Critici: Charles Angoff, Clifton Fadiman, Leslie Fiedler, John Gassner, Milton Hindus, Alfred Kazin, Louis Kronenberger, Norman Podhoretz, George Steiner, Diana Trilling, Lionel Trilling, Irving Kristol, Paul Goodman, Paul Jacobs, William Phillips, Irving Howe, Joseph Wechsberg, Midge Decter.

Pittori e scultori: George Grosz, Saul Steinberg, Moses e Raphael Soyer, Leon Kroll, Saul Raskin, Jacques Lipchitz, Jacob Epstein, Larry Rivers, Chaim Gross, Helen Frankenthaler, Mark Rothko, Jack Levine, Ben Shahn, Abraham Walkowitz, Milton Avery, Leonard Baskin, Eugene Berman, Leonid Berman, Hyman Bloom, Jim Dine, Louis Eilshemius, Adolph Gottlieb, Philip Guston, Hans Hoffman, Morris Louis, Louise Nevelson, Barnett Newman, Jules Olitski, Philip Pearlstein, George Segal.

Compositori: Aaron Copland, Ernest Bloch, Darius Milhaud, George Gershwin, Leonard Bernstein, Jerome Kern, Sigmund Romberg, André Previn, Marc Blitzstein.

Direttori d'orchestra, virtuosi e cantanti: Bruno Walter, Serge Koussevitsky, Pierre Monteux, Erich Leinsdorf, Eugene Ormandy, George Szell, Mischa Elman, Jascha Heifetz, Yehudi Menuhin, Rudolf Serkin, Artur Schnabel, Alexander Kipnis, Nathan Milstein, Artur Rubinstein, Jan Peerce, George London, Robert Merrill, Vladimir Horowitz, Gregor Piatorgorsky, Arthur Fiedler, George Solti, Richard Tucker, Michael Tilson-Thomas, James Levine, Antal Dorati, Otto Klemperer, Roberta Peters, Regina Resnik, Beverly Sills, Wanda Landowska, Emil Gilels, Dame Myra Hess, Isaac Stern, Joseph Szigeti.

[495] Tra i romanzieri e poeti negri ci sono: Ralph Ellison, Frank Yerby, Langston Hughes, Countee Cullen, Claude McKay, Richard Wright, James Baldwin, Lorraine Hansberry, Claude Brown, James Weldon Johnson, Maya Angelou e il poeta laureato Rita Dove. Sebbene non possano essere considerati membri della maggioranza, *Time* (17 marzo 1980, p. 84) ha definito Vladimir Nabokov, nato in Russia e finito in Svizzera, il più grande romanziere americano vivente, e Isami Noguchi "il più importante scultore americano".

[496] "Senza l'uno o l'altro [ebrei o omosessuali] Broadway sarebbe disperatamente indebolita; senza entrambi, sarebbe un chiaro caso di eviscerazione". William Goldman, *The Season*, Harcourt, Brace & World, New York, 1969, pag. 12. Nella sua analisi statistica delle cinquantotto opere teatrali della stagione 1967-68 di Broadway, Goldman

la maggior parte dei produttori e quasi la metà dei registi, e forniscono la metà del pubblico e dei drammaturghi. Gli altri drammaturghi sono per lo più noti omosessuali della Maggioranza.[497] Se si combinano questi due ingredienti, si aggiungono gli aumenti di stipendio, le tangenti, il bagarinaggio dei biglietti e il piattume sindacale che affliggono tutti i produttori di Broadway, si capisce subito perché a New York, ancora il nucleo irradiante del teatro americano, la più grande di tutte le forme d'arte sia degenerata in pornografia omosessuale o eterosessuale,[498] in commedie di sinistra e marxiste, in importazioni straniere e in commedie musicali a orologeria.[499] Non è certo che un nuovo Eschilo, Shakespeare o Pirandello possa sopravvivere per un minuto nella Broadway di oggi.

La penetrazione delle minoranze nei mezzi di comunicazione rafforza notevolmente il dominio culturale delle minoranze, perché la stampa, le riviste e la televisione sono le cinghie di trasmissione dell'arte e, in quanto tali, il suo arbitro supremo. Lodando, condannando, mettendo in risalto, sottovalutando o ignorando libri,[500] dipinti, sculture, musica e altre opere artistiche, i media decidono, di fatto, cosa sarà distribuito (e conosciuto) e cosa non sarà distribuito (e rimarrà sconosciuto). Un libro recensito in modo sfavorevole o non recensito affatto nelle influenti rubriche di opinione del *New York Times*, del *New York Times Book Review*, del *Time*, di *Newsweek*

---

afferma che gli omosessuali ne hanno prodotte diciotto e dirette ventidue. Ibidem, p. 237. La quota ebraica di Broadway era indicata dal fatto che dei trenta membri del Dramatist's Guild Council almeno due terzi erano ebrei. Ibidem, p. 148. Riguardo a David Merrick e Hal Prince, i produttori ebrei che avevano incassato il 40% degli incassi della stagione, Goldman scrisse: "Il punto è questo: nessuno di loro ha il minimo interesse, tempo, gusto, abilità o conoscenza per produrre una commedia americana originale". Ibidem, p. 111.

[497] Il principale contributo drammatico del drammaturgo omosessuale è stato l'eroina sensibile in una società insensibile e l'eroina stronza in una società depravata; la prima rappresenta ciò che l'autore sente, la seconda ciò che agisce. Gli omosessuali ideano la maggior parte delle scenografie appariscenti e dei balletti stravaganti dei musical.

[498] *Che*, del drammaturgo minoritario Lennox Raphael, è stata la prima opera teatrale americana a presentare l'atto della copula sul palcoscenico.

[499] "La commedia musicale americana... a volte sembra essere in gran parte un'invenzione degli ebrei". Yaffe, op. cit., p. 225. Owen Wister, descrivendo le offerte musicali di Boston della fine degli anni Settanta dell'Ottocento e contrapponendole a quelle di New York cinquant'anni dopo, scrisse: "*Il Pinafore* aveva da poco tracciato la sua scia di melodia e risate su tutta la nostra mappa, le opere comiche graziose e spiritose di Parigi e Vienna attiravano sale affollate, ma non c'era ancora uno spettacolo musicale inventato dall'ebreo di Broadway per l'idiota americano...". Owen Wister, *Roosevelt, The Story of a Friendship*, Macmillan, New York, 1930, pp. 17-18.

[500] Parlando di libri, più della metà delle principali case editrici americane ha oggi proprietari o direttori editoriali ebrei.

e di alcune pubblicazioni cosiddette "cocktailtable"[501] ha poche o nessuna possibilità di entrare nelle biblioteche o nelle migliori librerie.

Questo processo di selezione letteraria si estende anche alla pubblicità. Gli annunci di libri che promuovono il razzismo delle minoranze sono accettati dalla maggior parte dei giornali e delle riviste. Gli annunci di libri che promuovono il razzismo della maggioranza non lo sono. Non solo nessun grande giornale o rivista ha voluto recensire *The Dispossessed Majority*, ma nessuno dei principali settimanali di informazione ha accettato pubblicità a pagamento per questo libro.[502] L'accondiscendenza della stampa, sotto forma di elogi da parte di editorialisti e personaggi televisivi, è un altro mezzo collaudato per dare una mano agli artisti delle minoranze o agli artisti della Maggioranza che si specializzano nei temi delle minoranze. Forse l'esempio più banale della società di mutua ammirazione delle minoranze in campo artistico è la pratica adottata dalla *New York Times Book Review* di far recensire i libri che sposano il razzismo negro da razzisti negri. *Die Nigger Die!* di H. Rap Brown, un fuggitivo dalla giustizia riarrestato dopo aver rapinato un saloon di New York, ha ricevuto una recensione generalmente favorevole, anche se Brown ha scritto che "non vedeva il senso di leggere Shakespeare", che era un "razzista" e un "frocio".[503]

Per tutta la vita e la carriera, l'artista consapevole delle minoranze si identifica con un gruppo di americani, il suo gruppo. Così facendo, attacca spesso la Maggioranza e la tradizione culturale del Nord Europa per la semplice ragione che l'America della Maggioranza non è la sua America. I Puritani sono ridotti a cacciatori di streghe, pietisti reazionari e bigotti santarellini. Il Sud ante e postbellico è trasformato in un vasto campo di concentramento. I giganti dell'industria sono descritti come baroni ladri. I primi pionieri e coloni vengono dipinti come specialisti del genocidio. La polizia è un "maiale". I membri della maggioranza sono "goys, rednecks, honkies" o semplicemente "bestie".

---

[501] "Le riviste letterarie e politiche americane offrono l'esempio più chiaro di questa predominanza [ebraica]. Qui un pregiudizio, stranamente abbastanza inconsapevole, seleziona l'argomento, il trattamento e gli autori più attraenti per la sensibilità ebraica (o che possono essere meglio adattati ad essa). Si può dire che queste riviste sono dominate da quello che può essere definito l'establishment culturale ebraico". Van den Haag, *La mistica ebraica*, p. 129.

[502] Si veda Wilmot Robertson, *Ventilazioni*, capitolo 3. Alcuni giornali accettarono una volta un annuncio annacquato, ma non permisero di ripeterlo.

[503] *New York Times Book Review*, 15 giugno 1969, pagg. 6, 38. Brown, sembra dire il recensore, ha rubato alcuni articoli dalla Casa Bianca durante un incontro con il Presidente Johnson. Voleva rubare un quadro, ma non riuscì a capire come nasconderlo sotto il cappotto.

Per soddisfare il *Kulturkampf* delle minoranze, un'opera teatrale di Broadway trasforma gli indiani in una razza di virtuosi esseri superiori, mentre i bianchi sono ritratti come ignobili selvaggi e la figura quondam eroica di Custer si pavoneggia sul palco come un gangster di seconda categoria.[504] Un film di Hollywood mostra cavalleggeri americani che stuprano e mutilano fanciulle indiane.[505] Una commedia televisiva ambientata negli anni della depressione degli anni '30 attribuisce la colpa dei mali dell'America alla Maggioranza e termina con una specifica filippica contro gli "anglosassoni".[506]

Ma va ben oltre. Uno dei temi principali della scrittura negra moderna è lo stupro delle donne della Maggioranza. Nel suo bestseller, *Soul on Ice*, lettura obbligatoria nei corsi di inglese di centinaia di college, il militante negro Eldridge Cleaver, un nero che salta la cauzione e che, secondo l'ultimo rapporto, lavora nel circuito dei cristiani rinati, racconta come si sente a "spogliare consapevolmente, deliberatamente, volontariamente, metodicamente" le donne bianche. "Mi piaceva il fatto che stavo sfidando e calpestando la legge dell'uomo bianco... che stavo profanando le sue donne... sentivo che mi stavo vendicando... [volevo inviare ondate di costernazione in tutta la razza bianca".[507]

Nella stessa pagina Cleaver cita con approvazione alcuni versi di una poesia del negro LeRoi Jones: "Stuprate le ragazze bianche. Stuprate i loro padri. Tagliate la gola alle loro madri". I rapporti con le donne della maggioranza, anche se su scala un po' più pacata e controllata, sono un tema che compare frequentemente anche negli scritti del cosiddetto rinascimento letterario ebraico. Gli eroi della narrativa ebraica spesso cercano ragazze gentili perché "c'è meno bisogno di rispetto, e quindi più possibilità... di fare cose che non si potrebbero fare con una persona che si deve rispettare".[508]

Gli sforzi artistici contemporanei dei bianchi vengono liquidati come "arte da pappone" da LeRoi Jones sulla prima pagina (seconda sezione) del

---

[504] *Gli indiani* di Arthur Kopit.

[505] *Soldato blu.*

[506] Millard Lampell's *Hard Travelin'*, WNET, New York, 16 ottobre 1969.

[507] Eldridge Cleaver, *Soul on Ice*, McGraw-Hill, New York, 1968, p. 14.

[508] Van den Haag, op. cit., p. 217. L'autore si riferisce in particolare al romanzo di Philip Roth, *Portnoy's Complaint* (Random House, New York, 1969), in cui compare questo passaggio (pp. 143-44): "Ma gli shikses ah, gli shikses sono un'altra cosa... la vista dei loro freschi e freddi capelli biondi che fuoriescono dai loro fazzoletti e berretti... Come fanno a diventare così belli, così sani, così biondi! Il mio disprezzo per ciò in cui credono è più che neutralizzato dalla mia ammirazione per il loro aspetto...".

Sunday *New York Times*.[509] Uno scrittore ebreo afferma: "La famiglia è il fascismo americano". Un critico letterario ebreo definisce il defunto Thomas Wolfe, che ha eguagliato o superato il talento di qualsiasi romanziere di minoranza, un "montanaro professionista". Un importante scrittore negro definisce l'America "il Quarto Reich". Come già detto, una scrittrice ebrea descrive la razza bianca come "il cancro della storia umana".[510]

Ma l'obiettivo finale va oltre la distruzione della cultura della maggioranza. C'è una tendenza crescente nella scrittura delle minoranze a inserire appelli sottili e meno sottili alla molestia fisica e persino al vero e proprio massacro dei bianchi. Questo era il messaggio dell'opera teatrale di LeRoi Jones, *Slave Ship*.[511] Con lo stesso tono di vetriolo, Eldridge Cleaver scrive con approvazione di "giovani neri che in questo momento stanno tagliando la gola ai bianchi".[512] Una poetessa nera, Nikki Giovanni, ha una poesia in una popolare antologia nera che contiene questi versi: "Puoi uccidere/puoi investire un protestante con la tua El Dorado del '68/... Puoi [oscenità] su una testa bionda/puoi tagliarla".[513] Ice-T, un ottimo esempio di rapper "gangsta", ha scritto una canzone di successo per Time Warner, il suo padrone, intitolata Cop Killer, in cui esortava i suoi fan a iniziare a "spolverare i poliziotti".[514] Le osservazioni di una rapper nera, Sister Souljah, erano rivolte non solo ai poliziotti ma ai bianchi in generale. "Se i neri uccidono i neri ogni giorno, perché non fare una settimana e uccidere i bianchi?".[515] Sulla stessa scia, ma passando dal verbale al pittorico, il non bianco Andres Serrano, finanziato da una borsa di studio del National Endowment for the Arts di 15.000 dollari, inzuppò un crocifisso in un bicchiere di urina, intitolò il suo chef d'oeuvre fotografico "Piss Christ" e lo passò a espositori assatanati.[516] Tra gli altri beneficiari c'era Annie Sprinkle (60.000 dollari), una performer ebrea il cui spettacolo raggiungeva il culmine

---

[509] 16 novembre 1969, sezione 2, pag. 1.

[510] Gli autori di queste citazioni sono nell'ordine: Paul Goodman, Alfred Kazin, James Baldwin e Susan Sontag. Si veda Benjamin De Mott, *Supergrow*, pp. 74-75 e *Partisan Review*, inverno 1967. James Agee, camionista di un certo talento, preferiva cinesi e negri alla sua gente, disprezzava irlandesi e tedeschi e aveva sposato un'ebrea, *Letters of James Agee to Father Flye*, G. Braziller, N.Y., 1962, p. 151.

[511] Cfr. nota 23, pag. 92.

[512] Cleaver, op. cit., p. 15.

[513] *The Black Poets*, Bantam Books, New York, 1971, pagg. 318-19.

[514] *Los Angeles Times*, 23 marzo 1993, p. D6.

[515] *USA Today*, 15 giugno 1992, pag. 2A.

[516] *Washington Times*, 22 febbraio 1992, p. A7.

quando urinava sul palco; l'omosessuale Robert Mapplethorpe, che ricevette 30.000 dollari dal NEA per una mostra itinerante delle sue foto sadiche e omoerotiche; 15.000 dollari per una mostra d'arte itinerante Tongues of Flame (le note del programma classificano Gesù come un tossicodipendente e descrivono il cardinale John O'Connor come un "grasso cannibale di quella casa di svastiche ambulanti sulla Quinta Strada"[517]).

Quanto descritto sopra, ovviamente, ha poco a che fare con l'arte. Potrebbe essere meglio definito come anti-arte. Le persone incapaci di produrre o apprezzare l'arte alta invidiano coloro che ne sono capaci. Ma invece di sviluppare la loro arte rudimentale in forme più elevate, si concentrano sulla perversione e sulla banalizzazione di qualsiasi arte su cui riescono a mettere le mani. È il loro modo di dimostrare l'odio per l'artista autentico e per tutte le sue opere. Julius Lester, un anziano letterato negro molto apprezzato, ha identificato, forse inconsapevolmente, il vero rancore dell'artista di minoranza - la radiosa arte occidentale che sembra per sempre fuori dalla portata dei negri - quando, spingendosi fino a Parigi, ha chiesto la distruzione di Notre Dame "perché ha separato l'uomo da se stesso".[518]

Poiché i mezzi di comunicazione e i principali forum accademici gli sono in gran parte preclusi, l'artista di maggioranza non ha una difesa adeguata contro i violenti attacchi delle minoranze alla sua cultura. Deve evitare di elogiare il proprio popolo *in quanto popolo*, e deve evitare di castigare gli altri popoli, in particolare le minoranze più dinamiche. L'artista di minoranza, invece, non indossa questa camicia di forza culturale. Egli elogia liberamente chi gli piace e danneggia liberamente chi non gli piace, sia come individui che come gruppi. L'artista di maggioranza, con una scelta più ristretta di eroi e cattivi, ha una scelta più ristretta di temi. Mancando la spinta e la forza bruta del razzismo delle minoranze, l'arte della Maggioranza tende a diventare insipida, innocua, priva di emozioni, sterile e noiosa.[519] Vietato

---

[517] Ibidem.

[518] Lester, *Search for a New Land*, p. 144.

[519] Uno storico dell'arte del futuro, avendo a disposizione solo gli elenchi dei bestseller, delle mostre d'arte e dei recital musicali dell'ultimo terzo del XX secolo, potrebbe concludere che la Maggioranza americana ha cessato di esistere. Come riportato da *Time* (19 maggio 1969, p. 12), i cinque principali bestseller di narrativa della nazione erano: #1, *Portnoy's Complaint*, che ha un eroe o un antieroe ebreo; #2, *The Godfather*, un romanzo italo-americano sugli italo-americani e la mafia; #3, *The Salzburg Connection*, una storia di spionaggio con cattivi nazisti di serie di una donna inglese; #4, *Slaughterhouse Five*, un romanzo sulla Seconda Guerra Mondiale di un camionista della Maggioranza; #5, *Sunday the Rabbi Came Home*. I tre bestseller di narrativa più venduti, come riportato dal *New York Times* (5 settembre 1976), sono stati: #1, *Trinity* di Leon Unis; #2, *Dolores* di Jacqueline Susann; #3, *The Lonely Lady* di Harold Robbins. Tutti e

esplorare il testo e il contesto della sua coscienza collettiva, l'artista della Maggioranza si ritira verso il surrealismo, la fantascienza, i misteri di omicidio, il fantasy, le guide di viaggio e la pornografia.[520] In questo modo diventa il sacco da boxe dell'attivista di minoranza, che vede "la lotta essenziale dell'uomo come sociale, contro altri uomini, piuttosto che quella morale contro se stesso".[521]

Molti potenziali artisti della Maggioranza[522] probabilmente percepiscono con largo anticipo gli ostacoli che si frappongono a una carriera artistica di successo e si rivolgono alla scienza, dove la loro creatività è meno ostacolata. Situazioni simili nel passato possono illustrare perché nell'arco di vita delle nazioni l'efflorescenza artistica ha generalmente preceduto quella scientifica - perché Sofocle è arrivato prima di Archimede, Dante prima di Galileo, Shakespeare prima di Newton e Faraday, Goethe prima di Planck. La matematica, la fisica e la chimica, ma non le scienze della vita, sono meno controverse dell'arte.[523] In una società divisa e pluralista possono essere

---

tre gli autori sono ebrei. Se ci si rende conto che solo il 17% degli adulti americani legge un libro all'anno, che il 50% dei laureati americani non legge un libro all'anno, che il 50% degli americani non ha mai letto fino in fondo un libro, le abitudini di lettura degli americani sono ancora più una tragedia di quanto non indichino le classifiche dei bestseller. Si veda Nancy Polette e Marjorie Hamlin, *Reading Guidance in a Media Age*, Scarecrow Press, Metuchen, New Jersey, 1976.

[520] La pornografia assume un posto sempre più importante nelle epoche di disgregazione culturale, non perché, come amano far credere alcuni apostoli del permissivismo, espanda gli orizzonti artistici, ma perché li restringe. Come il denaro cattivo scaccia quello buono, l'arte delle parti intime scaccia l'arte del cuore e della mente. Di tutte le attività artistiche dell'uomo, la pornografia, se può essere definita un'arte, è quella che richiede il minor sforzo mentale. Forse nulla ha danneggiato di più il tessuto lacerato della civiltà americana della sentenza della Corte Suprema del 1957 nella causa *Roth v. U.S.*, che ha definito l'oscenità come qualcosa "assolutamente privo di importanza sociale redentrice". Poiché un avvocato acuto può trovare almeno una traccia di "importanza sociale" in qualsiasi tipo di spazzatura, fu aperto il vaso di Pandora e i magnati delle minoranze di Hollywood, Broadway e Publishers' Row non tardarono a cogliere l'opportunità e i profitti.

[521] John Leggett, "The Wasp Novel", *New York Times Book Review*, 30 novembre 1969, pag. 2.

[522] Il genio immerso in quello che Matthew Arnold ha definito "il bagliore nazionale" ha una strada meno difficile da percorrere rispetto al genio in una cultura frammentaria, che impone a tutti una partigianeria di un tipo o di un altro. Come disse Goethe, "Bedauert doch den ausserordentlichen Menschen, dass er in einer so erbarmlichen Zeit leben, dass er immerfort polemisch wirken musste". Eckermann, *Gespräche mit Goethe* (7 febbraio 1827).

[523] L'arte meno controversa è la musica e di conseguenza l'ultima a essere devitalizzata dalla censura. L'unica arte ancora in mano alla Maggioranza è la musica country, e anche

l'ultimo rifugio della libera espressione e della libera indagine. È stato detto da Ortega y Gasset che "la gente legge per emettere un giudizio". L'aforisma potrebbe essere ampliato dicendo che, man mano che le nazioni diventano più vecchie e più divergenti in termini di politica, religione, classe e razza, la gente legge per placare o eccitare i propri pregiudizi.

Il barlume di una grande era artistica apparve negli Stati Uniti nella prima metà del XIX secolo. Nel New England, a New York, a Filadelfia e nel Sud, un'aristocrazia nativa americana si stava evolvendo da generazioni di proprietari terrieri, magnati della navigazione, ufficiali dell'esercito e della marina, leader del governo, della chiesa e dell'istruzione. Allo stesso tempo, stavano nascendo scuole di artisti della Majority, il cui tasso di crescita era sincronizzato con quello dell'aristocrazia in erba. Forse non è una coincidenza che la valle del fiume Hudson, terreno di conquista dei primi aristocratici americani, abbia prodotto il primo grande scrittore americano, Washington Irving, il più grande scrittore americano, Herman Melville, e la prima scuola di pittura americana. I patrizi olandesi di Nuova Amsterdam avevano costruito i loro possedimenti fluviali decenni prima della fondazione delle piantagioni della Virginia e mentre Boston era ancora una teocrazia di casette di legno.[524]

L'esperienza traumatica della Guerra Civile non è stata interamente responsabile della fine della grande promessa artistica dell'America. C'era la straripante fluidità sociale che seguì la guerra e rese possibile la colonizzazione dell'Ovest. C'erano fortune da conquistare - nel commercio, nell'industria, nelle miniere, nella terra - e mentre la plutocrazia cresceva,

---

questa sta subendo il triplice assalto del jazz negro, della droga e dei cinici promotori dello show business. Il critico Richard Goldstein, scrivendo per le giovani lettrici di *Mademoiselle* (giugno 1973), ha accusato la musica country di essere "minacciosa" per la sensibilità ebraica. Al suo posto raccomandava la lubrificante cadenza dei ritmi negri. I festival rock, che attirano un pubblico gigantesco e una grande attenzione da parte dei media, sono in parte un tentativo confuso di salvare la musica popolare da Tin Pan Alley. Ma non sono affatto così improvvisati come la stampa li fa apparire. Il Festival di Woodstock ha avuto una prevendita di biglietti di 1.400.000 dollari, generata dai 200.000 dollari che i due produttori ebrei, John Roberts e Mike Lang, hanno speso in pubblicità alla radio e sui giornali. *New York Times Magazine,* 7 settembre 1969, pp. 122, 124.

[524] Significativamente, la madre di Melville, Maria Gansevoort, discendente di un'antica famiglia olandese, era una "donna fredda e orgogliosa, arrogante nel senso del suo nome, del suo sangue e dell'agiatezza dei suoi antenati". Raymond M. Weaver, *Herman Melville,* p. 34. Si veda anche Morison, *Oxford History of the American People,* pp. 1777, 487, per un confronto cronologico tra le aristocrazie di New York e del New England.

l'arte diminuiva.[525] C'è stata anche la Nuova Immigrazione, che ha giocato a sfavore dei normali processi organici dell'evoluzione artistica.

Nell'ultimo momento della Repubblica romana, quando la cultura romana mostrava segni di rigor mortis, Augusto arrestò la dissoluzione dell'arte romana fermando l'espropriazione della maggioranza romana. Il risultato fu l'età dell'oro della letteratura latina. Solo quando iniziò il vero declino di Roma - secondo Gibbon, con l'ascesa al trono di Commodo nel 180 d.C. - l'arte e la maggioranza romana si avviarono irreversibilmente verso l'estinzione.

Per il bene della maggioranza americana e dell'arte americana, si spera che gli Stati Uniti si trovino nella fase pre-agostana e non in quella pre-commodana".[526]

---

[525] "La vera rivoluzione [negli Stati Uniti] non è stata quella che nei libri di storia viene chiamata Rivoluzione, ma è una conseguenza della Guerra Civile, dopo la quale è sorta un'élite plutocratica". T. S. Eliot, *Notes towards the Definition of Culture*, Harcourt Brace, New York, 1949, p. 44.

[526] I modi e i mezzi adottati da Augusto nella sua riabilitazione degli "Antichi Romani" dovrebbero fornire a chi è interessato a invertire l'espropriazione della Maggioranza ampi spunti di riflessione. Il punto di partenza di Augusto era "che la razza italiana era incommensurabilmente superiore a qualsiasi altra, e non voleva vederla persa in un miscuglio poliglotta". Buchan, *Augusto*, p. 20. "Considerando inoltre di grande importanza mantenere il popolo puro e non contaminato da alcuna macchia di sangue straniero o servile, fu molto cauto nel conferire la cittadinanza romana e pose un limite alla manomissione". Svetonio, *Divus Augustus*, trans. J. C. Rolfe, XL, 3.

CAPITOLO 19

La secolarizzazione della religione

L'arte è uno dei campi di battaglia dello scontro culturale in atto negli Stati Uniti. La religione è un altro. L'intenzione di questo capitolo, tuttavia, non è quella di indulgere in speculazioni teologiche o di mettere in discussione la verità o l'errore di una particolare fede, ma di esaminare l'aspetto puramente sociale e pragmatico della religione e la sua adeguatezza alle attuali maree di cambiamento politico, economico e sociale.

Dio può essere morto, come un tempo si annunciava che il Grande Pan fosse morto, e come molti ecclesiastici del XX secolo, riecheggiando il pensiero velleitario di Nietzsche, proclamano. Ma l'istinto religioso è molto vivo. Anche se la scienza è ben lontana dal confermarlo, spesso sembra che gli uomini nascano con un gene religioso. Forse nei tempi moderni c'è stata una diminuzione allarmante del magnetismo spirituale e dell'elevazione della religione formale, ma gli uomini hanno compensato spostando la loro religiosità innata verso credi più banali: democrazia, liberalismo, capitalismo, nazionalismo, fascismo, socialismo e comunismo. Se l'abbondanza di santi, diavoli, martiri e profeti è un segno di zelo religioso, il XX secolo dovrebbe essere il più religioso di tutti i secoli. Mai, dai tempi di Roma, così tanti capi di Stato, sia vivi che morti, sono stati divinizzati o diabolizzati su così vasta scala. La fede negli antichi dei può essere tremolante, ma quella nelle divinità più mondane del presente è luminosa come un laser.

Una rassegna della religione organizzata in America dovrebbe iniziare con una discussione sul cristianesimo. Fino a poco tempo fa, gli Stati Uniti erano definiti una nazione cristiana e statisticamente circa il 60% di tutti gli americani appartiene ancora a una chiesa cristiana.[527] Ma che cos'è

---

[527] *L'Almanacco mondiale* del 1980 elenca 169 denominazioni religiose negli Stati Uniti, con un totale di 170.185.693 membri, pari al 78% della popolazione. Di questi, 49.836.176 sono cattolici romani, 3.970.735 ortodossi orientali, 1.850.000 ebrei, 2.000.000 musulmani e 21.000 buddisti. Dei restanti 112.507.782 la maggior parte sono protestanti, quasi-protestanti e membri di sette cristiane non affiliate. Il numero dei cattolici romani è piuttosto fuorviante perché la Chiesa cattolica conta come membri tutti coloro che sono battezzati. La cifra degli ebrei è stata inspiegabilmente aumentata a 3.985.000 nell'*Almanacco mondiale* del 1981, sebbene gli ebrei siano notoriamente il gruppo più irreligioso della popolazione americana. Molte delle chiese protestanti più grandi, invece, contano solo i frequentatori attivi e i comunicanti. La ripartizione delle

esattamente un cristiano? La definizione sembra dipendere dalla confessione religiosa di chi lo definisce. Agli occhi dei cattolici romani, San Francesco, uno dei pochi a prendere Cristo alla lettera, e Bonifacio VIII, più Cesare che Papa, erano entrambi cristiani. Agli occhi dei protestanti, lo era anche il capitano (poi reverendo) John Newton, che compose il popolarissimo inno "Come suona dolce il nome di Gesù" mentre la nave che comandava aspettava al largo della costa della Guinea per raccogliere un carico di schiavi dall'interno.[528] Altri cristiani sono stati i siriani seduti in colonna, i norreni armati di spada, i neri cannibali, le imperatrici assetate di lussuria e le suore in odore di pietà.

La difficoltà di definire un cristiano deriva in parte dalle enormi polarizzazioni e riconciliazioni cicliche del cristianesimo nei suoi quasi due millenni di esistenza. Nessuna religione è stata così tante cose per così tanti credenti e così tanti teologi. Nessuna ha provocato così tante eresie e scismi, così tante guerre e così tante paci, così tanto astio e così tanto amore, così tante critiche e così tanta estasi. Forse l'unico momento in cui il cristianesimo è stato veramente unificato e un'unica religione è stato ai suoi inizi, quando era una semplice propaggine del giudaismo, una delle tante sette che fiorirono nel fermento spirituale suscitato dalle invasioni romane sullo stato ebraico.

Il primo grande problema del cristianesimo fu quello puramente razziale. Sarebbe stata una religione per ebrei o per gentili? Gesù stesso era un galileo proveniente dalla "Galilea dei gentili". Non ci sono prove certe che fosse ebreo, ma è quasi certo che sia cresciuto in un ambiente culturale ebraico.[529] All'inizio molti ebrei guardavano a lui come a un possibile Messia venuto a soddisfare il loro desiderio di un ritorno alle glorie temporali di Salomone. In seguito, quando il ministero di Gesù cominciò ad attirare l'attenzione degli estranei e quando dimostrò di essere più interessato a un regno ultraterreno

---

grandi denominazioni protestanti è la seguente: 15.862.749 battisti, 12.486.912 metodisti, 10.331.405 luterani, 3.745.526 presbiteriani, 2.818.130 episcopaliani, 2.237.721 pentecostali.

[528] *Times Literary Supplement*, 9 gennaio 1964, p. 25.

[529] La "Galilea delle genti" si trova in Matteo 4,15. All'epoca della nascita di Gesù, la Galilea, una provincia romana nel nord della Palestina, aveva una popolazione mista ebraica e assira ed era considerata ebraica da meno di un secolo. Toynbee, *Study of History*, Vol. II, pp. 73-74, e *Ency. Brit.*, Vol. 9, p. 978. Sia gli ultrasemiti che gli antisemiti hanno occasionalmente cercato di fare di Gesù qualcosa di diverso da un ebreo. La tradizione talmudica di un'ascendenza in parte romana è stata notata nella nota 105, pag. 199. Un arianizzatore di Gesù indica una discendenza dai "proto-nordici" che vivevano in Galilea e dintorni. C. G. Campbell, *Race and Religion*, Peter Nevill, Londra, 1973, p. 151. Anche Houston Stewart Chamberlain, nel suo *Foundations of the Nineteenth Century,* ha messo in dubbio l'ebraicità di Gesù.

che a uno mondano, gli ebrei chiusero rapidamente i loro cuori e le loro borse.[530] Nelle parole di Arnold Toynbee, "questo ispirato rampollo ebreo di gentili galileiani convertiti con la forza fu poi respinto e fatto fuori dai capi giudei della sua epoca".[531]

Il problema successivo che il cristianesimo si trovò ad affrontare, una volta allontanatosi dall'ebraismo, fu quello di stabilire quanto del suo retroterra e della sua tradizione ebraica originaria avrebbe dovuto essere conservato. Una fazione, i Marcioniti, tentò di epurare la Chiesa primitiva da ogni influenza ebraica, arrivando a bollare l'Antico Testamento come opera del demonio. La Chiesa petrina prese la strada opposta, accettando la Bibbia ebraica, canonizzando gran parte della teologia e della legge ebraica e trattando gli ebrei come levatrici del cristianesimo. In effetti, la Chiesa cattolica di Roma e la Chiesa ortodossa orientale di Costantinopoli assorbirono quasi tutto ciò che era ebraico, tranne gli stessi ebrei. Alla fine i giudaizzanti superarono praticamente tutti i loro rivali, anche se residui di influenza marcionita persistettero fino a quando i catari della Francia meridionale furono liquidati dagli ausiliari papali nel XII secolo.[532] Se i Marcioniti avessero prevalso, non ci sarebbe stato alcun Giudeo nel patrimonio giudeo-cristiano della civiltà occidentale.[533]

---

[530] Il filosofo spagnolo Miguel de Unamuno ha fornito un altro motivo per cui gli ebrei hanno voltato le spalle a Gesù. Egli predicava l'immortalità, per la quale gli ebrei hanno scarso interesse. Unamuno, *Del Sentimiento Tragico de la Vida*, Las Americas Publishing, New York, 1966, capitolo IIT.

[531] *A Study of History*, Vol. V, p. 658.

[532] *Ency. Brit.*, Vol. 5, p. 72, e Vol. 14, p. 868.

[533] Alcune manifestazioni razziali possono essere individuate in questa eredità divisa. Marcione, originario dell'Asia Minore settentrionale, era nato al di fuori dell'ecumene semitica. I santi Pietro e Paolo e molti altri leader della Chiesa petrina erano ebrei convertiti. Un'importante eredità ebraica per il cristianesimo fu la dottrina del peccato originale, fortemente sostenuta da Sant'Agostino, nordafricano, e fortemente contrastata da Pelagio, originario delle isole britanniche, in una delle più gravi lotte teologiche del cristianesimo. Estranei al pensiero e alla tradizione ebraica, ma troppo consolidati per essere eliminati dai giudaizzanti più fanatici, erano i tre saggi del Nuovo Testamento, la tentazione sul monte, il battesimo, il paradiso e la risurrezione. Questo lato non ebraico del cristianesimo, secondo un'opinione, fu originato dal profeta persiano Zoroastro, i cui insegnamenti erano diventati familiari a Gesù in seguito alla sua associazione e forse al suo legame di sangue con gli Amorrei, che avevano stretti contatti con i Persiani. C. G. Campbell, op. cit., capitolo II. Riguardo alle differenze apparentemente congenite tra la sensibilità religiosa dei semiti e quella dei non semiti, T. E. Lawrence ebbe a dire quanto segue: "Il cristianesimo mi era sembrato il primo credo a proclamare l'amore in questo mondo superiore, dal quale il deserto e il semita (da Mosè a Zenone) lo avevano escluso... La sua nascita in Galilea lo aveva salvato dall'essere solo un'altra delle innumerevoli

Uno dei temi principali del magnifico necrologio di Gibbon sull'Impero romano è il ruolo importante del cristianesimo nella sua decadenza e dissoluzione.[534] Se il grande storico avesse esplorato più a fondo il funzionamento della Chiesa primitiva, avrebbe potuto scoprire che il vero colpevole non era la religione cristiana in quanto tale, ma coloro che ne esaltavano gli elementi egualitari e insurrezionali a scapito del più fondamentale concetto cristiano di immortalità. Da un lato, il potere e i privilegi dell'élite romana in declino furono minati dall'accento posto dal Nuovo Testamento sulla fratellanza e sulla rinuncia. Dall'altro, le razze sottomesse vennero eccitate alla violenza dai sermoni incendiari dei primi Padri, che con le loro severe dichiarazioni contro il paganesimo romano richiedevano la distruzione di tutti e di tutto ciò che era legato alla vecchia religione. Nel 310 d.C. ci fu un'ultima fiammata di repressione pagana, quando l'imperatore Galerio versò piombo fuso nelle gole dei cristiani e diede ai leoni l'ultimo pasto dei martiri nel Colosseo. Due anni dopo, Costantino vide la croce fiammeggiante e Roma ebbe presto un imperatore cristiano.

Quando il cristianesimo divenne una religione di Stato, i vescovi cambiarono registro. Invece di opporsi al governo, la Chiesa ne divenne la custode. Invece di attaccare il servizio militare, lo sostenne. Una volta oppressi, i cristiani erano ora gli oppressori. Le fiamme dei templi greci e romani illuminarono il cielo notturno di Roma morente. Sebbene fosse troppo tardi per impedire il crollo dell'Impero, i vescovi riuscirono a convertire, in un certo senso, i Teutoni conquistatori, che in seguito salvarono la cristianità occidentale dagli Unni, dagli Arabi, dai Turchi e da altri predoni pagani.

All'epoca delle Crociate, il cristianesimo si era già diviso in Chiesa cattolica romana e Chiesa greco-ortodossa. Si divise di nuovo quando il Nord Europa, incitato da principi e potentati che bramavano le ricchezze della Santa Sede, si staccò dall'assolutismo spirituale e dalla *Realpolitik* temporale dei papi latinizzati. La Riforma tracciò le frontiere religiose che ancora oggi separano l'Europa protestante da quella cattolica e le frontiere razziali che in molte zone separano ancora i nordici dagli alpini.

---

rivelazioni del semita. La Galilea era la provincia non semitica della Siria, il cui contatto era quasi impuro per il perfetto ebreo... Cristo, per scelta, passò il suo ministero nella sua libertà intellettuale..." *Sette pilastri della saggezza*, Doubleday, Doran, Garden City, N.Y., 1935, p. 356. Potrebbe anche esserci stata una repulsione razziale da parte dei Gentili per alcune pratiche religiose ebraiche, in particolare quell'aspetto del rituale della circoncisione in cui si chiede a un "ospite venerabile e onorato di applicare la sua bocca al pene e di succhiare la prima goccia di sangue". Ernest Van den Haag, *La mistica ebraica*, p. 160.

[534] *Declino e caduta dell'Impero romano*, capitoli 15 e 16.

Il compianto professor Guignebert dell'Università di Parigi, esperto di studi biblici, ha fornito un interessante spunto di riflessione sullo sviluppo del cristianesimo notando il cambiamento dell'"aspetto" di Gesù nel corso dei secoli.[535] Le prime raffigurazioni di Gesù lo vedevano peloso, brutto e abietto. Più tardi, nei rosoni e nella statuaria gotica, nei dipinti e negli affreschi rinascimentali, Cristo era dotato di tratti nordici e a volte assomigliava più a Sigfrido che al figlio di un falegname mediterraneo. Molti dipinti della Sacra Famiglia ritraggono la Vergine e il Bambino con capelli biondi e occhi azzurri. La Propulsione Estetica era ovunque visibile nei più grandi capolavori dell'arte cristiana.

Il cristianesimo fu trasportato negli Stati Uniti da membri di praticamente tutte le denominazioni cristiane: anglicani e anabattisti, cattolici e mennoniti, luterani, quaccheri e shaker, greco-ortodossi e doukhobor. La Chiesa episcopale - due terzi dei firmatari della Dichiarazione di indipendenza erano episcopaliani[536] - e le chiese calviniste (principalmente congregazionali e presbiteriane) rimasero dominanti fino all'ascesa delle sette revivaliste ed evangeliche all'inizio del XIX secolo. La questione della schiavitù dissolse l'unità cristiana esistente tra Nord e Sud, facendo passare molti yankee dalla morale dell'occhio per occhio e dalla predestinazione ferrea del calvinismo[537] all'unitarianismo e ad altre fedi meno rigorose e meno selettive. Negli stessi anni, le Chiese del Sud hanno imposto agli Stati schiavisti un cristianesimo stratificato e razzialmente separato, giustificando le loro azioni con torbidi passi biblici sulla schiavitù umana.[538]

Poco prima della Guerra Civile, il cattolicesimo romano iniziò ad assumere una certa importanza negli affari nazionali. Oltre alla sua funzione religiosa, la Chiesa cattolica servì come immensa organizzazione di servizi sociali per il massiccio afflusso di immigrati irlandesi affamati e nostalgici. Decenni

---

[535] Charles Guignebert, *Jésus*, Le Renaissance du Livre, Paris, 1933, pp. 189-96. In *The Everlasting Gospel*, Blake si sofferma sui due diversi volti di Gesù: "La visione di Cristo che tu vedi è il più grande nemico della mia visione. Il tuo ha un grande naso adunco come il tuo; il mio ha un naso a punta come il mio".

[536] *Ency. Brit.*, Vol. 18, p. 612.

[537] Il calvinista del New England della fine del XVIII secolo era rappresentato da Samuel Adams, che "non era un rivoluzionario, ma un razzista, anti-cattolico, senza alcun favore per le minoranze". Samuel Morison, *Oxford History of the American People*, p. 211.

[538] La più citata è Genesi 9:22-27. Ham, considerato da alcuni teologi il progenitore della razza negra, vede suo padre Noè nudo mentre è ubriaco. Quando Noè lo viene a sapere, lancia una maledizione su Canaan, il figlio di Ham, destinandolo a essere un "servo dei servi". Shem (il primo semita) e Japheth (il primo non semita?), i due fratelli di Ham, dovevano essere serviti per l'eternità da Canaan, secondo gli interpreti pro-schiavitù dell'Antico Testamento.

dopo, divenne il pastore spirituale e, a volte, politico dei milioni di cattolici dell'Europa centrale e meridionale che costituirono la maggior parte della nuova immigrazione. All'inizio degli anni Trenta la Chiesa cattolica era il più grande e potente organismo religioso degli Stati Uniti. Nel 1928, Alfred E. Smith perse le elezioni presidenziali anche perché era cattolico. Nel 1960, John F. Kennedy vinse la presidenza anche perché era cattolico. Nel 97° Congresso (1981-82), più membri del Congresso appartenevano alla Chiesa cattolica che a qualsiasi altra confessione religiosa.

Oggi il cristianesimo negli Stati Uniti - ad eccezione dei fondamentalisti - ha spostato la sua attenzione da Dio all'uomo ed è diventato il campione delle minoranze. Molti ministri protestanti prendono i soldi delle collette e li spendono in progetti per neri e ispanici, spesso più politici che caritatevoli. Le chiese si trasformano in luoghi di incontro per le bande nere.[539] Gli ecclesiastici registrano il loro "profondo apprezzamento" per il militante nero che ha fatto irruzione nella Riverside Church di Manhattan e ha chiesto 500 milioni di dollari in "risarcimenti".[540] A lungo tolleranti nei confronti del comunismo nelle sue varie forme staliniste, titoiste e maoiste,[541] molti ecclesiastici ora appoggiano apertamente la rivoluzione in America Centrale,[542] fanno entrare clandestinamente gli stranieri, fanno propaganda per il disarmo unilaterale,[543] aumentano la cauzione per i teppisti delle

---

[539] Tutto inutile, come aveva previsto Nietzsche un secolo fa: "Non c'è nulla di più terribile di una barbara classe di schiavi, che ha imparato a considerare la propria esistenza come un'ingiustizia e ora si prepara a vendicare non solo se stessa, ma tutte le generazioni future. Di fronte a tempeste così minacciose, chi osa appellarsi con fiducia alle nostre pallide ed esauste religioni..." *La nascita della tragedia* da *La filosofia di Nietzsche*, trans. Clifton Fadiman, Modern Library, New York, p. 1048.

[540] *Time*, 16 maggio 1969, p. 94.

[541] Secondo l'investigatore del Congresso J. B. Matthews, 7.000 ecclesiastici americani un tempo sposavano la linea del partito comunista. Man mano che l'Unione Sovietica diventava sempre più aggressiva e bellicosa, molti di loro adottarono marchi più sicuri e accettabili di marxismo. Per la stima di Matthews, si veda Walter Goodman, *The Committee*, Farrar Straus, New York, 1968, pag. 335.

[542] Un conclave londinese organizzato dal Consiglio mondiale delle Chiese (protestanti) ha pubblicato un rapporto in cui si afferma che "i guerriglieri che lottano contro i regimi razzisti devono ricevere il sostegno della Chiesa se tutto il resto ha fallito". Il rapporto afferma inoltre che, in determinate circostanze, "la Chiesa deve sostenere i movimenti di resistenza, comprese le rivoluzioni, che mirano all'eliminazione della tirannia politica o economica che rende possibile il razzismo". La conferenza era presieduta dal senatore George McGovern, un delegato laico metodista. *Time*, 6 giugno 1969, p. 88. Nel corso degli anni il Consiglio Mondiale, a cui appartiene la maggior parte delle denominazioni protestanti americane, ha continuato a sostenere i gruppi terroristici neri in Africa con sermoni e denaro.

[543] Come ha fatto la Conferenza nazionale dei vescovi cattolici nel 1985.

Pantere Nere,[544] e cospirano contro una futura leva come hanno cospirato contro lo sforzo bellico degli Stati Uniti in Vietnam.[545] Alcuni sacerdoti cattolici sono stati attivi nell'incitare gli scioperi dei lavoratori agricoli migranti messicano-americani contro gli agricoltori della California.[546] Altri, in particolare i fratelli Berrigan, hanno fatto irruzione negli uffici del servizio di leva e hanno distrutto i registri di leva.[547] Altri ancora sono scesi in strada e hanno condotto sit-in di massa in aperta sfida alle leggi statali e locali, e alle severe disposizioni di Papa Giovanni Paolo II contro i sacerdoti in politica.

Per varie ragioni, l'attuale versione liberal-minoritaria del cristianesimo in America manca di credibilità e sa di dilettantismo. Gesù era un perdente. La sua povertà e la sua condizione di minoranza hanno stimolato un'onesta preoccupazione per gli oppressi e gli oppressori. Il chierico benestante e ben finanziato, che percorre un miglio o due in una "marcia per la libertà", riceve un trattamento da tappeto rosso ad Hanoi e passa di tanto in tanto a vedere come stanno i suoi amici negri nelle baraccopoli, sembra un po' contraffatto. Così come la "coscienza sociale" del Vaticano (80 miliardi di dollari di patrimonio, compreso un portafoglio azionario di 5,6 miliardi di dollari)[548] e dell'establishment religioso americano (solo le proprietà sono valutate 102

---

[544] *New York Times*, 31 gennaio 1970, p. 9. Nel settembre 1970, la militante nera Angela Davis, pur essendo nella lista dei dieci più ricercati dall'FBI per aver posseduto le pistole che hanno ucciso un giudice californiano, fu onorata con il suo ritratto esposto in bella mostra nell'annuale Domenica della Liberazione della chiesa episcopale di Santo Stefano a St. *Miami Herald*, 27 settembre 1970, p. 30A. La signorina Davis, una stalinista furiosa, fu poi scagionata da una giuria di soli bianchi.

[545] Il cappellano dell'Università di Yale William Sloane Coffin, Jr. un tempo sposato con la figlia ballerina di Artur Rubinstein, fu condannato a due anni di prigione nel 1968 per aver cospirato per consigliare ai giovani americani di sottrarsi alla leva. Il verdetto della giuria fu poi annullato da un tribunale superiore. *Almanacco mondiale* del 1970, pag. 922.

[546] *Time*, 10 dicembre 1965, p. 96.

[547] *New York Times*, 9 agosto 1970, sezione 4, pag. 7. Nel gennaio 1971, i Berrigan furono accusati di aver progettato di far esplodere i sistemi di riscaldamento di cinque edifici governativi a Washington e di aver rapito Henry Kissinger. Secondo il *Time*, i due fratelli erano "ribelli in culla". Il padre, Tom Berrigan, un organizzatore sindacale, era figlio di immigrati irlandesi che si erano rifugiati negli Stati Uniti per sfuggire alla povertà dell'Ould Sod. *Time*, 25 gennaio 1971, pp. 14-15.

[548] Nino Lo Bello, *The Vatican Empire*, Fireside, Simon and Schuster, New York, 1970, pagg. 23, 135. La Santa Sede, che ha avuto la sua parte di scandali finanziari, ha formalmente negato queste stime, pur ammettendo di essere talmente invischiata nell'alta finanza da aver stabilito stretti rapporti con i Rothschild. *New York Times*, 22 luglio 1970, p. 8. Papa Giovanni Paolo II ha rivelato che la Chiesa aveva un deficit di bilancio di 20 milioni di dollari nel 1979. Rapporto UPI, 10 novembre 1979.

miliardi di dollari).[549] Una tale ricchezza, che non è una novità nella storia della Chiesa, ha sempre reso il cristianesimo sospetto agli occhi dei radicali di sinistra. Ciò contribuisce a spiegare perché, nonostante tutto ciò che i liberali cristiani hanno fatto per preparare la strada, nelle tre grandi rivoluzioni della storia moderna - francese, russa e cinese - il cristianesimo è stato ufficialmente o non ufficialmente proscritto.

Sebbene i cristiani siano quasi un miliardo, la loro fede si sta raffreddando.[550] I papi non comandano più gli eserciti, non scomunicano più i re, non giustiziano più gli eretici e non organizzano più le crociate. Non si costruiscono più Sainte Chapelles e non ci sono più artisti con un briciolo dell'intensità religiosa che si trova in un dipinto del Beato Angelico. Le penne di Lutero e Milton sono ferme. Gli entusiasmanti inni protestanti di un tempo hanno perso la loro carica domenicale e sono sempre meno cantati. Le riunioni di risveglio nelle tende e in televisione continuano ad attirare grandi folle, anche se sono più le labbra che si convertono che i cuori. La religione di un tempo è ancora viva e vegeta in alcune zone, ma ha più rilevanza per le ambizioni temporali degli evangelisti che si battono sul pulpito che per Dio. I predicatori cattolici e protestanti possono ottenere una buona pubblicità sulla stampa quando abbandonano il loro gregge per diffondere la "lieta novella" tra le minoranze, ma non guadagnano punti con le loro congregazioni locali. I leader della cosiddetta Maggioranza Morale hanno ottenuto un certo successo, tuttavia, non per aver predicato il Vangelo, ma per aver attaccato la corruzione pandemica e l'immoralità dei poteri mondani. Ironia della sorte, una parte di questa corruzione può essere attribuita ai sacerdoti e ai predicatori che la combattono a gran voce.

La deformazione della religione in America, il passaggio dall'impronta veterotestamentaria dei primi coloni bianchi al cristianesimo sociale permissivo del presente, solleva l'annosa questione di quanto la religione plasmi efficacemente il carattere e quanto il carattere plasmi efficacemente la religione. Secondo gli standard moderni, l'americano coloniale, con il fucile in una mano e la Bibbia nell'altra, era la caricatura di un cristiano. Forse leggeva il Buon Libro alla sua famiglia una volta alla settimana, ma

---

[549] *Time*, 18 maggio 1970, p. 44. Dei 17,6 miliardi di dollari che i singoli o le organizzazioni americane hanno versato in beneficenza nel 1969, 7,9 miliardi sono stati destinati a scopi religiosi. *U.S. News & World Report*, 13 luglio 1970, p. 65. Le donazioni di beneficenza sono salite a 124,3 miliardi di dollari nel 1992.

[550] Secondo l'*Almanacco mondiale* del 1994, i cristiani sono 1.833.022.100, rispetto a 971.328.000 musulmani, 732.812.000 indù, 314.939.000 buddisti, 187.107.000 religiosi popolari cinesi, 18.800.000 sikh, 17.822.000 ebrei, 10.493.000 sciamanisti, 6.028.000 confuciani e 6.028.000 bahaisti. Nonostante l'enorme numero di cristiani, il rabbino Arthur Hertzberg, presidente della Lega ebraica americana, è noto per aver detto: "Penso che il cristianesimo sia morto". *New York Daily News*, 13 maggio 1975, p. 44.

raramente andava in chiesa. Si sa che i Pellegrini non ebbero un pastore per nove anni dopo il loro arrivo. In Virginia meno di uno su diciannove era membro della chiesa. Tra i coloni della baia del Massachusetts, solo un quinto era cristiano.[551] Joshua, anche se forse non il defunto vescovo Pike,[552] sarebbe stato orgoglioso dei Pellegrini. Quando riuscirono a recarsi alla chiesa di Plymouth, marciarono a tre a due con i loro moschetti e le loro bocche da fuoco pronte, mentre altri membri della congregazione presidiavano sei cannoni sul tetto, ognuno dei quali era in grado di sparare

---

[551] William W. Sweet, *The Story of Religion in America*, Harper, New York, 1950, pp. 5, 45, 48.

[552] L'immoralità pubblica di molti leader della Chiesa moderna è la prova migliore del profondo cambiamento avvenuto nella religione americana. Il vescovo Pike, ad esempio, era quasi l'antitesi del divino puritano del XVII secolo. Nato cattolico romano a Hollywood, Pike frequentò una scuola gesuita e divenne avvocato prima di essere ordinato sacerdote episcopale. Alcolizzato quando fu promosso vescovo, Pike si sposò tre volte e divorziò due volte. Suo figlio e una segretaria preferita si sono suicidati; sua figlia ha tentato il suicidio. Prima di morire in Israele, si dimise dal suo incarico vescovile sotto le armi e si dedicò allo spiritismo. *Time*, 11 novembre 1966, p. 56, e *New York Times*, 8 settembre 1969, p. 1. Due eminenti uomini di chiesa neri diedero esempi ugualmente negativi. Adam Clayton Powell, con le sue buste paga gonfiate e i suoi conti spese, e Martin Luther King, Jr. con i suoi tentativi di dirigere il corso della politica estera e interna americana, si sono comportati più come cardinali rinascimentali che come ministri battisti. *New York Times*, 4 gennaio 1969, pag. 1 e *Time*, 17 agosto 1970, pag. 13. Anche il "profeta" dei musulmani neri, Elijah Muhammad, che scontò una pena detentiva di tre anni per aver eluso la leva, scandalizzò il suo principale luogotenente per la sua relazione con l'assistente d'ufficio. *Autobiografia di Malcolm X*, pp. 209-10, 299. Dean Moorehouse, ex ministro metodista, finì in carcere per aver somministrato LSD a minori. Era amico di Charles Manson, leader di una setta della West Coast che commise almeno nove omicidi. Moorehouse rimase amico di Manson, anche dopo che quest'ultimo "adottò" la figlia quindicenne di Moorehouse nella sua banda di omicidi. *New York Times Magazine*, 4 gennaio 1970, p. 32. Quando il vescovo episcopale Robert Hatch fu informato che sua figlia sarebbe apparsa nuda in un teatro di San Francisco, disse: "Sono contento che abbia la possibilità di esprimersi". *Time*, 8 giugno 1970, p. 40. Il reverendo Ted McIlvenna, un ministro metodista di San Francisco, realizzò sessantaquattro film di sesso esplicito e li vendette a 150-250 dollari l'uno a 8.000 clienti, "uno dei più importanti dei quali era il governo federale". Utilizzava un cast di dieci coppie volontarie non retribuite. *New York Times*, 18 maggio 1980. Qualche anno prima, novanta importanti sacerdoti episcopali concordavano sul fatto che gli atti omosessuali tra adulti consenzienti sono "moralmente neutri" e potrebbero persino essere una buona cosa. *New York Times*, 29 novembre 1967, p. 1. Forse il punto più basso della religione in America è stato raggiunto a Jonestown, in Guyana, dove il reverendo psicopatico Jim Jones ordinò il suicidio di massa di 911 persone del suo gregge, in gran parte di colore, nel 1978. Un altro folle divino, David Koresh, presiedette all'immolazione di 85 dei suoi seguaci semi-ipnotizzati durante lo scontro con gli agenti federali a Waco nel 1993. Per chi ha la memoria corta, negli anni '80 e nei primi anni '90 un numero considerevole di sacerdoti cattolici confessò di essere omosessuale o pedofilo.

palle di ferro da quattro a cinque libbre.[553] Si trattava di un tipo diverso di cristianesimo? O era un diverso tipo di cristiano?

Molti altri aspetti del cristianesimo americano delle origini sono altrettanto ripugnanti per i leader delle chiese moderne. John Winthrop, il primo governatore della Colonia della Baia del Massachusetts, probabilmente parlava a nome di tutti gli anziani puritani quando diceva che la democrazia "è sempre stata considerata la più meschina e la peggiore di tutte le forme di governo".[554] Nel Connecticut e nel Massachusetts il diritto di voto era limitato ai membri della chiesa, per quanto ciò possa essere sconvolgente per coloro che credono che la tradizione politica americana sia inalterabilmente legata alla separazione tra Stato e Chiesa.[555] Altrettanto sconvolgente è il fatto che la Chiesa del New England prosperava grazie al commercio di schiavi e di rum e che molti noti ministri congregazionisti erano proprietari di schiavi.[556]

La religione protestante ha superato la fase pionieristica dell'Antico Testamento e, nonostante i rumorosi fondamentalisti, la fase evangelica del Nuovo Testamento. Ora si trova nella fase liberale. La religione cattolica in America ha un calendario simile, ma con un inizio più tardivo.[557] La fede ardente portata dagli immigrati dall'Irlanda e dall'Europa centrale e meridionale si è gradualmente raffreddata. Molti dei loro discendenti obbediscono ora a un codice meno rigido e più tollerante, che permette loro di sfidare il divieto della Chiesa sui contraccettivi e sul divorzio, di saltare la messa per giocare a golf e di fuggire o pensare di fuggire dalla calda protezione del loro bozzolo religioso verso gli spazi inesplorati dell'agnosticismo.

I sacerdoti e persino alcune suore si sposano, non sempre all'interno della Chiesa.[558] Le scuole parrocchiali chiudono per mancanza di fondi. Membri della gerarchia contestano l'infallibilità papale. Mentre si profila la possibilità di un altro grande scisma, la Chiesa ha sempre più difficoltà a

---

[553] Sweet, op. cit., pp. 46-47.

[554] Ibidem, p. 51.

[555] Ibidem, p. 53.

[556] Ibidem, pp. 285-86. Nel Massachusetts c'erano 6.000 schiavi nel 1776.

[557] La colonia "cattolica" del Maryland era in gran parte una finzione. Durante la maggior parte della sua esistenza, agli immigrati cattolici fu vietato l'ingresso e il culto cattolico fu proibito. Beard, *The Rise of American Civilization*, Vol. I, p. 65.

[558] Suor Jacqueline Grennan ha sposato il vedovo ebreo Paul Wexler. La signora Wexler divenne presidente dell'Hunter College. Philip Berrigan, il prete radicale radiato, sposò una suora che fu poi arrestata per taccheggio. *Time*, 18 settembre 1973, p. 46.

tenere sotto lo stesso tetto i suoi comunicanti, sempre meno devoti. Se la Chiesa si sposta troppo a sinistra per placare il suo crescente contingente ispanico, si aliena gli irlandesi e altri cattolici bianchi assimilati. Quando le divisioni razziali all'interno dei suoi ranghi si acuiscono, quando la vecchia battaglia esterna contro i protestanti si trasforma in una lotta interna per il potere, l'unità cattolica, un tempo una forza politica così forte negli Stati Uniti, potrebbe presto declinare al punto che i cattolici non voteranno più in base alla loro religione ma in base alla loro razza.[559]

L'Ebraismo in America ha seguito lo stesso percorso filoteistico del Protestantesimo e del Cattolicesimo. Lo zelo ortodosso dei Sefardim dei tempi pre-rivoluzionari e rivoluzionari si confronta con la religiosità più razionale dell'ebraismo contemporaneo, riformato e conservatore, come una torcia ad acetilene con una candela. Attualmente non più del 10% dell'ebraismo americano osserva le leggi alimentari. I sondaggi indicano che gli studenti universitari ebrei sono molto meno religiosi di quelli non ebrei.[560] Negli Stati Uniti ci sono circa 4.000 congregazioni ebraiche, che comprendono circa il 70% di tutte le famiglie ebraiche. Tuttavia, la maggior parte degli ebrei affiliati alle sinagoghe non può essere descritta come pia. Solo il 19% degli ebrei americani si reca al tempio una volta alla settimana.[561]

La creazione di Israele ha invertito o almeno rallentato questa tendenza secolare, richiamando alcuni ebrei all'ovile religioso e rinnovando il loro interesse per la storia ebraica.[562] L'ebraismo continua ad essere attraente per

---

[559] Un sondaggio del 1992 del Princeton Religion Research Center ha rilevato che il 26% degli americani aderisce alla Chiesa cattolica romana; il 56% a varie denominazioni protestanti.

[560] Albert L. Gordon, *Intermarriage*, Beacon, Boston, 1964, pagg. 42, 47-48, 50, 97.

[561] Sondaggio Gallup, 13 gennaio 1974.

[562] In termini numerici, l'ebraismo religioso resiste a malapena, nonostante il recente arrivo di grandi gruppi di ebrei russi dalla frammentata Unione Sovietica. Nel migliore dei casi si registrano circa 3.000 conversioni all'anno, per lo più di donne gentili che si preparano a sposare maschi ebrei di orientamento tradizionale. Non molti, tuttavia, si convertono al ramo ortodosso dell'ebraismo, un processo che prevede di sedersi in una vasca d'acqua fino al collo mentre due anziani istruiti parlano dei comandamenti maggiori e minori. Litvinoff, *A Peculiar People*, p. 26 e Yaffe, op. cit., pp. 46, 100, 102. La diminuzione del numero di ebrei ha indotto il rabbino Alexander Schindler, presidente dell'Unione delle Congregazioni ebraiche americane, a proporre un rimedio radicale. Normalmente la legge ebraica considera ebreo solo il figlio di madre ebrea. In considerazione del crescente tasso di matrimoni misti, il rabbino Schindler ha suggerito che il figlio di un padre ebreo e di una madre gentile sia riconosciuto come ebreo. I conservatori e gli ebrei della Riforma non sembrarono preoccuparsi del suggerimento. Gli ebrei ortodossi si sono indignati. *Chicago Sentinel*, 20 dicembre 1979, p. 6.

molti ebrei anche per un motivo che non ha nulla a che fare con la religione e molto con la politica pratica. Come ha spiegato un importante ebreo americano, "nel combattere la causa dei diritti degli ebrei all'estero, l'approccio religioso è di solito quello che la leadership ebraica ritiene più opportuno adottare".[563] Avrebbe potuto aggiungere che l'ebraismo serve anche come utile camuffamento per l'attività ebraica negli affari interni. Nel frattempo, il loro vecchio astio religioso nei confronti del cristianesimo si è attenuato, poiché gli ebrei hanno scoperto i vantaggi derivanti dall'enfasi dei liberali cristiani sulla tolleranza selettiva e dal sostegno dei conservatori cristiani a Israele.

Il movimento ecumenico, sebbene sia riuscito ad avvicinare protestanti e cattolici come mai era accaduto dopo la Riforma, non è stato in grado di impedire alle varie confessioni cristiane di abbandonare il loro ascendente morale sulla vita americana. Se la secolarizzazione continua al ritmo attuale, il cristianesimo potrebbe presto non avere un significato più profondo nello schema delle cose americano di quello dello sport. Il protestantesimo, infatti, è diventato così tiepido che persino la questione degli aiuti federali all'istruzione non secerne più quantità eccessive di adrenalina nelle ghiandole battiste o metodiste. Senza tener conto delle piccole e sparute voci di protesta, i governi nazionali, statali e locali spesso sovvenzionano le scuole parrocchiali con pranzi e trasporti gratuiti. Gli istituti parrocchiali di istruzione superiore sono sovvenzionati con borse di studio a cinque o sei cifre per le scienze fisiche e sociali. Poche proteste si sentono quando il gesuita Robert Drinan, fiammeggiante e liberale, con il colletto bianco che risplende sotto i riflettori della televisione, si candida a una carica pubblica.[564]

Negli ultimi anni l'area più sensibile del rapporto tra Chiesa e Stato non è stata la commistione tra religione e politica, ma l'osservanza pubblica della religione. Le sentenze della Corte Suprema contro la recita di preghiere nelle

---

[563] Israel Goldstein, *La comunità ebraica americana*, Block Publishing, 1960.

[564] Ma c'è un clamore pubblico o piuttosto mediatico quando i predicatori fondamentalisti tengono sermoni politici. Padre Drinan rinunciò al suo posto al Congresso per ordine di Papa Giovanni Paolo II nel 1980, ma fu subito eletto presidente degli Americani per l'Azione Democratica.

scuole pubbliche[565] e l'esposizione di simboli religiosi nei luoghi pubblici,[566] gli assalti delle minoranze contro lo sfarzo natalizio in classe,[567] le lamentele delle minoranze sui francobolli natalizi a tema religioso[568] - sono tutte escrescenze di quella che è essenzialmente una crescente controversia razziale.

In passato, la separazione tra Stato e Chiesa significava che le chiese dovevano rimanere in piedi da sole, senza assistenza finanziaria, legale o di altro tipo da parte del governo. Oggi tende a significare che la religione deve essere isolata e persino messa in quarantena dal contatto pubblico. Questo potrebbe essere interpretato più come una costrizione che come un'estensione della libertà religiosa. Il libero esercizio della religione è difficilmente possibile senza la libertà di espressione religiosa.

La campagna contro le celebrazioni pubbliche della religione della Maggioranza,[569] oltre alla sua iconoclastia incorporata, non può evitare di diventare una campagna contro la cultura della Maggioranza. A prescindere dal suo significato religioso, il Natale - albero decorato, tronco di Yule,

---

[565] Nel 1962, la Corte decise che la recita del Padre Nostro o di versetti della Bibbia nelle scuole pubbliche era incostituzionale, rendendo così, secondo il senatore Ervin della Carolina del Nord, incostituzionale Dio stesso. L. A. Huston, *Pathway to Judgment*, Chilton Press, Filadelfia, 1966, pag. 4. La preghiera su cui si è pronunciata la Corte diceva semplicemente: "Dio onnipotente, riconosciamo la nostra dipendenza da Te e imploriamo le Tue benedizioni su di noi, sui nostri genitori, sui nostri insegnanti e sul nostro Paese".

[566] La Corte si è pronunciata per cinque a due vietando l'erezione di una croce in un parco cittadino di Eugene, Oregon. *New York Times*, 5 ottobre 1969, pag. 68.

[567] Nel 1969 il sovrintendente della scuola pubblica di Marblehead, Massachusetts, ha vietato ogni riferimento al Natale, ma alla fine ha fatto marcia indietro dopo una serie di dimostrazioni dei bambini della maggioranza. *Washington Evening Star*, 1 dicembre 1969, p. 4.

[568] Le Poste americane sono state aspramente condannate dal Congresso ebraico americano per aver emesso un francobollo che conteneva una riproduzione del grande dipinto rinascimentale di Hans Memling, *Madonna con Bambino*. *New York Times*, 17 luglio 1966. In seguito alle pressioni dei negri, i Babbi Natale neri e gli "angeli integrati" stanno comparendo quasi ovunque durante il periodo natalizio.

[569] Il cristianesimo può essere considerato la religione nazionale degli Stati Uniti, nel senso che al massimo solo il 4% della popolazione appartiene a chiese non cristiane e che il restante 96%, per affiliazione religiosa, tendenza ecclesiastica, nascita, battesimo, tradizione o inclinazione, mostra un certo grado di attaccamento alle credenze cristiane. Sebbene un sondaggio Gallup del 1968 abbia riportato che solo 50.000.000 di americani frequentano regolarmente la chiesa, la maggior parte degli americani che non vanno in chiesa si considerano comunque cristiani. *San Francisco Sunday Examiner & Chronicle, This World*, 29 dicembre 1968, p. 10. Un sondaggio Gallup del 1974 ha indicato che il 55% dei cattolici, il 37% dei protestanti e il 19% degli ebrei frequentano la chiesa ogni settimana.

Babbo Natale, elfi, renne e slitta che cavalca il cielo - è una manifestazione esuberante, forse la più esuberante, dei costumi popolari della Maggioranza.

I membri della Maggioranza hanno già permesso che la loro festa più importante venisse trasformata in un bazar orientale ipercommercializzato da grandi magazzini e discount, molti dei quali di proprietà di non cristiani. Qualsiasi ulteriore censura o perversione del Natale costituirebbe un'ulteriore limitazione, non solo della libertà religiosa della Maggioranza, ma anche dell'accesso alla sua cultura. Il giudice Potter Stewart, l'unico dissenziente nella sentenza della Corte Suprema sulla preghiera nelle scuole, ha chiarito questo punto quando ha detto che la Corte, invece di essere neutrale nei confronti della religione, era in realtà ostile quando negava agli studenti "l'opportunità di condividere il patrimonio spirituale della nazione".[570]

T. S. Eliot scrisse: "La cultura di un popolo [è] un'incarnazione della sua religione" e "nessuna cultura è apparsa o si è sviluppata, se non insieme a una religione...".[571] Ciò equivale a dire che la religione e la cultura sono indivisibili, che l'una non può essere isolata dall'altra senza gravi danni per entrambe. Secondo Eliot, non è una coincidenza che le più grandi conquiste artistiche dell'umanità siano avvenute quando la Chiesa e lo Stato lavoravano insieme, non separati.

Nella tradizione delle madrepatrie europee, nove delle tredici colonie avevano istituito delle chiese, così come l'Inghilterra e i Paesi scandinavi per la maggior parte della loro storia. L'abolizione della Chiesa in America è avvenuta durante la Guerra d'Indipendenza, che ha interrotto i legami coloniali con la Chiesa d'Inghilterra. Fu ufficializzata dal Primo Emendamento, opera soprattutto di Franklin, Jefferson e Madison, le cui idee religiose (o irreligiose) erano state mutuate dall'Illuminismo francese.

Se i greci fossero stati disostituzionalisti, non ci sarebbe stato il Partenone, costruito con fondi statali, né le grandi opere teatrali di Eschilo, Sofocle, Euripide e Aristofane, messe in scena in un anfiteatro governativo, sovvenzionate in parte dall'erario e offerte al pubblico durante le feste religiose sponsorizzate dallo Stato. Se la Chiesa e lo Stato fossero stati separati nel Medioevo e nel Rinascimento, non ci sarebbero state l'Abbazia di Cluny, le cattedrali gotiche, il Battistero fiorentino, la Cappella Sistina e

---

[570] *New York Times*, 26 giugno 1962, pag. 16, e 18 giugno 1963, pag. 28. A Boston il Jewish Advocate, in un editoriale che concorda con la decisione sulla preghiera, suggerisce che essa potrebbe logicamente essere estesa per impedire la tradizionale esposizione a Natale del presepe e di altri simboli religiosi in qualsiasi riunione o festa pubblica. *Wall Street Journal*, 6 luglio 1962, p. 1.

[571] *Note per una definizione della cultura*, pp. 32, 13.

l'*Ultima Cena*. Bach, inoltre, ha trascorso gran parte della sua vita musicale in chiese sovvenzionate dallo Stato. Infine, poiché i più accaniti sostenitori della separazione tra Chiesa e Stato sono spesso coloro che considerano ogni parola della Bibbia una rivelazione divina, bisognerebbe ricordare loro che l'Antico Testamento era il libro degli antichi Ebrei, che più di ogni altro popolo credevano che Chiesa e Stato fossero una cosa sola.

È ironico che la Corte Suprema, attualmente il più potente oppositore dell'unità Stato-Chiesa, sieda in un'imitazione di un tempio greco, i cui originali non sarebbero mai stati costruiti senza le sovvenzioni di una chiesa costituita.[572] È possibile che la povertà e l'originalità dell'architettura di Washington - con il suo monumento più alto copiato da un obelisco egiziano e i suoi punti di riferimento più famosi che riproducono pedissequamente gli stili di costruzione greci, ellenistici e romani - siano dovute al fatto che è la capitale dell'unica grande nazione in cui Chiesa e Stato sono stati separati per più di cento anni? La più grande attrazione della religione, secondo Miguel de Unamuno, è la promessa di immortalità.[573] Altrettanto attraenti, se la resistenza e la sopravvivenza sono segni di attrattiva, sono le cerimonie religiose, i riti, i sacramenti, le liturgie e le festività - i punti di intersezione

---

[572] L'anacronismo dell'imitazione di stili architettonici antichi in un'epoca di nuovi interessanti materiali da costruzione è stato reso evidente a tutti quando le colonne corinzie dell'edificio della Corte Suprema sono state installate dopo la posa del tetto.

[573] *Del sentimiento trágico de la vida*, p. 42. Oltre al suo impatto puramente religioso, il concetto di vita ultraterrena ha ovviamente un'enorme utilità sociale. È più facile per gli individui e le razze sopportare le disuguaglianze dell'esistenza terrena se credono, o possono essere persuasi a credere, che avranno un'altra e migliore esistenza nel Grande Aldilà. In questo contesto, la promessa di immortalità non può che esercitare un effetto calmante e stabilizzante sulla società in generale. D'altra parte, l'effetto può essere troppo tranquillizzante e stabilizzante, forse fino alla stagnazione sociale. Secondo Martin Heidegger, i cui insegnamenti sono stati stravolti oltre ogni comprensione dalla cosiddetta scuola filosofica esistenzialista, l'immortalità tende a svalutare la vita. È la consapevolezza della morte e della sua finalità che intensifica l'esistenza umana e le conferisce il suo significato più profondo. Come il dramma senza sipario finale non è un dramma, così il tempo infinito e incommensurabile non è affatto tempo. La filosofia di Heidegger accresce l'individualità dell'uomo fino a renderla quasi divina e quasi insopportabile. Tuttavia, si sposa bene con la nuova visione anticopernicana. L'uomo, fortemente ridimensionato quando la Terra è stata declassata da centro dell'universo a granello galattico, è ora tornato grande, forse più grande di prima. È possibile che l'uomo sia l'unico essere intelligente in tutto lo spazio - uno status esaltante che gli è stato riconosciuto fino al Rinascimento. Se nel cosmo esistono forme di vita superiori, è quasi matematicamente certo che alcune di esse siano abbastanza avanti rispetto all'uomo nel processo evolutivo da inviargli semplici segnali che potrebbero essere captati da radiotelescopi e altri sofisticati dispositivi elettronici di ascolto. Almeno per il momento, lo spazio esterno è molto immobile. Per quanto riguarda le pesanti probabilità di vita extraterrestre intelligente, si veda *Science News*, 24 febbraio 1979, e la *rivista Natural History*, maggio 1979.

tra religione e tradizioni popolari, tra fede e arte. Gli dèi del Nord sono andati nel Valhalla, ma il ceppo di Yule brucia ancora. Nell'Unione Sovietica la Chiesa ortodossa orientale è stata privata del suo primato e dei suoi privilegi, ma le spettacolari funzioni pasquali russe hanno continuato ad affascinare credenti e non credenti. (Ora che 70 anni di persecuzione sono finiti, la Chiesa è tornata in attività, anche se ha ancora molto da recuperare per riconquistare l'influenza e la posizione speciale che aveva sotto gli zar). In Messico i sacerdoti non dovrebbero indossare la tonaca per strada, eppure ogni anno centinaia di migliaia di messicani si recano in pellegrinaggio, alcuni addirittura insanguinandosi la testa con corone di spine in raccapriccianti rievocazioni della Via Crucis.

Unamuno al contrario, la maggior parte delle persone vuole vivere nel presente e nell'aldilà. Le emanazioni immediatamente comprensibili e piacevoli della religione, in particolare la sua drammaturgia, sembrano necessarie all'uomo occidentale e all'estetica occidentale quanto la sua teologia. Come se lo percepisse, la coalizione liberal-minoritaria attacca le manifestazioni del cristianesimo piuttosto che il cristianesimo stesso. Chi è all'avanguardia nell'attacco, tuttavia, sta già trovando più semplice far tacere le preghiere nelle scuole pubbliche di quanto non lo sia far tacere i canti di Natale.

Molti cristiani devoti, dopo aver preso atto della stagione aperta dell'intellighenzia sulla religione e sulle osservanze religiose, concludono che stanno vivendo in un'epoca profana. Hanno ragione nella misura in cui i tempi sono infausti per la religione organizzata. Ma, come sottolineato in precedenza, il serbatoio della fede umana è sempre pieno. Non è la quantità di fede che cambia, ma la direzione. Le epoche religiose non cedono ad epoche di scetticismo, come pretendono alcuni storici. Le vecchie fedi consolidate lasciano semplicemente il posto a nuove fedi incoerenti. Gran parte del sentimento religioso diffuso nel mondo di oggi è nei cuori di coloro che più si oppongono a essere chiamati religiosi.

Una conseguenza frequente del declino della religione formale è la ricomparsa dello sciamano o dello stregone, il cui bagaglio di pozioni e cure magiche è antico quanto l'umanità stessa. In tempi di chiesa consolidata, lo sciamano deve lavorare nell'ombra. Ma in epoche di "libertà" religiosa egli è ovunque, raccogliendo seguaci qui, raccogliendo donazioni là e diffondendo la notizia della sua peculiare metafisica su e giù per la terra. A volte lo sciamano opera ai margini di una religione universale. A volte conduce il suo gregge da una religione universale a un'altra, come fece Elijah Muhammad dei musulmani neri. A volte si dissocia da tutte le manifestazioni religiose contemporanee e ritorna al fondamento primordiale della religione, all'animismo e all'antropomorfismo.

La fenomenale rinascita dell'astrologia e dell'indovina è un esempio di questa tendenza. Ma la prova più eclatante della discesa della religione dal sublime al subliminale è fornita da quella speciale e in qualche modo illegittima branca della psicologia nota come psicoanalisi. Qui, in un'affascinante confezione regalo, c'è quasi tutto il bagaglio religioso dell'uomo antico: l'evocazione dei demoni, l'interpretazione dei sogni, i miti dell'incesto, le teleologie sessuali ossessive e i confessionali strazianti. Il regista dello spettacolo? Niente meno che il grande vecchio sciamano in persona, Sigmund Freud.

Come metodo scientifico per l'indagine dell'uomo interiore, come strumento terapeutico per la malattia mentale, la psicoanalisi difficilmente può essere presa sul serio da una persona razionale. Eppure questo capolavoro di primitivismo spirituale è stato innalzato a tali livelli psicologici, filosofici e persino religiosi che ha esercitato e continua a esercitare un effetto profondamente corrosivo sulle maniere e sulla morale occidentali. Nel campo dell'arte e dell'estetica, dove probabilmente ha fatto più danni, la psicoanalisi si è concentrata sull'uomo, un tempo ritenuto un po' più basso degli angeli, e lo ha dequalificato al livello del bruto.

Per conoscere il funzionamento del cervello umano sarebbe sembrato più saggio indagare il neurone, un fatto fisiologico, piuttosto che l'Es, l'Io e il Super-Io, che non sono altro che fantasie psicologiche o, più precisamente, psicomantiche. Il fatto che Freud non abbia adottato un approccio più difficile è uno dei segreti della sua popolarità. L'intuizione e la rivelazione, il cui eufemismo scientifico è la sintesi, attirano un pubblico molto più vasto di lunghe ore di esperimenti di laboratorio controllati.[574] Per stabilire e preservare il suo status professionale, Freud ricoprì i suoi insegnamenti con una quantità di nozioni psicologiche sufficiente a convincere gli incauti, gli instabili e i non studiosi che non era un imbroglione. Nonostante le sue pretese scientifiche, egli operò più nella tradizione di Giuseppe e Daniele, suoi remoti antenati, che sulle orme di coloro che condussero le ricerche laboriose e dolorose responsabili degli autentici progressi nello studio del comportamento umano.[575]

---

[574] La tendenza degli scienziati ebrei a basarsi su leggi matematiche anziché fisiche, su salti induttivi anziché sulla laboriosa accumulazione di prove empiriche, è così pronunciata da poter essere descritta quasi come un tratto razziale. Einstein è il caso più celebre. Spengler ha scritto che Hertz, che era mezzo ebreo, è stato l'unico importante scienziato moderno a tentare di eliminare il concetto di forza dalla sua fisica. *Il declino dell'Occidente*, Vol. 1, p. 414.

[575] Mentre Freud formulava ipotesi sulle nevrosi e sulle psicosi, John Houghlings Jackson (1835-1911), noto neurologo britannico, passava la sua vita a studiare la funzione e lo

Leggendo Freud, si fa fatica a immaginare come il mondo sia riuscito ad andare avanti fino all'avvento della psicoanalisi. O le vittime pre-freudiane delle nevrosi non sapevano mai di cosa soffrivano, oppure la malattia non era più antica della diagnosi. Sebbene solo i ricchi possano permettersi di essere psicoanalizzati, l'uomo della strada subisce quotidianamente qualcosa di simile a questo processo a prezzi stracciati, grazie all'esposizione alla massiccia risacca freudiana nelle arti. Probabilmente non è necessario sottolineare che i più grandi scrittori della letteratura inglese moderna - Eliot, Yeats e D. H. Lawrence, per citarne tre - aborrivano Freud. Lawrence si è persino preso la briga di scrivere due testi anti-freudiani, *Fantasia dell'inconscio* e *Psicoanalisi e inconscio*. Gli scrittori di secondo piano, tuttavia, fecero del freudianesimo una parte centrale della loro opera. James Joyce e Thomas Mann furono due dei migliori romanzieri che presero in prestito molto da Freud, anche se Mann avvertì in *La montagna incantata* che c'è un aspetto della psicoanalisi che "mina la vita alle sue radici".

Il liberalismo ha elevato l'ambiente a divinità. Freud predicava l'inconscio, l'Es, quella massa ribollente di istinti e pulsioni sessuali, quel diavolo interiore che può essere esorcizzato efficacemente solo dal sacerdozio freudiano. Dal punto di vista teorico, il liberalismo moderno e la psicoanalisi non dovrebbero avere un solo centimetro quadrato di terreno comune. Il primo si appella, o finge di appellarsi, al razionale dell'uomo; la seconda all'irrazionale. Tuttavia, esistono legami sotterranei che stabiliscono una simbiosi molto strana. Autoritario di primo pelo, Freud raramente lasciava che i suoi scritti si spingessero oltre l'egualitarismo, nell'area politica della razza. Liberale in politica, membro di una minoranza e fanatico nemico del nazismo, ha probabilmente fatto più di chiunque altro per cambiare la forma della civiltà occidentale, in particolare negli Stati Uniti, dove è stato perdonato per il suo storicismo illiberale, il suo determinismo e la sua stucchevole enfasi sugli aspetti rettili e mammiferi del comportamento umano, e accolto nel club.

Freud ha affilato il suo attacco alla libertà della volontà classificando diverse importanti manifestazioni dell'individualità come repressioni, che ha definito foriere di nevrosi, psicosi o peggio. Una di queste repressioni era il senso di colpa, lo spauracchio preferito di Freud, la cui eliminazione era uno degli obiettivi principali della psicoterapia.[576] Ma sbarazzandosi del senso di

---

sviluppo del sistema nervoso. La teoria evolutiva di Jackson sullo sviluppo del cervello è fondamentale per lo studio del funzionamento o del malfunzionamento dell'intelletto umano. Ma quanti hanno sentito parlare di John Houghlings Jackson?

[576] Quando si tratta della colpa dei membri della maggioranza nei confronti dei negri e di altre minoranze o dei tedeschi nei confronti degli ebrei, i freudiani hanno spesso comode

colpa, ci si sbarazza anche di un baluardo della stabilità e dell'ordine sociale: il più pratico, forse il più economico, di tutti i deterrenti del crimine conosciuti. Se potesse scegliere, cosa preferirebbe la società, gli assassini che si sentono in colpa o quelli che non lo sono?

La difesa di Freud di un adeguamento conforme all'ambiente circostante non è estranea al diffuso conformismo intellettuale che si è abbattuto sull'America. Il suo approccio cloacale alle radici del pensiero e dell'azione umana ha aperto una nuova dimensione di volgarità e di cattivo gusto e ha contribuito a spianare la strada all'attuale era della pornografia. L'antidoto freudiano allo squilibrio mentale causato dalla tecnologia, dalla derattizzazione e dalla centrifuga sociale contemporanea consiste nel rovistare negli eventi della propria infanzia alla ricerca di fantasmi sessuali. L'attenzione del buon dottore per il bizzarro, il banale e il perverso[577] ha attirato nel suo campo così tante personalità nevrotiche che spesso è difficile distinguere tra paziente e analista.

Un esempio è il dottor Douglas Kelley, uno degli psichiatri nominati dal tribunale nei processi di Norimberga, che scrisse un bestseller sulle tendenze nevrotiche dei leader nazisti incarcerati, dedicando gran parte dello spazio all'analisi di Hermann Goering. In seguito Kelley, come Goering, si suicidò ingerendo una pillola di cianuro.[578] Un altro medico freudiano, Wilhelm Reich, morto nel penitenziario federale di Lewisburg nel 1957 mentre scontava una condanna per frode postale, fondò e diresse un culto

---

cadute dogmatiche e si rivolgono dagli insegnamenti della psicoanalisi all'Antico Testamento.

[577] Solo uno specialista della perversione poteva prendersi tali libertà con le belle leggende greche della fenice e di Prometeo. Della prima, Freud scrisse: "Probabilmente il significato più antico della fenice era quello del pene rianimato dopo il suo stato di flaccidità, piuttosto che quello del sole che tramonta nel chiarore della sera e risorge". Freud ha liquidato Prometeo come un "pene-simbolo" e ha dato la sua versione della scoperta del fuoco. "Ora io congetturo che, per possedere il fuoco, fosse necessario che l'uomo rinunciasse al desiderio, a sfondo omosessuale, di spegnerlo con un getto di urina... Per l'uomo primitivo il tentativo di spegnere il fuoco con la propria acqua significava una lotta piacevole con un altro fallo". Per questi motivi, secondo Freud, le società primitive affidavano alle donne la gestione del fuoco, perché la loro anatomia impediva di cedere alla tentazione dei maschi. Freud, *Collected Papers*, Hogarth Press, London, 1950, Vol. 5, pp. 288, 291-92, e *Civilization and its Discontents*, trans. Joan Riviere, Jonathan Cape and Harrison Smith, New York, 1930, p. 50, nota 1.

[578] Douglas Kelley, *22 Cells in Nuremberg*, Greenberg, New York, 1947, pp. 76-77. Ben Swearingen, autore di *The Mystery of Hermann Goering's Suicide* (Harcourt Brace Jovanovich, New York, 1985), sostiene che il tenente Jack White avrebbe dato al vicecomandante nazista la pillola poche ore prima della sua prevista esecuzione. L'aveva recuperata mesi prima dal bagaglio di Goering.

psicoanalitico scismatico dedicato alla conoscenza, alla funzione e alle ramificazioni psicologiche dell'orgasmo.[579]

Nei suoi aberranti tentativi di curare o controllare i disturbi mentali, la psicoanalisi è riuscita a oscurare, ma non a seppellire, alcune verità assiomatiche. La mente si rompe in modo permanente o temporaneo per il troppo lavoro o il troppo tempo libero. Alcune menti nascono con dei difetti. Altre le sviluppano. Se la mente vive da sola, se cerca di sopravvivere con i propri rifiuti, diventa disordinata. La sanità mentale è una funzione dello scopo. Se si tolgono i sostegni spirituali, i rinforzi culturali, i costruttori di morale collaudati nel tempo, l'assicurazione quadridimensionale di famiglia, razza, nazione e chiesa, la mentalità umana, delicatamente equilibrata, può facilmente incrinarsi. Anche un cervello potente come quello di Nietzsche non potrebbe sopportare lo sforzo di un isolamento continuo.

La psicoanalisi riconosce l'assenza di radici come causa di disturbi mentali, ma evita il tema della razzismo, il caso estremo di assenza di radici. Sottolinea l'importanza per la salute mentale del sentimento di appartenenza, ma ignora la coscienza di razza, una delle espressioni più intense di questo sentimento. Per queste e altre ragioni la psicoanalisi manca totalmente il punto quando cerca di spiegare le origini della più perniciosa delle afflizioni mentali: lo stato d'animo che porta al suicidio.

Il suicidio è la nona causa di morte negli Stati Uniti tra la popolazione generale, la terza tra i 15 e i 19 anni e la seconda tra gli studenti universitari.[580] Alcuni dei tassi di suicidio più bassi si trovano in Stati meno ricchi come il Mississippi e la Carolina del Sud; alcuni dei più alti negli Stati più ricchi del Pacifico. Uno studio del 1992 ha rivelato che il tasso di suicidio dei bianchi americani è 2,5 volte superiore a quello dei neri americani.[581] Nel periodo 1950-77 il tasso di suicidio annuale dei giovani maschi bianchi è passato da 3,5/100.000 a 15,3/100.000, con un aumento del 437%. Nel 1992, 3.360 maschi americani nella fascia 15-24 anni si sono tolti la vita.

Le correlazioni razziali che emergono da queste statistiche sembrano essere quasi del tutto ignorate dagli psicoanalisti, che continuano a spiegare il suicidio in termini di desideri di morte, stati depressivi, frustrazione di grandi aspettative e implosione degli istinti aggressivi. Le statistiche sono anche in

---

[579] Wilhelm Reich, *Selected Writings*, Noonday Press, New York, 1956. Reich ha avviato una fiorente attività di vendita di "scatole di orgone" al suo gruppo di veri credenti.

[580] *Time*, 25 novembre 1966, p. 48, e *Almanacco mondiale* 1994, p. 956.

[581] Il basso tasso di suicidi dei non bianchi era quasi interamente dovuto ai negri, poiché il tasso degli indiani d'America era dell'11,5, quello dei giapponesi d'America del 6,9 e quello dei cinesi d'America del 13,1. Louis Dublin, *Suicide*, Ronald Press, New York, 1963, pp. 33-35.

netta contraddizione con le teorie marxiste e ambientaliste che prevedono che i ricchi, con le loro maggiori ricchezze materiali, siano meno inclini al suicidio rispetto ai poveri.

Naturalmente avviene il contrario. Il maggior numero di suicidi non avviene nelle aree arretrate del mondo, ma in quelle più avanzate. È tra i ricchi e "di successo" che di solito si registrano i tassi di suicidio più elevati, non tra i poveri. Dove c'è più razzismo, è probabile che ci siano meno suicidi. L'urbanesimo, la perdita della religione, le battute d'arresto nella carriera e l'esaurimento intellettuale sono fattori che contribuiscono al suicidio, ma una correlazione importante rimane la "morale razziale" di un determinato gruppo di popolazione in un determinato momento.

Quasi tutti coloro che hanno studiato le origini della psicoanalisi sono consapevoli che essa è il prodotto di una mente minoritaria. Non solo Freud era ebreo, ma lo erano praticamente tutti i suoi collaboratori.[582] Pochi, tuttavia, sono consapevoli che la psicoanalisi è anche il prodotto dell'animus minoritario. Secondo Howard Sachar, un noto studioso ebreo, una delle principali motivazioni dei pionieri freudiani

> era il desiderio inconscio degli ebrei di smascherare la rispettabilità della società europea che li aveva esclusi. Non c'era altro modo per farlo se non ripescare dalla psiche umana le sordide e infantili aberrazioni sessuali... Anche gli ebrei che non erano psichiatri devono aver provato piacere nell'impresa di equalizzazione sociale compiuta dal "nuovo

---

[582] Sachar, *Il corso della storia ebraica moderna*, p. 400. Il circolo freudiano originario comprendeva Kahane, Reitler, Heller, Graf, Sadger, Steiner, Sachs e Silberer. Tra i principali seguaci di Sigmund Freud, anche se alcuni si allontanarono molto dalle frontiere dottrinali del fondatore, vi furono Adler, Rank, Abraham, Stekel, Federn, Klein, Reich, Horney e Fromm. Ruth L. Monroe, *Schools of Psychoanalytic Thought*, Dryden Press, New York, 1955, p. 14. I tre psicoanalisti non ebrei più importanti erano Ernest Jones, il gallese socievole e dotato conosciuto come "l'apostolo di Freud presso gli anglosassoni", che aveva una moglie ebrea; Harry Stack Sullivan, di origine irlandese, l'unico psicoanalista americano di alto livello, e Carl Jung, uno svizzero. Freud era così interessato a evitare che la psicoanalisi fosse conosciuta come una "scienza ebraica" che tollerò Jung come capo della Società Psicoanalitica Internazionale, nonostante il disaccordo di fondo di quest'ultimo con il dogma freudiano. Alla fine, Jung si interessò all'inconscio collettivo piuttosto che a quello individuale e si appassionò ai problemi della memoria razziale e degli archetipi razziali. Per questo e per aver fatto alcune osservazioni non troppo amichevoli sulla Germania nazionalsocialista, fu bollato come fascista. Weyl, *The Creative Elite in America*, p. 95, e *Saturday Review of Literature*, 6 settembre 1947, p. 21, e 11 giugno 1949, p. 10. Anche se non riuscì mai a sfuggire al marchio freudiano, il lavoro più importante di Jung potrebbe rivelarsi nel campo della mitologia e della storia della cultura piuttosto che in quello dello scandaglio della psiche.

pensiero" di Freud. La Loggia B'nai B'rith di Vienna, per esempio, si dilettava ad ascoltare Freud esporre le sue teorie...[583]

Freud poteva annoverare tra i suoi seguaci un gran numero di importanti scienziati sociali. Claude Lévi-Strauss, l'"antropologo strutturale", ha iniettato lo schema freudiano nell'antropologia moderna, scrivendo nel tipico gergo psicoanalitico: "Nel linguaggio... del mito il vomito è il termine correlativo e inverso del coito, e la defecazione è il termine correlativo e inverso della comunicazione uditiva".[584]

Herbert Marcuse, l'ultimo mentore della Nuova Sinistra, ha costruito una sintesi di Marx e Freud, modificando e riorganizzando il complesso di Edipo in modo tale che il padre rappresenti il capitalismo e il figlio parricida il proletariato.[585] Queste fantasiose assurdità sarebbero interessanti note a piè di pagina in una storia di sciocchezze accademiche, se non fossero prese sul serio da così tanti intellettuali liberali.

È agli operatori freudiani che il membro della Maggioranza si rivolge spesso quando cerca sollievo da una malattia mentale reale o immaginaria. Viene subito sottoposto a un interrogatorio sordido, avvilente, demoralizzante e deracinante che spegne qualsiasi scintilla di autostima gli sia rimasta.[586] Il nocciolo del suo problema non viene toccato e il problema stesso viene esacerbato. Per il paziente della Maggioranza, come lui o più spesso lei non scopre in tempo, il lettino dello psicoanalista è il letto di Procuste. In nessun settore dello scontro culturale il tributo della psiche maggioritaria è stato così pesante.[587]

---

[583] Sachar, op. cit., pp. 400-401.

[584] Edmund Leach, *Lévi-Strauss*, Fontana/Collins, Londra, 1970, p. 81.

[585] Alasdair MacIntyre, *Marcuse*, Fontana/Collins, London, 1970, pp. 41-54 e *New York Times Book Review*, 26 ottobre 1969, p. 66.

[586] I pazienti ebrei se la cavano poco meglio, anche se la loro elevata consapevolezza etnica offre una maggiore resistenza alla derattizzazione. Quando si allontanano dall'ebraismo, gli ebrei si dedicano all'analisi in numero sempre maggiore perché "concetti come l'uguaglianza, la fratellanza e l'internazionalismo hanno esercitato un'attrazione diversa sugli ebrei". Era particolarmente "attraente per gli ebrei di origine est-europea... impregnati di tradizioni talmudiche, perché comportava una manipolazione altamente astratta di concetti astrusi e un minimo di sperimentazione scientifica". Weyl, op. cit., p. 96.

[587] "È quindi un errore del tutto imperdonabile", ha scritto Carl Jung, "accettare le conclusioni di una psicologia ebraica come generalmente valide. Nessuno si sognerebbe di considerare la psicologia cinese o indiana come vincolante per noi. L'accusa di antisemitismo a buon mercato che mi è stata rivolta a causa di questa critica è intelligente quanto l'accusa di pregiudizio anticinese. Senza dubbio, a un livello precedente e più

Il fervore religioso può essere un grande catalizzatore di energia umana. Ma una pseudo-religione come il freudianesimo, quando è impartita da un sacerdozio minoritario a una congregazione maggioritaria, può solo indurre un edonismo letargico che tira fuori il peggio di ognuno. Che cosa può mai venire di buono da quelli che Jung ha definito "spaventosi dei [che] hanno solo cambiato nome e ora... fanno rima con 'ismo'"?[588]

Percival Bailey, direttore della ricerca dell'Istituto Psichiatrico dell'Illinois, nell'attacco forse più devastante che sia mai stato scritto sul freudianesimo, ha previsto che la psicoanalisi a lungo andare sarà probabilmente ricordata come qualcosa di simile al magnetismo animale.[589] Per evitare il vicolo cieco freudiano, che secondo lui non ha mai tenuto un paziente psichiatrico fuori da un manicomio, e per fornire una guida prudente ai membri della

---

profondo di sviluppo psichico, dove è ancora impossibile distinguere tra una mentalità ariana, semitica, hamitica o mongola, tutte le razze umane hanno una psiche collettiva comune. Ma con l'inizio della differenziazione razziale, si sviluppano differenze essenziali anche nella psiche collettiva. Per questo motivo non possiamo trapiantare lo spirito di una razza straniera *in globo* nella nostra mentalità senza danneggiare sensibilmente quest'ultima, cosa che tuttavia non impedisce a varie nature dall'istinto debole di influenzare la filosofia indiana e simili". *Opere raccolte*, trad. R. F. C. Hull, Pantheon Books, New York, 1953, vol. 7, p. 149, nota 8.

[588] *Psychological Reflections*, Harper & Row, New York, 1961, p. 134.

[589] Percival Bailey, "A Rigged Radio Interview-with Illustrations of Various Ego-Ideals", *Perspectives in Biology and Medicine*, The University of Chicago Press, inverno 1961, pp. 199-265. Un altro autorevole anti-freudiano è il dottor Thomas Szasz, che considera la malattia mentale non tanto una malattia quanto una forma di gioco di ruolo in cui il paziente agisce deliberatamente in modo irrazionale per ottenere la propria strada. Thomas Szasz, *The Myth of Mental Illness*, Hoeber-Harper, New York, 1961, capitolo 13. R. D. Laing, psichiatra molto noto, sostiene che ogni psicosi porta con sé il seme della propria cura e che alcune forme di follia sono un'esperienza umana enormemente arricchente se lasciate fare il loro corso. Per maggiori informazioni sulle teorie di Laing, si veda *Time*, 7 febbraio 1969, p. 63. Il filosofo Alfred North Whitehead trovava più difetti nei freudiani che in Freud stesso. "Le idee di Freud sono state divulgate da persone che le hanno comprese solo in modo imperfetto, che non sono state in grado di compiere il grande sforzo necessario per coglierle nella loro relazione con verità più ampie, e che quindi hanno assegnato loro un rilievo sproporzionato rispetto alla loro reale importanza". *Dialoghi di Alfred N. Whitehead*, Little, Brown, Boston, 1954, p. 211. Henri Ellenberger, autore di *The Discovery of the Unconscious* (Basic Books, New York, 1970), ha dimostrato che molte di queste "idee di Freud" sono state prese in prestito e che Freud ne ha ricevuto il merito grazie al suo genio per l'auto-popolarizzazione. Certamente i media hanno trattato Freud con molta gentilezza. Solo alla fine degli anni '70 il grande pubblico ha appreso che il fondatore della psicoanalisi era stato un cocainomane e che nel 1885 aveva "pubblicato un saggio sulle glorie della cocaina...". Martin Gross, *The Psychological Society* Random House, New York, 1978, p. 235.

Maggioranza in cerca di una religione, il dottor Bailey invoca alcune parole memorabili di D. H. Lawrence:

> L'anima non deve accumulare difese intorno a sé. Non deve ritirarsi e cercare il suo cielo interiormente, in estasi mistiche. Non deve gridare a un Dio dell'aldilà per ottenere la salvezza. Deve andare per la strada aperta, come la strada si apre, verso l'ignoto, facendo compagnia a coloro la cui anima li attira a sé, non compiendo nulla se non il viaggio e le opere che ne conseguono, nel lungo viaggio della vita verso l'ignoto, l'anima, nelle sue sottili simpatie, compie se stessa lungo la strada.[590]

Lo psicologo Franz Winkler ha valutato la psicoanalisi freudiana in modo meno poetico: "Quasi invariabilmente ai conflitti emotivi e alle lotte che erano stati 'curati' si sostituiva una crescente indifferenza per i bisogni altrui, uno spostamento dei sintomi verso gravi disturbi psicosomatici e una profonda infelicità".[591]

---

[590] D. H. Lawrence, *Studies in Classical American Literature*, Viking Press, New York, 1964, p. 173.

[591] Franz Winkler, L'*uomo: The Bridge Between Two Worlds*, Harper, New York, 1960, p. 2.

CAPITOLO 20

L'atrofia dell'educazione

L 'educazione, la terza delle tre principali zone di scontro culturale, è il processo con cui il bene più prezioso dell'uomo, la sua cultura, viene trasmesso ai posteri. Se questo processo viene manomesso, se il testamento culturale di un popolo o di una razza viene alterato, per così dire, mentre è ancora in corso, l'eredità stessa può andare dispersa. È l'atrofia strisciante dei meccanismi tradizionali del flusso culturale da una generazione all'altra che caratterizza lo stato attuale dell'istruzione americana.

Nel capitolo finale de *Il declino e la caduta dell'impero romano*, Edward Gibbon disse di aver descritto il trionfo della barbarie e della religione. Un futuro storico che completasse un'indagine sul deterioramento dell'istruzione americana potrebbe dire, con la stessa eccessiva semplificazione, di aver descritto il trionfo di John Dewey e Benjamin Spock. Il dottor Spock è stato citato perché il suo *libro Common Sense Book of Baby and Child Care* ha venduto più di 40 milioni di copie e, fatta eccezione per la Bibbia, potrebbe essere il bestseller americano di tutti i tempi.[592] Si stima che tra il 1945 e il 1955 un bambino americano su quattro sia stato educato secondo i precetti spockiani.[593] Poiché la fase domestica dell'educazione è importante quanto le fasi successive, Spock ha probabilmente esercitato più influenza di qualsiasi altra persona, vivente o morta, sull'educazione americana.

Per quanto riguarda i meriti o i demeriti di tale influenza, va chiarito un punto: il dottor Spock non è solo un pediatra, ma anche uno psichiatra, e per giunta freudiano. Di conseguenza, le sue teorie si basano su banali concetti freudiani come il trauma della nascita, la sessualità infantile, le fasi orale e anale e l'invidia del pene.[594] Spock ha incentrato l'educazione prescolare del

---

[592] Alice Hackett, *70 Years of Best Sellers*, Bowker, New York, 1967, pag. 12, e *American Health*, giugno 1992, pag. 38.

[593] *Current Biography*, 1956, pp. 599-601. La percentuale dal 1956 si è assottigliata, ma è ancora significativa.

[594] Spock iniziò la sua carriera come psichiatra e solo successivamente divenne pediatra. Dopo la pubblicazione di *Baby and Child Care* nel 1946, continuò a lavorare come professore associato di psichiatria all'Università del Minnesota. In seguito entrò a far parte del Dipartimento di Psichiatria della Case Western Reserve Univ., incarico che

bambino sul bambino stesso invece che sul genitore e sul bambino come unità, sull'anello piuttosto che sulla catena del continuum umano. L'espressione di sé, nel *Weltblick* di Spock, è più importante della disciplina, l'affetto più importante della guida. La cosa più importante, anche se non la descrive mai esattamente in questi termini, è quella che si potrebbe definire l'economia delle preoccupazioni dei genitori. Quasi nulla andrà storto, promette Spock, se si lascia che le cose facciano il loro corso. In questo senso, l'approccio di Spock alla vita selvaggia in pediatria si riduce a un gigantesco nostrum per alleviare l'ansia dei genitori. Grazie al fatto di aver alleggerito il loro tradizionale carico di responsabilità e di averne scaricato gran parte sul bambino, milioni di madri americane hanno reso Spock multimilionario.[595]

Era ovvio fin dall'inizio che i genitori che seguivano gli insegnamenti di Spock avrebbero coccolato e viziato i loro figli per paura di ferire il loro ego e di impiantare nevrosi che avrebbero potuto portare con sé per il resto della loro vita. I frutti di questo permissivismo si vedono nelle attività dei "figli dei fiori", dei cultisti hippie e degli studenti insurrezionali, tutti appartenenti alla prima generazione di americani formati da Spock.[596] I risultati si ritrovano anche nel figlio maggiore di Spock, Michael, un bambino problematico che ha abbandonato tre volte il college e che ha trascorso nove anni in analisi profonda.[597]

Troppo tardi e con una certa riluttanza, Spock si rese conto, almeno in parte, dell'errore commesso. Ammettendo di essere stato "troppo permissivo", ritrattò fino ad accorciare alcuni dei limiti latitudinari che aveva posto all'espressione di sé. Nelle edizioni successive del suo libro, la parola disciplina compare più spesso. Nel 1968, dopo aver spostato la sua sfera di

---

mantenne per quasi due decenni. La figlia di Freud, Anna, specializzata nell'applicazione della psicoanalisi ai disturbi infantili, ha avuto su Spock un'influenza quasi pari a quella di Freud stesso.

[595] La popolarità di Spock può essere attribuita in parte a ciò che Alexis Carrel ha descritto come "la trahison des femmes", ossia l'anteporre la carriera, i piaceri sessuali, il bridgeplaying e il cinema alla cura dei figli. Esortava le donne "non solo a fare figli, ma a lasciarli". *L'homme, cet inconnu*, pp. 372, 431.

[596] Ci si chiede quanto del discorso di Jerry Rubin, uno dei "Chicago 7", a un raduno di studenti universitari dell'Ohio possa essere ricondotto a Spock. Le osservazioni di Rubin includevano: "La prima parte del programma Yippie, sapete, è uccidere i vostri genitori. E lo dico seriamente, perché se non si è disposti a uccidere i propri genitori, non si è veramente pronti a cambiare il Paese"... *Human Events*, 16 maggio 1970, p. 31.

[597] Michael Spock, "Mio padre", *Ladies Home Journal,* maggio 1968, p. 72. Michael ha anche rivelato, in modo piuttosto sorprendente se si considera l'enfasi che suo padre dava all'amore dei genitori, che suo padre non lo aveva mai baciato.

interessi dalla pediatria alla guerra in Vietnam, Spock fu condannato al carcere per associazione a delinquere finalizzata all'evasione dalla leva. Era finalmente diventato un martire, anche se di breve durata. Il verdetto fu in seguito annullato.[598]

Dopo che Spock ha iniziato a dedicare la maggior parte del suo tempo ai movimenti di protesta e al teatro di strada, il suo posto è stato preso in parte dal dottor Haim Ginott, di origine israeliana, descritto come il "dottor Spock delle emozioni". La tesi principale di Ginott è che i genitori dovrebbero diventare psicologi dilettanti per "decodificare" il comportamento dei loro figli. Il comportamento scorretto può essere tollerato ma non sanzionato. L'equilibrio tra severità e indulgenza si ottiene meglio con una strategia di simpatia.[599]

La presa della minoranza sull'educazione dei figli della maggioranza è stata ulteriormente rafforzata dagli opinionisti di giornali e riviste, i cui lettori si contano a milioni. Gli editorialisti che esercitano l'influenza più autorevole sugli atteggiamenti dei genitori e degli adolescenti sono quelli che trattano i problemi personali sotto forma di risposte alle lettere, alcune delle quali sono in buona fede, altre palesemente inventate o riciclate. Le due "sorelle della tristezza" più lette sono Abigail van Buren ("Dear Abby") e Ann Landers, gemelle ebree identiche.[600] La creatrice di *Sesame Street*, il programma televisivo che insegna l'integrazione ai bambini in età prescolare, è Joan Ganz Cooney, anch'essa di estrazione ebraica. La dottoressa Ruth Westheimer, sessuologa televisiva, era un tempo membro dell'Haganah Underground in Israele.

Una volta che il bambino lascia la casa per andare a scuola, le attrattive dogmatiche degli psichiatri infantili, dilettanti e professionisti, vengono scambiate con quelle degli educatori formali. Qui, già in prima elementare, i bambini cadranno sotto l'ombra lunga e donchisciottesca del defunto John Dewey, la forza trainante di quella che è diventata nota come educazione

[598] Va sottolineato che Spock è un pacifista selettivo. Ha ammesso: "Se arrivasse un altro Hitler, andrei in guerra e correrei il rischio di essere ucciso". Ma quando ebbe la possibilità di combattere Hitler vivo e vegeto nella Seconda Guerra Mondiale, passò la maggior parte del tempo a prestare servizio in una struttura medica della Marina di San Francisco, scrivendo il suo bestseller la sera. Jessica Mitford, *The Trial of Dr. Spock*, Knopf, New York, 1969, pp. 8, 10-12.

[599] *Time*, 30 maggio 1969, pp. 62-63. Ginott ha rifiutato categoricamente di dire se avesse figli. Il suo libro, *Between Parent and Child* (Macmillan, New York, 1965), è stato tradotto in tredici lingue.

[600] Nata il 4 luglio 1918 dai coniugi Abraham Friedman di Sioux City, Iowa. Nella sua rubrica sul *Miami Herald* (28 gennaio 1974, p. 3D), Ann Landers ha sottoscritto la teoria della superiorità razziale degli ebrei.

progressista. Per Spock il bambino è il partner anziano del genitore. Per Dewey lo studente è il partner anziano dell'insegnante.

Secondo Dewey, l'argomento dell'educazione non è importante quanto il metodo. La formazione del carattere e la formazione morale devono cedere il passo alla risoluzione dei problemi e all'apprendimento attraverso il fare. L'uso di esempi religiosi e storici per infondere coraggio, lealtà, orgoglio e buona cittadinanza è scoraggiato. Il vero obiettivo dell'educazione è definito come la ricerca di un ordine sociale migliore. La disciplina in classe viene allentata a favore del dialogo tra insegnante e studente. L'istruttore è più interessato al *come* dell'apprendimento che al *cosa*.

Prevedibilmente, l'educazione progressiva si è presto trasformata in uno stato di anarchia educativa. Era un tentativo nobile, come molti dei grandi ideali del liberalismo e della democrazia sono nobili in teoria prima che la loro applicazione indiscriminata li renda ignobili in pratica. Purtroppo l'uomo, che appartiene all'*Homo sapiens* e non a una razza di dei, non è né mentalmente, né moralmente, né fisicamente autosufficiente. La società più intelligente, più avanzata e più responsabile della storia difficilmente avrebbe potuto trarre profitto da queste sperimentazioni incontrollate e non coordinate del processo di apprendimento. Eppure, essi vennero imposti a orde crescenti di bambini sradicati dai bassifondi, la cui educazione, ambiente e capacità educative erano a malapena superiori al livello di Neanderthal. In poco tempo, tutte le grandi speranze e le buone intenzioni si ridussero agli shibboleth degli agitatori razziali e di classe, mentre nelle grandi aree urbane la mancanza di un insegnamento etico e l'incessante deprezzamento dei valori sociali collaudati fecero nascere un'intera generazione di nichilisti mentalmente anestetizzati e moralmente disorientati.

Anche Dewey cominciò a vedere la luce nei suoi ultimi giorni. Come Spock, ha ridimensionato le sue vele sostenendo il ripristino di una misura di disciplina educativa.[601] Ma era troppo poco e troppo tardi. La giungla delle lavagne, le aggressioni degli studenti agli insegnanti, la violenza nei campus e i sit-in, l'insensata distruzione dei laboratori e delle biblioteche: tutto ciò segnalava l'agonia mortale di un sistema educativo un tempo grandioso. Se Dewey fosse vissuto, sarebbe stato costretto, da vecchio credente e onesto pragmatico che sapeva che la prova della teoria era nella sperimentazione,

---

[601] *Ency. Brit.*, Vol. 7, pag. 347.

ad abbandonare quasi tutte le sue idee educative.[602] *Si monumentum requiris, circumspice.*

Un esempio estremo di come l'istruzione abbia fallito completamente nel preparare i giovani americani ad affrontare le prove e le tribolazioni della vita moderna è stato l'omicidio di massa di otto infermiere a Chicago nel 1966. Una nona infermiera, una ragazza filippina, fu l'unica a salvarsi. Non fu un caso che fosse quella meno esposta alle tecniche educative contemporanee. Si nascose sotto il letto mentre le altre venivano condotte una ad una per essere accoltellate a morte. Le altre infermiere non hanno opposto resistenza perché pensavano di poter ragionare con l'assassino. Pensavano di poterlo calmare con le procedure che avevano imparato in classe. "Avevano tutti uno psicofarmaco ed erano piuttosto acuti", riporta un giornale.[603]

Sebbene l'istruzione americana sia *in pericolo*, ci sono stati pochi tentativi di salvarla. Una proposta è stata quella di riportare in auge i "grandi libri" e farli diventare guide permanenti per l'apprendimento.[604]

Ma i problemi dell'istruzione americana sono troppo complessi per essere risolti con la semplice sostituzione del vecchio con il nuovo. Un'altra proposta è stata avanzata dai pedagogisti "essenzialisti" che si sono accordati su un nucleo comune di apprendimento che deve essere assorbito da tutti, indipendentemente dalle capacità o dagli obiettivi personali.[605] Alcuni educatori si rifanno a Platone, che credeva che l'educazione fosse l'estrazione di idee innate e che non insisteva mai abbastanza sugli aspetti morali dell'insegnamento.

> [Se ci si chiede universalmente quale vantaggio considerevole tragga la città dall'istruzione degli educati, la risposta è facile. L'istruzione è il

---

[602] È un peccato che le menti brillanti che tentano così spesso di spingere la società verso nuove strade educative abbiano l'abitudine di avvertire le loro cavie sociali delle ovvie insidie *dopo*, anziché *prima, dell'*evento. Con tutto il rispetto per il talento epistemologico di Dewey e per i suoi contributi alla filosofia moderna, non ci sono scuse per aver evitato il fattore razziale nell'educazione e per aver affermato, come fece, che qualsiasi attività di apprendimento "fatta sotto costrizione o dettatura esterna... non ha alcun significato per la mente di colui che la esegue". *Intelligence in the Modern World, John Dewey's Philosophy*, Modern Library, New York, 1939, pp. 607-8. Quanto del caos dell'educazione moderna deriva da questa premessa?

[603] *San Francisco Chronicle*, 23 luglio 1966, p. 7.

[604] S. E. Frost, Jr., *Introduction to American Education*, Doubleday, Garden City, N.Y., 1962, p. 42.

[605] Ibidem, pp. 26-27.

modo per produrre uomini buoni e, una volta prodotti, tali uomini vivranno nobilmente...[606]

Aristotele, un tempo considerato la più grande autorità in materia di educazione, è stato ampiamente abbandonato dai pedagogisti occidentali. Il filosofo greco sosteneva che lo scopo principale dell'educazione fosse quello di plasmare i cittadini in modo che si adattassero alla forma di governo in cui vivevano, di sviluppare in loro un senso di affetto per lo Stato e di incoraggiare la crescita e lo sviluppo dell'intelligenza umana.[607] Le teorie educative di Locke, che sottolineavano l'insegnamento della tolleranza e della libertà civile, sono ancora in voga, ma in gran parte per motivi sbagliati. Più popolari sono le idee di Rousseau, che abbandonò i suoi cinque figli, ma il cui Emile ha avuto più influenza sull'educazione dei bambini di qualsiasi altra opera fino all'*opera magna* del dottor Spock. Sebbene Rousseau abbia dichiarato che i negri sono intellettualmente inferiori agli europei,[608] è uno dei teorici preferiti da coloro che premono di più per la desegregazione scolastica. Mentre Platone suggeriva di impiantare la bontà nello studente attraverso l'educazione, Rousseau decise che la bontà era già presente e che il compito dell'insegnante era quello di farla emergere.

Nel periodo coloniale e nei primi giorni dell'indipendenza, l'istruzione americana era principalmente un'impresa religiosa. È diventata pubblica, laica, obbligatoria e "universale" solo nell'ultima metà del XIX secolo. Attualmente, il controllo religioso e la sponsorizzazione dell'istruzione sono limitati alle scuole parrocchiali e ad alcune altre scuole private. Nel 1990-91 la Chiesa cattolica romana gestiva 8.731 scuole parrocchiali. Nello stesso periodo, 2.555.930 studenti frequentavano le scuole parrocchiali,[609] un numero destinato a diminuire nella prossima generazione. L'educazione cattolica è favorita dal fatto che migliaia di membri di ordini religiosi sono disposti a insegnare per un compenso quasi nullo. Inutile dire che il costante aumento del costo della vita e la costante diminuzione della fede minacciano seriamente il futuro della professione di insegnante cattolico.

---

[606] *Leggi*, I, 641c.

[607] Platone era più favorevole di Aristotele al sistema educativo spartano, che toglieva tutti i bambini maschi da casa all'età di sette anni e li metteva in istituti statali, dove ricevevano un corso di indottrinamento di undici anni su qualità militari come il coraggio e l'audacia. Poiché la ROTC iniziò così presto a Sparta, gli spartani sono stati considerati arretrati dal punto di vista educativo, anche se furono gli unici greci a provvedere all'istruzione delle donne. Per il pensiero di Aristotele sull'educazione, si veda *Politica*, VIII, 1, ed *Ency. Brit.*, Vol. 7, pp. 983-84.

[608] *Émile*, Éditions Garnier Frères, Parigi, 1964, p. 27.

[609] *Almanacco mondiale 1994*, pag. 197.

Mentre il numero di scuole cattoliche è diminuito, le iscrizioni alle altre scuole private, in particolare alle accademie cristiane del Sud, hanno registrato un netto aumento in questo periodo, in quanto le famiglie bianche di tutte le fedi trasferiscono i loro figli dalle scuole pubbliche desegregate.

Come suggerito in precedenza, il declino della religione formale non si traduce necessariamente in una nazione di atei. L'istinto religioso non si mortifica. Si dirige verso canali diversi, alla ricerca di divinità diverse. Nel sistema scolastico, come in molte altre istituzioni americane, il cristianesimo viene semplicemente eliminato dal moderno sincretismo religioso della democrazia, dell'uguaglianza e del razzismo delle minoranze. Chiunque abbia familiarità con i programmi scolastici e universitari contemporanei non può non rilevare un tono teologico in molte materie. A prescindere da tutto il resto, le lezioni di scienze politiche stanno diventando sempre più difficili da distinguere dai sermoni.

Nessun attacco all'istruzione americana - nemmeno gli attentati, il traffico di droga nei cortili delle scuole o gli incredibili atti di vandalismo - è stato così sconvolgente come la desegregazione scolastica. La sentenza della Corte Suprema del 1954, *Brown v. Board of Education of Topeka,* potrebbe un giorno essere classificata come il Fort Sumter della seconda guerra civile americana. Sebbene la Costituzione non dica nulla sull'istruzione, la Corte ordinò la desegregazione di tutte le scuole pubbliche sulla base del fatto che la segregazione nega le pari opportunità alle minoranze. Anche se le strutture scolastiche fossero state uguali - e alcune lo erano, ma la maggior parte non lo erano di certo - il fatto stesso della separazione, secondo la Corte, stava generando nei bambini neri "un sentimento di inferiorità per quanto riguarda il loro status nella comunità che può influenzare i loro cuori e le loro menti in modi che difficilmente potranno essere eliminati". La Corte ha fondato il suo caso sulla clausola di uguale protezione del 14° Emendamento.[610]

Nel prendere la sua decisione, la Corte Suprema ha preso atto di prove sociologiche che non erano state ascoltate nei tribunali inferiori, prove introdotte durante le udienze grazie a un cavillo legale noto come "Brandeis brief". Normalmente, le corti d'appello non consentono l'introduzione di nuovi fatti o nuove prove. Ma Brandeis, quando era giudice della Corte Suprema, ha infranto questo precedente di lunga data, incoraggiando l'ammissione di memorie contenenti materiali che considerava indiscutibili e non apertamente pregiudizievoli per una delle due parti in causa. Come si è visto, la memoria di Brandeis ascoltata dalla Corte Suprema nella causa Brown era semplicemente la ripetizione e l'elaborazione della tesi liberal-minoritaria dell'egualitarismo razziale. L'aspetto genetico dell'argomento e

---

[610] Frost, op. cit., pp. 305-6.

l'effetto dell'integrazione sull'istruzione dei bambini bianchi furono totalmente ignorati.[611] Alla difesa non è stata permessa alcuna confutazione "scientifica".[612]

Poiché la desegregazione implicava la mescolanza sociale tra bianchi e negri, la resistenza alla sentenza della Corte Suprema divampò immediatamente nel Sud.[613] Ci volle più tempo per svilupparla nel Nord, dove la segregazione di fatto nelle aree dei ghetti dava alle autorità la possibilità di guardare dall'altra parte. Sia al Nord che al Sud, tuttavia, l'integrazione significava l'abbandono del concetto di scuola di quartiere, poiché poteva essere realizzata solo attraverso la suddivisione scolastica di interi distretti scolastici e il trasporto forzato in autobus.[614] Una volta che tali misure furono intraprese o prese in considerazione seriamente dai consigli scolastici locali, il Nord divenne spesso più non cooperativo e ostile del Sud.

La desegregazione scolastica, rallentata dalla massiccia inadempienza dei bianchi, ha provocato un esodo di questi ultimi verso i sobborghi. Nel luogo di nascita dell'integrazione, Washington, il sistema scolastico pubblico è ora quasi interamente nero. Anche se ci si potrebbe aspettare che i promotori governativi della desegregazione facciano almeno finta di fare ciò che cercano di costringere gli altri a fare, ci sono solo pochissimi casi autenticati di membri bianchi di alto rango dei rami esecutivo, legislativo o giudiziario che hanno mandato i propri figli in scuole pubbliche desegregate.

Prima della sentenza della Corte Suprema nel caso *Bakke*, era stato dimostrato che i candidati neri e ispanici meno qualificati alla facoltà di medicina dell'Università della California a Davis erano stati accettati, mentre

---

[611] Nel suo parere la Corte Suprema ha citato il sociologo svedese Gunnar Myrdal. Il testo di Myrdal, *An American Dilemma*, ha un rapporto con la rivoluzione nera contemporanea in America simile a quello dell'*Encyclopédie* di Diderot con la Rivoluzione francese. La concezione errata, quasi ridicola, che Myrdal ha delle tendenze sociali negli Stati Uniti è già stata notata nella nota 11, pag. 223.

[612] Un tentativo di ribaltare *Brown* introducendo tali prove in un altro caso di desegregazione, *Stell v. Savannah Board of Education*, fallì quando la Corte Suprema si rifiutò di agire su un appello della Corte d'Appello del Quinto Circuito. Per una descrizione dettagliata del processo *Stell e per un'*analisi degli errori fattuali nella testimonianza presentata in *Brown*, si veda Putnam, *Race and Reality*, capitolo IV.

[613] La sentenza *Brown* "ha coronato il lavoro di una generazione da parte dell'American Jewish Congress negli affari interni, consumando l'alleanza tra le due minoranze ma suscitando un profondo risentimento tra i conservatori bianchi". Litvinoff, *A Peculiar People*, p. 51.

[614] Tutti i presidenti recenti, compreso Clinton, hanno continuato a implementare il busing forzato, anche se un sondaggio Gallup ha mostrato che gli americani si oppongono con un margine di otto a uno. *New York Times*, 5 aprile 1970.

i candidati bianchi più qualificati erano stati respinti. Pur ammettendo che si trattava di un errore, i giudici hanno stabilito che la razza può essere presa in considerazione dalle commissioni di ammissione degli istituti di istruzione superiore. Di conseguenza, queste commissioni perseguono le stesse politiche di ammissione razziale di prima, ma si guardano bene dal chiamarle quote, che è esattamente ciò che sono. Preferiscono chiamarle obiettivi. La Corte Suprema, in aperto contrasto con la Costituzione, ha fatto della razza un fattore di ammissione all'università.

Nelle scuole un tempo interamente bianche, dove oggi è iscritta circa la metà degli alunni negri della nazione, i risultati della desegregazione sono stati tutt'altro che gratificanti.[615] Gli studenti di ciascuna razza tendono ad adottare i peggiori costumi, le abitudini, la morale e il linguaggio dell'altra. Alunni brillanti, bianchi e neri, se ne sono andati o hanno tentato di farlo, e in molte scuole è stato necessario abbandonare tutte le attività sociali.[616] La violenza nelle classi e il vandalismo hanno ridotto la qualità dell'istruzione tanto quanto ne hanno aumentato i costi (circa 181 miliardi di dollari nel 1980-81).[617]

Il costante declino delle medie nazionali dei test attitudinali scolastici sostenuti da milioni di candidati al college è un esempio drammatico di ciò che è accaduto all'istruzione americana. Nel 1962 la media nazionale per il test verbale SAT era di 478; nel 1991, di 422. Nello stesso periodo, la media nazionale del test di matematica SAT è scesa da 502 a 474. Chiunque abbia una minima conoscenza delle differenze razziali nell'intelligenza avrebbe potuto prevedere questi risultati, ma gli esperti hanno trovato tutte le ragioni tranne quella giusta. La diminuzione dei punteggi di questi esami nel corso di mezzo secolo è stata quasi esattamente proporzionale alla diminuzione

---

[615] Venticinque anni dopo *Brown*, il 60% degli studenti neri frequentava scuole per almeno la metà nere. Piuttosto che mandare i propri figli nelle scuole cittadine desegregate, milioni e milioni di americani bianchi persero centinaia e centinaia di milioni di dollari trasferendosi in periferia o altrove. Quando i neri della classe media li hanno seguiti, molte famiglie bianche si sono trasferite di nuovo. Con grande disappunto dei suoi accaniti sostenitori, *Brown si rivelò lo* strumento sociale più efficace mai concepito per la separazione residenziale delle razze.

[616] *Los Angeles Herald-Examiner*, 10 ottobre 1980, p. 19.

[617] Uno studio del Senato su 757 distretti scolastici pubblici ha indicato che in un periodo di tre anni il vandalismo nelle scuole è costato ai contribuenti americani 500 milioni di dollari; che ci sono state 70.000 aggressioni ad amministratori e insegnanti e diverse centinaia di migliaia a studenti; che più di cento studenti sono stati uccisi. *Christian Science Monitor*, 10 aprile 1975, p. 5.

della percentuale di bianchi che hanno partecipato al test.[618] Nel 1972, i non bianchi rappresentavano il 13% degli studenti che hanno sostenuto il test; nel 1994, il 30%. Per eliminare qualsiasi implicazione che lo Standard Aptitude Test misurasse una capacità di apprendimento innata, all'inizio del 1994 il suo secondo nome è stato cambiato in Assessment. Nello stesso anno, per far sentire meglio gli studenti con punteggi bassi in merito alle loro prestazioni accademiche, il punteggio medio del test verbale e di quello matematico è stato arbitrariamente innalzato a 500, in modo che tutti potessero ricevere un voto più alto. Si tratta di una pratica in qualche modo simile a quella di aumentare i voti di alcuni college e università che danno praticamente a tutti gli studenti una A o una B. (Stanford ha promesso di ricominciare a bocciare gli studenti nell'anno accademico 1995-96, distribuendo voti NP o non promossi).

La mescolanza di bambini caucasici con neri che sono indietro di due o tre anni nel livello di istruzione e di quindici o venti punti nei punteggi del Q.I. non solo ha rallentato in modo sostanziale il progresso degli studenti nel loro complesso, ma ha aumentato il numero di abbandoni, spingendo gli studenti negri a ottenere risultati superiori alle loro capacità. Il celebre studio di Jensen, che sostiene che l'ereditarietà è responsabile di circa l'80% delle variazioni individuali del Q.I., ha concluso che gli studenti negri, pur essendo abili come i bianchi nell'apprendimento a memoria, sono molto meno abili nell'apprendimento cognitivo.[619] Sebbene questi risultati richiedano

---

[618] Un commento più devastante e scoraggiante sullo stato attuale dell'istruzione americana è stato fornito dal National Center for Health Statistics, che in un rapporto del 1974 ha dichiarato che un milione di americani nella fascia di età compresa tra i 12 e i 17 anni era analfabeta.

[619] Arthur R. Jensen è professore di psicologia dell'educazione presso l'Università della California a Berkeley. La *Harvard Educational Review* (inverno 1969) è stata in gran parte dedicata all'esame statistico di Jensen sull'incapacità dell'istruzione di correggere le differenze genetiche nell'intelligenza dei neri e dei bianchi. Dopo la pubblicazione, Jensen ricevette una quantità senza precedenti di lettere velenose, comprese alcune minacce di morte. A Berkeley, gli Studenti per la Società Democratica hanno ingaggiato un camioncino per chiedere il licenziamento di Jensen, invadendo poi la sua classe e costringendolo a tenere le lezioni in segreto. Alla fine dovette ricorrere alla polizia per proteggere i suoi documenti e dovette tenere le luci accese nel suo ufficio tutta la notte per scoraggiare i saccheggiatori. Alcuni suoi colleghi liberali lo hanno portato davanti a una commissione d'inchiesta appositamente organizzata, con tutti i crismi di un processo alle streghe medievale: è la prima volta nella storia accademica americana che un professore ha dovuto difendere un documento scientifico davanti a un procedimento inquisitorio con tanto di telecamere. *New York Times Magazine*, 31 agosto 1969, p. 11. Nel 1970 un gruppo di studenti di Harvard chiese alla *Harvard Educational Review* di consegnare al fondo legale delle Pantere Nere tutti i proventi derivanti dalla vendita o dalla distribuzione dell'articolo di Jensen. Chiesero inoltre che tutte le copie e le ristampe

chiaramente programmi di studio diversi per gli studenti neri, la spinta alla conformità educativa a livello nazionale prosegue senza sosta.

Per aiutarli a "recuperare", gli studenti neri vengono spesso promossi in base all'età, non ai risultati, con il risultato che alcuni studenti con un livello di lettura da terza elementare si trovano in nona e decima classe.[620] Per quanto riguarda l'istruzione superiore, solo circa la metà dei neri diplomati al liceo è pienamente in grado di affrontare un programma universitario.[621] Una volta arrivati all'università, i negri possono ricevere voti più alti dei bianchi per lo stesso lavoro.[622] È risaputo che i professori fanno passare tutti nelle loro classi per non bocciare gli studenti negri.[623] Lo stesso sistema di valutazione a due livelli viene applicato da altri insegnanti per evitare accuse di pregiudizio razziale. L'invidia, la frustrazione, la sfiducia e il cinismo suscitati da queste pratiche, compreso il diffuso imbroglio, sono più evidenti nelle università e nei college che, nella loro corsa all'iscrizione dei negri, hanno abbandonato i tradizionali requisiti di ammissione.[624] Insistendo affinché questa pratica diventasse universale, le minoranze hanno addirittura chiuso il City College di New York per far valere le loro richieste. Dopo la resa del sindaco John Lindsay e del suo Consiglio d'Istruzione, nel 1970 è stata avviata una politica di iscrizioni aperte al City College. Qualsiasi newyorkese che avesse terminato la scuola superiore, indipendentemente dai suoi voti, era qualificato per entrare. Nel 1978, dopo che il City College era diventato una mostruosità accademica, la porta fu parzialmente chiusa alle

---

in circolazione venissero distrutte e che non fossero permesse ulteriori riproduzioni e distribuzioni. Oltre all'eresia del razzismo, l'accusa fondamentale contro Jensen era che i test del Q.I. fossero culturalmente prevenuti nei confronti dei non bianchi, nonostante gli orientali avessero talvolta ottenuto punteggi più alti dei "bianchi" (categoria che spesso includeva gli ispanici) e nonostante anche gli indiani d'America avessero ottenuto risultati migliori dei neri. Jensen demolì queste accuse nel suo libro *Bias in Mental Testing*, The Free Press, New York, 1980. Nel frattempo, un giudice della corte federale di San Francisco ha stabilito che i test LQ. sono parziali, mentre un altro giudice federale di Chicago ha stabilito che non lo sono.

[620] *San Francisco Sunday Examiner*, 20 maggio 1967, p. 2.

[621] Secondo Fred Crossland, esperto di istruzione della Fondazione Ford. Altre stime sono molto più basse.

[622] Uno di questi casi nell'Università di New York è stato riportato da James Burnham nel suo *Suicide of the West*, John Day, New York, 1964, p. 197.

[623] *New York Times Magazine*, 28 luglio 1969, p. 49.

[624] Nel 1964 c'erano 234.000 negri all'università; nel 1980, 1.100.000.

iscrizioni aperte. Furono esclusi i diplomati con capacità matematiche e di lettura inferiori alla terza media![625]

L'ammissione all'università senza crediti accademici adeguati è un'idea nuova nell'istruzione americana. Se perseguita, potrebbe portare ad alcune complicazioni, soprattutto nel campo degli studi scientifici. Se gli studenti possono entrare all'università con una preparazione insufficiente, riceveranno poi delle lauree pur avendo fallito la maggior parte dei corsi? E se si ottiene questa laurea, si può poi usarla per ottenere un impiego nella progettazione di grattacieli, ponti e aerei? Le risposte hanno un impatto diretto non solo sulla sicurezza nazionale - la maggior parte degli altri Paesi conferisce lauree in ingegneria sulla base dei voti e non del colore della pelle - ma anche sulla sicurezza di tutti i cittadini che devono lavorare in questi grattacieli, attraversare questi ponti e volare su questi aerei.

L'invasione negra dell'istruzione americana ha portato con sé programmi di Black Studies, che insegnano il razzismo delle minoranze in aule in cui è vietata qualsiasi allusione positiva al razzismo della maggioranza. Ma l'iniezione del razzismo delle minoranze nei programmi universitari e liceali non è opera esclusiva dei gruppi negri. Anche le organizzazioni ebraiche e ispaniche sono alla ricerca di "sgarbi razziali" nei corsi e nei libri di testo che non approfondiscono i contributi delle minoranze alla storia americana o la persecuzione delle minoranze all'estero.[626] Su insistenza di questi gruppi, che spesso rasenta la vera e propria coercizione, molti libri di testo sono stati riscritti e altri sostituiti.[627] Allo stesso tempo, le strutture educative pubbliche sono state messe a disposizione dei gruppi di minoranza per progetti di ricerca altamente critici nei confronti delle istituzioni della maggioranza.[628]

---

[625] *Time*, 16 maggio 1969, p. 59, e *New York Times*, 8 febbraio 1970, p. 25. Nel 1971 la metà degli studenti del City College faceva uso di droghe. *New York Daily News*, 24 febbraio 1971, p. 4. Si veda anche *Chicago Tribune*, 29 aprile 1979, Sez.

[626] Nell'ottobre 1960, il Consiglio d'istruzione della città di New York inviò una lettera a 100 editori di libri di testo chiedendo "revisioni sostanziali" dei libri di storia per dare maggiore risalto alle atrocità tedesche contro le minoranze durante la Seconda guerra mondiale. *Overview*, ottobre 1961, p. 53.

[627] In California, le lobby delle minoranze hanno imposto una risoluzione al Consiglio d'istruzione di Oakland per l'acquisto di libri di testo che "ritraggano accuratamente il contributo dei gruppi minoritari in America". *San Francisco Chronicle*, 23 gennaio 1963, p. 30.

[628] L'Anti-Defamation League ha dato 500.000 dollari all'Università della California, un'università statale, per indagare sul ruolo delle chiese cristiane nel promuovere l'antisemitismo. *Look*, 4 giugno 1963, p. 78.

Sebbene le minoranze abbiano generalmente sostenuto gli inglesi o siano state neutrali nella Guerra d'Indipendenza,[629] una lettura dei testi scolastici e universitari pubblicati di recente indicherebbe che senza l'aiuto delle minoranze gli americani potrebbero ora giurare fedeltà alla Regina d'Inghilterra. Crispus Attucks è stato ingigantito fino a diventare una figura così importante nella storia americana che una storia illustrata per bambini dell'epoca coloniale gli dedica più spazio di George Washington.[630] Haym Salomon, un mercante ebreo di origine polacca, è stato premiato con un articolo a suo nome nell'*Enciclopedia Britannica*, sebbene questo "eroe" minoritario della Rivoluzione sia stato accolto più di una volta dietro le linee britanniche.[631] D'altra parte, i negri che nella guerra d'indipendenza rifornivano le navi da guerra britanniche al largo della costa meridionale e che rimasero a bordo come volontari sono raramente menzionati nella "nuova storia".[632]

Qualunque cosa si possa dire dell'istruzione americana, il suo stato attuale è ben lontano da quello del 1660, quando l'intero corpo studentesco e la facoltà di Harvard conversavano liberamente in latino.[633] È ancora più lontano dalla serietà disciplinata dell'educazione occidentale di un tempo, riassunta dall'ammonimento latino con cui la Winchester School accoglieva i suoi nuovi alunni sei secoli fa: *Aut disce aut discede; manet sors tertia caedi*.[634] C'era un'aria da *Benito Cereno* di Melville[635] nel gruppo armato di militanti

---

[629] William H. Nelson, *The American Tory*, Beacon Press, Boston, 1968. p. 89.

[630] *Recensione di An Album of Colonial America* nella *New York Times Book Review*, 6 luglio 1969, p. 16.

[631] *Ency. Brit.*, Vol. 19, p. 2.

[632] Nelson, op. cit., p. 11.

[633] *Ency. Brit.*, Vol. 5, p. 876.

[634] "Imparare o partire; una terza alternativa è la fustigazione".

[635] Il personaggio di Benito Cereno, capitano di mare spagnolo fatto prigioniero sulla sua stessa nave dai neri, è stato quasi replicato nel panorama educativo moderno da Kingman Brewster, ex presidente dell'Università di Yale. Brewster bandì George Wallace dal campus di Yale nel 1963, ma lo spalancò a un incontro delle Pantere Nere nel 1970. *New York Times*, 30 aprile 1970, p. 38. Brewster, che sosteneva che i neri non potessero ottenere un processo equo negli Stati Uniti, partecipò in larga misura al lutto nazionale per i "4 di Kent State", che furono presentati dalla stampa come tipici studenti americani, sebbene tre di loro fossero ebrei e la ragazza inginocchiata accanto allo studente morto nella foto ampiamente diffusa fosse una quindicenne scappata di casa dalla Florida, poi arrestata per prostituzione. Brewster e la sua cosiddetta New Left constituency non fecero alcuna protesta quando uno studente fu ucciso e altri studenti feriti nell'attentato di sinistra al centro di fisica e matematica dell'Università del Wisconsin. *Time*, 7 settembre 1970, p. 9.

neri che ha occupato per trentaquattro ore il centro sindacale degli studenti della Cornell University e poi ha marciato fuori, con le armi pronte, per ricevere un'amnistia generale dall'amministrazione e dalla facoltà.[636] C'era un'aria di surrealismo nel fatto che Princeton avesse nominato Brent Henry amministratore dopo che il ventunenne negro si era distinto nel sequestro di un edificio del campus.[637]

Se lo scopo dell'educazione è la trasmissione della cultura, come ha sostenuto un grande poeta moderno,[638] allora il dovere degli educatori è la salvaguardia della cultura. Qui il fallimento dell'educazione americana è più evidente. Uno dei tanti esempi di questo fallimento è la carriera del dottor Hsue Shen-tsien. Con l'aiuto di borse di studio pagate in parte dal governo americano, il dottor Hsue ha conseguito un master al Massachusetts Institute of Technology e un dottorato al California Institute of Technology. Tornò poi in patria dove fu incaricato di progettare e produrre i sistemi missilistici per le nuove bombe H della Cina Rossa.[639]

Il concetto di istruzione americana come banca dati denazionalizzata i cui depositi appartengono a tutti e dovrebbero essere trasmessi da tutti a tutti non è molto realistico, soprattutto in un mondo in cui la maggior parte delle nazioni ha un'idea completamente diversa del processo di apprendimento. La Cina comunista e la Germania capitalista sono ferme all'idea antiquata che il compito dell'istruzione sia quello di rafforzare lo Stato e che tutta l'istruzione, un eufemismo marxista per indicare l'indottrinamento, debba in ultima analisi essere diretta a questo scopo. Questo atteggiamento è essenzialmente aristotelico,[640] nonostante quello che possono dire gli eredi scontenti di Lenin, ed è condiviso da quei membri delle minoranze americane il cui grido per ottenere speciali opportunità educative è in realtà una richiesta di potere, non di apprendimento per il bene dell'apprendimento.

L'Unione Sovietica, prima di fallire, ha coccolato i suoi gruppi di nazionalità non russa dando loro scuole e università proprie, dove potevano proseguire lo studio della loro storia e letteratura nella loro lingua madre.[641] Finora lo Stato russo risorto ha fatto lo stesso. Gli studenti, tuttavia, non sono più tenuti a obbedire al dettame dell'Ottavo Congresso del Partito (1919), secondo cui

---

[636] *Time*, 2 maggio 1969, pp. 37-38.

[637] *New York Times*, 8 giugno 1969, p. 1.

[638] Eliot, *Appunti per la definizione della cultura*, p. 98.

[639] *Vita*, 28 maggio 1965, pp. 92, 94.

[640] *Politica*, 1337.

[641] Nicholas Hans, *Comparative Education*, Routledge, Londra, 1949, pp. 28, 31, 58.

le scuole russe dovevano essere trasformate in un'"arma della rinascita comunista della società".[642]

In generale, le scuole americane danno molta meno importanza alle scienze e alla formazione professionale rispetto ad altri Paesi avanzati. Inoltre, gli accademici statunitensi prendono ancora Freud molto più seriamente di quanto non facciano gli analoghi istituti di istruzione superiore europei. Nei test somministrati a squadre di studenti americani e di altre undici scuole superiori dei Paesi avanzati, il contingente statunitense si è classificato all'ultimo posto sia nella divisione scientifica che in quella accademica.

Alcuni attribuiscono la crisi dell'istruzione americana al divario generazionale, un fenomeno sociale che è sempre esistito in qualche misura nelle società frammentate. Ma nell'America contemporanea il divario è più pubblicizzato che reale. Coloro che rientrano nella descrizione di appartenenza a una generazione giovane alienata - quella attuale è chiamata Generazione X - non si sono tanto rivoltati, quanto piuttosto sono stati rivoltati contro i loro genitori, spesso da intellettuali di minoranza abbastanza vecchi da essere i loro nonni. È stato il settuagenario filosofo tedesco rifugiato Herbert Marcuse (1907-79) a dare la maggior parte dell'impulso ideologico a quel segmento della professione di insegnante che cerca non solo di mettere gli studenti della maggioranza contro le loro famiglie, ma anche contro la loro storia, le loro istituzioni, la loro razza e persino contro se stessi. Avendo deciso che la rivoluzione non è più possibile secondo la vecchia formula marxista della guerra di classe, Marcuse propose di costruire una nuova base rivoluzionaria su un'alleanza tra studenti e neri.[643] Propone inoltre di ritirare il diritto costituzionale di libertà di parola a coloro che sostengono la guerra, il razzismo, lo sfruttamento e la brutalità.[644]

Nonostante l'intenso lavaggio del cervello da parte dei loro dipartimenti di scienze politiche e sociali, nel 1970 il 22% degli studenti universitari americani non aveva paura di identificarsi come "di centro destra".[645]

---

[642] *Enciclopedia della Russia e dell'Unione Sovietica*, pag. 150. È degno di nota il fatto che i russi abbiano sviluppato un sistema educativo speciale per i loro *bezprizorny*, il gran numero di bambini senza casa che vivevano di espedienti e di crimini durante il tumulto e il caos che seguirono la Rivoluzione dell'ottobre 1917. Per un numero altrettanto elevato di bambini del ghetto senza fissa dimora, che mostrano sintomi criminali simili, gli educatori americani, invece di inserirli in scuole di recupero, spesso cercano di risolvere il problema mettendoli nella stessa classe con bambini normali.

[643] MacIntyre, *Marcuse*, p. 88.

[644] Rapporto UPI, 18 maggio 1964.

[645] Sondaggio Gallup, *Baltimore Evening Sun*, 26 maggio 1975. Prevedibilmente, più gli studenti rimanevano all'università e più si spostavano a sinistra. Solo il 40% delle

Ovviamente non è stato questo gruppo a provocare la violenza nei campus che si è abbattuta sul Paese. Né sono sempre stati gli studenti radicali. Non furono gli studenti a sequestrare un computer dell'Università di New York e a minacciare di distruggerlo se non fossero stati dati 100.000 dollari alle Pantere Nere. Secondo il procuratore distrettuale di New York, si è trattato dell'azione di due professori di minoranza, Robert Wolfe e Nicholas Unger.[646] Un fucile da caccia di uno studente non ha abbattuto un giudice a San Rafael, in California, durante un sequestro in aula. Era stato comprato due giorni prima dalla docente di filosofia di colore Angela Davis, che Marcuse aveva definito la sua "migliore" allieva.[647] Non è stato il corpo studentesco nel suo complesso a trasformare l'Università della California a Berkeley, un tempo vanto dell'istruzione pubblica americana, in una discarica intellettuale. È stata una cricca insensata di non studenti, di studenti appartenenti a minoranze, di studenti che hanno abbandonato la scuola, di membri della facoltà radicalizzati e di amministratori senza spina dorsale.

Non è difficile trovare una spiegazione migliore del divario generazionale per il cambiamento che ha investito l'istruzione americana. Nell'anno precedente alla morte dei quattro studenti della Kent State, le iscrizioni delle minoranze nei college del Midwest sono aumentate del 25%.[648] La facoltà di Harvard, uno dei maggiori centri di agitazione, è ora "dominata dagli ebrei", e il 15-25% della facoltà di altre importanti università è ebrea.[649] Gli ebrei sono ora il 25% dei laureati ad Harvard, il 18% a Yale, il 15% a Princeton e il 40% alla Columbia.[650]

Nel riassumere lo stato contemporaneo dell'istruzione americana, occorre sottolineare questo aspetto: Come la maggior parte delle istituzioni consolidate, il sistema educativo americano è nato da una specifica concrescenza di persone, ambiente e storia. Supporre che questo sistema funzionerebbe in modo efficiente, in condizioni straordinariamente diverse

---

matricole si identificava come "di sinistra del centro" o "di estrema sinistra". Il 53% degli studenti dell'ultimo anno si identificava in questo modo.

[646] *New York Times*, 30 luglio 1970, p. 54.

[647] *Life*, 11 settembre 1970, pp. 26-27.

[648] *New York Times*, 20 maggio 1970, p. 1.

[649] Yaffe, op. cit., p. 51. Le percentuali sono probabilmente più alte nei dipartimenti di scienze sociali, dove si riuniscono gli educatori ebrei. È questa alta concentrazione di ebrei nelle aree più sensibili del processo educativo che dà peso al commento di van den Haag: "La mente americana alfabetizzata è arrivata in qualche misura a pensare ebraico, a rispondere ebraicamente. Gli è stato insegnato, ed era pronta a farlo". *La mistica ebraica*, p. 98.

[650] Yaffe, op. cit., p. 52.

per gruppi etnici straordinariamente diversi, significa chiedere all'uomo di costruire macrocosmi senza tempo da microcosmi effimeri. Uno Stato multirazziale, specialmente uno che permette e sostiene il pluralismo culturale, richiederebbe logicamente un programma educativo multirazziale, non solo perché i gruppi di popolazione differiscono nelle capacità di apprendimento, ma anche perché differiscono negli obiettivi di apprendimento. Nutrire forzatamente gli studenti di minoranza e di maggioranza con una minestra curricolare composta da una parte di dogma liberale, una parte di sminuizione della maggioranza e una parte di mitologia della minoranza significa fornire poco nutrimento educativo a chiunque.

Quanto sia scarso il nutrimento è stato dimostrato dai risultati di un test condotto in quattordici nazioni su bambini di 13 anni. Gli studenti americani sono arrivati penultimi in matematica e non hanno fatto quasi nulla di meglio in scienze. I sudcoreani hanno primeggiato in entrambe le categorie. A quanto pare, i ragazzi americani più intelligenti riceveranno ancora meno nutrimento educativo in futuro. La nuova moda dell'apprendimento è una cosa chiamata Outcome Based Education, che prevede di "sminuire" gli studenti più brillanti in modo che i meno brillanti non si sentano insoddisfatti dei loro voti più bassi. Questa "impresa" viene compiuta abolendo i voti e rallentando il processo di insegnamento in modo che gli studenti meno brillanti possano recuperare. Durante il periodo di recupero, agli studenti più brillanti non viene insegnato nulla. Devono passare il loro tempo in classe a dare ripetizioni agli studenti più lenti.[651]

I separatisti negri, con grande confusione e sgomento degli integrazionisti bianchi e neri, chiedono una maggiore, e non minore, segregazione educativa, in modo da poter sviluppare più pienamente la loro identità razziale e culturale. Accettare questa proposta potrebbe portare all'istituzione di scuole e college separati per tutte le minoranze inassimilabili, che per definizione non potranno mai essere assimilate con l'istruzione o con altri mezzi. Ciò formalizzerebbe l'apartiticità di tutte queste minoranze e allo stesso tempo penetrerebbe il travestimento assimilazionista di alcune. In ogni caso, una misura del genere non potrebbe che dare un nuovo impulso all'educazione maggioritaria, sottraendola al controllo dei suoi detrattori e depredatori.

Nel complesso, il grande fallimento di un sistema scolastico eterogeneo può essere ricondotto alla sua incapacità di sottolineare efficacemente gli aspetti morali dell'educazione. Non c'è incentivo più alto per l'apprendimento dell'autostima che scaturisce spontaneamente dalla consapevolezza di un grande passato, una consapevolezza che non proviene dalle linee guida

---

[651] Pete du Pont, *Washington Times*, 31 maggio 1994, p. A13.

pubblicate dal Dipartimento dell'Istruzione o da libri di testo sterilizzati progettati per accontentare tutti e non educare nessuno.

Il tipo di apprendimento che prepara un popolo a prevalere e a resistere deve essere innescato da secoli di storia comune e da millenni di ascendenza comune. La desegregazione lo uccide distruggendo la sua forza vincolante: l'omogeneità tra insegnante e alunno. La scomparsa di questo legame vitale dalle aule americane potrebbe rivelarsi la più grande tragedia educativa di tutte.

PARTE VI

Lo scontro politico

CAPITOLO 21

L'adattabilità del dogma

Se la fase culturale dell'espropriazione della maggioranza può essere descritta come l'assalto all'anima della maggioranza, la fase politica è l'assalto alla mente della maggioranza. Il potere politico può essere emanato dalla canna di un fucile, come propose una volta il presidente Mao.[652] Una pistola, tuttavia, è difficilmente efficace senza la volontà di sparare, un ingrediente fornito da quella forma di programmazione intellettuale nota come dogma.

La mente si nutre voracemente di dogmi perché gli esseri umani sono affamati di un sistema di pensiero, di un quadro di riferimento con cui guardare il mondo. Solo poche anime solitarie hanno la resistenza, il coraggio e la saggezza di sviluppare le proprie convinzioni a partire da un'osservazione indipendente. E sono sempre meno ogni giorno. Più le frontiere della conoscenza vengono spinte verso l'esterno, più questa conoscenza diventa sfuggente e si allontana dalla portata dell'individuo. Alla ricerca disperata della verità, devastate dal dubbio, anche le menti migliori si rifugiano nel dogma, il grande nemico del dubbio, che è sempre disposto, ma raramente qualificato, a riempire il vuoto intellettuale. Ponzio Pilato non ricevette alcuna risposta immediata quando pose la sua celebre domanda.[653] Quando il cristianesimo fu organizzato correttamente, la Chiesa gli rispose con un dogma.

Tra le principali componenti del dogma - verità, falsità, opinione e autorità - la più importante è l'autorità. Una delle più antiche abitudini umane, incoraggiata dall'incommensurabile inerzia del cervello, è quella di abbandonare la propria mente a un particolare dogma, semplicemente per il suo antico pedigree. È stata l'autorità dell'età a far sì che falsità facilmente individuabili nell'Antico Testamento e nella filosofia naturale aristotelica fossero ritenute verità per più di 1.500 anni.

Quei pochi che si rifiutano di accettare i dogmi a metà invece che con tutto il cuore, in qualche misura li scelgono. Ma il dogma su cui alla fine si accendono è di solito scelto non per la sua pertinenza o corrispondenza ai fatti, ma perché coincide con il loro particolare insieme di pregiudizi,

---

[652] Si veda il capitolo 34 per altre affermazioni nietzschiane del padre fondatore del comunismo cinese.

[653] Giovanni 18:38.

animosità e paure. Gli intellettuali moderni hanno continuato a sottoscrivere il dogma comunista molto tempo dopo averne riconosciuto le contraddizioni, la persistenza e gli errori. Anzi, sembravano venerarlo maggiormente proprio nel momento in cui (al culmine delle grandi purghe staliniane degli anni Trenta) venivano ingannati. Volevano credere, quindi hanno creduto. *Credo quia absurdum.*[654]

Sfortunatamente per la razza umana, l'intellettuale ha quasi il monopolio della formulazione e della propagazione del dogma grazie alla sua formazione verbale e alla sua abilità linguistica. La lingua (o la penna) facile e il dogma sembrano generarsi a vicenda. È questa stretta connessione, quasi predestinata, tra dogma e intellettuali che ha portato Brunetière, il critico letterario francese, a definire un intellettuale come colui che si immischia dogmaticamente in questioni di cui è ignorante.[655]

Si potrebbe logicamente supporre che quanto maggiore è l'istruzione di una persona, tanto minore sarà la sua suscettibilità al dogma. Invece è proprio il contrario. L'istruzione, a parte le scienze fisiche, che non ne sono sempre esenti, è stata uno degli esempi più noti di indottrinamento organizzato. Infatti, la persona più istruita o, più precisamente, la persona "più istruita" è troppo spesso la più dogmatica. L'insegnante che passa la vita a insegnare dogmi è diventato, per così dire, dogmaticamente cieco. È veloce ad attaccare i dogmi avversari, ma lento a condannare o persino a riconoscere i propri.

Solo le menti non sofisticate, il cui numero è legione, e le grandi menti, *rarissimae aves*, hanno sviluppato una certa immunità al dogma che sostiene l'ideologia politica e sociale occidentale prevalente. Le prime non sono attrezzate né per educazione, né per formazione, né per inclinazione a comprendere tale dogma, mentre le seconde sono riluttanti a ingoiarlo perché lo comprendono fin troppo bene.

Di conseguenza, non dovrebbe essere uno shock scoprire che l'uomo "istruito" può essere più dannoso per la società di quello non istruito. L'alfabetizzato ha la possibilità di diffondere la sua ignoranza all'estero, di

---

[654] Per più di un aspetto Tertulliano è una nota moderna. Avvocato cartaginese e il più dogmatico dei primi padri della Chiesa, consigliava ai cristiani di rifiutare il servizio militare sotto gli imperatori romani e di non obbedire alle leggi che ritenevano ingiuste. Will Durant, *Cesare e Cristo*, p. 647. Per le parole esatte di Tertulliano, si veda Toynbee, *Study of History*, Vol. V, p. 56.

[655] *Times Literary Supplement*, 22 giugno 1962, p. 462. La differenza tra un intellettuale e un uomo intelligente potrebbe essere descritta come la differenza tra chi usa la mente e chi la usa con saggezza.

vendere il suo dogma all'ingrosso. L'illetterato può trasmettere le sue convinzioni solo a chi gli sta vicino.

A volte il dogma politico diventa così saldamente radicato nelle menti degli uomini che il solo metterlo in discussione significa mettersi al di fuori della realtà. Spesso l'intero establishment intellettuale di una cultura si ritrae, a mo' di tartaruga, al minimo tentativo di gettare una luce obiettiva sui recessi oscuri del dogma con cui si è abituati a vivere e a convivere. La minima traccia di critica sarà giudicata come un cinico e antisociale miscuglio di iconoclastia e desantificazione. Se il critico lavora in segreto, alla fine inizia a sentirsi un criminale. Se esce allo scoperto, viene considerato tale. Per dirla con Charles Peirce, "se si viene a sapere che si è seriamente convinti di un tabù, si può essere perfettamente sicuri di essere trattati con una crudeltà meno brutale ma più raffinata della caccia al lupo".[656]

Il dogma politico, come tutti i dogmi, si basa in ultima analisi su opinioni e sentimenti piuttosto che sui fatti. Può essere testato oggettivamente solo con il metodo quasi impossibile di collocare gruppi di popolazione simili in ambienti simili per un periodo di generazioni, sottoponendo ciascuno di essi a un sistema politico diverso. Anche in questo caso, i risultati di questi lunghi e complicati test dovrebbero essere misurati in base a criteri dubbi come il progresso economico, i risultati culturali, la stabilità del governo e la sicurezza pubblica, tutti elementi che si prestano facilmente a interpretazioni diverse.

Non sorprende che, data l'inguaribile "dogmatite" dell'uomo, il dogma scientifico riceva spesso lo stesso plauso e accettazione acritica del dogma politico, come ampiamente dimostrato dalla vita e dalle opere di Albert Einstein. Il fisico ebreo-tedesco è universalmente accreditato come il padre della relatività, anche se nel 1904, l'anno prima che Einstein pubblicasse il suo articolo sulla Teoria della relatività speciale, il fisico francese Henri Poincaré tenne una conferenza a St. Louis sul "Principio di relatività".[657] Inoltre, le varie parti della Teoria speciale che hanno dato buoni risultati si basano in gran parte sulle equazioni matematiche di due fisici teorici, George FitzGerald, un irlandese, e Hendrik Lorentz, un olandese. Si tratta della contrazione FitzGerald-Lorentz e delle trasformazioni di Lorentz.

Nel 1916, quando Einstein presentò la sua Teoria della relatività generale, era ancora praticamente sconosciuto nel mondo della fisica. Infatti, ogni volta che si parlava di relatività, era probabile che venisse associata al nome

---

[656] *The Fixation of Belief, Collected Papers*, Harvard University Press, Cambridge, Mass., 1934, pagg. 245-46.

[657] *The Einstein Myth and the Ives Papers*, eds. Richard Hazelett e Dean Turner Devin-Adair, Old Greenwich, Conn., 1979, p. 154.

di Lorentz.[658] Poi, nel 1919, arrivò la famosa spedizione scientifica britannica per studiare l'eclissi totale di sole. La curvatura della luce nel passaggio attraverso il campo gravitazionale del sole si avvicinava approssimativamente alle misure previste da Einstein. Quasi subito i media, con l'aiuto del noto scienziato britannico Sir Arthur Eddington, fecero di Einstein una celebrità internazionale. Nel 1921 il fisico, ormai famoso in tutto il mondo, fece un tour trionfale negli Stati Uniti, non per predicare la sua nuova fisica, ma per raccogliere fondi per il sionismo.

Nella Repubblica di Weimar l'entusiasmo fu più smorzato. Alcuni fisici tedeschi di spicco convocarono un congresso contro la relatività, nel corso del quale Einstein fu accusato di aver condotto la scienza occidentale lontano dalla strada dell'esperimento verso l'oceano selvaggio del misticismo, dell'astrazione e della speculazione. Cento scienziati e notabili contribuirono a un libro che denunciava Einstein per aver sviluppato una fisica che non era più in contatto con la realtà fisica.[659] Quando Hitler arrivò sulla scena e l'attacco si ampliò in una sonora bordata contro la "fisica ebraica", Einstein partì per l'America.

I tedeschi non erano gli unici critici della relatività. Alcuni importanti fisici britannici e americani non erano d'accordo con alcune o tutte le idee di Einstein e non avevano paura di dirlo. Tra di loro c'erano luminari come: Dayton C. Miller, presidente dell'American Physics Society, Herbert Dingle, presidente della Royal Astronomical Society britannica, Herbert Ives, il fisico ottico americano che contribuì allo sviluppo della televisione e, dopo la seconda guerra mondiale, Louis Essen, l'esperto britannico di orologi atomici. Ma quando la fama di Einstein crebbe, queste voci si affievolirono. FitzGerald, Lorentz, Poincaré e altri pionieri vennero in gran parte dimenticati mentre i media assegnavano a Einstein un brevetto esclusivo e non criticabile sulla relatività.

La Relatività Speciale sostiene che nulla può muoversi più velocemente della velocità della luce e che la massa aumenta con la velocità e diventa infinita a 186.282 miglia/sec. Così come esisteva una barriera del suono, ora esiste una barriera della luce. Chissà per quanto tempo resisterà la barriera della luce di Einstein. In questo momento sono state osservate quattro sorgenti radio extragalattiche che si espandono a velocità da due a venti volte quella della luce.[660] Gli entusiasti della relatività hanno liquidato queste

---

[658] Ibidem, p. 266.

[659] *Hundert Autoren Gegen Einstein*, R. Voigtlander Verlag, Leipzig, 1931.

[660] *Scientific American*, agosto 1980, pag. 82B.

osservazioni come illusioni, lo stesso termine che i geocentristi applicarono alla scoperta delle lune di Giove da parte di Galileo.

A differenza della Teoria speciale, la Teoria generale della relatività è stata confermata solo raramente e in modo tenue. Ogni volta che si verifica un'eclissi solare o viene individuato un oggetto misterioso nello spazio profondo, i media, ma non necessariamente gli astronomi, annunciano drammaticamente che Einstein ha ancora una volta dimostrato di avere ragione. Se la Teoria Generale è così solida, perché deve essere dimostrata così ripetutamente? Il fatto è che esistono diverse altre teorie plausibili sulla gravità, il tema di base della Teoria generale. Una di queste, la Teoria di BransDicke, si è talvolta dimostrata all'altezza della Teoria Generale quando è stata messa alla prova.[661] Nonostante il crescente tasso di mortalità di diverse leggi fisiche consolidate,[662] la Relatività Generale rimane inattaccabile. Una buona ragione è che, se uno scienziato dovesse esprimersi troppo apertamente contro Einstein, potrebbe mettere a rischio la sua carriera.

I meandri politici di Einstein - il suo sostegno alla coalizione di comunisti e di sinistra nella guerra civile spagnola, il suo socialismo utopico, la sua associazione con almeno undici organizzazioni a guida comunista negli Stati Uniti, il prestito del suo nome a innumerevoli manifesti staliniani,[663] il suo ruolo di "venditore" della bomba atomica,[664] la sua amicizia per la Germania Est comunista dopo la seconda guerra mondiale - tutto questo gli ha fatto guadagnare brutti voti da parte di un eminente occidentale come Ortega y Gasset:

> Albert Einstein si è arrogato il diritto di offrire un'opinione sulla guerra civile spagnola e di assumere una posizione unilaterale al riguardo. Albert Einstein dimostra una profonda ignoranza su ciò che è accaduto in Spagna oggi, secoli fa e sempre. Lo spirito che ha ispirato questo intervento insolente è lo stesso che ha portato il discredito universale ad altri

---

[661] *Scientific American*, novembre 1974, pp. 25-33.

[662] Nel 1962, una teoria più saldamente inserita nel decalogo scientifico della relatività fu abbandonata quando il professor Bartlett dell'Università della British Columbia realizzò un esafluoruro di xeno-platino. Fino a quel momento la chimica aveva stabilito una legge "immutabile" secondo cui il platino e lo xeno, un metallo nobile e un gas nobile, erano totalmente resistenti alla combinazione chimica. *San Francisco Chronicle, This World*, 9 dicembre 1962, p. 25.

[663] Per il lungo flirt di Einstein con lo stalinismo, si veda il *Quinto rapporto della Commissione d'inchiesta del Senato sulle attività antiamericane*, legislatura della California, 1949.

[664] Cfr. pp. 542-43.

intellettuali, che hanno portato il mondo alla deriva privandolo del *pouvoir spirituel*.[665]

H. L. Mencken fu ancora più duro:

> [Nessuno scienziato ebreo ha mai eguagliato Newton, Darwin, Pasteur o Mendel... eccezioni apparenti come Ehrlich, Freud e Einstein sono solo apparenti... Freud era per nove decimi un ciarlatano, e c'è una buona ragione per credere che Einstein non reggerà; a lungo andare il suo spazio curvo può essere classificato con gli urti psicosomatici di Gall e Spurzheim.[666]

Comunque la storia tratti Einstein, comunque i suoi risultati resistano alla prova del tempo, è indiscutibile che abbia ricevuto molti più consensi di quanti ne meriti. Ciò che lo ha "messo in luce" è stata la sua capacità di adattarsi così bene al dogma liberale-minoritario dominante, all'umanitarismo sfrenato, all'internazionalismo senza radici, all'antinazismo, al sionismo, alla tolleranza e all'occasionale affetto per Marx e Freud. Tutti questi ingredienti sono stati combinati in una ricetta irresistibile per i media. Einstein fu immerso in un oceano di pubblicità favorevole di gran lunga superiore a quella concessa a qualsiasi suo contemporaneo, con la possibile eccezione di Franklin D. Roosevelt e Churchill. Un ingegnoso scienziato fisico che si dilettava incessantemente e confusamente nella scienza politica si trasformò nel più grande cervello del XX secolo, se non di tutti i secoli.

Come avrebbe ammesso lo stesso Einstein, c'è una netta differenza tra il dogma scientifico e quello politico. Il primo può essere messo alla prova in condizioni di laboratorio controllate.[667] Quando viene convalidato, diventa

---

[665] *La rebelión de las masas*, p. 189. Il paragrafo è stato tradotto dall'autore di questo studio.

[666] *Minority Report, H. L. Mencken's Notebooks*, Knopf, New York, 1956, pagg. 273-74.

[667] Macaulay fu uno dei pochi politici che favorirono l'applicazione del metodo scientifico alla politica: "Come possiamo dunque giungere a conclusioni giuste su un argomento così importante per la felicità dell'umanità? Sicuramente con quel metodo che, in ogni scienza sperimentale a cui è stato applicato, ha notevolmente accresciuto la potenza e la conoscenza della nostra specie - con quel metodo al quale i nostri nuovi filosofi sostituirebbero cavilli appena degni dei barbari intervistatori e oppositori del Medioevo - con il metodo dell'induzione - osservando lo stato attuale del mondo - studiando assiduamente la storia delle epoche passate - vagliando l'evidenza dei fatti - combinando e contrastando attentamente quelli autentici - generalizzando con giudizio e diffidenza - sottoponendo continuamente la teoria che abbiamo costruito alla prova dei nuovi fatti - correggendola o abbandonandola del tutto, a seconda dei casi, o abbandonandola del tutto, a seconda che questi nuovi fatti si dimostrino parzialmente o fondamentalmente infondati. Procedendo in questo modo - con pazienza, diligenza,

una legge, uno status esaltante raramente raggiunto da qualsiasi dogma o ideologia politica. Quando un dogma scientifico viene rovesciato, un'ondata di stupore attraversa la comunità scientifica e la cosa finisce lì. Ma quando un dogma politico va a rotoli - può essere scalfito dalla ragione, ma può essere soppiantato solo da un altro dogma - la sua scomparsa è spesso accompagnata da caos sociale, rivoluzione e distruzione di migliaia o addirittura milioni di vite.

I dogmi più potenti sono quelli che esercitano un fascino universale e senza tempo sui cuori e sulle menti di tutti gli uomini. Eppure è proprio l'universalità dei grandi dogmi che li rende così volubili e imprevedibili, che permette loro di giocare così velocemente con le speranze e le aspirazioni di chi li espone. I pronunciamenti dogmatici sui diritti inalienabili dell'uomo hanno un effetto politico e sociale totalmente diverso nelle società monorazziali rispetto a quelle multirazziali. Lo stesso dogma religioso che ha contribuito a distruggere l'Impero Romano ha contribuito a preservare il Sacro Romano Impero. Lo stesso dogma politico che ha ispirato una razza a mettere insieme la società americana ora ispira altre razze a distruggerla.

Sembra ragionevole supporre che i grandi dogmi non siano sopravvissuti per secoli e millenni solo grazie al loro contenuto. La loro vitalità deve essere dipesa anche dalla loro adattabilità, dalla loro capacità di alleviare tanti dolori umani, di soddisfare tanti obiettivi umani contrastanti. Il dono di adattare i dogmi alla crescita e al progresso nazionale è sicuramente uno dei più grandi che un popolo possa possedere. Un dono ancora più grande, tuttavia, è la capacità di rifiutare i dogmi che non possono più essere utilizzati in modo costruttivo.

Dal punto di vista della maggioranza americana, il dogma politico che l'ha servita così bene durante la maggior parte della storia americana è ora diventato uno dei principali agenti del suo declino. Dal punto di vista delle minoranze, questo stesso dogma è diventato un potente strumento per il loro avanzamento, dal momento che quasi ogni atto politico, passato e presente, viene ora misurato con il metro degli interessi delle minoranze e assegnato a qualche stazione della marcia della democrazia. Questo porta alla visione ingannevole e distorta che la lotta politica contemporanea sia tra liberalismo e conservatorismo, sfruttati e sfruttatori, tolleranza e intolleranza,

---

franchezza - possiamo sperare di formare un sistema di gran lunga inferiore per pretese a quello che abbiamo esaminato, e di gran lunga superiore ad esso per utilità reale, come le prescrizioni di un grande medico, che variano con ogni stadio di ogni malattia e con la costituzione di ogni paziente, alla pillola del ciarlatano pubblicitario che deve curare tutti gli esseri umani, in tutti i climi, da tutte le malattie". *The Miscellaneous Works of Lord Macaulay*, "Mill on Government", Universal Library Association, Philadelphia, Pennsylvania, Vol. 1, p. 399.

uguaglianza e disuguaglianza, libertà e oppressione. Poiché la vera natura di ciò che sta accadendo e le reali intenzioni dei dogmatizzatori vengono così nascoste, i membri intelligenti della Maggioranza devono arrivare a capire che stanno vivendo in un'epoca e in un mondo in cui l'interpretazione del dogma è diventata una forza altrettanto potente del dogma stesso.

CAPITOLO 22

Le tre fasi della democrazia

Il sociologo William Graham Sumner disse una volta della democrazia: "È impossibile discuterla o criticarla... Nessuno la tratta con completa franchezza e sincerità".[668] Negli anni trascorsi da quando Sumner scrisse queste righe, il clima di obiettività non è notevolmente migliorato. Tuttavia, senza una comprensione della democrazia più chiara di quella che esiste nella mentalità popolare, si può comprendere ben poco dell'attuale politica americana.

La maggior parte degli scienziati politici contemporanei ama collocare la democrazia in cima alla scala dell'evoluzione politica, anche se ne sono state trovate tracce nelle organizzazioni tribali dei popoli più arretrati e più antichi. Secondo la ponderata opinione di Robert Marrett, don di Oxford e noto antropologo, "dove la società è più primitiva è più democratica..."[669]

Storicamente, la democrazia non è apparsa come forma di governo riconosciuta fino alla fioritura delle città-stato greche, quando ha acquisito uno status sufficiente per essere inclusa tra le cinque imposte politiche di Platone. In ordine di precedenza, queste erano: (1) Aristocrazia, governo dei migliori; (2) Timocrazia, governo degli onorevoli; (3) Oligarchia, governo di pochi; (4) Democrazia, governo del popolo; (5) Tirannide, governo del despota o dell'emergente.[670] Le classificazioni di Platone erano cinque gradini di una scala discendente che la maggior parte delle città-stato greche era destinata a percorrere. Le scale potevano essere risalite, in parte o del tutto, ma inevitabilmente ci sarebbe stata un'altra discesa, forse anche dopo la creazione dello Stato perfetto, quell'impresa suprema dell'utopismo platonico, la polis da sogno in cui "o i filosofi diventano re... o quelli che ora chiamiamo i nostri re e governanti si dedicano alla ricerca della filosofia...".[671]

Aristotele trovò un simile processo degenerativo all'opera nella politica. Egli divise il governo in tre forme buone e tre cattive. Le forme buone erano la monarchia, l'aristocrazia e il governo costituzionale, che si "pervertivano"

---

[668] *Folkways*, p. 77.

[669] *Ency. Brit.*, Vol. 19, p. 105.

[670] *Repubblica*, trad. it. Paul Shorey, VIII, 544-45.

[671] Ibidem, V, 473d.

rispettivamente in tirannia, oligarchia e democrazia.[672] Nella scienza politica di Aristotele esistevano cinque diverse varietà di democrazia, che egli ebbe qualche difficoltà a delineare. Tuttavia, fece una netta distinzione tra democrazie in cui la legge era al di sopra del popolo e democrazie in cui il popolo era al di sopra della legge.[673]

La politica di Aristotele è stata plasmata in parte dalla sua fede nella classe media, alla quale si dà il caso che appartenesse. Il suo Stato preferito era una repubblica borghese non troppo dissimile dal governo rappresentativo limitato degli Stati Uniti nei primi anni della loro indipendenza.[674] Ma Aristotele era anche un relativista politico, che credeva che il governo migliore potesse essere quello più adatto al popolo, al tempo e alle circostanze. Non era un fanatico sostenitore della superiorità intrinseca di un sistema politico.[675]

L'aristocratico Platone era più ostile di Aristotele alla democrazia, di cui descriveva le fasi finali in termini curiosamente moderni:

> [Chi obbedisce alle regole... lo disprezza come schiavo volontario e uomo da nulla, ma elogia e onora in pubblico e in privato i governanti che assomigliano ai sudditi e i sudditi che assomigliano ai governanti... Il padre cerca abitualmente di assomigliare al figlio e ha paura dei suoi figli, e il figlio si assomiglia al padre e non prova alcuna soggezione o timore dei suoi genitori... Lo straniero residente si sente uguale al cittadino e il cittadino a lui, e lo straniero allo stesso modo... L'insegnante in questi casi teme e si pavoneggia degli allievi, e gli allievi non prestano attenzione all'insegnante.Lo straniero residente si sente uguale al cittadino e il cittadino a lui, e lo straniero allo stesso modo... Il maestro in questi casi teme e si accanisce sugli alunni, e gli alunni non prestano attenzione né al maestro né ai loro sorveglianti. E in generale i giovani scimmiottano i loro anziani e gareggiano con loro nel parlare e nell'agire, mentre i vecchi, adattandosi ai giovani, sono pieni di convenevoli e cortesie, imitando i giovani per paura di essere ritenuti sgradevoli e autorevoli... E quasi dimenticavo di menzionare la libertà e l'uguaglianza dei diritti nei rapporti degli uomini con le donne e delle donne con gli uomini...[676]

---

[672] Politica, trad. it. Jowett, II, 7.

[673] Ibidem, IV, 4.

[674] Ibidem, IV, 11.

[675] Ibid.

[676] Repubblica, trad. it. Shorey, VIII, 562-64. Una delle lamentele più evidenti di Platone contro la democrazia è la sua incapacità di incoraggiare la nascita di statisti virtuosi:

Come suggerito nel capitolo 18, la democrazia greca aveva ben poco in comune con il tipo di democrazia che caratterizza gli attuali regimi democratici. Nelle loro fasi democratiche, quasi tutte le città-stato greche si aggrapparono tenacemente all'istituzione della schiavitù e rifiutarono il diritto di voto alle donne, agli stranieri e ai meticci, privando persino molti dei nati in patria per mezzo di qualifiche razziali e di proprietà. D'altra parte, alcune città come Atene portarono la democrazia all'estremo con la pratica della cernita, in cui i titolari delle cariche non venivano scelti con il voto ma con il sorteggio. La cernita, una sorta di bingo democratico, è concepibile solo quando una cittadinanza piccola, omogenea e altamente intelligente possiede un alto grado di sofisticazione politica.

La Repubblica romana ebbe i suoi momenti di democrazia. Essendo gli esperimenti greci di democrazia ben noti ai politici romani, con il passare del tempo la plebe strappò alle famiglie regnanti una concessione dopo l'altra, compreso il controllo del tribunato. Il Senato, tuttavia, l'istituzione politica romana più duratura e prestigiosa, era congenitamente autoritario e depositario di privilegi. Quando la candela tremolante della democrazia fu definitivamente spenta dai Gracchi e dai dittatori che seppellirono la Repubblica,[677] non tornò a bruciare fino al XVII secolo.

Durante questo lungo intervallo si manifestarono alcuni deboli fermenti democratici. Nel 930 d.C. si tenne la prima seduta dell'*Althing* islandese. Poiché questo organo parlamentare si riunisce ancora oggi, gli islandesi possono affermare di essere i fondatori del più duraturo governo rappresentativo della storia.[678]

Altri pallidi fremiti democratici possono essere individuati agli albori del Parlamento inglese, nei cantoni svizzeri e nei comuni medievali, "il principale genitore della democrazia moderna".[679]

È generalmente riconosciuto che la democrazia moderna è nata durante la reazione popolare contro la dinastia degli Stuart in Inghilterra. La sua levatrice fu John Locke, i cui trattati sul governo civile contenevano molte

---

"[Tranne che] nel caso di doni naturali trascendenti, nessuno potrebbe mai diventare un uomo buono se fin dall'infanzia i suoi giochi e tutte le sue occupazioni non si occupassero di cose giuste e buone: in modo superbo [la democrazia] calpesta tutti questi ideali, non curandosi di quali pratiche e modi di vita un uomo si dedichi alla politica, ma onorandolo se solo dice di amare il popolo!". Ibid., 558b.

[677] Il governo imperiale romano fu forse meglio riassunto da Tiberio, che scrisse: "Il buon pastore deve tosare il suo gregge, non scuoiarlo". Svetonio, *Tiberio*, trans. J. C. Rolfe, Loeb Classical Library, XXXII.

[678] *Ency. Brit.*, Vol. 12, p. 45.

[679] Durant, *L'età della fede*, p. 641.

idee democratiche fondamentali. Con una frase che fu poi rielaborata e in parte plagiata da Jefferson nella Dichiarazione d'Indipendenza, Locke affermava che gli uomini, tutti dotati di alcuni diritti naturali, erano "liberi, uguali e indipendenti" e che "nessuno dovrebbe danneggiare un altro nella sua vita, salute, libertà o possedimenti".[680]

Ma poi Locke prese una strada dogmatica che lo allontanò per sempre dagli oracoli del pensiero democratico contemporaneo. Lo scopo fondamentale del governo, dichiarò, era la conservazione della proprietà.[681] Se i monarchi non erano in grado di proteggere i beni materiali dei loro sudditi, i cittadini avevano il diritto di cercare altrove la loro protezione, se necessario anche a se stessi.[682]

Secondo Locke, la conservazione della proprietà equivaleva alla conservazione della libertà umana. Per salvaguardare questa libertà, egli chiese la divisione del governo in ramo legislativo e ramo esecutivo. In seguito, il filosofo francese Montesquieu ampliò la separazione lockeana dei poteri aggiungendo un terzo ramo del governo, il potere giudiziario.[683] Jean-Jacques Rousseau completò la struttura di base della teoria democratica pre-marxista rendendo l'uomo intrinsecamente buono, cioè capace e degno di controllare il proprio destino senza interferenze o regolamentazioni esterne.[684] Per Rousseau, nato nell'atmosfera morale relativamente pura di Ginevra, era meno faticoso intrattenere opinioni euristiche di quanto non lo fosse per i filosofi cresciuti nei luoghi malfamati di Parigi o Londra. La democrazia inglese, pur avendo fatto passi da gigante dopo la seconda e definitiva cacciata degli Stuart, non perse il suo sapore aristocratico fino al Reform Act del 1832. Ma dall'altra parte dell'Atlantico, in Nord America, i coloni britannici, più al sicuro dalla costrizione conservatrice di re e lord, diedero alla democrazia una mano più libera. Nel New England, dopo il

---

[680] Locke, *Of Civil Government*, First Treatise, prefazione, p. 3. Anche Ency. Brit., Vol. 16, p. 172D e Vol. 7, p. 217. Si può notare che nella costituzione che gli fu chiesto di redigere per la Carolina, Locke incluse strani compagni democratici come la servitù della gleba ereditaria e la primogenitura. Beard, *Rise of American Civilization*, Vol. 1, p. 66.

[681] Locke, op. cit., *Secondo Trattato*, n. 94.

[682] Ibidem, nn. 228-29.

[683] *L'esprit des lois*, XI, vi.

[684] Almeno questa è l'impressione che si ricava dalla lettura delle prime pagine del *Du contrat social* di Rousseau. Nell'ultima parte il cittadino viene minacciato di morte se non crede negli articoli della religione dello Stato in cui risiede. Rousseau, tra parentesi, considerava un misto di aristocrazia e democrazia la migliore forma di governo. Riteneva che la democrazia diretta fosse impossibile e che le popolazioni che vivevano in zone artiche o tropicali potessero richiedere un governo assoluto. Durant, *Rousseau e la rivoluzione*, pp. 173-74.

rilassamento della teocrazia puritana, questi coloni chiesero e in alcuni casi ottennero il diritto di intervenire negli affari del governo, di far sì che i magistrati rendessero pubblicamente conto delle loro azioni, di essere giudicati da una giuria di pari e di godere di garanzie legali di libertà personale e, cosa forse più drammatica e controversa di tutte, di permettere ai cittadini di stabilire il tasso di tassazione. L'insieme di questa legislazione radicale, che fece invidia agli inglesi in Gran Bretagna, venne lentamente considerato come un diritto di nascita della maggior parte dei bianchi nelle tredici colonie.[685]

L'esuberanza democratica delle assemblee cittadine del New England, tuttavia, non si riversò nella nuova nazione nel suo complesso quando le colonie ottennero l'indipendenza.[686] Alcuni intellettuali tra i Padri fondatori, in particolare nel Sud, sottoscrissero molte delle idee, dei truismi e dei luoghi comuni che stavano dando vita alla Rivoluzione francese. Questo marchio dottrinario di livellamento politico e sociale, tuttavia, si differenziava nettamente dalla democrazia evolutiva e pragmatica della maggior parte degli americani indipendentisti. Se è vero che i chiari appelli di Jefferson alla libertà umana contribuirono a rafforzare l'inclinazione dei coloni alla guerra, essi erano solo ombre retoriche rispetto alle sostanziali conquiste democratiche dei pionieri e dei coloni della Maggioranza, che non avevano mai sentito parlare di leggi naturali, contratti sociali o "diritti inalienabili" e ai quali la "ricerca della felicità" sarebbe sembrata blasfema e del tutto edonistica.

Forse più di ogni altro americano, Thomas Jefferson deve assumersi la responsabilità di aver caricato la democrazia americana dell'ambiguità e dei dubbi che l'hanno accompagnata nel corso degli anni. Quando uno dei maggiori proprietari di schiavi della Virginia scrive solennemente "tutti gli uomini sono creati uguali", bisogna mettere in discussione la sua semantica o la sua integrità. Jefferson e la maggior parte dei firmatari della Dichiarazione d'Indipendenza intendevano dire che i coloni inglesi avevano lo stesso diritto naturale all'autogoverno degli inglesi nella madrepatria.[687]

---

[685] De Tocqueville, *De la démocratie en Amérique*, tomo 1, pag. 38, tomo 2, pag. 298.

[686] Quando gli Stati Uniti divennero una nazione sovrana nel 1776, la popolazione contava meno di quattro milioni di persone, di cui solo il 6% votava. *Time*, 22 marzo 1963, p. 96. Poiché la partecipazione dei cittadini al governo era molto più alta nel New England che altrove, doveva essere estremamente bassa nella maggior parte delle altre colonie.

[687] Richard Hofstadter, *La tradizione politica americana*, p. 12. Stephen Douglas disse (1858): "i firmatari della Dichiarazione non si riferivano in alcun modo al negro... [si riferivano agli] uomini bianchi, agli uomini di nascita e di discendenza europea... che tale fosse la loro concezione si evince dal fatto... Tutte le tredici colonie erano schiaviste, tutti i firmatari della Dichiarazione rappresentavano un collegio elettorale schiavista... Se

Ma questo non è ciò che è stato scritto. Ed è proprio quello che è stato scritto che, portato avanti nel secolo attuale e usato in un altro contesto, si è rivelato una bomba a orologeria così efficace nelle mani di coloro che sostengono progetti e politiche totalmente antitetici alla democrazia jeffersoniana.

Per avere un quadro più chiaro dell'interpretazione di Jefferson sull'uguaglianza, basta leggere la Dichiarazione d'Indipendenza fino in fondo. All'inizio il tono è egualitario. Ma più avanti Jefferson scrive degli "spietati selvaggi indiani, la cui nota regola di guerra è la distruzione indistinta di ogni età, sesso e condizione".[688] Altri segni di una disposizione fondamentalmente antiegualitaria sono forniti dalla fede di Jefferson nell'"aristocrazia naturale" e dalla sua insistenza sulla supremazia innata dello yeoman o piccolo agricoltore americano. Nonostante le sue forti simpatie per la Rivoluzione francese, scrisse a Lafayette: "Gli yeomanry degli Stati Uniti non sono i canaille di Parigi".[689]

Jefferson dava alla democrazia americana una possibilità di sopravvivenza solo finché il Paese fosse rimasto fondamentalmente agricolo. Era convinto che i mercanti e gli speculatori fossero corrotti; che le città fossero "pestilenziali"; che le folle cittadine fossero "i ruffiani del vizio e gli strumenti con cui le libertà di un Paese vengono generalmente rovesciate".[690] Paradossalmente, questo stesso Jefferson è ora, con Lincoln, l'idolo del popolo che considerava in abominio. Il paradosso è stato aggravato dal partito democratico che, nonostante la sua base di potere nelle grandi città, si è autodefinito l'erede politico di Jefferson.

Jefferson si trovava in Francia durante la stesura della Costituzione[691] - una buona ragione per cui la parola democrazia non compare da nessuna parte in quel documento. I Padri fondatori, la maggior parte dei quali erano di orientamento conservatore, decisero di fare degli Stati Uniti una repubblica, che a quei tempi significava quasi qualsiasi governo che non fosse una

---

intendevano dichiarare che il negro era uguale all'uomo bianco... erano tenuti, come uomini onesti, quel giorno e quell'ora, a mettere i loro negri sullo stesso piano di loro stessi.

[688] Per le osservazioni di Jefferson sui negri, cfr. p. 219.

[689] Hofstadter, op. cit., p. 22.

[690] Ibidem, pp. 31-32.

[691] "Gli uomini che hanno inserito il "Noi, il popolo" nella Costituzione, con qualche eccezione forse, temevano il dominio del popolo e sarebbero rimasti inorriditi se avessero potuto prevedere tutto ciò che sarebbe accaduto sotto la loro Costituzione nei successivi 150 anni". Beard, *La Repubblica*, p. 4. La Costituzione, si potrebbe aggiungere, fu addirittura creata in un'atmosfera antidemocratica, poiché tutte le sessioni della Convenzione furono segrete.

monarchia".[692] I pochi delegati alla Convenzione costituzionale che professavano sentimenti democratici avevano opinioni più vicine ai concetti greci e romani di democrazia che alle nozioni livellatrici degli utopici regicidi parigini. John Adams probabilmente rappresentava i sentimenti della maggior parte dei suoi colleghi quando esortava: "Ricordate, la democrazia non dura mai a lungo. Presto si spreca, si esaurisce e si uccide. Non c'è mai stata una democrazia che non si sia suicidata".[693]

Tale profetica cupezza è stata in gran parte responsabile della paura della democrazia insita in molte delle leggi e delle procedure che hanno plasmato la posizione e il comportamento politico della nazione durante la sua infanzia e adolescenza. I senatori venivano scelti dalle legislature dei vari Stati, non dal voto popolare diretto.[694] In quasi tutti gli Stati esistevano requisiti di proprietà, a volte anche religiosi, per poter votare. Un negro, a fini statistici, veniva conteggiato come tre quinti di un bianco. La schiavitù era riconosciuta e protetta dal governo federale e dalla maggior parte degli Stati.[695] C'era molto interesse a tutelare i diritti dei cittadini, come dimostra la Carta dei diritti, ma molto meno interesse, come dimostra l'emergere della politica delle macchine, a incoraggiare i cittadini a partecipare in modo indipendente al processo governativo.

Tuttavia, il seme democratico era stato piantato. La successiva campagna per l'allargamento della base elettorale, per rendere tutti cittadini e ogni cittadino adulto un elettore, è uno dei fili conduttori più evidenti della storia americana. All'inizio l'evoluzione elettorale è stata piuttosto lenta. I requisiti di proprietà per il voto persistettero in alcuni Stati fino al 1856.[696] Gli schiavi vennero liberati nel 1863, ma il diritto di voto dei negri non venne sancito in modo specifico fino al 1870.[697] I senatori non furono eletti direttamente fino al 17° emendamento (1913). Le donne hanno ottenuto il diritto di voto solo

---

[692] Inutile dire che nel termine sono state introdotte sfumature di significato democratico. Il *Webster's Third New International Dictionary* offre come definizione alternativa di repubblica, "una comunità di esseri... caratterizzata da una generale uguaglianza tra i membri".

[693] Hofstadter, op. cit., p. 13. Hamilton, che definiva il popolo una "grande bestia", era ancora più pessimista di Adams sulla democrazia. Charles Beard, *La Repubblica*, p. 11.

[694] Costituzione, Art. I, Sez. 3, Par. 1.

[695] Art. I, Sez. 2, Par. 3; Art. IV, Sez. 2, Par. 3. La schiavitù fu vietata nel Territorio del Nord-Ovest nel 1787. L'ultimo Stato del Nord ad abolirla fu il New Jersey, che iniziò a eliminare gradualmente la schiavitù nel 1804.

[696] *Ency. Brit.*, Vol. 7, p. 218.

[697] Il 15° emendamento (1870) proibiva di negare il diritto di voto a qualsiasi cittadino per "razza, colore o precedente condizione di servitù".

con il 19° emendamento (1919). Il processo elettorale per la selezione dei presidenti viene ancora mantenuto, ma ora dipende quasi interamente dal voto popolare. L'imposta sul voto è stata vietata solo con il 24° emendamento (1962). Le decisioni della Corte Suprema "un uomo, un voto" del 1962, 1964 e 1968 hanno reso obbligatorio che i distretti che eleggono i rappresentanti dei governi di città, contee e paesi legalmente costituiti siano sostanzialmente uguali in termini di popolazione.[698] Se le circoscrizioni dei rappresentanti di uno stesso organo legislativo differissero troppo in termini di popolazione, verrebbero allineate tramite una riassegnazione. Solo i senatori, alcuni dei quali oggi rappresentano Stati con una popolazione da dieci a venti volte superiore a quella di altri Stati, sono esenti da questa regola.[699]

Il fatto che negli Stati Uniti esistano in teoria il suffragio universale e la rappresentanza paritaria non significa che tutti votino.[700] Alle elezioni presidenziali, ad esempio, si reca alle urne poco più della metà della popolazione votante.[701] Nelle elezioni congressuali fuori dall'anno la partecipazione degli elettori è talvolta inferiore al 10-15%. [702]

Una spiegazione di questo scarso risultato è che i candidati alle cariche pubbliche raramente affrontano le questioni che più interessano agli elettori. Se i cittadini non possono esprimere i loro sentimenti sui problemi nazionali e locali che più li interessano, perché dovrebbero preoccuparsi di votare? La colpa è anche dei candidati poco brillanti che, pur appartenendo a partiti diversi, sembrano spesso parlare lo stesso linguaggio politico, una retorica blanda e soporifera il cui unico effetto è quello di aumentare l'apatia degli elettori. Se a questo si aggiunge l'impossibilità di sconfiggere macchine politiche il cui concetto di suffragio universale si estende alla registrazione di elettori ripetenti, deceduti o fittizi,[703] , il risultato è un cinismo generale

---

[698] *Time*, 6 luglio 1969, pagg. 62-63.

[699] L'esenzione è prevista dal 17° emendamento e dall'art. 1, sez. 3, comma 1. 1, Sez. 3, Par. I della Costituzione.

[700] Esistono ancora alcune restrizioni sulla residenza, sull'età di voto e sui test di alfabetizzazione, laddove tali test non implicano una discriminazione razziale.

[701] *Almanacco mondiale* del 1980, pag. 280.

[702] Ferdinand Lundberg, *Il tradimento del popolo*, pp. 9-10.

[703] Nelle elezioni presidenziali del 1960 furono consegnati 150.000 voti "fantasma" da 5.199 distretti della contea di Cook (Chicago). Nella stessa elezione, i giudici texani hanno scartato circa 100.000 schede per motivi tecnici. Uno spostamento di 23.117 voti in Texas e di 4.430 voti in Illinois avrebbe dato la presidenza a Nixon e non a John. F. Kennedy. Invece, Nixon dovette aspettare altri 12 anni prima di arrivare alla Casa Bianca. *Reader's Digest*, luglio 1969, pp. 37-43.

condito da una crescente incredulità nel sistema politico. Non ci si può aspettare che coloro che hanno perso la fiducia nel governo democratico partecipino con entusiasmo al processo di voto, il meccanismo fondamentale del governo democratico.

Il Belgio, l'Australia e alcune altre nazioni attirano gli elettori alle urne multando gli assenti. Senza arrivare a questi estremi, i politici americani potrebbero raggiungere lo stesso scopo presentando ai loro elettori questioni chiare che possono sostenere o contrastare. L'abitudine consolidata dei candidati di dividersi su questioni secondarie piuttosto che primarie è uno dei grandi fallimenti della democrazia americana.

Alle elezioni presidenziali del 1940, quando la questione principale era l'intervento o il non intervento nella Seconda Guerra Mondiale, entrambi i candidati dei principali partiti promisero di tenere gli Stati Uniti fuori dal conflitto, sebbene entrambi fossero in fondo interventisti. Infatti, mentre era in campagna elettorale per il suo terzo mandato, il presidente Roosevelt stava già attuando una politica di aiuti militari alla Gran Bretagna che rendeva quasi inevitabile il coinvolgimento americano.[704]

La situazione era simile per quanto riguarda l'Affirmative Action più di un quarto di secolo dopo. Quasi tutti i candidati repubblicani e democratici alle presidenziali la sostennero o la trattarono in silenzio, anche se i sondaggi mostravano che la maggioranza degli elettori era contraria. Negli anni '70 almeno il 75% degli americani era contrario al busing forzato, che i leader dei due partiti hanno continuato a espandere anziché ridurre. Entrambi i partiti principali sostennero enormi quantità di aiuti militari e finanziari a Israele prima, durante e dopo l'embargo petrolifero arabo del 1973, che fece schizzare il prezzo della benzina alle stelle. Anche in questo caso gli elettori non avevano strumenti efficaci per approvare o disapprovare politiche di importanza cruciale.

Nel 1964, proprio nelle stesse elezioni in cui il presidente Johnson, un fervente sostenitore dei diritti civili, conquistò la California con 1,2 milioni di voti, i cittadini di quello Stato votarono due a uno per abrogare uno statuto sulle case popolari in un referendum statale, che fu poi prontamente dichiarato incostituzionale dalla Corte Suprema dello Stato.[705] La

---

[704] Beard, *President Roosevelt and the Coming of the War*, 1941, pp. 5, 413.

[705] *Time*, 13 novembre 1964, pp. 39, 43. Il fatto che i tribunali possano annullare un referendum - l'espressione più pura della democrazia dopo la cernita - solleva domande su quanto sia realmente democratica la forma di democrazia americana. Poiché l'edilizia residenziale aperta era quasi universalmente sostenuta dai media, il referendum servì anche a dimostrare che l'opinione degli editori è di solito molto più vicina a quella delle minoranze che a quella della maggioranza.

Proposizione 13, che prevedeva una riduzione delle tasse sulla proprietà, è stato un altro referendum californiano che ha ottenuto il sostegno schiacciante degli elettori, sebbene sia stato combattuto con le unghie e con i denti dal governo statale, dai media e dai magnati del denaro. Finora, nonostante alcune agitazioni in tal senso, i tribunali non l'hanno annullato. Nel frattempo, gli emendamenti costituzionali per rendere illegale il busing forzato e per vietare le quote razziali non riescono a uscire dalle commissioni del Congresso, anche se sia il Senato che la Camera hanno approvato con i due terzi dei voti necessari gli emendamenti liberali per la parità di diritti per le donne (ERA) e per la statalizzazione del Distretto di Columbia. Nelle legislature statali, invece, hanno incontrato molto meno entusiasmo. Una delle più grandi esclusioni di elettori si verificò durante la guerra del Vietnam. Nella campagna presidenziale del 1968, entrambi i candidati dei partiti principali proposero una strategia di lento disimpegno. Gli americani che volevano vincere la guerra o che volevano un ritiro immediato semplicemente non votavano, o non contavano. L'unico candidato che ha promesso una linea più dura sia sulla guerra che sulla questione razziale è stato George Wallace, il cui partito American Independent ha ricevuto 9.897.141 voti, pari al 13,53% del totale dei votanti, la percentuale più alta ottenuta da un terzo partito da quando il senatore La Follette si candidò con il partito progressista nel 1924.[706]

Wallace compì questo piccolo miracolo nonostante l'intero establishment politico americano e la rete di comunicazione fossero solidamente schierati contro di lui. Anche nel Sud non c'era un solo giornale importante che lo sostenesse.[707] Se Wallace avesse avuto la macchina politica di un grande partito, se anche solo il 10% della stampa lo avesse appoggiato, se i repubblicani non avessero cercato di rubargli la scena durante la campagna, avrebbe potuto ottenere quasi lo stesso numero di voti di Nixon o Humphrey.[708]

Nella corsa per la carica di governatore della Louisiana del 1991, David Duke ricevette più voti bianchi (55%) del vincitore, Edwin Edwards, nonostante Edwards avesse una reputazione estremamente scadente e nonostante Duke fosse stato ferocemente attaccato a livello nazionale dai

---

[706] *San Francisco Chronicle*, 12 dicembre 1968, p. 11.

[707] *Time*, 18 ottobre 1968, p. 70.

[708] Wallace si comportò in modo più spettacolare alle primarie del 1972, uscendo in testa nel Michigan, per poi essere immobilizzato fisicamente da una pallottola nella spina dorsale e politicamente dal rullo compressore di McGovern alla convention democratica di Miami.

leader di entrambi i partiti politici (si era candidato come repubblicano). Il potere che si schierava contro di lui era incommensurabile.

Tutto ciò tende a dimostrare che la democrazia, così come opera oggi negli Stati Uniti, non riflette realmente i desideri del pubblico. Sia l'elettore che il candidato non hanno la possibilità di far valere le proprie opinioni, se si discostano dalla linea accettata dai principali partiti. Anche nelle rare occasioni in cui gli elettori riescono a eleggere qualcuno che sembra difendere i loro interessi, nel momento in cui entra al Congresso è probabile che si rimangi gli impegni più solenni della campagna elettorale, una volta sentito il fiato sul collo dei media, dei politici veterani e delle lobby liberal-minoritarie.

Una delle cause principali di questo potente e pervasivo elemento antidemocratico nella moderna democrazia americana è che le elezioni si susseguono ogni due, quattro o sei anni, mentre la stampa e i gruppi di pressione macinano la loro propaganda ogni giorno. È molto difficile per qualsiasi figura politica resistere a lungo all'assalto combinato della stampa, di centinaia di stazioni radio e televisive e di decine di periodici politici. Per tutti i politici, tranne che per i più coraggiosi, il parziale tradimento del proprio elettorato o persino la perdita di un'elezione sono preferibili alla Siberia sociale riservata all'anticonformista che insiste nel mettere gli interessi della società nel suo complesso al di sopra degli interessi particolari. Il triste destino di James Forrestal e del senatore Joseph McCarthy dovrebbe essere un'indimenticabile lezione sul pericolo di promuovere politiche con un ampio appello al popolo, ma con un appello limitato alle persone che contano.[709]

Consentire all'elettore una scelta limitata o nessuna scelta ha avuto l'effetto di spostare il governo verso una "democrazia corporativa" - Mussolini l'avrebbe chiamata Stato corporativo - in cui professioni, religioni, economie regionali, gruppi imprenditoriali e di lavoro, classi e razze sostituiscono

---

[709] Una straordinaria serie di attacchi personali da parte di editorialisti di giornali e commentatori radiofonici contribuì a spingere il primo segretario alla Difesa della nazione al suicidio nel 1949. Un commentatore, Ira Hirschman, arrivò ad accusare Forrestal di aver impedito il bombardamento di un impianto chimico della I.G. Farben in Germania durante la Seconda Guerra Mondiale perché possedeva azioni della società. Un altro, Walter Winchell, accusò Forrestal di essere scappato mentre la moglie veniva derubata. Forrestal era incorso nell'ira dell'ebraismo organizzato perché si opponeva al sostegno americano alla conquista sionista della Palestina e all'istigazione del mondo arabo contro gli Stati Uniti. Arnold Rogow, *Victim of Duty*, Rupert Hart-Davis, Londra, 1966, p. 24. La vendetta dei media contro McCarthy, insieme alla sua censura quasi senza precedenti da parte del Senato, sembrò distruggerlo fisicamente oltre che mentalmente e certamente ebbe molto a che fare con la sua morte prematura nel 1957. *Time*, 30 maggio 1949, pp. 13-14, e *U.S. News & World Report*, 7 giugno 1957, p. 143.

l'individuo come unità di voto di base. Ogni politico è estremamente sensibile al voto dei lavoratori, dei religiosi, delle aziende agricole e delle minoranze. I suoi riflessi politici, tuttavia, rispondono più lentamente ai desideri del singolo elettore della maggioranza, che non gode del pronto accesso ai media dell'elettore di blocco. È questo sistema corporativo di rappresentanza - il voto organizzato o, più precisamente, la paura di tale voto - che ispira la maggior parte delle politiche e delle decisioni degli attuali funzionari eletti.

I blocchi economici che sorgono sotto il tetto protettivo del governo rappresentativo sono segnali di tempesta della seconda fase del ciclo democratico, la progressione dalla democrazia politica a quella economica.[710] I principali contributori allo sviluppo della democrazia politica - Locke, i parlamentari britannici del XVIII secolo, alcuni filosofi dell'Illuminismo e gli autori della Costituzione americana - hanno generalmente disprezzato la democrazia economica, liquidandola come una fantasia di menti disordinate e pericolose. Ma ci sono molti che sostengono - e se si accettano le premesse egualitarie della democrazia, la loro logica non può essere confutata - che senza una distribuzione "equa" della ricchezza non ci può essere alcuna democrazia. L'unico grande ostacolo in questa linea di ragionamento viene solitamente passato sotto silenzio. Per impedire l'accumulo di grandi quantità di proprietà nelle mani dei singoli e per appiattire efficacemente gli alti e i bassi della curva del reddito nazionale è necessario un controllo centralizzato che è solo un passo lontano dall'assolutismo.

La democrazia economica ha infestato le sale di governo quasi quanto la democrazia politica. I Livellatori, che si dice abbiano fondato il primo partito politico della storia moderna, furono ardenti sostenitori di Cromwell nelle fasi iniziali della guerra civile inglese, anche se le loro richieste economiche, che includevano l'abolizione dei monopoli commerciali, alla fine indussero Cromwell a rivoltarsi contro di loro.[711] In seguito, sia in Inghilterra che sul continente, ci furono poche prove di democrazia economica fino alla Rivoluzione francese. Ciò che contribuì a tenerla sotto controllo fu l'assenza di un corpo di dottrina sviluppato, di un corpus come quello di Locke, che le desse direzione e coerenza.

Se Locke fu l'apostolo della democrazia politica, Marx fu il profeta della democrazia economica. Prendendo in prestito molte delle sue idee e dei suoi metodi dalla fazione più dura del giacobinismo francese, Marx elaborò un

---

[710] Altri aspetti economici dei tre tipi di democrazia saranno esaminati più approfonditamente nella Parte VI, Lo scontro economico.

[711] *Ency. Brit.*, Vol. 13, p. 964.

programma appassionato ed enciclopedico di escatologia utopica, materialismo ossessivo e rozzo livellamento economico che si scontrò così violentemente con la teoria democratica classica che quest'ultima non si è mai completamente ripresa. "Appassionatamente preoccupato per la realizzazione della democrazia economica così come la concepiva, [Marx] non aveva alcun interesse o comprensione per i problemi della politica democratica.[712] La mancanza di questa comprensione tra i suoi seguaci fu resa evidente dalla Rivoluzione bolscevica.

La democrazia economica divenne un punto fermo della scena politica americana con l'avvento del populismo. Bryan non avrà impedito che l'umanità venisse crocifissa su una croce d'oro, ma lui e il partito populista che lo sosteneva impiantarono saldamente una consapevolezza duratura dell'economia nella coscienza politica americana. Theodore Roosevelt, il senatore La Follette e il suo partito progressista, Woodrow Wilson e la sua imposta graduata sul reddito e, soprattutto, l'ascesa del Big Labor: tutti questi elementi diedero un tono economico alla democrazia che culminò nel New Deal, che nei primi anni si occupò quasi esclusivamente di soluzioni democratiche ai problemi economici. Il welfare sotto forma di sicurezza per gli anziani, il salario minimo, l'assicurazione medica e contro la disoccupazione e tutte le altre legislazioni "dollaro e centesimo" delle ultime amministrazioni sono ulteriori esempi del continuo accento della democrazia sulle questioni economiche.

La terza fase della democrazia è quella sociale. Come la democrazia politica ed economica, la democrazia sociale non è nuova. Ma arriva per ultima nel ciclo di crescita (o decadenza) della democrazia. Poiché capitalizza le correnti istintive più profonde del comportamento umano, le sue manifestazioni storiche non sono sempre facili da riconoscere e non penetrano spesso nei libri di storia convenzionali. La sua genesi teorica, tuttavia, non è difficile da rintracciare, essendo un composto del concetto religioso di fratellanza dell'uomo, delle affermazioni lockeane e jeffersoniane sui diritti umani, dell'agitazione di classe marxista e dei pronunciamenti dei moderni antropologi e sociologi sull'identità umana.

Una volta che le forme di democrazia politica ed economica si affermano in una società, la pressione per la democrazia sociale è destinata a crescere. Questo è particolarmente vero in uno Stato multirazziale. Inevitabilmente i non lavati, gli svantaggiati e gli invidiosi cominceranno a chiedere, o saranno invitati a chiedere da politici ambiziosi: "Perché, se l'uomo è politicamente uguale e sta diventando economicamente uguale, non dovrebbe essere

---

[712] Frederick M. Watkins nell'articolo "Democrazia", *Ency. Brit.*, Vol. 7, p. 222.

socialmente uguale?". Nel contesto della politica democratica contemporanea, questa domanda ha una sola risposta.

La democrazia sociale è la fase più spinosa della democrazia, soprattutto in uno Stato multirazziale, perché amplia notevolmente l'area di contatto, l'interfaccia sociale, dei vari elementi demografici. La democrazia politica prevede che i membri dei diversi gruppi di popolazione votino insieme e legiferino insieme. La democrazia economica ordina che lavorino insieme. La cosiddetta democrazia sociale allarga esponenzialmente l'area di contatto, costringendo gli elementi più diversi della popolazione a vivere insieme. Attualmente questa mescolanza sociale è limitata principalmente alle scuole, ai posti di lavoro, al governo e alle forze armate.[713] Ma ci sono forze all'opera - il programma televisivo di ieri sera, l'editoriale del giornale di ieri, l'ultimo regolamento federale - che portano la socialdemocrazia nell'ultima roccaforte dell'individualismo e della privacy, la casa.

Le contraddizioni interne delle tre fasi della democrazia antica e moderna diventano evidenti quando si ricorda che la democrazia politica è nata come strumento di protezione della proprietà, mentre la democrazia economica cerca di distribuirla e la democrazia sociale ne incoraggia il furto. Nell'ironica catena di eventi che regola il ciclo democratico, gli stessi diritti che sono stati assicurati e riconosciuti, spesso con grande difficoltà, nella fase politica della democrazia sono spesso revocati nelle fasi economica e sociale. È difficile credere che il diritto alla privacy, il diritto di scegliere gli amici, i vicini e i compagni di scuola, di aderire a organizzazioni fraterne o sociali, di esprimere le proprie opinioni in pubblico e il diritto di accedere alla propria cultura non siano fondamentali per la libertà umana come qualsiasi altro. Eppure sono proprio questi i diritti tenuti in minor conto dai più accaniti sostenitori della socialdemocrazia.

Con il senno di poi e una certa dose di razionalizzazione storica, è possibile considerare le tre fasi della democrazia in America come tre fasi di espropriazione della Maggioranza. La democrazia politica ha diviso la Maggioranza in partiti che rappresentano diversi interessi geografici, regionali e settoriali. La democrazia economica e l'inflazione che l'ha accompagnata, i sussidi sociali e l'alta tassazione hanno impoverito la

---

[713] Gli ebrei, che in proporzione hanno un numero di club e organizzazioni di gran lunga superiore a quello di qualsiasi altro gruppo della popolazione, hanno condotto una campagna incessante sotto la guida dell'American Jewish Committee per costringere i club non ebraici ad accettarli come membri, sostenendo che l'esclusione li discrimina finanziariamente e socialmente. Molti politici di spicco e altre figure pubbliche sono stati convinti a dimettersi da tali club per sfuggire alle accuse di antisemitismo. Più di recente, candidati ad alte cariche governative si sono dimessi da club "esclusivamente bianchi" per dimostrare a varie commissioni del Senato di non avere pregiudizi nei confronti dei neri.

ricchezza della Maggioranza. Poiché il livellamento economico, almeno nelle sue fasi iniziali, aumenta la coscienza di classe, la Maggioranza è stata ulteriormente indebolita dall'acuirsi delle sue divisioni di classe.

Privata di gran parte del suo potere politico ed economico, la Maggioranza fu poi sottoposta al tipo di attacco che più piaceva ai suoi avversari. È stata attaccata come razza. La strategia, a volte consapevole, a volte inconsapevole, sempre subconscia, consisteva nel portare il razzismo delle minoranze al punto di ebollizione, sottoponendo la coscienza razziale della Maggioranza all'ideologia intorpidente del liberalismo. Il piano secondario consisteva nello sviluppo di una tecnica raffinata per annientare qualsiasi tentativo di resistenza da parte della maggioranza. Ciò è stato realizzato in due modi: (1) controllando i voti attraverso la gestione delle notizie, l'indottrinamento educativo e la nomina di candidati accuratamente selezionati; (2) aggirando il voto, quando necessario, con sentenze della Corte Suprema e impegni segreti in politica estera. Se la socialdemocrazia dovesse spingersi troppo in là, troppo in fretta, e si accendesse una scintilla di resistenza, il contenzioso potrebbe essere risolto con l'assassinio dei personaggi, l'urlo degli attivisti della Maggioranza, l'interruzione dei loro incontri e delle loro manifestazioni, l'occupazione di stabilimenti, uffici governativi e centri di apprendimento o, se il peggio fosse, con l'intrappolamento e il rilascio di un nuovo docudrama sulla rete televisiva.

Anche se la crescita della socialdemocrazia sembra inarrestabile, le minoranze hanno sempre l'assillante timore che un giorno la maggioranza possa prendere vita e formare un partito politico di maggioranza. In questo caso, l'infrastruttura liberal-minoritaria faticosamente assemblata crollerebbe come un castello di carte. Per evitare che ciò accada, i profeti della socialdemocrazia hanno formulato antidoti dottrinali a qualsiasi possibile manifestazione di quella che chiamano nervosamente "tirannia della maggioranza", un'espressione ripescata da John Stuart Mill. Una proposta è quella di far sì che i voti delle minoranze contino più di quelli della maggioranza, con il semplice espediente di permettere ai gruppi etnici ed economici di avere i propri rappresentanti, oltre a quelli scelti in modo tradizionale. In questo modo, i delegati delle minoranze, dei conglomerati urbani e dei gruppi sociali potrebbero esercitare lo stesso potere dei delegati del popolo in generale.[714] Un'altra tattica per sconfiggere la volontà della maggioranza è il voto cumulativo, ideato da Lani Guinier, la donna metà nera

---

[714] *New York Times Magazine*, 3 agosto 1969. Il fatto che questa proposta sia apparsa sotto forma di un lungo articolo sul più prestigioso quotidiano americano significava che doveva essere presa sul serio. L'autore era Herbert J. Gans, un importante sociologo. Nel corso della sua argomentazione, Gans suggerì che l'approvazione del 25% di un organo legislativo sarebbe stata sufficiente per l'introduzione di una legislazione sponsorizzata da una minoranza, mentre il 76% sarebbe stato necessario per impedirne l'approvazione.

e metà ebrea la cui nomina ad Assistente del Procuratore Generale per i Diritti Civili è stata ritirata dal Presidente Clinton quando le sue opinioni agitatrici sono diventate più note. In un'elezione per sette commissari di contea, ad esempio, la signora Guinier darebbe a ogni elettore il diritto di esprimere sette voti. Ciò consentirebbe agli elettori delle minoranze di combinare tutti i loro voti per un candidato, rendendo così difficile per i bianchi conquistare tutti e sette i seggi, come spesso accade nel sistema standard "un uomo, un voto" quando sono più numerosi dei neri e delle altre minoranze in tutti i distretti elettorali.[715] Un altro sforzo per aumentare il potere di voto delle minoranze, già inserito nella legge sul diritto di voto, è l'ipotesi di pratiche di voto illegali quando i bianchi vengono eletti in distretti fortemente popolati da non bianchi.[716]

La democrazia americana, anche nella sua fase sociale o "depravata"[717], difficilmente potrebbe sopravvivere a un eccesso di gerrymandering delle minoranze. Tutto sommato, l'unica vera possibilità di rinascita democratica risiede nella creazione di un blocco di voto unito della maggioranza. Ma prima che questo possa accadere bisogna capire, come un tempo si capiva chiaramente, che la democrazia autentica pone serie esigenze mentali e morali ai suoi partecipanti. Limita la sua offerta di libertà a coloro che sono in grado di gestire la libertà. La democrazia funziona bene solo quando è il governo di un popolo, non di più popoli. La più utopica e la più donchisciottesca di tutte le forme politiche, può essere l'espressione di un'attitudine razziale. Se così fosse, i moderni scienziati sociali della categoria della mescolanza razziale sono stati i più grandi cercatori d'oro della storia della politica.

---

[715] *Time*, 25 aprile 1994.

[716] Alcuni politici di minoranza hanno guardato con sospetto alla rappresentanza proporzionale, adottata da alcuni Paesi europei. I partiti che ottengono il 5% o più delle schede elettorali hanno diritto a seggi nella legislatura nazionale in proporzione alla loro quota di voti. Di conseguenza, i candidati delle minoranze non sono esclusi dal sistema "winner-take-all". A volte la rappresentanza proporzionale conferisce ai partiti di minoranza un potere maggiore di quello che i loro numeri suggerirebbero, soprattutto quando i votanti possono far passare o sconfiggere una legge importante.

[717] De Tocqueville usò il termine in modo appropriato quando predisse che il futuro politico degli americani "si trovava tra due mali inevitabili; che la questione aveva cessato di essere se [avrebbe avuto] un'aristocrazia o una democrazia, e ora si trovava tra una democrazia senza poesia o elevazione, ma con ordine e moralità, e una democrazia indisciplinata e depravata". Lettera a M. Stoffels, Alexis de Tocqueville, *La democrazia in America*, trans. Phillips Bradley, Knopf, New York, 1963, Vol. I, pp. xx, xxi.

CAPITOLO 23

La metamorfosi del liberalismo

Quando si parla di democrazia e di liberalismo nello stesso contesto, è difficile fare una distinzione tra i due. Un modo per risolvere la difficoltà è trattare la democrazia come un sistema politico piuttosto che una teologia politica, come l'espressione di un dogma piuttosto che il dogma stesso. Allora il liberalismo può essere considerato il credo democratico, l'ideologia che fornisce la giustificazione intellettuale della democrazia e la sua spinta emotiva.

Il *Webster's Third New International Dictionary* offre come definizione di liberalismo "una filosofia politica basata sulla fede nel progresso, nell'essenziale bontà dell'uomo e nell'autonomia dell'individuo e che si batte per la tolleranza e la libertà dell'individuo dall'autorità arbitraria in tutte le sfere della vita...". Con meno elaborazioni e ampollosità, e in un inglese migliore, un dizionario popolare descrive il liberale come "libero da pregiudizi o bigottismo".[718] Se un riferimento storico può aiutare a definire l'inafferrabilità del liberalismo, il primo liberale, secondo Walter Bagehot, fu Geroboamo, presumibilmente perché nominò "i più bassi del popolo sacerdoti in posti elevati" e chiese al re Roboamo di "rendere più leggero il giogo che tuo padre ci ha imposto".[719] In modo più irriverente, un liberale moderno potrebbe essere definito come colui che, pur professando un orrore per il totalitarismo, favorisce un marchio di totalitarismo rispetto a un altro;[720] che, professando un orrore per il razzismo, promuove attivamente il razzismo delle minoranze; che, professando un orrore per le grandi imprese, è un entusiasta sostenitore del grande lavoro. Il campione intollerante della tolleranza, il liberale moderno è il nemico bigotto del bigottismo. È vero che è disposto ad andare avanti, in modo spericolato, nella ricerca di nuovi modi

---

[718] *The American Everyday Dictionary*, Random House, New York, 1955.

[719] Walter Bagehot, *Physics and Politics*, Knopf, New York, 1948, p. 31. In risposta, Roboamo promise di castigare Geroboamo, non con le fruste ma con gli scorpioni. Geroboamo allora spaccò definitivamente lo Stato ebraico in due fondando il regno settentrionale di Israele, dove adorò due vitelli d'oro. I Re 12:4-19; 13:33.

[720] Nell'agosto del 1939, il mese della firma del Patto di non aggressione russo-tedesco che ha gettato le basi per la Seconda guerra mondiale, i nomi di 400 importanti liberali americani sono apparsi su un manifesto che affermava che la Russia era un baluardo della pace e che i cittadini sovietici godevano di libertà civili pari a quelle degli americani. *Nation*, 26 agosto 1939, p. 228.

per promuovere l'uguaglianza in politica, nell'istruzione e nelle relazioni intergruppi. Ma non è altrettanto progressista per quanto riguarda l'esplorazione spaziale, la scienza politica di[721] (l'unica forma di governo di cui sente parlare a sinistra) e l'antropologia (ad eccezione delle scuole di Boas e Lévi-Strauss). È superfluo aggiungere che è molto sospettoso nei confronti della genetica e mantiene la sua mente fermamente chiusa sul tema dell'eugenetica.

Le forti discrepanze tra le pretese liberali e il comportamento liberale, tra le pose liberali e le prestazioni liberali, sono fenomeni relativamente recenti e non tipici del liberalismo che esisteva due secoli o addirittura due millenni fa. Come la democrazia, il liberalismo ha fatto una breve apparizione in Grecia e a Roma, dove i filosofi cinici e stoici lanciavano occasionalmente epigrammi anti-establishment a re e dittatori. C'erano sentimenti liberali in alcuni discorsi di Gesù,[722] e una visione liberale in alcuni scritti di Spinoza.[723] Ma il liberalismo non ha mai trovato la sua voce fino all'epoca di John Locke, voce che si è trasformata in un coro quando si è unita ai pronunciamenti fragorosi di altri saggi liberali come Hume, Voltaire, Rousseau, Adam Smith e Thomas Jefferson. Il termine liberalismo si fece carne con i governi Whig del XVIII secolo in Inghilterra, la fondazione degli Stati Uniti e l'*Aufklärung* europea.

Ma il vecchio liberalismo di Locke e Jefferson era un'ideologia completamente diversa dal nuovo liberalismo di oggi. Il vecchio liberalismo sottolineava l'impresa individuale non quella collettiva, meno governo non di più, i diritti degli Stati non il controllo federale, il laissez-faire non il welfare, la libertà non la sicurezza, l'evoluzione non la rivoluzione. Inoltre, ben pochi dei grandi liberali del passato, nonostante i loro squillanti appelli all'uguaglianza, erano disposti a concedere l'uguaglianza delle razze.

---

[721] Il premio Nobel Linus Pauling, un pilastro del moderno liberalismo americano, definì il progetto Apollo, molto prima che decollasse, una "dimostrazione pietosa". *Science*, 1 novembre 1963, p. 560.

[722] Sia i liberali che i conservatori possono citare le Scritture, ma l'attuale tono mondiale del cristianesimo è decisamente liberale: il Gesù radicale e anti-familiare che metteva padre contro figlio e madre contro figlia (Luca 13:53), non il Gesù apolitico del "rendete a Cesare", né il Gesù autoritario che disse: "Ma i miei nemici, che non vogliono che io regni su di loro, li conduca qui e li uccida davanti a me" (Luca 19:27). I fondamentalisti possono anche affollare le onde radio negli Stati Uniti, ma i teologi liberali hanno una stampa migliore.

[723] "La filosofia politica di Spinoza è la prima affermazione nella storia del punto di vista di un liberalismo democratico". Lewis Feuer, *Spinoza and the Rise of Liberalism*, Beacon Press, Boston, 1966, p. 65.

Oggi, nelle mani di coloro che si definiscono liberali moderni, il grande disegno umanistico del liberalismo del XVIII e XIX secolo è stato ridotto a un catechismo meccanico di "cura dell'altro". Gli artisti liberali contemporanei si preoccupano più di ciò che gli altri pensano del loro lavoro che di ciò che pensano loro stessi. Gli statisti e i politici liberali non agiscono. Reagiscono. I guardiani liberali della sicurezza nazionale antepongono la difesa all'offesa e basano la loro strategia nucleare sulla rappresaglia di massa e sull'annientamento indiscriminato delle popolazioni urbane, non su un attacco preventivo contro le installazioni ICBM nemiche. Nelle rare occasioni in cui il loro pensiero si rivolge a Dio, gli intellettuali liberali preferiscono incolparlo per il male dell'uomo piuttosto che lodarlo per il bene.[724] Ancora una volta l'attenzione si sposta dal cuore della questione alla periferia.

Sebbene l'estroversione ossessiva del liberale gli lasci poche opportunità di risolvere i propri problemi, si sente comunque obbligato a dire ai suoi e a tutti gli altri gruppi della popolazione come risolvere i loro. Personaggi pubblici la cui vita privata è stata un disastro e che si sono dimostrati del tutto incapaci di crescere i propri figli presumono di scrivere copiose colonne di giornale e articoli di rivista sulla vita familiare, sui problemi coniugali e sull'educazione dei figli. La madre con una figlia delinquente, invece di migliorare le condizioni della propria casa, diventa assistente sociale e cerca di aiutare altre famiglie con figlie delinquenti.

Nello schema liberale delle cose c'è un divario sempre più ampio tra la persona e l'atto, il pensiero e l'azione. Il politico che si batte per l'integrazione scolastica manda i propri figli in scuole private. Il criminale non ha alcuna colpa. Ha semplicemente commesso un atto sfortunato causato da un ambiente sfavorevole o ostile. Qualcun altro o qualcos'altro è colpevole. I milionari di orientamento liberale sono spesso più interessati ad aiutare gli stranieri poveri che gli americani poveri. Il liberale ama tutti, di qualsiasi razza, ma fugge in periferia dove preferisce vivere tra i bianchi, anche tra i bianchi conservatori.

Non è un segreto che i liberali siano più affezionati all'umanità che all'uomo. La visione tragica della vita - la lotta di un uomo, non di una massa, contro l'irreversibilità del destino - non si adatta facilmente al pensiero liberale. E nemmeno il patriottismo. Mentre l'americano medio considera gli Stati Uniti come il suo Paese - né più né meno - il liberale preferisce considerarli come un deposito di principi liberali.

---

[724] "Dio ha fatto il mio corpo, e se è sporco, l'imperfezione è del produttore, non del prodotto". La citazione è del defunto Lenny Bruce, un comico che molti scrittori liberali hanno cercato di elevare a martire se non a santo. *Holiday*, novembre 1968, p. 74.

È questa abitudine alla reificazione, questa paura del tocco personale nelle vicende umane, che può spiegare perché il moderno pantheon liberale ha spazio solo per eroi che hanno mostrato una marcata vena antieroica. Woodrow Wilson e Franklin Roosevelt vinsero due guerre importanti, ma persero due pezzi altrettanto importanti. Winston Churchill, che come conservatore britannico era più o meno equivalente a un repubblicano liberale negli Stati Uniti, ha sconfitto i tedeschi, ma ha presieduto alla liquidazione dell'Impero britannico.[725] Charles de Gaulle, acclamato come un grande crociato liberale quando guidava i francesi liberi contro Hitler, dopo la guerra cedette il più ricco possedimento della Francia, l'Algeria. È stato il democratico liberale divinizzato, il presidente John Kennedy, a permettere che Cuba, un tempo avamposto economico americano, diventasse uno Stato cliente della Russia.

Ricapitolando, la metamorfosi del liberalismo classico - il liberalismo di Locke, Jefferson e Lincoln - nel liberalismo moderno è stata miracolosa e completa come la trasmigrazione del girino nel cavalluccio. Ciò che era incentrato sull'uomo è diventato incentrato sullo Stato; ciò che era dedicato alla protezione della proprietà ora la minaccia; ciò che ha tentato di togliere il peso schiacciante dell'assolutismo dalle spalle dell'uomo ora lo appesantisce con l'irreggimentazione; ciò che una volta era progressista nel vero senso della parola ora è diventato la stampella ideologica di nichilisti, fanatici, oscurantisti e, sì, reazionari.

Come si spiega questo cambiamento di 180 gradi nell'ortodossia liberale? Come ha fatto questo liberalismo sofisticato, schizofrenico, di nuovo stile e illiberale a spacciarsi per il prodotto autentico? Perché questa mentalità contorta e incoerente non è stata discussa o ridicolizzata? E soprattutto, come fa a mantenere una presa così salda sulla mente degli americani?

Una risposta ha a che fare con la tenacia della tradizione. Come credo della democrazia, il liberalismo ha percorso lo stesso cammino della democrazia. I suoi articoli di fede hanno alimentato e ispirato i movimenti popolari che hanno liberato gli europei nel Vecchio Mondo e i coloni europei nel Nuovo dall'autorità soffocante di monarchi, principi e papi decadenti. I suoi rosei

[725] Le frasi e le cadenze di Churchill possono essere sembrate quelle di Gibbon e Macaulay a coloro che amano l'oratoria servita con mais sonoro, ma eroe non è certo la parola adatta per un brillante opportunista politico che prende il timone della nave di Stato durante una tempesta e, nonostante qualche galante manovra di governo, la lascia alla deriva. In alcuni dei suoi momenti più difficili durante la Seconda Guerra Mondiale, per motivi non troppo difficili da decifrare, Churchill fece molto leva sulla sua ascendenza americana. Sua madre, Jennie, era figlia di Leonard Jerome, un playboy promotore di New York. Ma Churchill parlò poco del sangue indiano che potrebbe essergli stato trasmesso attraverso la famiglia Jerome. Ralph Martin, *Jennie: the Life of Lady Randolph Churchill*, Prentice-Hall, Englewood Cliffs, New Jersey, 1969, Vol. 1, pp. 2, 12.

pronunciamenti sulla natura dell'uomo hanno prodotto alcune delle ore più belle del Parlamento britannico e del Congresso americano. Nei suoi grandi giorni il liberalismo classico ha trasformato l'anima politica del mondo occidentale.

Ma quando i tempi cambiarono, quando il proprietario di quaranta acri e di un mulo si trasferì in un appartamento d'acqua fredda in affitto, quando il monopolio finanziario e industriale superò i limiti della ragione, quando la popolazione raddoppiò e raddoppiò, i liberali iniziarono a concentrarsi sui problemi economici. In modo un po' apologetico, spiegarono che un governo decentralizzato con pesi e contrappesi, il tipo di governo che avevano sempre sostenuto in passato, non aveva il potere di promulgare e applicare la legislazione e il controllo economico che le ingiustizie e le inanità della disoccupazione di massa, dei cicli economici di boom-and-bust e dello sfruttamento sfrenato dell'ambiente richiedevano. Accusati di aver trascurato i diritti di proprietà, hanno indicato la piaga della povertà e hanno dichiarato che i "diritti umani" devono ora avere la precedenza.

È stato questo nuovo liberalismo mangia-loto, difficilmente distinguibile da una forma annacquata di socialismo, a preparare la strada al welfare state e ai servizi sociali resi possibili dal finanziamento in deficit. Se non fosse per l'inflazione e il pacifismo che lo accompagnano e che lasciano le nazioni che lo adottano terreno fertile per vicini più resistenti, più frugali e più aggressivi, i festeggiamenti potrebbero continuare all'infinito.

Nel suo attaccamento al collettivismo, il liberalismo moderno ha preso la stessa direzione del socialismo e del comunismo, senza spingersi così lontano. Continuamente attaccati e insultati dai marxisti più accaniti per il loro atteggiamento tiepido nei confronti della rivoluzione, i liberali hanno porto l'altra guancia e hanno continuato a dare il loro sostegno e la loro rispettabilità a una serie di cause di ultra-sinistra. Quando le torsioni della politica del Cremlino lo hanno permesso, i liberali europei si sono uniti ai comunisti nei governi del Fronte Popolare. Durante le amministrazioni Roosevelt e Truman, divenne così difficile distinguere tra liberali e comunisti che i loro avversari potevano essere perdonati per averli spesso considerati gemelli identici.

Negli ultimi anni il liberalismo e la versione leninista del comunismo hanno teso ad allontanarsi, anche se la loro ostilità nei confronti dell'economia del laissez-faire rimane più forte che mai. La ragione è stata la recente concentrazione del liberalismo sulla socialdemocrazia e sul livellamento razziale, piuttosto che su quello economico, e sui diritti umani, un tema che i governi marxisti hanno trascurato.

Negli ultimi decenni, negli Stati Uniti, il liberalismo moderno si è trasformato nella piattaforma di partito del razzismo delle minoranze. Con pochi cambiamenti nella formulazione - la *razza* al posto dell'*uomo*, la *sicurezza* al posto della *libertà*, i *diritti delle minoranze* al posto dei *diritti umani* - l'intero apparato del pensiero liberale occidentale si è trasferito, con tanto di bagagli, nel campo delle minoranze. Il nemico - sempre la figura più importante in qualsiasi ideologia aggressiva - non è più costituito dai dissoluti monarchi europei, dai reazionari hamiltoniani, dai proprietari di schiavi del Sud, dai magnati industriali del XIX secolo, dai fascisti italiani e tedeschi o dai militaristi giapponesi. Ora è l'élite corporativa, il complesso militare-industriale, la struttura del potere bianco, il razzismo bianco, i WASP - in breve, la maggioranza americana.

Il liberalismo moderno, ovviamente, non ammette di essere razzista. Al contrario, pretende di essere antirazzista. Ma ogni parola che pronuncia, ogni politica che sostiene, ogni programma che pubblicizza, ogni causa che sottoscrive, ogni atto legislativo che introduce è probabile che abbia una qualche diretta o tenue connotazione razziale. Il liberalismo classico in America, nonostante la sua enfasi sull'umanità, si occupava principalmente degli interessi e delle aspirazioni della maggioranza, in un'epoca in cui negri, indiani e altre minoranze quasi non contavano. Anche il liberalismo moderno, nonostante i suoi ammalianti cliché ecumenici, è dedicato a un segmento della popolazione americana, le minoranze inassimilabili.

Sovvertito il suo scopo originario, reindirizzati e reinterpretati i suoi ideali originari, il liberalismo si è trasformato in una maschera grottesca in cui gli attori non vogliono e non possono adeguare l'azione alla parola e in cui i luoghi comuni del copione oscurano quasi totalmente la trama, che è tessuta intorno alla sete di potere dei protagonisti. Questo incessante scontro tra dialogo e motivo è alla base delle drammatiche contraddizioni tra il pensiero liberale moderno e il comportamento liberale moderno, contraddizioni non risolte da fustiganti soliloqui sull'umanitarismo volti a nascondere la stretta collaborazione tra liberalismo e razzismo minoritario nei principali settori della politica, dell'economia, della società e della politica estera.[726]

Il liberalismo moderno è particolarmente utile alle minoranze perché ha l'effetto di offuscare e distorcere la prospettiva razziale della Maggioranza. Il suo ambiguo idealismo e il falso buon samaritanesimo incoraggiano i membri della Maggioranza a sostenere la minoranza senza rendersi conto che stanno lavorando contro gli interessi della loro stessa gente. Altrettanto importante è che permette a quei membri della Maggioranza che sono

---

[726] "Il liberalismo è la religione laica dell'ebreo americano", ha scritto James Yaffe, che ha sottolineato come metà dei membri dei Corpi di Pace, forse l'agenzia più liberale del governo statunitense, sia ebrea. Yaffe, op. cit., pp. 245-46.

consapevoli di ciò che stanno facendo di razionalizzare il loro comportamento anti-maggioranza.

Una delle curiosità notevoli del liberalismo moderno è la sorprendente differenza tra la maggioranza e la minoranza liberale: una differenza di intenti, non di contenuti. I liberali di maggioranza e di minoranza non solo hanno motivazioni diverse, ma godono di privilegi significativamente diversi. Per il liberale di maggioranza, il liberalismo è, nel migliore dei casi, una tiepida fiducia nella bontà e nell'intelligenza umana, nel peggiore un insieme di giudizi di valore dubbi che è più saggio e sicuro accettare che rifiutare. Per il liberale di minoranza, il liberalismo rappresenta un pacchetto di solide conquiste che non solo gli ha fatto guadagnare soldi, ma lo ha armato di un'ideologia con cui colpire la Maggioranza, il nemico tradizionale. Il liberalismo, di conseguenza, è per il membro della minoranza un programma pragmatico di avanzamento, un mezzo di vendetta e una crociata idealistica. Lo avvolge in una veste scintillante di generalità, permettendogli al contempo il privilegio di essere un razzista. Al liberale di maggioranza non è concesso un simile abito. Un razzista di minoranza può essere un buon liberale. Un razzista di maggioranza non può essere affatto un liberale e viene anatemizzato come un nazista incipiente.

In precedenza ci si chiedeva come il liberalismo, con le sue monumentali incoerenze e aberrazioni, potesse sopravvivere nell'America di oggi. Alla domanda si può ora rispondere in termini specifici anziché generali. Il liberalismo è sopravvissuto e ha persino prosperato perché si è legato direttamente alla causa del razzismo delle minoranze, il movimento più dinamico della vita americana contemporanea. Continuerà a sopravvivere e a prosperare fino a quando il razzismo delle minoranze non gli servirà più, fino a quando non sarà più in grado di fungere da "copertura emotiva" dei liberali della maggioranza nel loro ruolo di compagni di viaggio delle minoranze.

Con il passare degli anni e l'inasprirsi della lotta razziale in America, il liberale della maggioranza è destinato a diventare sempre più sospetto, non solo per i membri della maggioranza in generale, ma anche per i membri delle minoranze che, da buoni razzisti, non possono che avere disprezzo per i rinnegati razziali. Se il liberale della Maggioranza continua a perdere la faccia, se trova sempre più difficile e umiliante fare leva sul razzismo altrui, probabilmente non avrà altra scelta se non quella di ripiegare sul conservatorismo, che nella sua veste attuale, come mostrerà il prossimo capitolo, è semplicemente un rimaneggiamento selettivo e conveniente del liberalismo classico ispirato da persone, molte delle quali ex marxiste, le cui motivazioni sono tutt'altro che pure.

Nel senso più ampio e vasto del termine, la metamorfosi del liberalismo significa la trasformazione di una lotta interrazziale per i diritti individuali e la libertà in una lotta interrazziale per il potere. La lotta è totale. Comprende ogni ambito dell'attività americana, dai livelli più bassi della brutalità a quelli più alti dell'arte, della religione, dell'educazione e della filosofia. Non è stato Socrate - alla *faccia* di Nietzsche - a porre fine alla creatività greca. È stato un seminatore e un mietitore del conflitto interrazziale. Le grandi opere di Platone e Aristotele vennero dopo. Ciò che segnò il declino della Grecia e la metamorfosi del liberalismo che lo accompagnò fu l'affermazione, ancora più tardi, delle scuole filosofiche cinica, epicurea e stoica.[727] Per chi ha familiarità con le dinamiche razziali, non dovrebbe essere una sorpresa sapere che i fondatori di queste scuole non provenivano dalla Grecia vera e propria, ma dall'Asia Minore.

Diogene, il più cinico dei cinici e l'archetipo dell'hippie, era un falsario dichiarato di Sinope, una colonia semigreca sulla costa del Mar Nero in Asia Minore. Considerandosi un "cittadino del mondo", celebrava la "libertà di parola" al di sopra di ogni altro diritto umano. Si espresse anche a favore del cannibalismo e dell'incesto. Menippo, un altro cinico di spicco, era originario di Coele-Siria. Pur avendo iniziato la sua vita come usuraio, insegnava che i ricchi devono condividere le loro ricchezze con i poveri "virtuosi". Epicuro, il perno della filosofia epicurea, nacque a Samo, un'isola a un miglio dalla costa dell'Asia Minore. Secondo Will Durant, "non faceva distinzioni di ceto o di razza...". Zenone, il primo stoico, proveniva da Citium, una città fenicia di Cipro. Uno degli uomini più ricchi del suo tempo, potrebbe essere stato il primo a dire: "Tutti gli uomini sono uguali per natura". Lo stoicismo, scrive Durant, derivava dal "panteismo semitico, dal fatalismo e dalla rassegnazione...".[728] Epitteto, l'apostolo dello stoicismo presso i Romani, era in origine uno schiavo frigio.[729]

Sia per i contenuti che per i tempi, le ultime scuole di filosofia greca sono per molti versi analoghe alle ultime dottrine "occidentali" di Marx, Freud e Boas. Sebbene in tutte sia presente una forte tendenza all'uguaglianza, il risultato finale non è mai l'uguaglianza, ma la creazione di nuove gerarchie di classe o razziali. Distribuite sotto un'etichetta universale, queste dottrine antiche e moderne, pur essendo apparentemente rivolte a tutti gli uomini,

---

[727] Socrate morì nel 399 a.C.; Platone, 347 a.C.; Aristotele, 322 a.C. Le filosofie cinica, epicurea e stoica iniziarono a fiorire dopo la morte di Aristotele. Gli stoici proponevano "un'unica vasta società in cui non ci sarebbero state nazioni, classi, ricchi o poveri, padroni o schiavi..." Durant, *The Life of Greece*, pp. 506-7, 656.

[728] Ibidem, pp. 644-45.

[729] Dati biografici tratti da Diogene Laerzio, *The Lives and Opinions of the Eminent Philosophers*, trans. C. D. Yonge, Bohn's Classical Library, Londra, 1904.

esercitano un fascino particolare su coloro che intendono rivoluzionare l'ordine sociale. Non è necessario aggiungere che nelle file dei principali proseliti e delle principali proselite i membri della maggioranza scarseggiano.

La metamorfosi del liberalismo avviene quando le normali difese della società vengono abbassate, quando l'euforia e l'esultanza della conquista, dell'insediamento e della costruzione di una nazione lasciano il posto alla razzismo e al menefreghismo che sono i frutti amari di un compito ben svolto. La prosperità porta con sé il materialismo, che a sua volta porta a ciò che Gustave Le Bon ha saggiamente descritto come "indebolimento del carattere".[730] La situazione potrebbe essere paragonata a quella di un foglio d'aria, la cui pressione diminuisce all'aumentare della velocità del vento. Quando il vento di Babbittry soffia più forte, le minoranze fluiscono nel vuoto.

---

[730] "Or ce fût toujours par cet affaiblissement du caractère, et non par celui de l'intelligence, que de grands peuples disparurent de l'histoire". *Psychologie Politique*, Flammarion, Parigi, 1919, p. 295.

CAPITOLO 24

Il conservatorismo ridefinito

ORA CHE L'INDIANO non si qualifica più per l'etichetta, il conservatore classico è diventato l'Americano che scompare. Considerando le sue convinzioni - e considerando i tempi - non c'è da stupirsi. Il conservatore classico sostiene la mistica dell'autorità e del rango nella società. È un aristocratico per nascita, antidemocratico per natura, e le sue principali preoccupazioni sono la famiglia, la razza e la continuità. Per lui la catena è più importante degli anelli. Percepisce l'afflato divino nell'uomo, ma riconosce anche le probabilità contro cui sta lavorando. Pone la saggezza collettiva della specie (tradizioni popolari e istituzioni) al di sopra della saggezza dei governi e degli individui (leggi e politica).

Il conservatore moderno ha poco in comune con queste opinioni. È favorevole alla democrazia fino a un certo punto, crede nell'uguaglianza razziale - o dice di crederci - e vuole meno governo, non di più. È favorevole ai diritti umani, ma è altrettanto, se non ancora più, entusiasta dei diritti di proprietà. Ritenendosi una persona razionale e di buon senso, prende la sua religione con un granello di sale. È, in sintesi, un liberale classico[731] e si è allontanato dalle fonti del conservatorismo classico - Platone, Dante e Hobbes - tanto quanto il liberale moderno si è allontanato da Locke. Dove il conservatorismo moderno si differenzia dal liberalismo moderno - nella sua attenzione per la proprietà, il governo decentralizzato e il laissez-faire - è proprio dove il liberalismo classico si separa dal liberalismo moderno.

Il conservatorismo moderno è stato deviato da quella che potrebbe essere definita la linea conservatrice del mondo da Edmund Burke alla fine del XVIII secolo. Burke, un protestante irlandese che sposò una cattolica romana e frequentò una scuola quacchera inglese, aveva credenziali sorprendenti per un leader del pensiero conservatore. Apparteneva al partito Whig, era un conciliatore e pacificatore nella disputa con le colonie americane e si opponeva fortemente alle politiche di re Giorgio III e all'imperialismo britannico. A spingere Burke verso le vette più rarefatte della filosofia politica fu l'anarchismo della Rivoluzione francese. Fu uno dei primi a rendersi conto che la furia giacobina era letale per l'ordine sociale europeo esistente. Nelle sue *Riflessioni sulla rivoluzione in Francia*, Burke, come

---

[731] "Il liberalismo classico, che ha assunto la sua forma caratteristica nei secoli XVIII e XIX, è diventato, con le dovute modifiche, il conservatorismo del nostro tempo". Henry Girvetz, *The Evolution of Liberalism*, Collier Books, New York, 1963.

Locke prima di lui, sostenne la responsabilità individuale, la santità della proprietà e controlli politici ed economici minimi. A differenza di Locke, egli poneva l'accento sulla religione, sulla tradizione e sulla prescrizione, intendendo con ciò l'insieme degli antichi diritti, dei precetti morali e dei costumi di un popolo.[732]

Nonostante la perdita dell'elemento più aristocratico della popolazione americana, i 100.000 lealisti che furono espulsi o si ritirarono volontariamente in Canada e altrove durante la guerra d'indipendenza, il conservatorismo americano ebbe un inizio relativamente buono. Il presidente Washington, il partito federalista e il suo intellettuale di punta, Alexander Hamilton, così come la maggior parte della magistratura, erano tutti conservatori nel senso burkeano del termine, mentre la Costituzione era il documento più conservatore che ci si potesse aspettare da uomini che avevano da poco istituito un governo rappresentativo che sembrava un'oclocrazia furiosa agli inorriditi autocrati europei. John Adams, il secondo presidente, pur non essendo un buon cristiano come Burke, era un po' più a destra. Grazie alla sua alta carica fu in grado, a volte, di manifestare il suo conservatorismo con un ordine esecutivo, cosa che Burke, nonostante la sua brillante e oracolare carriera alla Camera dei Comuni, non fu mai in grado di fare.

Con il passare degli anni, il conservatorismo americano ha seguito la deriva liberale della storia americana, anche se in genere con un ritardo di uno o più decenni. La democrazia jeffersoniana e jacksoniana inflissero al conservatorismo alcuni duri colpi, ma il colpo più duro fu la Guerra Civile, che divise i conservatori del Nord e del Sud e troncò il sogno del sudista John Calhoun di una repubblica aristocratica, razziale e schiavista sul modello pericleo.[733]

La grande espansione industriale della seconda metà dell'Ottocento, insieme alla conquista dell'Occidente, aiutò indirettamente il conservatorismo grazie alla stabilità politica insita nella prosperità e nella crescita economica. Al contrario, la causa conservatrice fu danneggiata dalle ondate della Nuova

---

[732] *Reflections on the Revolution in France*, Dolphin Books, N.Y., 1961, pp. 71, 167.

[733] Nel periodo postbellico, dopo che il Sud martoriato era sprofondato di nuovo in un ermetico nativismo, alcuni nordisti innatamente conservatori come Herman Melville, Henry Adams e Brooks Adams finirono per voltare le spalle al sogno americano. Nelle sue ultime opere Melville si polarizzò in un cupo pessimismo (*Clarel*) e in un acuto misticismo religioso (*Billy Budd*). Henry Adams concentrò la sua attenzione e la sua immaginazione sul Medioevo (*Mont-Saint-Michel e Chartres*) e sul terribile futuro (*L'educazione di Henry Adams*), mentre il fratello Brooks gettò la spugna prevedendo e persino progettando l'inevitabile trionfo di un determinismo scientifico freddo e senza palle (*La legge della civiltà e della decadenza*).

Immigrazione, che portò milioni di reclute liberali. Nonostante alcune tendenze liberali, la dinamica miscela di patriottismo illuminato, vita faticosa e politica estera "America First" di Theodore Roosevelt fu forse l'ultima espressione di un conservatorismo americano con un alto senso dello scopo nazionale. (Quando non era più alla Casa Bianca e cercava vanamente la presidenza come candidato terzo, Bull Moose, Roosevelt cantava una musica diversa. Il suo appello all'intervento nella Prima Guerra Mondiale prefigurava il tragico e disastroso avventurismo internazionale di Woodrow Wilson, Franklin D. Roosevelt e della maggior parte dei capi esecutivi della nazione in seguito).

La Grande Depressione fu una battuta d'arresto per il conservatorismo di proporzioni quasi catastrofiche. In quanto campioni della proprietà, del capitalismo senza restrizioni e di un mercato azionario non regolamentato, i conservatori furono direttamente incolpati del caos finanziario e della miseria degli anni della depressione. I liberali moderni, invece, essendosi già da tempo scrollati di dosso l'ancoraggio lockeano alla proprietà, poterono approfittare politicamente della paura e della confusione e rivendicare tutto il merito di aver imposto le urgenti contromisure economiche. Mentre il New Deal lottava coraggiosamente con gli spaventosi problemi della produzione e della distribuzione nella società più industrializzata del mondo, i conservatori peggioravano la situazione con le loro critiche distruttive, i loro nostromi finanziari reazionari e i loro appelli antiquati e patetici per un ritorno ai "bei tempi andati".

L'ascesa del fascismo europeo ha fornito ai liberali un'altra opportunità per sminuire e demoralizzare l'opposizione conservatrice. Esistono, naturalmente, vaghe linee di sangue che legano alcuni aspetti del conservatorismo all'atteggiamento nietzschiano di Hitler, così come esistono legami storici che collegano alcuni aspetti del liberalismo alla politica demoniaca di Lenin.[734] Sia i liberali che i conservatori hanno spesso approfittato di queste tenui analogie per calunniarsi a vicenda. Ma poiché i liberali hanno tenuto le redini del potere a partire dagli anni Trenta, sono stati in grado di far valere le loro calunnie.[735] Queste calunnie, rese ancora più credibili dagli eventi e dai presunti eventi della Seconda Guerra Mondiale, oltre che dai ricordi persistenti della depressione, mantennero milioni di elettori normalmente conservatori nel partito democratico. Solo a metà del secolo, quando non fu più possibile nascondere i cruciali fallimenti liberali

---

[734] È anche possibile sostenere che il conservatorismo classico e il liberalismo moderno, nella loro alta considerazione per l'autorità governativa, sono più vicini l'uno all'altro e a Lenin e Hitler che al liberalismo classico e al conservatorismo moderno.

[735] "... per la mente ebraica, la *Gestalt* della destra richiede l'antisemitismo". Van den Haag, op. cit., p. 139.

negli affari esteri e gli incredibili errori liberali nella sicurezza nazionale, si notò una rinascita del conservatorismo. Negli anni '60 e '70 la causa conservatrice ha tratto grande vantaggio dal contraccolpo bianco generato dalle rivolte dei negri, dalla discriminazione al contrario, dall'accelerazione della criminalità e dalla massiccia immigrazione illegale e legale.[736] L'inflazione, tuttavia, fu probabilmente la causa principale della vittoria elettorale di Reagan nel 1980.

Ironia della sorte, la rinascita conservatrice fu anche una vittoria liberale. Ormai il liberalismo moderno era così radicato da poter dettare gli argomenti e persino le tattiche dei suoi critici. Prima di ottenere una tribuna a livello nazionale, il conservatore moderno doveva dimostrare di essere un membro dell'opposizione leale, che sulle questioni "sensibili" era d'accordo con il liberale stesso. Non sarebbe stata tollerata alcuna manifestazione pubblica del conservatorismo classico, ossia nessun attacco diretto alla democrazia e al razzismo delle minoranze. Se il fuoco dell'illiberalismo delle minoranze e del razzismo delle minoranze non poteva essere spento da appelli modesti e a basso volume al decoro, doveva essere lasciato infuriare. Le uniche note di dissenso consentite al conservatore moderno erano quelle sicure. Poteva essere più riverente verso le grandi imprese, la proprietà, il patriottismo, la religione, il decentramento del governo, la legge e l'ordine. Poteva essere più critico verso il socialismo, il marxismo, il castrismo, l'eccessiva regolamentazione, i sindacati e i deficit di bilancio. Ma le differenze ammesse sono di grado, non di tipo. Sulle questioni più ampie, quelle che stanno dietro ai problemi, il liberalismo moderno e il conservatorismo moderno stavano spesso diventando sinonimi.[737]

---

[736] Il conservatorismo ha avuto poca leadership intellettuale dopo l'acquisizione del New Deal. Le opere degli storici della razza, Madison Grant e Lothrop Stoddard, caddero in discredito e le voci di due professori universitari, Paul Elmer More e Irving Babbitt, che cercarono di riabilitare Burke, furono appena udibili. Dopo la Seconda guerra mondiale, le idee di tre economisti dell'Europa centrale, Wilhelm Röpke, Ludwig von Mises e F. A. Hayek, che proponevano la rimozione dei controlli economici e il ripristino del libero mercato, ricevettero solo un'attenzione superficiale. Il monarchismo e l'anglocattolicesimo dell'espatriato T. S. Eliot non ebbero un impatto apprezzabile sul pensiero americano. E nemmeno le teorie economiche e razziali di Ezra Pound. I due intellettuali conservatori più influenti del terzo quarto del secolo furono William F. Buckley, Jr. e Russell Kirk, il cui pensiero era puramente burkeano e che rifuggiva disperatamente dalla questione razziale. Kirk, tra l'altro, attaccò l'addestramento militare universale con la stessa fermezza di qualsiasi liberale. *The Conservative Mind*, Henry Regnery, Chicago, 1960, p. 378.

[737] Come i conservatori stavano diventando liberali, così alcuni dei principali comunisti dell'ultima Unione Sovietica stavano diventando conservatori. "Suslov è il leader dei conservatori del partito", scrisse la figlia di Stalin, Svetlana Alliluyeva. *Only One Year*, Harper & Row, New York, 1969, p. 47.

Queste erano e continuano a essere le regole liberali della strada, le limitazioni della minoranza liberale al dibattito politico conservatore. Non c'è stato un politico conservatore di spicco nella memoria recente che non le abbia osservate.[738] I tre più importanti - il defunto senatore Robert Taft, il senatore Barry Goldwater e Ronald Reagan - sono stati tutti molto attenti a proclamare, nel corso delle loro critiche all'establishment liberale, il loro totale impegno nei confronti del processo democratico, dell'uguaglianza razziale e del dogma liberale in generale.[739] Per quanto riguarda i presidenti Eisenhower e Nixon, entrambi hanno predicato i principi fondamentali del liberalismo moderno con la stessa intensità di qualsiasi altro americano nella vita pubblica. Platone, per non parlare di Locke e Jefferson, avrebbe probabilmente classificato questi due repubblicani come radicali dagli occhi selvaggi.

È relativamente semplice identificare l'opinionista e il politico conservatore moderno. Ma chi sono i membri della schiera dei conservatori? Devono essere molti, perché un sondaggio Gallup del 1970 affermava che i conservatori americani erano più numerosi dei liberali. Tra coloro che accettavano di darsi un'etichetta di conservatore o di liberale, i primi superavano i secondi di quasi tre a due.[740]

Per professione, gli agricoltori, i dirigenti d'azienda, gli ufficiali delle forze armate, i professionisti e i colletti bianchi sono considerati conservatori. Gli ecclesiastici, i professori universitari, i media, i colletti blu e i beneficiari del welfare sono solitamente classificati come liberali. La proprietà e il portafoglio azionario trasformano un uomo in un conservatore. La mancanza di proprietà e una massa di bollette non pagate ne fanno un liberale.

Queste generalizzazioni, che sono diventate articoli di fede per molti sociologi, si adattano ad alcuni ma non a tutti i fatti. Gli ebrei, il gruppo di

---

[738] Anche l'anticonformista George Wallace si adeguò al divieto di discutere apertamente del problema razziale. Nei suoi discorsi per la campagna elettorale si affidò alle illazioni piuttosto che alle dichiarazioni, lasciando che i suoi ascoltatori traessero le proprie conclusioni ogni volta che attaccava l'integrazione scolastica. Negli anni di dicembre, l'azzoppato Wallace tornò sui suoi passi, scusandosi per la sua precedente posizione di suprematista bianco e votando per Jimmy Carter.

[739] Non fu un salto mentale così grande come alcuni immaginavano che Karl Hess, un fidato speechwriter e ideatore di Goldwater, si trasformasse in un "anarchico radicale e filosofico" e in un sostenitore dei nordvietnamiti e degli Studenti per una Società Democratica. *New York Times*, 28 settembre 1969, p. 62.

[740] La ripartizione era: conservatori, 52%; liberali, 34%; nessuna opinione, 14%. Sondaggio Gallup, New York Times, 11 maggio 1970, p. 56. In un sondaggio Gallup del 1977, il 47% degli intervistati si definiva "di centro destra", il 32% "di centro sinistra" e il 10% "di centro".

popolazione più ricco d'America - il più ricco, cioè, su base pro capite - sono stati quasi solidamente liberali per la maggior parte del ventesimo secolo[741] e lo sono tuttora per quanto riguarda la maggior parte delle questioni sociali, anche se l'antisemitismo nero in patria e l'antisionismo all'estero hanno attirato più di qualcuno nel campo dei neo-conservatori. Molti colletti blu hanno sviluppato tendenze sensibilmente conservatrici. Ogni volta che c'è un confronto politico diretto tra i poveri bianchi e quelli non bianchi, i primi diventano di solito meno liberali nelle loro abitudini di voto.

Geograficamente, le grandi città sono delimitate come territorio liberale; i sobborghi e le zone rurali come territorio conservatore. La fuga dalla terra verso le città, iniziata durante la prima guerra mondiale, ha ingrossato le file dei liberali urbani, così come la fuga dalle città verso i sobborghi, avvenuta nel secondo dopoguerra, ha aumentato il numero dei conservatori. Cambiando indirizzo spesso si cambia politica. A livello regionale, il Midwest, il profondo Sud e la cosiddetta "Sun Belt" sono considerati conservatori, mentre gli Stati industriali del Nord, le megalopoli di tutto il mondo e il Nord-Ovest sono liberali.

Anche in questo caso c'è molta verità, ma anche molte mezze verità. Il profondo Sud ha i suoi negri "liberali", che ora votano in gran numero. La Sun Belt ha i suoi messicani americani "liberali", anch'essi sempre più assuefatti al voto di blocco. Il Nord-Ovest, dove le vecchie pluralità democratiche stanno diminuendo, è ancora liberale, ma più per tradizione che per convinzione. A causa del suo grado relativamente elevato di omogeneità, il Nord-Ovest è una delle poche regioni americane che è rimasta relativamente indenne dalla violenza delle minoranze, tenendo presente che "relativamente" permette ancora un sacco di caos e scippi a Seattle e Portland. Senza problemi razziali il liberalismo si veste meglio.

---

[741] "Tutte le prove disponibili indicano che politicamente gli ebrei rimangono sproporzionatamente a sinistra. Votano per il 75-85% democratico... Il denaro ebraico sostiene gran parte dell'attività per i diritti civili in questo Paese... I movimenti radicali in America... hanno di nuovo una composizione sproporzionatamente ebraica". *Commentary*, luglio 1961, p. 68. Nelle elezioni presidenziali del 1960 il voto degli ebrei fu per l'80% democratico. Yaffe, *The American Jews*, p. 240. Nelle elezioni del 1968 gli ebrei hanno votato per oltre il 90% in modo democratico. *Time*, 10 novembre 1968, pp. 21 22. Nel 1968 gli elettori di Scarsdale, New York, uno dei sobborghi più ricchi degli Stati Uniti e a maggioranza ebraica, scelsero Hubert Humphrey al posto di Richard Nixon. Phillips, *The Emerging Republican Majority*, p. 179. Il fatto che molti ebrei abbiano votato per Richard Nixon nel 1972, Gerald Ford nel 1976 e Ronald Reagan nel 1980 non significa che stessero abbandonando il liberalismo. Questi neo-conservatori, come si definivano, ritenevano semplicemente che questi politici fossero "migliori per Israele" e che l'accento posto dal partito repubblicano su un'economia e un esercito forti avrebbe messo gli Stati Uniti in una posizione migliore per difendere lo Stato sionista.

La correlazione razziale del liberalismo e del conservatorismo è più chiara di quella geografica ed economica. La maggioranza americana è in gran parte conservatrice. Le minoranze non assimilabili sono liberali, anche se uno o due gruppi di popolazione asiatica negli Stati Uniti continentali e i cubani in Florida votano repubblicano, mentre gli amerindi hanno mostrato pochi impegni politici duraturi di qualsiasi tipo. Poiché il conservatorismo è, tra i tanti fattori, una funzione dell'assimilazione, le minoranze assimilabili si sono spostate dal lato liberale a quello conservatore.

Dal punto di vista politico, sia il liberalismo che il conservatorismo sono stati probabilmente più ostacolati che aiutati dal sistema bipartitico. I democratici del Sud, un tempo gli americani più conservatori, hanno a lungo agito da freno all'ultraliberismo dei democratici del Nord. Allo stesso tempo, l'ala liberale del partito repubblicano ha costantemente ostacolato la crescita del conservatorismo all'interno dei ranghi repubblicani.

Se i partiti devono rappresentare le differenze politiche di base, il repubblicano dovrebbe essere il partito del conservatorismo, il democratico quello del liberalismo. In una certa misura questo desiderio è già stato realizzato dai Democratici liberali del Nord, che negli ultimi decenni hanno scavalcato e messo in ombra i membri meridionali del partito. La presenza del Presidente Carter, un liberale del New South Truckler, ha avuto solo un minimo effetto frenante su questo gioco di potere. Nel 1980 si poteva dire che i Democratici del Sud, invece di mobilitarsi per resistere all'ala settentrionale del partito, erano divisi in due. La fazione del Nuovo Sud si schierava con i liberali del Nord, in parte per motivi ideologici, in parte per mantenere il voto dei negri, mentre la fazione del Vecchio Sud votava per i Democratici conservatori della vecchia linea o per i Repubblicani. Questo scenario è rimasto più o meno invariato durante l'amministrazione di Bill Clinton, il secondo camionista del Sud a salire alla Casa Bianca nell'ultimo terzo del secolo.

Il partito repubblicano, nonostante i rumori in tal senso, ha ancora molta strada da fare prima di diventare il campione del conservatorismo. Il tentativo di allargare il proprio seguito nel Sud, la cosiddetta strategia del Sud, ha avuto e avrà un successo limitato finché i presidenti repubblicani applicheranno le sentenze della Corte Suprema in materia di busing e discriminazione al contrario. Per quanto riguarda la strategia del cappello duro, l'abbindolamento repubblicano dei lavoratori con le promesse di strade più sicure, più posti di lavoro e meno inflazione può conquistare molti elettori delle minoranze assimilate, ma può far infuriare altrettanti repubblicani di vecchia data, che associano ancora i sindacati alle bandiere rosse e alle barricate in strada.

Anche se i conservatori repubblicani riuscissero ad assumere il controllo incontrastato del loro partito, anche se la strategia sudista e quella del berretto duro dessero buoni frutti, anche se i repubblicani riuscissero a dominare la politica americana a lungo e con la stessa efficacia del regno democratico inaugurato da Roosevelt, avrebbero comunque poco da offrire alla maggioranza americana. Combinando le astrazioni umanistiche del liberalismo classico con le nozioni liberali moderne di uguaglianza e democrazia sociale, l'effetto netto del conservatore moderno sui membri della Maggioranza è quello di anestetizzarli e far loro abbassare la guardia razziale proprio nel momento in cui ne hanno più bisogno. Ecco perché, tra tutti coloro che consapevolmente o inconsapevolmente si oppongono alla causa della Maggioranza, il conservatore moderno è il più pericoloso. I liberali di maggioranza e minoranza sono sempre un po' sospetti per il membro medio della Maggioranza non impegnato. La dissomiglianza del background razziale o religioso del liberale di minoranza può compromettere la sua credibilità, mentre il finto umanitarismo e l'implorazione speciale del liberale di professione della Maggioranza possono avere un suono vuoto e poco convincente. Il conservatore moderno, invece, viene ascoltato con maggiore attenzione. Le sue idee e le sue argomentazioni, meno orientate alla minoranza (tranne quando l'argomento è Israele), sono presentate in modo meno brusco e non è così probabile che i membri della Maggioranza siano messi in cattiva luce. Anche il fatto che il politico conservatore moderno appartenga di solito alla maggioranza va a vantaggio del membro di minoranza. La gente è più disposta a seguire "uno dei suoi".

Il Vecchio Credente,[742] che è la quintessenza del conservatore moderno perché è la quintessenza del liberale classico, è probabilmente il più efficace di tutti gli americani nel mantenere la Maggioranza nel gelo profondo dell'apatia razziale. Il Vecchio Credente ha maturato le sue opinioni politiche in modo onesto e non le degrada con secondi fini. Ritiene sinceramente che i principi di Locke e Burke siano ancora operativi negli Stati Uniti. Crede ancora nella bontà innata dell'uomo e nel potere della ragione. A differenza del liberale moderno, si dedica al progresso di tutte le persone, non solo delle minoranze, e trova ancora un posto nel suo cuore per la religione, anche se preferisce gli insegnamenti sociali di Cristo alla teologia cristiana. Non si rende conto che, pubblicando le notizie sull'uguaglianza e la tolleranza in questo particolare momento storico, sta disarmando la Maggioranza proprio nel momento della sua espropriazione. Inoltre, poiché rappresenta tutto ciò che c'è di meglio nell'esperienza americana, il ragionamento del Vecchio Credente è impreziosito dall'appello alla tradizione.

---

[742] 12. Cfr. pp. 110-12.

Ci sono, naturalmente, molti conservatori meno idealisti: i milionari e gli ettomilionari che sostengono il conservatorismo nella speranza che mantenga le loro tasse basse e i loro profitti alti; i cultisti di Ayn Rand che hanno divinizzato il capitalismo e santificato il dollaro. Non vanno dimenticati i religiosi della varietà fondamentalista o evangelista, che sono più interessati a salvare la loro chiesa che le loro congregazioni. Poi ci sono i conservatori timorosi, che sanno che il conservatorismo moderno non è sufficiente, ma sanno anche che è il massimo che possono fare senza perdere la loro rispettabilità o il loro sostentamento.

Altri conservatori sono: patrioti solari che alleggeriscono le loro coscienze e riempiono i loro portafogli specializzandosi in un conservatorismo reazionario rivolto principalmente alle vecchiette e ai grandi generali; anticomunisti ossessivi che evitano la questione razziale scoprendo bolscevichi barbuti sotto ogni materasso;[743] ex-comunisti batuffolosi, avidamente consapevoli delle ricompense pecuniarie della ritrattazione; liberali riformati che si vergognano della loro miopia politica. Infine, ma non per questo meno importanti, ci sono i nostalgici del Sud che credono malinconicamente che arriverà il giorno in cui un allentamento dei controlli governativi e una riaffermazione dei diritti degli Stati permetteranno al Sud di elaborare il proprio destino.

Probabilmente non è necessario sottolineare che più di qualche membro di minoranza compare nelle categorie sopra citate. Dopotutto, il conservatorismo moderno è ormai sicuro e ugualitario come il liberalismo moderno e la presenza di intellettuali di minoranza nelle sue alte sfere può solo servire a mantenerlo tale. Tra i principali conservatori ebrei o parzialmente ebrei, viventi o deceduti, vi sono: Ayn Rand, l'autrice di origine russa di *Atlas Shrugged*, una telenovela capitalistica, verbosa e adorante gli eroi, che ha come protagonista un gigante industriale poltronesco;[744] David Lawrence, fondatore di *U.S. News & World Report, la rivista di massa che si occupa di informazione e informazione. News & World Report*, la rivista conservatrice a diffusione di massa; Lionel e Diana Trilling (critica

---

[743] È più facile comprendere e perdonare l'ipersensibilità dei conservatori e dei cattolici nei confronti del manipolo di comunisti americani se si ricorda che all'inizio della guerra civile spagnola, durante la quale i repubblicani uccisero 12 vescovi, 283 suore, 5.255 sacerdoti, 2.492 monaci e 249 novizi, c'erano solo 10.000 comunisti tesserati in Spagna. Hugh Thomas, *La guerra civile spagnola*, pp. 99, 172-74. Nel 1917, anno del successo della rivoluzione di Lenin, c'era un bolscevico russo ogni 2.777 russi. Nel 1947 c'era un comunista americano ogni 1.814 americani. Goodman, *Il Comitato*, p. 196.

[744] Poltroonesco perché quando i liberali e i comunisti lo perseguitarono fino al punto di rottura, invece di reagire, l'eroe della signorina Rand "entrò in sciopero" e si ritirò nella sicurezza di un rifugio sulle Montagne Rocciose. Ayn Rand, *Atlas Shrugged*, Random House, New York, 1957, Parte III.

letteraria); Herman Kahn (futurologia); Alan Greenspan, presidente del Federal Reserve System; Milton Friedman (economia); Nathaniel Weyl (storia e critica sociale); Ralph de Toledano,[745] Victor Lasky, Mona Charen, Norman Podhoretz, David Horowitz, William Safire (opinionismo); il compianto Lessing Rosenwald[746] dell'American Council for Judaism; ideologi e intellettuali instancabilmente polemici come Irving Kristol, Daniel Bell, Nathan Glazer, Seymour M. Lipset, Milton Himmelfarb, Walter Laqueur, Midge Decter, Sidney Hook, Daniel Boorstin, Ben J. Wattenberg e Richard Hofstadter. Forse il più noto conservatore ebreo è il senatore Barry Goldwater, ex candidato repubblicano alla presidenza.

Negli ultimi anni le file dei conservatori ebrei sono state rafforzate da un fenomeno politico noto come neo-conservatori. Gli ebrei liberali, sconcertati dalla tendenza dei governi liberali israeliani a trattare con Yasser Arafat la restituzione della terra in cambio della pace e altrettanto sconcertati dall'aumento dell'antisemitismo nero, si sono liberati di alcuni dei loro abiti liberali e hanno adottato una posizione più conservatrice. I neo-conservatori ebrei si sentono più a loro agio con i non ebrei che hanno giurato fedeltà a Israele che con i liberali ebrei. Lavorano apertamente e dietro le quinte per i governi conservatori di Israele che hanno giurato di mantenere una presa salda su ogni centimetro di terra sottratto ai palestinesi. In molti casi i neoconservatori ebrei si sentono più a loro agio con i politici repubblicani che con quelli democratici.[747]

Sebbene gli intellettuali e i politici della minoranza inassimilabile si siano infiltrati nel conservatorismo moderno, le masse della minoranza inassimilabile si sono tenute a distanza. Non temono affatto il conservatorismo nella sua forma anemica attuale, ma hanno paura di ciò che il conservatorismo è stato in passato e di ciò che potrebbe essere in futuro. Non possono dimenticare il conservatorismo aristocratico e classico che per secoli ha tenuto i loro antenati "al loro posto" sia nel Vecchio che nel Nuovo Mondo. Conoscono bene - e alcuni ne hanno avuto esperienza diretta - il nazionalsocialismo tedesco, che identificano con il conservatorismo, anche se il nazismo aveva molte sfaccettature radicali. Capiscono bene che il

---

[745] Il "de" è stato aggiunto dallo stesso Toledano in un atto di auto-nobilitazione.

[746] Rosenwald, della Sears, Roebuck Rosenwalds, ha guidato il piccolo, quasi invisibile gruppo di ebrei americani che ritengono che il sionismo sia dannoso per gli interessi degli Stati Uniti, oltre che per gli interessi ebraici. In questo momento, gli ebrei antisionisti più importanti sono Murray Rothbard e Robert Novak.

[747] "Lo sviluppo del neoconservatorismo negli ultimi 20 anni è consistito in una reazione a un grande trauma: la paura dell'antisemitismo". Isadore Silver, professore di diritto costituzionale al John Jay College of Criminal Justice. *New York Times*, 4 dicembre 1977, p. 73.

razzismo quiescente della Maggioranza potrebbe un giorno risvegliarsi e rivoltarsi contro alcuni tipi di bianchi e contro tutti i non bianchi.

Nonostante la loro selvaggia reazione eccessiva al minimo segno di serio conservatorismo all'orizzonte politico americano, la maggior parte delle minoranze è spesso molto più conservatrice (vecchio stile) della maggioranza.[748] Molte minoranze bianche possono essere liberali nella cabina elettorale, ma sono spesso reazionarie nel salotto di casa. Gestiscono il loro mondo interiore in base a regole e norme che declinano pubblicamente nel mondo esterno. La loro vita familiare è autoritaria. Il padre è ancora molto pater familias e i figli, quando tornano da scuola, sono ancora filiali. È questo conservatorismo da focolare, questo tribalismo aggiornato, a far germogliare il razzismo che ha fatto vincere tante minoranze nella lotta etnica per il potere.

Il conservatorismo moderno, che non ha la spinta razziale del liberalismo moderno, è stato e continuerà ad essere di scarso aiuto nell'unificare la Maggioranza e nel portarla all'alto livello di prestazioni necessario per invertire il suo attuale declino.[749] È necessaria una medicina più forte per coloro che sono intrappolati in una conflagrazione razziale che sta sfuggendo di mano e che devono combattere il fuoco con il fuoco per evitare di essere consumati dalle fiamme.

L'unico conservatorismo che può essere utile alla Maggioranza nel suo attuale stato di assedio è un conservatorismo spogliato del peso morto di dogmi politici obsoleti, un conservatorismo che si rivolge ai giovani come agli anziani, al cuore come al portafoglio, all'immaginazione come alla ragione - un conservatorismo, in breve, che vitalizza la tradizione e costruisce la continuità, mentre si concentra sulla cura e sull'alimentazione dell'ethos della Maggioranza.

---

[748] Persino i negri, i cui fragili legami con il passato sono in parte responsabili di averli resi i più scarsamente conservatori di tutti gli americani, stanno diventando leggermente più conservatori mentre cercano pezzi della loro eredità africana e inventano ciò che non riescono a trovare. Ci sono alcuni editorialisti negri che propongono la linea conservatrice standard moderna. Thomas Sowell e Walter Williams sono due di questi. Il più noto conservatore negro, ovviamente, è il giudice della Corte Suprema Clarence Thomas.

[749] Alcuni degli attacchi più aspri contro il razzismo della maggioranza e alcune delle parole più gentili per il razzismo delle minoranze sono state pronunciate dai conservatori moderni. Fu William F. Buckley, Jr. e non il senatore Javits o il senatore Kennedy, a proporre che Israele diventasse il cinquantunesimo Stato.

PARTE VII

Lo scontro economico

CAPITOLO 25

La biologia della rivoluzione

SE C'È STATA UNA disciplina che dovrebbe essere fondata sulla ragione, e solo sulla ragione, è l'economia. Eppure, come la politica, l'economia è ormai così teorizzata e teologizzata, così sovraccarica di tendenziosità e di irragionevolezza, da essere quasi completamente nascosta dall'occhio indiscreto dell'obiettività.[750] A officiare il sacerdozio dei vari culti fiscali che dominano il pensiero economico moderno - molti dei quali si allontanano dalle preoccupazioni tradizionali dell'economia e si intromettono praticamente in ogni aspetto del comportamento umano - c'è un'accozzaglia di storicisti liberali, materialisti dottrinari, statistici burocratici, utopisti anarchici e plutocrati amanti delle tasse.

Qualsiasi sistema economico deve dimostrarsi falso o inadeguato nel corso del tempo, per l'ovvia ragione che nessun sistema economico può adattarsi efficacemente alle condizioni economiche selvaggiamente fluttuanti che tormentano e tormentano ogni nazione nel corso della sua vita. Ciò che è una buona economia per un Paese con risorse naturali illimitate e una popolazione industriosa e in espansione può essere una cattiva economia per una nazione senza risorse e con un tasso di natalità in calo. Inoltre, poiché le guerre straniere o civili hanno l'abitudine di stravolgere i piani economici meglio concepiti, anche un piccolo cambiamento nell'economia di una nazione in un mondo sempre più interdipendente può produrre una reazione a catena nelle economie di altre.

Uno degli spettacoli più desolanti della storia è quello di due fazioni politiche che distruggono un Paese per imporre un dogma economico alla popolazione in generale. Il meglio che può accadere quando due dottrine economiche sono in netta opposizione è che una delle due abbia ragione, o almeno sia più adatta a servire il Paese in quel particolare momento. Spesso entrambe sono sbagliate e totalmente inadeguate. Ciononostante, migliaia, a volte milioni di

---

[750] Un corso di economia comparata sarebbe un'aggiunta estremamente illuminante al curriculum universitario. Altrettanto illuminante sarebbe un test obbligatorio sul metodo scientifico, che ogni scrittore di argomenti economici dovrebbe sostenere e superare *prima della pubblicazione*. "Il metodo scientifico", secondo un'interpretazione, "implica un'abile manipolazione del materiale studiato, osservazioni accurate, esperimenti controllati, se possibile, un'attenta cura dei dettagli... onestà intellettuale... apertura mentale... cautela nel raggiungere le conclusioni... disponibilità a ripetere gli esperimenti... vigilanza per il verificarsi di possibili difetti in ipotesi, teorie, prove e conclusioni". Hegner e Stiles, *College Zoology*, Macmillan, New York, 1959, p. 11.

persone devono morire perché una parte o l'altra possa far valere le proprie ragioni. Due fisici che si battessero in un duello all'ultimo sangue sull'esito di un esperimento di laboratorio prima di eseguirlo sarebbero considerati irrimediabilmente pazzi. Ma i duelli di massa all'ultimo sangue tra partigiani di sistemi economici su ipotesi economiche non provate e non dimostrabili sono diventati sempre più comuni.

Sembra quasi impossibile per l'uomo moderno, come lo era per l'uomo antico, comprendere o accettare la relatività di base dell'economia. Riducendo l'economia al comune denominatore del portafoglio e capitalizzando i guasti economici che influiscono sul tenore di vita e talvolta sulla vita stessa, l'agitatore politico riesce a iniettare irrazionalità, emozione e fanatismo in un argomento che richiede il massimo grado di razionalità. Così come l'uomo sintonizza la sua politica con il fatto che ci sono più plebei che aristocratici, egli sintonizza la sua economia con il fatto che ci sono più poveri che milionari. Di conseguenza, il politico che promette di togliere ai ricchi per dare ai poveri ha sempre in tasca più voti o più voti potenziali del suo avversario. Tranne che in quelle rare epoche in cui un popolo altamente responsabile e dotato si trova nel mezzo di una distesa quasi illimitata di terra fertile e non sviluppata ed è troppo occupato a fare il pioniere, a esplorare o ad acquisire beni del mondo per ascoltare il canto delle sirene della Lorelei economica, Robin Hood è sempre una figura molto più popolare di Horatio Alger.

Se i due grandi sistemi economici rivali del XX secolo, il capitalismo e il socialismo, vengono giudicati sulla base della produzione, si scoprirà che il primo (nella sua versione americana) supera il secondo (nella sua versione sovietica pre-Gorbaciov) di ben venti a uno nei prodotti di consumo.[751] Nonostante i suoi standard di vita più bassi, tuttavia, per la maggior parte di questo secolo il socialismo ha superato il capitalismo nell'ottenere convertiti o coscritti, in particolare in Cina e nel Terzo Mondo, mentre il capitalismo stesso ha adottato sempre più controlli socialisti.

I ripetuti riferimenti ai successi del capitalismo non evocano più le risposte Pollyanna del passato. Né aiutano a giustificare le cicliche recessioni e depressioni del capitalismo, l'inflazione strisciante e galoppante, l'alta disoccupazione, le vaste sacche di desolazione e povertà e le tendenze monopolistiche dei grandi produttori. Ma i difetti del socialismo sono altrettanto considerevoli. Le economie socialiste hanno i loro periodi

---

[751] Nel 1964, dopo quasi mezzo secolo di economia marxista-leninista, il cittadino medio di Mosca doveva ancora lavorare 16 minuti per una pagnotta, 315 minuti per un pollo di due chili, 71 minuti per un quarto di latte. Il newyorkese medio, invece, lavorava solo 8 minuti per il pane, 23 minuti per il pollo e 7 minuti per il latte. *San Francisco Chronicle*, 12 novembre 1964, sezione finanziaria.

inflazionistici e sono continuamente afflitte da gravi carenze e dislocazioni economiche. I socialisti non hanno mai risolto l'impasse agricola creata dalla collettivizzazione della terra e non sono mai riusciti a evitare l'abitudine di soffocare l'iniziativa individuale promuovendo la crescita di burocrazie mostruose e pasticcione, la cui mancanza di cuore e di spina dorsale supera quella dei capitalisti.

L'oscillazione verso il socialismo, che non offre vantaggi economici reali ai consumatori, deve essere spiegata da fattori diversi da quelli economici. Il più importante è che la dottrina economica socialista - anche se non la pratica economica socialista - è adattata allo spirito dell'epoca. In un'epoca di egualitarismo e razzismo delle minoranze, la politica economica si concentra sulla condivisione e non sulla creazione di ricchezza, sulla sicurezza del posto di lavoro e non sul suo miglioramento. Non si tratta più di guadagnare un salario decente, ma di avere la *garanzia* di un salario decente, non si tratta più di accumulare risparmi per la pensione, ma di ricevere un reddito da pensione. In termini psicologici, mentre il capitalismo si muove verso il socialismo, i sentimenti di invidia e insicurezza dei proletari cedono al consumismo.

I voti vengono ancora comprati con promesse economiche, ma le promesse sono ora fatte a razze, classi e gruppi di popolazione oltre che a singoli individui. L'attacco alla proprietà privata si fa più feroce non perché, come sostiene la dottrina socialista ufficiale, il controllo statale dei mezzi di produzione e distribuzione porterà maggiori benefici economici, ma perché la proprietà privata è uno dei maggiori ostacoli alla democrazia dei giorni nostri.[752] La coalizione liberal-minoritaria non brama la proprietà solo per dividerla più equamente tra i cittadini. Le minoranze benestanti e la maggior parte dei liberali della maggioranza hanno già abbastanza beni, e le minoranze povere sono tanto avide quanto bisognose. La motivazione principale è uno strano mix di compassione e risentimento. Il declino delle fortune di coloro che stanno scendendo sembra fornire una sorta di macabra soddisfazione a coloro che stanno salendo.

Allo stesso modo, i membri della Maggioranza non si limitano a difendere la proprietà privata in quanto tale o per il potere e il comfort fisico che offre. Stanno difendendo un'istituzione tramandata dai grandi giorni della

---

[752] La proprietà privata non era morta nel periodo di massimo splendore del comunismo sovietico. Le persone potevano ancora possedere case, avere conti bancari e lasciare i propri beni agli eredi. Ma l'eliminazione del sistema del profitto impediva l'accumulo di grandi fortune, anche se il divario tra salari alti e bassi in URSS faceva rabbrividire i puristi marxisti.

Maggioranza.[753] La proprietà, in particolare la proprietà sotto forma di terreni agricoli, è stata una fissazione dei coloni della Maggioranza che hanno trasformato l'America nella cornucopia che oggi nutre le popolazioni i cui governanti favoriscono l'agricoltura collettiva.

Le basi non economiche della dottrina economica si manifestano chiaramente nelle rivoluzioni, che gli storici marxisti definiscono come guerre tra classi. Questa interpretazione può avere una certa rilevanza se limitata a nazioni monorazziali, ma nella maggior parte dei casi di guerra di classe il fattore razziale ha probabilmente prevalso su quello economico.[754] Negli incessanti scontri tra patrizi e plebei romani, e tra i contadini medievali e la nobiltà teutonica, le parti contendenti differivano sia dal punto di vista razziale sia da quello economico; le differenze razziali precedevano piuttosto che seguire l'instaurarsi di classi e caste.[755]

Sebbene si ritenga che la Rivoluzione francese sia il prototipo della moderna guerra di classe, potrebbe essere utile ascoltare ciò che un'importante rivista letteraria britannica ha detto su Restif de la Bretonne, i cui resoconti da testimone oculare di Parigi nel momento culminante del Terrore forniscono una riserva quasi inesauribile di materiale di base per gli storici.

> Anche in Restif ci sono accenni a un razzismo di classe, al timore dei borghesi e degli artigiani per gli uomini pallidi con i capelli scuri e incolti, gli occhi penetranti e i baffi arruffati... La sua canaille è sempre scura e minacciosa... I rispettabili, gli uomini di proprietà, gli artigiani virtuosi, sono chiari e hanno una buona carnagione... Restif si sofferma sull'innocenza essenziale di Charlotte Corday, che è bionda e normanna. Negli anni 1780 la popolazione di Parigi... era ancora prevalentemente

---

[753] Max Weber ha sostenuto che le grandi imprese economiche del capitalismo del XIX secolo sono state ispirate dall'etica protestante. Avrebbe potuto far risalire l'ispirazione più indietro, agli stessi popoli del Nord Europa, che non erano solo responsabili del protestantesimo, ma anche del capitalismo e della rivoluzione industriale che lo accompagnava. Weber, tuttavia, è stato attento a distinguere tra il capitalismo protestante, l'"organizzazione borghese del lavoro", e il capitalismo ebraico, un "paria-capitalismo speculativo". Max Weber, *L'etica protestante e lo spirito del capitalismo*, trad. Talcott Parsons, Allen. Talcott Parsons, Allen and Unwin, Londra, 1930, in particolare p. 271, nota 58.

[754] Darlington scopre che gli artefici della rivoluzione hanno poche motivazioni economiche. "La maggior parte [dei rivoluzionari] proveniva da gruppi a cui erano state negate le opportunità nella società per motivi nazionali, razziali o religiosi: Irlandesi in Gran Bretagna, polacchi in Russia, ebrei in Germania e poi in Russia, bastardi (come Herzen) ovunque". *L'evoluzione dell'uomo e della società*, p. 543.

[755] "In effetti, le differenze di classe derivano tutte da differenze genetiche e, di solito, razziali... sono le disuguaglianze a creare i progressi della società, piuttosto che i progressi della società a creare le disuguaglianze". Ibidem, p. 547.

chiara. Negli anni 1790 i pamphleter realisti fanno leva sul fatto che i terroristi sono tendenzialmente scuri e provenienti dall'area mediterranea: Marat, in particolare, serviva a questo scopo. E così anche i massacratori di Restif sarebbero stati quasi inevitabilmente rappresentati come uomini del Sud.[756]

L'abate Siéyes, anch'egli originario del Sud, che con perfetto tempismo passò dal cattolicesimo alla Dea della Ragione di Robespierre e viceversa, rivelò le motivazioni razziali dei rivoluzionari quando esortò a riportare l'aristocrazia francese nelle "paludi tedesche" da cui era venuta.[757] La linea razziale di Siéyes fu ripresa da migliaia di autentici sansculottes che insistevano nel rappresentarsi come Galli in lotta per la liberazione dai barbari Franchi.[758]

Se la razza ha avuto a che fare con il rovesciamento dei re Borbone,[759] ha avuto molto a che fare con il rovesciamento dei Romanov. Quasi per intero, la cricca bolscevica al potere era composta da membri delle minoranze russe.[760] Lenin era un miscuglio di razze. Darlington scrive che la nonna di Lenin "sposò un benestante medico ebreo in pensione, Alexander Blank... I quattro nonni di Lenin erano... di quattro razze e religioni diverse"[761]

Una volta vinta la rivoluzione ed espropriati gli espropriatori, la teoria marxista prevedeva che non ci sarebbe stato più motivo di lotte di potere

---

[756] *Times Literary Supplement*, 27 ottobre 1961.

[757] Ripley, *Le razze d'Europa*, p. 156.

[758] Toynbee, *Studio della storia*, vol. VI, p. 217.

[759] La derattizzazione della nobiltà francese e dell'élite della gerarchia cattolica rappresentò una spaccatura aristocratica nei ranghi. Il Terzo Stato da solo non sarebbe mai stato abbastanza forte da portare alla Rivoluzione francese se non si fosse unito a 50 nobili, 44 vescovi e 200 parroci nel 1789. Nel 1792 la Convenzione nazionale era composta da 782 delegati, di cui solo due erano operai. Anche Danton e Robespierre erano così poco proletari che in origine volevano essere conosciuti come d'Anton e de Robespierre. Darlington, op. cit., p. 534.

[760] "[A fronte di un rapporto demografico dell'1,77%, nella Russia di Lenin gli ebrei costituivano il 5,2% del totale degli iscritti al partito, il 25,7% del Comitato Centrale del partito e dal 36,8% al 42,9% del Politburo al potere, mentre tra i diplomatici sovietici e soprattutto tra gli alti funzionari della polizia segreta la percentuale di ebrei era ancora maggiore". Geoffrey Bailey, *The Conspirators*, Harper, New York, 1960, p. 129, nota.

[761] Darlington, op. cit., p. 557. L'autore sottolinea anche la condizione di minoranza di altri due equitari storici: Engels, il capitalista e magnate britannico del cotone, tedesco di origine ugonotta, e Rousseau, il moralista francese di origine svizzera. Ibidem, pp. 543, 545. Solo pochi alti funzionari ebrei sfuggirono all'omicidio giudiziario o alla Siberia, tra cui Maxim Litvinov e Lazar Kaganovich. Il più alto ufficiale sovietico ad essere epurato da Stalin fu il maresciallo Tukhachevsky, che era per metà italiano.

interne o di giochi machiavellici. La politica reazionaria e internettiana era la conseguenza fatale di sistemi economici primitivi come il feudalesimo e il capitalismo. La teoria razziale, invece, prevede che una volta che le minoranze avessero cacciato lo zar, l'aristocrazia, la Chiesa ortodossa e l'élite capitalista, avrebbero diretto il loro razzismo gli uni contro gli altri. E questo, ovviamente, è ciò che è accaduto. Dopo la scomparsa di Lenin, Stalin, membro della minoranza georgiana della Russia, iniziò la sua tortuosa ascesa verso il governo unico, prima esiliando il suo rivale Trotsky (che poi fece assassinare a Città del Messico), poi liquidando in sequenza Kamenev, Rykov, Zinoviev, Yagoda, Yezhof e Radek, tutti ebrei.

Durante la Seconda Guerra Mondiale altre minoranze furono messe alle strette: 600.000 tedeschi del Volga, così come la maggior parte dei membri delle nazionalità tartara, kalmyk, karachai, balcanica e cecena-inguscia furono deportati in Siberia.[762] Al culmine dell'attacco tedesco, quando la Russia era sull'orlo del collasso, la Maggioranza russa tornò in auge, poiché fu chiamata a combattere per la maggior parte.[763] A Stalin, morto nel 1954, successe come leader del partito comunista Malenkov, un russo del sud con una "mescolanza mongola",[764] che a sua volta fu seguito da Krusciov, ucraino, e da Breznev, nato in Ucraina.[765] Fu Malenkov a deporre e ordinare la fucilazione di Beria, il georgiano compagno di Stalin e a lungo capo della polizia segreta, pur mantenendo Mikoyan, l'esperto finanziario armeno.[766] Alexei Kosygin, un grande russo, fu primo ministro sotto Breznev. Quando Kosygin si dimise nel 1980, fu sostituito da Nikolai Tikhonov, che aveva conosciuto Breznev quando erano studenti in Ucraina. Negli ultimi giorni dell'Unione Sovietica la cricca al potere era composta quasi interamente da slavi, con una forte enfasi sui Grandi Russi. Per quanto riguarda gli ebrei, negli anni che precedettero il crollo dell'URSS e come in gran parte della dittatura staliniana, essi divennero il bersaglio di una campagna ufficiale antisionista e quasi ufficiale antisemita: una svolta che costituì un supremo

---

[762] *Enciclopedia della Russia e dell'Unione Sovietica*, pag. 230.

[763] "[Stalin] abolì... l'ampia autonomia culturale di cui le minoranze avevano goduto negli anni Venti, lasciando loro alla fine poco più che il diritto di usare la propria lingua... e di godere dell'arte popolare. Stalin... si sentì costretto a discriminare le minoranze, non solo in materia di nomine statali e di partito, ma anche negli affari culturali". Ibidem, p. 380.

[764] Milovan Djilas *Conversations with Stalin*, Harcourt Brace, N.Y., p. 108.

[765] Ibidem, pp. 74-45, 274, 329.

[766] Ibidem, pp. 329, 355.

atto di ingratitudine nei confronti di Marx e degli altri protagonisti ebrei del comunismo sovietico.[767]

Il ruolo di primo piano svolto dalle minoranze, in particolare da quella ebraica, nelle rivoluzioni abortite o di breve durata del primo dopoguerra in Ungheria, Baviera e Prussia è già stato evidenziato nel capitolo 15. Il maresciallo Tito, architetto della Jugoslavia comunista, apparteneva alla minoranza croata del suo Paese. Il maresciallo Tito, l'architetto della Jugoslavia comunista, apparteneva alla minoranza croata del suo Paese. La leadership originaria dei partiti comunisti polacco e cecoslovacco era fortemente ebraica[768] e, di conseguenza, decimata da Stalin.[769] In Cina i principali consiglieri dei marxisti locali negli anni Venti erano Vasili Blucher, un russo, e Mikhail Borodin, un ebreo russo che aveva insegnato a Chicago.[770]

Negli Stati Uniti, le minoranze dominarono il partito comunista fin dalla sua nascita. Sebbene il numero di irlandesi americani nei più alti consigli del partito fosse elevato,[771] la percentuale di ebrei era sconcertante.[772] Quando gli ebrei iniziarono a dimettersi in seguito alle purghe staliniane e al Patto di non aggressione russo-tedesco del 1939, non abbandonarono necessariamente le loro tradizionali inclinazioni radicali, ma le incanalarono

---

[767] Si veda il capitolo 33 di questo studio. Yuri Andropov, l'erede di Brezhnev, poteva essere in parte ebreo o in parte armeno, ma era attento a recitare la parte del Grande Russo, così come il suo erede, il siberiano Konstantin Chernenko. Mikhail Gorbaciov, l'erede di Chernenko, era un vero Grande Russo e iniziò il suo regno mostrando un'apertura comunista senza precedenti in politica interna ed estera.

[768] Tipico dei rivoluzionari che peregrinarono per l'Europa all'inizio del secolo fu Parvus-Helphand, nato in Ungheria da genitori ebrei, studente di marxismo in Svizzera, ideologo di punta dell'ala sinistra del partito socialista tedesco, amico di Lenin, spia tedesca, sostenitore dei bolscevichi e infine speculatore terriero milionario. Parvus-Helphand sarà probabilmente ricordato soprattutto per le sue parole senza parole al suo arrivo in Germania: "Sto cercando una patria. Dove posso comprarne una a buon mercato?". *Ich suche ein Vaterland, wo ist ein Vaterland zu haben für billiges Geld?* Winfried Scharlan e Zbynek Zeinan, *Fretbeuter der Revolution*, Verlag Wissenschaft und Politik, Colonia, 1964, in particolare p. 36.

[769] Sachar, *Il corso della storia ebraica moderna*, p. 545.

[770] *Enciclopedia della Russia e dell'Unione Sovietica*, pp. 70, 72-73.

[771] Cfr. pp. 132-33.

[772] Ancora nel 1947 si stimava che il 39,3% degli attivisti del Partito Comunista Americano fossero ebrei, circa dodici volte più della percentuale di ebrei nella popolazione di allora. Il 39,3% non comprendeva i compagni di viaggio ebrei. Weyl, *L'élite creativa in America*, p. 103.

verso altre forme di marxismo non sovietico o antisovietico.[773] Alla fine degli anni Sessanta, gli ebrei americani costituivano "almeno la metà dei contestatori attivi della Nuova Sinistra",[774] e "il marchio non populista del radicalismo [era] rumoroso, intellettuale, ideologico e principalmente ebraico".[775]

Nella mente di Marx,[776] la rivoluzione proletaria, ultima estensione della guerra di classe, sarebbe avvenuta prima nelle nazioni altamente

---

[773] Alcuni ebrei divennero strenui anticomunisti, ma il loro anticomunismo era dialettico, polemico e spesso isterico. Alcuni ebrei resistettero nonostante tutto. Herbert Aptheker è rimasto il principale teorico del ramo americano del Partito, ormai in declino. Altri ebrei hanno temperato una persistente simpatia per il comunismo con una crescente simpatia per Israele. Un esempio di questi sentimenti contrastanti, se non fosse tratto dal *Wall Street Journal* (3 luglio 1962), sembrerebbe appropriato alle pagine più selvagge dei *Protocolli di Sion*. La spia comunista Robert Soblen, che ha saltato una cauzione di 100.000 dollari, ha cercato rifugio non in Russia, ma in Israele. Parte della cauzione è stata raccolta dalla signora Benjamin Buttenwieser, moglie di un socio di Kuhn, Loeb, che ha prestato alla signora Soblen 60.000 dollari con l'intesa che George Kirstein, editore del Nation, avrebbe rimborsato la metà della somma in caso di perdita. Soblen, uno psichiatra, si suicidò in seguito in Inghilterra mentre veniva rimpatriato negli Stati Uniti.

[774] Secondo una stima di Nathan Clazer, professore di sociologia all'Università della California. *New York Times,* 4 maggio 1969, p. 80. Un altro professore di sociologia ha formulato la sua stima in modo diverso: "Su dieci radicali, è probabile che cinque siano ebrei". Van den Haag, op. cit., p. 118.

[775] Yaffe, op. cit., p. 255.

[776] Un segno che l'evoluzione umana è appena iniziata o è già giunta al termine è la serietà e il rispetto che generazioni di menti occidentali hanno tributato al "pensiero" di Marx ed Engels. Come la maggior parte dei loro contemporanei, entrambi avevano una conoscenza della biologia e della genetica pari a quella di un odierno "terricolo piatto" nella meccanica celeste e nell'astrofisica. Sebbene facessero commenti denigratori sui negri e sogghignassero sugli slavi "tartarizzati e mongolizzati", i due padri fondatori del comunismo erano convinti che tutte le prove di inferiorità razziale sarebbero state rapidamente sradicate e che tutti gli esseri umani inferiori sarebbero stati rapidamente elevati al livello delle razze avanzate una volta che il proletariato avesse preso il sopravvento. Weyl e Possony, *Geography of Intellect,* p. 20, e Darlington, op. cit., p. 546. Engels era particolarmente noto per un marchio pervertito di gibberish hegeliano che sarebbe del tutto ridicolo se non fosse considerato ormai una Sacra Scrittura da una grande fetta dell'umanità. "Le farfalle, per esempio, nascono dall'uovo attraverso la negazione dell'uovo", scrisse Engels in *Ant-Dühring*, trans. Emile Burns, International Publishers, New York, 1966, p. 149. "Ma se prendiamo... una dalia o un'orchidea: se trattiamo il seme e la pianta che cresce da esso come fa un giardiniere, otteniamo come risultato di questa negazione della negazione non solo più semi, ma anche semi qualitativamente migliori [e] ogni ripetuta negazione della negazione aumenta questo miglioramento". Ibidem. Come i cavernicoli dell'età della pietra, che vedevano il mondo come un campo di battaglia di poteri soprannaturali rivali, Engels aveva una visione altrettanto semplicistica: una lotta mondiale tra sfruttatori e sfruttati, capitalisti e lavoratori. "Tutta

industrializzate, che ai suoi tempi erano la Gran Bretagna e la Germania.[777] Collocando la Russia verso la fine del calendario rivoluzionario e la Cina all'ultimo posto, egli prestò poca o nessuna attenzione alle influenze che l'omogeneità o l'eterogeneità razziale avrebbero potuto avere nel provocare o smorzare la rivoluzione. Le previsioni di Marx non sarebbero state così azzardate se si fosse soffermato a considerare che, così come alcune razze sono più inclini all'industrializzazione di altre, alcune sono più resistenti alla rivoluzione di altre, in particolare alla rivoluzione nella sua forma proletaria.

Perché il Giappone, nonostante la sconfitta nella Seconda guerra mondiale che ha comportato una devastazione atomica, è la grande potenza più stabile dell'Asia e meno soggetta a rivoluzioni? Non è forse parte della risposta il fatto che è la più omogenea dal punto di vista razziale tra le grandi nazioni asiatiche? Perché la Costa Rica è il Paese più prospero e progressista dell'America centrale? Il fatto che sia l'unico Stato centroamericano con una popolazione in gran parte bianca può fornire un indizio. Perché la Germania ha quasi ceduto alla rivoluzione dopo la sconfitta nella Prima guerra

---

la storia passata è stata una storia di lotte di classe... le classi in guerra della società sono sempre il prodotto dei modi di produzione e di scambio...". Non c'era, ovviamente, alcuna possibilità di dibattito razionale con Marx ed Engels, poiché "i loro avversari potevano essere solo o idioti borghesi o traditori proletari". Ludwig von Mises, *Teoria e storia*, Arlington House, New Rochelle, N.Y., 1969, p. 131. Col passare del tempo, i marxisti "non basavano più le loro speranze sulla forza dei loro argomenti, ma sul risentimento, l'invidia e l'odio delle masse". Ibidem, p. 65. Nel suo *Discorso sulla guerra civile in Francia* (1871), Marx mostrò il suo distacco filosofico accusando il vicepresidente Jules Favre di "vivere in concubinato con la moglie di un dipsomane". Ibidem, p. 134. "Per quanto riguarda la... teoria della concezione materialistica della storia di Marx [non ha aggiunto una] sola idea nuova in questo campo...". Pitirim Sorokin, *Teorie sociologiche contemporanee*, p. 520, nota 24. Sorokin ha commentato che un economista prussiano poco conosciuto, Georg Wilhelm von Raumer, ha formulato una teoria economica della storia quasi identica a quella di Marx. Ibidem, pp. 521-22.

[777] Il disprezzato "razzista" de Gobineau fu un profeta degli eventi europei molto meglio di Marx. In una lettera del 1866, l'autore de *L'ineguaglianza delle razze* scrisse che, se le attuali tendenze della politica tedesca fossero proseguite, "il potere sarebbe andato al primo caporale che, di sfuggita, se ne sarebbe impadronito". Dostoevskij, nel suo romanzo *Il posseduto*, ha dipinto un quadro quasi esatto della Russia del XX secolo. Il più inquietante preditore del futuro, tuttavia, fu l'antropologo francese Vacher de Lapouge, che nel 1899 predisse: (1) l'ascesa e la caduta fulminea del Terzo Reich; (2) il socialismo assoluto in Russia; (3) una gara per la supremazia mondiale tra Russia e Stati Uniti, con questi ultimi favoriti in quanto detentori del 15% della popolazione nordica mondiale contro il 9% della Russia; (4) l'ascesa degli ebrei, che secondo lui poteva essere spezzata solo dal socialismo. Antisemita convinto, Lapouge si opponeva all'antisemitismo francese del suo tempo, che definiva uno strano miscuglio di protezionismo economico e clericalismo liberale che favoriva la componente gallica della Francia a scapito di quella germanica. *L'Aryen, son rôle social*, Fontemoing, Paris, 1899, pp. 345, 371, 464, 469, 482, 510.

mondiale e perché la sua parte occidentale è diventata la nazione più prospera d'Europa dopo la ben più grave sconfitta tedesca nella Seconda guerra mondiale? È possibile che la minoranza dinamica, presente in gran numero dopo la Prima guerra mondiale, si sia distinta per la sua assenza dopo la Seconda?[778]

E questa stessa minoranza, iperattiva nel fomentare il caos rivoluzionario che contribuì alla sconfitta della Russia nella Prima Guerra Mondiale, non fu forse incapace e non volle sgonfiare il patriottismo russo nella Seconda Guerra Mondiale? Fu la maggioranza russa e non il popolo dell'Unione Sovietica nel suo complesso, come ammise lo stesso Stalin, a essere in gran parte responsabile della sconfitta delle forze armate tedesche sul fronte orientale.[779]

L'interrogatorio dei paragrafi precedenti non intende gettare le basi per un'interpretazione razziale completa della storia. Suggerisce semplicemente che la razza può spesso fornire una spiegazione migliore degli eventi rispetto alla classe.[780] Forse è per questo che nel linguaggio del liberalismo moderno la classe è spesso diventata un eufemismo, se non addirittura una parola in codice, per la razza. La razza ha un suono sgradevole e tende a ridurre tutti gli argomenti a un'equazione personale. La classe, invece, si adatta bene all'attuale semantica politica ed economica. I leader delle minoranze intelligenti, conoscendo di persona lo sfondo razziale della maggior parte dell'antagonismo di classe, si rendono conto che, portando la razza allo scoperto, possono risvegliare la coscienza razziale di coloro che sono stati

---

[778] Alla fine della Prima guerra mondiale c'erano 600.000 ebrei in Germania, mentre alla fine della Seconda guerra mondiale ce n'erano solo 25.000 nella Germania occidentale. Sachar, op. cit., pp. 425, 489.

[779] Per un'analisi della disgregazione dell'Unione Sovietica si veda il capitolo 33.

[780] La *reductio ad absurdum* del marxismo è il caso di Marx stesso. Se la diagnosi marxista della motivazione economica del comportamento umano è corretta, allora la carriera dello stesso Marx deve essere l'eccezione che conferma la regola. Figlio della classe media di un ricco avvocato ebreo convertitosi al protestantesimo, Marx aveva aspirazioni aristocratiche, come dimostra il suo matrimonio con Jenny von Westphalen, figlia di un funzionario governativo appartenente alla piccola nobiltà. Quali motivazioni di classe avrebbero potuto influenzare Marx a sposare la causa del proletariato? Come membro di una minoranza, tuttavia, la sua scalata sociale, il suo dogmatismo autoreferenziale e il suo odio per la civiltà europea del XIX secolo diventano più comprensibili. Inoltre, come tutti i dogmatici convinti, Marx era restio a mettere in pratica ciò che predicava. Proprio mentre stava ultimando il suo capolavoro, *Das Kapital*, investì pesantemente e stupidamente nel mercato azionario di Londra e dovette chiedere la cauzione a suo zio Philips, un banchiere i cui discendenti avevano fondato l'omonima gigantesca azienda elettronica olandese. Si veda il periodico tedesco *Capital*, Amburgo, giugno 1970, pag. 166.

così efficacemente divisi e disarmati dalla propaganda di classe. Inoltre, poiché in alcuni Paesi una coalizione di minoranze è necessaria per il successo della lotta rivoluzionaria, parlare troppo di razza potrebbe mettere una minoranza contro l'altra.

Se la rivoluzione proletaria, tanto attesa dai marxisti, scoppierà mai negli Stati Uniti, non sarà a causa dell'indurimento delle divisioni di classe o dello sfruttamento capitalistico,[781] ma a causa dell'eterogeneità della popolazione americana, del razzismo degli elementi minoritari all'interno di questa popolazione e della derattizzazione della maggioranza americana. L'ordine di battaglia è già stato tracciato. Sul lato rivoluzionario delle barricate ci saranno i militanti sputafuoco delle minoranze non assimilabili, i leader meno assimilati delle minoranze assimilabili e i liberali della maggioranza più disperati e più compromessi. Sul lato controrivoluzionario[782] ci saranno il nucleo della Maggioranza e le minoranze assimilabili. Come in tutte le rivoluzioni, la maggior parte della popolazione assumerà o cercherà di assumere un profilo molto basso e molto neutrale.

Una rivoluzione proletaria darebbe ovviamente il tocco finale all'espropriazione della Maggioranza. Per accelerare i tempi, la retorica incendiaria, le insurrezioni urbane e la guerriglia che i media preferiscono ancora chiamare "ondata di crimini" stanno mettendo talmente tanti americani in uno stato d'animo rivoluzionario che difficilmente sarà necessaria un'ulteriore escalation di violenza. Qualche altro decennio di questo ammorbidimento, di questa preparazione all'omicidio, potrebbe essere dannoso per la Maggioranza quanto un putsch marxista totale.

Tenendo conto di questo o, purtroppo in molti casi, non tenendolo presente, molti dei membri più ricchi e influenti della Maggioranza continuano a dare corpo alla nozione di guerra di classe con la loro rigida sottomissione al dogma economico del XIX secolo. I loro voti, le loro letture e i loro discorsi danno spesso l'impressione che siano più interessati a salvare un sistema economico che a salvare il loro popolo, il loro Paese o loro stessi. I marxisti, che credono anch'essi nell'associazione tra dottrina economica e destino delle nazioni, si rallegrano del materialismo paranoico della vecchia guardia maggioritaria.

---

[781] In diretta contraddizione con la teoria marxista e, come già notato alle pp. 224-25, la militanza negra negli Stati Uniti sembra aumentare in modo direttamente proporzionale al reddito dei negri.

[782] I termini rivoluzionario e controrivoluzionario possono essere fuorvianti se applicati ai fautori e agli oppositori della rivoluzione. Nel lungo periodo, una controrivoluzione di successo può rovesciare un numero maggiore di istituzioni e cambiare la società in modo più radicale rispetto alla rivoluzione che l'ha ispirata.

Quando l'economia diventa una mucca sacra, diventa anche un cavallo di Troia. L'unica vera misura di un sistema economico è la sua capacità di preparare l'ambiente per la massima espansione della creatività delle persone. Misurare l'economia in un altro modo, permettere che l'economia degeneri nei piccoli dogmi che attualmente disarmano la resistenza della maggioranza, significa accelerare il crollo economico che la coalizione liberal-minoritaria attende con il fiato sospeso.

CAPITOLO 26

La sindrome del proletario

UNA BREVE INDAGINE del sindacalismo americano fornisce un'ulteriore prova della natura razziale della lotta di classe. Qualunque sia la forma che i sindacati hanno assunto negli Stati Uniti - i paternalistici sindacati artigianali, i rivoluzionari Industrial Workers of the World, i dinamici sindacati industriali degli anni Trenta, gli enormi conglomerati sindacali da un milione di persone del presente - quasi tutti hanno avuto un denominatore comune. La loro leadership, almeno in tempi recenti, non è stata spesso attinta dai ranghi della maggioranza.

Non è una novità dire che nei sindacati moderni si ritrova ben poco della corporazione medievale. I legami religiosi della corporazione, i giuramenti di fratellanza, l'enfasi sulla qualità anziché sulla quantità, l'orgoglio personale per il lavoro finito: tutto questo è molto lontano dalla pratica e dalla filosofia dei giganteschi sindacati di oggi. Il corporatore si preoccupava di quanto riceveva per il suo lavoro. Ma si preoccupava anche del prodotto del suo lavoro. Non è così per il tipico membro del grande sindacato industriale, che si preoccupa quasi esclusivamente della sua retribuzione e dei suoi benefici accessori.

Nell'America del XIX secolo i sindacati hanno avuto una storia discontinua e piuttosto violenta.[783] Spesso la loro stessa esistenza era dichiarata illegale. Fino al XX secolo i tribunali emettevano regolarmente ingiunzioni antisciopero. Poi arrivarono i problemi economici dei primi anni '30, quando il peso della legge si spostò dalla parte del sindacato.

Invece di punire il dipendente per le attività sindacali, ora era il datore di lavoro a essere penalizzato per "rottura del sindacato". Mentre il negozio chiuso diventava un'istituzione consacrata, il contratto del cane giallo (che vietava ai lavoratori di iscriversi a un sindacato) veniva proibito.

La forza apparentemente irresistibile acquisita dal movimento sindacale nell'era del New Deal è stata messa in discussione solo a metà del secolo scorso. La legge Taft-Hartley (1947), approvata con il veto del Presidente Truman, ha posto un freno ad alcuni abusi sindacali prevedendo un periodo

---

[783] Un sindacato razziale violento del XIX secolo fu quello dei Molly Maguires, un gruppo segreto di minatori irlandesi che commise omicidi e caos nelle contee carbonifere della Pennsylvania nel 1862-76. Diciannove membri del gruppo furono impiccati. Molti altri furono imprigionati. *Ency. Brit.*, Vol. 15, p. 678.

di riflessione per gli scioperi che riguardano l'interesse nazionale e consentendo agli Stati di ostacolare il lavoro sindacale con leggi che prevedono il diritto al lavoro. I deterministi economici che negano automaticamente qualsiasi legame tra sindacalismo e razza potrebbero notare che i diciannove Stati che nel 1966 avevano leggi sul diritto al lavoro erano quelli, con una o due eccezioni, in cui l'influenza politica della maggioranza era più forte.[784]

La morsa della minoranza assimilabile o inassimilabile sui sindacati americani è stata evidente fin dall'inizio. I Cavalieri del Lavoro divennero la prima importante organizzazione sindacale nazionale, grazie soprattutto a Terence Powderly, avvocato figlio di immigrati irlandesi.[785] I Cavalieri del Lavoro si evolsero poi nella Federazione Americana del Lavoro, il cui primo presidente fu il sigaraio Samuel Gompers, nato in Gran Bretagna da genitori ebrei olandesi. Eugene Debs, organizzatore del primo grande sindacato ferroviario e perennemente candidato alla presidenza per il partito socialista, era figlio di immigrati franco-alsaziani.[786]

I grandi sindacati dei mestieri dell'ago erano quasi completamente minoritari nella loro composizione, dalla leadership ebraica ai vertici fino alla base dei lavoratori ebrei e italiani. Sia David Dubinsky che Sidney Hillman, a capo rispettivamente dell'International Ladies Garment Workers e dell'Amalgamated Clothing Workers, erano nati all'estero da genitori ebrei. Hillman ha svolto un ruolo fondamentale con John L. Lewis, il colorito figlio di un minatore gallese,[787] nella formazione del CIO (Congress of Industrial

---

[784] Gli Stati erano: Alabama, Arizona, Arkansas, Florida, Georgia, Iowa, Kansas, Mississippi, Nebraska, Nevada, North Carolina, North Dakota, South Carolina, South Dakota, Tennessee, Texas, Utah, Virginia e Wyoming.

[785] Per un elenco dei leader sindacali irlandesi-americani, si veda pag. 132.

[786] I membri delle minoranze assimilabili, alcuni dei quali discendono a loro volta da minoranze presenti nei loro paesi d'origine, hanno un interesse professionale e personale a resistere all'assimilazione. In una nazione multirazziale come gli Stati Uniti, dato che i sindacati difficilmente possono evitare una certa dose di ruffianeria nei confronti delle minoranze, un background minoritario è una qualifica utile e spesso necessaria per la leadership sindacale. La "posa minoritaria" accuratamente coltivata da molti funzionari sindacali che appartengono a minoranze assimilabili non può non ripercuotersi sui loro atteggiamenti e sentimenti privati, ponendo molti ostacoli psicologici sulla strada della loro assimilazione.

[787] Il padre di Lewis faceva parte di una minoranza britannica. Il figlio deve aver permesso che i sentimenti di minoranza ereditati e il suo sindacalismo ritardassero il processo di assimilazione solitamente completato da un americano di seconda generazione di origine britannica. Non è certo che un americano pienamente assimilato avrebbe indetto uno sciopero nazionale del carbone nel 1944 mentre il suo Paese era impegnato in una guerra mondiale.

Organizations). Personificò l'apogeo del potere sindacale nella Convenzione Democratica del 1944, quando il Presidente Roosevelt diede istruzioni che chiunque volesse fare proposte sulla piattaforma del partito o sulla strategia politica doveva prima "chiarirsi con Sidney".[788]

Altri leader sindacali di alto livello con background di minoranze assimilabili o non assimilabili sono stati o sono: William Green, il secondo presidente dell'American Federation of Labor, come Lewis figlio di un minatore gallese; George Meany, presidente di lunga data dell'AFLCIO, un irlandese americano; Ike Gold, il capo ebreo degli United Rubber Workers; Sol Stetin, il capo ebreo dei Textile Workers; Caesar Petrillo dell'American Federation of Musicians; Philip Murray degli United Steelworkers, nato in Scozia da genitori irlandesi; Joseph Curran del National Maritime Union; Mike Quill dei Transport Workers; Walter Reuther degli United Auto Workers, figlio di un socialista tedesco e marito di un'assistente sociale ebrea; Harry Bridges, australiano, capo dell'International Longshoremen, sposato con una giapponese; Albert Shanker, ebreo, capo dell'American Federation of Teachers; Jerry Wurf, ebreo, capo dell'American Federation of State, County and Municipal Employees; Cesar Chavez degli United Farm Workers; e Jackie Presser, ebreo, capo dei Teamsters, il più grande sindacato nazionale. A causa dei suoi legami con la malavita, Presser ha avuto seri problemi con la legge prima di morire nel 1986.

Ci sono, ovviamente, milioni di membri della maggioranza tra i ranghi e le file dei sindacati americani, ma non si trovano spesso ai vertici della dirigenza sindacale. È l'alta concentrazione di membri delle minoranze assimilabili e non assimilabili nei circoli dirigenti del lavoro che ha dato un tono minoritario al sindacalismo e spiega il dispendio di grandi quantità di fondi sindacali per politiche orientate alle minoranze, che spesso si oppongono agli interessi degli iscritti in generale.[789] Certamente la

---

[788] Adrian A. Paradis in *Labor in Action*, Julian Messner, New York, 1963, pag. 119.

[789] Sia i sindacati che le aziende non possono contribuire direttamente alle campagne politiche nazionali, anche se entrambi possono sponsorizzare "Comitati di azione politica" per trasferire denaro ai candidati. Inutile dire che la dirigenza può fare pressione sui dipendenti affinché contribuiscano e che i leader sindacali possono esercitare un'analoga "pressione" sui propri iscritti. Il risultato è che i dipendenti dell'azienda e i membri del sindacato possono essere costretti a sostenere un partito, una questione o un candidato a cui sono contrari. I PAC aziendali, sorprendentemente, sono spesso disposti a finanziare candidati anti-aziendali e pro-labor. In una tabulazione preliminare della campagna presidenziale del 1980, 867 PAC aziendali registrati hanno donato 3,8 milioni di dollari ai democratici e 3,6 milioni di dollari ai repubblicani. Nello stesso periodo, i PAC dei lavoratori hanno dato 4,9 milioni di dollari ai democratici e solo 400.000 dollari ai repubblicani. *Wall Street Journal*, 13 ottobre 1980, pp. 1, 13. Nella corsa presidenziale del 1968, i sindacati donarono 60 milioni di dollari alla campagna di Hubert Humphrey,

desegregazione scolastica, l'acquiescenza ai militanti neri, le sanzioni contro il Sudafrica e la Rhodesia, le politiche interventiste in Medio Oriente e le sovvenzioni monetarie alle organizzazioni sindacali marxiste all'estero non si può dire che rappresentino i desideri del tipico iscritto al sindacato.

Il lavoro americano, insieme alle imprese americane, è stato responsabile della valanga di beni e servizi che fino a poco tempo fa ha reso il tenore di vita americano il più alto del mondo. Tuttavia, pur avendo ottenuto un notevole successo nell'aumentare il reddito dei lavoratori e nel porre fine ad alcuni dei peggiori abusi del capitalismo, il sindacalismo non ha avuto un curriculum immacolato. La perdita di produzione causata dal piattume, dal massiccio assenteismo e dagli scioperi è stata uno dei più grandi sprechi economici della storia.[790]

I sindacati amano ancora assegnarsi al lato progressista del bilancio politico, ma il loro atteggiamento egoistico e timoroso nei confronti dell'automazione ha reso il sindacalismo uno degli elementi più retrogradi e reazionari della vita americana.[791] Nel campo delle comunicazioni, i sindacati sono riusciti a realizzare ciò che i signori della stampa non sono mai riusciti a fare: ridurre alcune delle più grandi aree metropolitane a una dieta di due quotidiani, spesso di proprietà dello stesso editore. Nell'area culturale l'influenza dei sindacati è stata catastrofica. Le fantastiche tabelle salariali e l'assunzione forzata di macchinisti e musicisti superflui hanno trasformato il teatro, l'opera e la sala da concerto in un'operazione di grande business, dove l'arte del finanziamento ha avuto la precedenza sull'arte stessa.

La Maggioranza ha poco da temere dalla massa dei lavoratori americani, sindacali e non. La maggior parte dei lavoratori bianchi sono membri in buona fede della Maggioranza o si stanno rapidamente assimilando ad essa. Ciò che la Maggioranza deve temere sono i leader sindacali, inassimilabili o camionisti, che proclamano scioperi durante le emergenze nazionali, che usano la loro morsa su vari settori dell'economia per far salire i salari a tal punto che i prodotti americani sono esclusi dai mercati esteri, che dirottano le quote sindacali verso cause non sindacali e che si preoccupano più di ciò che accade nella politica locale e nazionale che nei loro sindacati.

---

anche se il 44% dei voti dei lavoratori andò a Nixon. Si veda la rubrica di Victor Riesel dell'11 novembre 1968. Il sindacato dei Teamsters sostenne Nixon nel 1972, dopo che il presidente aveva commutato la pena detentiva di James Hoffa.

[790] Nel 1970, 66.414.000 ore di lavoro sono state perse in 5.716 interruzioni di lavoro.

[791] La paura dei lavoratori nei confronti del progresso tecnologico potrebbe essere descritta come simile a quella di Vespasiano. Quando gli fu mostrata una macchina che avrebbe eliminato l'uso della manodopera nel trasporto di pesanti colonne di pietra, si dice che l'imperatore romano rifiutò, dicendo: "Lasciatemi nutrire i miei poveri cittadini".

In un Paese relativamente omogeneo come la Gran Bretagna, il sindacalismo è l'incarnazione della lotta di classe e non deve essere visto come il risultato di un conflitto razziale, anche se la componente minoritaria della popolazione britannica si trova quasi sempre dalla parte del sindacato. Il successo del movimento sindacale britannico, che ha contribuito a trasformare un impero in uno stato sociale, può essere più precisamente attribuito a un processo di invecchiamento, in cui l'aristocrazia, la nobiltà terriera e la funzione pubblica, assottigliate fino all'estinzione da secoli di spadroneggiamenti imperiali e due guerre mondiali genocide, hanno perso la loro presa. In altre parole, la guerra di classe in Gran Bretagna non è stata vinta dal sindacalismo britannico. È stata persa dall'entropia della classe dirigente britannica. Poiché le istituzioni di una nazione possono sopravvivere alla cessione del potere a un'altra classe, ma non a un'altra razza, negli ultimi anni la Gran Bretagna, pur non essendo stata risparmiata dalla violenza operaia, ha evitato la rivoluzione.[792]

In uno Stato multirazziale, invece, il sindacalismo non può evitare di diventare un puntello del razzismo delle minoranze. Fortunatamente per la maggioranza americana, si tratta di un puntello debole, a causa delle differenze razziali che hanno aperto un ampio divario tra la leadership sindacale e gli iscritti al sindacato. Finché i leader sindacali producono salari più alti e maggiori benefici marginali per gli iscritti al sindacato, tutto va bene.[793] Ma quando le politiche sindacali si scontrano troppo bruscamente con gli atteggiamenti sociali e gli istinti politici di una parte considerevole degli iscritti al sindacato, la delicata alleanza inizia a sgretolarsi.

Alcuni elementi del movimento sindacale hanno assunto una posizione militante contro gli sconfinamenti della socialdemocrazia - sconfinamenti favoriti e in parte sovvenzionati dai padroni del movimento sindacale. Mentre la maggior parte dei membri della Maggioranza rimane vigliacca di fronte alla violenza delle minoranze, gli elmetti dei sindacati artigianali, molti dei quali appartenenti a minoranze assimilate, hanno osato combattere le bande di strada delle minoranze inassimilabili con le loro stesse armi, sul

---

[792] In Gran Bretagna c'è una crescente popolazione di colore e una minoranza ebraica molto ricca, anche se piccola. È possibile che questi elementi abrasivi di minoranza, con un aiuto sostanziale da parte dei proletari britannici, siano in grado alla fine di trasformare la Gran Bretagna da un socialismo evolutivo a una varietà più leninista.

[793] È logico e scontato che le organizzazioni sindacali americane si impegnino per ottenere standard di vita più elevati, migliori condizioni di lavoro e sicurezza del posto di lavoro per i loro membri. Se il risultato finale, tuttavia, è una forza lavoro che lavora in modo discontinuo per trentacinque o meno ore alla settimana, mentre i lavoratori di uno Stato aggressivo - dove fioriscono il cottimo e le quote di produzione e sono vietati gli scioperi - lavorano in media cinquanta o più ore alla settimana, quanto è sicuro economicamente il Paese con le condizioni di lavoro migliori?

loro stesso terreno. L'aggressività dei lavoratori edili nell'attaccare i dimostranti "pacifisti" a Wall Street nel 1970 non solo ha inferto un altro colpo mortale alla teoria marxista, ma ha rivelato che la Legione Americana e le Figlie della Rivoluzione Americana non hanno più un angolo di patriottismo.

Sul versante del debito, molti di questi stessi irriducibili sono fermamente impegnati, come la maggior parte degli altri membri del sindacato, nella spirale salari-prezzi che ha reso le grandi imprese e il grande lavoro sinonimo di monopolio e inflazione. Solo le aziende più ricche sono ora in grado di permettersi l'aumento dei salari, l'assistenza medica gratuita, l'assicurazione contro gli infortuni, le pensioni di anzianità, le lunghe vacanze, i molteplici periodi di riposo, l'assenteismo, i rallentamenti e gli scioperi che sono inevitabilmente associati ai contratti sindacali. La marcia indietro di alcuni grandi sindacati di fronte alla crescente concorrenza del Giappone non dovrebbe costituire una tendenza nazionale. Il fatto che gli aumenti salariali siano stati temporaneamente accantonati, spesso in cambio della condivisione dei profitti, potrebbe essere interpretato come un'ammissione da parte di Big Labor di aver preteso troppo.

Non riuscendo a far fronte all'aumento dei costi, alle tasse sempre più alte e ai regolamenti federali sempre più stringenti, molte piccole imprese sono in rosso e i piccoli agricoltori sono costretti a vendere. L'imprenditore americano di un tempo, il negoziante, l'esploratore, il cercatore d'oro, l'allevatore con un piccolo allevamento di bestiame, l'agricoltore di terra[794] - molti di coloro che sono impegnati in occupazioni tradizionali della Maggioranza - si stanno unendo, o stanno affrontando la prospettiva di essere costretti ad unirsi, alle file del proletariato.

"Il vero segno distintivo del proletario", ha scritto Toynbee, "non è né la povertà né l'umile nascita, ma la consapevolezza - e il risentimento che questa consapevolezza ispira - di essere stato diseredato dal suo posto ancestrale nella società e di essere indesiderato in una comunità che è la sua casa legittima; e questo proletarismo soggettivo non è incompatibile con il possesso di beni materiali".[795] Applicando le parole di Toynbee agli Stati Uniti degli anni '90, il proletario della maggioranza è una vittima del confronto razziale in corso. Il suo corpo può essere illeso, ma la sua mente e la sua volontà sono state temporaneamente o permanentemente scalfite. E

---

[794] Gli Stati Uniti avevano 6.097.799 aziende agricole nel 1940; 2.094.000 nel 1992. *Almanacco mondiale* 1994, pag. 121. Il numero di aziende agricole negre è diminuito a un ritmo ancora maggiore rispetto a quello delle aziende agricole bianche.

[795] *Uno studio della storia*, Vol. V, p. 63.

come proletario, come persona che è stata neutralizzata razzialmente, può essere alla fine persuaso a schierarsi con le forze che lo hanno ridotto così.

La proletarizzazione spesso arriva fino agli uffici dei grattacieli della direzione aziendale, dove i dirigenti della Maggioranza, invischiati in una massa ottopica di regolamenti governativi, contratti di lavoro, tasse, azioni positive e burocrazia amministrativa, sono diventati ingranaggi senza volto di un'economia senz'anima come i lavoratori più umili nelle fabbriche di sudore. I loro redditi a sei cifre, i loro conti spese troppo generosi e i loro titoli imponenti compensano a malapena la frustrazione di aver perso il comando, di aver dato meno ordini e di averne presi di più, di aver dovuto inchinarsi e grattarsi all'infinito di fronte ai burocrati di Washington, agli azionisti fastidiosi e agli scontrosi rappresentanti sindacali. Hanno perso o stanno perdendo l'autorità di licenziare e di assumere. Il negozio sindacale ha abrogato la prima. Le quote razziali di minoranza stanno abrogando la seconda.

La separazione tra proprietà e gestione nelle grandi aziende e la crescente difficoltà di mantenere la proprietà nelle piccole imprese hanno trasformato i dirigenti della Maggioranza, un tempo molto attivi, in una casta burocratica nomade che si sposta da un'azienda all'altra in un'incessante e spesso improduttiva migrazione circolare. In molte aziende l'amministratore delegato, che taglia gli angoli e spacca la frusta - in alcuni casi l'uomo che ha costruito l'azienda da zero, nella maggior parte dei casi l'unico uomo in grado di far muovere le cose - è stato sostituito da contabili o avvocati, con il risultato che la produzione di massa di qualità, la grande invenzione del genio imprenditoriale della Maggioranza, è stata subordinata a considerazioni finanziarie e fiscali.[796] Ancora più umiliante per i decisori della vecchia scuola della Maggioranza è che molte politiche aziendali critiche non sono più formulate dal management, ma da agenzie federali e dalla "politica pubblica".[797]

Nel suo attacco quotidiano alla comunità imprenditoriale della maggioranza, l'intellighenzia liberal-minoritaria aggiunge l'insulto al danno sollevando costantemente lo spettro di un "complesso militare-industriale", che viene

---

[796] Robert McNamara, ex presidente della Ford Motor Company e poi segretario alla Difesa, ha iniziato la sua carriera commerciale come contabile, entrando alla Ford solo a trent'anni. *Current Biography*, 1961, p. 292. Oggi i consigli di amministrazione delle "Big Three" automobilistiche di Detroit hanno alcuni membri che probabilmente non sanno cambiare una gomma.

[797] Monroe J. Rathbone, quando era presidente della Standard Oil of New Jersey, ha dichiarato: "Non facciamo mai nulla di importante senza prima considerare nei minimi dettagli gli aspetti delle relazioni pubbliche". Wall Street Journal, vol. LXVII, n. 99, pag. 1.

dipinto come una sorta di cospirazione su larga scala contro il popolo americano da parte dei vertici militari e industriali WASP.[798] Poiché basta un tratto di penna presidenziale per rimuovere qualsiasi ufficiale dalle forze armate, i presidenti stessi devono essere stati al corrente del complotto. Poiché il complesso si nutre presumibilmente di guerra, deve essersi alimentato molto meglio sotto le amministrazioni democratiche, che hanno impegnato gli Stati Uniti nelle guerre mondiali I e II e nei conflitti di Corea e Vietnam. Per dirla in altro modo, il complesso militare-industriale, se esiste, deve essere in parte frutto della mente dei suoi critici. Il fatto che tali potenti complottisti ricevano una stampa così negativa e che qualsiasi commentatore televisivo, direttore di giornale o editorialista di primo piano eserciti un'influenza dieci volte superiore a quella di un dirigente di una grande azienda o di un generale del Pentagono, sembrerebbe sfavorire la probabilità di una tale cospirazione.

Il complesso militare-industriale è solo uno dei tanti spauracchi semantici - una versione aggiornata di sfruttatore borghese, mostro capitalista, monarca economico, gnomo zurighese, succhiasangue di Wall Street, fascista, nazista e altri termini liberali e marxisti - che hanno lo scopo di dividere la maggioranza in classi, in ricchi e poveri, imprese e lavoratori, avvantaggiati e svantaggiati. Tutto questo fa parte della grande manovra di assegnare l'uomo a categorie economiche invece che genetiche, una strategia molto comoda e molto efficace per le minoranze che vogliono superare le maggioranze.

I leader sindacali sanno meglio di chiunque altro che la via più diretta per raggiungere il cuore dell'uomo è l'appello all'interesse personale, che nella migliore tradizione sindacale comprende sia la carota dell'aumento di stipendio che il bastone della disoccupazione. Sanno anche che c'è un po' di proletariato in ognuno di noi e che il loro compito è quello di massimizzarlo e portarlo in superficie. Quello che non sanno, o fingono di non sapere, è che quando l'uomo viene ridotto a uomo economico perde la maggior parte della sua umanità.

---

[798] La frase è apparsa per la prima volta nel discorso di commiato del Presidente Eisenhower alla fine del suo secondo mandato, un discorso scritto da Malcolm Moos. *Nation*, 28 aprile 1969, p. 525 e *U.S. News & World Report*, 19 settembre 1958, p. 17. Come direttore dell'Università del Minnesota nel 1969, Moos non preferì alcuna accusa disciplinare contro 70 studenti negri che sequestrarono un edificio per 24 ore e causarono danni per 5.000 dollari. *New York Times*, 26 ottobre 1969, p. 59. La cosa più simile a un complesso militare-industriale è apparsa per la prima volta durante la prima guerra mondiale, quando Bernard Baruch ha regolato l'industria americana per soddisfare i requisiti della guerra totale. Fu ripreso nella Seconda Guerra Mondiale come parte del Piano di Mobilitazione Industriale sviluppato da Louis Johnson, assistente del Segretario alla Guerra, e approvato dal Presidente Roosevelt. *New York Times*, 22 marzo 1970.

CAPITOLO 27

Il fronte di battaglia fiscale

In superficie la tassazione è un mezzo per coprire i costi del governo e - in questi ultimi giorni dell'era keynesiana - per regolare l'economia. Sotto la superficie, la tassazione è un mezzo per catturare e mantenere il controllo dello Stato, per scegliere gli occupanti dei posti di potere. In passato era abitudine dei conquistatori di una nazione esentarsi dalla tassazione e far ricadere l'onere fiscale sulla popolazione sottomessa. La tassazione, di conseguenza, era il prezzo della sconfitta. Con l'avvento della democrazia economica e sociale, poco è cambiato. Lo scopo della tassazione è stato esteso dal prelievo della ricchezza alla sua equalizzazione e ridistribuzione. Non sorprende che queste nuove funzioni fiscali, che sotto il nome di "riforma fiscale" hanno presentato agli americani un'impennata delle tasse, abbiano esercitato un'attrazione particolare sulla coalizione liberal-minoritaria.

Le imposte che si prestano più facilmente alla guerra fiscale sono le imposte sul reddito delle persone fisiche e delle società e le imposte sulle successioni e sulle donazioni. A differenza delle imposte sulla proprietà, sulle accise e sulle vendite, queste imposte "selettive" hanno una scala progressiva (alcuni la chiamano "schiacciante"). La quota preponderante di tutte le entrate fiscali federali proviene oggi dall'imposta sul reddito delle persone fisiche e delle società e dalle "imposte sulle assicurazioni sociali", imposte che non esistevano nemmeno all'inizio del secolo.[799]

Fu l'amministrazione democratica di Woodrow Wilson a far approvare l'imposta federale sul reddito nel 1913, lo stesso anno in cui divenne legge il 16° emendamento sulla "tassa sul reddito"".[800] L'aliquota era pari all'1% sul reddito superiore a 3.000 dollari (single) e a 4.000 dollari (coniugati), con sovrattasse dall'1 al 6% sul reddito imponibile superiore a 20.000 dollari.

---

[799] Nell'anno fiscale 1992, l'imposta federale sul reddito delle persone fisiche ha portato al Dipartimento del Tesoro 476 miliardi di dollari; l'imposta sul reddito delle società più di 100 miliardi di dollari; le imposte sulla sicurezza sociale, i contributi per la pensione e la disoccupazione più di 413 miliardi di dollari; le accise (alcol, tabacco, carburante, ecc.), i dazi doganali e le imposte sulle successioni e sulle donazioni circa 101 miliardi di dollari. *Almanacco mondiale* 1994, pag. 99.

[800] C'è stata un'imposta federale sul reddito per dieci anni durante e dopo la Guerra Civile e un'altra nel 1894 che è stata dichiarata incostituzionale dalla Corte Suprema.

Entro la prima guerra mondiale, le imposte sul reddito erano salite al 6-12% con sovrattasse fino al 65%.[801]

Fu un'altra amministrazione democratica, quella di Franklin Roosevelt, ad aumentare le imposte sul reddito individuale fino a raggiungere aliquote che distruggevano i risparmi e che andavano da un minimo del 23% a un massimo del 94%. L'imposta sulle società, pari all'1% ai tempi di Wilson, fu portata al 52%.[802] Dopo la Seconda Guerra Mondiale ci sono state alcune riduzioni dell'imposta sul reddito delle persone fisiche e delle società, ma poche di grande rilevanza, ad eccezione di tagli consistenti nella fascia alta dell'imposta individuale. Per gli americani che traggono profitto da investimenti o speculazioni (l'Internal Revenue Service fa poca distinzione tra i due), esiste un'imposta sulle plusvalenze che è stata ridotta negli ultimi anni. Poiché gli stipendi vengono aumentati per tenere il passo con il crescente costo della vita causato da un'inflazione strisciante, a volte balzante, i contribuenti vengono spostati in fasce fiscali più alte e di conseguenza devono pagare un'imposta sul reddito sproporzionatamente più alta. Questo fenomeno può essere fermato dall'indicizzazione. Nel frattempo 38 Stati e almeno quaranta città hanno una propria imposta sul reddito individuale.[803]

Nella sua forma attuale, l'imposta sul reddito discrimina la maggioranza americana per molte ragioni sottili e non. I dati storici dimostrano che l'imposta sul reddito, un'istituzione fiscale nordeuropea, funziona efficacemente solo nei Paesi in cui predominano i nordeuropei o i discendenti dei nordeuropei.[804] In molte nazioni latine, l'imbroglio sulle imposte sul reddito è così diffuso che la riscossione, fatta eccezione per le ritenute alla fonte, si è ridotta a un'operazione di recupero, praticamente inapplicabile. Non è necessario aggiungere che le abitudini fiscali di molti popoli del Vecchio Mondo non sono state radicalmente modificate dai loro discendenti nel Nuovo.[805]

---

[801] *Ency. Brit.*, Vol. 12, p. 136.

[802] Ibidem.

[803] *Almanacco mondiale* 1994, pag. 148.

[804] "Il merito dell'istituzione della prima grande imposta sul reddito di successo al mondo viene solitamente attribuito alla Gran Bretagna. L'imposta britannica fu introdotta per la prima volta nel 1779...". *Ency. Brit.*, Vol. 12, p. 136.

[805] In Italia le persone sono spesso tassate per il loro reddito "apparente" piuttosto che per quello reale. Per questo motivo, nei giorni che precedono l'accertamento del reddito, i cittadini tengono le loro auto sportive in garage.

Un'analisi dei casi di frode fiscale verificatisi negli Stati Uniti negli ultimi anni rivela una percentuale insolitamente alta di nomi di minoranze.[806] I giorni dei borghesi medievali di Brema che, senza il beneficio di esattori o leggi fiscali, pagavano le tasse "valutando onestamente la propria capacità di pagare e adempiendo volontariamente a un dovere onorifico" sono passati da tempo.[807] Ma è giusto dire che la Maggioranza è ancora sottorappresentata nell'elenco degli evasori fiscali che, secondo una stima dell'Internal Revenue Service, ogni anno truffano il Tesoro degli Stati Uniti per 95 miliardi di dollari.[808] La mafia, ovviamente, paga poche o nessuna tassa sui suoi 30 miliardi di dollari annui.[809]

Poiché le minoranze si concentrano proprio ai due estremi dello spettro di reddito americano, il carico fiscale è ricaduto in modo opprimente sulla parte centrale dello spettro, il centro della maggioranza. Le scappatoie fiscali aiutano i molto ricchi e le esenzioni fiscali aiutano i molto poveri. Se possiedono una casa, gli americani della classe media possono dedurre gli interessi del mutuo, ma per il resto beneficiano poco del sistema fiscale. Le ritenute fiscali rendono impossibile per i salariati sfuggire all'esattore, ma le spese mediche e legali, gli emolumenti percepiti dalle professioni affollate dalle minoranze, sono spesso difficili da rintracciare. Per quanto riguarda la riforma fiscale, di cui tutti i politici dicono che è una necessità assoluta, di solito degenera in un grido contro i rifugi fiscali e i redditi a sei cifre, mentre poco o nulla si dice sulle fondazioni che evadono le tasse, sulle organizzazioni "educative" politicamente motivate e sugli enormi contributi deducibili dalle tasse a Israele.

Oltre a pesare sul portafoglio della maggioranza, l'imposta graduale sul reddito pesa anche sulle abitudini lavorative della maggioranza. Quando le tasse diventano troppo alte, distruggono gli incentivi, scoraggiano il risparmio e incoraggiano la spesa, un comportamento economico che si aggiunge al ripudio dell'etica protestante, la tradizionale linea guida delle abitudini lavorative della maggioranza. Secoli di indottrinamento religioso e alcune possibili influenze genetiche rendono più difficile per i membri della Maggioranza che per quelli della Minoranza adattarsi alla nuova Etica Prodigale dei conti spese, delle carte di credito e degli acquisti a rate senza limiti: i gusti del "vola ora, paga dopo" di un'economia spendacciona. Il più colpito è l'imprenditore della Maggioranza, che nelle prime fasi della

---

[806] Si veda il capitolo 30.

[807] Wilhelm Ropke, *A Humane Economy*, Regnery, Chicago, 1960, p. 133.

[808] Più di un terzo del deficit di bilancio del 1992, pari a 290.204.000.000 di dollari.

[809] Se la mafia pagasse le tasse sui suoi profitti illegali, si potrebbe ottenere una riduzione delle tasse del 10% per tutti. *Reader's Digest*, gennaio 1969, p. 225.

crescita aziendale è costretto dalle alte tasse sui profitti e dai tassi di interesse usurari a trovare capitali esterni per sopravvivere. Se in qualche modo riesce a mantenersi solvibile e la sua attività cresce, diventa un bersaglio privilegiato per i raider delle imprese di minoranza.

Gli eredi delle fortune della Maggioranza che non sono ancora state sperperate mantengono ancora la maggior parte delle loro partecipazioni nelle grandi società fondate dai loro antenati. Il reddito di queste fortune è ora oggetto di un sistema di doppia tassazione, in base al quale i profitti delle società sono tassati all'incirca al 35% e i dividendi pagati con i profitti rimanenti sono nuovamente tassati come reddito ordinario. Ancora più dannose per la conservazione del capitale della Maggioranza sono le imposte federali sulle successioni e sulle donazioni (oltre il 50%), che sono state le principali responsabili della creazione di una monumentale elusione fiscale nota come fondazione esente da imposte.

Nel 1985 negli Stati Uniti c'erano circa 24.000 di questi gruppi che evadevano le tasse, con un patrimonio di 20 miliardi di dollari ed erogando ogni anno 1,5 miliardi di dollari in sovvenzioni.[810] Creando queste fondazioni, molti milionari e miliardari della Maggioranza sono riusciti a tenere gran parte della loro ricchezza fuori dalla portata dell'Internal Revenue Service, ma non hanno impedito che queste vacche da mungere finissero nelle mani di persone le cui filosofie politiche ed economiche sono molto lontane da quelle dei fondatori. La maggior parte di queste organizzazioni finiscono nelle mani di avvocati e gestori di fondi professionali, che poi procedono a contribuire in maniera generosa a cause liberali e di minoranza.[811]

Si potrebbe immaginare il dispiacere di Henry Ford se avesse scoperto che la Fondazione Ford, una delle più ricche, era diretta da un avvocato negro, Franklin Thomas. Potrebbe essere ancora più perplesso se venisse a sapere che la fondazione costruita con i suoi soldi una volta ha dato 175.000 dollari al Congress of Racial Equality per aiutare a eleggere il primo sindaco nero di Cleveland, Carl Stokes.[812] La Fondazione Ford ha anche sovvenzionato la scrittura e la produzione di melodrammi razzisti neri, molti dei quali non

---

[810] *Enciclopedia Americana*, edizione 1985, vol. 11, pag. 646.

[811] Alger Hiss è stato a capo del Carnegie Endowment for International Peace. Un'altra fondazione Carnegie, la Carnegie Corporation, ha finanziato *An American Dilemma* di Gunnar Myrdal. Tra le poche fondazioni orientate alla maggioranza, l'unica veramente antiliberale con attività degne di nota è il Pioneer Fund. L'Alexis de Toqueville Institution e la John M. Olin Foundation sono considerate di destra, ma il loro conservatorismo si allontana raramente dal centro della strada.

[812] *Time*, 19 gennaio 1968, p. 16.

fanno altro che imprecare contro tutto ciò che è bianco.[813] Come antisemita, tuttavia, Ford si sarebbe certamente divertito a sapere che la sua fondazione ha finanziato un esperimento di decentramento scolastico a New York che ha provocato un'aspra divisione razziale tra genitori negri e insegnanti ebrei.[814]

È probabile che le piccole fondazioni abbiano un orientamento verso le minoranze ancora più marcato rispetto a quelle più grandi. Un numero sempre maggiore di esse è stato istituito da magnati appartenenti a minoranze che hanno specificato che il loro denaro deve essere utilizzato esclusivamente per promuovere le cause delle minoranze sia in patria che all'estero. I ricchi appartenenti a minoranze sono anche più propensi a percorrere la strada alternativa di evitare le tasse di successione donando prima della morte gran parte dei loro patrimoni direttamente a "organizzazioni caritatevoli", ovvero organizzazioni strettamente dedicate agli interessi nazionali o esteri dei loro gruppi di popolazione.[815]

È ironico che i membri della maggioranza, i cui antenati furono i primi a sviluppare il concetto rivoluzionario che la tassazione dovesse derivare dal consenso del contribuente e il cui grido di guerra nella lotta contro il re Giorgio III era "nessuna tassazione senza rappresentanza", abbiano rinunciato così facilmente alle loro prerogative fiscali. In teoria, i membri del Congresso determinano ancora la struttura fiscale nazionale. In pratica, la spesa pubblica è diventata così enorme che, quando le proposte di legge sulle tasse vengono approvate in fretta e furia per farvi fronte, spesso il Congresso non può fare altro che approvarle.[816] Inoltre, come in altre aree legislative, i rappresentanti della maggioranza sono così sensibili alle lobby liberal-minoritarie che spesso votano per tasse che discriminano direttamente i loro elettori.

---

[813] Le rappresentazioni sponsorizzate dalla Fondazione Ford non erano così brutte come quelle messe in scena dalla Black Arts Theater School con 44.000 dollari di fondi federali contro la povertà. Persino Sargent Shriver, cognato del presidente Kennedy, responsabile in ultima istanza dell'assegnazione di tali fondi, dovette ammettere che si trattava di "spettacoli ignobili e razzisti". *New York Times*, 38 febbraio 1966, p. 11 e 9 marzo 1966, p. 24. Nel 1951 la Fondazione Ford istituì il Fondo per la Repubblica, che tra gli altri progetti spese una piccola fortuna per attaccare il Comitato per le attività antiamericane della Camera. Goodman, *The Committee*, p. 379.

[814] *Wall Street Journal*, 18 febbraio 1969, pag. 16.

[815] Delle 107 fondazioni esentasse del Maryland nel 1967, cinquantasette erano ebraiche, quasi tutte con obiettivi specificamente ebraici. *The Foundation Directory*, pagg. 315-28. Nel 1970 la percentuale di ebrei nella popolazione del Maryland era di circa il 5%.

[816] I tagli fiscali più pubblicizzati sono strettamente politici e raramente tengono il passo con gli aumenti delle detrazioni per la previdenza sociale.

La tassazione, tuttavia, è solo un aspetto della guerra fiscale condotta contro la maggioranza. Il welfare è un altro. Un tempo i doveri e gli obblighi della società nei confronti di indigenti, malati, anziani e disoccupati erano assunti dalla famiglia, dal villaggio, dalla carità privata e dalla chiesa. Oggi queste funzioni sono state in gran parte assunte dai governi federali, statali e locali. Anche in questo caso, i benefici non sono distribuiti in modo equo. I poveri, che sono in maggioranza non bianchi, possono avere tutti i figli che vogliono, perché ricevono cure mediche e ospedaliere gratuite e assegni sociali più sostanziosi per ogni figlio in più. Gli americani a medio reddito, la maggior parte dei quali si ostina a pagare per conto proprio, non possono più permettersi famiglie numerose.

Ora che la carità non comincia più a casa, il governo federale spende, secondo uno studio, 305 miliardi di dollari all'anno per il welfare.[817] Questa somma non comprende i numerosi programmi statali di assistenza sociale non finanziati da Washington. Il programma Aid to Dependent Children per 4,5 milioni di famiglie (anno fiscale 1992) costa 21,9 miliardi di dollari.[818] Il numero di madri con figli illegittimi aumenta man mano che le loro figlie a carico hanno figli propri, facendo così gravare sulle casse pubbliche tre generazioni della stessa famiglia.[819] In un condominio di New York, "ogni ragazza... di età superiore ai 13 anni era incinta o aveva partorito un bambino. [A 18 anni potevano aspettarsi di ricevere il loro assegno di assistenza pubblica, elaborato dall'IBM".[820]

L'aiuto è reso più difficile dagli atteggiamenti lavorativi della proliferante classe indigente americana. Un disoccupato può considerare un lavoro "umile", rifiutarlo e avere comunque diritto all'assicurazione contro la disoccupazione. Eppure, questi cosiddetti lavori umili sono gli unici per i quali molti disoccupati sono qualificati.[821] Il problema della disoccupazione, quindi, ha radici sociali oltre che economiche. Potrebbe anche avere radici genetiche. Troppi "svantaggiati" in America sono sempre stati "svantaggiati"

---

[817] *Issues '94*, Heritage Foundation, Washington D.C., pag. 55.

[818] *Almanacco mondiale* 1994, pag. 372.

[819] *Wall Street Journal*, 7 febbraio 1964, pag. 1.

[820] Ibidem. Come citato in un articolo di una rivista da un consulente del Senato dello Stato di New York.

[821] Nel 1964 la disoccupazione è costata alla nazione circa 75.600.000 settimane lavorative perse, anche se c'erano 2.000 uffici di collocamento sostenuti dallo Stato per aiutare i disoccupati a trovare lavoro. Nello stesso anno, la California dovette importare decine di migliaia di messicani per raccogliere i raccolti. George Pettitt, *Prisoners of Culture*, Scribner's, New York, 1970, pp. 140, 142. Nel 1992 i disoccupati erano 9,3 milioni, pari al 7,4% della forza lavoro civile. *Almanacco mondiale* 1994, p. 130.

in qualsiasi paese abbiano vissuto. Permettere e persino incoraggiare questa classe indigente a riprodursi a un ritmo molto più veloce di quello della Maggioranza[822] significa semplicemente aggravare la crisi degli aiuti e costringere ad assegnare una quota sempre maggiore del prodotto nazionale lordo ai non produttori.

Il welfare indossa l'abito dell'umanitarismo, ma il suo scivolamento politico è evidente. Lo scopo fondamentale del welfare, è ragionevole supporre, è quello di garantire un tenore di vita decente e una vita dignitosa a coloro che sono inabili a causa dell'età, della salute o di incidenti. Ma i più attivi sostenitori dello Stato sociale parlano di sicurezza dalla culla alla tomba, di redditi garantiti per ogni adulto e, occasionalmente, di prelievi sul capitale per ridistribuire la ricchezza. Si spingono lontano, ma spesso nella direzione sbagliata. Cercano le cause economiche e sociali della povertà, mentre evitano le cause genetiche. Chiedono lo sgombero delle baraccopoli, ma non chiedono di porre fine all'allevamento irresponsabile che ha la responsabilità di creare e perpetuare le baraccopoli.

La natura politica del welfare è rivelata al meglio dalla tiepida accettazione da parte delle minoranze nere e ispaniche del controllo delle nascite come soluzione al problema della povertà. Come ha dichiarato un alto funzionario della NAACP, i neri "devono produrre più bambini, non meno" per acquisire maggiore peso politico.[823]

Lo stato sociale contiene i semi della sua stessa distruzione nella sottoscrizione dell'inflazione come mezzo per far fronte a spese governative sempre maggiori. Per mantenere i voti e mantenere le promesse fatte in campagna elettorale di sussidi federali sempre più ampi e frequenti, i politici del welfare - categoria che oggi comprende alcune delle figure politiche più potenti di entrambi i partiti - devono ricorrere all'espediente del deficit spending. Mentre il debito nazionale sale alle stelle, il valore del dollaro si riduce. Poiché i sindacati si rifiutano di permettere alle aziende, alcune sull'orlo del fallimento, di ridurre i salari, sempre più imprese si rivolgono a fornitori e lavoratori stranieri. Nel 1992 lo squilibrio commerciale era di oltre 7 miliardi di dollari al mese.

Tutto ciò è molto keynesiano, ma danneggia la Maggioranza, l'elemento più stabile della popolazione, più di ogni altro gruppo. È la Maggioranza che per abitudine e tradizione - a volte anche per patriottismo - preferisce i conti di risparmio, le assicurazioni sulla vita e i titoli di Stato, gli investimenti

[822] Sta facendo la sua comparsa anche una classe di cretini. Nel 1965 c'erano 1.117.800 bambini con ritardo mentale, 972.000 bambini con disturbi mentali e 486.000 bambini con difficoltà di apprendimento. Pettitt, op. cit., p. 221.

[823] *Time*, 25 luglio 1969, p. 21.

"sicuri" che si deprezzano di più durante l'inflazione, alle speculazioni e ai peculati che fanno la fortuna dei finanzieri in tempi di svalutazione della moneta. E saranno i membri della Maggioranza, che si aggrappano disperatamente agli ultimi brandelli dell'Etica Protestante, che continueranno senza dubbio a subire questa batosta economica finché il dollaro americano non inizierà a imitare il marco tedesco, che alla fine del 1923 stava crollando al ritmo del 50% all'ora.[824]

Il veleno dell'inflazione è ad azione lenta. Non distrugge un'economia con la stessa rapidità e drammaticità del veleno devastante di una debacle borsistica o di un'occupazione militare. Ma a lungo andare è altrettanto letale. Il fatto che il giorno del giudizio arriverà certamente per gli spendaccioni non dovrebbe essere di grande conforto per la Maggioranza. Per allora sarà troppo tardi, proprio come era troppo tardi per la cicala di Esopo quando arrivò l'inverno.

L'inflazione può essere rallentata subordinando ogni aumento dei salari a un aumento della produzione. Ma questo deve essere preceduto da profondi cambiamenti nel pensiero e nella composizione della gerarchia monetarista. Il sistema di welfare, che affama lo spirito mentre nutre il corpo, potrebbe essere riscattato continuando ad assistere i bisognosi, ma smettendo di premiare i fannulloni, i delinquenti, gli immigrati clandestini e le fattrici dei ghetti. Il potere della tassazione può essere recuperato limitandolo al pagamento dei costi del governo. Le leggi fiscali dovrebbero avere uno scopo più elevato che non quello di fornire la copertura legale per valutazioni arbitrarie e selettive che incoraggiano un gruppo di popolazione a vivere sul reddito di un altro. Se ci devono essere delle scappatoie fiscali, che vadano a beneficio dell'agricoltore, del produttore, del lavoratore della produzione, dell'ingegnere e dell'artista - i creatori e i guardiani della civiltà, non gli scrocconi.

Ma nessuna di queste riforme vitali sarà realizzata finché verranno considerate come questioni puramente fiscali. Le politiche fiscali non sono l'espressione o il marchio di un sistema economico. Sono l'espressione di come i diversi popoli misurano l'input che si aspettano di dare alla società e l'output che si aspettano di ricevere. Quando a Detroit la forza lavoro era di origine europea, l'industria automobilistica americana era leader mondiale nella produzione di autoveicoli. Quando la forza lavoro si è oscurata, quando ragionieri, avvocati e regolatori governativi hanno sostituito imprenditori e

---

[824] L'affrancatura di una lettera locale in Germania costava 100 miliardi di marchi alla fine del 1923. Gli stipendi venivano spesso pagati quotidianamente, in modo che i salariati potessero acquistare immediatamente i loro beni di prima necessità.

ingegneri come amministratori delegati, il primato è passato a tedeschi e giapponesi.[825]

La questione non si riduce all'economia, ma alla razza.[826] Ci sono persone che vedono il lavoro come un fine in sé, che concepiscono l'America, il mondo e persino il cosmo come una serie infinita di frontiere che offrono infinite possibilità di lavoro. Sappiano che le frontiere sono contate, che le ultime si stanno avvicinando e che il loro stimolo e la loro iniziativa svaniranno. Poi ci sono quelli che pensano al lavoro come a un mezzo, a una difficoltà, spesso a una maledizione. La loro America è un circolo chiuso, un progetto economico che può e deve essere portato a termine in modo che tutto il lavoro umano possa essere ridotto al minimo indispensabile. Il loro mondo e la loro immaginazione sono finiti.[827] Anche il loro universo è circoscritto dalla curvatura einsteiniana dello spazio.

Gli attuali governanti dell'economia americana non stanno portando la nazione verso il futuro. La stanno facendo marciare all'indietro per conformarsi a una filosofia di lavoro secolare che non è - e non è mai stata - quella della Maggioranza.

---

[825] "Dal 1947 al 1965, il PNL statunitense è aumentato del 3,4% all'anno, è sceso al 2,3% negli anni '70, è sceso allo 0,9% nel 1979 e allo 0,7% nel 1993. (La crescita della produttività del Giappone, invece, è salita a un tasso medio annuo di circa il 7,3%)". *Time*, 8 dicembre 1980, pag. 73 e *Almanacco mondiale* 1994, pag. 58.

[826] Oggi i tedeschi occidentali gestiscono l'economia capitalistica di maggior successo del mondo bianco. I tedeschi dell'Est, fino all'unificazione, avevano l'economia comunista di maggior successo al mondo. Eppure gli economisti evitano accuratamente di menzionare la razza o la genetica quando sono chiamati a spiegare questo fenomeno.

[827] "Le leggi e i fatti fondamentali più importanti della scienza fisica sono stati tutti scoperti e sono ora così saldamente stabiliti che la possibilità che vengano mai soppiantati in seguito a nuove scoperte deve essere cercata nel sesto posto dei decimali". Albert A. Michelson, 1894, in occasione dell'inaugurazione del Ryerson Physical Laboratory dell'Università di Chicago. Un altro esempio di mente statica è l'argomentazione della scuola antropologica di Boas, espressa a gran voce da Margaret Mead, secondo la quale nessuno dovrebbe perdere tempo a cercare le origini della cultura, una questione sulla quale "non c'è e non può esserci alcuna prova valida". Leslie A. White, *The Evolution of Culture*, McGraw-Hill, New York, 1959, p. 71. Un grido di negatività altrettanto stridente è stato lanciato da Richard Lewontin, genetista di Harvard: "Dobbiamo affrontare la possibilità che *non* riusciremo *mai a* comprendere l'organizzazione del sistema nervoso centrale se non al livello più superficiale". L'enfasi è di Lewontin. La citazione è tratta da un suo articolo per la *New York Review of Books* (20 gennaio 1983, p. 37). Forse l'affermazione più chiusa di tutte è venuta dalla bocca di Max Born, un noto fisico ebreo, che nel 1928 predisse: "La fisica come la conosciamo sarà finita tra sei mesi". *New York Review of Books*, 16 giugno 1988. Le profezie di Cassandra, la principessa di Troia, si sono sempre avverate, ma nessuno le ha mai creduto. Quello di Born fu il caso opposto.

PARTE VIII

Lo scontro legale

CAPITOLO 28

L'adulterazione della legge

In questo studio si è prestata molta attenzione all'abilità delle minoranze inassimilabili nell'adattare le istituzioni della maggioranza a proprio vantaggio. In nessun luogo questo talento è stato mostrato in modo più drammatico che nel campo della giurisprudenza. I risultati sono stati così sconvolgenti che alcune parole preliminari sulla natura e l'origine del diritto possono aiutare a presentare un quadro più chiaro di ciò che è avvenuto.

Le leggi hanno origine nei costumi della tribù. Le prime leggi nacquero probabilmente da rozzi tentativi di formalizzare le norme sociali della vita primitiva. Col tempo, alcuni vecchi e saggi membri della tribù, ben consapevoli della paura dei loro parenti nei confronti del soprannaturale, ricevettero istruzioni dirette da voci ultraterrene sulle regole di comportamento. Di conseguenza, le leggi ricevettero una sanzione religiosa. Anche quando il legislatore non rivendicava alcun legame con il cielo, come nei casi di Licurgo e Hammurabi, veniva rapidamente elevato allo status di semidivino. Il diritto canonico è la prova migliore del rapporto precoce e persistente tra giuristi e sacerdoti.

Man mano che i sistemi sociali diventavano più complessi, le leggi venivano codificate e cominciavano a tessere la loro tela in tutta la lunghezza e l'ampiezza dell'attività umana. Nelle società più sofisticate le leggi divennero le regole del gioco della civiltà. Man mano che il rispetto per la legge diminuiva, le leggi proliferavano o piuttosto degeneravano in masse di regolamenti burocratici e spesso contraddittori. Tacito descrisse il rapporto di causa ed effetto in uno dei suoi epigrammi più ordinati: "Quando lo Stato è più corrotto, le leggi sono più abbondanti".[828]

Tuttavia, un corpus legislativo consolidato ha un'influenza conservatrice sulla società. Più le leggi sono vecchie, più acquistano inerzia e più sono difficili da cambiare, soprattutto quando hanno il sostegno combinato di consuetudine, religione e praticità. È vero che queste tre basi di un sistema giuridico efficace sono molto più comuni nelle società omogenee che in quelle eterogenee. Una diversità di popoli significa una diversità di costumi, che creano contraddizioni di base nel diritto. Come notò Matthew Arnold, "la mescolanza di persone di razza diversa nello stesso commonwealth, a meno che una razza non abbia un'ascendenza completa, tende a confondere

---

[828] "et corruptissima re publica plurimae leges". *Ab Excessu Divi Auvgusti*, I, xxvii.

tutte le relazioni della vita umana, e tutte le nozioni degli uomini di giusto e sbagliato..."[829]

Nel suo articolo sul diritto inglese nell'Enciclopedia Britannica, Frederic Maitland ha adottato un approccio simile all'argomento, affermando: "Il diritto era una questione di razza".[830] Il diritto degli europei del Nord era infatti il diritto germanico, che in seguito si è evoluto nel diritto anglosassone o common law, tuttora praticato in Gran Bretagna, in alcune ex dipendenze e negli Stati Uniti. Era rara tra i sistemi giuridici sofisticati perché si basava sui precedenti piuttosto che su codici scritti (una parziale eccezione va fatta per la Costituzione americana). Nelle cause penali la common law considerava l'accusato innocente fino a quando non veniva dichiarato colpevole da una giuria di suoi pari.[831]

Il rapporto della legge con gli altri simboli dell'autorità statale è importante quanto la legge stessa. De Tocqueville affermava che la stabilità dell'Inghilterra era in gran parte dovuta all'alleanza tra l'aristocrazia e l'avvocatura. Egli attribuì l'instabilità della Francia al fatto che i Borboni avessero snobbato gli avvocati francesi come classe, provocando così il loro duraturo risentimento.[832] Edmund Burke si trovò d'accordo con de Tocqueville quando quest'ultimo criticò l'Assemblea rivoluzionaria francese per essere composta "da membri inferiori, non istruiti, meccanici, meramente strumentali della professione legale... l'intera schiera dei ministri del contenzioso municipale...".[833]

Negli Stati Uniti, scoprì de Tocqueville, non esisteva un'aristocrazia a cui gli avvocati potessero opporsi o aderire, così ne crearono una propria e *ne* divennero *parte integrante*, una vera e propria *noblesse de robe*. Descrivendo la professione legale americana come una potente barriera contro i capricci della democrazia, il filosofo politico francese giunse alla conclusione che essa rappresentava un potere che si notava poco, non incuteva grande timore, si piegava tranquillamente alle esigenze del tempo e partecipava volentieri a tutti i movimenti del corpo politico, penetrando nel contempo profondamente

[829] Come citato da Walter Bagehot, *Fisica e politica*, pp. 29-30.

[830] Volume 8, pag. 47.

[831] Il processo con giuria di pari è stato portato in Inghilterra dai Normanni e probabilmente ha avuto origine in Scandinavia, dove il numero di 12 giudici era sempre tenuto in grande considerazione. William Forsyth, *History of Trial by Jury*, John Parker, Londra, 1852, p. 4.

[832] *De la démocratie en Amérique*, tomo I, pp. 275-76.

[833] *Riflessioni sulla rivoluzione in Francia*, p. 54.

in ogni classe economica, lavorando in segreto e agendo incessantemente per plasmare la società secondo i suoi desideri.[834]

La visione un po' casta e un po' romantica di De Tocqueville degli avvocati americani aveva una certa rilevanza ai tempi di Patrick Henry, Jefferson e Lincoln, tutti avvocati. Oggi, sebbene una tale caratterizzazione degli avvocati possa sembrare assurda, rimane l'attenzione di de Tocqueville per gli elementi cospiratori che operano nella professione legale - cospiratori non alla maniera dei soldati avvocati Alexander Hamilton e John Marshall, che cospirarono con penna e pistola per liberare le colonie dai loro padroni britannici,[835] ma alla maniera dell'avvocato sindacalista e giudice della Corte Suprema, Arthur Goldberg, specializzato nel mettere i lavoratori contro le imprese, e del defunto avvocato agitatore Saul Alinsky,[836] specializzato nel mettere i neri contro i bianchi. Per quanto riguarda gli altri membri contemporanei della professione legale - tra cui gli sciami di avvocati divorzisti, i cacciatori di ambulanze, i portavoce della Mafia e altri furbetti assortiti, le cui funzioni principali sono quelle di distruggere le famiglie per ottenere parcelle esorbitanti, di intentare cause per negligenza da milioni di dollari e, in generale, di assicurarsi che i colpevoli siano liberi - essi hanno in gran parte ridotto un corpus giuridico un tempo molto vasto a meri giochi di parole e a giochi litigiosi. Nel frattempo, i pochi avvocati della Maggioranza che ancora si aggrappano alla tradizione della *noblesse de robe* si sono per lo più murati in suite di grattacieli rivestite di noce, dove difendono i loro clienti aziendali dalle "class action" per non aver assunto o promosso un numero sufficiente di donne, neri e ispanici.[837]

---

[834] Questo paragrafo riassume in modo approssimativo il sottocapitolo "De l'esprit légiste aux Etats-Unis", in *De la démocratie en Amérique di* de Tocqueville, tomo 1, pagg. 274-81.

[835] Il rapporto tra avvocati e non avvocati nel Primo Congresso Continentale era di 24/45; nel Secondo, 26/56; nella Convenzione Costituzionale, 33/55. Beard, *The Rise of American Civilization*, Vol. 1, p. 101.

[836] *Time*, 2 marzo 1970, pp. 56-57.

[837] Se queste sono parole dure, bisogna ricordare che persino Gesù Cristo perse la sua equanimità quando parlò della professione legale. "Guai anche a voi, avvocati, perché caricate gli uomini di pesi gravosi da portare e voi stessi non toccate i pesi con un dito... Avete tolto la chiave della conoscenza..." Luca I I: 46, 52. Shakespeare stava probabilmente sfogando i suoi sentimenti personali quando Dick il macellaio consiglia a Jack Cade che, con la rivoluzione, "la prima cosa da fare è uccidere tutti gli avvocati". Cade è prontamente d'accordo, chiedendosi perché "la pergamena che viene scarabocchiata debba annullare un uomo?". II *Enrico VI*, atto 4, sc. 1. Harold Laski, che si qualifica come esperto in materia, ha detto che in ogni rivoluzione gli avvocati guidano la strada verso la ghigliottina o il plotone d'esecuzione. Fred Rodell, *Woe Unto You, Lawyers!*, Pageant Press, New York, 1957, p. 17.

Le statistiche legali del 1990, quando gli americani spendevano 100 miliardi di dollari per la professione legale, mostravano 755.694 avvocati abilitati negli Stati Uniti. Dei 54.989 avvocati di Washington, D.C., 20.489 lavoravano per il governo federale.[838] Un'indagine del 1990 ha rilevato 192 avvocati alla Camera e 62 al Senato.

Il rapporto tra avvocati e popolazione americana è di circa uno a 360; in Giappone, uno a 10.500. Nel 1990 i pagamenti per cause legali hanno superato i 300 milioni di dollari, pari a circa il 2,4% del PIL. A livello nazionale il 20% di tutti gli avvocati sono ebrei, a New York il 60%. Nelle migliori scuole di legge gli ebrei rappresentano oggi quasi un quarto o un terzo della classe di ingresso. Ad Harvard, la scuola di legge più influente e prestigiosa (il 25% dei professori di legge della nazione sono alumni di Harvard), quasi la metà della facoltà è ebrea.

Quanto più l'influenza delle minoranze è stata esercitata sul sistema giuridico americano, tanto più è evidente la sua rottura. La common law inglese, derivata dal diritto popolare dell'Europa settentrionale,[839] ha funzionato adeguatamente, a volte in modo eccellente, negli Stati Uniti finché la nazione è stata dominata da persone di origine inglese e nordeuropea. Ma quando le minoranze sono diventate un elemento importante sia nel processo legislativo che in quello esecutivo, il diritto americano ha subito una profonda trasformazione. Il sistema giuridico, che prima si occupava principalmente delle relazioni *intragruppo* dei membri della maggioranza, era ora costretto a rivolgere la propria attenzione alle relazioni *intergruppo* di un numero crescente di elementi estranei.

A prescindere dalle teorie sull'assolutismo giuridico, la legge non è un insieme astratto di principi ugualmente applicabili a tutti gli uomini, ma una parte organica della cultura di un popolo, con uno stile e una forma unici per la sua cultura. La common law inglese e americana si è infine basata sull'assioma della responsabilità individuale e su atteggiamenti morali comuni e idee condivise sulla vita e sulla proprietà. La nozione di colpa collettiva piuttosto che personale, l'abitudine di incolpare la società piuttosto

---

[838] I fatti e le cifre riportati in questo paragrafo sono tratti da Martin Mayer, *The Lawyers*, Harper & Row, New York, 1967, pagg. 97-98; *Washington Post*, 27 agosto 1980, pag. A25; Economist, 18 luglio 1992; e *rivista Washingtonian*, novembre 1990. Forse la statistica più inquietante è il rapido tasso di proliferazione degli avvocati. Nel 1963 c'erano 43.000 studenti di legge; nel 1990, 124.471. La professione legale, si potrebbe aggiungere, costa agli americani 500 miliardi di dollari all'anno. *Wall Street Journal*, 3 gennaio 1991.

[839] Quasi nessuna traccia gallese, irlandese o romana si trova nelle vecchie leggi anglosassoni, che sembrano avere prevalentemente origini franche (teutoniche). *Ency. Brit.*, Vol. 8, pp. 546, 548.

che l'individuo per gli atti criminali sono in netto contrasto con la sostanza e la pratica della giurisprudenza americana. Né la legge ebraica né quella orientale, né le "corti" tribali negre né i costumi negri hanno mai dimostrato una sostanziale protezione legale per l'individuo, i cui interessi sono sempre stati messi al di sotto di quelli della nazione o della tribù. Questo approccio collettivo è chiaramente evidente nel diritto contemporaneo, dove si dà più importanza ai diritti delle minoranze che a quelli individuali.

La diluizione liberal-minoritaria delle linee di sangue della legge anglosassone è stata dimostrata nei processi di Norimberga (1945-46), che il defunto senatore Robert Taft ha definito "una macchia sulla storia americana che rimpiangeremo a lungo". I verdetti, affermò Taft, "violano quel principio fondamentale della legge americana secondo cui un uomo non può essere processato in base a uno statuto *ex post facto*". Aggiunse che lo scopo dei processi era quello di "rivestire la vendetta sotto forma di procedura legale".[840]

La stampa, va da sé, ha dato ai processi di Norimberga un sostegno quasi unanime, così come al processo Eichmann del 1960, in cui l'imputato è stato condannato a morte da giudici ostili in un processo senza giuria per un crimine che non esisteva in nessun corpo riconosciuto di diritto internazionale quando lo avrebbe commesso. Eichmann, che era stato rapito dall'Argentina da agenti israeliani, dovette sostenere il processo senza la testimonianza del suo più importante testimone della difesa, al quale il governo israeliano aveva rifiutato di rilasciare un salvacondotto.[841]

Di tutte le istituzioni giuridiche americane, quella che ha sofferto di più negli ultimi anni è il processo con giuria. Una cosa è essere giudicati dai propri vicini e coetanei. Un'altra cosa è strappare un verdetto unanime a dodici persone con livelli di intelligenza, status economico e background razziale e culturale molto diversi. È ancora più difficile quando le giurie miste vengono convocate in casi che hanno già implicazioni razziali o in cui avvocati senza scrupoli possono inserire tali implicazioni. In un processo a San Francisco, dieci giurati bianchi che hanno votato per la condanna di un manifestante negro del "sit-in" sono stati minacciati di violenza dal pubblico prevalentemente negro presente in aula, mentre i due giurati negri che hanno votato per l'assoluzione sono stati applauditi come eroi.[842] In un processo per omicidio a Los Angeles, non è stato possibile ottenere un verdetto perché

---

[840] *New York Times*, 6 ottobre 1946, p. 1.

[841] Yosal Rogal, *The Eichmann Trial*, Center for Study of Democratic Institutions, Santa Barbara, California, 1961, pag. 28. L'opuscolo (p. 25) contrappone le leggi retroattive al tradizionale atteggiamento occidentale di *nullum crimen sine lege, nulla poena sine lege*.

[842] *San Francisco Chronicle*, 21 maggio 1964, p. 16.

due giurati appartenenti a minoranze (un negro e un messicano) si sono sentiti vittime di insulti razziali da parte di giurati bianchi.[843] Nei processi per omicidio e cospirazione scatenati dalla violenza delle Pantere Nere e dalle rivolte di Chicago del 1968, gli avvocati per i diritti civili sono riusciti a fare della razza la questione principale e della giustizia quella minore.[844] In un processo del Distretto di Columbia, un giovane nero di diciassette anni fu liberato da una giuria di soli neri dopo che aveva tentato di violentare una ragazza bianca di diciotto anni ed era riuscito a violentare un'altra ragazza bianca della stessa età, entrambi nello stesso giorno. In seguito il giudice ha ammesso che l'imputato aveva confessato volontariamente i suoi crimini alla polizia, ma a causa delle decisioni della Corte Suprema la confessione non poteva essere ammessa come prova.[845]

Oggi la selezione della giuria negli Stati Uniti è diventata un'arte raffinata. Se il pubblico ministero vuole incriminare un imputato bianco, cercherà di mettere insieme una giuria di neri. Questo è stato il segreto di tante condanne del Watergate. I processi si tennero nella capitale della nazione, dove le giurie sono a maggioranza nera. D'altra parte, se gli avvocati della difesa vogliono ottenere il massimo risultato per i criminali neri, chiedono l'inclusione di giurati neri. Se non ne ottengono abbastanza, chiedono un nuovo processo. Nei casi "sensibili", la difesa chiama una batteria di scienziati sociali e di avvocati specializzati in minoranze per vagliare le liste dei giurati e i giurati con l'uso di dati censuari, computer, sondaggi telefonici

---

[843] *Life*, 28 marzo 1960, p. 76. L'ammissione dei negri nelle giurie del Sud ha prodotto un'altra strana perversione legale: il giurato analfabeta. Il capogruppo di una giuria di soli negri ha firmato una dichiarazione in cui dichiarava l'innocenza dell'imputato nonostante lui e il resto della giuria lo avessero dichiarato colpevole. *Time*, 27 agosto 1965, p. 40.

[844] Il defunto William Kunstler, ebreo e il più controverso leader dei diritti civili, guidò la difesa nel cosiddetto processo "Chicago 7" del 1970, in cui imputati, avvocati e giudice, quasi tutti appartenenti a minoranze, riuscirono quasi a trasformare il procedimento in aula in una rissa ininterrotta. Condannato a quattro anni di carcere per oltraggio, Kunstler trascorse in realtà alcuni giorni in prigione prima che la citazione per oltraggio venisse annullata. Più tardi, dopo aver terminato un discorso selvaggiamente irresponsabile all'Università della California a Santa Barbara, alcuni dei suoi ascoltatori inscenarono un'insurrezione di una notte, durante la quale bruciarono la filiale locale della Bank of America. *New York Times*, 1 ottobre 1969, p. 30, e 27 febbraio 1970, p. 1. L'ultimo stratagemma legale di Kunstler è la "sindrome della rabbia nera". Nel caso di Colin Ferguson, un nero che nel 1993 sparò e uccise sei persone, cinque delle quali bianche, e ferì altri undici bianchi su un treno pendolare della Long Island Railroad, Kunstler e il suo partner legale, Lawrence Kuby, licenziati dall'imputato, giustificarono il massacro con il fatto che la discriminazione razziale ha fatto uscire di senno i neri.

[845] *Miami Herald*, 6 dicembre 1972, pag. 7-A.

e studi antropologici sul "linguaggio del corpo" e sugli stili di abbigliamento.[846]

Forse l'aspetto peggiore dell'attuale sistema di giustizia penale è il ritorno della doppia incriminazione, un espediente legale a lungo considerato morto nei Paesi più avanzati. Nel caso del pestaggio di Rodney King, dopo che una giuria bianca aveva giudicato innocenti i poliziotti bianchi, Los Angeles è stata oggetto di un'insurrezione e di saccheggi per un miliardo di dollari. Per placare i neri si tenne un secondo processo a Los Angeles, in cui i poliziotti furono accusati di aver violato i diritti civili di King. Una giuria mista emise un verdetto di colpevolezza e due dei poliziotti furono condannati al carcere. Alcuni mesi dopo, un'altra giuria mista assegnò a King, che dopo il pestaggio aveva avuto almeno tre contatti con la legge, la principesca somma di 3,8 milioni di dollari nella sua causa per danni contro Los Angeles.

Incredibilmente la doppia incriminazione è diventata un modo approvato dal tribunale per condannare un imputato per diritti civili se sfugge alla condanna in un precedente processo penale.

In passato, la presenza di elementi razziali e culturali diversi all'interno della stessa società è stata risolta con l'istituzione di diversi sistemi giuridici. Gli antichi ebrei avevano una serie di leggi per loro stessi e un'altra per i gentili in mezzo a loro.[847] I Romani riservavano lo jus civile ai cittadini romani e utilizzavano lo jus gentium per le controversie tra non romani di province diverse. Gli statuti locali venivano superati dalla legge romana e dagli editti imperiali solo quando era in gioco la sicurezza dell'impero.[848] Nel Medioevo, l'Inghilterra aveva la sua common law, ma anche una legge speciale per gli ebrei e i mercanti stranieri.

Gli Stati Uniti, pur non avendo mai riconosciuto formalmente sistemi giuridici separati per le loro minoranze, non interferiscono con troppo zelo quando gli indiani risolvono i problemi interni secondo le vecchie leggi tribali. Poiché gli schiavi non rientravano nella common law, un intero corpus di codici speciali, alcuni originati dalle decisioni giudiziarie dei proprietari delle piantagioni, crebbe di pari passo con la schiavitù e rifletteva non solo gli atteggiamenti dei bianchi, ma anche le usanze dei negri portate dall'Africa. Anche dopo che i negri sono stati ufficialmente inclusi nel sistema legale americano con il 13°, 14° e 15° emendamento, anche dopo la

---

[846] *Miami Herald*, 5 agosto 1973, pag. 16-A.

[847] Deut. 15:3 e 23:6-20. Forse l'esempio più famoso di questo doppio standard legale è la legge che permetteva agli ebrei di prestare denaro a interesse agli estranei ma non tra di loro.

[848] *Ency. Brit.*, Vol. 19, pp. 447-48.

piena uguaglianza legale che è stata loro concessa negli ultimi decenni, la giustizia penale è ancora orientata alle "differenze" dei negri. Nel Sud, le violazioni minori commesse dai negri l'uno contro l'altro sono spesso ignorate.[849] Nel Nord, gli appelli apertamente sediziosi dei militanti negri a commettere incendi dolosi, ad abbattere i "poliziotti maiali bianchi" e a sollevarsi in insurrezione armata sono spesso ignorati.

Se gli Stati Uniti hanno la flessibilità giuridica per riconoscere il *Code Napoléon* come legge statale della Louisiana, non potrebbero riconoscere anche la necessità di sistemi giuridici separati per le minoranze inassimilabili - la necessità di leggi adeguate ai diversi atteggiamenti che questi gruppi hanno sempre mostrato verso la proprietà, le relazioni familiari, i rapporti commerciali e la cittadinanza? Oltre a porre fine all'impraticabilità e all'ingiustizia di imporre la legge di un popolo a un altro, lo scopo sarebbe duplice: preservare l'identità razziale e culturale di *tutti gli* americani e fermare l'immenso danno psicologico provocato da una sovrapposizione culturale aggressiva. Certamente proteggere un gruppo di popolazione dal monopolio culturale di un altro è un dovere umano fondamentale quanto proteggere un gruppo di popolazione dal monopolio finanziario di un altro.

Oggi anche l'americano più ottuso comincia a capire che nessun sistema giuridico è abbastanza grande o ampio da comprendere sia il militante urbano che considera la "legge" il suo nemico mortale sia il contadino della Pennsylvania che, lavorando la stessa terra che i suoi antenati hanno dissodato otto generazioni fa, ha un'affinità quasi genetica con la giurisprudenza anglosassone. Accorpare gruppi di popolazione molto diversi in un unico mastodontico super-sistema giuridico, un vasto recinto noetico di statuti incomprensibili, regolamenti incoerenti e norme inapplicabili, è un compito tanto poco gratificante e pericoloso quanto qualsiasi altro tipo di integrazione forzata. La via d'uscita dall'impasse è esattamente nella direzione opposta: leggi della minoranza per le minoranze e leggi della maggioranza per la maggioranza.

Una dipartimentalizzazione etnica della legge americana restituirebbe alle minoranze le leggi con cui hanno vissuto per migliaia di anni, mentre sottrarrebbe i membri delle minoranze alla giurisdizione delle leggi che non hanno mai imparato a vivere. La legge nazionale sarebbe la *Salus populi suprema est lex*[850] dei Romani, che avrebbe la precedenza nelle controversie tra gruppi di popolazione, ma non all'interno di essi. La legge della

---

[849] Un uomo d'affari della Georgia che aveva dedicato una vita al servizio di giuria una volta disse: "In tutta la mia esperienza nei tribunali non ho mai visto un negro ottenere giustizia. Quello che ha ottenuto è stata la misericordia". Putnam, *Razza e realtà*, p. 168.

[850] La legge suprema è la sicurezza del popolo.

maggioranza sarebbe un mix di common law anglosassone e di diritto costituzionale americano riportato a un clima di ragione, rispetto e responsabilità e pronto a concentrarsi nuovamente su quello che dovrebbe essere il suo scopo primario: la tutela e l'espansione della libertà d'azione della maggioranza.

CAPITOLO 29

La magistratura legislativa

Era prevedibile che l'ondata principale dell'attacco legale contro la Maggioranza sarebbe venuta dal ramo giudiziario del governo. Sconfiggere la volontà del maggior numero di americani è più facile per nove uomini nominati in carica e non responsabili nei confronti di nessuno che per i legislatori soggetti a un controllo elettorale periodico. Le sentenze dei giudici liberali e di minoranza della Corte Suprema hanno offerto alle fazioni anti-maggioranza un mezzo quasi legale per raggiungere obiettivi sociali che non avrebbero mai potuto essere ottenuti attraverso il normale processo legislativo.

La carta della Corte Suprema è la Costituzione, un documento la cui stessa esistenza violava la tradizione giuridica anglosassone. Gli antenati inglesi dei Padri Fondatori erano diventati piuttosto diffidenti nei confronti delle ricette scritte per il governo e avevano deciso, secondo Walter Bagehot, che "la maggior parte di esse contiene molti errori... le migliori sono notevoli per strane omissioni... tutte falliranno completamente se applicate a uno stato di cose diverso da quello che i loro autori hanno mai immaginato".[851] Il fatto che la Costituzione americana non sia rimasta non scritta, come la sua controparte britannica, è in parte dovuto all'influenza di francofili come Franklin e Jefferson. Durante il loro soggiorno a Parigi, questi due grandi statisti avevano preso la febbre contrattuale dell'Illuminismo francese.[852] Fortunatamente la Costituzione, nonostante la sua enorme inerzia istituzionale, può essere emendata e lo è stata, a partire dal 1993, per ben ventisette volte. Può anche essere modificata dalla funzione interpretativa della Corte Suprema, che di per sé è una forma di legislazione, come ha ammesso liberamente l'ex presidente della Corte Earl Warren.[853]

Oggi la Costituzione è diventata un oggetto di speciale venerazione per i conservatori, che la considerano una pietra d'inciampo per il liberalismo moderno, concentrando la loro ira su ciò che la Corte Suprema ha cercato di farne piuttosto che sul documento stesso. Sembra che abbiano dimenticato

---

[851] *Bagehot's Historical Essays*, Anchor Books, New York, 1965, pp. 348-49.

[852] Un francese, che non apparteneva all'Illuminismo, aveva una visione inglese delle costituzioni: "Dès que l'on écrit une constitution", scriveva Joseph de Maistre, "elle est morte".

[853] Come dichiarato in un'intervista televisiva su WNET, l'8 settembre 1969.

che alcuni dei grandi conservatori americani del passato erano molto insoddisfatti della Costituzione. Alexander Hamilton, che ha fatto come tutti per farla adottare, la definì un "tessuto fragile e senza valore".[854] Patrick Henry era ancora più pessimista: "Considero quella carta come il piano più fatale che possa essere concepito per asservire un popolo libero".[855]

Nei loro dibattiti scritti e verbali, spesso citati, i redattori della Costituzione si rifiutarono di lasciare che i loro pensieri o le loro azioni fossero dominati da questioni razziali. Leggendo John Jay, il primo Presidente della Corte Suprema, difficilmente si potrebbe pensare che nella nuova nazione esistano minoranze di qualsiasi tipo. La Provvidenza", scrisse nel secondo documento del Federalista, "si è compiaciuta di dare questo paese unito a un popolo unito: un popolo che discende dagli stessi antenati, che parla la stessa lingua, che professa la stessa religione, che è attaccato agli stessi principi di governo, che è molto simile nelle maniere e nei costumi...".[856]

Anche se gli indiani e i negri costituivano una percentuale maggiore della popolazione totale rispetto a oggi, la Costituzione li trattava con studiata indifferenza. Gli schiavi erano descritti come "altre persone" e ai fini della ripartizione erano contati come tre quinti di un bianco. Gli indiani non tassati erano trattati come non-persone e non venivano conteggiati affatto.[857] La fastidiosa questione della schiavitù fu accuratamente aggirata, con due eccezioni. Il commercio degli schiavi fu consentito fino al 1808 e la restituzione degli schiavi fuggitivi fu resa obbligatoria.[858]

La "neutralità" della Costituzione sulla schiavitù provocò gli abolizionisti oltre i limiti del discorso civile. William Lloyd Garrison stordì il Nord, chiedendo niente di meno che l'annullamento di questo "patto con la morte", "accordo con l'inferno" e "rifugio di menzogne".[859] I sudisti si mobilitarono lentamente in difesa del documento. Il presidente della Corte Suprema Taney, figlio di un piantatore del Maryland, culminò la fase verbale della controversia con la sua sentenza nel caso Dred Scott (1857). I negri, affermò, erano "esseri di ordine inferiore e del tutto inadatti ad associarsi con la razza

---

[854] Frank Donovan, *Mr. Madison's Constitution*, Dodd, Mead and Co., New York, 1965, pag. 1.

[855] Ibidem, pag. 2.

[856] *The Federalist Papers*, Mentor Books, New York, 1961, p. 38.

[857] Art. I, Sez. 2, Par. 3.

[858] Art. I, Sez. 9, Par. 1, e Art. IV, Sec. 2, Par. 3.

[859] Carl Becker, *The Declaration of Independence*, Knopf, New York, 1956, p. 242. I genitori di Garrison, un apprendista calzolaio, provenivano dalla provincia britannica del New Brunswick.

bianca... talmente inferiori da non avere alcun diritto che l'uomo bianco fosse tenuto a rispettare"...[860]

La Costituzione assunse un aspetto completamente diverso dopo la Guerra Civile, quando fu aggiornata per conformarsi all'umore vendicativo dei vincitori del Nord. Il 13°, 14° e 15° emendamento abolirono la schiavitù e garantirono la cittadinanza e altri diritti ai negri, pur ribadendo che gli "indiani non tassati" non dovevano essere conteggiati nella ripartizione dei rappresentanti al Congresso. Il fatto che questi emendamenti aggiuntivi fossero necessari - erano già stati abbozzati nel Bill of Rights - dimostra ancora una volta che la Costituzione nella sua forma originale non era mai stata pensata per essere applicata ai non bianchi. Dopo la fine della Ricostruzione e il ritiro delle truppe di occupazione del Nord, nessuno di questi emendamenti fu applicato seriamente nel Sud. Ancora una volta invertendo la rotta, la Corte Suprema produsse due decisioni fondamentali che sembravano sancire la mancata applicazione: *Diritti civili* (1883), in cui si stabilì che il Congresso non poteva impedire ai bianchi di discriminare i negri nei luoghi pubblici, e *Plessy v. Ferguson* (1896), che stabilì la storica dottrina "separati ma uguali".

La Corte Suprema accolse il suo primo membro di minoranza con la nomina di Louis Brandeis da parte di Woodrow Wilson nel 1916. Assieme a Oliver Wendell Holmes, un relativista costituzionale e giuridico, Brandeis ha accumulato il record di dissensi della Corte di tutti i tempi. Pur essendo più volte milionario, lottò duramente contro la "maledizione della grandezza", con cui intendeva le corporazioni della maggioranza. Si batté altrettanto duramente per quelli che chiamava "i suoi fratelli", spingendosi fino a grandi sforzi antropologici per stabilire la loro distinzione biologica.

"La percentuale di sangue straniero negli ebrei di oggi è molto bassa", ha scritto. "Probabilmente nessuna importante razza europea è così pura". Brandeis, oggi acclamato come uno dei grandi della Corte Suprema, usò il prestigio della sua alta carica per esortare i giovani ebrei americani "a essere istruiti nel sionismo... a conoscere il grande passato dei loro antenati [in modo che] quando cresceranno, anch'essi saranno equipaggiati per il più difficile compito della costruzione della Palestina"...[861]

Dopo che la nomina di Brandeis ruppe i vincoli della consuetudine, l'idea di un "seggio ebraico" permanente alla Corte Suprema cominciò a catturare l'immaginazione degli editorialisti. Quando il giudice Holmes si dimise nel 1932, Herbert Hoover, un presidente repubblicano, nominò Benjamin Cardozo, un democratico liberale, per occupare il posto vacante. Cardozo,

---

[860] Bernard Steiner, *Roger B. Taney*, Williams and Wilkins, Baltimora, 1922, p. 347.

[861] *Brandeis on Zionism*, Zionist Organization of America, 1942, p. 77.

che, come Brandeis, aveva fatto i suoi milioni come cacciatore di ambulanze, non ebbe difficoltà a ottenere la conferma del Senato "perché la stampa aveva gentilmente soppresso il fatto sgradevole che suo padre era stato un membro del corrotto Tweed Ring ed era stato costretto a dimettersi da giudice della Corte Suprema dello Stato durante uno dei perenni scandali politici di New York".[862]

Cardozo morì nel 1938. Un anno dopo fu nominato alla Corte Felix Frankfurter. Frankfurter era il professore di legge di Harvard, nato a Vienna, che riuscì a ottenere la sua prima grande pubblicità grazie alla sua zelante agitazione a favore di Sacco e Vanzetti, due mondariso canonizzati dalla stampa liberale e giustiziati dallo Stato del Massachusetts per il loro ruolo in una rapina con omicidio a Boston del 1920.[863] Frankfurter, padre fondatore dell'American Civil Liberties Union, negli ultimi anni aspirò all'etichetta di conservatore.[864] Lasciò la Corte nel 1962, all'età di ottant'anni, per lasciare il posto ad Arthur Goldberg, avvocato giuslavorista della CIO. Goldberg si dimise nel 1965 per diventare ambasciatore alle Nazioni Unite, e il presidente Johnson nominò Abe Fortas come suo successore.

Quando Johnson cercò di promuovere Fortas a giudice capo, il Senato si rifiutò di assecondarlo. Anche se i media si infuriarono, i senatori furono ben consigliati. Nel 1969, dopo che venne fuori la verità sui suoi rapporti finanziari con il truffatore Louis Wolfson, Fortas dovette lasciare la Corte.[865] Thurgood Marshall, il primo giudice negro, fu nominato e confermato nel 1967.

---

[862] *Dictionary of American Biography*, Vol. XXII, Supplement Two, Scribner's, New York, 1958, p. 94.

[863] In un articolo scritto per l'*Atlantic* (marzo 1924), Frankfurter definì la sentenza del giudice Thayer "una farragine di citazioni errate, travisamenti, soppressioni e mutilazioni". Se un professore di diritto avesse fatto una simile dichiarazione in Inghilterra su un caso in appello, sarebbe stato mandato in prigione. *Times Literary Supplement*, 26 luglio 1963, p. 546. Un anno prima di Pearl Harbor, Frankfurter, quando era giudice della Corte Suprema, inviò un cablogramma "Personal Secret" a Winston Churchill, invitandolo a "imbruttire" Roosevelt per trascinare gli Stati Uniti nella Seconda Guerra Mondiale. Colonna di Jack Anderson, 19 ottobre 1973. Prima che Frankfurter entrasse a far parte della Corte, nel corso degli anni ricevette 50.000 dollari dal giudice Brandeis per trasmettere le idee di quest'ultimo ai media e a vari politici. Mai la separazione dei poteri era stata meno separata. Bruce Murphy, *The Brandeis/Frankfurter Connection*, Oxford University Press, N.Y., 1982.

[864] Un giudice della Corte Suprema autenticamente conservatore, James McReynolds, fu accusato da Frankfurter di "antisemitismo primitivo". *Felix Frankfurter Reminisces*, Reynal, New York, 1960, p. 101.

[865] Cfr. pp. 432-33.

I voti di questi membri della minoranza inassimilabile, sommati a quelli dei giudici liberali, furono sufficienti a generare le decisioni di vasta portata che hanno riordinato così drasticamente la società americana.[866] I tre membri della maggioranza maggiormente responsabili della trasvalutazione dell'ethos americano da parte della Corte furono il presidente Warren e i giudici associati Black e Douglas. Alcuni indizi sulle motivazioni di questi uomini sono già stati forniti.[867] Altri possono essere messi insieme scorrendo alcuni dei paragrafi più oscuri delle loro voluminose biografie.

Earl Warren era un americano di seconda generazione, essendo entrambi i suoi genitori nati all'estero. Il padre norvegese, Erik Methias Varran, la cui istruzione si concluse con la settima elementare, era un meccanico impoverito, che in seguito divenne un prospero proprietario terriero della California. Nel 1938 fu colpito a morte con un tubo di ferro, un omicidio che non fu mai risolto.[868] Earl, all'epoca procuratore distrettuale locale, avrebbe condiviso con la sorella un patrimonio di 177.653 dollari.[869]

Nel 1942, come procuratore generale della California, Warren sostenne uno degli atti più incostituzionali della storia americana: l'incarcerazione di masse di cittadini nippo-americani in vari "centri di trasferimento" occidentali.[870] Due anni dopo, questo approccio stalinista alla sicurezza interna ricevette l'approvazione ufficiale della Corte Suprema in *Korematsu v. United States*, con il giudice Black che scrisse l'opinione di maggioranza

---

[866] L'impatto della Corte sul crimine e sui diritti dei criminali sarà esaminato nel Capitolo 30. Secondo Warren, la decisione più importante per lui e per i suoi colleghi fu *Baker v. Carr* (un uomo, un voto). La successiva fu *Brown v. Board of Education* (desegregazione scolastica). Poi vennero *Gideon v. Wainwright* (assistenza legale gratuita per gli imputati indigenti), *Mapp v. Ohio* (inammissibilità delle prove sequestrate illegalmente), *Escobedo v. Illinois* (diritto del sospettato all'assistenza legale durante l'interrogatorio) e *Miranda v. Arizona* (dovere della polizia di avvertire l'imputato dei suoi diritti). A quanto pare, Warren non considerò le seguenti decisioni abbastanza significative da essere commentate: la decisione del 1963 che vietava le preghiere e le letture della Bibbia nelle scuole pubbliche, le sentenze sulla pornografia, l'incostituzionalità della registrazione obbligatoria dei membri del partito comunista, l'annullamento della legge sulla miscegenazione della Virginia, la definizione di diffamazione come maliziosa e sconsiderata falsità piuttosto che come noncuranza della verità. Per un riassunto della storia della Corte Warren, si veda *Time*, 14 luglio 1969, pp. 62-63.

[867] Si veda il capitolo 11.

[868] Luther Huston, *Pathway to Judgment*, Chilton, Philadelphia, 1966, pp. 13, 15.

[869] John D. Weaver, *Warren*, Little, Brown, Boston, 1967, pag. 50. Un altro biografo di Warren dice che aveva ereditato solo 6.000 dollari. Huston, op. cit., p. 17.

[870] Cfr. pp. 108, 209-10.

e il giudice Douglas che concorse.[871] Nel 1952, dopo aver conquistato il governatorato della California e non aver ottenuto la nomination presidenziale, Warren spostò la sua delegazione su Eisenhower in un momento critico della convention repubblicana. Un anno dopo, quando il presidente della Corte Suprema Vinson morì, Warren ricevette la sua ricompensa, anche se Eisenhower non ammise mai che ci fosse stata una tangente politica.

Quando fu informato dell'assassinio del Presidente Kennedy nel 1963, Warren, in un comunicato stampa nazionale, descrisse l'assassino, con tante parole, come un bigotto di destra.[872] Nonostante il pregiudizio sul caso - e il pregiudizio è errato - Warren fu messo a capo della commissione nominata dal Presidente Johnson per indagare sull'assassinio. Quando un giornalista gli chiese se tutti i fatti sarebbero mai stati resi pubblici, Warren rispose: "Sì... ma potrebbe non accadere nel corso della sua vita".[873]

Il *Rapporto Warren*, nonostante la sua lunghezza, presentava delle lacune. L'indagine sembrò raffreddarsi sensibilmente quando si trattò del passato da gangster di Jack Ruby, della strana coincidenza del suo viaggio a Cuba, del ruolo svolto da alti funzionari governativi nell'organizzare il ritorno in America del disertore Oswald e dei legami della famiglia di Marina Oswald

---

[871] Weaver, op. cit., pp. 105-6. Robert Jackson fu uno dei tre giudici che non riuscirono a digerire *Korematsu*, anche se in seguito si mise in aspettativa per diventare procuratore capo nel processo di Norimberga. Un altro giudice della Corte Suprema, Tom Clark, che nel 1942, in qualità di funzionario del Dipartimento di Giustizia, contribuì a dirigere la retata dei giapponesi americani, disse nel 1966: "Ho commesso molti errori nella mia vita, ma ce ne sono due che riconosco pubblicamente. Uno è il mio ruolo nell'evacuazione dei giapponesi dalla California... e l'altro è il processo di Norimberga. Non credo che siano serviti a nulla...". Ibidem, p. 113.

[872] *New York Times*, 23 novembre 1963, p. 8. Il tentativo dei media di fare dell'assassinio di Kennedy un complotto della supremazia bianca fallì purtroppo quando la stessa commissione Warren ammise che, prima di uccidere il Presidente, Oswald aveva sparato al generale di destra Edwin Walker. *Report of the President's Committee on the Assassination of President John F. Kennedy*, U.S. Government Printing Office, Washington, D.C., 1964, pp. 13-14.

[873] Leo Katcher, *Earl Warren*, McGraw-Hill, New York, 1967, p. 458. Un importante membro della Commissione Warren, il senatore Richard Russell della Georgia, era convinto che più di una persona fosse coinvolta nell'assassinio. "C'erano troppe cose - il fatto che lui [Oswald] fosse a Minsk, e che quello fosse il principale centro di istruzione per gli studenti cubani... alcuni dei viaggi che fece a Città del Messico e una serie di discrepanze nelle prove... mi fecero dubitare che avesse pianificato tutto da solo". *Human Events*, 31 gennaio 1970, p. 2.

con la polizia segreta russa.[874] La Commissione ha ignorato la dichiarazione di Ruby di aver ucciso Oswald perché "voleva che il mondo intero sapesse che gli ebrei avevano fegato".[875]

Anche i più accaniti sostenitori di Warren hanno dovuto convenire che nella sua carriera ha mostrato un'ampia striscia di incoerenza. È stato il maggior responsabile della desegregazione scolastica di qualsiasi altro americano, ma non ha mai mandato nessuno dei suoi quattro figli (uno adottato) in una scuola integrata. Ha scalato le vette politiche come repubblicano, ma di solito si è comportato come un democratico ed è stato persino descritto come tale dal Presidente Truman.[876] Alcune decisioni della Corte Warren avrebbero dovuto basarsi almeno in parte sulle prove scientifiche, ma Warren era estremamente riluttante a prendere in considerazione tali prove, forse perché, secondo le voci di corridoio, era stato quasi bocciato in scienze al liceo.[877]

Non essendo mai stato ostacolato da precedenti, legali o di altro tipo, Warren divenne un crociato per i diritti degli imputati solo dopo aver preso posto sull'Alta Corte. Agli esordi come procuratore distrettuale e di Stato del Golden State, a caccia di titoli, aveva raggiunto una certa notorietà per la sua gestione arbitraria dei sospetti, che a volte tratteneva per tutta la notte senza cauzione.[878] Oggi, tuttavia, Warren è ricordato come il profeta emerito di quella scuola di procedura penale che ritiene che all'imputato non solo debba essere concesso ogni beneficio del dubbio, ma anche ogni cavillo della legge. Solo in campo religioso Warren, che può essere giustamente descritto come un latitudinario, mantenne una certa coerenza. Come afferma uno dei suoi biografi, "Warren, un quondam metodista sposato con una devota battista, i cui figli... non hanno tracciato una linea di demarcazione nei loro matrimoni

---

[874] *Hearings Before the President's Commission on the Assassination of President Kennedy*, Vol. 1, p. 278. Lo zio di Marina Oswald, con cui aveva vissuto per molti anni, era un ufficiale della sicurezza sovietica.

[875] Melvin Belli, *Dallas Justice*, David McKay, New York, 1964, p. 167. Belli era il principale avvocato di Ruby nel processo per omicidio. Dopo aver perso la causa per il suo cliente, Belli attribuì il suo fallimento in parte alla sua convinzione che Dallas fosse "antisemita". *New York Times*, 16 marzo 1964, p. 23.

[876] Intervista alla televisione WNET, 8 settembre 1969.

[877] Huston, op. cit., p. 25. Si veda anche la nota 21, p. 294, di questo studio e Putnam, *Race and Reality*, capitolo IV.

[878] Huston, op. cit., p. 47. Quando la commissione giudiziaria del Senato stava discutendo la nomina di Warren a capo della giustizia, la persona che aveva prodotto il maggior numero di accuse contro di lui, un certo R. J. Wilson, fu arrestato dopo aver lasciato una sessione esecutiva della commissione su richiesta telegrafica del capo della polizia di San Francisco. Wilson fu poi rilasciato per mancanza di prove. Ibidem, p. 99.

tra cattolici e protestanti, gentili ed ebrei, non è mai stato uno che ha fatto un'esibizione pubblica di pietà".[879]

La motivazione di Warren per i suoi trascorsi alla Corte Suprema è stata la stessa di altri suoi colleghi liberali. Insisteva sul fatto che stava semplicemente enunciando la Carta dei diritti per tutti gli americani invece che per alcuni. La sua filosofia giuridica potrebbe essere comprensibile se le istituzioni giuridiche faticosamente sviluppate da un unico popolo potessero essere trasferite con bagagli e bagagli attraverso i secoli e fatte funzionare in modo efficiente per una popolazione mista di molti popoli senza cancellare una "i" o una virgola. Purtroppo non è così. Il diritto alla vita, alla libertà e alla ricerca della felicità di un popolo può essere il diritto al crimine di un altro popolo. I diritti *conquistati* da un gruppo si trasformano curiosamente nel testo e nel contesto quando vengono *donati* a un altro gruppo. È per questo motivo che l'alterazione delle consuetudini per via giudiziaria è una delle forme più nefaste di tirannia. Warren è il classico esempio di operatore politico che emerge ai più alti livelli di governo in un'epoca di declino e disintegrazione: un uomo abbastanza abile da nuotare splendidamente con la marea politica, ma non abbastanza intelligente da sondare le correnti evolutive delle acque profonde. Il segreto del successo di un tale individuo è una delicata miscela di ignoranza, ambizione smodata e un'acuta sensibilità ai desideri e agli umori di coloro che controllano l'opinione pubblica. In uno dei più strani colpi di scena nella saga delle imprese umane, la fama di Warren si basa sul suo quasi totale fraintendimento del rapporto uno a uno tra legge e cultura.[880]

Pur violando i limiti della caricatura ammissibile sia per quanto riguarda la Corte Warren che il ruolo di Warren al suo interno, il defunto giudice Hugo Black può essere classificato come il Giovanni Battista di Warren. Black, che "frequentò la facoltà di legge... perché era troppo poco istruito per andare altrove",[881] non è nato liberale. Come Warren, accumulò liberalismo allo stesso ritmo con cui accumulò potere. Nel 1923-24 era un membro del Ku Klux Klan, un severo proibizionista e un ricco avvocato specializzato in casi di lesioni personali. Quando si candidò al Senato degli Stati Uniti nel 1926, Black ritenne opportuno abbandonare l'appartenenza al Klan. Ma dopo aver

---

[879] Weaver, op. cit., p. 268.

[880] Altre idee sbagliate di Warren sono state altrettanto spaventose. In un esempio estremo di analfabetismo di alto livello, trasmesso da una stazione televisiva pubblica, egli diede la sua approvazione incondizionata alla "democrazia romana" che, spiegò, era durata "mille anni" grazie alla competenza romana nell'autogoverno - un'affermazione, inutile dirlo, che sarebbe stata una novità per Mario, Silla, Giulio Cesare ed Elagabalo. Trasmissione televisiva WNET, 8 settembre 1969.

[881] John P. Frank, *The Warren Court*, Macmillan, New York, 1964, pag. 42.

vinto il seggio senatoriale, gli fu consegnato il Grande Passaporto del Klan, che accettò con gratitudine in una cerimonia pubblica.[882]

Black fu nominato alla Corte Suprema nel 1937, dopo aver convinto Roosevelt di essere un autentico New Dealer non klaniano. Il modo in cui, come giudice della Corte Suprema, dispensò il suo liberalismo appena acquisito è stato notato nel riferimento alla decisione *Korematsu*. Si spinse molto oltre in *Yamashita* (1946), quando confermò la condanna a morte di un generale giapponese in un processo per "crimini di guerra" che aveva violato quasi tutti gli articoli e i paragrafi del Bill of Rights, lo stesso documento di cui Black doveva essere il campione.[883] Nel 1967 l'erudito giudice, che nella sua esaltazione metafisica del giusto processo e del permissivismo sociale aveva contribuito a spingere la legge del Paese alle soglie dell'anarchia, spiazzò la sua claque liberal-minoritaria confermando le condanne di manifestanti di strada ritenuti colpevoli di aver sottolineato le loro proteste con la violenza.[884] Con l'approssimarsi della fine della sua carriera giudiziaria, Black sembrò essere poco consapevole di ciò che aveva fatto alla legge e di ciò che doveva essere disfatto per evitarne la disintegrazione. Ma non fece mai ammenda formale per il suo iperattivismo giudiziario.

Il giudice associato William Douglas, come Black un prodotto della maggioranza divisa nei ranghi, era un vigoroso scalatore di montagne, escursionista di lungo corso, viaggiatore in tutto il mondo, ambientalista e bon vivant, che spesso superava Black stesso. Tanto libertino quanto liberale, all'età di sessantasette anni sposò la sua quarta moglie, una studentessa universitaria di ventidue anni.[885] Pochi mesi dopo si scoprì che Douglas riceveva 12.000 dollari all'anno dalla cosiddetta Albert Parvin Foundation, le cui entrate derivavano principalmente da ipoteche su un hotel di Las Vegas e una casa da gioco.[886] Douglas si rifiutò di rinunciare a questo supplemento gratuito alle sue già cospicue entrate (stipendio della Corte Suprema, spese, onorari per le conferenze, diritti d'autore sui libri), finché non si scoprì che Albert Parvin era stato citato come complice di Louis Wolfson in uno dei tanti sordidi affari finanziari di quest'ultimo.[887] Sebbene la relazione di

---

[882] Leo Pfeffer, *This Honorable Court*, Beacon, Boston, 1965, pp. 326-27.

[883] Rocco J. Tresolini, *Justice and the Supreme Court*, Lippincott, Philadelphia, 1963, capitolo VIII.

[884] Weaver, op. cit., pp. 337-40.

[885] *Time*, 29 luglio 1966, p. 17.

[886] *San Francisco Examiner*, 16 ottobre 1966, p. 1.

[887] *Time*, 6 giugno 1969, p. 23.

Douglas con l'amico di Wolfson fosse altrettanto immorale di quella di Fortas con Wolfson, Douglas rifiutò di dimettersi dal suo incarico.[888] Nel 1970, dopo le audizioni della Commissione giudiziaria della Camera per stabilire se fosse necessario avviare un procedimento di impeachment nei suoi confronti, Douglas ricevette l'attesa lavata di capo dall'ottantaduenne presidente della Commissione Emanuel Celler. La coalizione liberal-minoritaria protegge i suoi.

Qualunque sia la causa dell'estrema strenuità di Douglas, sia essa ghiandolare o di compensazione per un attacco infantile di paralisi, egli fu senza dubbio il giudice più energico nella storia della Corte Suprema. Fu anche uno dei giudici più dissenzienti fino a quando non riuscì a unirsi alla maggioranza liberale emersa dopo la nomina di Warren. Nella decisione *Cramer* (1945), che affondava le sue radici in un'abortita operazione di sabotaggio della Germania in tempo di guerra, la Corte, con Douglas dissenziente, annullò una condanna a morte per tradimento, poiché la Costituzione prevede specificamente che "nessuna persona potrà essere condannata per tradimento se non sulla base della testimonianza di due testimoni dello stesso atto manifesto".[889] Sebbene ci fossero due testimoni, nessuno dei due presentò alcuna prova di un atto manifesto. Douglas basò il suo dissenso sul fatto che la semplice presenza di Cramer in compagnia di due sabotatori tedeschi fosse sufficiente a giustificare la condanna.[890]

Dopo aver fallito nel tentativo di far fulminare un filotedesco, Douglas, che in seguito si atteggiò ad arcinemico della pena capitale, fallì in un altro dissenso per salvare un filorusso dalla prigione. Nella causa *Dennis contro gli Stati Uniti* (1950) la sua opinione di minoranza definì gli appelli comunisti alla rivoluzione come strettamente legali.[891] Vista la sua inclinazione ultraliberale, non sorprende che, dopo che la Corte si era rifiutata di riesaminare il caso della spia atomica Rosenberg nel 1953, gli avvocati della difesa si rivolsero direttamente a Douglas, che all'ultimo minuto si assunse la responsabilità di sospendere l'esecuzione dei

---

[888] Tra gli altri peccatucci, nel 1969 Douglas vendette un articolo per 350 dollari alla rivista *Avant Garde*, il cui editore, Ralph Ginzburg, era stato condannato a cinque anni per pornografia. In precedenza, quando il caso di Ginzburg era stato sottoposto alla Corte Suprema e il verdetto era stato confermato, Douglas era stato l'unico a dissentire. Nel 1970 fu pubblicato il libro di Douglas, *Points of Rebellion*. In esso incoraggiava caldamente le manifestazioni illegali, scrivendo che "la violenza può essere l'unica risposta efficace" agli attuali problemi americani. *Human Events*, 14 febbraio 1970, p. 4, e 14 marzo 1970, p. 3.

[889] Art. III, Sez. 3, Par. 1.

[890] Frank, op. cit. pp. 60-61.

[891] Ibidem, pp. 58-59.

Rosenberg.[892] Douglas mostrò ancora una volta la sua parzialità per la sinistra totalitaria quando, travolto dall'isteria anti-McCarthy, si unì entusiasticamente alla maggioranza della Corte nel caso Watkins (1957), che tentava di limitare il potere delle indagini del Congresso liberando un compagno di viaggio dalla bocca stretta da una citazione per oltraggio alla corte emessa dalla Commissione per le attività antiamericane.[893]

Tra gli altri membri della Corte Warren figurano William Brennan, Byron White e John M. Harlan. Brennan, il cui padre era nato in Irlanda, ha fatto la gavetta da spalatore di carbone ad agente sindacale prima di diventare avvocato. White, un devoto sostenitore di Kennedy, è stato il giocatore di football professionista più pagato della nazione nel 1938. John M. Harlan era un avvocato delle multinazionali di Wall Street, il cui nonno, quando era in carica alla Corte Suprema, pronunciò le famose (e ormai anacronistiche) parole: "La Costituzione è daltonica". Di tutti i giudici della Corte Warren, solo Potter Stewart ha occasionalmente manifestato preoccupazione per i diritti della maggioranza. Unico dissenziente nella decisione sulla preghiera nelle scuole, fu l'unico giudice a riconoscere il vero problema del caso, come dimostrano i suoi commenti sul fatto che la sentenza era un attacco alle "tradizioni religiose del nostro popolo" tanto quanto alla religione stessa.[894]

Quando Richard Nixon assunse la presidenza nel 1969, fece sapere che avrebbe invertito la deriva a sinistra della Corte. Sebbene i due giudici conservatori del Sud da lui nominati siano stati entrambi respinti dal Senato, la sua nomina di Warren Burger a giudice capo fu confermata, così come le sue nomine di Lewis Powell, William Rehnquist e Harry Blackmun. Con Warren in pensione, Black morto, Douglas malato e Fortas dimessosi in disgrazia, il Paese era pronto per un contraccolpo legale.

Il Paese, tuttavia, ha ottenuto lo stesso risultato. La Corte Burger si dimostrò ideologicamente più in sintonia con la coalizione liberal-minoritaria che con Nixon. Ci fu qualche inasprimento del sistema giudiziario penale, qualche allentamento delle restrizioni sulle cause contro il governo, qualche riduzione dei privilegi della stampa, ma per quanto riguarda gli interessi della maggioranza la Corte Burger fece tanto quanto Warren per stravolgere la Costituzione. Alcune delle decisioni più famose dei nove Burger: (1) *Bakke* (1978), che ordinò a una scuola di medicina di ammettere un candidato bianco qualificato che era stato respinto a favore di membri meno qualificati

---

[892] Pfeffer, op. cit., pp. 374-76.

[893] Katcher, op. cit., pp. 365-68.

[894] Si vedano i profili di questi giudici nei capitoli di *The Warren Court* di John Frank. Per altre osservazioni del giudice Stewart sul caso della preghiera nelle scuole, si veda p. 275 di questo studio.

di una minoranza non assimilabile, stabilendo al contempo che la razza poteva essere considerata un fattore nella politica di ammissione all'università; (2) *Weber* (1979), in cui la Corte accettò che una quota del 50% per i neri in un programma di formazione aziendale fosse legale; (3) *Fullilove* (1980), in cui la Corte stabilì che era del tutto costituzionale che il governo specificasse che il 10% dei contratti in un programma di lavori pubblici federali fosse assegnato a contraenti appartenenti a minoranze.

Nonostante le sue sentenze liberali in materia di desegregazione scolastica, pornografia, diritti penali e diritto di voto, la Corte Warren non si è mai spinta fino a introdurre il concetto di quote razziali nelle sue decisioni. Ha lasciato questo lavoro incompiuto ai cosiddetti moderati e conservatori della Corte Burger, che hanno offerto al pubblico americano lo spettacolo del più alto tribunale del Paese che metteva in discussione la legge. Con la legge sui diritti civili del 1964, il Congresso aveva solennemente affermato che non ci sarebbero state discriminazioni razziali nell'impiego o nelle opportunità di lavoro. La Corte ha abilmente sabotato o abrogato questa legge in *Bakke*, *Weber* e *Fullilove*.

Per essere corretti nei confronti di Burger e di William Rehnquist, che gli succedette come Presidente della Corte, bisogna ammettere che entrambi di solito votavano contro le sentenze più permissive della Corte. Ma le nomine del presidente Reagan e del presidente Bush dei cosiddetti giudici di centro, Sandra Day O'Connor, la prima giudice donna, e David Souter, come giudici associati, non hanno impedito alla Corte di giocare al gatto e al topo con l'azione affermativa. Nemmeno i cosiddetti giudici conservatori di recente nomina, Anthony Kennedy, Antonin Scalia, il primo italo-americano dell'Alta Corte, e Clarence Thomas, un repubblicano di colore,[895] sono stati in grado di limitare le restrizioni legali alle opportunità di lavoro e alle promozioni dei maschi bianchi. In realtà, la nomina da parte del Presidente Clinton di due giudici ebrei, Ruth Bader Ginsburg e Stephen Breyer, ha riportato la Corte all'ideologia giuridica di Earl Warren, all'ingegneria sociale e alla riscrittura, non all'interpretazione, delle leggi del Paese.

Poiché di solito l'una va di pari passo con l'altra, la carenza di giustizia mostrata dalla Corte Suprema nella seconda metà di questo secolo è stata accompagnata da una carenza di dignità. Quest'ultima è iniziata nel 1949, quando i giudici Felix Frankfurter e Stanley Reed sono apparsi in una corte

---

[895] Thomas, sposato con una bianca, occupava il cosiddetto "seggio nero" della Corte lasciato libero da Thurgood Marshall, il primo giudice negro, che era tanto a sinistra quanto il suo successore era a destra.

federale di New York come testimoni della personalità di Alger Hiss.[896] Da allora, i litigi interni dei giudici, il loro lavoro in nero, la loro partigianeria politica e la loro codardia morale hanno fatto ben poco per ripristinare la fiducia del pubblico in quello che era il ramo più prestigioso del governo.[897]

Crogiolandosi nell'ingannevole bagliore della Weltanschauung liberal-minoritaria, la Corte Warren tentò di trasformare la legge organica dell'America maggioritaria in un codice di imperativi morali e razziali tanto inapplicabili alle questioni cruciali del giorno quanto inapplicabili. Le corti Burger e Rehnquist non hanno mai preso alcuna contro-decisione significativa per invertire la tendenza. Con la sua reinterpretazione intempestiva e mal concepita del Bill of Rights e di altre garanzie costituzionali, la Corte Suprema ha di fatto usurpato la funzione legislativa del Congresso, un abuso grossolano del potere giudiziario così come definito dalla Costituzione.

Prima di dedicarsi all'impraticabile compito di cambiare gli uomini cambiando le leggi, i giudici avrebbero potuto riflettere sulle parole di

---

[896] *New York Times*, 23 giugno 1949, pag. 1. Hiss iniziò come uno degli Happy Hot Dog di Frankfurter alla Harvard Law School. Dopo essere stato assistente legale del giudice Reed, entrò nel Dipartimento di Stato. Lo stesso Reed era stato assistente di Brandeis.

[897] La storia giudicherà i giudici delle Corti Warren, Burger e Rehnquist in base al loro curriculum e al loro comportamento ingiusto come individui:
Voce. Fortas sul libro paga di un noto truffatore. Douglas sul libro paga di un gangster. Brennan coinvolto in loschi affari immobiliari con Fortas.
Articolo. Brennan sfoggia una grottesca maschera di Nixon nel suo studio. Marshall che interrompe il pranzo del lunedì dedicato ai "film sporchi" per non perdere la visione dei reperti hard nei casi di oscenità. White che aggiunge "Che uomo!" a un promemoria di Burger su Richard Speck, che ha violentato e ucciso otto donne.
Articolo. Il quasi cieco Harlan che trasformava la sua stanza d'ospedale nel suo studio e firmava le lenzuola al posto di una memoria legale. Il semiparalizzato Douglas che insisteva a sedersi sul banco quando non riusciva più a stare sveglio sulla sua sedia a rotelle per più di un'ora o due.
Articolo. La Corte ha annullato la condanna di Muhammad Ali per elusione della leva per un cavillo, per paura di suscitare il risentimento dei neri.
Punto. La riluttanza di Marshall a fare i compiti a casa, al punto che non sapeva nulla del contenuto di alcune delle opinioni che i suoi collaboratori avevano scritto per lui.
Articolo. Marshall vota per costringere Nixon a consegnare i nastri al giudice Sirica, ammettendo di non voler rendere pubbliche le sue conversazioni registrate con il presidente Johnson. Powell assunse un radicale ebreo di Harvard come assistente legale per dimostrare di non essere un vecchio rimbambito.
Articolo. L'avvocato William Kunstler abbraccia Harry Blackmun dopo che quest'ultimo ha appoggiato la sentenza di una corte inferiore contro il dipartimento di polizia di Filadelfia.
Per tutto questo, e molto altro, si veda Bob Woodward e Scott Armstrong, *The Brethren*, Simon and Schuster, New York, 1979.

Savigny (1779-1861), che scriveva nella sua *Teoria del* diritto *organico e naturale*:

> Il diritto non è fatto dai giuristi come la lingua dai grammatici. Il diritto è il prodotto morale naturale di un popolo... i costumi persistenti di una nazione, che scaturiscono organicamente dal suo passato e dal suo presente. Anche il diritto statutario vive nel consenso generale del popolo.[898]

Alcuni hanno proposto che il mezzo migliore per mettere in riga una Corte Suprema in fuga sia il complicato e poco utilizzato processo di impeachment. Ma questo non eliminerebbe la malattia, ma solo alcuni dei suoi portatori. Se la Corte deve essere combattuta seriamente, deve essere combattuta con le sue stesse armi e sul suo stesso terreno. Ciò che perverte la legge può essere contrastato dalla legge. La Corte, non c'è bisogno di sottolinearlo, esiste e agisce in base alla Costituzione. Un semplice emendamento potrebbe limitare il suo potere, trasferire la sua autorità ai tribunali statali o abolirla del tutto.

Quando la storia emetterà il suo verdetto finale sulla Corte Suprema, questa sarà ritenuta colpevole per molti motivi, nessuno più grave della sua recente manomissione del diritto penale. In origine la giustizia penale aveva lo scopo di proteggere la società da chi violava la legge. Quando la Corte Warren ha terminato il suo lavoro, la sua funzione principale è stata quella di proteggere il trasgressore dalla società. Inutile dire che l'esagerato ingrandimento dei diritti penali da parte della Corte ha funzionato direttamente a vantaggio delle minoranze che ospitano caste criminali all'interno dei loro ranghi. Con batterie di costosi avvocati a loro disposizione, i criminali organizzati, siano essi membri della mafia, quadri rivoluzionari neri, terroristi ebrei o bande di studenti che piazzano bombe, possono trarre dal permissivismo legale benefici molto maggiori rispetto al criminale solitario. Suscitando false aspettative di guadagno economico immediato e concordando apparentemente sul fatto che la povertà e l'insuccesso dei neri fossero interamente colpa della discriminazione passata e presente da parte di bianchi malvagi, la Corte ha di fatto aumentato le tensioni razziali.

Come si vedrà nel prossimo capitolo, la Corte Suprema ha aperto un vaso di Pandora che non potrà più essere chiuso senza misure repressive che riporteranno la giustizia penale e gran parte di ciò che resta della giurisprudenza americana indietro di diversi secoli. Solo il completo ripudio e l'inversione delle principali sentenze della Corte in materia di diritti penali fornirà l'apparato giuridico necessario per estirpare la piaga che ha quasi

---

[898] Come citato da Carl Becker, *The Declaration of Independence*, Knopf, New York, 1942, p. 264.

messo fine alla civiltà occidentale in ampie zone delle più grandi città americane. Nel frattempo, mentre il crimine violento cresce oltre ogni limite, cresce anche il catalogo dei criminali e di coloro che lavorano a stretto contatto con i criminali. Questo catalogo è ormai così ampio e ricco di nomi famosi che comincia a somigliare al *Who's Who americano*.

CAPITOLO 30

La minoranza sotterranea

L A DIMENSIONE MENO SALVAGUARDATA del conflitto in atto contro la Maggioranza è la guerra sotterranea, descritta ingannevolmente dalle forze dell'ordine e dai media come un'ondata di criminalità. L'estensione e la ferocia di questa guerra sono rivelate dalle liste di vittime pubblicate periodicamente dal Federal Bureau of Investigation sotto forma di statistiche sulla criminalità. I responsabili di una parte di questa violazione della legge sono gli elementi criminali presenti in ogni società e in ogni razza. Ma una parte crescente è dovuta agli sforzi calcolati di gruppi e individui appartenenti a minoranze.

La criminalità di strada negli Stati Uniti è una forma di "rivolta lenta" e "rimane astronomica se confrontata con quella di altre nazioni industrializzate". Le parole circondate da virgolette non sono state scritte negli anni '90, ma mezzo secolo prima, nel Rapporto della Fondazione Eisenhower (3 marzo 1945). Se il crimine era un male allora, cosa avrebbe scritto quella fondazione sul crimine oggi?

Nel 1992, negli Stati Uniti sono stati commessi 33.649.340 reati, di cui 6.621.140 classificati come violenti. I crimini di violenza comprendevano 140.930 stupri o tentati stupri, 1.225.520 rapine tentate o completate e 5.254.690 aggressioni.[899]

Cosa dobbiamo pensare di queste statistiche? Sicuramente rappresentano più di una "lenta rivolta". Alcune guerre vere e proprie hanno prodotto meno vittime. In realtà si tratta di una guerra razziale in corso tra bianchi e neri, con i primi all'offensiva e i secondi che si difendono con scarso successo. In questa guerra i neri, attualmente responsabili del 55% di tutti gli omicidi, hanno ucciso 1.698 bianchi nel 1992. Nei casi in cui la razza dell'assassino è nota, i neri uccidono il doppio dei bianchi rispetto ai bianchi che uccidono i neri. Nel 1988 ci sono stati 9.406 stupri di neri contro bianchi e meno di dieci stupri di bianchi contro neri. È difficile ottenere cifre esatte sugli stupri, perché alcuni criminologi stimano che ne venga denunciato addirittura uno su sette. I negri commettono praticamente tutti gli stupri dei neri e la metà di quelli dei bianchi Un ricercatore liberale, Andrew Hacker, ha scoperto che

---

[899] *Indagine nazionale sulla vittimizzazione dei reati*, 1993. Gli omicidi, che ammontano a 23.000 all'anno, non sono stati inclusi perché l'indagine si basa su interviste alle vittime.

gli uomini di colore hanno violentato le donne bianche 30 volte più spesso di quanto gli uomini bianchi abbiano violentato le donne nere.[900]

Per quanto riguarda gli altri reati, una commissione presidenziale sulla criminalità ha dichiarato che meno della metà viene denunciata.[901] Solo sulla base dei crimini denunciati, è matematicamente probabile che ogni anno venga commesso un atto criminale contro una famiglia americana su cinque.[902] Secondo l'ex senatore Kenneth Keating di New York, "chiunque in questa terra può aspettarsi di essere vittima di un crimine importante almeno una volta nella vita, se vive fino a sessant'anni".[903]

In concomitanza con l'esplosione della criminalità, e forse contribuendo ad essa, sono state emesse diverse sentenze della Corte Suprema che hanno sconvolto i metodi tradizionali di processare i criminali. Nella causa *Gideon v. Wainwright* (1963) la Corte ha sostenuto il diritto dell'imputato ad avere un avvocato, se necessario a spese dei contribuenti. In *Escobedo v. Illinois* (1964) i giudici hanno stabilito che a un sospettato non può essere impedito di vedere il proprio avvocato durante l'interrogatorio della polizia. In *Miranda contro Arizona* (1966) la Corte ha stabilito che la polizia deve avvertire il sospettato del suo diritto di rimanere in silenzio e di essere rappresentato da un avvocato prima dell'interrogatorio.[904] Poiché tutte queste decisioni erano retroattive, il loro effetto sui calendari dei tribunali già affollati e sui funzionari delle forze dell'ordine già sovraccarichi è stato disastroso. Dopo Gideon, nella sola Florida 976 prigionieri sono stati liberati e dispensati da un nuovo processo, mentre altri 500 hanno dovuto essere chiamati in giudizio una seconda volta.[905]

Il fatto che la Corte si sia lasciata andare a un'estensione così ampia del giusto processo proprio nel momento in cui stava diventando impossibile per

---

[900] Per un'analisi più completa delle statistiche sulla criminalità si veda Jared Taylor, *Paved With Good Intentions*, Carroll & Graf, N.Y., 1992, pp. 92-4.

[901] *San Francisco Examiner*, 4 giugno 1963, p. 1. Solo un decimo degli episodi di taccheggio viene denunciato. I negozianti affermano che potrebbero abbassare i prezzi del 15% su tutta la linea se si ponesse fine al taccheggio. *New York Times Magazine*, 15 marzo 1970.

[902] Come dichiarato da Earl Morris, presidente dell'American Bar Association. *U.S. News & World Report*, 5 febbraio 1968, pag. 50.

[903] *Wall Street Journal*, vol. LXV, n. 68, pag. 1.

[904] *Time*, 4 luglio 1969, pag. 63. Escobedo, che era stato liberato mentre scontava una condanna per omicidio in seguito alla sentenza della Corte Suprema che porta il suo nome, fu poi riarrestato per aver venduto 11 grammi di eroina. *San Francisco Chronicle*, 4 agosto 1967, p. 2.

[905] Anthony Lewis, *Gideon's Trumpet*, Random House, New York, 1964, p. 205.

milioni di cittadini americani camminare di notte per le strade delle loro città è stata una pura irresponsabilità giudiziaria. Anche in questo caso, come nelle sentenze sul miscegenismo, sulla desegregazione scolastica e sulla preghiera nelle scuole, la Corte ha giocato a favore. Ancora una volta, come in quasi tutte le sue decisioni di riferimento, si è pronunciata a favore di querelanti rappresentati da avvocati di minoranza in ricorsi finanziati in gran parte da organizzazioni orientate verso le minoranze.

Sebbene il marcato aumento della criminalità possa essere attribuito in parte al crollo delle forze dell'ordine provocato dall'accondiscendenza della Corte nei confronti dei criminali, esso è dovuto anche alla comparsa di un nuovo tipo di criminalità. Non che la criminalità delle minoranze in America fosse una novità. Come ha scritto Samuel Eliot Morison, "l'alleanza tra i politici urbani, la malavita del gioco d'azzardo e della prostituzione e il voto straniero era già stata stabilita nel 1850".[906] Ma l'invasione delle città da parte di un esercito di negri saccheggiatori, piromani e cecchini, più di un secolo dopo, elevò la criminalità delle minoranze al livello di guerra urbana.

La perdita di proprietà e il numero di morti causati dalle insurrezioni dei negri nelle principali città nel 1964-68 sono stati riportati in precedenza nel capitolo 17, "I negri". Non più un comune ladro o rapinatore, ma un rivoluzionario autoproclamato, il criminale negro cominciò a essere visto dalla sua stessa gente, e da alcuni bianchi ultraliberisti, come una sorta di Robin Hood del tardo ventesimo secolo.[907] L'occupazione armata di edifici

---

[906] Morison, *The Oxford History of the American People*, p. 487.

[907] La maggior parte dei principali militanti negri ha avuto precedenti penali molto prima di diventare rivoluzionari. Malcolm X era un pappone, spacciatore di droga e rapinatore condannato; Eldridge Cleaver, uno stupratore condannato; H. Rap Brown, un ladro condannato; Marion Barry rieletto sindaco di Washington dopo aver scontato una pena per possesso di cocaina. I crimini commessi da Bobby Seale e altri nelle loro attività rivoluzionarie per conto delle Pantere Nere hanno messo in ombra le loro precedenti violazioni della legge. Il giudice della Corte distrettuale federale Alcee Hastings, messo sotto accusa dal Senato nel 1988 per cattiva condotta, si è ripreso facendo eleggere i cittadini della Florida al Congresso. Kweisi Mfume, leader del Congressional Black Caucus e probabilmente il più potente politico nero del Paese, è stato arrestato più volte quando era un giovane delinquente di Baltimora. Il culto dell'eroe di questi individui da parte della comunità negra e di molti liberali bianchi è stato probabilmente un incentivo alla criminalità nera tanto quanto gli ordini dei sindaci bianchi e negri che vietavano alla polizia di sparare ai saccheggiatori. Riassumendo l'atteggiamento degli abitanti delle baraccopoli negre, il *Time* (14 febbraio 1969, p. 60) ha commentato che "non solo accettano passivamente il crimine, ma ammirano anche attivamente i criminali, specialmente se le loro vittime sono bianche". Charles Evers, un politico negro del Sud ampiamente lodato dai media e dai suoi elettori neri, era un ex pappone che spesso trascurava di pagare le tasse sul reddito. Ronald Reagan fu lieto di ricevere l'appoggio di Evers nella campagna presidenziale del 1980.

universitari da parte di studenti neri e l'invasione armata di una legislatura statale da parte di spavaldi commando neri furono accolti come atti di liberazione.[908] Rimaneva, ovviamente, una notevole criminalità tra neri. Ma, come gli abitanti delle città e dei sobborghi bianchi stavano imparando di persona, una quantità intollerabile di crimini stava diventando nera contro bianca.[909]

La violazione della legge da parte dei negri è stata semi-militarizzata, nel senso che gran parte di essa è commessa contro "il nemico". Troppe vittime non si preoccupano di denunciare i reati alla polizia, diventando semplicemente "vittime" e attendendo in silenzio ulteriori attacchi da parte di bande di foraggiatori dai santuari inviolati dei ghetti metropolitani, dove i bianchi americani non sono più sicuri di quanto lo sarebbero stati in una roccaforte dei Viet Cong. Anche la criminalità negra è stata tribalizzata, in quanto comporta riti di iniziazione e prove di coraggio. Nel 1972 i membri di un gruppo nero chiamato De Mau Mau furono accusati di aver ucciso nove bianchi in Illinois.[910] Nella furia omicida di Zebra, in California, nel 1973, una banda di negri chiamata Death Angels uccise, secondo i registri della polizia, ventitré bianchi, torturandone uno per quasi un giorno prima di tagliarlo a pezzetti, avvolgerlo in un sacchetto di plastica e gettarlo su una spiaggia vicina. Lo scrittore di un libro sulle macabre uccisioni ha affermato che il bilancio delle vittime bianche ammontava in realtà a 135 uomini, 75 donne e 60 bambini. I membri degli Angeli della Morte hanno ricevuto promozioni speciali ed encomi dai loro leader per l'omicidio di massa.[911] In

---

[908] Nel 1967 un gruppo di negri con fucili carichi marciò nel Campidoglio di Sacramento, in California, mentre la legislatura era in sessione. Le punizioni sono state comminate con leggerezza o non sono state comminate affatto. *New York Times*, 3 maggio 1967, p. 24.

[909] Un rapporto governativo del 1970 affermava che i neri delle città vengono arrestati da otto a venti volte più spesso dei bianchi per omicidio, stupro, aggressione aggravata e rapina. Poiché gran parte delle vittime dei crimini di colore sono neri, si aggiungeva gratuitamente che non si dovevano trarre conclusioni razziali dal rapporto. *New York Times*, 8 settembre 1970, pag. 1. Il fatto che una particolare razza abbia un tasso di criminalità molte volte superiore a quello delle altre razze può non avere alcuna connotazione razziale per i burocrati governativi, ma ne ha molte per le vittime bianche della criminalità negra. A Washington, nel 1959-65, nove stupratori su dieci erano neri e il 59% delle donne bianche stuprate erano state violentate da neri. *San Francisco Chronicle*, 4 gennaio 1967, pag. 2. Un'altra tendenza inquietante è il rapimento di giovani donne bianche in pieno giorno. Una casalinga bionda è stata rapita da una stazione degli autobus di Birmingham e portata in una casa di prostituzione gestita da neri. Dopo tre giorni è riuscita a fuggire saltando da una finestra del secondo piano. *Birmingham News*, 10 giugno 1980, p. 1.

[910] *Miami Herald*, 16 ottobre 1972, pag. 2-A.

[911] Clark Howard, *Zebra*, Richard Marek Publishing, New York, 1979, cfr. in particolare le pp. 34, 173-81.

quest'ultimo Stato il capo di una banda di giovani negri ha detto a un membro di 22 anni: "Dimostra di essere un guerriero nero. Porta le orecchie di un bianco". Il giovane nero obbedì, lasciando un giovane bianco di 16 anni non solo senza orecchie, ma anche morto.[912] Nella rivolta di Miami del 1980, i bianchi abbastanza sfortunati da imbattersi nella folla in rivolta sono stati mutilati sia prima che dopo essere stati uccisi.

È vero che c'è stato qualche contraccolpo alla violenza dei bianchi, qualche prova di vendetta dei bianchi sui neri, come alcuni omicidi di cecchini in varie città. Ma il numero di neri uccisi o feriti è stato minuscolo rispetto al numero di vittime bianche. Sebbene i criminali neri siano stati uccisi mentre minacciavano la vita degli agenti di polizia o mentre fuggivano dalla scena del crimine, il numero di poliziotti bianchi uccisi da neri è stato sostanzialmente maggiore. Dal 1983 al 1992, sono stati uccisi 963 agenti di polizia, 536 da bianchi, 397 da neri e 30 da altre razze. L'80% degli agenti di polizia uccisi erano bianchi, il 10% neri, l'1% di altre razze.[913] Al ritmo indicato sopra, non passeranno molti anni prima che il numero di agenti di polizia bianchi uccisi dai neri superi il numero totale di vittime nere dei linciaggi del Sud. L'*Enciclopedia Britannica* afferma che dal 1882 al 1951 negli Stati Uniti sono state linciate 4.730 persone: 1.293 bianchi e 3.437 negri.[914]

La "brutalità della polizia", reale o immaginaria, è stata trasformata in una scusa standard per le rivolte e i saccheggi dei neri. Di conseguenza, nella maggior parte delle città è stato ordinato agli agenti di polizia di usare la forza minima contro i neri che violano la legge. La minaccia sempre presente di rivolte di neri ha anche influenzato i giudici e le giurie a piegarsi per concedere ai neri accusati tutti i benefici della legge e il minor tempo possibile di carcere. Una sentenza severa per un imputato negro in un processo ben pubblicizzato può costare a una città decine di milioni di dollari in proprietà danneggiate, bruciate e saccheggiate. La stessa esagerata indulgenza si estende alla pena capitale. A metà del 1982, solo cinque criminali erano stati giustiziati negli Stati Uniti dal 1967. Quattro dei cinque erano bianchi, anche se i bracci della morte pullulano di neri.

I crimini di neri contro bianchi sono stati commessi contro ogni strato della società bianca. Un giudice bianco è stato ucciso da neri nella sua aula di tribunale in California. Un rapinatore nero ha ferito gravemente il senatore John Stennis fuori dalla sua casa a Washington, D.C. Ma in generale la

---

[912] Il gruppo giovanile, si aggiunge, aveva ricevuto il sostegno finanziario della "rispettabile" Urban League, esentasse. *New York Times*, 4 marzo 1970, p. 31.

[913] *Sourcebook of Criminal Justice Statistics*, U.S. Dept. of Justice, 1993, pp. 401-05.

[914] *Ency. Brit.*, Vol. 14, p. 526.

maggior parte delle vittime bianche sono stati i proprietari o i dipendenti di fast-food, stazioni di servizio e piccoli esercizi commerciali. Troppo spesso, dopo aver svuotato il registratore di cassa, i rapinatori uccidono il derubato.

Nel frattempo, un'altra grande casta criminale,[915] Cosa Nostra, è diventata meno militante e persino semi-rispettabile man mano che ha raggiunto nuove vette di prosperità, e i suoi membri hanno abbandonato le cravatte bianche e i cappelli a tesa larga per uno stile conservatore alla Brooks Brothers. Alcuni dei cerimoniali sono stati abbandonati, ma il giuramento di sangue rimane, così come il requisito fondamentale per l'adesione, il test razziale della parentela italiana o siciliana.[916]

Questo test razziale è stato sospeso solo per gli ebrei, che hanno fornito alla mafia la maggior parte dei suoi cervelli legali e finanziari. In effetti la leadership della mafia, secondo le parole di Ralph Salerno, ex esperto di criminalità del Dipartimento di Polizia di New York, è sempre stata un "felice matrimonio tra italiani ed ebrei". Meyer Lansky, per molti decenni direttore finanziario di Cosa Nostra, una volta si è vantato: "Siamo più grandi della U.S. Steel". Poiché i ricavi lordi della mafia sono stimati in oltre 30 miliardi di dollari all'anno, con profitti annuali compresi tra i 7 e i 10 miliardi di dollari, avrebbe potuto includere qualche altra società.[917] La ricchezza di alcuni mafiosi va quasi oltre l'immaginabile: 521.000 dollari in contanti sono stati trovati in una valigia del figlio del boss Magaddino di Buffalo; il boss Gambino di New York e la sua famiglia adottiva avevano proprietà immobiliari per un valore di 300 milioni di dollari; il boss Bruno di Filadelfia, quando gli è stato chiesto di presentare una garanzia per un'iniziativa commerciale, ha presentato un assegno certificato per 50 milioni di dollari.[918]

Cosa Nostra prospera grazie a quella che potrebbe essere descritta come una protezione politica in profondità. In un certo momento i mafiosi hanno esercitato vari gradi di controllo su circa venticinque membri del Congresso

---

[915] Gli zingari possono anche essere definiti come una casta criminale. Le bande latino-americane che si stanno impadronendo di gran parte del traffico di droga sono più precisamente descritte come "famiglie". Gli ebrei chassidici, che tradizionalmente si dedicano al contrabbando di gioielli, non considerano la loro occupazione un crimine perché è solo contro la "legge dei gentili". Yaffe, op. cit., p. 120. Per quanto riguarda la criminalità ebraica in generale, Yaffe ha scritto: "Nessuno, per quanto riprovevole, viene mai letto completamente fuori dalla comunità ebraica". Ibidem, p. 277.

[916] *Time*, 22 agosto 1969, pp. 19, 21.

[917] Ibidem, p. 18.

[918] Ibidem, p. 21.

e su migliaia di figure politiche minori a livello statale e locale.[919] I rapporti servili di alcuni giudici di New York e Chicago con i leader mafiosi sono troppo noti per richiedere un'ampia documentazione. Frank Sinatra, socio di importanti figure mafiose,[920] è stato per anni uno dei principali raccoglitori di fondi del partito democratico prima di offrire i suoi talenti ai repubblicani. Per il suo lavoro nell'organizzare e dirigere il ballo pre-inaugurale del 1961 a Washington, Sinatra ricevette i profondi ringraziamenti del Presidente Kennedy e il primo ballo con la First Lady.[921] Anche Barry Goldwater, presentato come uno dei candidati presidenziali più onesti degli ultimi decenni, era molto vicino a due importanti membri della malavita. Del gangster Gus Greenbaum, morto con la moglie in un macabro duplice omicidio a Phoenix nel 1958, Goldwater disse: "Lo conoscevo da sempre". Goldwater era anche un buon amico di Willie Bioff, un condannato per ruffianeria ed estorsione della malavita, che il senatore dell'Arizona riportò da Las Vegas a Phoenix con il proprio aereo solo due settimane prima che Bioff venisse fatto a pezzi mentre cercava di mettere in moto la sua auto.[922]

I legami dei gangster con i livelli più alti del governo possono essere individuati negli indulti esecutivi concessi frequentemente a importanti esponenti delle bande. Lucky Luciano, succeduto ad Al Capone al vertice della gerarchia mafiosa e specializzato in narcotici, omicidi e prostituzione, ottenne la grazia completa dal governatore di New York Thomas Dewey nel 1946.[923] L'influenza di Luciano era così globale che, collaborando con l'esercito americano durante la Seconda Guerra Mondiale, contribuì a ristabilire la mafia nella sua patria originaria, la Sicilia, dove era stata privata di gran parte del suo potere durante l'era di Mussolini. Su sua indicazione,

---

[919] Ibidem, p. 19. Come estratto da *Time dal* libro *The Crime Federation*, di Ralph Salerno. Il leader di Cosa Nostra del New Jersey Joe Zicarelli, ha affermato Salerno, esercitava un tale potere sul deputato Cornelius Gallagher da poterlo convocare dal piano della Camera dei Rappresentanti per rispondere alle sue telefonate. Gallagher era membro del Comitato per le operazioni governative della Camera, che vigila sulle agenzie federali che a loro volta vigilano sulla mafia. Nel 1972 si dichiarò colpevole di aver evaso 74.000 dollari di tasse sul reddito. *Miami Herald*, 22 dicembre 1972, pag. 36-A.

[920] Sinatra era un amico personale di Lucky Luciano, un tempo il più importante gangster della nazione. Frank possedeva il 9% del Sands Hotel di Las Vegas, controllato dalla mafia, prima che Howard Hughes lo acquistasse. Ed Reid e Ovid Demaris, *The Green Felt Jungle*, Pocket Books, New York, 1964, pagg. 56, 74-76, 198. La licenza di gioco di Sinatra, revocata nel 1963 a causa della sua associazione con il gangster Sam Giancana, è stata ripristinata in forma modificata nel 1981 dal Nevada Gaming Control Board.

[921] Victor Lasky, *JFK, The Man and the Myth*, Macmillan, New York, 1963, p. 14.

[922] Reid e Demaris, op. cit., pp. 43, 144, 202.

[923] *New York Times*, 9 febbraio 1946, p. 19.

gli aerei americani lanciarono pacchi speciali al capo della mafia mondiale, Don Calo Vizzini, nella città di Villaba.[924]

Il Presidente Kennedy concesse il perdono presidenziale a un altro gangster, Jake (il Barbiere) Factor, per il quale era prevista l'espulsione da parte del Dipartimento di Giustizia, ma che fu reso cittadino dopo aver contribuito con 10.000 dollari al partito democratico.[925] Factor ripagò il favore aumentando le sue donazioni. Nel 1968 fu scoperto come il maggior finanziatore della campagna presidenziale del Partito Democratico.[926] Un'altra grazia discutibile fu concessa dal Presidente Truman al magnate del cinema Joseph Schenck, che era stato mandato in prigione per aver mentito sulle sue associazioni mafiose.[927]

Non c'è segno più visibile di decadenza nazionale del continuo successo di Cosa Nostra, un'organizzazione che, tra le altre cose, vendeva eroina per 350 milioni di dollari all'anno già negli anni '60, prima che le droghe pesanti diventassero un grande business.[928] I politici di maggioranza e di minoranza e le figure pubbliche sono ancora scioccati e inorriditi dai misfatti nazisti, decenni dopo i fatti, ma né loro né i media sono altrettanto sconvolti dalle atrocità praticate dai criminali mafiosi su migliaia di americani. Anche se i capi di Cosa Nostra si sono trasferiti in sobborghi esclusivi e ora si salutano in pubblico con strette di mano invece che con baci, alcuni si vantano ancora di inviare le loro vittime a case di carne all'ingrosso di proprietà della mafia, da cui vengono distribuite ai ristoranti sotto forma di "manburger".[929] Mentre i media si concentrano ancora sulla brutalità nazista o sovietica, la mafia ha affinato una tecnica di omicidio particolarmente dolorosa, in cui la morte viene ottenuta inserendo l'estremità di un estintore domestico nelle orecchie del condannato.[930] La polizia ha intercettato e registrato una conversazione telefonica della mafia in cui un boia ridacchiante descriveva nei minimi dettagli gli ultimi tre giorni di un uomo che era stato appeso a un gancio da

---

[924] *Times Literary Supplement,* 18 giugno 1964, p. 534.

[925] *New York Times,* 29 dicembre 1963, p. 4.

[926] *San Francisco Sunday Examiner and Chronicle, This World,* 12 gennaio 1969. Factor e sua moglie avrebbero donato o prestato 350.000 dollari a vari comitati della campagna Humphrey-Muskie.

[927] *San Francisco Chronicle, This World,* 25 ottobre 1961, pag. 22. Schenck morì da multimilionario nella sua suite nell'attico del Beverly Wilshire Hotel.

[928] Donald Cressey, *Theft of the Nation,* Harper & Row, N. Y., 1969, pp. 91-92.

[929] *Saturday Evening Post,* 9 novembre 1963, p. 21.

[930] Ibidem.

carne e che "si dimenava... urlando" quando veniva torturato con un pungolo elettrico.[931]

Come hanno riassunto due veterani della cronaca nera:

Lentamente, ma inesorabilmente, la mafia ha assunto una posizione di supremazia totale e assoluta... Ogni mafioso, giovane o vecchio, crede veramente di avere un diritto inalienabile di trafficare in droga e prostituzione, di saccheggiare e uccidere. Le leggi della società organizzata non lo vincolano.[932]

Essendo il crimine collettivo o organizzato diventato un monopolio di minoranza, la legge delle medie prevederebbe che la maggior parte dei criminali "indipendenti", la maggior parte dei criminali solitari, sarebbero membri della maggioranza. Ma non è così. Anche in questo caso, la sovrarappresentazione delle minoranze è incontestabile. Il fatto è che ogni volta che un membro della Maggioranza, in particolare un noto personaggio pubblico della Maggioranza, viene chiamato in giudizio, è sorprendente quanto spesso il suo partner o collaboratore sia un membro della Minoranza.

La seguente lista di peculati, appropriazioni indebite, evasioni fiscali, reati gravi, piccoli furti, conflitti di interesse o tradimenti della fiducia pubblica è limitata a persone di importanza nazionale o locale. Occasionalmente il catalogo delle malefatte comprende reati in cui il legame con la minoranza è tenue o inesistente. In questi casi l'intento è quello di dimostrare il degrado morale dei leader della maggioranza in un'epoca di dominio delle minoranze, degrado che è stato sia causa che effetto di tale dominio. [933]

Per cominciare dall'inizio, uno degli aspetti più brutti della criminalità americana è stata la sua frequente comparsa nell'ambito della presidenza. Negli ultimi decenni non c'è stata un'amministrazione che sia rimasta indenne. La maggior parte, se non tutti, i presidenti o i candidati alla presidenza si sono impegnati in un momento o nell'altro in una condotta altamente discutibile o hanno avuto come amici, consiglieri o finanziatori

---

[931] *Time*, 22 agosto 1969, p. 22.

[932] Reid e Demaris, op. cit., pp. 186-87. I membri della mafia, secondo C. D. Darlington, sono prigionieri dei loro geni, "persone per le quali non esiste alcuna possibilità di coercizione, correzione o conversione. Niente al mondo li farà venire a patti con il corpo generale della società. Sono una razza a parte". *L'evoluzione dell'uomo e della società*, p. 611.

[933] Razze e gruppi di popolazione diversi sembrano avere diverse propensioni al crimine: il negro per i crimini di violenza, il mediterraneo per i crimini passionali, l'ebreo per i crimini finanziari. In generale, le persone non assimilate o parzialmente assimilate hanno meno deterrenti contro il crimine, perché hanno meno legami emotivi e personali con lo Stato e con la legge dello Stato.

noti trasgressori della legge. Un esempio tipico è stato lo stretto legame del Presidente Truman con la macchina Pendergast, fiammeggiante e corrotta, che ha sponsorizzato il suo ingresso in politica. Nel 1939, il boss Tom Pendergast, uno dei più cari amici di Truman, finì in carcere per evasione fiscale. Nel 1945, quando Truman era vicepresidente, Pendergast morì. Truman volò immediatamente a St. Louis e prestò la dignità della seconda carica del Paese all'estrema unzione di un condannato. Pochi mesi dopo, quando divenne presidente, Truman graziò quindici scagnozzi di Pendergast che erano stati incarcerati per aver riempito le urne.[934]

Fu Truman a graziare il sindaco Curley di Boston per una precedente condanna penale e a ridurre la pena detentiva di Curley per frode postale.[935] Fu Truman a nominare il sindaco di New York O'Dwyer, amico del gangster Frank Costello, ambasciatore in Messico, e a farlo uscire dal Paese appena in tempo per sfuggire all'arresto con l'accusa di furto. Truman fece un ulteriore tentativo di ostacolare il corso della giustizia, quando definì il caso Alger Hiss, mesi prima del processo, un "depistaggio".[936]

L'amministrazione del Presidente Eisenhower produsse ben poco rispetto agli scandali dell'era Truman, anche se Sherman Adams, assistente capo di Eisenhower, fu costretto a dimettersi quando si scoprì che aveva ricevuto vari regali e sovvenzioni da Bernard Goldfine. Incarcerato nel 1961 per aver evaso le tasse per un ammontare di 7.838.298 dollari,[937] Goldfine fu rilasciato sulla parola in meno di due anni, dopo aver scontato buona parte della pena in un ospedale.[938] Lo stesso Eisenhower accettò costosi doni dai benefattori, ma a differenza di Adams non esercitò alcuna influenza a loro favore presso le agenzie federali. Il senatore Payne del Maine, che ricevette più di Adams la generosità di Goldfine, fu clamorosamente sconfitto nel tentativo di essere rieletto nel 1958.[939]

L'enorme truffa di Billie Sol Estes ebbe inizio negli anni di Eisenhower, ma culminò nell'amministrazione Kennedy. Estes, che aveva conoscenze importanti in Texas e nella politica nazionale, riuscì a frodare il Dipartimento

---

[934] Jules Abels, *The Truman Scandals*, Henry Regnery, Chicago, 1956, pp. 22, 23.

[935] Ibidem, p. 32.

[936] Anche se in seguito cambiò idea sui comunisti, Truman, seguendo il modello stabilito da Franklin D. Roosevelt, mantenne in carica diversi burocrati chiave che l'FBI aveva certificato come agenti sovietici in buona fede, tra cui l'Assistente Segretario al Tesoro Harry Dexter White. Chambers, *Witness*, pp. 68, 510.

[937] *New York Times*, 30 gennaio 1962, pag. 12 e 6 giugno, pag. 20.

[938] Ibidem, 21 febbraio 1963, p. 10.

[939] Ibidem, 9 settembre 1958, p. 1.

dell'Agricoltura di 500.000 dollari falsificando i registri dell'inventario. Alla fine fu mandato in prigione, ma nessuno è ancora riuscito a scoprire come riuscì a truffare così tanti importanti funzionari governativi, non solo una volta ma più volte. Quando sono iniziate le indagini, il funzionario del Dipartimento dell'Agricoltura del Texas, Hilton Bates, si è "suicidato" con la sorprendente impresa di spararsi cinque volte con un fucile ad otturatore. Il funzionario del Dipartimento dell'Agricoltura che aveva la responsabilità principale dei pagamenti a Estes risultò essere il sottosegretario Thomas Murphy, nominato grazie agli sforzi dell'amico di Estes, Lyndon Johnson, all'epoca senatore del Texas.[940]

L'amministrazione del Presidente Kennedy, a parte l'affare Estes e il fatto di essere legata a persone come Frank Sinatra, era relativamente pulita, o almeno così sembrava all'epoca. In seguito si scoprì che JFK, un donnaiolo incallito, aveva avuto una banale relazione con una domestica mafiosa di nome Judith Exner, intrattenendola spesso alla Casa Bianca quando la moglie era assente e facendole molte telefonate a distanza a Chicago mentre lei era seduta accanto al boss mafioso Sam Giancana.

Pecora nera della famiglia Kennedy, se si esclude il padre Joseph Kennedy che ha fatto milioni a Wall Street vendendo allo scoperto all'inizio della depressione,[941] è il senatore anziano del Massachusetts. Edward (Ted) fu espulso da Harvard nel 1951, dopo aver convinto un compagno di studi a sostenere un esame di spagnolo al posto suo.[942] L'influenza della famiglia riuscì a farlo reintegrare due anni dopo, anche se gli studenti che avevano commesso reati molto più lievi venivano espulsi definitivamente. Nell'estate del 1969, la notte prima dello sbarco di due americani sulla Luna, Kennedy precipitò con la sua auto da un ponte sull'isola di Chappaquiddick, annegando la sua giovane passeggera, Mary Jo Kopechne. Alcune settimane dopo il senatore, che aveva aspettato dieci ore prima di avvisare la polizia, fu condannato a due mesi di carcere (sospesi) per aver abbandonato la scena di un incidente.

Mentre il marito era presidente, Jacqueline Kennedy, il cui fascino meccanico e le cui affettazioni artistiche, per quanto sgradevoli, erano

[940] Clark Mollenhoff, *Despoilers of Democracy*, Doubleday, N.Y., 1965. Capitoli 7-9.

[941] Una tipica operazione di Joseph Kennedy fu il pool Libbey-Owens-Ford, in cui lui e la banca Kuhn, Loeb avevano i maggiori interessi. Il gruppo ottenne il controllo di 1 milione di azioni della società, ne fece scendere il prezzo vendendo allo scoperto e poi acquistò prima che le azioni salissero. Kennedy ricevette 60.805 dollari per la sua parte nella transazione. Nessuno ha investito un centesimo. Frank Cormier, *Wall Street's Shady Side,* Public Affairs Press, Washington, D.C., 1962, pp. 3, 9.

[942] *New York Times*, 31 marzo 1962, p. 1.

almeno un miglioramento rispetto alla scialbaggine dei suoi immediati predecessori, fece una lunga crociera nel Mediterraneo sullo yacht di Aristotele Onassis, il magnate greco delle spedizioni incriminato nel 1953 per associazione a delinquere finalizzata alla frode agli Stati Uniti.[943] Per evitare di essere arrestato la volta successiva in cui visitò il suo ufficio di New York, Onassis dovette pagare una multa di 7 milioni di dollari. Anche durante i regni degli imperatori più depravati sarebbe stato impensabile che una first lady di Roma frequentasse apertamente un uomo che aveva ammesso di aver frodato l'impero. Sarebbe stato doppiamente impensabile che, una volta rimasta vedova, lo sposasse. Il matrimonio Kennedy-Onassis del 1967, tuttavia, non fu troppo sorprendente dal punto di vista razziale. Il bisnonno paterno di Jacqueline era un falegname originario della Francia meridionale. Suo padre, che aveva una colorazione mediterranea più scura di Onassis, portava il soprannome di Black Jack.[944] Dopo la morte del marito greco, divenne l'amante di Maurice Templesman, un commerciante di gioielli sudafricano di origine ebraica.

La presidenza Kennedy si è conclusa con la doppietta di crimini del secolo, l'assassinio del presidente da parte di Lee Harvey Oswald e la successiva uccisione dell'assassino davanti a milioni di telespettatori da parte di Jack Ruby (Rubenstein), un piccolo mafioso e imprenditore di strip-tease. È già stata rilevata una motivazione razziale per il gesto di Ruby,[945] ma le motivazioni di Oswald sono rimaste alquanto incerte. Barbara Garson, una commediografa ebrea, scrisse un'opera teatrale, "MacBird", in cui proponeva che Lyndon Johnson avesse organizzato la morte di Kennedy per potergli succedere alla presidenza.[946] Altrettanto azzardata era la tesi di un complotto razzista e di destra, risibile alla luce delle affiliazioni russe e cubane di Oswald.[947]

---

[943] Utilizzando società fittizie, Onassis acquistò le navi Liberty del periodo bellico, che per legge federale erano riservate alla vendita ai cittadini americani, al fine di costruire la marina mercantile americana del dopoguerra. *New York Times*, 26 febbraio 1963, p. 2, 9 febbraio 1954, p. 1, e 22 dicembre 1955, p. 47.

[944] *Time*, 16 maggio 1969, pag. E7.

[945] Cfr. pag. 406.

[946] Il film rimase in scena per quasi un anno a Broadway. Nel 1972 il film "*Executive Action*" attribuì l'assassinio alle macchinazioni di un plutocrate texano di destra. Il produttore cinematografico hollywoodiano mezzo ebreo, Oliver Stone, ha intrapreso una tangente cospiratoria simile nel suo film del 1992, *JFK*.

[947] Si sa poco del padre di Oswald, che morì prima della nascita del figlio. La madre di Oswald (nata Claverie) potrebbe provenire da una famiglia cajun, poiché ha dichiarato che il padre era francese e parlava francese in casa. *Hearings Before the President's*

L'assassinio nel 1968 del fratello di John Kennedy, Robert, ha avuto connotazioni di minoranza esplicite anziché implicite. Nella sua ritardata candidatura alla nomination presidenziale democratica, Robert Kennedy chiese la riduzione dell'impegno americano in Vietnam, ma insistette sul mantenimento dell'impegno americano verso Israele. Fu dopo aver sottolineato questo punto in una trasmissione televisiva che un giovane arabo americano di Palestina si eccitò a sufficienza per sparargli nel seminterrato di un hotel di Los Angeles. Se Robert Kennedy si fosse concentrato di più sugli interessi della maggioranza e meno su quelli di una minoranza che non era nemmeno la sua, forse sarebbe diventato il 37° presidente.

Come procuratore generale nell'amministrazione del fratello, Robert Kennedy aveva dimostrato un lodevole zelo per l'applicazione della legge. Aveva avviato il procedimento legale contro il Teamster James Hoffa, che alla fine aveva mandato il capo del più grande sindacato del Paese in prigione per otto anni per manomissione della giuria.[948] Il rifiuto di Robert di coccolare i criminali, tuttavia, non impedì al fratello John di concedere la grazia presidenziale al contrabbandiere di armi Hank Greenspun, editore di Las Vegas ed ex agente pubblicitario del gangster Bugsy Siegel.[949] Greenspun approfittò del ripristino dei diritti civili per candidarsi senza successo alle primarie repubblicane per la carica di governatore del Nevada.[950]

Nessun presidente è stato così macchiato da illeciti e scandali legati alla minoranza come Lyndon Johnson. I momenti più fatali e angoscianti della vita politica di Johnson si verificarono durante le primarie senatoriali del Texas del 1948, quando si trovò in una situazione quasi di parità con il suo avversario, Coke Stevenson. All'ultimo minuto, quando sembrava che Stevenson stesse vincendo per 100 voti, furono improvvisamente scoperti 203 voti per Johnson, dopo che lo spoglio ufficiale era stato completato, in un distretto del Texas meridionale gestito da un boss politico di nome George

---

Commission on the Assassination of President Kennedy, Vol. 1, pp. 252, 437. I complottisti hanno avuto vita più facile con l'assassinio di Martin Luther King, Jr. nel 1967. James Earl Ray, il colpevole, aveva legami sia con la minoranza che con la maggioranza. Era nato a nord della linea Mason-Dixon e sua madre "proveniva da una devota famiglia irlandese-cattolica". *New York Daily News*, 11 marzo 1969, p. 4.

[948] *Facts on File*, 1967, p. 78.

[949] La natura delle attività criminali di Greenspun può spiegare la clemenza di Kennedy. Cfr. nota 19, pag. 500.

[950] *Time*, 31 agosto 1962, p. 18.

Parr. Questi 203 voti diedero a Johnson un vantaggio di 87 voti e il conteggio finale fu di 494.191 a 494.104.[951]

Un'indagine preliminare dimostrò che la maggior parte di questi voti provenivano da messicani americani, molti dei quali erano stati talmente ispirati dalle qualifiche senatoriali di Johnson da risorgere dalle loro tombe per votarlo. Quando iniziò l'inchiesta ufficiale, le 203 schede scomparvero misteriosamente in un incendio "accidentale".[952] Alla fine, la carriera politica di Johnson fu assicurata quando l'inchiesta statale fu annullata e quando il giudice della Corte Suprema Hugo Black bloccò l'ordine di riapertura di una corte inferiore. È degno di nota il fatto che durante questo periodo cruciale della vita di Johnson, Abe Fortas fu il suo principale risolutore di problemi a Washington.[953]

Nel suo ruolo di perenne faccendiere politico, Fortas aveva precedentemente ricevuto dal Presidente l'ordine di sopprimere lo scandalo Jenkins, scoppiato nel bel mezzo della campagna presidenziale del 1964. Walter Jenkins, l'assistente più fidato di Johnson, che in qualità di segretario del Consiglio di Sicurezza Nazionale aveva accesso a quasi tutti i documenti riservati più importanti di Washington, era stato arrestato per comportamenti perversi in un bagno maschile dell'YMCA. Anche se Jenkins, un battista convertito al cattolicesimo, era già stato arrestato una volta per attività simili, Johnson lo aveva mantenuto. Fortas, insieme a Clark Clifford, in seguito segretario alla Difesa, invitò i direttori di vari quotidiani a dare un'occhiata alla storia. Alcuni accettarono, ma quando un servizio telefonico diede la notizia, il piano di censura fallì.[954]

Per quanto riguarda la probità e le strette relazioni di minoranza dei recenti candidati presidenziali, è già stata menzionata la stretta amicizia di Goldwater con i gangster Gus Greenbaum e Willie Bioff. Adlai Stevenson, il candidato democratico alla presidenza che perse contro Eisenhower nel 1952 e nel 1956, fu la "scoperta politica" dell'avvocato Louis Kohn e di

---

[951] Harry Provence, *Lyndon B. Johnson*, Fleet, New York, 1964, pp. 81, 83-84, 86. Il messicano-americano che era stato incaricato di questo broglio elettorale confessò in seguito il suo crimine in televisione.

[952] Robert Sherrill, *The Accidental President*, Grossman, N.Y., pp. 28-29, 114.

[953] Mentre era vicepresidente, Johnson ricevette buste "piene di denaro" da aziende e lobbisti. Robert Caro, *Gli anni di Lyndon Johnson*, Vol. 1, 1982.

[954] *Life*, 9 maggio 1969, p. 34, e *Time*, 23 ottobre 1964, pp. 19-23.

Jacob Arvey, boss in pensione della venale macchina democratica di Chicago.[955]

Nonostante il sostegno finanziario delle corporazioni della maggioranza, in gran parte illegale, il Presidente Nixon andò a elemosinare denaro per la campagna elettorale da peculatori della minoranza come Robert Vesco, il cui contributo in contanti di 200.000 dollari portò ai processi penali degli ex membri del gabinetto John Mitchell e Maurice Stans. Entrambi sono stati protagonisti dell'affare Watergate, che ha scatenato la più grande ondata di paranoia mediatica dopo l'attacco al senatore Joseph McCarthy.[956] Nel tentativo di fare dell'amministrazione Nixon una voragine di corruzione della Maggioranza, la stampa enfatizzò attentamente le origini tedesche e WASP di alcuni partecipanti, ignorando invece le origini minoritarie di altri importanti tiratori di fili.[957] Henry Kissinger, James Schlesinger, William Safire, Leonard Garment e altri membri ebrei dell'amministrazione Nixon ricevettero un certificato di buona salute. Kissinger e Schlesinger rimasero effettivamente come membri del gabinetto dell'amministrazione Ford, mentre tre membri del gabinetto della maggioranza - Maurice Stans, John Mitchell e Richard Kleindienst - furono tutti riconosciuti colpevoli di vari reati e Mitchell fu mandato in prigione.

In un certo senso il Watergate (e gli eventi correlati) fu un'epurazione di un'intera amministrazione presidenziale da parte della minoranza liberale. Prima di sbarazzarsi del presidente stesso, gli oppositori di Nixon trovarono necessario rimuovere il vicepresidente Spiro Agnew, un nemico altrettanto disprezzato. L'obiettivo fu raggiunto convincendo gli appaltatori delle minoranze a testimoniare sulle tangenti ricevute da Agnew quando era governatore del Maryland. Con Agnew al sicuro, i media puntarono tutte le loro armi su Nixon, che era stato il principale sacco da box dell'establishment intellettuale fin dalle sue vittorie elettorali sui rappresentanti Jerry Voorhis e Helen Gahagan Douglas e dal suo ruolo di

---

[955] Kenneth S. Davis, *The Politics of Honor*, Putnam, New York, 1967, pag. 178. Stevenson, venerato dalla coalizione liberal-minoritaria come Edward Kennedy molti anni dopo, fu anche coinvolto in un incidente mortale. Da ragazzo, infatti, sparò e uccise involontariamente Ruth Merwin, una giovane ragazza in visita alla sua famiglia durante le vacanze di Natale. Eleanor Stevenson e Hildegarde Dolson, *My Brother Adlai*, Morrow, New York, 1956, p. 72.

[956] Una fase del Watergate, l'operazione degli "idraulici" della Casa Bianca, fu innescata dal defunto J. Edgar Hoover, che non permise un'indagine su larga scala su Daniel Ellsberg, il trafugatore dei Pentagon Papers, in ossequio alla sua amicizia per Louis Marx, il suocero milionario di Ellsberg.

[957] *Il Washington Post*, così amareggiato per l'insabbiamento del Watergate, aveva partecipato volentieri all'insabbiamento di Jenkins durante l'era Johnson.

primo piano nella caduta di Alger Hiss. La verità era che Nixon aveva violato il suo giuramento né più né meno di altri presidenti. Intercettare il telefono di un avversario politico e rubare le cartelle cliniche di uno psichiatra, azioni certamente disdicevoli per un presidente da condonare e insabbiare, difficilmente paragonabili alla frode elettorale che ha messo il presidente Johnson sulla mappa politica o ai misfatti semi-ragionevoli di Franklin D. Roosevelt nel coinvolgere l'America nella Seconda Guerra Mondiale. Ma come dimostrò la guerra del Vietnam, i media erano ormai diventati onnipotenti. Sebbene il Presidente Nixon fosse stato appena rieletto in una delle più grandi frane della storia politica americana, in meno di due anni fu gettato in disgrazia e costretto a dimettersi, soprattutto grazie al *Washington Post*, agli informatori della Casa Bianca e all'occhio smaliziato, onniveggente e implacabile del tubo televisivo. Se ci si chiede dove si trovi il vero potere in America, basta ricordare che Daniel Ellsberg, l'uomo che ha rubato importanti segreti militari al Pentagono e ai redattori del *New York Times* che li hanno pubblicati, è rimasto impunito, mentre gli agenti della Casa Bianca, Gordon Liddy e E. Howard Hunt, che hanno tentato di "fare la spia" su Ellsberg, hanno passato anni dietro le sbarre.[958]

L'amministrazione di Gerald Ford, il primo presidente nominato degli Stati Uniti, fu relativamente priva di scandali, fatta eccezione per la grazia presidenziale concessa a Nixon. Il ritorno di un'amministrazione democratica a Washington fu accompagnato da una nuova esplosione di truffe politiche: le malefatte finanziarie del buon amico del presidente Carter e direttore del bilancio a breve termine, Bert Lance; il coinvolgimento degli assistenti della Casa Bianca nel consumo di droga; i "prestiti" fatti dal governo libico al fratello Billy Carter. Gli anni di Carter furono anche noti per i molteplici crimini dei membri del Congresso, alcuni dei quali intascarono tangenti davanti a telecamere nascoste. Anche se condannati per crimini o reati sessuali, alcuni rappresentanti furono rieletti e tornarono a sedere alla Camera.

La presidenza Reagan iniziò con Frank Sinatra come direttore dell'intrattenimento dei festeggiamenti inaugurali, con un funzionario del Teamster legato alla mafia nella squadra di transizione e con due individui dubbi nelle due posizioni più alte della CIA. Non un inizio promettente per quella che la nazione sperava fosse un'amministrazione relativamente onesta. La presidenza Bush è stata abbastanza pulita. L'amministrazione Clinton, con le malversazioni di Whitewater e Savings and Loan, un capo dell'esecutivo gravemente infettato dalla satiriasi e i tentativi della Casa Bianca di sopprimere le indagini legali sul suicidio di un amico di Clinton di

---

[958] Cfr. nota 31, pag. 95.

alto livello, Vincent Foster, si candida a essere la più scandalosa della storia americana.

Il declino della moralità nelle alte sfere è forse meglio illustrato dalle carriere dei quattro figli del Presidente Franklin Roosevelt. James Roosevelt, deputato di Los Angeles, la città con la seconda più alta concentrazione di ebrei negli Stati Uniti, è stato una sorta di lobby individuale per gli interessi ebraici e sionisti nella capitale della nazione. Dopo una serie di disavventure coniugali, si trasferì in Svizzera come dirigente di una società di investimenti d'oltremare di proprietà di una minoranza.[959] Franklin D. Roosevelt Jr., in ritardo con le tasse del 1958 per un ammontare di 38.736 dollari, fu avvocato del dittatore Rafael Trujillo della Repubblica Dominicana.[960] John Roosevelt, il fratello più giovane, intervenne alla convention dei Teamsters di Miami Beach nel 1961 a sostegno della rielezione del presidente James Hoffa, già allora in gravi difficoltà con la legge.[961] Elliott Roosevelt, le cui cinque mogli lo avevano reso il più sposato e divorziato di tutti i figli di FDR, fu scelto come sindaco di Miami Beach da Louis Wolfson,[962] il celebre raider aziendale ed ex detenuto del penitenziario federale di Atlanta.[963] Fu lo stesso Wolfson che, quando fu indagato dal governo per frode azionaria, fece in modo che la sua fondazione esentasse pagasse al giudice della Corte Suprema Fortas 20.000 dollari all'anno per tutta la vita.[964]

---

[959] Mentre lavorava per il finanziere Bernard Cornfeld, James Roosevelt fu accoltellato dalla terza moglie mentre si preparava a contrarre il quarto matrimonio. Time, 10 ottobre 1969, pag. 98. Con un valore di 150 milioni di dollari fino al crollo della sua Investors Overseas Service, Cornfeld fu accusato di tentato stupro e aggressione indecente durante una visita a Londra nel 1973. *Miami Herald*, 10 febbraio 1973, p. 9-A. Dopo un breve periodo di detenzione in una prigione svizzera, Cornfeld si trasferì a Beverly Hills, dove organizzò sontuose feste per il demimonde dello spettacolo.

[960] *New York Times*, 23 maggio 1963, p. 1. La terza moglie di Junior era Felicia Sarnoff, nipote di Jacob Schiff.

[961] John Roosevelt era socio di una società di consulenza sugli investimenti che gestiva una quantità considerevole di fondi pensionistici del Teamster. Clark Mollenhoff, *Tentacoli del potere*, World Publishing, Cleveland, 1965, pagg. 345-46.

[962] Patricia Roosevelt, *I Love a Roosevelt*, pp. 134, 251, 328, 377, 379.

[963] *San Francisco Sunday Examiner and Chronicle, This World*, 15 dicembre 1968, pag. 5.

[964] Si veda il capitolo 29. Fortas trattenne la prima rata di 20.000 dollari per quasi un anno, molto tempo dopo che Wolfson era stato incriminato. Nel frattempo ricevette 15.000 dollari per alcune lezioni al Washington College of Law dell'American University. In seguito si scoprì che il compenso non era stato pagato dall'università, ma da Maurice Lazarus, magnate dei grandi magazzini, e da Gustave Levy e John Loeb, due dei più ricchi banchieri privati del mondo. Il denaro potrebbe essere interpretato come un dono di amici

Le minoranze politiche minori o i venditori di influenza hanno fatto ben poco per aiutare il Paese che ha dato ai loro antenati immigrati il primo assaggio di libertà che abbiano mai conosciuto. L'elenco comprende: Morris Shenker, uno degli avvocati di Hoffa, che ha pagato 48.000 dollari al senatore Edward Long del Missouri mentre la sottocommissione del Senato di quest'ultimo indagava sulle intercettazioni telefoniche, un metodo di indagine criminale che Hoffa aborriva;[965] Marvin L. Kline, ex sindaco di Minneapolis, condannato a dieci anni di reclusione per furto aggravato per aver rubato alla Fondazione Sister Kenny, un'organizzazione caritatevole per le vittime di paralisi infantile;[966] Victor Orsinger, avvocato di Washington, riconosciuto colpevole di aver rubato 1,5 milioni di dollari a un ordine di suore cattoliche.5 milioni di dollari a un ordine di suore cattoliche;[967] John Houlihan, ex sindaco di Oakland, California, condannato per aver rubato 95.000 dollari da un fondo fiduciario di cui era l'esecutore;[968] Hugh Addonizio di Newark, New Jersey, un altro ex sindaco, condannato a dieci anni di carcere per aver ricevuto tangenti mentre era in carica.[969] Il più importante criminale governatore degli ultimi tempi è stato Marvin Mandel del Maryland, che è stato rinchiuso in una prigione di campagna per aver ricevuto pagamenti sottobanco dai gestori delle piste. Forse il caso peggiore di traffico di influenze ha riguardato il presidente della Camera John McCormack, nel cui ufficio hanno operato per anni due faccendieri politici, Nathan Voloshen e Martin Sweig, che a volte hanno persino usato il nome dello speaker. Quando Sweig e Voloshen sono stati portati in giudizio, McCormack, uno dei politici più scaltri di Washington, ha affermato di non essere a conoscenza delle azioni dei suoi amici.[970]

---

o come il mezzo con cui la comunità bancaria internazionale è in grado di mantenere un giudice della Corte Suprema sul proprio libro paga. *Time*, 23 maggio 1969, p. 23, e *Life*, 23 maggio 1969, pp. 38-39.

[965] *Facts on File*, 1967, p. 460.

[966] *New York Times*, 14 settembre 1963, p. 10.

[967] *Washington Post*, 4 giugno 1970, pag. B4.

[968] Dopo essere stato incriminato, ma prima di finire in carcere, Houlihan ha svolto un periodo di tre mesi come consulente del Center for Study of Democratic Institutions, Santa Barbara, California. *New York Times*, 30 aprile 1966, p. 28, e 8 settembre 1968, p. 21, e *Oakland Tribune*, 3 giugno 1966, p. 22.

[969] Rapporto dell'Associated Press, 23 settembre 1970.

[970] *Life*, 31 ottobre 1969, p.52, e *New York Times*, 13 gennaio 1970, p.1. Il rappresentante John Dowdy del Texas e il senatore Daniel Brewster del Maryland furono due membri del Congresso coinvolti con minoranze criminali. Dowdy è stato condannato per aver accettato una tangente da Nathan Cohen per bloccare un'indagine governativa. Brewster

Con l'eccezione di Lowell Birrell, il cui padre era un ministro protestante, e di pochi altri, ogni noto truffatore finanziario dalla Seconda Guerra Mondiale in poi è stato membro di una minoranza. Il più grande evasore fiscale di tutti potrebbe essere Samuel Cohen di Miami Beach, che, secondo l'Internal Revenue Service, ha omesso di dichiarare 25.578.000 dollari di reddito imponibile per il solo anno 1967.[971]

Al secondo posto potrebbe esserci Allen Glick, gestore di case da gioco in Nevada e funzionario del sindacato dei Teamsters, che doveva 9,5 milioni di dollari all'Internal Revenue Service in tasse arretrate e sanzioni per frode.[972] In lizza c'era anche Edward Krock, a cui è stata notificata l'incriminazione per aver frodato il governo di 1,4 milioni di dollari in tasse mentre si concedeva una piacevole crociera estiva sul suo yacht di 150 piedi. Un preminente truffatore, Anthony De Angelis, ha incredibilmente sottratto ad amici, soci d'affari e al governo 219 milioni di dollari con una frode sui fagioli di soia.[973] In confronto a De Angelis, Eddie Gilbert, che ha truffato i suoi azionisti per 1,9 milioni di dollari e poi è scappato in Brasile, era un buffone.[974] Un altro manipolatore di azioni è stato Morris Schwebel che, con alcuni altri operatori, ha portato il prezzo delle azioni canadesi a cinque dollari per azione. Quando poi le azioni si rivelarono quasi prive di valore, gli investitori persero 16 milioni di dollari.[975] Un tipo di predatore finanziario più efferato è stato il banchiere internazionale Serge Rubinstein, che ha integrato le sue operazioni monetarie con l'elusione della leva e che è stato poi assassinato in stile malavitoso.[976]

è stato condannato da due a sei anni per aver preso soldi da Spiegel, una casa di vendita per corrispondenza.

[971] Rapporto di Gannett News Service, 11 luglio 1971.

[972] *New York Times*, 19 giugno 1977.

[973] *Time*, 4 giugno 1965, p. 20.

[974] *New York Times*, 24 aprile 1964, pag. 1, e 28 aprile 1967, pag. 1. In seguito Gilbert tornò e si arrese. Nonostante Benjamin Javits, fratello del senatore di New York Jacob Javits, lo rappresentasse, Gilbert fu mandato in prigione. La ricca madre di Gilbert pagò allora una grossa somma di denaro al faccendiere e collaboratore del presidente della Camera John McCormack, Nathan Voloshen, per far uscire il figlio di prigione.

[975] Durante il processo, Schwebel è stato rappresentato dall'ex giudice federale Simon Rifkind, il quale ha spiegato che l'imputato era un filantropo di buon cuore e un leader religioso e comunitario, aggiungendo che sia lui che la moglie avevano recentemente avuto un attacco di cuore. Schwebel è stato multato di 15.000 dollari e condannato a un anno e un giorno di prigione. La sentenza fu poi sospesa. *New York Times*, 7 giugno 1964, p. 60 e 26 agosto 1964, p. 24.

[976] *Time*, 6 maggio 1946, p. 84 e 7 febbraio 1955, pp. 16-17.

Louis Wolfson era relativamente discreto nelle sue operazioni finanziarie e si appoggiava molto ad alti funzionari governativi per il sostegno. Con l'aiuto del senatore (poi rappresentante) ultraliberista Claude Pepper della Florida e dell'imprenditore milionario Matt McCloskey, entrambi alti esponenti del partito democratico, Wolfson fece il suo primo colpo acquistando un cantiere navale americano, costato ai contribuenti 19.262.725 dollari, per soli 1.926.500 dollari.[977] Come Wolfson, Leopold Silberstein finì in carcere per aver violato le regole della Securities and Exchange Commission. Nemmeno l'assistenza dell'ex Segretario degli Interni Oscar Chapman riuscì a salvarlo.[978]

Altri noti trafficanti ebrei furono: David Graiver, che ha saccheggiato 40 milioni di dollari dall'American Bank & Trust Co, il principale banchiere dei terroristi marxisti argentini; Robert Vesco, l'erede del fatiscente impero finanziario di Bernard Cornfeld, che è riuscito a sottrarre 224 milioni di dollari a quattro fondi comuni di investimento; Michele Sindona, siciliano, che ha provocato il fallimento della Franklin National Bank, il più grande crollo bancario della storia americana, abusando di 45 milioni di dollari dei suoi beni; il rabbino Bernard Bergman, che ha frodato Medicare per 1,2 milioni di dollari, per cui è stato condannato a quattro mesi di carcere; Eli Black, presidente della American Bank & Trust Co.2 milioni di dollari, per i quali è stato condannato a quattro mesi di carcere; Eli Black, presidente della United Brands, che si è gettato dal suo ufficio al quarantaquattresimo piano dopo essere stato coinvolto in uno scandalo di corruzione da un milione di dollari;[979] Stanley Goldblum della Equity Funding ha supervisionato la falsificazione di polizze assicurative per 200 milioni di dollari.[980]

Infine, ma non meno importante, ci sono i due più grandi peculatori di tutti: Ivan Boesky e Michael Milken. Entrambi hanno scontato 22 mesi di carcere. Entrambi hanno rubato così tanto nelle loro operazioni di borsa truffaldine da poter pagare multe di centinaia di milioni di dollari e conservare centinaia di milioni nel caso di Milken e decine di milioni in quello di Boesky per la vecchiaia. Dopo il suo rilascio dal carcere, Milken, noto come il re dei junk

---

[977] Leslie Gould, *The Manipulators*, David McKay, New York, 1966, pp. 5-6.

[978] Benjamin Javits era anche l'avvocato di Silberstein. Ibidem, pag. 53.

[979] Per Graiver, che potrebbe o meno essere morto in un incidente aereo in Messico mentre fuggiva dalla polizia di New York, cfr. *New York Times*, 28 novembre 1972, p. 1; per Vesco, cfr. *Wall St. Journal*, 13 aprile 1978, p. 13; per Sindona, cfr. *Village Voice*, 21 gennaio 1980, p. 27; per Bergman, cfr. rapporto UPI, 18 giugno 1971; per Black, cfr. *New York Times*, 4 febbraio 1975, p. 1.

[980] *Miami Herald*, 22 aprile 1973, pag. 7-E.

bond, ha fatto quello che può essere descritto solo come un viaggio trionfale in Israele.

L'avvocato Roy Cohn, radiato dall'albo, è morto di AIDS nel 1986 dopo aver trascorso gran parte della sua vita in tribunale per difendersi da una serie apparentemente infinita di accuse che andavano dalla cospirazione alla frode postale, dalla corruzione all'estorsione e al ricatto.[981] Se l'avvocato ebreo Abe Fortas simboleggia la corruzione della coalizione liberal-minoritaria, l'avvocato ebreo Cohn, ex aiutante del defunto senatore Joseph McCarthy, è il simbolo del disseccamento spirituale del cosiddetto conservatorismo americano. Nel 1964, dopo l'assoluzione in un processo, Cohn ricevette le congratulazioni del cardinale Spellman, del senatore Dirksen e del senatore Eastland.[982] Tra gli altri amici di Roy Cohn c'erano il senatore Edward Long del Missouri, il cui rapporto con Hoffa è stato menzionato in precedenza, e William F. Buckley, Jr.[983]

I legami più stretti di Cohn erano con Lewis Rosenstiel, il multimilionario fondatore delle industrie Schenley, e Louis Nichols, ex assistente del direttore dell'FBI. Entrambi erano molto vicini al capo dell'FBI J. Edgar Hoover. Rosenstiel è stato il maggior contribuente della Fondazione J. Edgar Hoover e la sua stessa fondazione ha contribuito a finanziare due libri sull'FBI, uno dei quali scritto da Hoover.[984] Cohn è anche noto per essere stato amico del deputato Emanuel Celler, presidente della Commissione giudiziaria della Camera, del deputato Cornelius Gallagher, accusato apertamente di essere strettamente legato a Cosa Nostra, e di Edwin Weisl, consigliere finanziario del presidente Johnson e suo ambasciatore personale presso il partito democratico di New York.[985] Fu sullo yacht di Cohn che l'ex boss di Tamany e condannato per estorsione Carmine DeSapio e altri pezzi grossi dei Democratici scelsero una lista di giudici per le elezioni del 1969 a New York.

Un mese prima della corsa presidenziale del 1968, Cohn diede tre assegni per un totale di 9.000 dollari ai candidati repubblicani. In cambio gli sarebbe

---

[981] *New York Times*, 14 dicembre 1969, p. 74.

[982] *Life*, 5 settembre 1969, p. 28.

[983] Cohn fece in modo che una banca di Chicago, nella quale aveva una partecipazione, concedesse al senatore Long un prestito non garantito di 100.000 dollari. Cohn ottenne anche un prestito di 60.000 dollari per Buckley, che lo utilizzò per acquistare uno sloop di 60 piedi. *Life*, 5 settembre 1969, pp. 28-29.

[984] Ibidem, pp. 29-30.

[985] Ibidem, pp. 28-29. Weisl era anche direttore della Cenco Instruments Corp. controllata da Alfred E. Strelsin, uno dei sionisti più ricchi e impegnati del Paese. Nel 1975 la Cenco fu bandita dalla Borsa di New York per frode nell'inventario.

stato assicurato che il presidente Manuel Cohen della Securities and Exchange Commission e Robert Morgenthau, procuratore federale del Distretto Sud di New York, suoi presunti "persecutori", sarebbero stati rimossi in caso di vittoria di Nixon. Dopo le elezioni Cohen fu immediatamente sostituito e Morgenthau licenziato pochi mesi dopo.[986] Il coinvolgimento dell'amministrazione Nixon con una persona come Cohn non fu un incidente isolato. In seguito, Walter Annenberg, l'editore di Filadelfia già incriminato per evasione fiscale, fu nominato ambasciatore in Gran Bretagna.[987]

La criminalità è penetrata così profondamente nell'industria dell'intrattenimento, dominata dalle minoranze, che è diventata una giungla malavitosa. I gangster controllano i juke box, possiedono molti dei nightclub della nazione e mettono a disposizione grandi quantità di denaro per le produzioni di Broadway. Come risultato del controllo dei gangster sul gioco d'azzardo, praticamente tutti i grandi nomi del mondo dello spettacolo hanno ricevuto, una volta o l'altra, denaro della mafia per apparire nei casinò di Las Vegas e altrove. Diversi personaggi di spicco del mondo dello spettacolo e della televisione hanno precedenti penali. Il defunto Jack Benny, uno dei comici più pagati della nazione, è stato condannato per contrabbando di diamanti, ma non sembra che questo abbia mai danneggiato i suoi ascolti.[988] David Begelman, ex presidente della Columbia Pictures, pur avendo confessato nel 1977 di aver falsificato i nomi di importanti star di Hollywood su assegni a cinque cifre, non ha mai trascorso un giorno in prigione. Due anni dopo è stato nominato capo della MGM con uno stipendio di 500.000 dollari all'anno, più le spese. Winston Burdett, un reporter televisivo dalla parlantina pulita, era una spia dell'Armata Rossa in Finlandia quando la Russia stava cercando di invadere quella piccola nazione nell'inverno del 1939-40. Dopo che Burdett ebbe confessato tutto a una commissione del Congresso, il suo datore di lavoro, la Columbia Broadcasting System, lo mantenne sul libro paga come se nulla fosse accaduto.[989]

---

[986] Ibidem, pag. 26. I tre assegni di Cohn sono stati respinti per qualche tempo prima di essere coperti. Una volta ha emesso assegni del valore di 50.000 dollari su un conto inesistente. Ibidem, p. 30.

[987] Il padre di Annenberg, Moses, finì in carcere per due anni per aver evaso le tasse sul reddito per un ammontare di 1,2 milioni di dollari. Benché incriminato, Walter non fu mai processato. *Washington Star*, 7 gennaio 1969, p. 1. Nella sontuosa tenuta Annenberg di Palm Springs, in California, che vanta un campo da golf privato a 18 buche, il presidente Reagan, l'ex presidente Nixon e una serie di altri personaggi pubblici si riuniscono ogni 31 dicembre per salutare il nuovo anno.

[988] *New York Times*, 12 ottobre 1940, p. 19.

[989] Ibidem, 30 giugno 1955, p. 1.

Nel mondo della carta stampata, l'oscenità è ormai così diffusa che quando gli editori di riviste sono stati arrestati per pornografia, come Hugh Hefner di *Playboy* e Ralph Ginzburg di *Eros*, la loro reputazione è stata rafforzata. Dopo aver ricevuto una condanna a cinque anni di carcere, Ginzburg è riuscito a sollecitare contributi per una nuova rivista, *Fact*, da parte di personalità come Bertrand Russell, Mary McCarthy, Linus Pauling e Robert Hutchins.[990]

Altri scrittori, quasi tutti appartenenti a minoranze, non erano necessariamente coinvolti con i criminali, ma erano dei veri e propri trasgressori della legge. Il decano di questa razza fu Harry Golden che, prima di diventare l'autore più venduto di omelie antimeridionali e il proprietario-editore del *Carolina Israelite*, scontò quasi cinque anni a Sing Sing con il suo vero nome, Herschel Goldhurst.[991] Norman Mailer, che ricevette 400.000 dollari per la sua serie di saggi denigratori sullo sbarco sulla Luna, fu arrestato a New York nel 1961 e accusato di aver pugnalato una moglie.[992] Uno scrittore meno scatologico, il critico letterario Leslie Fiedler, fu arrestato dalla polizia insieme alla signora Fiedler, al figlio e a due adolescenti nel 1967 per aver gestito locali in cui si faceva uso di stupefacenti.[993] Timothy Leary, ex istruttore, scrittore e guru di Harvard, fu dichiarato colpevole e condannato a trent'anni (poi annullati) per aver contrabbandato droga dal Messico.[994] A Pearl Buck, la camionista della maggioranza e sinofila che vinse il Premio Nobel per la letteratura, lo Stato della Pennsylvania vietò di sollecitare altri fondi per la sua fondazione a causa della sua negligente gestione dei fondi di beneficenza.[995] In cima a tutti c'era il falsario di opere d'arte Clifford Irving.

---

[990] *Time*, 3 aprile 1964, p. 59, e *New York Times*, 26 giugno 1963, p. 26.

[991] Nixon ripristinò i diritti civili di Golden nel 1973.

[992] *New York Times*, 13 gennaio 1961, pag. 58; 31 gennaio 1961, pag. 13; 14 novembre 1961, pag. 45.

[993] *New York Times*, 30 aprile 1967, p. 78.

[994] *New York Times*, 12 marzo 1966, pag. 1, e 21 ottobre 1966, pag. 1. Leary, che in seguito fu incarcerato per un'altra accusa di droga e poi uscì di prigione, è probabilmente responsabile quanto altri per aver influenzato una parte considerevole di un'intera generazione di americani a sperimentare le droghe. L'ultima volta che la tossicodipendenza ha raggiunto proporzioni simili è stata nella Cina prima della Seconda Guerra Mondiale. La sinistra radicale degli Stati Uniti è favorevole o tollerante nei confronti delle droghe, ma Mao Tse-tung, il defunto leader comunista cinese ed eroe della sinistra radicale, ha reso un crimine capitale non solo lo spaccio di droga, ma anche il suo minimo uso.

[995] *Time*, 25 luglio 1969, p. 60. Nel 1965 il consiglio di amministrazione della fondazione comprendeva Art Buchwald e Sargent Shriver.

I precedenti di polizia dei principali scrittori militanti neri sono già stati citati, ma è opportuno ricordare che LeRoi Jones, il drammaturgo negro, è stato arrestato a New York nel 1966 per aggressione e rapina.[996] Arthur Miller, il più onorato drammaturgo ebreo contemporaneo, è stato citato per oltraggio al Congresso nel 1956.[997] Dieci importanti scrittori cinematografici di Hollywood, appartenenti a minoranze con una o due eccezioni, erano stati precedentemente incarcerati per lo stesso reato.[998]

L'enfasi posta in questo capitolo sui criminali appartenenti a minoranze non vuole significare che non ci sia criminalità dove non ci sono minoranze. Non vale la pena ripetere che ogni razza e ogni società hanno i loro criminali. Ma le società multirazziali di solito hanno più crimini pro capite, e la società multirazziale in cui la lotta per il potere diventa una lotta palesemente razziale ha il più alto tasso di criminalità. Inoltre, ci sono alcuni reati che potrebbero verificarsi solo in società eterogenee. Nel 1964 trentotto persone in un sobborgo di New York guardarono per un'ora e mezza dalle finestre degli appartamenti una giovane donna bianca, Kitty Genovese, che chiamava ripetutamente aiuto, e che fu lentamente uccisa nel cortile sotto di loro. L'assassino, un necrofilo negro, culminò la macabra esibizione violentandola dopo che era spirata. Eppure, nessuno ha mosso un dito per fermarlo, né ha alzato la voce, né ha preso il telefono per chiamare la polizia.[999]

Un evento del genere non sarebbe potuto accadere in una società omogenea. Un forte senso di comunità e di parentela, per non parlare dei comandi morali di una religione condivisa, avrebbe costretto gli astanti a intervenire. Inoltre, in una società omogenea le possibilità che un criminale appartenente a una minoranza fosse a piede libero sarebbero state molto minori. Anche se avesse

---

[996] Il poeta Allen Ginsberg ha pagato la cauzione di 500 dollari.

[997] Miller probabilmente sfuggì al carcere perché all'epoca era sposato con Marilyn Monroe, il cui eccessivo sfruttamento da parte dei magnati del cinema la portò al patetico suicidio.

[998] I reati più gravi commessi da questi trinariciuti del cinema erano le sceneggiature di potboiler banali e idioti che sfornavano per stipendi fino a 1.000 dollari a settimana. Oggi gli scribacchini che li hanno succeduti guadagnano fino a 250.000 dollari a film.

[999] *Time*, 26 giugno 1964, pp. 21-22. Un evento simile si verificò a Rochester, New York. Centinaia di auto passarono davanti a una bambina di dieci anni che veniva aggredita lungo la superstrada. Nessuna macchina si fermò, anche quando la bambina riuscì a sfuggire momentaneamente al suo aggressore e ad agitarsi freneticamente per chiedere aiuto. Il suo corpo fu ritrovato due giorni dopo in un fosso. Rapporto dell'Associated Press, 28 novembre 1971. Winston Mosely, l'assassino di Kitty Genovese, fuggì dall'ospedale della prigione di Buffalo dove era in cura per una ferita autoinflitta. Violentò una casalinga e terrorizzò un intero quartiere finché non fu convinto ad arrendersi dagli agenti dell'FBI. *Time*, 29 marzo 1968, p. 41.

contemplato un atto del genere, l'assassino sarebbe stato consapevole della feroce reazione che avrebbe suscitato nella comunità, una consapevolezza che da sola avrebbe potuto costituire un deterrente decisivo. Non è certo che lo Strangolatore di Boston, Albert DeSalvo, sarebbe stato in grado di uccidere undici donne nella società strettamente unita dell'Italia meridionale, di cui la sua famiglia era originaria. Per prima cosa non sarebbe stato tentato dalla presenza di donne di altre razze. Come prevedibile, non c'è un nome italiano nella lista delle sue vittime massacrate.[1000] Non c'era nemmeno un nome messicano tra le venticinque persone uccise da Juan Corona nei suoi raid omicidi in California. Erano tutti americani di origine anglosassone, tranne un negro, che fu sepolto in una tomba separata.[1001] C'erano persino connotazioni razziali nell'incredibile suicidio di massa di negri in Guyana ordinato dal reverendo Jim Jones, che probabilmente era in parte indiano, e negli omicidi di massa a Los Angeles ordinati da Charles Manson, il cui padre era probabilmente un mulatto.[1002] I mini-massacri a sfondo omosessuale in Texas, a Chicago e ad Atlanta sono stati commessi, rispettivamente, da un membro della Maggioranza, da un etnico e da un nero. Va da sé che tutti questi efferati omicidi non sono stati scoraggiati dal permissivismo incoraggiato dai tribunali, dai media e dagli scienziati sociali delle minoranze, che hanno creato un'atmosfera in cui i pervertiti possono perseguitare le loro prede con il minimo timore della legge o della condanna sociale. La First Lady Rosalynn Carter, si noti, ha posato per fotografie con il reverendo Jim Jones e con John Gacy, l'efferato guerriero del partito democratico che ha ucciso più di trenta giovani maschi bianchi nell'area di Chicago.

Mentre il crimine razziale diventa una delle forme più comuni di reato, la legge americana ha solo iniziato a distinguerlo dagli altri reati.[1003] Laddove tutti sono ancora uguali davanti alla legge e hanno diritto alle stesse tutele legali, il criminale di minoranza prospera, anche se non merita la protezione e i benefici del giusto processo più di quanto lo meriti un soldato nemico catturato in battaglia. Sia il soldato nemico che, sempre più spesso, i criminali di minoranza sentono che i loro crimini non sono crimini in senso

---

[1000] Gerold Frank, *The Boston Strangler*, New American Library, New York, 1966, pp. 157-58.

[1001] *Miami Herald*, 12 ottobre 1973.

[1002] Vincent Bugliosi, *Helter Skelter*, W. W. Norton, N.Y., 1974, pagg. 410-11.

[1003] Un nuovo reato - la violazione dei diritti civili dei cittadini - favorisce le minoranze inassimilabili nella loro guerra politica contro la maggioranza. Le violazioni dei diritti civili consentono alle forze dell'ordine federali di intromettersi nei procedimenti giudiziari dello Stato contro i "razzisti" della Maggioranza, fino a farli incorrere in un doppio giudizio.

proprio, ma semplicemente atti di violenza giustificabili contro un oppressore. Ecco perché le probabilità di riabilitazione del criminale razziale sono così alte. Per la maggior parte dei detenuti delle minoranze, la moderna prigione americana è un campo di prigionia, da cui i prigionieri vengono rilasciati mentre la guerra è ancora in corso, dove le truppe di entrambe le parti sono incarcerate insieme, mentre continuano a distanza ravvicinata il conflitto razziale che si svolge all'esterno.[1004]

L'umanitarismo, che è l'estensione dell'amore familiare a tutta l'umanità,[1005] è stato il principale architetto dell'attuale sistema carcerario. Non molto tempo fa, la maggior parte dei Paesi civilizzati multava, marchiava, mutilava, schiavizzava o uccideva i propri criminali, quando non li esiliava o li assegnava a bande di lavoro. L'ammassamento di un gran numero di uomini in vasti complessi carcerari è uno sviluppo relativamente nuovo della criminologia. Le lunghe pene detentive causano danni psicologici incommensurabili ai detenuti che sprecano la loro vita in attività inutili e prive di profitto, mentre l'impennata dei costi di mantenimento delle carceri comporta un pesante onere finanziario per coloro che osservano la legge. E man mano che le carceri si affollano, diventano sempre più insopportabili. In molte carceri i detenuti bianchi sono ormai quasi totalmente alla mercé di criminali neri incalliti, dato che questi ultimi costituiscono circa la metà della popolazione carceraria. Gli atti omosessuali a cui i detenuti della Maggioranza Giovanile sono costretti a sottoporsi rappresentano uno dei supplizi più crudeli e orrendi della storia della pena.[1006]

È ovvio che la risposta a questa caduta nella barbarie non è il permissivismo legale che ha intasato i tribunali a tal punto che molti criminali commettono altri due o tre reati mentre sono fuori su cauzione in attesa del processo per reati precedenti. Tale permissivismo favorisce anziché diminuire il crimine,

---

[1004] Gli Stati Uniti hanno una percentuale di popolazione in carcere più alta di qualsiasi altro Paese: 426/100.000, contro Sudafrica 333/100.000, Gran Bretagna 97/100.000, Turchia 96/100.000, Francia 81/100.000. *Wall Street Journal*, 7 gennaio 1991.

[1005] Arnold Gehlen, *Moral und Hypermoral*, Athenäum Verlag, Francoforte sul Meno/Bonn, 1970, pp. 79, 123, 142.

[1006] In tre carceri della Pennsylvania, in cui i negri erano l'80% dei detenuti, ci sono state 2.000 aggressioni sessuali in un periodo di due anni. La metà di queste aggressioni era diretta contro i bianchi. *Time*, 20 settembre 1968, p. 48. Spesso l'unico modo in cui un giovane membro della Maggioranza può cavarsela in carcere è quello di svilirsi diventando il "teppista" di un criminale di minoranza incallito, che poi lo protegge dagli assalti delle bande. Nonostante questa terribile situazione, la Corte Suprema ha confermato la decisione di un tribunale di grado inferiore che vietava la segregazione dei detenuti per razza per evitare la violenza. *Almanacco mondiale del 1969*, pag. 49.

come ha notato all'inizio di questo secolo il sociologo italiano Vilfredo Pareto:

> L'effetto della legge sulla libertà vigilata si estende oltre il criminale che protegge. La popolazione in generale si abitua a pensare che un primo crimine possa essere commesso impunemente; e se questo modo di pensare si radica nel sentimento, diminuendo l'avversione per il crimine che l'essere umano civilizzato sente istintivamente, la criminalità può aumentare in generale... La punizione integrale dei crimini che hanno avuto luogo per lunghi periodi di tempo nei secoli passati ha contribuito al mantenimento di certi sentimenti di avversione al crimine... Le nazioni che oggi si abbandonano a un'orgia di umanitarismo si comportano come il figliol prodigo che sperpera la fortuna ereditata dal padre.

> Le leggi miti in generale... l'estrema clemenza dei tribunali e delle giurie; la gentile pazienza dei magistrati che permettono ai criminali di mostrare disprezzo per loro in pubblico, e a volte di pronunciare insulti personali e di ridicolizzare le pene con cui sono minacciati... l'attenuazione delle pene già miti; le frequenti commutazioni e gli indulti: tutte queste cose permettono a un gran numero di individui di pensare con leggerezza al crimine e alla punizione del crimine.[1007]

È altrettanto ovvio che la criminalità in America continuerà quasi certamente ad aumentare finché i criminologi e gli scienziati sociali non saranno disposti a considerare le ramificazioni genetiche del problema. Finora solo alcuni importanti antropologi americani e canadesi, Arthur Jensen e J. Philippe Rushton per citarne due, hanno avuto il coraggio di affermare che il crimine ha una componente razziale. Dopo aver condotto uno studio antropologico su 13.873 detenuti maschi in dieci Stati, il compianto Earnest Hooton dichiarò che la "riserva criminale" del Paese doveva essere eliminata. Ha inoltre osservato che il mezzo più efficace per controllare il crimine è quello di allevare un uomo di grado superiore.[1008]

Non sorprende che i pregiudizi egualitari di Franz Boas e Ashley Montagu abbiano fornito la maggior parte delle linee guida antropologiche per la criminologia contemporanea. Lo stesso Montagu ha dichiarato: "Non c'è la minima prova per credere che qualcuno abbia mai ereditato la tendenza a commettere atti criminali".[1009] Naturalmente, oltre al lavoro di Hooton,

---

[1007] Vilfredo Pareto, *La mente e la società*, trad. it. Andrew Bongiorno e Arthur Livingston, Harcourt Brace, New York, 1935, vol. 3, pagg. 1284-85.

[1008] Harry Elmer Barnes e Negley K. Teeters, *New Horizons in Criminology*, Prentice-Hall, Englewood Cliffs, New Jersey, 1959, pp. 131-32.

[1009] Ashley Montagu, "Il biologo guarda al crimine", *The Annals of the American Academy of Political and Social Sciences*, vol. 217, p. 55.

esistono numerose prove di questo tipo. Gli studi sui disturbi ghiandolari, i difetti cromosomici e la correlazione tra le caratteristiche corporee e la delinquenza indicano tutti l'indiscutibile origine biologica di varie tendenze criminali.[1010]

A causa della componente genetica del crimine, la prevenzione del crimine dovrebbe iniziare in casa o, più propriamente, in camera da letto, come indica il fatto che gli americani criminali sono già troppi. Per quegli elementi criminali che insistono nel riprodursi - e si riproducono più velocemente degli elementi non criminali - la risposta è la sterilizzazione. Secondo il professor H. S. Jennings, uno psicologo di prim'ordine, negando il diritto di riproduzione ai criminali abituali si eliminerebbe circa l'11% dei deficienti mentali (compresi i pazzi criminali) in ogni generazione successiva.[1011] Il professor Samuel J. Holmes, un importante biologo, ha dichiarato che la sterilizzazione del 10% della popolazione eliminerebbe la maggior parte dei difetti ereditari dell'America.[1012]

Il contraccolpo emotivo del crimine e il suo effetto mortifero e cinico sulla reciprocità, l'abnegazione e altri prerequisiti morali dell'uomo civile esulano dallo scopo di questo studio. Qui è sufficiente dire che una cittadinanza che deve dedicare una parte sempre maggiore del suo tempo e delle sue risorse alla sicurezza personale non è in vena né nella posizione di preoccuparsi molto della sicurezza nazionale. La criminalità, in altre parole, ha un impatto diretto sulla capacità di difesa dell'America.

Il crudo e umiliante resoconto quotidiano della continua orgia di crimini americani è una prova schiacciante della divisione e della disunità nazionale. In quanto tale, stimola le propensioni neutraliste degli alleati e incoraggia l'istinto aggressivo dei nemici.

[1010] La storia della famiglia Jukes, che ha prodotto centinaia di criminali in sei generazioni, è un'ulteriore prova della base genetica di molti crimini. Lothrop Stoddard, *Rivolta contro la civiltà*, pp. 95-96. Più recentemente il difetto cromosomico ereditato XYY è stato provvisoriamente collegato al comportamento criminale e antisociale. Si veda anche William H. Sheldon, *Varieties of Delinquent Youth*, Harper & Row, New York, 1949.

[1011] Barnes e Teeters, op. cit., p. 137. Si stima che dal 1900 ci siano state ben 70.000 sterilizzazioni involontarie di pazienti mentali in trenta Stati. Per quanto è possibile accertare, questa forma di eugenetica negativa è stata ora interrotta per diverse ragioni, una delle quali è la minaccia di azioni legali da parte di organizzazioni come l'American Civil Liberties Union. Rapporto UPI, 24 marzo 1980. Molte, se non la maggior parte, delle sterilizzazioni volontarie sono disgeniche, in quanto vengono eseguite su persone sane e intelligenti che non desiderano avere alcun figlio o altri figli.

[1012] Ibidem, p. 137.

In modi troppo sottili per essere colti dalla maggior parte degli storici o degli analisti politici, uno dei principali prodotti della clandestinità delle minoranze è stato l'eziolamento della politica estera americana.

PARTE IX

Lo scontro in politica estera

CAPITOLO 31

La denazionalizzazione della politica estera

L A POLITICA ESTERA degli Stati Uniti o di qualsiasi nazione è la somma vettoriale delle forze interne che modellano la sua politica interna e delle forze esterne portate dalle politiche estere di altre nazioni. Poiché la politica interna americana ha rispecchiato una costante tendenza liberal-minoritaria per la maggior parte di questo secolo, la politica estera americana, con differenze infinitesimali dovute all'avvicendarsi di presidenti democratici e repubblicani, è stata modellata con lo stesso stampo ideologico. Di conseguenza, tende a favorire quegli Stati e quei governi che fanno appello al gusto del liberalismo moderno e alle emozioni delle minoranze più potenti d'America. Come ulteriore conseguenza, la politica estera americana contemporanea non serve gli interessi della nazione nel suo complesso, ma di alcuni segmenti della nazione.

La teoria democratica presuppone che la politica estera di una democrazia sia un'immagine più vera e fedele degli atteggiamenti, dei bisogni e dei desideri del popolo rispetto a quella di una monarchia, aristocrazia o dittatura. Questo potrebbe essere vero per un Paese democratico con una base demografica relativamente omogenea. Ma la teoria difficilmente si adatta a grandi Stati multirazziali dove non c'è un "popolo", ma solo conglomerati di popoli separati, ciascuno con le proprie richieste divergenti e spesso divisive sulla politica estera.[1013]

La politica estera americana è nata e si è nutrita di quell'isolazionismo così ineluttabilmente appropriato alla lontananza e alle risorse limitate della nuova nazione, e così succintamente esposto nel Discorso di addio di Washington.[1014] Il giovane Paese, benché fosse pieno di un'energia che in

---

[1013] De Tocqueville, il grande analista e amico della democrazia americana, mostrava seri dubbi sulla capacità dei governi democratici nel campo degli affari esteri, ritenendo che le qualità che contraddistinguono le democrazie nella conduzione degli affari interni fossero l'opposto di quelle necessarie per una corretta gestione delle relazioni estere. "La politique extérieure n'exige l'usage de presque aucune des qualités qui sont propres a la démocratie". Nel paragrafo precedente de Tocqueville scriveva: "c'est dans la direction des intérêts extérieurs de la société que les gouvernements démocratiques me paraissent décidément inférieurs aux autres". *De la démocratie en Amérique*, tomo I, p. 238.

[1014] Washington, va sottolineato, non era contrario all'espansione e all'impero. Era semplicemente contrario a intromettersi nella politica europea e a schierarsi nelle guerre europee.

qualsiasi altro luogo sarebbe stata sublimata in un imperialismo tumultuoso, all'inizio fu costretto dalle esigenze della geografia a rivolgere gli istinti marziali non riservati alla conservazione delle sue libertà alle più umili attività di bonifica delle foreste e di bonifica del territorio.

Ma una volta superata la crisi dell'indipendenza e conclusa con un pareggio la Guerra del 1812, l'America abbandonò la sua maschera isolazionista e abbracciò l'intero emisfero occidentale con le inebrianti dichiarazioni della Dottrina Monroe. Come correttamente diagnosticato dalla maggior parte degli europei e dei latinoamericani, la Dottrina Monroe era solo un termine diplomatico educato per indicare il contagioso espansionismo americano. Un'altra parola per definirla era Destino Manifesto che, sebbene sia diventato un articolo di fede solo più tardi, era nel vento fin dai primi insediamenti lungo la costa orientale.

È difficile valutare quando e dove si sarebbe fermata l'espansione territoriale se le energie americane non fossero state dissipate nella Guerra Civile. Se non ci fosse stata la questione della schiavitù, è molto probabile che il Canada, il Messico, l'America centrale e le isole caraibiche sarebbero ora stelle aggiuntive nella bandiera a stelle e strisce. Dopo Appomattox, dopo la chiusura delle ferite (ma molto prima della loro guarigione), il *Drang* imperialistico si rinnovò. Nel 1898-99 Cuba fu "liberata" dalla Spagna e l'America si impadronì delle Filippine. Poi arrivò Theodore Roosevelt, l'ultimo di una razza, l'ultimo dei grandi nazionalisti americani, con il suo grande bastone, la sua flotta che circumnavigava il mondo, il suo blitz a Panama e il suo aggressivo arbitraggio della guerra russo-giapponese.

Le forze gemelle del liberalismo e del razzismo delle minoranze non si sono affermate nella formulazione della politica estera americana fino all'amministrazione Wilson. Thomas Jefferson, il paradigmatico liberale classico americano, era stato isolazionista come Washington e, contro la sua volontà, espansionista come Theodore Roosevelt.[1015] Furono gli estremisti tra i seguaci di Jefferson a cercare di trascinare gli Stati Uniti in una guerra europea al fianco della Francia rivoluzionaria. In seguito gli abolizionisti, un'altra fazione che metteva l'ideologia al di sopra del Paese, sabotarono l'interesse nazionale ogni volta che questo significava un aumento del

---

[1015] Nel suo primo discorso inaugurale Thomas Jefferson, pur avendo sempre nutrito un grande affetto per la Francia, invitò a "non stringere alleanze con nessuno... ad acconsentire assolutamente alle decisioni della maggioranza". Furono i contadini del sud e della regione transappalachiana, i cari yeomen di Jefferson, a fornire la maggior parte del sostegno all'espansione americana. Con grande costernazione di Jefferson, la negoziazione dell'Acquisto della Louisiana lo trasformò, volente o nolente, nel principale imperialista americano. Beard, *The Rise of American Civilization*, Vol. 1, Capitolo IX.

territorio schiavista.[1016] Ma in generale, fino all'insediamento di Woodrow Wilson, la politica estera degli Stati Uniti era rimasta in gran parte insensibile alle pressioni liberal-minoritarie. Il consiglio di Washington, almeno per quanto riguarda il Vecchio Mondo, non era mai stato rinnegato.

La grande svolta in politica estera fu segnata dall'ingresso dell'America nella Prima Guerra Mondiale. Allo scoppio del conflitto la maggioranza era neutrale o leggermente favorevole alla Gran Bretagna. I tedeschi meno assimilati e la maggior parte degli ebrei tedeschi erano leggermente favorevoli alla Germania; gli ebrei dell'Europa orientale fortemente antirussi (a causa dell'antisemitismo zarista); gli irlandesi più disassimilati fortemente antibritannici. Le altre minoranze bianche, sebbene alcune delle loro terre d'origine fossero direttamente coinvolte, erano indifferenti o impotenti. Le minoranze non bianche erano generalmente mute.

Poiché le pressioni delle minoranze si annullavano più o meno a vicenda durante le fasi iniziali della prima guerra mondiale, le forze di intervento provenivano da tre settori: (1) coloro che erano ancora consapevoli della loro ascendenza anglosassone o erano indotti a prenderne coscienza dai giornali filo-britannici; (2) coloro che credevano nella superiorità delle istituzioni politiche anglo-americane e si sentivano minacciati dai militaristi tedeschi con la coda dell'oca; (3) coloro che avevano un interesse economico diretto in una vittoria britannica, come risultato della stretta alleanza finanziaria che era nata tra Wall e Threadneedle Streets dopo il blocco britannico della Germania.

Per far valere le loro ragioni, gli interventisti abbellirono la causa britannico-franco-russa con i soliti shibboleth liberali - democrazia, diritti umani, autodeterminazione - e annerirono la causa tedesca con i soliti peggiorativi liberali - tirannia, militarismo, supremazia teutonica. Ma nonostante il furore nazionale per l'affondamento del Lusitania nel 1915, la propaganda fece poca strada. Non c'era quasi un briciolo di verità nell'allegorizzazione della guerra come una battaglia tra il Bene e il Male, la democrazia e l'assolutismo, a meno che lo zar Nicola II dell'Impero russo non dovesse essere accettato come un buon democratico. I legami genetici, culturali e finanziari anglosassoni, pur essendo forti, non erano considerati degni di morire. La Gran Bretagna, sull'orlo della sconfitta nel 1916, dovette cercare una pietra miliare più potente per attirare gli Stati Uniti in guerra.

Uno di questi magneti stava prendendo forma in America fin dall'inizio della Nuova Immigrazione. L'ambasciatore britannico a Washington, Cecil

---

[1016] Gli abolizionisti erano favorevoli alla secessione dall'Unione se non c'era altro modo per porre fine alla schiavitù. L'annessione del Texas fu la loro sconfitta politica più decisiva.

Spring-Rice, l'aveva involontariamente scoperto quando aveva riferito al suo governo della crescente influenza dell'ebraismo americano. In un dispaccio scrisse: "Una deputazione ebraica scese da New York e in due giorni 'aggiustò' le due Camere in modo che il Presidente dovette rinunciare all'idea di fare un nuovo trattato con la Russia".[1017] Quasi contemporaneamente, a Londra, Chaim Weizmann, leader del movimento sionista mondiale, esponeva la forza dell'ebraismo mondiale e prometteva il suo pieno sostegno alla Gran Bretagna in cambio dell'approvazione britannica di una patria ebraica in Palestina.[1018] Il governo britannico prestò particolare attenzione alla proposta di Weizmann perché, in qualità di chimico di spicco, aveva aiutato notevolmente lo sforzo bellico britannico sviluppando un processo per la sintesi dell'acetone, un ingrediente vitale per la produzione di esplosivi.[1019]

A quanto pare, gli inglesi e i francesi decisero di procedere con l'idea della patria di Weizmann nel 1916. Samuel Landman, un influente sionista britannico che era stato trasferito al Ministero della Propaganda britannico in accordo con i desideri di Weizmann, ha scritto che Mark Sykes, sottosegretario al Gabinetto di Guerra britannico, e Georges Picot e Jean Gout del Ministero degli Esteri francese si erano convinti nel 1916

> che il modo migliore e forse l'unico (che si rivelò tale) per indurre il Presidente americano a entrare in guerra fosse quello di assicurarsi la cooperazione degli ebrei sionisti promettendo loro la Palestina, e quindi di arruolare e mobilitare le forze fino ad allora insospettabilmente potenti degli ebrei sionisti in America e altrove a favore degli Alleati sulla base di un contratto quid pro quo. Così, come si vedrà, [per] i sionisti, dopo aver svolto la loro parte e aver contribuito notevolmente a coinvolgere l'America, la Dichiarazione Balfour del 1917 non fu che la conferma pubblica dell'accordo "tra gentiluomini", necessariamente segreto, del 1916...[1020]

Nel marzo del 1917, l'ultimo formidabile ostacolo al sostegno degli ebrei americani agli Alleati fu rimosso quando una rivoluzione rovesciò lo zar e

---

[1017] William Yale, *The Near East*, University of Michigan Press, Ann Arbor, 1958, p. 267. Yale, professore universitario americano, ha trascorso diversi anni nel Vicino Oriente per incarichi del Dipartimento di Stato.

[1018] Ibidem. Si veda anche Sachar, *Il corso della storia ebraica moderna*, pp. 372-73.

[1019] Sachar, op. cit, p. 372. Il lavoro ebraico sugli alti esplosivi e le ricompense tangibili che ne derivano per le cause ebraiche sono un tema ricorrente della storia ebraica moderna. Si veda il capitolo 38 di questo studio per il ruolo degli ebrei nello sviluppo delle bombe a fissione e a fusione.

[1020] Yale, op. cit., p. 267. La citazione e il riferimento sono tratti dal libro di Samuel Landman, *Great Britain, the Jews and Palestine*, New Zionist Press, Londra, 1936.

portò al potere un governo provvisorio in Russia. Uno dei primi atti del nuovo regime fu quello di assicurare al mondo che l'antisemitismo zarista apparteneva al passato e che gli ebrei russi avrebbero avuto gli stessi diritti di tutti gli altri russi.[1021] Il 2 aprile, Woodrow Wilson, che era stato rieletto presidente nel novembre precedente con lo slogan della campagna elettorale "Ci ha tenuti fuori dalla guerra", chiese al Congresso di dichiarare guerra alla Germania.[1022] Nel giro di poche settimane, il ministro degli Esteri britannico Arthur Balfour arrivò negli Stati Uniti. Quasi subito dopo aver visto Wilson, ebbe una lunga conferenza con il giudice Louis Brandeis, il principale sionista americano.

Pochi mesi dopo, Henry Morgenthau Sr. e Felix Frankfurter, che erano solo di poco inferiori a Brandeis nella gerarchia sionista americana, persuasero il Dipartimento di Stato a inviarli in missione segreta in Europa per cercare di influenzare la Turchia a ritirarsi dalla guerra e a fare una pace separata. Chaim Weizmann li guidò a Gibilterra, convincendoli che una fine anticipata delle ostilità con la Turchia avrebbe danneggiato la causa sionista. La Palestina era allora un possedimento turco e Weizmann assicurò loro che una sconfitta totale avrebbe danneggiato la causa sionista.

La Turchia non sarebbe stata in grado di opporre molta resistenza alla fondazione di uno Stato sionista. Morgenthau e Frankfurter accettarono e tornarono negli Stati Uniti, con la loro missione non completata.[1023]

Probabilmente non sarà mai accertato se il sionismo fu la folata di vento che fece cadere gli Stati Uniti, già vacillanti, dalla corda tesa della neutralità. Anche se le prove sono sommarie e circostanziali, hanno un certo peso. In ogni caso, la questione merita ulteriori studi e dovrebbe essere salvata dal congelamento storico in cui gli storici troppo prudenti l'hanno riposta.[1024] Se

---

[1021] *New York Times*, 21 marzo 1917, pag. 1, e 3 aprile 1917, pag. 9.

[1022] I sionisti americani tennero allora un congresso e inviarono le loro congratulazioni formali a Wilson. *New York Times*, 11 aprile 1917, p. 8.

[1023] Yale, op. cit., p. 241 e Louis Gerson, *The Hyphenate in Recent American Politics and Diplomacy*, University of Kansas Press, Lawrence, Kansas, 1964, pp. 91-92.

[1024] Ci sono molte altre prove storiche che rafforzano l'ipotesi che il sionismo sia stato un importante ingranaggio dell'intervento americano nella Prima Guerra Mondiale. Lloyd George ha dichiarato che la Dichiarazione Balfour avrebbe avuto un'importante influenza sull'ebraismo mondiale al di fuori della Russia e sarebbe stata nell'interesse dei circoli finanziari ebraici. Leonard Stein, *The Balfour Declaration*, Simon and Schuster, New York, 1961, p. 575. In America, come sottolineò Lloyd George, la Dichiarazione avrebbe avuto un valore speciale quando gli Alleati avessero esaurito le loro riserve d'oro e i titoli negoziabili. Ibidem, p. 575. Nel 1915 ci fu una missione del governo francese presso gli ebrei americani; nel 1916 il Ministero degli Esteri britannico esortò gli ebrei britannici a

non altro, l'attenzione diplomatica riservata alla Palestina dimostrò che il razzismo delle minoranze stava iniziando a esercitare un'influenza dominante ed egoistica in alcuni settori della politica estera americana. Nel caso della missione Morgenthau-Frankfurter, era evidente che i sionisti stavano già conducendo una seconda politica estera americana.

Dopo un esborso di tesori che solo la nazione più opulenta del mondo poteva permettersi, gli Stati Uniti conclusero la loro trionfale incursione in Europa ripiegando a piene mani in patria, dove le relazioni estere americane furono

interessare gli ebrei americani alla causa alleata. Ibidem, pp. 218-19. I sionisti francesi ammisero apertamente i tentativi di influenzare l'opinione pubblica francese, fino a utilizzare i canali di informazione del governo. Ibidem, p. 375. È possibile che Wilson abbia assicurato a importanti sionisti di New York le sue vere intenzioni di intervento in cambio del sostegno alle elezioni presidenziali del 1916. Ibidem, p. 227. Brandeis all'epoca riceveva le comunicazioni sioniste tramite corriere diplomatico britannico. Ibid., p. 377. Un anno più tardi, Brandeis si dichiarò pubblicamente d'accordo sul fatto che i sionisti potessero trarre vantaggio dalla Rivoluzione russa. Ibidem, p. 382. Dopo che Wilson ebbe approvato la Dichiarazione Balfour in una lettera del 31 agosto 1918, Brandeis "dichiarò che l'opposizione al sionismo avrebbe potuto essere considerata d'ora in poi slealtà verso gli Stati Uniti". Gerson, op. cit., p. 94. Quasi nel momento stesso in cui iniziò la Rivoluzione in Russia, i Rothschild, che si erano rifiutati di prestare denaro al regime zarista, telegrafarono un milione di rubli al nuovo governo. Frederic Morton, *The Rothschilds*, Atheneum, New York, 1962, p. 175. La Rivoluzione turca (1908-9), che contribuì a indebolire la presa della Turchia sulla Palestina, "era stata organizzata a partire da Salonicco, dove gli ebrei, insieme ai cripto-ebrei noti come Donmeh, costituivano la maggioranza della popolazione". Stein, op. cit., p. 35. Il primo ministro britannico Asquith scrisse nel 1914: "È una curiosa illustrazione della massima preferita di [Disraeli], secondo cui "la razza è tutto", trovare questo sfogo quasi lirico [sionista] che procede dal cervello ben ordinato e metodico di H.S.". Stein, op. cit., p. 112. Asquith si riferiva a Herbert Samuel, uno degli ebrei più potenti della Gran Bretagna e membro del gabinetto britannico. Più tardi, un ebreo ancora più potente, Lord Reading (Rufus Isaacs), che era stato uno speculatore di borsa in bancarotta e il soggetto della poesia al vetriolo di Kipling Gehazi, fu inviato in America, prima come capo di una missione finanziaria britannica, poi come ambasciatore britannico. H. Montgomery Hyde, *Lord Reading*, Farrar, Straus and Giroux, New York, 1967, p. 188. Reading era un buon amico del colonnello House, il più stretto consigliere di Wilson. La sua "influenza su Lloyd George [era] forse maggiore di quella di qualsiasi altro uomo in Inghilterra". Hyde, op. cit., p. 229. Samuel Gompers, il capo ebreo della Federazione Americana del Lavoro, sembrò sincronizzare il suo mutato atteggiamento verso la guerra con il cambiamento della posizione sionista. Nel 1914, Gompers lanciava un chiaro appello alla neutralità. Nel febbraio 1917, tuttavia, convocò una riunione del Consiglio esecutivo dell'AFL e ne uscì con una forte dichiarazione contro la Germania. Ronald Radosh, *American Labor and U. S. Foreign Policy*, Random House, New York, 1969, pag. 8. Per quanto riguarda il desiderio dell'americano medio di entrare nella Prima Guerra Mondiale, il senatore La Follette dichiarò che se la questione fosse stata sottoposta a referendum il voto sarebbe stato di dieci a uno per il non intervento. Beard, op. cit., Vol. 2, p. 635. Si noti che il Sedition Act del maggio 1918 rese illegale la maggior parte delle critiche all'intervento. Ibidem, p. 640.

nuovamente sgonfiate al loro tradizionale raggio d'azione emisferico. All'ingloriosa conferenza di pace di Versailles, le speranze utopiche di Wilson di una comunità mondiale liberale erano andate in fumo a causa di nazionalismi, irredentismi e rivoluzioni. Inoltre, il presidente dovette subire l'umiliazione finale di veder ripudiata dal Senato la sua stessa creatura, la Società delle Nazioni. Alla sua morte, avvenuta nel 1924, era ormai opinione comune che, in diretta contraddizione con l'obiettivo bellico più sbandierato dall'America, la Prima Guerra Mondiale avesse messo in pericolo la democrazia ovunque, accumulando l'Ossa del fascismo sul Pelio del comunismo. Quasi tutti gli americani più riflessivi, indipendentemente dalla loro politica, erano pronti a convenire che l'intervento in Europa era stato un disastro e non doveva più ripetersi.

È successo di nuovo in meno di un quarto di secolo. Questa volta gli interventisti, nonostante l'imbarazzo di dover ritrattare le loro promesse più solenni e rinnegare le loro risoluzioni più ferme, avevano un compito molto più facile. Prima della Seconda Guerra Mondiale, Hitler si era affermato come l'arcinemico del liberalismo, del marxismo e dell'ebraismo, proprio le tre forze trainanti della coalizione liberal-minoritaria che era salita al potere con il New Deal di Franklin Roosevelt. Sfruttando l'antinazismo prefabbricato, i media si scatenarono presto. Nel 1940 era difficile trovare un intellettuale liberale o di minoranza - se si esclude qualche vecchio credente - che non fosse un interventista sfegatato.[1025] L'occasionale leader della maggioranza che cercò di far sentire la propria voce al di sopra del clangore bellicoso fu rapidamente screditato dalle accuse di antisemitismo.[1026]

[1025] Sidney Hillman, il capo della minoranza sindacale, era così incattivito da Hitler che diresse personalmente la rottura di uno sciopero del 1940 alla North American Aviation di Inglewood, in California. Radosh, op. cit., p. 19. L'uomo che aveva fatto carriera grazie al movimento sindacale non voleva rallentamenti nella produzione di materiale bellico, anche se ciò significava tradire un grande sindacato locale.

[1026] Dopo aver fatto un breve accenno all'agitazione specificamente ebraica per l'intervento, la stampa ridusse Charles Lindbergh dallo status di eroe epico a assoldato dai nazisti. In seguito, Lindbergh rimase una non-persona per molti anni. *New Republic*, 22 settembre 1941, pagg. 60-61, e *Time*, 22 settembre 1941, pag. 17. Nel 1970, Lindbergh pubblicò i suoi *Diari di guerra*, in cui insisteva sul fatto che la sua posizione non interventista era stata fondamentalmente corretta e che gli Stati Uniti avevano semplicemente perso la guerra, poiché avevano semplicemente distrutto una minaccia minore per contribuire a stabilirne una maggiore. Egli sottolineò in particolare l'irreparabile perdita genetica subita durante la guerra dai popoli del Nord Europa. Le parole scritte di Lindbergh ripeterono, senza modificarla, l'accusa del 1941 secondo cui gli ebrei erano stati una forza importante nel coinvolgere gli Stati Uniti nella Seconda Guerra Mondiale. Si veda la nota 34, p. 163, di questo studio e *The Wartime Journals of*

Come Charles Beard ha abilmente dimostrato con un'ampia documentazione, l'America è entrata nella Seconda Guerra Mondiale molto prima di Pearl Harbor e della dichiarazione di guerra dell'Asse.[1027] L'impegno era infatti già stato assunto ufficiosamente nel novembre 1940, quando Roosevelt, ripetendo l'impresa di Wilson, fu rieletto dopo aver promesso solennemente di tenere gli Stati Uniti fuori dalla guerra.[1028] Già prima della sua rielezione Roosevelt aveva trasferito cinquanta cacciatorpediniere americane alla Gran Bretagna. Dopo la rielezione convinse il Congresso ad adottare la legge sul Lend-Lease, che poneva gran parte dell'onere finanziario della guerra a carico dei contribuenti americani. In rapida successione ordinò: (1) la scorta navale americana ai convogli britannici; (2) la guerra aperta alle navi tedesche; (3) l'occupazione dell'Islanda; (4) la stesura di accordi difensivi segreti con la Gran Bretagna; (5) un ultimatum al Giappone in cui si chiedeva il ritiro delle truppe giapponesi dalla Cina e si inaspriva l'embargo americano su acciaio e petrolio.[1029] L'entrata ufficiale degli Stati Uniti in guerra avvenne quasi come un anticlimax.

Se c'era qualche difficoltà nell'identificare le forze d'intervento nelle fasi iniziali del coinvolgimento americano nella Seconda Guerra Mondiale,[1030] non ce n'era nessuna quando i cannoni smisero di sparare. La politica di resa incondizionata, il Piano Morgenthau,[1031] l'abbandono dell'Europa orientale alla Russia, i processi per crimini di guerra tedeschi e le purghe di

---

Charles A. Lindbergh, Harcourt Brace Jovanovich, New York, 1970, pp. xv, 218, 245, 404, 481, 538-39, 541, 545.

[1027] Beard, Il *presidente Roosevelt e l'avvento della guerra*, 1941.

[1028] Nel suo celebre discorso elettorale a Boston (30 ottobre 1940), Roosevelt dichiarò: "L'ho già detto prima, ma lo ripeterò ancora e ancora e ancora: I vostri ragazzi non saranno mandati in nessuna guerra straniera".

[1029] Beard, op. cit., pp. 68, 97, 108, 134, 140, 239, 241, 356, 435, 453.

[1030] Il Primo Ministro britannico Neville Chamberlain pare condividesse alcune delle opinioni di Lindbergh sulle origini del conflitto. Secondo l'ambasciatore Joseph Kennedy, Chamberlain gli disse che "l'America e gli ebrei del mondo avevano costretto l'Inghilterra a entrare in guerra". Ma la dichiarazione di Chamberlain fu resa nota solo nel 1951. *The Forrestal Diaries*, a cura di Walter Millis, Viking, New York, 1951, p. 122.

[1031] Presentato alla Seconda Conferenza di Quebec (1944) dal Segretario al Tesoro Morgenthau e scritto da Harry Dexter White, l'assistente segretario al Tesoro ebreo (in seguito identificato come agente sovietico), il piano prevedeva lo smantellamento di tutte le industrie tedesche e la riduzione della Germania a uno stato agrario. Churchill inizialmente accettò il piano in cambio di un'estensione del Lend-Lease. *Current Biography*, 1944, p. 724, *Time*, 9 agosto 1948, p. 15, e John M. Blum, *From the Morgenthau Diaries*, Houghton Mifflin, Boston, 1967, Vol. III, p. 373.

denazificazione dimostrarono chiaramente che gli Stati Uniti non erano impegnati in una guerra di sopravvivenza, come avevano piamente proclamato gli editoriali dei giornali, ma in una guerra dedicata alla distruzione totale di Hitler e dell'hitlerismo.[1032]

Non c'è stata alcuna ritirata americana dall'Europa alla fine della Seconda Guerra Mondiale. Se ci fosse stato, l'Europa occidentale avrebbe potuto seguire l'Europa orientale nell'orbita sovietica. Per forza di cose, la politica estera americana si era trasformata in un meccanismo di difesa improvvisato su larga scala, una serie infinita di reazioni e controazioni in loco agli atti di aggressione comunista, sia in Europa che in Asia. Questa politica di contenimento, come venne chiamata, rese necessario per gli americani ricostruire le stesse economie che avevano recentemente distrutto, necessario per i soldati americani unire le forze con gli stessi nemici che avevano recentemente ricevuto l'ordine di uccidere. Tutto questo al costo di un altro spaventoso esborso di risorse umane e industriali dell'America.[1033]

Durante e dopo la Seconda guerra mondiale, la politica estera americana è andata alternativamente molto al di là e molto al di sotto dell'interesse nazionale. Come per penitenza per non aver aderito alla Società delle Nazioni, gli Stati Uniti divennero il fondatore e il principale azionista delle

---

[1032] Per alcuni si trattò di una pura e semplice guerra di vendetta razziale. Il segretario Morgenthau, parlando del trattamento postbellico della Germania, disse: "L'unica cosa... di cui voglio far parte è la completa chiusura della Ruhr... Spogliatela e basta. Non mi interessa cosa succede alla popolazione... prenderei ogni miniera, ogni mulino e fabbrica e li distruggerei... perché diavolo dovrei preoccuparmi di cosa succede alla gente?". Il fatto che una simile politica avrebbe potuto far morire di fame trenta milioni di tedeschi non è importante. Morgenthau perseverò nel suo piano anche se il governatore di New York Thomas Dewey dichiarò che il Piano Morgenthau aveva provocato un forte aumento della resistenza tedesca. È inutile speculare su quanti morti e vittime da entrambe le parti furono causati dalla vendetta da Vecchio Testamento di Morgenthau. Blum, op. cit., Vol. III, pp. 354, 378.

[1033] Gli Stati Uniti, al 1978, devono ancora 25.730.992.168 dollari per i prestiti non pagati della Prima Guerra Mondiale. *Almanacco mondiale* del 1980, pag. 334. Nella Seconda Guerra Mondiale, il Lend-Lease americano agli Alleati ammontava a 49 miliardi di dollari, di cui solo una parte è stata rimborsata. Il Piano Marshall per la ripresa dell'Europa ha rappresentato 8,6 miliardi di dollari. *Enciclopedia. Brit.*, Vol. 4, p. 834. Nel periodo successivo alla Seconda guerra mondiale (dal 1946 al 1977), 139 nazioni e 8 territori hanno ricevuto 143,4 miliardi di dollari in aiuti esteri. Altri 46 miliardi di dollari sono stati distribuiti sotto forma di prestiti. *Orlando Sentinel Star*, 31 maggio 1978, rubrica di Charles Reese. Gli aiuti esteri per il 1992 ammontavano a 14.784.000.000 di dollari. *Almanacco mondiale* 1994, pag. 840.

Nazioni Unite.[1034] Ma l'ONU non riuscì a mantenere la pace meglio della Lega. Quasi da soli, gli Stati Uniti assunsero la difesa dell'Occidente.

In Asia, l'America si è trovata dalla parte dei perdenti in Cina e poi è stata trascinata, in barba a ogni buon senso militare, in due guerre terrestri asiatiche che avrebbe potuto vincere facilmente con le armi nucleari e meno facilmente con l'uso illimitato di armi convenzionali. In Medio Oriente, nazioni musulmane un tempo amiche hanno iniziato a nutrire seri dubbi sugli Stati Uniti dopo la sponsorizzazione americana di Israele e dello Scià dell'Iran. Alcuni Stati arabi radicali invitarono l'Unione Sovietica nell'area come fornitori di armi e consiglieri militari, mentre gli Stati moderati affilarono la loro arma petrolifera. L'Iran rivoluzionario divenne antiamericano, mentre l'Egitto, dopo aver espulso i russi, entrò in una semi-alleanza con Washington nella speranza che gli accordi di Camp David costringessero Israele a restituire il Sinai (cosa che avvenne) e a creare uno Stato palestinese autonomo (ne nacque uno frazionato molti anni dopo). In Africa, le nazioni nere emergenti ricevettero un ricco sostegno finanziario e ideologico, mentre i governi bianchi della Rhodesia e del Sudafrica furono perseguitati con sanzioni militari o economiche, finché entrambi non si arresero e insediarono regimi neri. In America Latina la cecità di un presidente americano ha permesso a Castro di prendere il potere; la cecità di un secondo ha permesso alla Perla delle Antille di diventare una base militare russa; la cecità di un terzo ha permesso l'instaurazione di almeno un regime rivoluzionario di stampo sovietico in America Centrale.

Prestigio e potere, due importanti fonti di rispetto, sono una combinazione invincibile per conquistare l'amicizia e il sostegno di popoli e governi stranieri. Non molto tempo fa l'America e gli americani godevano del rispetto della maggior parte del mondo, una stima universale che rendeva relativamente facile la formulazione e l'attuazione della politica estera. Oggi la nazione che sulla carta è la più potente della storia è talmente priva di rispetto che ha difficoltà a piegare alla sua volontà repubbliche delle banane di quinta categoria, giunte militari tribali, dittature insulari in bancarotta e mullah fanatici. Ci è voluta una guerra su larga scala per cacciare Saddam Hussein dal Kuwait e un'occupazione militare su larga scala per rimuovere il generale Raoul Cédras da Haiti.

La nazione che è entrata in guerra con la Spagna per l'affondamento della corazzata *Maine* si è bloccata nell'inazione e nell'impotenza quando le torpediniere israeliane e i jet Mirage hanno bombardato e bombardano la

---

[1034] Gli Stati Uniti pagano un terzo del bilancio operativo e gran parte delle spese totali. Prima della sua scomparsa, l'Unione Sovietica disponeva di tre voti nell'Assemblea Generale, contro uno per gli Stati Uniti. Le nazioni con circa il 5% della popolazione terrestre controllano la maggioranza dei voti dell'Assemblea Generale.

U.S.S. Liberty, uccidendo 34 americani e ferendone 171; quando la Corea del Nord ha catturato la nave *Pueblo* con tutto il suo equipaggio; quando uomini armati stranieri hanno assassinato gli ambasciatori americani in Guatemala, Sudan e Afghanistan; quando i venezuelani hanno lapidato il vicepresidente americano; quando i terroristi dirottatori hanno impunemente requisito gli aerei americani diretti a Cuba; quando gli studenti radicali sostenuti dal governo iraniano hanno sequestrato e tenuto in ostaggio 52 americani per più di un anno; quando i prigionieri di guerra americani in Asia sono stati sottoposti a lavaggio del cervello, torture e fucilazioni; quando i cittadini americani in Congo sono stati stuprati e cannibalizzati; quando le installazioni americane all'estero sono state regolarmente saccheggiate e sventrate; quando la nazione il cui ministro in Francia, Charles Pinckney, nel 1797 proclamò con orgoglio: "Milioni per la difesa, ma non un centesimo per i tributi", ha pagato un riscatto di 53 milioni di dollari a un caraibico Mussolini per il rilascio di 1.113 prigionieri catturati nel fiasco della Baia dei Porci.[1035]

Come dimostrano i precedenti episodi, il nuovo stile di diplomazia americana, in cui i forti si arrendono ai deboli o ne acquistano la protezione con grandi esborsi di aiuti esteri, non ha prodotto molti successi entusiasmanti.[1036] In realtà, i solidi risultati ottenuti dalla politica estera americana dopo la Seconda Guerra Mondiale devono essere in gran parte attribuiti a due fattori di importanza cruciale, per i quali i responsabili politici della nazione non possono praticamente prendersi alcun merito. Questi due fattori sono la preponderanza nucleare dell'America e la disgregazione della rete comunista sovietica (titoismo, scissione sino-sovietica, irredentismo dell'Europa orientale e invasione dell'Afghanistan). Il fatto che i dirigenti americani non siano riusciti a sfruttare appieno queste fatidiche opportunità di politica estera è un fallimento diplomatico di prima grandezza, che peserà sulle generazioni future.

Ma cos'altro ci si può aspettare da una politica estera che è stata sottoposta al tritacarne della denazionalizzazione? Quando la diplomazia diventa il volano di ogni gruppo di interesse speciale e di ogni blocco di minoranza che

---

[1035] *Almanacco mondiale del 1965*, pag. 371.

[1036] George F. Kennan, una delle poche menti creative del corpo diplomatico, è stato molto critico nei confronti di quella che definisce la "futilità istrionica" della politica americana. La dipendenza dei politici americani dall'iniettare considerazioni estranee nella politica estera americana la rende, secondo Kennan, "inefficace nel perseguire obiettivi reali nell'interesse nazionale, permettendole di degenerare in una mera esibizione di atteggiamenti davanti allo specchio dell'opinione politica interna". Finché la stampa e l'opinione pubblica americana non impareranno a riconoscere e a ripudiare questo comportamento, il Paese non avrà una politica estera matura ed efficace, degna di una grande potenza".

può permettersi un lobbista di Washington, gli amici e gli alleati di lunga data vengono neutralizzati o trasformati in nemici, mentre i diplomatici professionisti, costretti a stare in disparte, diventano ogni ora più cinici e più impotenti. Il Dipartimento di Stato può fingere di essere l'agenzia che dirige o attua la politica estera americana, ma è poco meglio di un centro informazioni e di un servizio messaggi. Una notizia distorta sulla prima pagina del *New York Times* ha più peso dei dispacci di venti ambasciatori.

Una politica estera denazionalizzata ha molte teste e molti cuori, ma nessuna anima. Sostiene l'imperialismo in una parte del mondo e lo contrasta in un'altra. Sostiene i diritti umani in alcune aree; in altre onora e premia i violatori di tali diritti. Dà soldi e armi ai governi antiamericani, ma boicotta i governi filoamericani. Era contro la presenza sovietica in Europa orientale e in Afghanistan, ma la tollerava a Cuba, dai cui campi d'aviazione i bombardieri russi potevano sorvolare la Florida in quindici minuti. Era contraria a trattare con i terroristi, ma ha inviato armi all'Iran.

Non solo l'America, ma la maggior parte del mondo ha vissuto nel rimpianto del giorno in cui la maggioranza ha perso il controllo della politica estera americana.[1037] Nelle relazioni internazionali non c'è niente di più pericoloso di un'energia mal indirizzata, niente di più tragico di una grande nazione che spende la sua grandezza alla cieca. Finché gli interessi particolari delle minoranze e gli entusiasmi particolari dei liberali non saranno nuovamente asserviti all'interesse nazionale, l'incoerenza diplomatica dell'America continuerà a essere una delle grandi forze destabilizzanti dell'ordine sociale mondiale. Uno statecraft vacillante incoraggia i nemici a correre rischi e gli amici a diffidare. Una politica estera diretta da lobby invece che da statisti è peggiore di una politica estera inesistente.

[1037] L'8 giugno 1915, quando William Jennings Bryan si dimise dalla carica di Segretario di Stato per protestare contro i primi veri segnali dell'irruente interventismo dell'amministrazione Wilson, è una data come un'altra per segnare la fine del nazionalismo come luce guida degli affari esteri americani.

CAPITOLO 32

Stati Uniti ed Europa occidentale

NULLA evidenzia l'impermanenza della condizione umana in modo così toccante come il tragico deterioramento dell'Europa occidentale nel XX secolo.[1038] All'inizio del secolo, l'Europa occidentale era il signore della terra, la fonte dell'industria, della tecnologia e della potenza militare mondiale, la patria di nove imperi.[1039] Nella maggior parte dell'ultima parte del secolo, l'Europa occidentale era un vuoto di potere, una zona cuscinetto tra l'Unione Sovietica e gli Stati Uniti. Ridotti a una frazione delle loro dimensioni, i grandi imperi sopravvissuti dovevano ora dipendere da una potenza transatlantica per la loro difesa. Per quattro decenni le truppe slave rimasero sull'Elba, da cui erano state cacciate più di un millennio prima da Carlo Magno.[1040] Lo spazio terrestre dell'Europa occidentale, una penisola di una penisola, richiamava i russi come una Grecia divisa e dilaniata dai conflitti aveva richiamato Alessandro, mentre gli stessi europei occidentali si sentivano sempre meno rassicurati dalla tettoia nucleare protettiva dell'America. Anche se l'Unione Sovietica è morta e sepolta, la Russia è ancora molto viva. Abbagliato dalle ricchezze dell'Occidente, l'Orso russo potrebbe diventare un Orso affamato e spostarsi verso ovest in cerca di miele.

L'America e la Russia sono figli dell'Europa occidentale, nel senso che entrambi i Paesi hanno guardato ad essa per la maggior parte del loro nutrimento culturale ed entrambi sono stati fondati dalla razza che è stata dominante in Europa occidentale, o almeno nell'Europa nord-occidentale, fin dall'inizio della storia registrata.[1041] Una grande questione irrisolta del futuro è se uno di questi figli indisciplinati, la Russia semi-barbarica, tenterà

[1038] Per Europa occidentale si intende la parte dell'Europa a ovest delle terre slave e dei Balcani.

[1039] Britannico, francese, tedesco, austro-ungarico, italiano, olandese, belga, spagnolo e portoghese.

[1040] Descrivendo le condizioni dell'Europa nel VII secolo d.C., uno storico scandinavo moderno ha scritto: "In questi secoli bui, il centro della vita culturale europea si spostò così a ovest che il baratto, un tempo vitale, tra la Scandinavia e il Sud poteva avvenire solo sul Reno e lungo la costa atlantica. L'Occidente era stato minacciosamente ridotto e ristretto come oggi". Eric Oxenstierna, *The Norsemen*, N.Y. Graphic Society, Greenwich Conn., 1965, p. 26.

[1041] Si vedano le pagg. 72-75 di questo studio.

di rivendicare il patrimonio difeso dall'altro fratello, l'America, anch'essa ora sprofondata nella semi-barbarie. Oppure il genitore si riprenderà, rimedierà alla sua autodistruzione e riaffermerà la sua autorità?

Per ora ci sono pochi segnali di quest'ultima possibilità. Solo i tedeschi mostrano ancora il tradizionale dinamismo dell'Europa occidentale. Ma le forze di difesa tedesche, armate con armi straniere, il cui numero e la cui efficacia sono limitati dalla legge, i cui ranghi sono demoralizzati da pesanti dosi di disfattismo e liberalismo moderno, difficilmente potrebbero, anche con l'aiuto degli alleati americani e della NATO, respingere un attacco militare convenzionale da parte dei russi e avrebbero poche possibilità di sopravvivere a uno nucleare. È vero che l'economia tedesca è stata sana come nessun'altra al mondo. Ma se non viene utilizzata per rafforzare le difese tedesche, la prosperità economica può solo rendere la Repubblica Federale unificata più attraente per un predatore straniero.

Oggi l'Europa Occidentale è afflitta da molte delle stesse malattie che stanno lacerando i vitali dell'America. Le nazioni dell'Europa occidentale hanno i loro problemi con le minoranze, i loro mulini liberali per l'"opinione pubblica",[1042] e le loro cabale marxiste insurrezionali. Se si aggiunge la produzione culturale e politica di New York e Beverly Hills, si ritrova quasi la stessa sproporzionata influenza ebraica nelle arti, nei media e nel governo.[1043]

[1042] "Se tutti i libri scritti sulla sinistra europea fossero disposti da un capo all'altro, potrebbero estendersi fino a metà del globo. I libri sulla destra europea non si estenderebbero probabilmente di un miglio...". *Times Literary Supplement*, 14 maggio 1970, p. 1.

[1043] Accanto alla secolare ricchezza ebraica rappresentata dai Montagus, dai Mocatta e dai Rothschild, in Gran Bretagna si trovano milionari della sterlina come Isaac Wolfson e Lord Sieff (grandi magazzini); Sir Samuel Salmon e Isidore Gluckstein (ristoranti e alberghi); Siegmund Warburg e il barone Swaythling (banche); il barone Melchett (prodotti chimici); il marchese di Reading (acciaio); Sir Louis Sterling (giradischi); Lord Grade, Lord Bernstein e Jeremy Isaacs (televisione commerciale); Sir Bernard Delfont (elettronica); Sir James Goldsmith (finanziere ed editore di riviste); Sir George Weidenfeld (editore di libri); Sir Joseph Kagan (produttore di abbigliamento), amico intimo dell'ex primo ministro laburista Harold Wilson. Kagan è stato incarcerato nel 1981 per aver violato le leggi britanniche sulle esportazioni. Sir Eric Miller (immobiliare), altro amico di Wilson, si è suicidato mentre era indagato per frode. Sir Keith Joseph è un'éminence grise del partito conservatore; Lord Lever, un'éminence grise del partito laburista. Arnold Weinstock dirige l'equivalente britannico della General Electric; Sir Derek Ezra, il National Coal Board. Nel 1981 c'erano 32 parlamentari ebrei (21 laburisti, 11 conservatori). Tra gli accademici ebrei figurano Sir Isaiah Berlin, Max Beloff e David Daiches. La maggior parte dei principali drammaturghi britannici sono ebrei: Bernard Kops, Arnold Wesker, Harold Pinter e Peter Shaffer. Stephen Spender guida il

La Gran Bretagna conta circa 410.000 ebrei e quasi 4 milioni di non bianchi, tra cui 2,2 milioni di neri.[1044] Ciononostante, coloro che chiedono maggiori garanzie per il pool genetico britannico sono criticati senza pietà come le loro controparti americane. Sebbene il Primo Ministro Margaret Thatcher, ora Lady Thatcher, abbia promesso di rafforzare la politica di immigrazione, i non bianchi continuano ad arrivare in numero considerevole. Enoch Powell, professore di greco prima di farsi strada nella gerarchia del partito conservatore, è stato trattato come un analfabeta nero per aver previsto l'aumento delle tensioni razziali.[1045] Per la loro stentorea opposizione all'immigrazione, i piccoli gruppi nazionalisti britannici sono stati denunciati come nazisti dai media britannici.

L'afflusso di stranieri in altri Paesi dell'Europa occidentale è di colore più chiaro rispetto al mix negro-asiatico della Gran Bretagna. La Francia conta 3,7 milioni di immigrati (soprattutto nordafricani) e 700.000 ebrei. Sebbene in Germania rimangano solo 40.000 ebrei, il Paese conta oggi 4 milioni di residenti stranieri (lavoratori ospiti) e loro familiari a carico, la maggior parte dei quali provenienti dall'Europa meridionale e dalla Turchia. Circa 8,5 milioni di svedesi hanno ora 1.250.000 non svedesi in mezzo a loro. L'Olanda ha registrato diversi episodi di violenza da parte della sua comunità di molucche del Sud. E così via. Ciò che più spaventa è che il tasso di natalità degli europei occidentali più nordici è sceso ben al di sotto del livello di sostituzione - in Germania molto al di sotto - mentre i non nordici in Europa occidentale, in particolare i nati all'estero, mantengono ancora un tasso di natalità relativamente sano. Oggi in alcune città tedesche le nascite non tedesche rappresentano più di un quarto di tutte le nascite. Sembra che se la

---

contingente di poeti ebrei. Nel governo Thatcher diversi membri di spicco del gabinetto erano ebrei, tra cui Lord Young, il cui fratello era presidente della BBC (1982-86). La Francia ha ancora i suoi Rothschild. Marcel Dassault, il defunto magnate dell'aviazione convertitosi al cattolicesimo, aveva un valore stimato di 1 miliardo di dollari. Importanti opinionisti ebrei erano o sono Raymond Aron, B.-H. Lévy e André Glucksmann. Pierre Mendès-France, Michel Debré, Jack Lang e Simone Veil, prima presidente del Parlamento europeo, sono o sono stati tra i politici più influenti, per non parlare dell'ex primo ministro del presidente François Mitterrand, Laurent Fabius, cattolico di famiglia ebraica. Il cardinale Lustiger, arcivescovo di Parigi, discende da ebrei polacchi. Intellettuali e letterati di spicco come André Malraux, Jacques Maritain e Louis Aragon hanno o hanno avuto mogli ebree. In Italia l'uomo più ricco è probabilmente Arrigo Olivetti, il magnate ebreo delle macchine da scrivere.

[1044] London *Daily Telegraph*, 23 febbraio 1983. *The Times*, 22 giugno 1982.

[1045] Secondo un sondaggio Gallup, il 74% della popolazione britannica sosteneva l'opposizione di Powell all'immigrazione di colore. *San Francisco Chronicle*, 8 maggio 1968, p. 14. Powell ha previsto che in Gran Bretagna ci saranno dai 5 ai 7 milioni di afro-asiatici entro il 2000, se le leggi sull'immigrazione del Paese non saranno completamente riviste.

guerra nucleare non distruggerà l'Europa occidentale, lo farà il suicidio razziale. Nel 1800, l'Europa aveva il 20% della popolazione mondiale. Oggi ne ha il 9%. Se non si corregge radicalmente il crescente squilibrio demografico, nel 2075 avrà il 4%.[1046]

La Gran Bretagna ha già vissuto le prime rivolte razziali di stampo americano, e "incidenti" razziali sul modello americano stanno spuntando in Germania, Francia, Paesi Bassi e persino in Scandinavia. Ci sono molti altri esempi di quella che gli europei chiamano americanizzazione, come se gli americani nel loro complesso fossero responsabili di ciò che è emerso da alcune voragini accademiche, letterarie e di intrattenimento a Boston, Manhattan, Washington e Los Angeles Ovest. Gli americani hanno sofferto quanto gli europei per la pop art infantile, le banali sitcom televisive, gli orpelli di Ziegfeld, la pornografia hard-core, i media venali, i letterati minoritari e la sincope africana. La verità è che la stessa specie di avvoltoio della cultura fa il nido su entrambe le sponde dell'Atlantico settentrionale.

L'unica resistenza efficace a questa piaga in Europa occidentale proviene dai culti grigi e pesanti del marxismo, dai partiti neofascisti in Spagna e in Italia, dai gruppi di estrema destra in Germania, dai nazionalisti ovunque e dal Front National e dalla Nuova Destra in Francia. Quest'ultima, con i suoi manifesti ragionati contro l'eredità giudaico-cristiana, il totalitarismo religioso e laico e la democrazia, offre la prospettiva più brillante alle menti europee, spente da decenni di liberalismo ortodosso ed egalitarismo.[1047] Purtroppo sia la Nuova Destra che il Front National stanno incontrando una crescente intolleranza, oppressione e violenza da parte di sinistra, marxisti e sionisti. Le leggi sulle relazioni razziali in Francia, come in altre parti dell'Europa occidentale, rendono estremamente difficile la critica obiettiva dell'ideologia delle minoranze e del razzismo. Qualsiasi parola pronunciata

---

[1046] *Chicago Sun-Times*, 10 agosto 1980, pag. 44. Nel 1980, le donne della Germania dell'Est avevano una media di 1,89 figli a testa; le britanniche 1,7; le olandesi 1,6; le svizzere 1,5; le austriache 1,4 o 1,5; le tedesche dell'Ovest 1,4. Il Bangladesh, un miasma di povertà e ignoranza, oggi produce ogni anno più bambini di tutta l'Europa occidentale.

[1047] Il partito francese Front National, sotto la guida di Jean-Marie Le Pen, è riuscito a ottenere il 14,4% dei voti alle elezioni parlamentari del 1993, ma non è riuscito a conquistare nemmeno un seggio all'Assemblea Nazionale. Ai tempi della rappresentanza proporzionale aveva 24 seggi, finché i partiti dell'establishment non cambiarono le regole elettorali. Il Front National ha come principale obiettivo l'anti-immigrazione, che i due partiti di centro-destra "adottano" ogni volta che lo ritengono necessario.

o scritta che possa essere interpretata come un incitamento all'odio razziale espone l'oratore o l'autore a multe o al carcere.[1048]

Nella Prima guerra mondiale gli Stati Uniti assunsero il ruolo tradizionale della Gran Bretagna di impedire l'unificazione europea, mettendo in gioco il "balance of power". L'organizzazione di coalizioni contro la nazione o le nazioni europee più forti e aggressive era semplicemente la politica di Policrate su larga scala. Come strategia a lungo termine, non era troppo distruttiva. L'Europa occidentale era così forte che anche divisa poteva dominare il mondo. Ma portata alla sua conclusione finale nel 1939-45, demolì il primato militare dell'Europa occidentale, forse per sempre.

È improbabile che una singola nazione dell'Europa occidentale possa tornare a qualificarsi come potenza mondiale. Solo un'Europa occidentale unificata avrebbe la capacità di eguagliare o superare le macchine militari americane o russe. La chiave di volta di una tale confederazione europea dovrebbe essere la Germania, a maggior ragione dopo la sua riunificazione. La Francia e l'Italia hanno dimostrato in modo inequivocabile, durante la Seconda guerra mondiale, di non essere più in grado di svolgere alcuna missione militare importante, se non quella di servire come teatro di operazioni e fonte di rifornimenti e truppe ausiliarie per forze militari molto più grandi. Le nazioni più piccole dell'Europa occidentale hanno sviluppato una tradizione di neutralità o di resa istantanea che, con la possibile eccezione di Svezia e Svizzera, renderebbe il loro contributo militare privo di significato. Il soldato spagnolo è coraggioso, ma ha poche armi e una coscienza europea mediocre. Nonostante la vittoria nelle Falkland, anche la volontà britannica di combattere è in discussione. Nessun grande popolo ha mai rinunciato così supinamente a un impero così grande.[1049]

Costruire l'unità dell'Europa occidentale attorno a un nucleo tedesco sembra offrire l'unica garanzia a lungo termine di tenere i russi in quarantena nell'Europa orientale. In un'Europa occidentale unita, i tedeschi e gli altri europei del Nord svolgerebbero la stessa funzione di una risorta maggioranza americana negli Stati Uniti. Essi fornirebbero la spina dorsale razziale, la

---

[1048] Il governo della Germania Ovest era così nervoso per l'antisemitismo che pagò agli ebrei il più grande risarcimento di guerra della storia (cfr. pp. 499-500). Dopo la riunificazione tedesca, i tedeschi dell'Est, nonostante la loro economia caotica, sono stati chiamati a fornire la loro parte. I tedeschi sono stati puniti con pene detentive o multe salate solo per aver venduto copie del *Mein Kampf*, per aver messo in discussione l'Olocausto o il *Diario di Anna Frank* o per aver fatto commenti antisemiti in pubblico.

[1049] Nel 1921 l'Impero britannico contava 524.000.000 di abitanti. Nel 1966, quando il Colonial Office fu chiuso, la Gran Bretagna aveva solo ventuno possedimenti d'oltremare, la maggior parte dei quali erano isole remote, e il numero totale di persone che vivevano sotto la Union Jack era di 56.000.000.

resistenza fisica e la spinta organizzativa che una moderna superpotenza dovrebbe richiedere al suo gruppo di popolazione dominante.

L'unificazione militare dell'Europa occidentale solleverebbe gli Stati Uniti dalla responsabilità di fornire una parte così consistente del denaro, delle armi e degli uomini necessari a respingere qualsiasi focolaio di imperialismo russo o slavo, un onere che mette a dura prova sia le forze armate che l'economia americana. Le truppe americane potrebbero poi essere ritirate dall'Europa in tutta sicurezza, dato che l'avanzata tecnologia missilistica rende oggi quasi altrettanto facile organizzare un attacco o un contrattacco nucleare dalle installazioni del Nuovo Mondo e dai sottomarini oceanici che dalle basi terrestri del Vecchio Mondo. Con molte meno possibilità di essere coinvolti in una guerra termonucleare, gli europei occidentali tirerebbero un sospiro di sollievo. Verrebbe sciolta anche l'Organizzazione del Trattato del Nord Atlantico, che fa sembrare i contingenti militari dell'Europa occidentale dei mercenari americani. Una forza di difesa dell'Europa occidentale attirerebbe i migliori soldati dalle nazioni i cui eserciti, da soli, sono troppo deboli per resistere a qualsiasi minaccia reale proveniente dall'Est. Da un punto di vista militare, l'insieme si dimostrerebbe molto più grande della somma delle sue parti.

Come passo finale, gli americani e gli europei occidentali potrebbero unire le mani e stringere un patto non basato su dogmi politici ed economici decadenti, su opportunismi tattici e su pressioni di minoranze estranee, ma sul fondamento più duraturo di una cultura comune e del comune desiderio di elevare la civiltà occidentale a nuove vette di conquista. Un tale patto aiuterebbe a prevenire il ripetersi degli orrendi spargimenti di sangue causati da secoli di diplomazia dell'"equilibrio di potenza". L'America non può permettersi un'altra guerra da 350 miliardi di dollari, che costerebbe tre o quattro volte tanto ai prezzi attuali.[1050] L'Europa occidentale difficilmente potrebbe sopravvivere a una più profonda penetrazione russa delle sue frontiere, ad altri 12 milioni di rifugiati diseredati dall'Est e a un altro ciclo genocida di scontri di classe e razziali e di bombardamenti a tappeto.[1051]

Soprattutto, un riconoscimento formale delle basi razziali e culturali del patto potrebbe soffocare qualsiasi nuova esplosione di quella statualità brutalizzata che ha ridotto la pacificazione di due guerre globali al livello di un linciaggio. L'inconcepibile richiesta alleata di resa incondizionata ha

---

[1050] *Ency. Brit.*, Vol. 23, p. 793R. La cifra di 350 miliardi di dollari è la stima della spesa degli Stati Uniti tra il 1939 e il 1946 per la propria macchina bellica e per il materiale bellico inviato agli Alleati.

[1051] Secondo uno storico, il costo totale della Seconda Guerra Mondiale per tutte le nazioni è stato di 4.000 miliardi di dollari e il numero totale di morti di 40 milioni. Martha Byrd Hoyle, *A World in Flames*, Atheneum, New York, 1970, pp. 323-24.

prolungato la Seconda guerra mondiale, forse fino a diciotto mesi, favorendo direttamente le tattiche di immolazione di Hitler e tagliando il sostegno popolare a una rivolta antinazista.[1052] Inoltre, diede a Stalin il tempo di impadronirsi di tutta l'Europa orientale, della maggior parte dei Balcani e di gran parte della Germania.

Un bambino che vedesse due bulli della scuola impegnati in una lotta senza esclusione di colpi saprebbe che non dovrebbe aiutare un bullo a vincere l'altro. Incomprensibilmente, l'America, i cui eserciti sbarcarono sul continente europeo solo dopo la battaglia di Stalingrado, il punto di svolta della guerra, dedicò la maggior parte dei suoi sforzi militari all'annientamento di un nemico già sconfitto.[1053] Hitler, che non era mai stato in grado di sconfiggere la Russia e la Gran Bretagna, è stato sostituito da uno Stalin che si è scatenato a colpi di razzo e che solo la potenza nucleare dell'America si è frapposta tra lui e una facile marcia verso l'Atlantico. Se questa marcia avrà mai luogo, ad opera di una Russia nazionalista invidiosa delle ricchezze dell'Occidente, gli Stati Uniti potrebbero passare alla storia come il becchino piuttosto che il liberatore dell'Europa occidentale.[1054]

[1052] Major General J. F. C. Fuller, *A Military History of the Western World*, Funk 8 Wagnalls, New York, 1954, Vol. 3, pp. 506-9, 538-39. Il tipo di mentalità che guidava lo sforzo bellico americano può essere giudicato dalle seguenti osservazioni del Presidente Roosevelt alla conferenza di Casablanca del 1943. Quando pronunciò per la prima volta la frase "resa incondizionata", Roosevelt si congratulò con se stesso dicendo: "Certo, è proprio la cosa giusta per i russi. Non potrebbero desiderare niente di meglio. La resa incondizionata! Lo zio Joe avrebbe potuto inventarsela da solo". Ibidem, pp. 506-7. Nelle ultime pagine del suo libro, il generale Fuller si chiedeva: "Cosa li ha convinti ad adottare una politica così fatale?". La sua spiegazione fu "l'odio cieco". Ibid., p. 631.

[1053] La battaglia di Stalingrado si concluse nel febbraio 1943 con la resa di un intero esercito tedesco. Le truppe americane sbarcarono in Italia solo nel settembre 1943 e in Francia nel giugno 1944.

[1054] Va sottolineato che l'unificazione dell'Europa occidentale sottolineata in questo capitolo si limita strettamente alla formazione di un deterrente militare per qualsiasi futuro espansionismo russo. Pur sostenendo una maggiore organizzazione ai vertici della comunità europea, l'autore chiede anche una minore organizzazione al centro e una maggiore organizzazione alla base. Con questo intende una riduzione del nazionalismo che ha tenuto l'Europa divisa per tanti secoli e una nuova enfasi sulle divisioni regionali e provinciali, che sono state il seme delle grandi fioriture della civiltà occidentale. Ad esempio, la Francia potrebbe essere ristrutturata per dare piena indipendenza culturale e considerevole indipendenza politica ed economica alla Normandia, alla Bretagna, alla Provenza, all'Alsazia-Lorena; la Germania potrebbe concedere un ampio livello di autonomia alla Baviera, alla Sassonia e alla Renania; il Regno Unito potrebbe offrire una semi-indipendenza all'Inghilterra, al Galles, alla Scozia e all'Ulster. La devoluzione, come viene chiamata oggi, potrebbe anche far rivivere le glorie delle grandi città-stato di Firenze, Venezia e Weimar. Lo stesso processo centrifugo è raccomandato per gli Stati

CAPITOLO 33

Stati Uniti e Russia

L A MAGGIOR PARTE DEGLI AMERICANI è consapevole delle differenze, soprattutto ideologiche, tra il proprio Paese e la Russia. Sono anche consapevoli di alcune somiglianze: l'estensione del territorio, la tecnologia spaziale avanzata, le vaste risorse industriali e naturali. Ma c'è una somiglianza sorprendente che non è così nota e che dovrebbe essere chiaramente compresa prima di intraprendere qualsiasi discussione seria sulle relazioni russo-americane. Si tratta dell'analogo destino che il XX secolo ha riservato sia alla Maggioranza americana sia alla Maggioranza russa.

La maggioranza russa è composta da Grandi Russi, i russi propriamente detti,[1055] che in quanto slavi possono essere stati originariamente di razza nordica, ma secoli fa sono stati brachicefalizzati in alpini.[1056] Mentre avveniva questa trasmutazione razziale, piccole quantità di geni nordici furono reintrodotte dai Varangi scandinavi che fondarono lo Stato russo,[1057] dalla commistione tra le aristocrazie russe e teutoniche e dagli agenti della millenaria penetrazione commerciale, tecnica e culturale tedesca in Russia. Per questi motivi la maggioranza russa, come quella americana, appartiene al segmento più chiaro della razza bianca, anche se la maggioranza americana tende in media a essere più bionda, più alta e con la testa più lunga a causa della maggiore incidenza del nordismo. A causa della disparità delle nascite, i Grandi Russi rappresenteranno probabilmente meno del 50% della popolazione entro la fine del secolo. Nonostante ciò, i Grandi Russi rimarranno di gran lunga la componente maggiore di una maggioranza slava che comprende quasi il 70% della popolazione totale dell'ex Unione Sovietica. Il numero di ebrei è diminuito considerevolmente dal 1970 a causa dell'emigrazione in Israele, negli Stati Uniti e altrove in Occidente.

Uniti. Si veda "The Utopian States of America" in *Ventilations*, la raccolta di saggi dell'autore, e *The Ethnostate*, la sua proposta di un ordine sociale più avanzato.

[1055] Come mostrato nella Tabella V, la Maggioranza americana rappresenta quasi il 68% della popolazione degli Stati Uniti.

[1056] Cfr. p. 77.

[1057] Cfr. pagg. 75-76.

POPOLAZIONE DELL'UNIONE SOVIETICA (1979)
PER GRUPPO DI NAZIONALITÀ

	Popolazione (000)	% del totale		Popolazione (000)	% del totale
Grandi Russi	137,397	52.46	Tatari	6,317	2.41
Ucraini	42,347	16.17	Cosacchi	6,556	2.50
Byelo-Russi	9,463	3.60	Azerbaigiani	5,447	2.08
Polacchi	1,151	.44	Chirvashiani	1,751	.67
Lituani	2,851	1.09	Tagiki	2,898	1.11
Lettoni	1,439	.55	Turcomanni	2,028	.77
Moldavi	2,968	1.13	Kirghisi	1,906	.73
Tedeschi	1,936	.74	Bashkiri	1,371	.52
Estoni	1,020	.39	Georgiani	3,571	1.36
Mordvini	1,192	.46	Armeni	4,151	1.58
Ebrei	1,811	.69	Altri	9,892	3.78
Uzbeki	12,456	4.76	TOTALE	261,919	99.99

Dal punto di vista razziale, le differenze tra la maggioranza russa di lingua slava e gli altri popoli di lingua slava sono minori. Sono in qualche modo simili a quelle che distinguono la maggioranza americana dalle minoranze assimilate. Anche la Russia ha i suoi inassimilabili, la maggior parte dei quali ha una quantità diversa di geni mongoloidi. Il grande separatore dei gruppi di popolazione slavi dell'Europa orientale non è la razza, ma la cultura. Ognuno di essi parla una particolare lingua slava, ha un proprio marchio distinto di nazionalismo e abita un proprio territorio. Dopo il crollo dell'URSS, gli ucraini e i russo-bielorussi si sono staccati e hanno formato i propri Stati indipendenti, ma nelle zone di confine si registrano ancora notevoli ricadute. Le nuove minoranze non slave indipendenti sono più o meno regionalizzate: i biondi popoli baltici orientali nel nord-ovest, i georgiani e gli armeni mediterranei e parzialmente mediterranei nel sud, e le minoranze mongole, islamiche e altre minoranze non bianche nell'Asia settentrionale e centrale.[1058]

Rispetto alla popolazione americana, la Russia ha una minore componente mediterranea, una maggiore proporzione di mongoloidi e un minor numero di ebrei. Gli ebrei russi sono concentrati nei grandi centri urbani e nelle occupazioni dei colletti bianchi. L'unica differenza sostanziale nella composizione razziale dei due Paesi è che la Russia non ha negri e ispanici.

Se le maggioranze russa e americana sono in qualche modo simili in proporzione alla popolazione totale dei loro Paesi, sono molto simili nella loro recente esperienza storica. Entrambe hanno conosciuto il trauma dell'espropriazione, la sottomissione senza orgoglio a nuovi gruppi di controllo, l'auto-abbandono e la frustrazione di lavorare per il bene dei propri

---

[1058] Solo in alcune città siberiane e forse a Mosca le varie razze sono mescolate tra loro come negli Stati Uniti.

detrattori. A differenza della lenta decomposizione della maggioranza americana, tuttavia, la maggioranza russa è stata espropriata in una sola volta nella tempesta rivoluzionaria del 1917.

I fattori razziali alla base della rivolta bolscevica sono già stati discussi in dettaglio su[1059] ma non il ritorno in auge della maggioranza russa, iniziato dopo l'attacco tedesco all'Unione Sovietica nell'estate del 1941. Poiché nessun Paese può sopravvivere a lungo a un'invasione massiccia se il suo gruppo di popolazione più forte e numeroso è stato alienato e proletarizzato, il governo sovietico fu rapidamente costretto a rinunciare a molti degli assunti chiave del dogma comunista o ad affrontare la prospettiva di una disintegrazione totale.

Il 6 novembre 1941, mentre la Wehrmacht tedesca si trovava davanti alle porte di Mosca, Stalin stracciò le regole marxiste-leniniste descrivendo l'assalto di Hitler non come un assalto alla cittadella del comunismo mondiale, la Terra Santa del marxismo, ma come una guerra di sterminio contro gli slavi. Gli invasori tedeschi non furono più dipinti come capitalisti all'ultimo grido che cercavano di estirpare il socialismo dalla faccia della terra. Il materialismo storico, il determinismo economico, la lotta di classe, tutti i sacri pilastri dell'ideologia comunista si sgretolarono, mentre i media sovietici rivivevano le glorie razziali della Madre Russia, arrivando persino a invocare i fantasmi di eroi zaristi e santi ortodossi scomparsi da tempo.[1060]

Il resto è storia. Il 24 maggio 1945, diciassette giorni dopo la sconfitta della Germania, Stalin propose un brindisi quasi eretico a un banchetto dei comandanti dell'Armata Rossa al Cremlino:

Vorrei brindare alla salute del nostro popolo sovietico... e prima di tutto alla salute del popolo russo... perché è la nazione più importante tra tutte quelle che formano l'Unione Sovietica... Ha ottenuto in questa guerra il riconoscimento universale come la forza principale nell'Unione Sovietica tra tutti i popoli del nostro paese...[1061]

Il 15 marzo 1954, Jzvestia affermava in un articolo di punta:

Ogni popolo dell'Unione Sovietica comprende perfettamente che il principale ruolo decisivo nel conseguimento della vittoria sul nemico nella Grande Guerra Patriottica... è stato svolto dal grande popolo russo.

[1059] Cfr. pp. 362-63.

[1060] Hans Kohn, *Pan-Slavism*, Vintage Books, New York, 1960, p. 292. "Stalin capì intuitivamente che il suo governo e il suo sistema sociale non avrebbero potuto resistere ai colpi dell'esercito tedesco se non si fossero appoggiati alle aspirazioni e all'ethos secolari del popolo russo". Djilas, *Conversazioni con Stalin*, p. 48.

[1061] Kohn, op. cit., p. 297.

Per questo motivo il prestigio del popolo russo è così incommensurabilmente alto tra gli altri popoli; per questo motivo i popoli dell'URSS nutrono nei suoi confronti una fiducia sconfinata e un sentimento di enorme amore e gratitudine.[1062]

La Maggioranza Americana non ha ricevuto un tributo così entusiasmante, né dal governo né dalla stampa americana, per il suo "principale ruolo decisivo" nella vittoria militare della Seconda Guerra Mondiale o, se vogliamo, della Prima Guerra Mondiale.

La riabilitazione della maggioranza russa fu accompagnata da una ripresa dell'antisemitismo.[1063] Il popolo russo non era mai stato contento del numero sproporzionato di ebrei nella Rivoluzione bolscevica, né della responsabilità ebraica nell'assassinio dei Romanov. Yurovskij, un membro ebreo della polizia segreta, agli ordini di un altro ebreo, il segretario del Comitato centrale del Partito, Jacob Sverdlov, che aveva ricevuto l'ok da Lenin, supervisionò il massacro dello zar, della zarina, delle loro quattro figlie, Olga (ventidue anni), Tatiana (venti), Maria (diciassette), Anastasia (quindici), e di Aleksei, lo Czarevitch (tredici).[1064]

Sebbene l'antisemitismo sia stato inserito nei libri di legge come reato capitale quando i comunisti assunsero il governo della Russia, esso ribolliva ancora nei quadri del partito non ebrei, e si accese in modo acuto quando Fanny Kaplan, una donna ebrea mezza cieca, fu accusata di aver sparato e quasi assassinato Lenin.[1065] Rifuggendo dalla forma classica dei pogrom, l'antisemitismo, sviluppato in un'arte raffinata sotto Stalin, divenne uno strumento importante nella lotta per il controllo del partito comunista. Negli anni '30, il dittatore russo uccise o imprigionò la maggior parte degli ebrei sovietici di alto livello, mentre Hitler si accontentò di lasciar fuggire migliaia di ebrei tedeschi di spicco, insieme a centinaia di migliaia di quelli meno importanti. (Solo dopo l'invasione della Polonia, nel 1939, i campi di concentramento e di lavoro del regime nazista cominciarono ad aumentare).

[1062] Ibidem, p. 299.

[1063] L'antisemitismo russo ha una storia lunga e ininterrotta e non è mai stato considerato "poco rispettabile" come in Occidente. Dostoevskij, ad esempio, si vantava del suo antisemitismo, così come altri celebri russi.

[1064] Gli omicidi avvennero in una cantina di Ekaterinburg nel 1918. Yurovskij stesso sparò ad alcuni Romanov. Furono uccisi anche il medico di famiglia, tre domestici e il cane di Anastasia. Nobel Franklin, *Imperial Tragedy*, Coward-McCann, N.Y., 1961, p. 156, e Gleb Botkin, *The Real Romanovs*, Fleming Revell, N.Y., 1931, p. 236.

[1065] Litvinoff, *Un popolo particolare*, p. 74. "I rivoluzionari ebrei si trovavano in ogni ramo della [sua] amministrazione". Gli ebrei erano anche in prima linea nella lotta contro il cristianesimo. Emelian Yaroslavsky, un importante bolscevico ebreo, era il leader della Lega degli atei militanti. Ibidem, pp. 73-76.

Tuttavia, gli ebrei vittime del Grande Terrore, come vengono oggi chiamate le purghe di Stalin prima della Seconda Guerra Mondiale, non furono mai identificati come ebrei dalla stampa sovietica.[1066]

Solo alcuni anni dopo la guerra Stalin fece uscire allo scoperto il suo antisemitismo sub-rosa. Stalin fece uscire allo scoperto il suo antisemitismo sub rosa.[1067] Nel 1948 chiuse tutte le imprese culturali ebraiche, proibì l'insegnamento dell'ebraico e bloccò la costruzione di nuove sinagoghe. Imprigionò e fucilò centinaia, forse migliaia, di scrittori e artisti ebrei, sollevando nel contempo un gran polverone contro i "cosmopoliti", invariabilmente indicati come ebrei nei giornali del Partito. Per sfuggire alle accuse di antisemitismo, ogni volta che faceva uccidere o esiliare ebrei di spicco, onorava ebrei meno importanti con un premio Stalin o con qualche altra ricompensa molto pubblicizzata. La campagna raggiunse l'apice nel 1953, quando nove medici di alto livello, almeno sei dei quali ebrei, "confessarono" l'omicidio di un importante funzionario sovietico, Andrei Zhdanov, membro del Politburo, e di aver complottato l'eliminazione di ufficiali dell'esercito e apparatchiks di alto livello.[1068] Stalin morì mentre il complotto veniva svelato. I suoi successori, forse in risposta alle violente reazioni dall'estero, hanno nascosto l'intera vicenda. Ma poiché nessun ebreo, o almeno nessun ebreo dichiarato, era membro del Politburo, il sancta sanctorum dell'ufficialità sovietica dopo l'espulsione di Kaganovich nel 1957,[1069] si può presumere che la politica sovietica nei confronti degli ebrei

---

[1066] Per alcune vittime ebree delle purghe staliniane, cfr. Robert Conquest, *The Great Terror*, Macmillan, New York, 1968, pp. 76-77, 430, 498, 512, 538-39.

[1067] La figlia di Stalin, Svetlana Alliluyeva, ha fatto diversi riferimenti all'antipatia cronica del padre nei confronti degli ebrei. "Mio padre non solo ha appoggiato questo [la rinascita dell'antisemitismo russo], ma ne ha addirittura propagato una buona parte". Ha detto che si è sviluppato a partire dalla lotta di suo padre con Trotsky. Quando sposò il suo primo marito ebreo - due dei suoi cinque mariti erano ebrei - suo padre le disse: "I sionisti te lo hanno messo alle costole". Riguardo a Rosa Kaganovich, ampiamente annunciata come terza moglie di Stalin dalla stampa occidentale, Svetlana disse che non esisteva. Svetlana Alliluyeva, *Twenty Letters to a Friend*, Harper & Row, New York, 1967, pp. 68, 159, 181, 186, 196, e *Only One Year*, Harper & Row, New York, 1969, pp. 152-55, 168, 382.

[1068] Alcuni sono stati accusati di appartenere a un'agenzia di intelligence statunitense; altri di aver avuto contatti con un gruppo di beneficenza americano-ebraico. Ibidem, p. 133. Il complotto dei medici ricordava vagamente l'affare Lopez, in cui un medico ebreo portoghese fu impiccato per aver presumibilmente tentato di avvelenare la regina Elisabetta nel 1597.

[1069] Secondo l'*American Jewish Yearbook* (1967), pp. 383-84, l'unico ebreo a mantenere un'importante carica di governo fu Benjamin Dimschitz, uno dei vari vice premier. Tra i 1.517 membri delle due camere del Soviet Supremo si trovavano solo cinque ebrei.

continuasse a seguire la linea staliniana consolidata.[1070] Il sionismo era ancora un crimine contro lo Stato. Gli ebrei erano ancora indicati come ebrei nei passaporti sovietici. Romanzi, storie, almeno un documentario televisivo in prima serata e varie pubblicazioni ufficiali e clandestine hanno portato l'antisionismo a un livello tale da non poter essere distinto dall'antisemitismo.[1071] Inoltre, l'URSS è diventata il protettore, per così dire,

---

Nessun ebreo occupava posizioni importanti nell'esercito o nel corpo diplomatico. Un rapporto pubblicato sul *Richmond Times-Dispatch* (4 ottobre 1965, pag. 19) affermava che il 41,1% dei deputati del Soviet Supremo erano ebrei prima della Seconda Guerra Mondiale, ma nel 1958 la cifra era scesa allo 0,25%. Un'alta percentuale di leader non ebrei aveva mogli ebree: Molotov, Kirov, Bukharin, Rykov e Voroshilov, per citarne alcuni. Kruscev aveva una nuora ebrea e c'erano nomi noti di ebrei nei circoli artistici, letterari e scientifici: la ballerina Maria Plissetskaya, il violinista David Oistrakh, lo scrittore Boris Pasternak e alcuni altri scrittori, alcuni dei quali furono imprigionati per anni, e uno o due noti fisici ed economisti. Litvinoff, op. cit., p. 91, e Arkady Vaksberg, *Stalin Against the Jews*, Knopf, New York, 1994, pp. 49-50. Un servizio di stampa ha riferito che la moglie di Breznev era ebrea. *Gainesville Sun*, Gainesville, Florida, 10 dicembre 1977, p. 2A.

[1070] L'antisemitismo ha colpito in modo particolarmente duro i Paesi satelliti nell'era di Stalin. Alla Germania dell'Est è stato vietato di risarcire Israele per la confisca delle proprietà ebraiche da parte dei nazisti. *New York Herald-Tribune*, 11 novembre 1962, p. 25. Dei quattordici comunisti cecoslovacchi di spicco che Stalin portò a processo a Praga nel 1952, undici erano ebrei. Durante questo processo una moglie denunciò il marito come "traditore del suo partito e del suo Paese" e un figlio chiese la pena di morte per il padre. Il figlio scrisse al giudice che presiedeva il processo: "Solo ora capisco che questa creatura, che non si può chiamare uomo... era il mio più grande e vile nemico... L'odio verso mio padre mi rafforzerà sempre nella lotta per il futuro comunista del mio popolo". Edward Taborsky, *Communism in Czechoslovakia*, Princeton University Press, Princeton, New Jersey, 1961, pagg. 95, 106.

[1071] L'elenco comprende *Giudaismo senza orpelli* di Trofim Kichko (1963, 191 pagine, 60.000 copie, poi ritirato dalla vendita dopo che le sue crude vignette antiebraiche avevano suscitato le proteste dell'Occidente); *Giudaismo e sionismo* di Kichko (1968, accusa al messianismo ebraico di essere responsabile del massacro dei palestinesi); *Attenzione: Sionismo!* di Yuri Ivanov (1969, centinaia di migliaia di copie tradotte in inglese, stile e contenuti che ricordano in qualche modo i *Protocolli degli Anziani di Sion*); *In the Name of the Father and the Son* di Ivan Shevtsov (1970, 369 pagine, 65.000 copie, attacca gli ebrei per il loro liberalismo, l'arte astratta e la pornografia); *Sionismo e apartheid* di Valery Skurlatov (1975, critica la presa ebraico-protestante sul capitalismo americano); *Invasione senza armi* di Vladimir Begun (1977, 150.000 copie, riguarda un complotto ebraico-sionista per ottenere il dominio del mondo); *Assenzio selvatico* di Tsezar Solodar (1977, 200.000 copie, un romanzo che accusa gli ebrei di commerciare in "carne femminile"); *Sionismo internazionale: Storia e politica* di V. I. Kiselev et al. (1977, 26.000 copie, interpretazione marxista del controllo ebraico delle banche internazionali); *Amore e odio* di Ivan Shevtsov (1978, 400.000 copie, il cattivo ebreo è un pervertito, sadico, spacciatore di droga e assassino). *The Covert and the Overt*, un film mostrato solo agli ufficiali delle forze armate, definisce Trotsky un traditore ebreo e

del mondo arabo radicale e ha armato i vicini più ostili a Israele, l'Iraq e la Siria. Gli ebrei hanno lasciato l'Unione Sovietica in numero record dal 1968, quando le porte sono state aperte per la prima volta. Nel 1980 forse 250.000 erano partiti per l'Europa occidentale, gli Stati Uniti e l'Australasia.[1072] Ma l'argomento decisivo per l'antisemitismo sovietico è stata l'istituzione di quote per gli ebrei. Negli anni Settanta, in URSS, gli ebrei rappresentavano solo l'1,3% degli studenti dell'istruzione superiore sovietica, rispetto al 13% del 1935.[1073]

La posizione vacillante dell'ebraismo sovietico e il dominio quasi completo del Politburo da parte dei membri della maggioranza russa erano segni che la quinta e ultima fase della Rivoluzione russa stava ormai facendo il suo corso. Queste cinque fasi, che presentano alcune somiglianze con la Rivoluzione francese, possono essere caratterizzate come segue:

1. La Maggioranza, divisa e anestetizzata da massicce iniezioni di liberalismo e proletarismo, e lasciata impotente dai suoi leader decadenti, viene congelata dalla sua base di potere razziale da una coalizione di minoranze e/o membri della Maggioranza derattizzati, che nel processo di presa del potere uccide o deporta il monarca della Maggioranza.

2. I rivoluzionari trionfanti e il loro leader messianico, così abili nel minare il vecchio Stato, trovano le loro doti insurrezionali di scarsa utilità nell'organizzazione di un nuovo Stato e rivolgono le loro frustrazioni e i loro fallimenti contro se stessi.

3. L'uomo forte[1074] emerge, instaura il Terrore e liquida i leader dissidenti e discordanti della rivoluzione, un tempo suoi alleati politici, ma ora suoi avversari più pericolosi.

---

incolpa i capitalisti ebrei dell'ascesa al potere di Hitler. *Traders of Souls*, una presentazione televisiva del 1977, ritrae furtivi agenti sionisti che distribuiscono denaro a dimostranti antisovietici a Londra. Cfr. *New York Review*, 16 novembre 1972, pp. 19-23; *Publishers Weekly*, 18 settembre 1978, p. 126; *New Statesman*, 15 dicembre 1978, pp. 814-18; Chicago *Jewish Sentinel*, 12 ottobre 1978, p. 27; London *Jewish Chronicle*, 25 luglio 1980, p. 19; "Anti-Zionism in the U.S.S.R." di William Korey, *Problems of Communism*, novembre-dicembre 1978, U.S.A.Dicembre 1978, U.S. Information Service, Washington, D.C., pagg. 63-69.

[1072] Rapporto dell'Associated Press, 9 ottobre 1980.

[1073] *Jewish News*, Detroit, Michigan, 9 dicembre 1977.

[1074] Dopo la morte del leader messianico Lenin, Stalin, uomo forte di minoranza, impiegò più di un decennio per consolidare il suo potere. In Cina la lunga vita del leader messianico, il presidente Mao Tse-tung, morto a 83 anni, ha ritardato la comparsa dell'uomo forte Deng Xiaoping.

4. Il suo regime è in crisi, spinto all'estremo da una crescente anarchia sociale ed economica, con un nemico armato alle porte, l'uomo forte inizia la controrivoluzione abbandonando il dogma proletario e costruendo una nuova base di potere sulla maggioranza, che seduce con appelli al patriottismo, al razzismo, all'etnocentrismo e alla tradizione.

5. Negli ultimi anni lo Strongman si identifica quasi totalmente con la Maggioranza[1075] e alla sua morte lo Stato torna lentamente al controllo della Maggioranza.[1076]

L'espansionismo, ossessione comune di zar e commissari, è stato uno dei due principali fattori determinanti delle relazioni russo-americane. Gli Stati Uniti sentirono per la prima volta il soffio caldo dell'imperialismo russo a metà del XIX secolo, quando i russi, che avevano occupato l'Alaska, estesero il loro impero di commercio di pellicce fino a Fort Ross, nel nord della California, settanta miglia sopra San Francisco. Ma la sfortunata esperienza della Russia nella guerra di Crimea (1854-56) portò a un ripiegamento su larga scala. I russi si ritirarono prima in Alaska, poi nel 1867 vendettero la "ghiacciaia di Seward" agli Stati Uniti per 7,2 milioni di dollari. Non ci furono altri contatti significativi tra le due nazioni fino al 1905, quando il presidente Theodore Roosevelt assecondò la sua passione per l'alta politica diventando il mediatore della guerra russo-giapponese. La lezione di questo conflitto, il primo in tempi moderni in cui un Paese non bianco sconfisse un Paese bianco, non andò persa per i popoli coloniali del mondo.

Il secondo fattore determinante delle relazioni russo-americane è stato l'antisemitismo russo. La protesta pubblica contro i pogrom e gli altri atti antisemiti dei governi zaristi si levò per la prima volta nel periodo di massimo splendore della Nuova Immigrazione, quando miriadi di ebrei russi

---

[1075] La figlia di Stalin disse questo riguardo alla russificazione del padre. "Non ho idea se mia madre sapesse o meno cantare, ma si dice che una volta ogni tanto ballasse una leggiadra *leghinka* georgiana. Per il resto, però, non prestavamo particolare attenzione a nulla di georgiano: mio padre era diventato completamente russo". Svetlana Alliluyeva, *Venti lettere a un'amica*, p. 31.

[1076] Quando lo scenario sopra descritto viene applicato ad altri Paesi, le controrivoluzioni fasciste o militari possono sconvolgerlo al secondo stadio, prima che le forze proletarie siano riuscite a consolidare la loro vittoria. In questo caso il ruolo di uomo forte di minoranza viene usurpato da un uomo forte di maggioranza, il cui pedigree maggioritario, tuttavia, può lasciare molto a desiderare. Hitler era un austriaco e Napoleone un corso. Poiché Stalin era georgiano, le tre principali figure rivoluzionarie o controrivoluzionarie della storia europea moderna provengono tutte dalla periferia meridionale dei loro Paesi. Se questa dovesse rivelarsi una legge della storia, il futuro uomo forte americano sarà un meridionale, ipotesi resa credibile dalle premature imprese di Huey Long e George Wallace. Nei Paesi mediterranei l'uomo forte sembra provenire dal Nord. Mussolini e Franco sono nati nelle regioni settentrionali dei loro Paesi. Castro è figlio illegittimo di uno spagnolo della Galizia, nel nord della Spagna.

e polacchi furono introdotti nel corpo politico americano.[1077] Quasi dal momento del loro sbarco, essi si unirono agli ebrei tedeschi e sefarditi, più affermati e più sobri, nel chiedere che il governo americano prendesse provvedimenti ufficiali per proteggere gli altri milioni di ebrei ancora presenti nell'Impero russo. Di conseguenza, le relazioni americane con la Russia divennero così tese che nell'estate del 1915, quando gli ufficiali britannici e francesi si rivolsero ai banchieri di Wall Street per un prestito di guerra, Jacob Schiff, socio anziano di Kuhn, Loeb, rifiutò di far partecipare la sua azienda a meno che i ministri delle finanze britannici e francesi non avessero assicurato per iscritto che "non un centesimo dei proventi del prestito sarebbe stato dato alla Russia".[1078]

Il rovesciamento dello zar Nicola II nel 1917 ribaltò completamente l'atteggiamento degli ebrei americani nei confronti della Russia. Con l'aumentare del caos all'interno del nuovo governo "democratico", le relazioni russo-americane si fecero proporzionalmente più calde, tanto che Woodrow Wilson salutò la rivoluzione menscevica di febbraio come una sorta di secondo avvento politico e la utilizzò come una delle sue diverse giustificazioni per l'intervento americano nella Prima Guerra Mondiale. La parte del messaggio di guerra di Wilson al Congresso che trattava della situazione russa era un esempio lampante della mendacità, della cieca stupidità e dell'idealismo fuorviante che avvelenarono i pozzi di informazione sulla Russia, che presto sarebbe diventata l'Unione Sovietica, per il mezzo secolo successivo. Wilson orò:

> Non sentono forse tutti gli americani che le cose meravigliose e rincuoranti che sono accadute nelle ultime settimane in Russia hanno aggiunto sicurezza alla nostra speranza per la pace futura del mondo? L'autocrazia... non era russa per origine, carattere o scopo; ora è stata scossa e il grande e generoso popolo russo si è aggiunto in tutta la sua ingenua maestosità e potenza alle forze che stanno combattendo per la

---

[1077] Il numero totale di immigrati ebrei (fino al 1930) è stato di 2,4 milioni, di cui forse il 5-7% è arrivato prima del 1880 ed era in gran parte di origine tedesca e sefardita. Davie, *World Immigration*, pp. 144-45.

[1078] Non era la prima volta che Schiff faceva leva sul razzismo delle minoranze per il destino della Russia. Durante la guerra russo-giapponese, quando gli ambienti bancari londinesi erano scettici sulle possibilità del Giappone, Schiff raccolse 30 milioni di dollari per i giapponesi. Come ha scritto la figlia Frieda, "il suo odio per la Russia imperiale e per le sue politiche antisemite... lo spinse a correre questo grande rischio finanziario". In seguito J.P. Morgan, George F. Baker e gli interessi Rockefeller-Stillman si unirono a Schiff in tre massicci prestiti ai giapponesi e si aprì la porta alle conquiste giapponesi in Asia e nel Pacifico. Nel 1905, dopo una serie di esplosioni antisemite a Odessa, Schiff si rivolse direttamente a Theodore Roosevelt chiedendo un'azione presidenziale contro il governo zarista. Roosevelt obbedì scrivendo una lettera personale allo zar. Stephen Birmingham, *Our Crowd*, Harper 8 Row, New York, 1967, pp. 282, 317.

libertà nel mondo, per la giustizia e per la pace. Ecco un partner adatto per una lega d'onore.[1079]

Dopo la guerra, la "Lega d'onore" fu rapidamente sciolta. Gli ukasmi totalitari oltraggiarono i tradizionali atteggiamenti americani verso la libertà individuale e la proprietà privata. Al contrario, l'arrivo delle truppe americane ad Arcangelo e Vladivostok per aiutare le forze antibolsceviche offese tanto i russi non comunisti quanto quelli comunisti. Durante la carestia del 1921-22 in Ucraina, una delle zone agricole più fertili del mondo, gli aiuti finanziari e le spedizioni di cibo americani salvarono forse 10 milioni di vite. Ma poiché il partito comunista fece del suo meglio per mantenere segreta l'opera di soccorso, le relazioni non migliorarono di molto.[1080]

Fino all'avvento del New Deal, l'Unione Sovietica rimase non riconosciuta dagli Stati Uniti, anche se l'attrattiva del comunismo per le minoranze americane e per i liberali più dogmatici fece della Russia, la più arretrata delle grandi potenze, una mecca intellettuale per le menti americane più distanti. Negli anni Trenta si sviluppò una forte vena cospiratoria nelle relazioni russo-americane, mentre il Comintern intensificava lo spionaggio intercontinentale e numerosi comunisti e criptocomunisti americani organizzavano segretamente una formidabile lobby filorussa. Infine, a causa dei timori suscitati dalla guerra civile spagnola e dall'allungarsi dell'ombra di Hitler, i pregiudizi filocomunisti raggiunsero un livello di religiosità febbrile tra gli intellettuali liberali e delle minoranze, che arrivarono a guardare a Stalin come a un Gabriele antifascista inviato a distruggere l'Arcidiavolo. È tragico e comico che proprio nel momento in cui questa idolatria raggiunse il suo apice, il dittatore sovietico, con le sue purghe, le sue reti di spionaggio, le sue cospirazioni, i suoi processi farsa e i suoi campi di lavoro per gli schiavi, stesse distruggendo quasi tutta la gerarchia del partito comunista.[1081] Nella storia della politica di potere sarebbe difficile

---

[1079] George F. Kennan, *Russia and the West Under Lenin and Stalin*, Little, Brown, Boston, 1961, p. 19.

[1080] Kennan, op. cit., p. 180.

[1081] Dei 1.966 delegati al XVII Congresso del Partito (gennaio 1934), 1.108 furono fucilati per ordine di Stalin negli anni successivi. Dei 139 membri e candidati membri del Comitato Centrale, 98 persone, ovvero il 70%, furono successivamente arrestate e fucilate (soprattutto nel 1937-38). Nell'esercito Stalin epurò tre marescialli su cinque, 13 comandanti d'esercito su 15, 57 comandanti di corpo su 87, 110 comandanti di divisione su 195, 220 comandanti di brigata su 406. In totale, ci furono circa 700.000 esecuzioni "legali", circa 1 milione di esecuzioni segrete e circa 12 milioni di morti nei campi di prigionia. Se si contano i 5,5 milioni di morti della collettivizzazione forzata dell'agricoltura alla fine degli anni '30 e la carestia artificiale che l'accompagnò, si può attribuire a Stalin un totale di 20 milioni di vittime. Secondo alcuni commentatori, questa

trovare un leader politico che abbia sfruttato così spietatamente e ingannato così abilmente i suoi seguaci.

Il Patto di non aggressione russo-tedesco (1939) fu uno shock traumatico per coloro che dipendevano dalla linea del partito comunista per le loro vitamine intellettuali. Sconcertati, avviliti e traditi, i liberali e i membri delle minoranze, in particolare gli ebrei, cominciarono a disertare in massa la causa comunista. Due anni dopo, però, l'invasione tedesca della Russia riportò alcuni dei randagi nel recinto marxista, dove si adoperarono per riportare il partito comunista al livello di prestigio, peso politico e influenza privilegiata che aveva prima della guerra. Membri del partito e compagni di viaggio furono nuovamente nominati in diversi posti chiave del governo, soprattutto nei dipartimenti di Stato, del Tesoro e dell'Agricoltura. In effetti, se Roosevelt non avesse cambiato idea all'ultimo minuto durante la convention democratica del 1944 e non avesse sostituito il suo vicepresidente, Henry Wallace, con Harry Truman, un compagno di viaggio sarebbe diventato presidente alla morte di Roosevelt nel 1945.[1082] È vero che Wallace alla fine ritrattò e ammise gli errori commessi. Ma ancora nel 1948

---

cifra è troppo bassa del 50%. Include solo il periodo 1930-50, non gli ultimi anni di attività di Stalin, durante i quali la popolazione dei campi di lavoro schiavi era di almeno 10 milioni. Conquest, *The Great Terror*, pp. 36-38, 527-28, 533; Hugh Seton-Watson, *From Lenin to Malenkov*, Praeger, New York, 1955, p. 170. Durante le purghe staliniane, le peggiori delle quali ebbero luogo prima dello scoppio della Seconda guerra mondiale, i media occidentali diedero a Stalin una stampa molto migliore di quella di Hitler. Le notizie sulla liquidazione di massa di una frazione consistente della popolazione russa furono pubblicate pochissimo e, quando lo furono, furono attaccate come false e infondate da molti dei principali intellettuali occidentali. L'oscuramento quasi totale per due decenni di uno dei più grandi crimini della storia dà ragione a chi sostiene la quasi totale corruzione e venalità della stampa mondiale. Tipica è l'osservazione del professor Harold Laski, influente accademico britannico: "Fondamentalmente non ho osservato molta differenza tra il carattere generale di un processo in Russia e in questo Paese [Gran Bretagna]". Conquest, op. cit., p. 506. Sartre una volta disse che le prove sui campi di lavoro forzato sovietici dovevano essere ignorate. Ibidem, p. 509.

[1082] Nel 1944, Henry Wallace e il professor Owen Lattimore visitarono un campo di lavoro russo per schiavi a Magadan, in Siberia, parte di un complesso in cui il tasso di mortalità era di circa il 30% all'anno. Il lavoro all'aperto era obbligatorio fino a quando la temperatura non raggiungeva i -50°C. Le razioni di cibo dei prigionieri venivano ridotte al livello di fame quando non rispettavano le quote di lavoro. Tuttavia, Wallace trovò il campo idilliaco e Lattimore lo definì un grande miglioramento rispetto al sistema zarista. Rimuovendo temporaneamente le torri di guardia, segregando i prigionieri in capanne e popolando quella che sembrava essere una fattoria modello con ragazze guardiane di maiali che in realtà erano membri della polizia segreta, il comandante del campo riuscì a duplicare l'impresa di Potemkin. Conquest, op. cit., p. 350.

era il candidato presidenziale del Partito progressista, dominato dai comunisti e dai sostenitori della sinistra di Stalin.[1083]

Con il progredire della guerra fredda e con le incursioni comuniste in vari segmenti della vita americana, la stretta associazione bellica dell'America con la Russia fu interrotta e i rapporti tra i due Paesi assunsero una gelida formalità, interrotta da occasionali lampi di ostilità (il ponte aereo di Berlino, l'incidente dell'U-2, le armi nucleari sovietiche a Cuba) e da un'impresa congiunta di mantenimento della pace (l'arresto del blitz britannico-franco-israeliano in Egitto del 1956). Nel frattempo, il sostegno sovietico alla causa araba e le continue rivelazioni sull'antisemitismo sovietico stavano riducendo l'entusiasmo ebraico per l'URSS, un tempo travolgente, fino a farlo scomparire.

Verso la metà degli anni Cinquanta, quando l'isterica reazione liberal-minoritaria all'attacco sferzante del senatore Joseph McCarthy contro l'apparato stalinista si era placata, l'anticomunismo di[1084], dopo una lunga pausa, tornò ad essere in qualche modo rispettabile negli Stati Uniti. Ma la rispettabilità fu assunta in gran parte proprio dagli intellettuali che si erano maggiormente distinti per la loro apodittica obbedienza a qualsiasi cosa il Cremlino avesse ordinato in passato e che, da marxisti incalliti, avevano mostrato la loro vera natura attribuendo i fallimenti del comunismo non alle animadversioni di Lenin ma alle perversioni di Stalin. Agli americani che avevano sempre saputo cosa stava accadendo in URSS, fu dato poco credito per la loro preveggenza e furono ancora macchiati di maccartismo. Molti conservatori tra loro si meritarono l'oblio perché avevano insistito nel confondere la minaccia sovietica esterna con quella interna rappresentata dai partiti comunisti occidentali, una minaccia che si affievoliva con il passare del tempo e che nella maggior parte dei Paesi occidentali era più immaginaria che reale. La loro ottusità dogmatica ha impedito a un gran numero di conservatori di capire che ciò che rappresentava la vera minaccia interna agli Stati Uniti - i liberali e gli attivisti delle minoranze - era ormai diventato anti-russo, anche se non assolutamente anti-marxista, quasi quanto i conservatori stessi.

[1083] L'apologia di Wallace fu pubblicata in forma di articolo su Life, il 14 maggio 1956. Ammise di aver frainteso le intenzioni russe e che i comunisti avevano esercitato un'influenza dominante e deleteria sulla sua campagna presidenziale.

[1084] Il maccartismo, dicevano i media, aveva reso l'America una terra di paura e tremore. Ma chi aveva paura? Nel mondo accademico e mediatico ci è sempre voluto molto più coraggio per dire una parola buona per McCarthy che per denunciarlo. Molti dei principali sostenitori della caccia alle streghe ai "criminali di guerra", tuttora in corso, erano tra i più accaniti denunciatori di McCarthy.

Alla fine degli anni Settanta si poteva affermare che il nazionalismo, il militarismo e l'imperialismo russo, e non il comunismo sovietico, costituivano la più grande minaccia esterna alla sicurezza nazionale americana. All'interno gli Stati Uniti stavano diventando più rivoluzionari dell'URSS. Ormai settantenne, il primo Stato comunista del mondo aveva distrutto i suoi creatori e prodotto una casta burocratica, militare e manageriale che era il gruppo dirigente più conservatore di qualsiasi grande potenza. Per i padroni dell'Unione Sovietica, il marxismo non era più l'articolo di fede che era stato per i vecchi bolscevichi. In privato veniva deriso come un obsoleto bagaglio di frasi vacue e pensieri vuoti. In pubblico serviva come shibboleth per rafforzare la presa dei padroni sul governo e per far avanzare il potere sovietico all'estero.

Nonostante gli allarmisti, gli Stati Uniti avevano poco da temere dall'URSS dal punto di vista economico. Con più persone, terra e risorse naturali, l'Unione Sovietica aveva un prodotto nazionale lordo pari solo al 48% di quello americano.[1085] Un agricoltore americano lavora ancora quattro volte la terra che lavora un russo in un'azienda agricola collettiva, usa cinque volte e mezzo più energia e ottiene il doppio della resa con una frazione del lavoro.[1086] Per quanto riguarda i prodotti e i servizi di consumo, l'Unione Sovietica è rimasta molto indietro rispetto all'Occidente. Ma poiché la superiorità economica e tecnica dell'America rispetto alla Russia è dovuta alle superiori capacità della maggioranza americana in questi campi, il vantaggio dell'America potrebbe ridursi man mano che l'espropriazione della maggioranza americana continua e che la maggioranza russa, terminata l'espropriazione, si afferma.

Nel 1987, con Mikhail Gorbaciov al timone, l'Unione Sovietica iniziò a implodere, in parte come risultato della disastrosa guerra con l'Afghanistan durata otto anni, in parte a causa della generale paralisi mentale ed economica provocata da oltre sette decenni di marxismo soffocante. La guerra fredda era finalmente finita. Quasi senza sforzo i satelliti dell'Europa orientale e le repubbliche sovietiche cominciarono a scivolare via e quella che ora si chiamava Federazione Russa non fece alcun tentativo significativo di riportarli all'ovile. Sebbene disponesse ancora del secondo più grande arsenale di bombe e armi nucleari al mondo, la Russia, alle prese con problemi interni quasi insolubili, almeno per il momento, non poteva più essere classificata come una superpotenza.

[1085] *Wall Street Journal*, 31 dicembre 1968, pag. 18.

[1086] *Enciclopedia della Russia e dell'Unione Sovietica*, pp. 10 12. Negli anni '70 gli Stati Uniti avevano 6 milioni di persone impegnate nell'agricoltura; la Russia, 45 milioni.

Per aiutare i russi a imboccare la strada del capitalismo e della democrazia, gli Stati Uniti hanno impegnato una grande quantità di aiuti esteri e di tecnologia. Se Mosca rimarrà su questa strada dipende in gran parte dalla possibilità di effettuare la transizione senza provocare una guerra civile o un ciclo di antisemitismo. Storicamente, i russi non hanno mostrato una grande passione per il governo rappresentativo. Anzi, sembrano avere un legame genetico con l'autocrazia. In ogni caso, il caos e la confusione che ora attanagliano il Paese non sono un buon presupposto per la stabilità politica.

Per quanto riguarda la politica estera, la Russia si è trasformata da nemico dell'Occidente ad amico dell'Occidente nel giro di pochi anni. Quanto durerà è una domanda che anche il profeta più saggio e coraggioso sarebbe riluttante ad affrontare.[1087] Nel frattempo l'America dovrebbe sostenere fino in fondo il programma dello scrittore-eroe Aleksandr Solzhenitsyn, che vuole che la Russia si rivolga verso l'interno, rinunci all'imperialismo e al "gigantismo politico" e si concentri sullo sviluppo del nord-est russo, intendendo con questo termine la Russia europea settentrionale e la maggior parte della Siberia.[1088]

Sebbene non si debba mai permettere alla Russia di diventare così forte da poter inghiottire l'Europa occidentale, non le si deve nemmeno permettere di diventare così debole da non poter proteggere l'Europa dalle incursioni mongole dalle steppe asiatiche. Per evitare qualsiasi possibilità di russificazione dell'Europa, bisogna impedire che il nazionalismo russo si coalizzi nel panslavismo. Come indicato in precedenza in questo capitolo, i russi sono forse 145 milioni. Includendo questi ultimi, potrebbero esserci fino a 285 milioni di slavi.[1089] L'emergere di un Ivan il Terribile dei giorni nostri alla guida di un imperium slavo consapevole della razza, in cui gli slavi non russi vengono elevati a cittadini di prima classe e ispirati da un comune fervore razziale, presenterebbe all'Occidente una concentrazione di forza militare quasi irresistibile. In questo caso, secondo le parole di Stalin, "nessuno in futuro sarà in grado di muovere un dito. Nemmeno un dito!"[1090]

[1087] Alla fine di novembre del 1994, la Russia del presidente Eltsin ha posto il suo primo veto alle Nazioni Unite contro una misura occidentale volta a punire i serbi di Bosnia. I russi si schierarono dalla parte dei serbi di Bosnia e dei serbi veri e propri nella guerra dei Balcani che seguì la scomparsa della Jugoslavia.

[1088] Aleksandr Solzhenitsyn, *Lettera ai dirigenti sovietici*, Harper & Row, New York, 1975, in particolare p. 55.

[1089] Oltre a Grandi Russi, Ucraini e Bielorussi, gli Slavi comprendono Polacchi, Cechi, Slovacchi, Serbi, Croati, Sloveni, Ruteni e alcuni Bulgari.

[1090] Djilas, *Conversazioni con Stalin*, p. 114.

In breve, non era l'Unione Sovietica di Lenin che gli Stati Uniti e l'Occidente dovevano temere. È la Russia del panslavo Dostoevskij, un genio molto più grande con un occhio molto più acuto per la forma del domani.[1091]

[1091] Il divieto di leggere Dostoevskij, il cui romanzo *"Il posseduto"* era un'inquietante anticipazione della storia russa del XX secolo, era stato revocato per diversi decenni in U.R.S.S. - un'ulteriore prova della rinascita della maggioranza russa. Il fatto che le minoranze russe all'interno e all'esterno della Russia si stiano nuovamente agitando in risposta alla scomparsa della dittatura comunista non significa necessariamente che la democrazia sia dietro l'angolo. Potrebbe significare proprio il contrario: che la Russia si sta avvicinando a un cataclisma politico e sociale di proporzioni dostoevskiane.

CAPITOLO 34

Gli Stati Uniti e l'Estremo Oriente

NESSUNO NEGLI ULTIMI CENTO ANNI la politica estera americana ha avuto un'oscillazione così selvaggia e ha subìto così tanti alti e bassi come in Estremo Oriente. Prendiamo ad esempio la Cina. All'inizio del XX secolo, la stima degli americani nei confronti dei cinesi era molto più alta di quella degli altri diavoli stranieri che avevano assillato il moribondo Regno Celeste. Gli Stati Uniti, benché all'epoca si impegnassero a favore dei diritti extraterritoriali e della conversione dei pagani, erano probabilmente la meno attiva tra le grandi nazioni occidentali nella caccia alle concessioni, nell'accaparramento di locazioni, nel contrabbando di oppio e in altre manifestazioni simili del corsaro finanziario occidentale.[1092] Fu la Politica della Porta Aperta del Segretario di Stato John Hay, nel 1899, a contribuire a smorzare alcune delle forme più audaci di saccheggio, rafforzando la sovranità cinese. Dopo il crollo della dinastia Manciù nel 1911-12, le versioni americane del governo costituzionale ispirarono Sun Yat-sen, il "padre della rivoluzione" cinese, a creare una repubblica. Quando il Giappone attaccò la Manciuria nel 1931, gli Stati Uniti protestarono più rumorosamente di qualsiasi altra nazione occidentale.

La Cina è stata alleata degli Stati Uniti nella Prima e nella Seconda Guerra Mondiale. In quest'ultimo conflitto, l'aiuto militare americano a Chiang Kai-shek ebbe un ruolo considerevole nell'impedire alle armate giapponesi di conquistare tutta la Cina. Alla fine della Seconda guerra mondiale, i cinesi furono particolarmente grati per il sostegno degli Stati Uniti, poiché non furono chiesti favori territoriali o finanziari in cambio. Ma mentre i cinesi nazionalisti e i comunisti cinesi combattevano contro i giapponesi, entrambi si stavano preparando a una ripresa delle aspre lotte civili iniziate negli anni Venti e temporaneamente rinviate dall'invasione giapponese. Come previsto, la lotta cartaginese tra comunisti e nazionalisti si riaccese quando il nemico comune si arrese.

[1092] Una violazione della neutralità americana nel XIX secolo fu il salvataggio da parte del comandante Josiah Tattnall, nel 1859, di una forza navale britannica malconcia al largo della costa cinese. La sua scusa fu l'affermazione, ormai quasi proibita, che "il sangue è più denso dell'acqua". In seguito Tattnall fu il comandante della nave confederata Virginia (ex *Merrimack*) dopo lo scontro con la *Monitor*. *Webster's Biographical Dictionary*, Merriam, Springfield, Mass., 1966, p. 1448.

Nel 1949, Chiang Kai-shek e i brandelli delle sue forze nazionaliste fuggirono ignominiosamente a Taiwan, dove furono messi al riparo dai comunisti trionfanti dalla Marina degli Stati Uniti. L'aiuto americano a Chiang non era stato sufficiente a impedire la sua sconfitta, ma più che sufficiente ad amareggiare i vincitori, i quali procedettero a fare degli Stati Uniti il principale capro espiatorio di tutti i mali della Cina, passati e presenti, esteri e interni, reali e illusori. Le relazioni dell'America con la Cina toccarono il punto più basso nel 1950, quando le truppe americane nella guerra di Corea, dopo aver costretto i nordcoreani a ritirarsi quasi fino al confine cinese, furono a loro volta sorprese, sbranate e ricacciate in Corea del Sud da 200.000 "volontari" cinesi. La guerra di Corea si concluse con il ripristino del tenue *status quo ante*. Nonostante le 157.000 vittime americane, tra cui 54.246 morti, fu la seconda guerra nella storia degli Stati Uniti a concludersi in una situazione di stallo.

Una delle ragioni principali del crollo delle relazioni sino-americane è stato il rifiuto dell'America di considerare e comprendere i fattori razziali che hanno dato forma ai cambiamenti epocali della Cina moderna. Innanzitutto, la Cina è fondamentalmente uno Stato monorazziale. Mentre i cinesi del Nord sono più alti e hanno teste più grandi dei brachicefali cinesi del Sud, quasi tutti i cinesi sono mongoloidi e appartengono a una razza meno differenziata di quella caucasica.[1093]

Sebbene i liberali americani abbiano fatto un gran parlare delle indignazioni inflitte agli immigrati cinesi in California, i cinesi stessi hanno una lunga storia di razzismo. Persino i più alti dignitari stranieri, classificati per editto imperiale come "barbari esterni", dovevano inchinarsi alla presenza dell'imperatore. In una comunicazione formale al re Giorgio III nel 1807, l'imperatore cinese usò insulti che sarebbero stati offensivi per gli abitanti di Skid Row.[1094]

L'intensità del razzismo cinese, tuttavia, non significa che le influenze occidentali non siano più all'opera in Cina o che non esistano divisioni all'interno del regime comunista. Le distinzioni culturali tra le province cinesi sono spesso così pronunciate e presentano una tale varietà di lingue e dialetti che alcuni cinesi comunicano tra loro in inglese. Ironia della sorte, l'anti-occidentale e anti-bianco Mao Tse-tung, nel suo grandioso sforzo di imporre il comunismo a più di un miliardo di persone, santificò gli

---

[1093] Coon, *Le razze viventi dell'uomo*, pp. 148-50. Solo il 6% circa degli abitanti della Cina può essere propriamente descritto come appartenente a minoranze, e la maggior parte di questi vive nelle regioni di frontiera della Cina. Amrit Lal, "Ethnic Minorities of Mainland China", *Mankind Quarterly*, aprile-giugno 1968.

[1094] Nathaniel Peffer, *L'Estremo Oriente*, pp. 51-54.

insegnamenti dell'ebreo occidentale Karl Marx. Ma le antiche abitudini della Cina, il suo culto degli antenati e il suo stile di vita incentrato sulla famiglia pongono ancora enormi vincoli inerziali a una proletarizzazione duratura.

Anche se pochi libri di storia lo dicono, la principale dinamica comunista cinese non è stata il marxismo, ma la xenofobia. Gli odiati bianchi e giapponesi dovevano essere espulsi dal territorio cinese, e così è stato. Persino i russi, che avrebbero dovuto unirsi permanentemente ai cinesi nell'abbraccio fraterno della solidarietà operaia, furono condannati come eretici e cacciati nel 1960.[1095]

Per quanto riguarda il futuro, Mao prevedeva un nuovo tipo di guerra di classe: la campagna, con i contadini come proletari, contro la città. L'Africa, l'Asia e l'America Latina ruralizzate avrebbero circondato e strangolato il Nord America e l'Europa occidentale urbanizzate, le ultime roccaforti dei capitalisti e della borghesia avidi di denaro, dei sindacati corrotti e dei revisionisti marxisti decadenti. La guerra verrebbe vinta con tattiche di guerriglia alla maniera del Vietnam, forse con un piccolo aiuto da parte del crescente arsenale nucleare cinese.[1096]

Probabilmente i successori di Mao non riusciranno mai a mantenere le sue minacce o a essere all'altezza dei suoi aforismi.[1097] Tuttavia, la politica estera americana ha guadagnato poco coltivando l'ortica di Taiwan sul fianco orientale della Cina. Il sostegno americano a Taiwan ha solo rafforzato la posizione comunista in Cina. La Settima Flotta degli Stati Uniti che pattugliava la costa cinese e 600.000 truppe nazionaliste in addestramento a cento miglia dalla terraferma cinese si inserivano perfettamente nel quadro della propaganda comunista di imperialisti alieni assetati di sangue che preparavano un assalto di massa per riconquistare l'egemonia finanziaria perduta. Inoltre, non c'era niente di meglio di un buon allarme invasione per

---

[1095] La rivoluzione culturale di Mao fu l'ennesima prova che i dittatori sono così afflitti dal potere che raramente si calmano. Proprio mentre Stalin si preparava a gettare la Russia nello scompiglio con altre purghe poco prima di morire - si diceva che avesse intenzione di trasportare tutti gli ebrei in Siberia - Mao ha fatto ribollire la sua pentola rivoluzionaria esiliando praticamente l'intera élite intellettuale cinese nelle campagne.

[1096] A. Doak Barnett, *China After Mao*, Princeton University Press, Princeton, New Jersey, 1967, pagg. 59-60, 75, 77.

[1097] "La politica è guerra senza spargimento di sangue, mentre la guerra è politica con spargimento di sangue... La guerra può essere abolita solo attraverso la guerra, e per sbarazzarsi del fucile è necessario imbracciare il fucile... Più libri una persona legge, più diventa stupida... Non intendo chiudere le scuole. Intendo dire che non è assolutamente necessario andare a scuola... Non avere un punto di vista politico corretto è come non avere un'anima". *Citazioni dal presidente Mao Tse-tung*, Bantam Books, New York, 1967, pp. 32, 35, 69, 78. Si veda anche *New York Times*, 1 marzo 1970, p. 26.

distogliere la mente dei cinesi dai problemi monumentali che affliggevano il fronte interno.

Fraintendendo completamente la natura razziale della rivoluzione cinese, gli esperti americani di politica estera erano convinti che qualsiasi Stato comunista sarebbe diventato, ipso facto, un alleato della Russia. In tempi di rivoluzione, come è stato precedentemente notato, la razza o la nazionalità possono facilmente avere la precedenza sulla classe. Come hanno ampiamente dimostrato la Jugoslavia, l'Albania, il Vietnam comunista, la Cambogia comunista e la stessa Cina, gli Stati comunisti sono altrettanto abili degli Stati anticomunisti nello sviluppare e promuovere politiche estere anti-russe, anti-cinesi o neutraliste. I rossi, si è capito, non hanno nemici più grandi di altri rossi.

L'America ha fatto bene a continuare a ricucire gli steccati diplomatici con la Cina. Così facendo, gli Stati Uniti potrebbero essere in grado di ripristinare la loro tradizionale amicizia con la nazione più popolosa del mondo. Una rinnovata neutralità americana negli affari dell'Estremo Oriente potrebbe essere stabilita agendo come intermediario nella riunificazione di Taiwan con la Cina continentale e della Corea del Sud con la Corea del Nord, proprio come Theodore Roosevelt aumentò immensamente il prestigio americano in Oriente mediando la fine della guerra russo-giapponese. Ora che Chiang Kai-shek e Mao sono entrambi morti, è tempo di fare i primi inevitabili passi per rendere le due Cine una cosa sola. Qualunque cosa accada, nessun affetto ideologico per il capitalismo taiwanese, nessun senso di colpa per un alleato abbandonato e nessuna ostilità ideologica nei confronti della convulsa ma esplosiva economia comunista cinese dovrebbe fornire un pretesto alla Cina per rivivere la sua breve alleanza con Mosca durante la guerra di Corea. Una delle maggiori garanzie di sicurezza per l'America e l'Europa occidentale risiede nella continua ostilità di Pechino e Mosca, ostilità che l'accorta diplomazia americana dovrebbe mantenere a fuoco lento finché la Russia avrà dei progetti sull'Occidente.

La politica estera americana ha un compito più facile in Estremo Oriente che in qualsiasi altro continente. In Asia orientale gli Stati Uniti non hanno bisogno di creare un contrappeso militare alla Russia. Il contrappeso esiste già. Nel prossimo futuro, la Cina è l'unica nazione al mondo che ha la volontà, gli uomini e le risorse per combattere la Russia da sola in una guerra convenzionale. Anzi, potrebbe presto essere in grado di dare buona prova di sé in una guerra nucleare. Che gli Stati Uniti perseguano una politica tutt'altro che amichevole nei confronti della Cina, l'unica nazione che può opporsi efficacemente all'espansione russa in Estremo Oriente, è una diplomazia schizoide al suo peggio. La storia, la geografia, la cultura, la razza: tutto indica uno scontro finale tra Cina e Russia.

Questo non significa che gli Stati Uniti debbano entrare in una simile guerra al fianco della Cina, come senza dubbio proporrebbe la fazione anti-russa della coalizione liberal-minoritaria. L'America ha contribuito a distruggere la Germania, il bastione occidentale contro la Slavia, nel 1945. Sarebbe una tragedia peggiore se l'America aiutasse la Cina a distruggere la Russia, il principale bastione bianco contro la razza gialla.

Passando al Giappone, si potrebbe iniziare dicendo che sarebbe stato meglio per tutti, soprattutto per i giapponesi, se il commodoro Perry non fosse mai sbarcato nella baia di Yedo nel 1854. Costringendo il Giappone ad abbandonare il suo isolamento durato 400 anni, gli Stati Uniti stavano inconsapevolmente seminando i denti del drago che germogliarono nella macchina militare fanatica e dedicata che avrebbero incontrato ottantasette anni dopo a Pearl Harbor. Poiché l'omogeneità e la geografia giapponese precludevano il frazionamento regionale e culturale sul modello cinese, il Giappone fu in grado di convertirsi alla tecnologia occidentale in modo molto più rapido ed efficiente, senza l'handicap delle turbolenze rivoluzionarie della Cina.

Dal punto di vista razziale, i giapponesi sono un popolo mongoloide proveniente dalla terraferma asiatica, con una mescolanza di immigrati preistorici dal sud-est asiatico. Avendo sperimentato una scarsa immigrazione negli ultimi mille anni, il Giappone vanta una delle popolazioni più omogenee del pianeta, il che spiega in parte il feroce senso della razza dei suoi cittadini. Come i cinesi, i giapponesi erano indignati per le restrizioni americane all'immigrazione contro gli orientali, sebbene il Giappone stesso avesse praticato per secoli l'esclusività razziale. Gli abitanti originari del Giappone potrebbero essere stati gli Ainus, un ceppo caucasoide, forse i resti di una razza bianca che un tempo dominava l'Asia settentrionale. Gli Ainus sono stati respinti nelle aree più settentrionali del Giappone, dove hanno subito un processo di assorbimento biologico e culturale che sta rapidamente distruggendo la loro identità razziale. Un'altra importante minoranza del Giappone non se l'è cavata molto meglio. Durante il terremoto del 1923, a Tokyo ci fu un sanguinoso pogrom di coreani.[1098]

L'articolo IX della costituzione giapponese del dopoguerra contiene la clausola, ampiamente acclamata, che rinuncia alla guerra come "diritto sovrano della nazione" e afferma che "le forze terrestri, marittime e aeree, così come altri potenziali bellici, non saranno mai mantenuti". Si tratta di un'inversione di tendenza piuttosto sorprendente per un Paese che aveva sviluppato lo stile di vita militare come un'arte raffinata (Bushido) e la cui gerarchia sociale consisteva in soldati, artigiani, contadini e commercianti in

---

[1098] Peffer, *L'Estremo Oriente*, p. 341.

quest'ordine.[1099] Nessun'altra nazione, nemmeno Sparta, ha mai prodotto qualcosa di simile all'incredibile eroismo dei piloti kamikaze della Seconda Guerra Mondiale.

Nonostante la sua costituzione, il Giappone dispone oggi di una "Forza di autodifesa" di 268.000 uomini, 800 aerei militari, 46 cacciatorpediniere e 44 sottomarini.[1100] Con una Cina sempre più militarizzata a pochi minuti di missile e con la Russia in bilico sulla metà meridionale dell'isola di Sakhalin (premio di Stalin per essere entrato nella guerra del Pacifico cinque giorni prima della sua fine), i giapponesi hanno poche ragioni per aggrapparsi ancora a lungo al loro insolito esperimento di disarmo. Il Giappone ha la terza economia del mondo, eppure destina solo l'1% del suo PNL alla difesa. Dipende quasi interamente dal petrolio arabo e iraniano, eppure fa affidamento sull'America per mantenere aperte le rotte di navigazione del Golfo Persico. Le sue automobili, le sue macchine fotografiche, i suoi orologi, i suoi televisori e le sue apparecchiature elettroniche stanno causando gravi disagi economici e disoccupazione nei Paesi industrializzati dell'Occidente, eppure l'America si irrita al pensiero che altri possano adottare il protezionismo con cui difende le proprie industrie. Il Trattato generale sulle tariffe doganali e sul commercio, che il Giappone ha firmato con una certa riluttanza, potrebbe eliminare molte delle barriere commerciali se il Giappone si impegna a firmare.

Purtroppo per la comunità imprenditoriale giapponese, l'America non può più permettersi di essere l'angelo custode di una nazione che sta cercando di metterla fuori gioco. Le truppe americane di stanza in Giappone, da sempre fonte di attrito nelle relazioni nippo-americane, saranno quasi certamente ritirate tra qualche decennio, insieme all'ombrello nucleare. Nessuno, tantomeno i giapponesi, crede seriamente che gli Stati Uniti esporrebbero le proprie città alla devastazione utilizzando bombe termonucleari per difendere il Giappone dall'aggressione russa o cinese. In ogni caso, è più interesse della Cina che dell'America impedire qualsiasi tentativo da parte della Russia di finlandizzare il Giappone attraverso il ricatto nucleare.

Con una popolazione di 124 milioni di abitanti (stima del 1992) ammassati in un'area poco più piccola della California, di cui solo un sesto è coltivabile, il Giappone di[1101] si trova ad affrontare un percorso difficile nel XXI secolo. Un tempo la più isolazionista delle nazioni, il Giappone ha perso gran parte del suo carattere unico e della sua estetica altamente sviluppata nella sua folle corsa per dominare il commercio mondiale. Una considerevole riduzione

---

[1099] Ibidem, pag. 34

[1100] *Almanacco di Whitaker*, 1981, pag. 889.

[1101] Peffer, op. cit., p. 40.

della popolazione giapponese attraverso un programma di controllo delle nascite su scala nazionale, accompagnata da un notevole rallentamento dell'industrializzazione, salverebbe il Giappone dal suo materialismo di stampo occidentale, eliminando al contempo un'orrenda e invivibile espansione urbana come la moderna Tokyo. Un minor numero di giapponesi e di prodotti giapponesi non solo gioverebbe al resto del mondo risparmiando le preziose risorse naturali consumate dalla vorace industria giapponese, ma potrebbe anche rivelarsi la salvezza del minacciato ethos giapponese.

Se il ritiro americano dal Giappone mette in pericolo l'indipendenza della Corea del Sud, così sia. La Corea è destinata a essere unita prima o poi, come lo furono le due Germanie e i due Vietnam e come lo saranno Taiwan e la Cina continentale. Lasciamo che la natura faccia il suo corso. L'America non può sovraestendersi per sempre in quello che alla fine sarà un vano tentativo di proteggere la libertà di Stati dell'Estremo Oriente in pericolo e divisi. Quando la nazione viene consegnata loro su un piatto d'argento, hanno ancora meno possibilità di mantenerla.

Negli ultimi decenni in Estremo Oriente, la politica estera degli Stati Uniti sembra essersi concentrata sulla protezione dell'indifendibile. L'intervento americano in Vietnam ha messo in evidenza ciò che accade a una macchina militare moderna, ostacolata, demotivata e magnificamente equipaggiata, quando incontra una forza combattente determinata, altamente motivata e scarsamente equipaggiata di guerriglieri e regolari impegnati. Se i responsabili della politica estera americana[1102] avessero capito che i sentimenti anti-bianchi dei vietnamiti erano così intensi che la sola presenza di truppe americane da una parte avrebbe aumentato a dismisura il morale e la volontà di combattere dell'altra, forse non sarebbero stati così ansiosi di inviare un grande esercito americano per sostituire i francesi partiti e sconfitti.[1103]

[1102] "Walt Rostow... è stato responsabile del nostro coinvolgimento iniziale in Vietnam sotto il presidente Kennedy..." Colonna non datata di Drew Pearson. Harold Wilson, quando era primo ministro della Gran Bretagna, incolpò Rostow di aver silurato una possibilità di pace in Vietnam nel 1967. Rivista *Life* citata dall'UPI, 17 maggio 1971.

[1103] Gli americani stessi non avrebbero probabilmente tenuto in grande considerazione un partito o una fazione che avesse invitato l'esercito vietnamita negli Stati Uniti per aiutarli a difendersi da un attacco di altri americani. La comparsa di truppe straniere [in gran numero] da una parte o dall'altra nella Guerra tra gli Stati avrebbe certamente irrigidito la resistenza dell'altra. Uno dei motivi per cui gli americani riuscirono a sfuggire alla sconfitta in Corea fu che i nordcoreani erano molto meno numerosi dei sudcoreani, una proporzione che non prevalse in Vietnam. I nordcoreani hanno dovuto chiamare i cinesi a salvarli, privando così la loro propaganda di parte del suo fascino nazionalista e anti-estero. La Corea del Sud ha 29 milioni di abitanti, quella del Nord 12 milioni. Il Vietnam

L'errore principale dei responsabili del coinvolgimento militare americano in Vietnam è stata la loro ignoranza delle dinamiche razziali nel Sud-Est asiatico. L'errore secondario è stato quello di impegnare le forze armate americane in una guerra che, fin dal primo giorno, non potevano vincere. La storia recente ha dimostrato che gli Stati Uniti possono essere risvegliati al giusto livello di combattimento solo quando gli obiettivi di guerra corrispondono a quelli della coalizione liberal-minoritaria. A meno che tali "obiettivi" non possano essere stabiliti o inventati, è probabile che i media rimangano indifferenti o addirittura ostili. Se il Vietnam del Nord avesse avuto un dittatore fascista invece del patriarcale "Zio Ho",[1104] se avesse maltrattato gli ebrei e i negri[1105] invece dei contadini vietnamiti, il teatro delle operazioni sarebbe stato esteso al Vietnam del Nord e la guerra vinta rapidamente. L'esperienza americana in Corea aveva già dimostrato la freddezza e l'opposizione degli intellettuali di sinistra e delle minoranze a un conflitto che non aveva gli ingredienti ideologici adeguati.

Il crollo del Vietnam del Sud dopo la pace contraffatta di Henry Kissinger, per la quale ha avuto la faccia tosta di accettare il premio Nobel per la pace... l'imperialismo dei vietnamiti comunisti dopo la loro conquista del Sud... l'epurazione razziale del Vietnam comunista della sua etnia cinese[1106] ... gli orrori della rivoluzione comunista in Cambogia, seguita dall'invasione e dall'occupazione vietnamita... la punizione militare del Vietnam da parte della Cina... Tutti questi eventi sono stati un'ulteriore prova del fatto che tra gli Stati marxisti nella seconda metà del ventesimo secolo c'erano disunione e conflitti tanto quanto tra gli Stati capitalisti nella prima metà.

---

del Nord, invece, ha 20 milioni di abitanti, mentre quello del Sud 16 milioni. Occorre inoltre tenere presente le differenze etniche delle due nazioni. Secondo C. D. Darlington, "la frontiera tra Vietnam del Nord e Vietnam del Sud è "uno dei grandi confini razziali del mondo"". *L'evoluzione della società*, p. 615.

[1104] Il defunto Drew Pearson, che era diffuso in 650 giornali, il doppio di qualsiasi altro editorialista dell'epoca, paragonò Ho Chi Minh a George Washington. *San Francisco Chronicle*, 2 giugno 1965, e *Time*, 12 settembre 1969, p. 82.

[1105] Molti soldati negri in Vietnam avevano obiettivi di guerra particolari. Quasi la metà degli intervistati ha dichiarato che avrebbe usato le armi per ottenere i propri diritti una volta tornato negli Stati Uniti. Nel corso della guerra ci furono diverse schermaglie militari tra truppe bianche e nere, tra cui 520 attacchi a ufficiali e sergenti con granate a frammentazione che provocarono 185 morti. *Miami Herald*, 10 novembre 1972, p. 2A, *Time*, 19 settembre 1969, p. 22, e 23 gennaio 1971, p. 34, e *Dallas Morning News*, 2 aprile 1977.

[1106] Così come il successo economico degli ebrei dà origine all'antisemitismo in Occidente, l'agiatezza delle minoranze cinesi provoca esplosioni di antisemitismo nel Sud-Est asiatico.

Il massimo e il meglio che l'America può fare per le nazioni dell'Asia è lasciarle in pace. Per molti dei Paesi più piccoli la neutralità è la protezione più sicura contro l'invasione o la rivoluzione. Quando l'America si ritirerà dall'Estremo Oriente, è probabile che altre nazioni dell'area, come le Filippine, sperimentino il comunismo. Se lo faranno, si spera - ed è una speranza fondata - che si rivolgeranno contro gli Stati comunisti vicini piuttosto che contro l'America e l'Occidente. Gli Stati Uniti hanno speso più di 40 miliardi di dollari e perso più di 58.000 vite nel tentativo infruttuoso di impedire la caduta del Vietnam del Sud, che secondo i teorici del domino avrebbe reso il Sud-Est asiatico parte di un imperium comunista monolitico e mondiale. Quando il fumo si è dissolto, il temuto monolite si è frantumato in frammenti aspramente ostili, proprio come era accaduto in Eurasia dopo la rivoluzione comunista in Cina.

Ci sono solo due Paesi in Estremo Oriente - o più correttamente in Australasia - con i quali gli Stati Uniti dovrebbero mantenere i legami militari più saldi. Si tratta dell'Australia e della Nuova Zelanda. Qui l'impegno americano dovrebbe trascendere le solite considerazioni materialistiche e ideologiche di strategia, anticomunismo, autodeterminazione e democrazia, e poggiare sulle basi più permanenti e solide dell'affinità biologica e culturale. L'Australia e la Nuova Zelanda, abitate da oltre 21.400.000 persone in gran parte di origine britannica, sono l'ultima frontiera del Nord Europa, che non è mai veramente felice se non ha una frontiera. Poiché al momento dell'arrivo dei bianchi sulla terraferma australiana non c'erano asiatici, ma solo aborigeni dell'età della pietra, cinesi, giapponesi e altri orientali non possono certo accusare gli australiani di essere sfruttatori bianchi dell'uomo giallo.[1107] I Maori hanno un caso leggermente migliore contro gli inglesi in Nuova Zelanda. Erano lì per primi da nove secoli e rappresentano, insieme ad altri polinesiani, l'8 o il 9% della popolazione.

L'Australia aveva una politica di immigrazione selettiva che avrebbe dovuto raddoppiare o triplicare la popolazione del Paese entro la fine del secolo, senza però alterare la sua composizione razziale di base.[1108] Questo piano

---

[1107] La minoranza aborigena dell'Australia ammonta oggi a 50.000 persone più 150.000 meticci. Gli aborigeni appartengono alla razza separata degli australoidi, hanno una colorazione che va dal nero fuligginoso al marrone e si distinguono per le loro sopracciglia a becco d'arancia, la fronte spiovente e le mascelle sporgenti. Coon, *Le razze viventi dell'uomo*, pagg. 12-310. La loro bassa posizione nella scala evolutiva umana rende difficile anche per l'antropologo più egualitario attribuire loro le stesse capacità mentali dei bianchi o dei mongoloidi.

[1108] Nel 1993, la popolazione australiana era di 18 milioni di abitanti. L'*Almanacco mondiale del 1981* afferma che in Australia ci sono 70.000 ebrei, uno dei quali, Zelman

sensato di crescita omogenea è stato vanificato dalla vittoria elettorale del 1972 del partito laburista, che ha immediatamente rinunciato alla politica dell'"Australia bianca" per una politica di accettazione di tutti i colori e di tutte le fedi. Da allora, circa 25.000-30.000 non bianchi all'anno entrano nel Paese, per un totale complessivo (1993) di circa 720.000 persone. Sia i partiti conservatori che quelli laburisti hanno fatto ben poco per opporsi all'egualitarismo proveniente dall'Occidente, contro il quale i vasti oceani non sono stati una protezione. La Nuova Zelanda, invece, con una popolazione di 3.400.000 abitanti, tra cui 3.803 ebrei, ha finora attratto una quantità molto minore di immigrati dal Terzo Mondo e dall'Asia.

Ancora oggi, l'Australia rimane uno dei luoghi più bianchi nella mappa demografica sempre più screziata della civiltà occidentale. Se c'è una nazione che dovrebbe erigere severe barriere all'immigrazione contro i non bianchi, è proprio l'Australia, un continente sottopopolato che si affaccia sull'angolo sud-est del continente più popolato del mondo. Se l'Australia riuscirà a rimanere bianca, potrebbe essere il centro dell'espressione più avanzata e autentica della vita occidentale, un ultimo approdo per gli americani di maggioranza e i nordeuropei che hanno permesso che i loro Paesi diventassero lettiere piene di minoranze. Tuttavia, se dovesse seguire le attuali tendenze demografiche dell'Occidente, l'Australia, nelle parole del suo grande poeta, A. D. Hope, potrebbe diventare "l'ultima delle terre, la più vuota... dove gli europei di seconda mano si accalcano timidamente ai margini di coste aliene".

Cowen, è stato governatore generale fino al 1982. L'ex primo ministro Malcolm Fraser, leader del partito conservatore, è per metà ebreo. Robert Hawke, a lungo primo ministro laburista, è uno strenuo filo-sionista.

CAPITOLO 35

Gli Stati Uniti e il Medio Oriente

L'ESATTA composizione geografica del Medio Oriente non è mai stata definita o concordata in modo autorevole da cartografi, storici o esperti di affari esteri. In questa sede verrà delimitato, forse in modo troppo inclusivo, come Iran, Iraq, Giordania, la penisola arabica e i Paesi contigui al Mediterraneo orientale che vanno in senso orario dalla Turchia al Marocco. È in Medio Oriente che si suppone che l'uomo abbia inventato la civiltà. È in Medio Oriente che ebrei, arabi, iraniani o estranei assetati di petrolio in guerra possono provocare un confronto nucleare che potrebbe portare gran parte della civiltà a una fine prematura.

Gli Stati Uniti furono coinvolti in questioni mediorientali già nel 1805, quando il capitano William Eaton, dirigendo un attacco terrestre ai porti dei Pirati di Barberia, fece marciare un manipolo di marines americani, greci, beduini e cammellieri arabi per 500 miglia attraverso il deserto dall'Egitto fino al confine orientale dell'attuale Libia, dove catturò la città di Derna.[1109] Dieci anni dopo Stephen Decatur, con l'aiuto di una squadra navale americana, costrinse il Dey di Algeri a smettere di riscuotere tributi sulle navi americane e di tenere in ostaggio i marinai americani.[1110]

Per più di un secolo, le relazioni americane con le nazioni mediorientali sono state, nel complesso, di natura economica, di scarsa importanza storica e amichevoli. Solo dopo la Seconda guerra mondiale, quando gli Stati Uniti furono coinvolti nel vuoto lasciato dall'implosione dell'Impero britannico, il Medio Oriente attirò la seria attenzione della diplomazia americana. La Dottrina Truman (1947), in risposta alla ripresa dei disegni zaristi su Costantinopoli da parte di Stalin, stanziò una parte di un programma di aiuti da 400 milioni di dollari per la Turchia. In cambio di armi, denaro e assistenza militare su larga scala in caso di invasione russa, i turchi divennero alleati americani e concessero agli Stati Uniti il diritto di costruire basi aeree nel loro Paese.

Poi, nel 1948, la coalizione liberal-minoritaria riuscì a spostare il fulcro della politica mediorientale americana dalla Turchia a Israele. La Dichiarazione

---

[1109] Henry Adams, *History of the United States during the First Administration of Thomas Jefferson*, Boni and Liveright, New York, 1930, Libro II, pp. 432, 488.

[1110] Kendrick Babcock, "The Rise of American Nationality", *The Historians' History of the United States*, Putnam, New York, 1966, p. 458.

Balfour (1917), con la quale il governo britannico acquistò il sostegno dell'ebraismo mondiale nella Prima Guerra Mondiale, è già stata menzionata in precedenza.[1111] Va ora aggiunto che, mentre prometteva il sostegno britannico per una patria ebraica in Palestina, la Gran Bretagna aveva fatto due anni prima, nel 1915, promesse simili agli arabi per arruolarli nella lotta contro la Turchia, alleata della Germania in Medio Oriente.[1112] Gli arabi palestinesi, il cui Paese era stato governato dalla Turchia per 400 anni, non ebbero bisogno di molte sollecitazioni. Ma quando la guerra finì, quando la Turchia aveva perso tutte le sue terre arabe, quando la Società delle Nazioni aveva dato alla Gran Bretagna il mandato per la Palestina, il governo britannico non fece alcuno sforzo per mantenere la parola data a entrambe le parti, oltre a permettere un inquietante aumento dell'immigrazione sionista in Terra Santa. La Gran Bretagna aveva in effetti venduto una casa che non possedeva a due diversi acquirenti, mentre la vendita precedente era stata fatta agli occupanti arabi.

Le dimensioni e il tasso di immigrazione sionista sono la chiave di tutto ciò che seguì. Durante la Prima guerra mondiale, gli ebrei costituivano il 10% della popolazione palestinese. Nel 1940 gli ebrei in Palestina erano 456.743, un terzo degli abitanti. I restanti due terzi erano costituiti da 145.063 cristiani e 1.143.336 musulmani, i cui antenati vivevano in Palestina da cento generazioni.[1113] Dopo un'assenza di quasi 2.000 anni, gli ebrei erano i nuovi arrivati.

La persecuzione nazista degli ebrei europei stimolò uno sforzo sionista a livello mondiale per rendere il sogno radioso di Israele una realtà immediata. Una campagna di lobbying mondiale senza precedenti, condita da crescenti atti di terrorismo ebraico,[1114] spinse infine gli inglesi a consegnare la Palestina alle Nazioni Unite. I sionisti erano pronti. Il giorno stesso in cui l'ultimo alto commissario britannico lasciò la Palestina (14 maggio 1948), Israele fu proclamato Stato indipendente. Il riconoscimento del Presidente

---

[1111] Cfr. pp. 450-51.

[1112] L'alto commissario britannico in Egitto fornì assicurazioni formali sull'indipendenza araba in Medio Oriente all'emiro della Mecca, poi re dell'Hejaz, in quella che è nota come corrispondenza McMahon-Hussein. L'eroe della Prima Guerra Mondiale e combattente del deserto, T. E. Lawrence, era profondamente indignato con il suo Paese per quello che considerava il suo successivo tradimento della causa araba. Sachar, *The Course of Modern Jewish History*, pp. 370-71, e Yale, *The Near East*, pp. 243-44, 320.

[1113] Statistiche sulla popolazione da *Ency. Brit.*, Vol. 17, pp. 133-34.

[1114] Le bande Stern e Irgun, armate di armi americane Lend-Lease rubate a vagonate, si scatenarono in Palestina, abbattendo i soldati britannici. Nel luglio 1946, fecero esplodere una bomba nell'hotel King David di Gerusalemme, uccidendo novantuno persone, per lo più civili. *Enciclopedia. Brit.*, Vol. 17, p. 136.

Truman arrivò esattamente dieci minuti dopo,[1115] nonostante la promessa scritta del Presidente Roosevelt al Re Ibn Saud dell'Arabia Saudita (5 aprile 1945) che gli Stati Uniti non avrebbero mai intrapreso alcuna azione che potesse risultare ostile al popolo arabo.[1116]

Anche l'Unione Sovietica si affrettò a riconoscere Israele, nella speranza che i disordini tra arabi ed ebrei avrebbero facilitato l'ingresso del comunismo nei Paesi desertici ricchi di petrolio, a lungo ambiti dagli zar. Anche le Nazioni Unite alla fine accolsero Israele come cinquantanovesimo membro (1949), sebbene i "combattenti per la libertà" israeliani avessero assassinato il mediatore dell'ONU, il conte Bernadotte, e sebbene il ricorso alla violenza per la creazione di Israele fosse totalmente contrario alla lettera e allo spirito della Carta delle Nazioni Unite.

Un mese prima della nascita dello Stato sionista, le schermaglie in corso da anni tra ebrei e arabi sfociarono in guerra. Il calcolato attacco terroristico ebraico a Deir Yassin del 9 aprile 1948, in cui furono massacrati indiscriminatamente 254 donne, bambini e anziani arabi,[1117] fece precipitare un esodo arabo che alla fine totalizzò 2,7 milioni di sfollati (i rifugiati

---

[1115] Sachar, *Il corso della storia ebraica moderna*, p. 479.

[1116] Yale, op. cit., p. 402.

[1117] Alfred Lilienthal, *The Zionist Connection*, Dodd, Mead, New York, 1978, p. 254. Non si sa se i soldati che commisero questo massacro furono mai puniti. La maggior parte di coloro che parteciparono a un'altra atrocità - il mitragliamento di quarantanove abitanti di un villaggio arabo che tornavano alla frazione di Kafr Kassim (29 ottobre 1956), quattordici dei quali erano donne con bambini in braccio - furono scagionati dopo un processo. Ad alcuni, tuttavia, è stata inflitta una pena detentiva di un anno. Queste sentenze erano un po' più leggere di quelle inflitte agli imputati nazisti nei processi di Norimberga di un decennio prima. È interessante notare che i media non hanno avuto il minimo clamore nei confronti dei criminali di guerra israeliani. *San Francisco Chronicle*, 10 gennaio 1962, e Alfred Lilienthal, *The Other Side of the Coin*, Devin-Adair, New York, 1965, pp. 21.920. All'interno di Israele, tuttavia, si manifestò un certo disagio per le eventuali ripercussioni dell'avventurismo militare. Dopo un attacco israeliano alla Giordania nel febbraio 1951, quattro professori della Hebrew University si chiesero: "È questa la tradizione ebraica sulla quale crediamo sia stato fondato lo Stato di Israele? È questo il rispetto per la vita umana su cui si basava il popolo ebraico quando non era ancora una nazione politica? È questo il modo di dimostrare al mondo che la nostra nazione sostiene il principio della giustizia?". Si veda l'articolo di William Ernest Hocking su Israele in *Christian Century*, 19 settembre 1951. Uno dei peggiori e più incomprensibili atti degli israeliani è stato il saccheggio della Città Vecchia di Gerusalemme durante la guerra del 1967, descritto da Evan Wilson, console generale e ministro degli Stati Uniti a Gerusalemme, nel suo libro *Key to Peace*, The Middle East Institute, Washington, D.C., 1970, pag. 111.

originari, i loro figli nati in esilio e i rifugiati della guerra del 1967).[1118]
Poiché la maggior parte degli arabi palestinesi e degli arabi degli Stati
confinanti erano a malapena andati oltre gli stadi feudali della società, non
potevano competere militarmente con gli ebrei occidentalizzati, i cui ufficiali
di grado più elevato, sia mentalmente che fisicamente, erano spesso più
vicini ai nordeuropei che a qualsiasi stereotipo ebraico.[1119]

Oggi le proporzioni tra palestinesi ed ebrei nella popolazione di Israele sono
quasi l'esatto contrario di quelle di cinquant'anni fa. Più della metà dei
4.150.000 milioni di ebrei israeliani (stima del 1993) sono Schwarzim, ebrei
scuri provenienti dal Nord Africa e dall'Asia, arrivati dopo la Seconda
Guerra Mondiale[1120] e che stanno rapidamente superando gli elementi
europei più chiari. L'immigrazione ha contribuito solo in parte a correggere
questo squilibrio razziale. Per anni il numero di ebrei che hanno lasciato
Israele ha superato quello degli arrivi,[1121] e la maggior parte di quelli che
sono partiti si sono diretti verso gli Stati Uniti.[1122] Poi è arrivato Mikhail
Gorbaciov, che ha corteggiato l'Occidente aprendo le porte
dell'immigrazione. Gli ebrei sovietici arrivarono in Israele a decine di
migliaia. Alcuni demografi prevedono che alla fine potrebbero trasferirsi in
un milione.

[1118] Un conteggio del Dipartimento di Stato del 1982 indicava 4,3 milioni di palestinesi
in tutto il mondo: 530.600 in Israele, 818.300 nella Cisgiordania occupata, 476.700 nella
Striscia di Gaza, 1.160.800 in Giordania, 347.100 in Libano, 215.500 in Siria, 278.800 in
Kuwait, 127.000 in Arabia Saudita, 34.700 negli Emirati Arabi Uniti, 22.500 in Qatar,
10.200 negli Stati Uniti e 218.000 altrove.

[1119] Lo strato più duro dell'ebraismo europeo è andato in Palestina nei giorni pionieristici
di fine secolo, quando la maggior parte degli ebrei andava a New York. I Sabra, ebrei
palestinesi nativi, manifestano il loro particolare "razzismo interno" insistendo sul fatto
di essere israeliani, non ebrei. La scarsa frequenza di tratti fisici ebraici riconoscibili in
Israele è illustrata dalla popolarità di un aneddoto israeliano preferito: la risposta del
turista quando gli viene chiesto se gli piace Israele. "Bene", rispose, "ma dove sono gli
ebrei?". Robert Ardrey, *The Territorial Imperative*, Atheneum, N.Y., 1966, p. 310.

[1120] J. Robert Moskin, "Prejudice in Israel", *Look*, 5 ottobre 1965, pp. 56-65. Gli
Schwarzim accusano gli ebrei europei di discriminazione perché questi ultimi occupano
la maggior parte dei posti di lavoro importanti dello Stato. Come in America, i membri
della popolazione con la pelle più scura hanno dato vita ad alcune rivolte per sottolineare
il loro disappunto e la loro frustrazione.

[1121] L'orientalizzazione di Israele non disturba il ministro degli Esteri Abba Eban. "Il
nostro futuro culturale", ha dichiarato, "risiede nella vittoria della cultura esistente, che è
europea nelle sue radici ed ebraica nella sua veste". Ibidem.

[1122] Il Congresso stanziò altre decine di milioni di dollari per pagare il trasferimento degli
ebrei sovietici in Israele e negli Stati Uniti.

Quasi totalmente dedicati a Israele nello spirito, gli ebrei americani hanno preferito sostenere lo Stato ebraico aprendo i loro portafogli piuttosto che schivando i proiettili arabi. Solo 100 ebrei americani (al 1969) prestavano servizio nelle forze armate israeliane.[1123] Dal punto di vista finanziario, tuttavia, i contributi degli ebrei americani a Israele sono stati sbalorditivi. Così come i contributi del governo americano. Il senatore della Virginia Robert Byrd ha rivelato in Senato nel 1992 che tra il 1949 e il 1991 gli aiuti totali degli Stati Uniti a Israele sono stati pari a 53 miliardi di dollari.[1124] Questa enorme somma non comprende i 10 miliardi di dollari di garanzie sui prestiti, i miliardi di sovvenzioni private e di fondazioni, tassate e non, e i 2,1 miliardi di dollari di tributo annuale all'Egitto per la pace con Israele. Non comprende nemmeno i miliardi di dollari raccolti con la vendita degli Israel Bonds o le centinaia di milioni di dollari, se non miliardi, derivanti da privilegi speciali di importazione, dallo status di cliente privilegiato per l'acquisto dalle scorte governative e da accordi di brevetto e licenza.[1125]

Praticamente sconosciuta al pubblico americano è la grande quantità di risarcimenti pagati a Israele e agli ebrei di tutto il mondo dalla Germania Ovest prima della riunificazione con la Germania Est, i cui capi comunisti si rifiutarono di pagare allo Stato ebraico un solo pfennig rosso. La *Wiedergutmachung*, come veniva chiamata, ammontava a quasi 54 miliardi di dollari prima che il programma di riparazioni giungesse al termine.[1126] Nel corso di questi pagamenti - che non hanno eguali nella storia sia per le dimensioni che per l'importo assegnato ai singoli - il marco aveva un valore che variava da 23 centesimi a 56 centesimi. Se ai contributi americani e della

---

[1123] *World Press Review*, WNET, New York, 3 novembre 1969. Gli ebrei americani possono arruolarsi nell'esercito israeliano mantenendo la cittadinanza americana.

[1124] *The Washington Report on Middle East Affairs*, aprile/maggio 1994, p. 75. Per contro, il Piano Marshall per la ricostruzione dell'Europa occidentale dopo la Seconda Guerra Mondiale è costato circa 12 miliardi di dollari.

[1125] Gran parte degli aiuti finanziari e militari sono stati involontari. La maggior parte dei contribuenti americani non avrebbe mai approvato la deducibilità fiscale delle donazioni private a Israele o di molte sovvenzioni del Congresso. Alcuni membri dei sindacati United Auto Workers e Teamsters non sono d'accordo con i grandi acquisti di obbligazioni israeliane a basso interesse da parte dei direttori dei fondi pensione del sindacato. Si chiedono perché una parte delle loro quote venga investita in un Paese che è tecnicamente in bancarotta, che ha un debito nazionale immenso e ingestibile e che ha avuto, una volta o l'altra, tassi di inflazione a tre cifre.

[1126] *Chicago Sentinel*, 25 dicembre 1980, p. 6. In realtà le riparazioni non sono finite. La riunificazione tedesca ha coinvolto la Germania dell'Est. Ora si sta cercando di rimborsare agli ebrei le proprietà perse dai nazisti e poi dai comunisti. Anche agli ebrei che, per un motivo o per l'altro, non hanno potuto beneficiare della *Wiederguimachung* è stata data un'ulteriore possibilità di richiedere il risarcimento.

Germania occidentale si aggiungono gli esborsi finanziari del resto dell'ebraismo mondiale, non è esagerato affermare che in poco più di tre decenni sono stati trasferiti quasi 110 miliardi di dollari a una nazione grande come il Massachusetts e con una popolazione pari a quella del Tennessee.

Nelle molteplici discussioni e dibattiti sulla "fuga di dollari" e sulle "scappatoie fiscali", sono stati fatti pochissimi sforzi per tagliare gli aiuti finanziari americani a Israele, una delle fonti più importanti della fuga e una delle più ampie scappatoie fiscali. Si limitano gli acquisti dei turisti americani all'estero e si riducono le detrazioni per l'esaurimento del petrolio. I rifugi fiscali sono aspramente attaccati. Ma le sovvenzioni governative, le garanzie sui prestiti e il denaro esente da imposte continuano a fluire a torrenti verso Israele, senza quasi mai un mormorio di critica: denaro che non solo sfugge al Tesoro degli Stati Uniti, in modo che ogni americano sia tassato un po' di più, ma che sfugge del tutto al Paese, in modo che il dollaro si indebolisca e la bilancia dei pagamenti peggiori.

L'Internal Revenue Service non è l'unica agenzia governativa che ha oltrepassato i limiti della propria autorità per aiutare la causa del sionismo. Nei giorni frenetici che precedettero la creazione di Israele, l'FBI strizzò l'occhio alla creazione di una stazione radio clandestina sionista sulla costa orientale e all'ondata di furti di armi e altre violazioni delle leggi sulla neutralità americana.[1127] Rudolph Sonneborn, il milionario capo della Witco Chemical, istituì a New York una sorta di filiale americana dell'Haganah, l'organizzazione clandestina sionista. Cinquecento aviatori americani e canadesi, molti dei quali non ebrei, misero insieme l'aeronautica israeliana mentre la Palestina era ancora sotto il dominio britannico. Tre ufficiali dell'esercito degli Stati Uniti prestavano servizio nell'Haganah sotto il comando del Capo di Stato Maggiore Yaacov Dori quando i sionisti iniziarono l'attacco militare contro le truppe di occupazione britanniche. Membri dell'Office of Strategic Services insegnarono agli agenti sionisti l'uso di codici e cifrari in una scuola segreta di spionaggio di New York.[1128]

[1127] Dopo che due agenti sionisti furono arrestati al confine canadese per contrabbando di armi, Robert Nathan, un assistente della Casa Bianca, ottenne un colloquio personale con il direttore dell'FBI J. Edgar Hoover, che offrì loro la sua collaborazione. Leonard Slater, *The Pledge*, Simon and Schuster, New York, 1970, pp. 75-76. Hank Greenspun, un editore di Las Vegas, è stato condannato per aver rubato casse di canne di fucile per Israele da un deposito di rifornimenti navali degli Stati Uniti alle Hawaii, ma né lui né altri trafficanti d'armi ebrei americani colpevoli di accuse simili hanno mai trascorso un giorno in prigione. L'unico a finire in prigione per aver ottenuto illegalmente armi per Israele è stato Charlie Winters, un protestante. William Horowitz, profondamente coinvolto in queste operazioni illegali, è oggi un banchiere e membro della Yale Corporation, l'organo di governo dell'Università di Yale. Ibidem, p. 59.

[1128] Ibidem, pp. 22, 101-3, 117, 309.

È stato tutto molto galante ed emozionante, se non fosse che si è concluso con l'espulsione di una popolazione pacifica e agricola dalla sua antica patria e con la creazione di una piaga internazionale che richiederà decenni, se non secoli, per essere sanata.

Mentre molti di questi eventi avevano luogo, James Forrestal, segretario alla Difesa dell'amministrazione Truman, fu l'unico membro del gabinetto a parlare pubblicamente contro il sionismo. Alla maniera di Cassandra e con lo stesso effetto, egli mise in guardia dalle conseguenze geopolitiche della sponsorizzazione americana di un imperialismo e di un colonialismo anacronistici, che riportavano alla memoria dei paesi del Terzo Mondo elmetti e bastoni da spadaccino, proprio quelli a cui il Dipartimento di Stato assicurava le intenzioni pacifiche, antimperialiste e anticolonialiste dell'America. La vituperazione che Forrestal ricevette dalla stampa e dalla radio fu uno dei fattori che portarono al suo suicidio.[1129]

Dean Acheson, all'epoca sottosegretario di Stato ed estremamente attivo negli affari esteri, scelse di non appoggiare Forrestal e di attuare obbedientemente la politica filoisraeliana di Truman, anche se in seguito ammise francamente che era contraria alla "totalità degli interessi americani" in Medio Oriente.[1130] Circa vent'anni dopo il fatto, Acheson spiegò anche che Truman non si impegnò, come aveva accusato il ministro degli Esteri britannico Bevin, a favore di Israele per corteggiare il voto degli ebrei. Secondo Acheson, la posizione pro-Israele di Truman si spiegava con la sua amicizia con Eddie Jacobson, suo ex socio in una merceria di breve durata a Kansas City.[1131]

Dalla nascita di Israele a oggi, la propaganda sionista ha talmente permeato e dominato il pensiero americano che, ogni volta che la discussione si è spostata sul Medio Oriente, i leader di quasi tutti gli ambiti della vita pubblica hanno abbandonato ogni ragione e giudizio, per non parlare della

---

[1129] Cfr. nota 42, pag. 326.

[1130] Dean Acheson, *Present at the Creation*, Norton, New York, 1969, p. 169. La stampa non ha mai criticato Acheson per la sua pusillanimità nel rifiutare di combattere per la politica mediorientale in cui credeva. Ma lo acclamò per il suo coraggio quando fece la memorabile dichiarazione: "Non volterò le spalle ad Alger Hiss".

[1131] Ibidem. Un importante studioso ebreo non è del tutto d'accordo con la teoria di Acheson. Howard Sachar afferma che il Presidente Truman fu attratto dalla causa israeliana anche dalle pressioni di importanti ebrei americani come il governatore Herbert Lehman di New York, Jacob "Jake" Arvey, boss politico di Chicago, e David Niles, assistente speciale di Roosevelt e Truman per gli affari delle minoranze. *Il corso della storia moderna*, p. 471.

loro integrità intellettuale.[1132] Gli stessi educatori che insistono sulla desegregazione delle scuole americane hanno sostenuto solidamente Israele, che ha segregato le scuole per la sua minoranza araba. Gli stessi ecclesiastici e laici che predicano la separazione tra Chiesa e Stato, l'uguaglianza dei sessi e l'opposizione a qualsiasi test razziale o religioso per il matrimonio si sono schierati a favore di Israele, dove Chiesa e Stato sono un tutt'uno, dove i matrimoni interreligiosi sono proibiti e dove le donne che praticano il culto nelle sinagoghe ortodosse sono segregate dietro gallerie schermate.

Gli stessi "mondialisti" che hanno fondato le Nazioni Unite hanno avuto solo buone cose da dire sulla diplomazia sionista che ha violato quasi tutte le risoluzioni ONU su Israele.[1133] Gli stessi liberali "perbene" che credono nell'autodeterminazione dei popoli e nell'arbitrato pacifico delle controversie internazionali hanno dato la loro approvazione incondizionata a una nazione fondata su tattiche antiquate di conquista e dispersione militare dei nativi. Gli stessi editoriali che hanno adorato i leader autocrati delle nazioni anticolonialiste e socialiste hanno trasformato il defunto presidente egiziano Nasser, il leader socialista anticolonialista per eccellenza, in un Hitler dei giorni nostri. Gli stessi opinionisti che hanno definito il vicepremier Ky del Vietnam del Sud un macellaio hanno applaudito - quando la politica estera israeliana lo imponeva - l'arci-reazionario re Hussein di Giordania, quando i suoi mercenari beduini hanno lanciato raffiche di artiglieria sui campi profughi palestinesi. Gli stessi scrittori, pittori e musicisti che inorridiscono di fronte alla minima restrizione dell'espressione artistica non hanno avuto altro che elogi per un Paese che ha ufficialmente bandito la musica di Wagner e Richard Strauss.[1134] Gli stessi pacifisti che hanno combattuto così aspramente la leva negli Stati Uniti hanno applaudito a gran voce un governo che non solo arruola per 26 mesi tutti i maschi abili

---

[1132] "La propaganda sionista in questo Paese è stata così potente, così sprezzante dei vincoli... che le poche voci che si sono levate per criticarla sono state a malapena ascoltate". *San Francisco Examiner, Book Week*, 23 maggio 1965, p. 15. Forse la più efficace di queste "poche voci" è quella dell'instancabile ebreo antisionista Alfred Lilienthal. Il gruppo ebraico antisionista più esplicito, l'American Council for Judaism, perse l'80% dei suoi membri un anno dopo la fondazione di Israele. Nel giugno 1967, la maggior parte dei suoi membri di spicco sosteneva Israele con la stessa devozione dei sionisti più ferventi. Yaffe, op. cit., pp. 186-88, e *Commentary*, agosto 1967, p. 70. Il leitmotiv dell'antisionismo ebraico nasce dal timore che il sionismo, a lungo andare, aumenti anziché diminuire l'antisemitismo.

[1133] Quando le Nazioni Unite si sono rivolte nettamente contro Israele con il voto "sionismo uguale razzismo", i liberali americani si sono obbedientemente rivolti contro l'ONU.

[1134] *San Francisco Chronicle*, 18 giugno 1966, p. 34.

tra i 18 e i 26 anni, ma anche le donne non sposate della stessa fascia di età per 20 mesi.

Con l'avvicinarsi della replica del 1967 del periodico conflitto arabo-israeliano, l'establishment liberal-minoritario sembrò perdere ogni contatto con la logica e la razionalità, cadendo in una sorta di schizofrenia balbettante. Il più importante sostenitore della nonviolenza della nazione, il reverendo Martin Luther King, Jr, chiese all'America di usare la forza, se necessario, per tenere aperto lo Stretto di Tiran, che Nasser aveva ordinato di chiudere alle navi che portavano rifornimenti bellici strategici al porto israeliano di Elath.[1135] Inoltre, i membri dei gruppi pacifisti gettarono i loro cartelli e manifestarono con i gruppi di guerra.[1136] Il senatore Wayne Morse, la principale colomba del Senato, si alzò in piedi e disse che la Marina degli Stati Uniti avrebbe dovuto navigare nel Golfo di Aqaba "con le bandiere sventolanti".[1137] Il defunto Robert Kennedy, sebbene impegnato a creare un'immagine antibellica per la corsa alle presidenziali del 1968, si fece sentire quasi con la stessa forza. L'inversione ideologica dei più importanti intellettuali e politici americani era così completa, il doppio pensiero e il doppio discorso orwelliano così incredibili, che si poteva credere che l'America fosse impazzita.

Il sentimento di calore degli ebrei americani nei confronti di Israele è comprensibile.

Ma la loro dedizione totalitaria al sionismo ha creato un grave conflitto di interessi rispetto ai loro doveri e alle loro responsabilità di cittadini americani. I funzionari francesi e russi, ai quali è consentita una certa libertà di espressione sulla questione, hanno già messo in discussione la lealtà divisa dei loro sionisti e sostenitori del sionismo.[1138] In America, tuttavia, le seguenti domande devono ancora essere poste - e rispondere - in silenzio: Quanto è americano il cittadino americano che ha imposto una politica estera che in pochi anni ha reso gli Stati Uniti, un tempo loro amico convinto, il nemico di molti dei 130 milioni di arabi e di molti dei 546 milioni di

---

[1135] *New York Times*, 28 maggio 1967, p. 4. Entrambi i lati dello stretto, che separa il Mar Rosso dal Golfo di Aqaba, erano territorio arabo.

[1136] *Time*, 2 giugno 1967, p. 11.

[1137] Ibidem.

[1138] In un articolo apparso su *Le Monde*, René Massigli, ex ambasciatore francese a Londra, si interroga sulla lealtà degli ebrei francesi, in particolare dopo la loro indifferenza all'attacco mediatico al presidente francese Pompidou da parte di ebrei americani. *New York Times*, 2 marzo 1970, p. 15.

musulmani del mondo?[1139] Quanto è americano il cittadino americano che ha consapevolmente promosso e finanziato un programma di avventurismo militare che offre agli arabi radicali un'opportunità inaudita di screditare gli interessi americani in Medio Oriente, un'area che contiene due terzi delle riserve di petrolio accertate al mondo?

La politica filo-sionista, che è già costata all'America l'amicizia di un ampio segmento del mondo arabo e il rispetto di gran parte del mondo musulmano, ha anche un prezzo molto più alto. È stato sottolineato in precedenza che la coalizione liberal-minoritaria darà il suo pieno sostegno a una guerra solo in nome di obiettivi liberali e minoritari. Poiché queste due necessarie precondizioni sono presenti in Medio Oriente fin dalla nascita di Israele, il coinvolgimento militare dell'America era inevitabile. I media sono stati rapidamente cooptati da e per il sionismo e dietro i sionisti si sono posizionate le lobby belliche e i loro accoliti politici. Il B'nai B'rith, che si definisce un'organizzazione religiosa e caritatevole e che esiste grazie a contributi deducibili dalle tasse, ha lavorato 24 ore su 24 per far sì che quasi tutti i membri importanti dei rami esecutivo e legislativo del governo federale fossero senza riserve nel campo israeliano. Altre lobby sioniste, ufficiali o non ufficiali, hanno mantenuto una costante propaganda, non solo sui politici, ma anche sugli americani di spicco in tutti i settori della vita. I senatori, che hanno ricevuto decine di migliaia di dollari per parlare alle raccolte fondi ebraiche, hanno votato vaste donazioni di tesori americani a Israele.[1140] Un tempo si sarebbe parlato di corruzione. Oggi si chiama politica intelligente.

[1139] Sebbene gli atti antisemiti non siano tollerati negli Stati Uniti, quelli antiarabi lo sono. Nel 1966, il re Faisal dell'Arabia Saudita, uno dei pochi amici arabi rimasti in Medio Oriente, fu ufficialmente snobbato durante una visita a New York. Il sindaco Lindsay si rifiutò di dargli un ricevimento ufficiale per paura di offendere il suo elettorato ebraico. *New York Times*, 24 giugno 1966, p. 1. Lindsay fu ancora più scortese durante la visita del presidente francese Pompidou all'inizio del 1970. Non solo si rifiutò di salutare Pompidou, ma corse a Washington e vi rimase mentre il presidente francese era a New York. A Chicago, Madame Pompidou fu oggetto di sputi, urla e maledizioni da parte di picchetti ebrei che non temevano di creare un grave incidente con il più antico alleato dell'America per sfogare il loro rancore contro la Francia per la vendita di cacciabombardieri alla Libia. *New York Times*, 3 marzo 1970, p. 28. Quando il premier israeliano Golda Meir arrivò a New York alla fine del 1969, Lindsay le riservò una versione moderna di un trionfo romano.

[1140] Nella loro carriera di senatori (fino a giugno 1994) i PAC pro-Israele hanno dato a Frank Lautenberg (D-NJ) 376.388 dollari; Joseph Lieberman (D-CT) 132.258 dollari; Robert Kerrey (D-NE) 173.500 dollari; Harris Wofford (D-PA) $134.650; Richard Bryan (D-NV) $143.260; Paul Sarbanes (D-MD) $108.000; Kent Conrad (D-ND) $166.439; James Sasser (D-TN) $155.750; Connie Mack (R-FL) $98.422. *Washington Report on Middle East Affairs*, luglio/agosto 1994.

Un'anticipazione di ciò che i gruppi di pressione ebraici avevano in serbo per il popolo americano nei futuri scontri mediorientali è stata fornita dalla copertura mediatica della "Guerra dei Sei Giorni" del 1967.[1141] Anche se gli israeliani lanciarono un blitz combinato aereo, terrestre e marittimo sull'Egitto la mattina del 5 giugno 1967, passarono diversi giorni prima che il pubblico americano venisse informato su chi avesse attaccato chi. C'erano corrispondenti della stampa, della radio e della televisione in tutto il Medio Oriente, tutti pronti per lo scoppio delle ostilità. Eppure nessuno sembrava sapere cosa stesse accadendo.[1142] La strategia era ovvia. L'aggressione israeliana doveva essere nascosta il più a lungo possibile. D'altra parte, quando Egitto e Siria attaccarono per primi nel 1973, i media bollarono immediatamente gli arabi come aggressori.

I primi successi militari delle forze egiziane nel 1973 evocarono un altro ciclico scoppio di isteria da parte della comunità ebraica americana. Il pubblico assistette allo spettacolo di Bella Abzug, la superdovuta deputata di New York, che sventolava una manciata di fotografie di atrocità per promuovere lo sforzo bellico di Israele e del senatore Edward Kennedy che votava per dare allo Stato sionista lo stesso napalm e le stesse bombe antiuomo che lo avevano tanto indignato quando erano state usate in Vietnam.[1143]

Sebbene il Presidente Nixon fosse stato specificamente avvertito dalla Lega Araba che gli aiuti militari americani agli israeliani in difficoltà avrebbero portato a un embargo petrolifero, vaste quantità di armi e materiali statunitensi furono inviate a Israele in uno dei più grandi voli aerei di tutti i tempi. Il successivo blocco del petrolio arabo causò la perdita di mezzo milione di posti di lavoro americani, ridusse il PNL americano di 35-45

[1141] In realtà si trattò di una battaglia di sei giorni nella guerra arabo-israeliana, che aveva già ventuno anni. Se gli attuali scrittori di titoli fossero stati vivi nel XIV secolo e fossero stati filo-inglesi come oggi sono filo-sionisti, probabilmente avrebbero descritto la battaglia di Crécy, che aprì la Guerra dei Cento Anni tra Inghilterra e Francia, come una "Guerra di un giorno".

[1142] Ancora oggi molti americani credono che siano stati gli egiziani a iniziare la battaglia. Sia durante che dopo i combattimenti del giugno 1967, poche storie di sofferenza araba sono apparse sulla stampa, anche se la città di Suez è stata praticamente demolita da bombe, proiettili d'artiglieria e napalm, e la sua popolazione di 268.000 abitanti ridotta a 10.000. Nella città di Ismailia quasi tutti gli edifici furono rasi al suolo e quasi tutta la popolazione, che contava 100.000 abitanti, fu costretta a lasciare la città. *Time*, 17 maggio 1971, p. 28. Si può ben immaginare cosa avrebbero fatto i media se l'agonia di Ismailia fosse toccata a Tel Aviv o Haifa.

[1143] *Miami Herald*, 26 dicembre 1975, pag. 7A.

miliardi di dollari e accelerò l'inflazione mondiale.[1144] Oggi che l'America importa circa la metà del suo petrolio, rispetto al 35% dei primi anni Settanta, un altro massiccio intervento militare degli Stati Uniti a fianco di Israele potrebbe provocare un altro embargo che questa volta potrebbe portare al collasso ampie aree dell'economia occidentale, se non americana. Eppure il sostegno politico e mediatico a Israele è rimasto alto, anche se dopo i massacri di Shatila e Sabra, seguiti all'invasione israeliana del Libano, e la morte di 241 marines in una caserma di Beirut, la temperatura è scesa di qualche grado. La morte in un incidente aereo a Terranova di 248 G.I. di ritorno dal Sinai nel 1985, dove gli Stati Uniti mantengono ora una forza permanente per fare da scudo a Israele, è stato uno spreco di vite americane.

Gli accordi di Camp David (1978), salutati dall'amministrazione Carter come uno dei grandi risultati della politica estera americana, furono poco più di un'azione dilatoria che fece infuriare molti Stati arabi e diede all'Egitto, che disertò (per quanto tempo?) la causa araba, un po' di territorio desertico perduto, un po' di armamenti di ultima generazione per le sue forze armate e miliardi di dollari per la sua economia scricchiolante. Camp David non potrebbe mai raggiungere i suoi alti obiettivi perché Israele avrebbe grandi difficoltà ad accettare uno Stato palestinese realmente autonomo sui suoi confini e non accetterebbe mai le richieste palestinesi di restituzione di tutta o parte di Gerusalemme. La leadership palestinese, a prescindere dalle promesse, non rinuncerà mai alla speranza di cacciare in mare gli intrusi oppressori. Nel disperato tentativo di risolvere questa insolubile impasse di politica estera, l'establishment americano dell'ultimo mezzo secolo ha scelto di dedicare gran parte della sua diplomazia e del suo tesoro.

Camp David e i molti sforzi di pacificazione che l'hanno preceduto e seguito potrebbero essere ancora vivi, se gli Stati Uniti fossero stati imparziali nel trattare con israeliani e arabi. Ma difficilmente l'America avrebbe potuto svolgere il ruolo di "onesto mediatore" finché la lobby ebraica e i suoi amici in alto loco si fossero rifiutati di far parlare i funzionari americani con l'Organizzazione per la Liberazione della Palestina. Come si fa ad arbitrare una controversia quando è vietato parlare con uno dei contendenti? Quando l'ambasciatore delle Nazioni Unite Andrew Young ha avuto una breve conversazione con un funzionario dell'OLP, è stato perentoriamente licenziato, nonostante fosse il simbolo stesso del legame politico del presidente Carter con i neri americani. Meglio di mille storie di giornali o articoli di riviste, il licenziamento di Young ha evidenziato il potere relativo delle minoranze ebraiche e negre.

[1144] *Christian Science Monitor*, 17 maggio 1977, p. 3.

Due mesi prima della firma del trattato di pace tra Egitto e Israele, nel marzo 1979, Israele subì una battuta d'arresto quando gli iraniani espulsero lo Scià, che aveva rifornito lo Stato ebraico di petrolio, e lo sostituirono con una cricca di mullah antisionisti guidati dall'ayatullah Khomeini. Un anno dopo, tuttavia, l'ingresso dei sovietici in Afghanistan fu un vantaggio a breve termine per Israele, così come la guerra irachena contro l'Iran. Entrambi i conflitti distolsero gli Stati arabi e l'OLP dalla loro campagna contro il sionismo.

Uno dei grandi ostacoli alla stabilizzazione del Medio Oriente è stato il comportamento dei media americani. Nel 1967, la stampa e la televisione diedero una prova inconfutabile della loro debolezza sionista, dando poca importanza al deliberato assalto israeliano alla Liberty, una nave americana disarmata per le comunicazioni. Trentaquattro americani furono uccisi e 171 feriti in ripetuti attacchi con bombe, razzi, napalm e siluri in una giornata luminosa e soleggiata, mentre la nave, facilmente identificabile, batteva una bandiera americana di grandi dimensioni. Dopo che i fatti sono venuti alla luce, non più di una o due importanti figure pubbliche hanno alzato la voce per protestare, un silenzio strano e unico in una nazione che era solita preoccuparsi della libertà dei mari e della sicurezza della sua navigazione.[1145] L'affondamento del *Maine* nel porto dell'Avana nel 1898 fu un *casus belli*. L'attacco alla *Chesapeake*, che costò solo tre vite americane, portò all'embargo di Jefferson su tutto il commercio estero. L'affondamento del *Lusitania*, di proprietà britannica, che portò a fondo 139 americani, portò quasi a una dichiarazione di guerra contro la Germania. L'affondamento della cannoniera americana *Panay* nel 1937 da parte di caccia giapponesi in acque cinesi e la cattura della *USS Pueblo* da parte dei nordcoreani nel 1968 provocarono gravi crisi nelle relazioni americane con i due Paesi coinvolti.

[1145] La *Liberty* era una nave di sorveglianza elettronica inviata per monitorare l'assalto israeliano all'Egitto, che apparentemente era stato concordato dal Presidente Johnson. Il sequestro del territorio siriano, tuttavia, andò oltre l'accordo. Poiché gli israeliani volevano mantenere segreti i loro progetti sulla Siria, decisero di distruggere l'unica fonte di comunicazione nella zona che avrebbe rivelato i loro piani di battaglia prima che fossero consumati. Dopo essere stato raggirato, ingannato e tradito in modo così sfacciato da un cosiddetto alleato, Johnson decise comunque di insabbiare l'episodio più vergognoso degli annali navali americani, arrivando persino a richiamare i jet americani in soccorso della *Liberty*. James M. Ennes, Jr., *The Assault on the Liberty*, Random House, New York, 1980, e Jim Taylor, *Pearl Harbor II*, Mideast Publishing House, Washington, D.C., 1980.

Ma un attacco diretto contro una nave americana da parte di una nazione straniera nel 1967 non ha prodotto né indignazione né ritorsioni.[1146]

La stampa americana fu altrettanto reticente nel trattare l'affare Lavon. Nel 1954, agenti segreti israeliani si stavano preparando a bombardare e bruciare diverse installazioni americane, tra cui la biblioteca americana del Cairo, dando la colpa agli egiziani. L'idea era quella di avvelenare ulteriormente le relazioni tra americani e arabi e di accrescere la simpatia degli americani per Israele. Il complotto fu scoperto in tempo e gli agenti principali arrestati. Alla fine il gabinetto israeliano dovette ammettere il coinvolgimento di Israele e subì alcuni rimpasti.[1147] Ma i media americani e il Dipartimento di Stato non ritennero il complotto degno di commenti seri o prolungati. L'Affare Lavon fu solo un primo esempio, anche se non riuscito, della diplomazia israeliana di cappa e spada che usò le bombe lettera per cacciare gli scienziati missilistici tedeschi dall'Egitto, dirottò un carico di uranio in alto mare, rubò l'uranio da un'azienda di materiali nucleari in Pennsylvania, fece esplodere un reattore costruito in Francia poco prima che venisse consegnato all'Iraq e lo fece esplodere di nuovo dopo la consegna. Come risultato di tutte queste prodezze, Israele iniziò ad accumulare un arsenale di bombe nucleari, a fissione e forse a fusione, che presto lo qualificò come una mini-superpotenza.[1148]

Per quanto riguarda l'acquisizione di altre tecnologie militari avanzate, gli israeliani hanno avuto vita facile. In un articolo della rivista *Newsweek* (3 settembre 1979, pag. 23) si leggeva:

"Hanno penetrazioni in tutto il governo degli Stati Uniti. Fanno meglio del KGB", dice un esperto di intelligence statunitense. Con l'aiuto di ebrei americani dentro e fuori il governo, il Mossad cerca di individuare eventuali ammorbidimenti nel sostegno degli Stati Uniti e cerca di ottenere qualsiasi informazione tecnica che l'Amministrazione non è disposta a fornire a Israele. "Il Mossad può andare da qualsiasi illustre ebreo americano e chiedere il suo aiuto", dice un ex agente della CIA.[1149]

[1146] La televisione americana non ha potuto evitare di suscitare una certa repulsione da parte dell'opinione pubblica nei confronti di Israele con la sua vivida copertura del bombardamento di Beirut del 1982 e dell'insurrezione palestinese iniziata nel dicembre 1987.

[1147] Nadev Safran, *The United States and Israel*, Harvard University Press, 1983.

[1148] Circa 200 armi nucleari in tutto, secondo l'analisi delle foto aeree pubblicata alla fine del 1994 dalla britannica *Jane's Intelligence Review*, generalmente affidabile.

[1149] La massima estensione di questo spionaggio amatoriale è stata la spia professionista Jonathan Pollard, un ebreo americano che ha fornito a Israele masse di dati militari top secret. Pollard ha spiegato di avere un "obbligo razziale" a farlo.

Se mai ci fosse un motivo per la maggioranza americana di riprendere il controllo della politica estera della nazione, sarebbe quello di annullare i danni catastrofici che il sionismo ha inflitto alle relazioni americane con il Medio Oriente. Schierandosi con Israele, uno Stato creato con lo sfratto di massa dei palestinesi e la confisca di massa delle loro proprietà, gli Stati Uniti, così spesso rimproverati di moralizzare la loro politica estera, si sono rivelati una nazione di immoralisti.

L'ipocrisia dell'ambasciatore americano alle Nazioni Unite, Arthur Goldberg, egli stesso ebreo e sionista, che si astenne e temporeggiò durante la guerra lampo israeliana del 1967, mentre la stragrande maggioranza dei delegati chiedeva il cessate il fuoco e il ritiro di tutte le truppe alle frontiere precedenti l'attacco, non sarà dimenticata in fretta, soprattutto da coloro che un tempo credevano che l'America fosse a favore dei diritti di tutti i popoli, compresi gli arabi, all'autodeterminazione. E nemmeno la solenne promessa del Presidente Johnson, pochi giorni prima dell'assalto israeliano, che l'America si sarebbe opposta a qualsiasi cambiamento delle frontiere delle nazioni mediorientali.

Dopo che le frontiere di tre Paesi arabi sono state respinte dalla forza armata di Israele - quella dell'Egitto fino al canale di Suez - Johnson non si è preoccupato di rimangiare le sue parole. Ha semplicemente scelto di ignorarle. Altrettanto vistosamente silenziose sono state le chiese protestanti e cattoliche, anche se altre migliaia di cristiani arabi andavano ad ingrossare le file di coloro che erano già stati cacciati dalle loro case dalle precedenti aggressioni israeliane. L'attuale atteggiamento dei cristiani nei confronti della Terra Santa non è esattamente quello delle Crociate.

Ciò che è accaduto in Medio Oriente dalla fine della Seconda Guerra Mondiale offre una preziosa lezione sulla natura e la portata del potere minoritario degli Stati Uniti. L'interesse nazionale richiedeva di mantenere i giacimenti petroliferi in mani amiche e di incoraggiare la stabilità politica regionale per limitare la penetrazione militare ed economica russa, siriana, irachena e iraniana.[1150] Questa strategia è stata costantemente messa a rischio per il bene di una minoranza americana numericamente irrilevante. Persino la Turchia, un tempo il più forte amico dell'America in Medio Oriente, sta avendo dei ripensamenti sulla NATO e sull'alleanza americana, dato che gli Stati Uniti puntano sempre più sul paniere di Israele, una nazione la cui stessa presenza mantiene la regione in costante fermento e squilibrio. In un pusillanime atto di deferenza nei confronti dei greco-americani, Washington

---

[1150] Lo Yemen del Sud è stato l'unico Paese arabo a permettere l'esistenza di un partito comunista all'interno dei suoi confini. Israele ha un partito comunista attivo.

ha di fatto imposto l'embargo sulle armi alla Turchia dopo la conquista turca di Cipro Nord, un'area fortemente popolata da turchi.

Il sequestro del personale dell'ambasciata americana in Iran fu la conseguenza tardiva di un altro grave errore di calcolo della politica estera americana: l'insediamento e il sostegno allo Scià da parte della CIA. La reazione dell'America alla crisi degli ostaggi - la maggior parte dei neri e delle donne furono lasciati andare, mentre i restanti cinquantadue furono trattenuti per 444 giorni - fu quella che ci si sarebbe potuti aspettare da una Casa Bianca indecisa: un pourparler inefficace dopo l'altro, una missione di salvataggio fallita e malriuscita con otto morti, e il pagamento di un riscatto sotto forma di liberazione di beni iraniani congelati. La gestione della situazione degli ostaggi da parte di Reagan è stata quasi altrettanto pessima di quella di Carter. Il suo accordo con l'Iran sulle armi in cambio di ostaggi ispirò il secondo tentativo dei media in meno di due decenni di far dimettere un presidente. Nixon perse. Reagan riuscì a resistere.

L'evento più importante della presidenza Bush è stata la Guerra del Golfo, che ha spedito Saddam Hussein fuori dal Kuwait e di nuovo a Baghdad, lasciando città devastate in una campagna desertica devastata. Saddam riuscì a mantenere il suo governo autocratico, ma, in quanto aggressore, l'Iraq era fuori gioco per il prossimo futuro. Le forze armate statunitensi hanno dimostrato come una vasta superiorità nella tecnologia militare renda estremamente facile sconfiggere un nemico ricco di petrolio ma scarsamente armato e poco motivato.

Gli eventi non nazionali più importanti della presidenza Clinton sono stati la disavventura somala, iniziata da Bush, l'occupazione di Haiti e la restituzione della Striscia di Gaza e della città di Gerico ai palestinesi. Per quanto riguarda quest'ultima, tutti gli accordi scritti e le drammatiche strette di mano diplomatiche non potevano garantire che la pace sarebbe durata o che tutta o la maggior parte della Cisgiordania sarebbe stata restituita ai palestinesi o che la Siria avrebbe riavuto le alture del Golan.

Ciò che sta realmente accadendo in Medio Oriente non è la pace, ma una mini-guerra sporadica. L'area che va dall'Algeria all'Iran si sta radicalizzando a causa dei fondamentalisti musulmani che stanno incrementando le loro attività in tutti i Paesi in cui l'Islam è religione di Stato e in alcuni Paesi in cui non lo è, come nel caso dell'attentato al World Trade Center di New York.

A volte il Medio Oriente sembra tornare all'epoca delle Crociate. Con la creazione di quella che era una piccola testa di ponte nell'Asia sud-occidentale, i cavalieri e gli avventurieri europei, ispirati dal pensiero di liberare la patria di Gesù, dominarono la regione per circa un secolo prima di essere cacciati dalla *reconquista* musulmana.

I crociati di oggi sono i sionisti ebrei, la cui testa di ponte asiatica è ancora più piccola e precaria di quella scavata da Goffredo di Bouillon, Boemondo e Tancredi. Se gli ebrei possano resistere altrettanto a lungo è una domanda che troverà risposta nel prossimo secolo. Da un punto di vista geografico, non ci si può aspettare che gli ebrei prevalgano alla fine, anche se sono motivati dall'idea romantica e sbagliata di riconquistare ciò che hanno perso con i greci e i romani.

Il problema è che "loro", o almeno gli ashkenaziti che hanno fornito la carne e il midollo del movimento sionista, non sono i discendenti degli ebrei originali. I matrimoni con gli europei e con alcuni asiatici e africani, soprattutto slavi e mongoloidi, hanno quasi eliminato i geni ebraici originali.

Si può ipotizzare che il prossimo uso di armi nucleari sarà tra iraniani e israeliani, se i primi riusciranno a ottenere tali armi da altri Paesi o saranno in grado di costruirle da soli. Prima che ciò accada, tuttavia, gli aerei da guerra israeliani probabilmente bombarderanno qualsiasi reattore iraniano in fase di sviluppo, come hanno bombardato il reattore iracheno nel 1983.

Considerando la grave instabilità del Medio Oriente, popolato da arabi radicali e irredentisti ebrei fanatici, gli Stati Uniti dovrebbero seguire una politica di stretta neutralità nell'area, soprattutto a causa degli importantissimi giacimenti di petrolio nei Paesi arabi e musulmani. Invece, è quasi certo che gli Stati Uniti, a causa della loro inclinazione sbilanciata a favore di Israele, saranno trascinati sempre più a fondo nel calderone mediorientale, con un enorme costo finanziario e forse anche di vite umane.

L'interesse nazionale americano richiede una posizione isolazionista in Medio Oriente. Invece, senza dubbio, continuerà a farsi alleato di un amico dubbio e nemico di coloro che dovrebbero essere i suoi veri amici. La doppia lealtà dell'ebraismo americano continuerà a condurre l'America a un disastro dopo l'altro nella regione.

Nella conquista e nell'insediamento della Palestina gli israeliani hanno imitato l'opera dei loro remoti antenati facendo fiorire il deserto e trasformando vaste distese di rifiuti sabbiosi in fertili terreni agricoli e frutteti. Le loro campagne nel deserto, brillantemente eseguite, che si collocheranno nella storia militare al pari di quelle di Giosuè, Tancredi, Saladino, Lawrence, Allenby, Montgomery e Rommel, si sono avvicinate al compimento della profezia biblica. Manca solo il Messia ebraico.

Ma coloro che sono coinvolti nella politica del deserto - non solo gli ebrei americani, ma anche i sionisti e i sostenitori del sionismo ovunque - devono guardarsi dai miraggi. Per la prima volta dal 135 d.C., gli ebrei sono diventati una maggioranza in uno Stato ebraico. Coloro che compongono questa maggioranza sono stati trasformati in qualcosa che è quasi l'opposto dell'immagine storica degli ebrei, un'immagine quasi imperialista dopo la devastazione del Libano meridionale, i raid aerei su Tunisi e Baghdad e la reazione omicida ai lanciatori di pietre dell'Intifada. Trasformata è anche l'ex maggioranza della Palestina. Dopo anni di esilio, povertà e sconfitte, gli arabi palestinesi, i "miserabili della terra" del Medio Oriente, sono razzisti, affamati di eroismo e ossessionati dalla loro patria quanto le loro controparti sioniste. Questi esuli palestinesi e le popolazioni dei Paesi arabi limitrofi che li ospitano possono essere molto indietro tecnicamente ed economicamente rispetto ai sionisti occidentalizzati. Ma non sono indigeni che portano la lancia. Forse non sono in grado di fabbricare da soli armi avanzate, ma sanno dove comprarle.

E così la crisi del Medio Oriente si aggrava. Il nazionalismo ebraico genera il nazionalismo arabo, il razzismo ebraico genera il razzismo arabo, il sionismo genera l'antisionismo, il semitismo genera l'antisemitismo.[1151] Nella migliore delle ipotesi, il conflitto si consumerà per decenni, consumando le risorse fisiche, se non spirituali, dell'intera area. Nel peggiore dei casi, potrebbe far esplodere una guerra nucleare, in cui il minuscolo Israele, nonostante il suo rigonfio arsenale di bombe atomiche e all'idrogeno, difficilmente potrebbe sfuggire all'annientamento.

Il fatto che gli Stati Uniti abbiano aiutato e favorito l'espropriazione della maggior parte della popolazione palestinese è un atto di rara e imperdonabile barbarie. Per gli ebrei americani continuare a spingere gli Stati Uniti nell'imbroglio mediorientale, dove l'America ha tutto da perdere e nulla da guadagnare, è un atto di pura ingratitudine verso la nazione che ha dato loro più ricchezza, libertà e potere di qualsiasi altra nella lunga curva sinusoidale della loro storia.[1152]

Nel 1973, J. William Fulbright dichiarò pubblicamente: "Israele controlla il Senato. La grande maggioranza del Senato degli Stati Uniti - circa l'80% - è

[1151] Un secolo prima della nascita del moderno Israele, Dostoevskij diede un'idea degli eventi odierni in Medio Oriente ipotizzando cosa sarebbe successo se la minoranza ebraica in Russia fosse diventata la maggioranza. "Come li tratterebbero [gli ebrei]?", si chiedeva. "Permetterebbero loro di acquisire pari diritti? Permetterebbero loro di praticare liberamente il culto in mezzo a loro? Non li convertirebbero in schiavi? Peggio ancora: non li scuoierebbero del tutto? Non li massacrerebbero fino all'ultimo uomo, fino allo sterminio completo, come facevano con i popoli alieni nei tempi antichi, durante la loro storia antica?". *Diario di uno scrittore*, trad. it. Boris Brasol, Scribner's, New York, 1949, Vol. 2, pp. 644-45.

[1152] Israele si rifiutò di firmare l'accordo del 1975 sul Sinai a meno che le truppe americane non si interponessero tra l'esercito israeliano e quello egiziano. Gli Stati Uniti hanno anche aiutato Israele, direttamente o indirettamente, bombardando il Libano con cannonate navali e con un attacco aereo alla Libia.

completamente a favore di Israele e di tutto ciò che Israele vuole".[1153] Si trattava di un'accusa sensazionale, proveniente dal rispettato presidente del Comitato per le Relazioni Estere del Senato, che fu debitamente sconfitto quando si candidò per la rielezione.

Nell'inverno 1973-74, quando cominciarono a formarsi lunghe file davanti alle pompe di benzina e migliaia di operai americani furono licenziati, i politici continuarono a votare per "tutto ciò che Israele vuole". Tutti, tranne il vero colpevole, furono incolpati della carenza di petrolio. Sono state raccomandate tutte le soluzioni tranne quella più ovvia. I media hanno collaborato pienamente a questo enorme inganno, che è stato un esempio indimenticabile di mentalismo totalitario. Era uno spettacolo triste e vergognoso vedere gli americani che venivano ingannati per accettare un sacrificio dopo l'altro, persino la possibilità del sacrificio supremo, per un sogno razziale che non era il loro.

Inoltre non è un vero e proprio sogno ebraico. Gli ebrei hanno pagato e complottato per realizzarlo, ma la maggior parte non è disposta a viverlo. Di conseguenza, la testa di ponte sionista sul margine occidentale dell'Asia - la coda che scodinzola al cane americano - è tanto tenue quanto quella della Corea del Sud, la testa di ponte sul margine orientale - la coda che non scodinzola. Il destino di entrambi, a meno che l'America non ne esca in tempo, sarà probabilmente tragico e umiliante come quello del Vietnam, l'altra testa di ponte americana sul continente asiatico.

Il ruolo dell'America in Medio Oriente dovrebbe essere di assoluta non interferenza negli affari interni di qualsiasi Paese, come nel resto dell'Asia. Lo sceicco che avete in tasca oggi potrebbe essere l'imam che vi dichiarerà guerra domani. Nel breve termine l'America dovrà forse tenere aperte le rotte marittime per il petrolio che gli americani e i britannici, e non Allah o i fedeli, hanno scoperto, trivellato, pompato fuori dalla sabbia del deserto, raffinato, distribuito e, una volta, posseduto. Ma a lungo termine gli Stati Uniti devono affidarsi quasi completamente all'energia nucleare se vogliono liberarsi dai cartelli petroliferi presenti e futuri. Tutti capiscono che le montagne di valuta che affluiscono nelle casse del Medio Oriente sono economicamente

[1153] *Miami Herald*, 22 aprile 1973, p. 32A. Il Congresso aveva o ha pochissimi membri come Fulbright. Il senatore James Abourezk del South Dakota, un politico di origine araba, si è schierato a favore dei palestinesi, ma ha svolto un solo mandato. Il rappresentante John Rarick, per anni l'unico antisionista dichiarato alla Camera, è stato sconfitto nella sua corsa alla rielezione nel 1974. Il deputato Paul Findley, che ha avuto diversi incontri con i leader dell'OLP e di cui sostiene la causa, è riuscito a superare un feroce attacco dei media e dei sionisti e ha vinto la rielezione nel 1980, ma ha perso nel 1982. Nel suo libro, *They Dare to Speak Out* (Lawrence Hill, 1985), Findley entra nei sordidi dettagli della sua sconfitta.

sconvolgenti per l'Occidente. Ma pochi capiscono che questi torrenti di denaro stanno anche corrompendo culturalmente i venditori.

Gli arabi sono probabilmente troppo "razzialmente spacciati" per tornare a essere una potenza mondiale, come lo erano nei grandi giorni dell'Islam. Ma come minimo dovrebbero abbandonare le loro vecchie rivalità e unirsi per proteggere il loro stile di vita, la loro religione e le loro terre dall'invasione russa, americana e israeliana. Anche in questo caso la parola d'ordine dovrebbe essere più organizzazione al vertice (una federazione araba forte e unita); meno organizzazione al centro (la dissoluzione delle nazioni create artificialmente dalle province del defunto Impero Ottomano); e più organizzazione alla base (un rinvigorimento dei cluster culturali regionali arabi all'interno delle loro frontiere naturali).

CAPITOLO 36

Gli Stati Uniti e l'Africa

Di tutti i continenti, ad eccezione dell'Antartide, l'Africa dovrebbe essere il meno preoccupante per gli Stati Uniti. Lontana nel tempo e nello spazio, nessuna nazione o combinazione di nazioni africane potrebbe mai rappresentare una seria minaccia militare per l'America, ora o in futuro. Come altre nazioni occidentali, gli Stati Uniti guardano con avidità all'abbondanza di uranio, diamanti, oro, cromo, stagno, vanadio, manganese, platino, cobalto, petrolio e gomma dell'Africa, tutti materiali che l'America avrebbe difficoltà a trovare altrove o a produrre artificialmente. Tuttavia, questi materiali strategici possono essere procurati più facilmente attraverso le normali pratiche commerciali che non con l'ingerenza della diplomazia, le minacce militari o le forze di spedizione. Eppure, nonostante queste ottime ragioni per tenersi a debita distanza, gli Stati Uniti sono sempre più coinvolti negli affari africani. La causa principale, come in Medio Oriente, è il razzismo delle minoranze interne. Ma questa volta il razzismo è di un'annata diversa e più cupa.

Prima della prima guerra mondiale, l'Africa poteva essere descritta con precisione come una filiale interamente controllata dall'Europa. Dopo la Seconda guerra mondiale, quando l'Europa era stanca e sanguinante, quando le promesse antimperialiste della Carta Atlantica e delle Nazioni Unite erano tornate a galla, quando il liberalismo trionfava in tutto l'Occidente, gli africani, bianchi, marroni e neri, decisero che era giunto il momento di battersi per l'autogoverno. Furono sorpresi più di chiunque altro quando le potenze coloniali capitolarono prontamente. In alcuni casi la transizione è stata pacifica, in altri è stata necessaria una guerra di logoramento o dosi eccessive di terrorismo per spezzare le catene. In ogni caso, nel 1980 la dominazione politica europea era stata quasi completamente cancellata dal continente.

Lo spettro di pigmentazione dell'Africa, visto geograficamente da nord a sud, è bianco scuro o scialbo in alto, nero al centro e nero, marrone e bianco in basso, anche se si sta rapidamente scurendo. In questo capitolo si parlerà poco dell'Egitto e delle altre nazioni arabe e musulmane del Nord Africa. Sono africani solo per geografia. La loro religione, cultura, storia e composizione razziale li rendono parte del Medio Oriente.

L'Africa è oggi la patria di quarantasette Stati negri, tutti nati dopo la seconda guerra mondiale tranne due. Queste nazioni nascenti, le cui frontiere raramente corrispondono ai confini tribali,[1154] non hanno prodotto un invidiabile record di stabilità politica. Una successione ininterrotta di colpi di stato politici e militari, faide tribali e guerre genocide[1155] non ha fatto nulla per smentire la storica incapacità dei negri di autogovernarsi.[1156] Una volta che un capo tribale, un ambizioso ufficiale dell'esercito o un sottufficiale assetato di potere prende il potere, segue inevitabilmente il familiare schema diplomatico di mettere l'Occidente contro l'Oriente (l'Unione Sovietica nel suo periodo di massimo splendore; la Corea del Nord e la Cina oggi) per spremere fino all'ultimo centesimo gli aiuti stranieri. Avendo rimosso i bianchi dal controllo politico, avendo reso estremamente difficile portare avanti gli affari e il commercio, avendo reso quasi impossibile la crescita dell'industria pesante, i leader neri non hanno altra scelta che persuadere i bianchi a rimanere o a tornare se vogliono salvare i nuovi governi dalla rovina economica. Senza i bianchi, la maggior parte dell'Africa nera tornerebbe rapidamente, come sta già accadendo in molte aree, alla nuda economia di sussistenza in cui languiva prima dell'avvento dei colonizzatori europei.[1157]

Ora che hanno raggiunto l'indipendenza - un'indipendenza puramente nominale che ha "toccato appena la vita personale della maggior parte degli africani"[1158] - le nazioni nere sembrano più interessate a imitare le nazioni bianche che a sviluppare le proprie doti e competenze. L'arte africana è in forte declino.[1159] Nonostante le appassionate dichiarazioni sulla négritude (i

---

[1154] Nell'Africa nera ci sono 2.000 tribù.

[1155] Nella guerra civile nigeriana, tra il 1967 e il 1969 sono stati uccisi 1 milione di membri della tribù Ibo del Biafra. *New York Times*, 23 novembre 1969, p. 1. Almeno 500.000 Tutsi sono stati massacrati nella guerra civile ruandese del 1993.

[1156] Gli Stati dell'Africa nera sono stati teatro di sette prese di potere militari, due sanguinosi colpi di stato, un massacro tribale, l'uccisione di 100.000 civili e la fuga di un milione di rifugiati, il tutto nel 1966. *San Francisco Sunday Examiner, This World*, 8 gennaio 1967, p. 22. Finora non più di una manciata di nuovi governi neri è stata votata, anche se quasi tutti i nuovi Stati hanno una qualche pretesa di democrazia. *Time*, 31 marzo 1967, p. 29.

[1157] Una panoramica macabra e sardonica di questo processo di reversione è fornita da *North of South* di Shiva Naipaul, Simon and Schuster, New York, 1979.

[1158] John Hatch, *A History of Postwar Africa*, Praeger, New York, 1965, pag. 404.

[1159] Tradizionalmente, gli artisti africani si sono concentrati sulla scultura. Oggi la maggior parte delle sculture in legno e delle fusioni in bronzo sono "goffe, imitative e prodotte in serie". Anche le arti decorative si sono deteriorate. Esiste una certa letteratura - in lingue europee o in dialetti africani recentemente sgrammaticati - ma quasi nessun pubblico di lettori. Smith Hempstone, *San Francisco Chronicle, This World*, 4 febbraio 1962, pp. 21-22.

negri americani la chiamano "anima"), le élite nere costruiscono case decorate ed edifici governativi in stile occidentale, sfrecciano su Cadillac e Mercedes ultimo modello, si saziano con le forme più economiche e grossolane della cultura occidentale, sposano occasionalmente donne europee e lasciano le masse africane a sbrigarsela da sole.[1160] L'ultimo filosofo del nazionalismo africano, Frantz Fanon, non poteva sopportare questa nuova borghesia negra, accusandola di quasi altrettanti crimini che attribuiva ai colonialisti bianchi.[1161] La Rhodesia fu l'ultimo avamposto britannico in Africa a gettare la spugna. Dopo aver assistito al disarmo dei bianchi in Kenya e di altri 75.000 bianchi nella Rhodesia del Nord (oggi Zambia), circa 220.000 bianchi del Sud, una minoranza del 5% su una popolazione totale di 4.530.000 abitanti, si staccarono dalla Gran Bretagna e affermarono la loro indipendenza. Paria tra le nazioni e abbandonata dalla madrepatria che entrò in guerra con l'Argentina per proteggere 1.800 britannici nelle isole Falkland, la Rhodesia fu il sacco da box delle sanzioni economiche e dei boicottaggi imposti dalla maggior parte delle nazioni bianche e di colore del mondo.[1162] Ciononostante, riuscì a resistere fino al 1979, quando il terrorismo crescente e le pressioni britanniche e americane indussero i bianchi ad arrendersi alla "regola della maggioranza", che in questo caso significava consegnare il governo un anno dopo a Robert Mugabe, un rivoluzionario marxista.[1163] Ben presto i bianchi fuggirono in massa dallo Zimbabwe. Tutti i milioni di ore di lavoro spesi per costruire un'economia prospera e uno stile di vita altamente civilizzato in una terra ancora all'età della pietra furono sprecati. La presenza occidentale nell'Africa meridionale era ora delimitata a nord dal "grande fiume Limpopo, grigio-verde e unto, circondato da alberi della febbre" di Kipling.

[1160] Una descrizione altamente informativa della vita quotidiana nelle nuove nazioni africane si trova in Thomas Molnar, *Africa: A Political Travelogue*, Fleet, New York, 1965.

[1161] Frantz Fanon, *I miserabili della terra*, trad. it. Constance Farrington, Grove Press, New York, 1963. Si veda soprattutto il capitolo "Le insidie della coscienza nazionale". Fanon, psichiatra negro della Martinica, era così antiamericano da criticare l'"urlo jazz" dei negri americani e da descrivere gli Stati Uniti come un "mostro in cui le macchie, la malattia e la disumanità dell'Europa sono cresciute fino a raggiungere dimensioni spaventose". Ibidem, pp. 243, 313.

[1162] Nel 1972 la squadra della Rhodesia, dopo essere stata invitata ai Giochi Olimpici, fu espulsa a causa della minaccia di boicottaggio da parte dei neri. Pochi giorni prima, il generale ugandese Idi Amin aveva ordinato a 50.000 asiatici di lasciare il suo Paese in 90 giorni. La squadra ugandese rimase alle Olimpiadi.

[1163] Mugabe è stato felice di vedere migliaia di mercenari cubani in Etiopia, Angola, Zambia, Mozambico e Botswana.

Il prossimo e ultimo obiettivo della crociata anticolonialista è stato il Sudafrica, dove 5,86 milioni di bianchi, una minoranza del 14% su una popolazione di 44 milioni di abitanti,[1164] governavano la più moderna, la più avanzata e l'unica nazione occidentale rimasta in Africa. Prima di raccontare questa triste storia, potrebbe essere utile inserire qualche paragrafo di storia.

La storia del Sudafrica inizia nel 1652 con lo sbarco dei primi pionieri olandesi. Per molti versi lo sviluppo del Paese è stato parallelo a quello degli Stati Uniti. I primi coloni erano in gran parte protestanti di origine nordeuropea, che di solito portavano con sé le proprie famiglie. Per questo motivo la mescolanza razziale era minima. Il vero nemico dei coloni olandesi non era il nativo africano, ma il governo britannico che li perseguitò quasi fin dall'inizio e che sottrasse la colonia all'Olanda con la forza durante le guerre napoleoniche, quando l'Olanda era un alleato attivo della Francia. Quarant'anni dopo, per sfuggire al dominio britannico, 12.000 afrikaner di origine olandese si diressero a nord nel Grande Trek del 1835, una marcia che per eroismo e forza d'animo è paragonabile alla migrazione dei mormoni nello Utah. Il punto più basso della fortuna degli afrikaner fu la guerra boera (1899-1902), una guerra per l'indipendenza che fallì.

Ma la sconfitta degli afrikaner non fu definitiva. Sconfitti sul campo di battaglia, si ritirarono alle urne e, con il passaggio del Sudafrica dallo status coloniale a quello di Commonwealth, le loro speranze politiche si accesero. Nel 1948, gli afrikaner misero in minoranza i bianchi di lingua inglese e istituirono un governo suprematista bianco. Nel 1961 fecero uscire il Sudafrica dal Commonwealth britannico e lo proclamarono repubblica indipendente.

Il Sudafrica sperava di risolvere i suoi quasi insolubili problemi razziali attraverso l'apartheid, lo sviluppo separato delle razze, un approccio più mite del *baaskap*, il dominio assoluto dei bianchi.[1165] I neri, a cui era stato proibito di sposarsi con i bianchi e che vivevano in comunità segregate e baraccopoli, avrebbero avuto alla fine una propria patria con piena libertà culturale e politica.[1166] I loro contatti con i bianchi sarebbero stati limitati al settore

---

[1164] La popolazione non bianca è composta da 33 milioni di neri, 4 milioni di coloured e 1,3 milioni di asiatici. *Almanacco mondiale 1995*, pp. 819-20. Gli afrikaner rappresentano più della metà della popolazione bianca. Gli ebrei sono circa 100.000.

[1165] Drury, op. cit., p. 98.

[1166] Fino all'avvento del governo Mandela, la politica razziale sudafricana era simile e allo stesso tempo dissimile da quella americana. C'era la stessa coalizione liberal-minoritaria con gli ebrei benestanti al vertice, i negri impoveriti alla base, i bianchi di origine britannica che svolgevano il ruolo liberale e gli afrikaner di origine olandese quello conservatore. Una differenza notevole fu che il gruppo dominante della

economico, una restrizione inaccettabile per la componente liberale del Sudafrica, in gran parte di origine britannica ed ebraica, che si opponeva all'apartheid ed era favorevole a concedere pieni diritti, compreso il diritto di voto, ai non bianchi. I comunisti, lavorando in clandestinità con gruppi terroristici neri all'interno e all'esterno del Paese, sostenevano una rivolta armata dei neri.[1167]

Gli americani sono stati indottrinati a considerare i neri sudafricani, che sono arrivati numerosi solo alla fine del XVIII secolo, 50 anni dopo gli olandesi, come i legittimi proprietari del Paese. A differenza dei negri americani, la maggior parte dei neri giunti in Sudafrica è arrivata volontariamente, prima in cerca di terra e poi di lavoro. I neri sudafricani differiscono da quelli americani anche per il fatto che parlano molte lingue diverse e sono divisi da feroci lealtà tribali che hanno a lungo impedito l'organizzazione di un fronte politico unito contro i bianchi.

Negli ultimi decenni gli Stati Uniti, sotto la pressione delle lobby liberal-minoritarie e dei media, hanno sviluppato una profonda e preoccupante preoccupazione per i neri sudafricani, come per i neri di ogni parte dell'Africa. Questa preoccupazione viene definita inquietante perché i precedenti sforzi americani a favore dei neri africani erano stati, a dir poco, controproducenti. Prima della Guerra Civile, i bianchi americani fondarono lo Stato della Liberia, sulla costa occidentale dell'Africa, come patria

---

popolazione afrikaner votò "bianco". Un'altra differenza è che i negri sudafricani, che sono molto più numerosi dei bianchi, non possono votare, mentre i negri americani, che sono molto più numerosi dei bianchi, possono farlo. Sebbene avessero meno potere politico degli ebrei americani, gli ebrei sudafricani esercitavano un potere finanziario pari o superiore. Il flusso di denaro verso Israele è stato limitato solo da poche restrizioni e Harry Oppenheimer, presidente della Anglo American Corp. La De Beers Consolidated Mines and Diamond Trading Co. di Oppenheimer produce e vende l'85% dei diamanti grezzi e non tagliati del mondo. "In questi tempi moderni, in cui i cartelli per il controllo dei prezzi sono stati messi al bando in altre industrie, la sopravvivenza del monopolio De Beers è sorprendente". *McCalls*, marzo 1969, pagg. 167-68. Inutile dire che i diamanti non erano inclusi nelle sanzioni imposte dal Congresso al Sudafrica. I legami di Israele con il Sudafrica erano piuttosto stretti, considerando che lo Stato sionista votava contro il Sudafrica ogni volta che il "comportamento scorretto" razziale di quest'ultimo si presentava alle Nazioni Unite. Il Sudafrica possiede una grande quantità di uranio e Israele una discreta quantità di tecnologia nucleare. La combinazione di questi due elementi ha migliorato notevolmente la capacità nucleare di entrambi gli Stati, soprattutto del secondo.

[1167] Drury, op. cit., pp. 96-97, e Molnar, op. cit., pp. 166-67. Joe Slovo, un ebreo lituano e stalinista di lunga data che ha fatto più di chiunque altro per realizzare la presa di potere dei neri in Sudafrica, è morto nel gennaio 1995, dopo essere stato nominato Ministro degli Alloggi dal suo vecchio amico e sostenitore, il Presidente Nelson Mandela. Gli fu celebrato un funerale di Stato.

nazionale per gli schiavi emancipati. Piccoli gruppi di ex-schiavi intrapresero il viaggio verso la Liberia, dove divennero l'aristocrazia regionale, con un numero di 20.000 persone, secondo l'ultimo conteggio del 1945. Ma la Liberia aveva poca o nessuna attrattiva per i negri americani nel loro complesso, sia schiavi che liberi. Dopo la guerra civile, il flusso migratorio finì.[1168] Sessantacinque anni dopo, la Liberia fu formalmente censurata da un comitato della Lega delle Nazioni per aver permesso l'esistenza della schiavitù e del lavoro forzato. Il presidente e il vicepresidente dovettero dimettersi in seguito allo scandalo.[1169] In questo momento il Paese è in preda a quella che è una vera e propria guerra tribale.

Pur fingendo di essere una democrazia, la Liberia moderna è stata in realtà governata da una successione di presidenti-dittatori,[1170] e la costituzione prevede qualifiche razziali che limitano la cittadinanza ai soli negri.[1171] Questa pseudo-nazione è anche uno degli Stati africani più arretrati, principalmente perché non è mai stata una colonia e di conseguenza è stata esposta solo in modo intermittente all'organizzazione politica bianca e alla tecnologia moderna. Quasi altrettanto arretrata è l'Etiopia, in parte nera, l'unico altro Paese africano non bianco con una storia di indipendenza abbastanza continua, interrotta solo brevemente in tempi recenti dall'occupazione italiana (1936-1941).[1172]

All'indomani della Seconda Guerra Mondiale, il potere e l'influenza dell'"opinione pubblica" americana furono una grande fonte di incoraggiamento per le precoci richieste di indipendenza dei nativi africani. Il Belgio fu costretto a rinunciare al Congo prima che ci fossero abbastanza negri qualificati per amministrarlo. Mentre il Paese sprofondava nuovamente nella barbarie, gli Stati Uniti contribuirono al 40% dei 400 milioni di dollari spesi dalla missione di "mantenimento della pace" delle Nazioni Unite (1960-1963). Nel corso delle quasi interminabili guerre alla macchia e delle insurrezioni che hanno devastato il Congo per due decenni, sia le truppe congolesi leali che quelle ribelli hanno mutilato, macellato e talvolta cannibalizzato più di qualche americano, compresi missionari e suore.[1173]

[1168] *Ency. Brit.*, Vol. 13, pp. 994-96.

[1169] *New York Times*, 6 dicembre 1930, pag. 38, e 7 giugno 1931, pag. 5.

[1170] Nel 1980, il presidente William Tolbert fu assassinato in una rivolta militare seguita da una serie di cruente esecuzioni pubbliche.

[1171] *Ency. Brit.*, Vol. 13, p. 996.

[1172] Molnar, op. cit., p. 223, e Hatch, op. cit., pp. 185-86.

[1173] "Il governo congolese ha negato le accuse secondo cui le sue truppe avrebbero ucciso almeno 11 europei e violentato 30 donne bianche, ma il suo stesso ministro ad interim ha

Nonostante ciò, la stampa americana continuò a sostenere il governo congolese, a volte filo-sovietico e sempre razzista e nero, e portò avanti un'aspra campagna editoriale e di titoli contro Moise Tshombe, l'unico politico congolese filo-occidentale di levatura. Tshombe, dopo essere stato mandato in esilio, fu rapito e trasportato in una prigione algerina, dove probabilmente fu assassinato.

Alla luce degli eventi recenti e delle tendenze attuali, si deve dire che l'Africa più buia sta diventando più buia che mai, e la politica estera americana sta accelerando il processo. Le piantagioni, gli impianti industriali, i servizi pubblici, le compagnie minerarie e i grandi stabilimenti commerciali restano in funzione solo finché ci sono la supervisione e il denaro dei bianchi. I neri che cercano, con scarso successo, di sostituire i tecnocrati bianchi sono intellettuali di formazione occidentale, una specie di imitatori di uomini bianchi disprezzati dal loro stesso popolo e ridicolizzati dai loro ex padroni europei. La vera Africa e l'autentica cultura nera non si trovano all'interno delle città, ma nella boscaglia, nei villaggi tribali. Se i liberali bianchi, i chierici bianchi, i capitalisti e i comunisti bianchi di ogni colore e l'intellighenzia nera lasciassero il nero delle tribù a se stesso, questi sarebbe libero di perseguire e sviluppare lo stile di vita che più gli si addice e che meglio utilizza la sua unica e diversa dotazione culturale e genetica.

Ma non lo lasceranno in pace. Le nazioni occidentali continuano a ricevere, indottrinare e riportare ai loro focolari nativi élite nere che, volenti o nolenti, riportano a casa un colonialismo di pensiero bianco, atteggiamenti bianchi e istituzioni bianche che pesa sull'anima nera più di quanto non abbia fatto il colonialismo economico degli imperialisti bianchi. Anche gli Stati arabi e musulmani del Nord Africa tentano di immischiarsi nei destini dei neri proponendo un panafricanismo continentale, apparentemente dimenticando che molti neri hanno più astio verso gli arabi che verso i bianchi europei. Sono stati gli arabi a gestire la tratta degli schiavi africani molto prima dell'arrivo degli europei, e sono stati gli arabi a mantenerla in vita molto tempo dopo che gli europei l'avevano messa al bando.

Molto sensibili alle lobby liberali e nere, gli Stati Uniti continuano ad aiutare, favorire e finanziare le repubbliche africane "modello occidentale", che si rivelano invariabilmente delle farse delle istituzioni politiche, economiche e sociali che faticosamente imitano. Sebbene *Cuore di tenebra* di Joseph Conrad offra probabilmente il miglior indizio sul futuro dell'Africa nera, l'America preferisce basare la sua politica africana sulle profezie marxiste,

---

formulato l'accusa più sorprendente di tutte: i congolesi avrebbero mangiato diversi coloni bianchi a Lubumbashi, ex Elisabethville". *Life*, 21 luglio 1957, p. 34. Si potrebbe aggiungere che alcuni cannibali non erano indigeni primitivi che indossavano il perizoma, ma "uomini e donne scolarizzati e vestiti alla maniera europea". Molnar, op. cit., p. 30.

sui discorsi anti-bianchi del compianto Jean-Paul Sartre e sulle fantasie razziali del compianto Frantz Fanon.[1174] È questo evidente errore di valutazione che ha portato alla follia della Somalia, quando le truppe americane sono state inviate in missione di pace nel 1992 e meno di due anni dopo, dopo aver perso 120 uomini, sono state ignobilmente ritirate.

A parte il Medio Oriente, non c'è area al mondo in cui la politica estera americana sia così truccata contro la maggioranza americana come in Africa. Invece di normalizzare le relazioni con il Sudafrica, le cui risorse, capacità militari e stabilità politica ne facevano l'unica nazione del continente degna di questo nome, gli Stati Uniti hanno adottato una politica che va dall'indignazione morale alle sanzioni economiche fino a un embargo totale sulle armi. Il risultato è che il Sudafrica si sta avviando a diventare una tipica "repubblica" negra. Il Paese ha un presidente nero; l'embargo sulle armi e le sanzioni economiche sono state revocate; milioni di dollari, sterline e marchi tedeschi stanno affluendo. Soprattutto, i media occidentali sono passati dall'ostilità alle lodi. Ma il grande "se" rimane. I bianchi del Paese vedranno il loro Paese andare in rovina senza combattere? Si ripeterà lo scenario della Rhodesia? Molti afrikaner stanno pensando seriamente di creare una patria bianca. Molti altri bianchi sperano - e pregano - che l'attuale Stato multirazziale abbia abbastanza successo da impedire la formazione di uno Stato tribale suprematista nero.

Il Sudafrica era l'ultima oasi di civiltà occidentale in un continente che un secolo fa era quasi completamente dominato dagli occidentali. Poiché era governato da bianchi, e poiché quasi la metà di questi bianchi era di lingua inglese, la Punta Bianca, come è stata chiamata, avrebbe potuto aspettarsi la simpatia e l'aiuto degli Stati Uniti. Invece, l'America ha contribuito a piantare il pugnale nella schiena del Sudafrica. Se la popolazione bianca sopravviverà, sarà costretta a fuggire o addirittura dovrà affrontare un massacro razziale, sono domande che troveranno risposta nel XXI secolo.

Per quanto possa sembrare incredibile, più la popolazione di una qualsiasi nazione africana differiva razzialmente e culturalmente dalla Maggioranza americana, più quella nazione aveva la probabilità di ricevere l'approvazione e le sovvenzioni americane. Quanto più la popolazione si avvicinava alla composizione razziale della Maggioranza, tanto più veniva trattata con freddezza, spesso fino all'aperta inimicizia. Allo strato razziale bianco (mediterraneo) del Nordafrica fu accordato lo status di semi-pariah concesso

---

[1174] La prefazione di Sartre al testo di Fanon, *I miserabili della terra*, è uno degli insulti più vituperati ed estesi della storia dell'invettiva razziale. È un segno dei tempi e delle pressioni dei tempi il fatto che i più rabbiosi autori di razzismo antibianco, bianchi, marroni e neri, siano accettati come membri rispettabili della fraternità intellettuale bianca.

alla maggior parte degli Stati arabi laici, anche se fu concessa una deroga temporanea all'Egitto per la sua acquiescenza a Israele. La Libia fu trasformata in un vero e proprio paria, il che la rese idonea a essere attaccata dalla Marina e dall'Aeronautica statunitensi, con l'obiettivo di colpire il dittatore libico Muammar Gheddafi e la sua famiglia.

In un senso stranamente inquietante, si stava tracciando un parallelo storico. La componente razziale bianca (nordeuropea) del Sudafrica è stata sottoposta al divieto imposto un tempo al Sud americano.

CAPITOLO 37

Gli Stati Uniti e l'emisfero occidentale

GEOGRAFICAMENTE L'emisfero occidentale è diviso in due continenti, il Nord e il Sud America. Dal punto di vista geopolitico, è diviso in America Latina (America del Sud, America Centrale e Messico) e America Angloamericana (Stati Uniti e Canada). L'America Latina ha un clima prevalentemente tropicale o subtropicale; una religione cattolica; una lingua spagnola, portoghese o indiana; una cultura latina, indiana o negra (in proporzioni variabili); una razza mediterranea, mongoloide o negroide (in miscele variabili). La stima della popolazione dell'America Latina (trenta nazioni indipendenti, più alcune dipendenze europee, soprattutto nei Caraibi) a metà del 1980 è di 363.600.000 abitanti, contro i 252.400.000 dell'America Latina. Nel periodo 1975-80, la popolazione dell'America Latina è aumentata di 44 milioni; quella dell'Angloamerica di 8.600.000.[1175]

Ai tempi di Colombo c'erano 16 milioni di indiani nel Nuovo Mondo, 15 milioni in America Latina.[1176] Quando arrivarono i loro conquistatori dal volto pallido, furono sottoposti a due diversi calvari e stili di conquista. Gli inglesi, i francesi (molti dei quali provenienti dalla Normandia) e gli altri europei del Nord hanno parlato e commerciato con gli indiani, prima di combatterli, ucciderli e spingere la maggior parte dei sopravvissuti verso ovest, infine nelle riserve. Ma si accoppiarono raramente con loro e non li sposarono quasi mai. Questa astinenza sessuale potrebbe essere attribuita a forti sentimenti di solidarietà razziale, accentuati dalle differenze di colore, e al fatto che molti erano coloni che avevano portato con sé mogli e famiglie.

Una percentuale molto più alta della migrazione spagnola e portoghese, i cui membri erano più interessati alla gloria militare e alla caccia alla fortuna che all'agricoltura, era costituita da scapoli. Di colore più scuro e notevolmente più bassi dei nordeuropei, erano meno differenziati fisicamente dalle popolazioni native.[1177] Inoltre, si trovavano di fronte a un numero maggiore

---

[1175] *Stime della popolazione mondiale*, The Environmental Fund, Washington, D.C., 1980.

[1176] *Ency. Brit.*, Vol. 12, pp. 200, 203.

[1177] Il riferimento è al tipo di razza della maggior parte dei soldati, dei cercatori d'oro, degli amministratori e dei sacerdoti provenienti dalla Spagna e dal Portogallo. I loro capi, i *conquistadores*, presentavano molti tratti fisici nordeuropei. Cfr. pag. 77.

di indiani, più attraenti e più civilizzati dei pellerossa nomadi delle pianure e delle foreste del nord. Quando le navi negriere scaricarono i loro carichi umani, i latini persistettero nel loro miscegenation mentre i nordeuropei, con alcune eccezioni, in particolare nel Sud americano, rimasero fedeli alle loro abitudini di accoppiamento segregato.[1178]

Secoli di mescolanza razziale in America Latina hanno prodotto molti sottotipi razziali diversi. In Messico e Perù, dove esistevano culture indiane avanzate, l'elemento meticcio è spagnolo-indiano. In Brasile un numero considerevole di negri e di indiani ha generato sfumature razziali più complesse: portoghese-indiano, negro-indiano, portoghese-negro e portoghese-indiano negro. Nelle Indie Occidentali, dove gli schiavi negri hanno sostituito gli indiani scomparsi nel XVI secolo, molte isole sono quasi totalmente nere. A Cuba e a Porto Rico la quota mulatta della popolazione è predominante, mentre i negri puri e i bianchi puri sono in minoranza.[1179]

Nelle nazioni andine più remote, Ecuador e Bolivia, e in Guatemala, i ceppi indiani puri sono ancora in maggioranza. In Paraguay, il Guarani, un dialetto indiano, è una lingua ufficiale dello Stato. In Argentina, Uruguay e Costa Rica, dove la scarsità di risorse minerarie ha attirato coloni anziché cercatori, la popolazione è in maggioranza bianca. A complicare il quadro razziale in tutta l'America Latina ci sono enclavi di tedeschi e giapponesi in Brasile; tedeschi in Cile; ebrei in Argentina;[1180] olandesi e indiani orientali in Suriname; francesi in Guyana francese, Martinica e Guadalupa; e indiani (provenienti dall'India) in Guyana, ex Guyana britannica.

La ricchezza economica e il prestigio sociale in America Latina variano generalmente in base alla bianchezza della pelle. In America Centrale, la Costa Rica, l'unica nazione bianca, è di gran lunga la più avanzata e la più

[1178] A differenza di quanto accadeva in America Latina, la prole mista dei bianchi del Sud non veniva quasi mai legittimata.

[1179] Sia gli addetti al censimento capitalista a Porto Rico che quelli comunisti a Cuba sembrano in qualche modo daltonici. All'inizio degli anni '60 meno del 20% della popolazione portoricana era classificata come non bianca. A Cuba un ottavo della popolazione era descritto come negro e un settimo come mulatto. Chiunque visiti uno dei due Paesi può valutare rapidamente l'affidabilità di queste statistiche, la cui esagerata inclinazione a favore dei bianchi è un'ulteriore prova del valore sociale attribuito all'etichetta di bianco. A Cuba "la proporzione della popolazione con qualche ascendenza negra è molto più alta delle cifre indicate". *Ency. Brit.*, Vol. 6, p. 875.

[1180] I fratelli Migdal, ebrei lituani, gestivano la feroce e lucrosa tratta degli schiavi bianchi in Argentina, alla quale la stessa comunità ebraica ha posto fine. L'inflazione argentina ha creato scompiglio nelle piccole imprese ebraiche, ma i 400.000 ebrei in Argentina rappresentano ancora la minoranza ebraica più ricca e influente dell'America Latina. Sachar, *Il corso della storia ebraica moderna*, pp. 51. Tra i 150.000 ebrei in Brasile: Israel Klabin, ex sindaco di Rio de Janeiro, e Adolpho Bloch, il principale editore del Paese.

prospera. Haiti, con la più lunga storia di indipendenza ininterrotta di qualsiasi paese negro, è la nazione meno prospera e meno avanzata del Nuovo Mondo, fatta eccezione per alcuni nuovi Stati neri nelle Indie Occidentali. In Sud America, il Cile, l'Uruguay e l'Argentina, nonostante la propensione dei latini per la dittatura o il governo dell'esercito, si trovano su un piano di civiltà superiore rispetto ai Paesi in cui predominano gli elementi negri o indiani.

L'aristocrazia rimasta in America Latina si basa quasi interamente su un albero genealogico bianco e incontaminato. La politica in molte aree è passata da tempo nelle mani di meticci, ma meticci chiari, che si sposano chiari e i cui discendenti alla fine ottengono "certificati di bianchezza". Sebbene in America Latina non esista una discriminazione razziale ufficiale o legalmente sancita, essa può essere vista, sentita e percepita ovunque.

Né gli indiani né i negri ebbero un ruolo considerevole nelle prime fasi dei movimenti indipendentisti latinoamericani.[1181] Furono i creoli, i bianchi di origine nativa - alcuni con qualche gene meticcio - che in quasi tutti i casi organizzarono e guidarono per primi gli eserciti che combatterono i regolari spagnoli. Molti leader creoli ereditarono il coraggio dei *conquistadores*, ma non la loro coscienza razziale. Bolivar, che aveva un tocco di indiano, sposò sua sorella con un generale negro. San Martin, che aveva capelli e occhi neri e pelle olivastra, una volta annunciò pubblicamente di essere un indiano. O'Higgins, il liberatore del Cile, era figlio illegittimo di un irlandese e di una donna cilena di origini miste.[1182]

C'è stato un momento, negli anni Venti del XIX secolo, in cui i nuovi Stati latinoamericani avrebbero potuto unirsi in una federazione sul modello degli Stati Uniti. Ma i due principali leader, Bolivar e San Martin, si scontrarono. Da quel giorno, l'America Latina è stata divisa da piccoli provincialismi e da una successione infinita di rivoluzioni, dittature militari, giunte clericali e anticlericali e uomini a cavallo. Il Venezuela ha avuto più di cento rivoluzioni in 150 anni; la Bolivia 179 cambi di governo in 126 anni. Il Paraguay ha avuto trentanove diversi capi di Stato tra il 1870 e il 1954.[1183] È stato questo incessante fermento politico ed economico a far sì che l'America

---

[1181] Juarez, il famoso rivoluzionario indio del Messico, salì alla ribalta solo a metà del XIX secolo, quasi quattro decenni dopo che due sacerdoti bianchi, Hidalgo e Morelos, avevano lanciato la spinta per l'indipendenza messicana. Va detto che le rivoluzioni latinoamericane per la libertà dalla patria furono, come quella americana, guidate principalmente da conservatori.

[1182] Gunther, *Inside South America*, pagg. 134-37 e 332-33.

[1183] Ibidem, p. xvi.

Latina, un tempo avanti di un secolo o più rispetto all'America anglosassone, sia rimasta indietro di oltre un secolo.

L'America Latina, va ricordato, un tempo comprendeva la Florida, la Louisiana e il suo vasto entroterra, nonché distese geografiche quasi illimitate nel Sud-Ovest americano e nel Far West. Dopo aver acquisito la Louisiana con l'acquisto e parti della Florida con la forza, gli Stati Uniti tentarono di erigere un muro diplomatico intorno al resto dell'emisfero occidentale con la Dottrina Monroe (1823).

Proclamando solennemente che il Nuovo Mondo era chiuso a ulteriori colonizzazioni da parte delle potenze europee, l'America contribuì a salvaguardare la libertà e l'indipendenza appena acquisite dei Paesi latinoamericani che si erano staccati da Spagna e Portogallo. Ma con l'aumento delle aggressioni americane contro il Messico e con l'incorporazione di Texas, Nuovo Messico, Arizona, California e parti del Colorado e del Wyoming negli Stati Uniti, i latinoamericani potevano essere scusati per aver equiparato la Dottrina Monroe all'imperialismo yankee. Sembrava che gli Stati Uniti volessero isolare l'emisfero occidentale dall'Europa, non per proteggere il Nuovo Mondo dalle macchinazioni del Vecchio, ma per trattare l'America Latina come la Gran Bretagna, la Francia e alcune altre nazioni europee stavano iniziando a trattare l'Africa.[1184]

Solo negli anni Trenta gli Stati Uniti fecero un serio tentativo di placare i sentimenti turbati e l'orgoglio ferito derivanti dalla secolare esposizione dell'America Latina al dinamismo "gringo". L'esproprio di centinaia di milioni di dollari di investimenti e proprietà americane da parte del governo rivoluzionario del Messico fu perdonato e dimenticato, e fu inaugurato un nuovo approccio soft alle relazioni con l'America Latina, la politica del buon vicinato di Franklin D. Roosevelt. Alla fine degli anni Quaranta fu costituita l'Organizzazione degli Stati Americani. Ognuno dei ventitré (ora trentacinque) Paesi membri aveva un voto. Due decenni dopo, l'Alleanza per il Progresso del presidente Kennedy aggiunse sovvenzioni e prestiti agli investimenti americani come mezzo per sviluppare l'economia in ritardo dell'America Latina. Nonostante questi passi concilianti, un'era di buoni sentimenti emisferici era ancora lontana.

[1184] In sintonia con l'umore espansionistico, William Walker, medico, avvocato, editore, filibustiere e nativo di Nashville, Tennessee, si ritagliò per breve tempo una "repubblica" indipendente dalla Bassa California e da Sonora, in Messico. In seguito, con cinquantasei seguaci, conquistò il Nicaragua. Se non avesse incrociato gli interessi economici di Cornelius Vanderbilt - il commodoro voleva costruire un canale in Nicaragua - Walker sarebbe potuto diventare l'imperatore dell'America centrale invece di morire davanti a un plotone di esecuzione honduregno nel 1860. Albert Carr, *Il mondo e William Walker*, Harper & Row, New York, 1963.

Nel frattempo gli Stati Uniti furono costretti a prendere atto dell'intensificarsi dell'attività sovietica a sud del confine. La sovversione russa del Guatemala fu arginata da una rivolta istigata dagli Stati Uniti che nel 1954 mandò via Jacobo Arbenz, il primo fantoccio sovietico di rilievo nel Nuovo Mondo. Ma Cuba era una questione diversa. Il fallimento degli Stati Uniti nell'impedire la sovietizzazione del Paese più ricco, importante e popolato delle Indie Occidentali è uno dei grandi errori della storia diplomatica americana. Gli eventi rappresentano un classico ammonimento su come la sicurezza nazionale americana viene danneggiata quando la coalizione di minoranza liberale impone i suoi dogmi politici e sociali sulla conduzione degli affari esteri.

Fino a quando il *New York Times* non scoprì lui e la sua piccola banda di guerriglieri straccioni nelle remote montagne della Sierra Maestra a Cuba nel 1957, Fidel Castro era un rivoluzionario sconosciuto, clownesco e giù di corda. Poi, in una serie di interviste adulatorie, *il corrispondente del Times* Herbert Matthews, il cui reportage sulla guerra civile spagnola era stato un monumento di non-obiettività,[1185] dipinse un ritratto eroico di Castro come un patriota idealista e "anticomunista" senza "alcuna animosità verso gli Stati Uniti e il popolo americano".[1186] Le pretese di Matthews contenevano anche la piatta affermazione: "Ma non c'è comunismo di cui parlare nel movimento del 25 luglio di Castro...".[1187] Earl Smith, all'epoca ambasciatore americano a Cuba, ha dichiarato che dopo la pubblicazione delle interviste di Matthews, armi, denaro e sostegno a Castro si sono riversati da ogni parte.[1188]

Inevitabilmente, lo stesso Presidente Eisenhower cadde sotto l'incantesimo del Times,[1189] rifiutandosi di vendere al legittimo governo cubano le armi di cui aveva bisogno, anche quando l'insurrezione di Castro assunse

---

[1185] Per i pregiudizi di Matthews, si veda Hugh Thomas, *The Spanish Civil War*, pp. 233, 388.

[1186] Citazioni da articoli di Matthews in prima pagina sul *New York Times*, 24-26 febbraio 1957.

[1187] Ibidem.

[1188] Herbert Dinsmore, *All The News That Fits*, Arlington House, New Rochelle, N.Y., 1968, p. 185.

[1189] Ibidem, p. 177. In una conferenza stampa al Grinnell College (13 maggio 1965), Eisenhower chiarì che "Herbert Matthews... quasi da solo ha reso Castro un eroe nazionale". E continuò dicendo che John Kennedy, quando era senatore, gli aveva detto che Castro stava seguendo le orme di Bolivar.

proporzioni minacciose.[1190] All'ambasciatore Smith fu ordinato di esortare il presidente Batista, l'uomo forte di Cuba, a ritirarsi.[1191] Il 1° gennaio 1959, Batista fuggì in Portogallo. Lo stesso giorno le forze di Castro entrarono trionfalmente all'Avana. La diplomazia americana aveva incomprensibilmente preso l'iniziativa di sostituire un amico giurato con un nemico giurato.

Dopo che Castro aveva preso il controllo di Cuba, importanti liberali si precipitarono sulla stampa per aggiungere ulteriori tocchi ai panegirici di Matthews. William Benton, uno dei membri più influenti del partito democratico ed ex senatore del Connecticut, scrisse che l'America Latina sembrava essere "l'area del mondo meno minacciata da una minaccia militare sovietica o cinese (anche attraverso Cuba)".[1192] Uno dei più importanti sociologi del Paese, C. Wright Mills, ha scritto: "Fidel Castro non è comunista e non lo è mai stato".[1193] Mills ha poi aggiunto che Castro non avrebbe mai permesso alla Russia di installare basi a Cuba. Inoltre, ha aggiunto, la Russia non vuole tali basi.[1194]

Nel 1961, quando Castro annunciò pubblicamente di essere sempre stato un marxista-leninista e di aver nascosto i suoi legami con il comunismo solo per ungere le ruote della rivoluzione,[1195] Matthews scriveva ancora di Cuba per il *Times*, venendo poi promosso a capo della redazione per gli affari latinoamericani. In questo lavoro il suo supervisore era John Oakes, direttore editoriale *del Times* e figlio di George Ochs-Oakes, fratello del fondatore

---

[1190] La consegna di quindici aeroplani, che Cuba aveva già acquistato e pagato, fu bloccata dal Dipartimento di Stato. M. Stanton Evans, *The Politics of Surrender*, Devin-Adair, Old Greenwich, Conn., 1966, p. 380.

[1191] Ibidem, p. 379. Per una discussione completa della situazione generale da parte di un partecipante cubano, si veda Mario Lazo, *Dagger in the Heart-American Foreign Policy Failures in Cuba*, Funk & Wagnalls, New York, 1968.

[1192] Dalla prefazione di Benton, *The Voice of Latin America*, Weidenfeld 8 Nicolson, Londra, 1961, p. xii. Se Benton era così sprovveduto in materia di affari esteri, non avrebbe dovuto ricoprire la carica di assistente del Segretario di Stato nel 1945-47. L'editore dell'*Encyclopaedia Britannica*, citato dalla Federal Trade Commission per i prezzi ingannevoli, Benton ha iniziato la sua carriera come pubblicitario alla radio. I suoi spot per deodoranti stabilirono uno standard di banalità raramente eguagliato nella storia della pubblicità.

[1193] *Ascolta, Yankee!* Ballantine Books, New York, 1960, p. 103.

[1194] Ibidem, pp. 94-95.

[1195] *Ency. Brit.*, Vol. 5, p. 44. Deve essere stato doloroso per William Benton leggere nella sua stessa impresa editoriale una completa smentita delle sue previsioni sull'intervento russo a Cuba.

Adolph Ochs.[1196] Anche dopo che Castro aveva espropriato più di un miliardo di dollari di proprietà americane e aveva instaurato uno Stato comunista ortodosso, con tanto di purghe di massa e collettivizzazione forzata dell'agricoltura, gli arbitri liberal-minoritari della politica estera continuavano a manifestare la loro amicizia per la Rivoluzione cubana, anche se cominciavano a nutrire dubbi sullo stesso Castro.

Dal momento che proprio gli uomini che più si erano sbagliati su Castro e che più insistevano nell'imporre al governo le loro opinioni sbagliate furono, nell'amministrazione Kennedy, elevati a importanti posizioni decisionali, non è sorprendente che le relazioni cubane americane procedessero di male in peggio. Lo specialista della Casa Bianca in questioni latinoamericane era l'intellettuale di minoranza Richard Goodwin, uno speechwriter di Kennedy. Un altro intellettuale di minoranza che ebbe molto a che fare con i rapporti diplomatici con Castro fu Arthur Schlesinger, Jr, autore del Libro Bianco su Cuba dell'amministrazione nel 1961. In uno sfogo di cliché squillanti, Schlesinger descrisse come "l'emisfero si rallegrò per il rovesciamento della tirannia di Batista, guardò con simpatia al nuovo regime e accolse con favore le sue promesse di libertà politica e giustizia sociale per il popolo cubano".[1197]

Seguì una farsa di contraddizioni. Il 17 aprile 1961, lo stato maggiore intellettuale della Casa Bianca, invertendo improvvisamente la rotta, diede il via libera all'invasione di una forza di 1.500 esuli cubani addestrati ed equipaggiati in modo americano. Ma proprio nel momento culminante dello sbarco nella Baia dei Porci, il Presidente Kennedy, eccessivamente preoccupato per la fredda reazione degli opinionisti liberali che dominavano i media, perse i nervi e annullò tutti gli attacchi aerei di copertura, tranne il primo.[1198]

Il confronto nucleare con la Russia, avvenuto dopo questa vergognosa esibizione di indecisione e debolezza americana, è culminato in quella che la stampa ha considerato una "vittoria" di Kennedy, anche se non è stata fornita alcuna prova definitiva che i russi abbiano mai rimosso tutti i loro missili e testate da Cuba. Al contrario, ci sono prove controverse che alcuni missili

---

[1196] Dinsmore, op. cit., p. 179. Nel 1967 Matthews ammise a malincuore che Castro era un comunista, ma disse di esserlo diventato nel 1960, una dichiarazione che non concorda con quella di Castro. Matthews, che come corrispondente estero in Europa negli anni '30 indossava un borsalino grigio, guanti beige, ghette abbinate e un bastone da passeggio di Malacca, rimase in buoni rapporti con i suoi datori di lavoro fino alla fine. La signora Arthur Sulzberger era la madrina del suo unico figlio. Gay Talese, *Il regno e il potere*, 1969, pagg. 463-64.

[1197] Evans, op. cit., p. 381.

[1198] Ibidem, pp. 385-86.

sono rimasti nella vasta rete di installazioni sotterranee di Cuba.[1199] Il trionfo diplomatico di Kennedy, guarda caso, non includeva il diritto di ispezione in loco.

Ci sono anche pochi dubbi sul fatto che Kennedy abbia stretto un accordo segreto con Kruscev sull'inviolabilità di Cuba. Consentendo l'installazione di una base militare russa permanente a sole novanta miglia dalla Florida e promettendo di non invadere Cuba, il presidente non ha messo da parte o abrogato la Dottrina Monroe, ma l'ha invertita. Gli Stati Uniti, un tempo impegnati a prevenire l'intervento europeo nel Nuovo Mondo, erano diventati di fatto il protettore di uno Stato satellite russo nella strategica area caraibica. Il fallimento della politica cubana di Kennedy si fece sentire ancora di più quando Cuba divenne il campo di addestramento per i quadri rivoluzionari che guidarono le rivolte armate in altre parti dell'America Latina. Dopo che le amministrazioni americane successive si erano rifiutate di reagire all'invio da parte di Castro di forze di spedizione cubane per sostenere i regimi filosovietici in Africa, l'atteggiamento dell'America nei confronti di Cuba poteva essere meglio descritto come paralitico.[1200]

Poiché i gruppi dominanti di popolazione di origine nordeuropea non si trovano nei Paesi latinoamericani, manca l'ingrediente razziale di un governo rappresentativo o realmente democratico. Ne consegue che qualsiasi stabilità politica ed economica esista continuerà probabilmente a essere garantita da dittatori, benevoli o malevoli. Tra questi ci saranno sicuramente alcuni Castro, che saliranno al potere sulla miseria, l'ignoranza e la superstizione delle masse analfabete, affidandosi alla collaudata strategia marxista di fare appello all'animosità e all'invidia razziale.

Gli Stati Uniti hanno aiutato un Castro ostile a prendere il potere, ritirando il proprio sostegno a un dittatore amico, Fulgencio Batista. La CIA partecipò all'assassinio dell'amico dittatore dominicano Rafael Trujillo, che provocò un tale caos da costringere il Presidente Johnson a ordinare l'invio di 24.000 Marines. In seguito, il Presidente Carter abbandonò il dittatore amico Anastasio Somoza e permise ai Sandinisti filo-sovietici e filo-castristi di prendere il controllo del Nicaragua. Nonostante alcuni rovesci elettorali, i Sandinisti sono ancora in circolazione ed esercitano ancora un notevole potere. Poiché Carter, timoroso della stampa, non era abbastanza decente da

---

[1199] In un'intervista del 1964, la sorella di Castro, Juanita, disse: "A Cuba ci sono missili balistici a lungo raggio, ben camuffati". Un anno prima, il rappresentante Donald Bruce dell'Indiana aveva dichiarato: "Ci sono quaranta o più missili sovietici ancora oggi a Cuba e i più alti funzionari del governo degli Stati Uniti lo sanno". Evans, op. cit., pp. 403-6.

[1200] Evans, op. cit., pp. 406-7.

concedergli l'esilio permanente negli Stati Uniti, Somoza fuggì in Paraguay, dove fu presto assassinato da terroristi di sinistra.

Oggi l'obiettivo principale della politica americana per l'emisfero occidentale dovrebbe essere quello di tenersi stretto il Canale di Panama e, grazie a un'abile diplomazia e alla finezza economica, rimuovere Fidel Castro dalla sua carica. Il compito dovrebbe diventare meno difficile ora che il campo gravitazionale russo è stato indebolito dalla *glasnost* e dalla *perestrojka*. Inoltre, la Dottrina Monroe dovrebbe essere recuperata dall'archivio diplomatico morto e rispolverata, ma solo in caso di interferenze straniere dirette negli affari latinoamericani e mai più come pretesto per un intervento yankee vecchio stile. Qualunque altra cosa facciano gli Stati Uniti in America Latina, non dovrebbero più essere identificati con la parte perdente nelle guerre civili e nelle rivoluzioni.

Essendo molto scarse le possibilità che un'economia di tipo americano possa mai funzionare con successo nelle società quasi collettiviste dell'America Latina, gli Stati Uniti dovrebbero rassegnarsi a trattare con una sfilza infinita di giunte militari e rivoluzionarie. Piuttosto che scegliere tra loro secondo la formula liberal-minoritaria secondo cui i totalitari di sinistra sono sempre e per sempre da privilegiare rispetto ai totalitari di destra, la diplomazia americana dovrebbe sforzarsi di fare in modo che tutti gli Stati latinoamericani, a prescindere dalla loro politica, rimangano fedeli all'emisfero occidentale.[1201]

Gli utopisti hanno spesso immaginato una confederazione panamericana, in cui gli Stati Uniti siano un partner paritario, come strumento ideale per risolvere i problemi emisferici e mantenere la difesa emisferica. Ma gli Stati Uniti hanno un vantaggio industriale e finanziario così schiacciante sugli altri Paesi del Nuovo Mondo che difficilmente possono evitare la responsabilità e lo stigma del dominio. I politici latinoamericani possono lamentarsi dell'imperialismo americano, ma certamente i loro Paesi, da soli o insieme, non hanno la forza di difendere il Nuovo Mondo dai predatori del Vecchio Mondo. I capitalisti e i marxisti latinoamericani possono denunciare il colosso commerciale yankee, ma l'economia dei loro Paesi sarebbe molto

---

[1201] Negli ultimi anni gli Stati Uniti hanno ottenuto alcuni successi militari e politici in America Latina. Grenada è stata occupata e il suo governo filosovietico è stato rovesciato. I Contras in Nicaragua sono stati piantati in asso, ma è stato eletto un governo filoamericano. I rivoluzionari di El Salvador furono tenuti a bada. L'uomo forte panamense Manuel Noriega, figura importante nel traffico internazionale di droga, fu catturato in un assalto militare e portato a Miami per essere processato.

peggiore se le imprese americane chiudessero i battenti e tornassero a casa.[1202]

Le grida pavloviane di "gringoismo" non dovrebbero nascondere una forma di aggressione molto più pericolosa che si sta verificando nell'emisfero occidentale. Si tratta di un'aggressione che punta a nord, non a sud. Con vaste aree del Texas e del sud-ovest americano che stanno tornando a una cultura messicana di lingua spagnola, con i portoricani che si riproducono più velocemente dei negri a New York, con i rifugiati cubani[1203] che si affollano in Florida, è possibile che i latinoamericani riconquistino presto i territori nordamericani perduti per default. Inoltre, l'estensione verso nord dell'America Latina non può che indebolire la sicurezza emisferica, riducendo ulteriormente il potere della maggioranza americana, sulle cui spalle deve poggiare, in ultima analisi, qualsiasi difesa efficace dei due continenti. Privato della leadership e della forza combattiva della Maggioranza americana, il Nuovo Mondo potrebbe tornare ad essere possesso del Vecchio.

Passando infine al Canada, bisogna riconoscere subito che dal punto di vista razziale e culturale il Canada è due nazioni, non una. La verità è che il Canada britannico e quello francese sono socialmente differenziati nell'emisfero occidentale come lo sono la Gran Bretagna e la Francia in Europa. I canadesi di origine britannica e quelli di origine francese non si fidano l'uno dell'altro più di quanto i francesi in Francia non si fidino della Perfida Albione e viceversa. Non c'è il Canale della Manica a tenerli separati e le differenze religiose sono più nette. I canadesi francesi sono più intensamente cattolici e i canadesi britannici più marcatamente protestanti rispetto ai francesi e agli inglesi in Europa.

Essendo i primi coloni bianchi del Canada, i canadesi francesi amano considerarsi i veri canadesi. Hanno espresso questi sentimenti con molotov, bombe, rapimenti e omicidi, una forma di attività politica che innervosisce la parte anglofona della popolazione. I tentativi deliberati della Francia, in particolare nell'era di de Gaulle, di suscitare sentimenti separatisti e promuovere la cultura francese non hanno migliorato la situazione. Nel 1976 il Parti Québecois, partito separatista, salì al potere in Québec. Tre anni dopo, un referendum che chiedeva la separazione totale fu sconfitto, ma non in

---

[1202] Nel 1969, le imprese americane davano lavoro a 2 milioni di latinoamericani, rappresentavano il 12% del prodotto nazionale lordo dell'America Latina e un terzo delle sue esportazioni, e pagavano più di un quinto delle sue tasse. *Time*, 11 luglio 1969, p. 26.

[1203] L'ondata del 1980 di 120.000 cubani che sbarcò in Florida aveva una grande componente di criminali, omosessuali e ritardati. Iniettando questi elementi malati nella popolazione americana, Castro ottenne un'altra vittoria nella sua guerra fredda contro gli Stati Uniti.

modo decisivo. Oggi il Canada è tenuto insieme soprattutto grazie all'atteggiamento conciliante dei canadesi di lingua inglese che, manipolati dai media liberal-minoritari e dai giochi politici delle élite intellettuali e imprenditoriali, si sono piegati a concedere le stridenti richieste di sempre maggiore autonomia di circa 6.146.600 canadesi francesi.

Il Canada britannico, distinto dal Canada francese, presenta una miscela razziale che si avvicina a quella della popolazione bianca degli Stati Uniti. I canadesi di origine britannica sono 10.611.050; gli altri europei, 4.146.065; gli indiani/eschimesi, 470.000; gli asiatici vari 1.381.000 e i negri, 252.660. Le cifre relative ai bianchi includono 385.000 ebrei. Alcuni dei neri sono discendenti di schiavi fuggiti dagli Stati Uniti poco prima della Guerra Civile.[1204] Come i negri di tutto il mondo, i neri canadesi sono in fondo alla scala sociale ed economica, anche se da più di cento anni hanno il diritto di voto e la piena protezione della legge, compresa l'istruzione integrata.[1205] Come gli ebrei di tutto il mondo, anche gli ebrei canadesi sono concentrati in alcune grandi città, principalmente Montreal e Toronto, e detengono una quota sproporzionata della ricchezza del Paese. L'enorme conglomerato di liquori che opera sotto il nome di Seagram's e possiede una grossa fetta di DuPont è stato fondato da Sam Bronfman, un contrabbandiere ebreo nato in Canada. Il figlio Edgar Bronfman Sr., dopo aver diretto il conglomerato per anni, gira il mondo come presidente del Congresso ebraico mondiale. Il figlio Edgar Jr., la cui prima moglie era una negra, dirige ora la società, che sta acquistando grandi blocchi dell'industria cinematografica.

L'idea ha perso gran parte del suo fascino, ma un tempo l'annessione del Canada fu presa in seria considerazione da quei pochi politici della storia americana che meritano il nome di statisti. Nonostante le forti obiezioni di decine di migliaia di lealisti americani fuggiti a nord oltre il confine, Benjamin Franklin cercò di convincere gli inglesi a rinunciare al Canada nelle trattative di pace che conclusero la Guerra d'Indipendenza. Un'altra ondata di annessione travolse gli Stati Uniti nei primi anni del Manifest Destiny,[1206] in parte ricambiata dai canadesi, all'epoca ancora coloni britannici. Ancora nel 1911 lo speaker della Camera dei Rappresentanti,

---

[1204] Molti di loro tornarono dopo la fine della guerra. John Hope Franklin, *From Slavery to Freedom*, Knopf, New York, 1969, p. 377.

[1205] Ibidem, pp. 376, 380-81.

[1206] Prima dello scoppio della Guerra del 1812, Henry Clay disse alla Camera dei Rappresentanti: "La sola milizia del Kentucky è in grado di mettere Montreal e l'Alto Canada ai vostri piedi". Un altro falco del XIX secolo, John Calhoun, profetizzò: "Credo che in quattro settimane dal momento in cui si sentirà una dichiarazione di guerra sulla nostra frontiera, l'intero Canada superiore e una parte del Canada inferiore saranno in nostro potere". Beard, *The Rise of American Civilization*, Vol. 1, p. 416.

Champ Clark del Missouri, salutava "il giorno in cui la bandiera americana[1207] sventolerà su ogni metro quadrato dei possedimenti britannici del Nord America fino al Polo Nord".

Oggi il pensiero di questa Grande America del Nord si è spento, tranne che nel Canada occidentale, dove sta crescendo un movimento per la secessione dalla parte orientale del Canada. Se ciò dovesse accadere, il passo successivo potrebbe essere una campagna per unirsi agli Stati nord-occidentali degli Stati Uniti nella creazione di uno Stato etnico o etnostatale indipendente.[1208]

Gli americani hanno investito più denaro in Canada, 37 miliardi di dollari, che in qualsiasi altro Paese. Acquistano circa il 75% di tutte le esportazioni canadesi. Dal momento che le due nazioni sono così economicamente intrecciate e che la maggioranza canadese di lingua inglese ha un rapporto biologico e culturale così stretto con la maggioranza americana, sembra inevitabile che le due maggioranze, per quanto le coalizioni liberal-minoritarie di entrambi i Paesi si oppongano intensamente, si avvicinino.

[1207] Samuel Flagg Bemis, *A Diplomatic History of the U.S.*, Holt, Rinehart, and Winston, New York, 1955, p. 735. Durante la Seconda guerra mondiale, il 24,4% degli americani intervistati in un sondaggio d'opinione si espresse a favore dell'annessione del Canada e il 23,3% dei canadesi condivise la loro opinione.

[1208] Per saperne di più sugli etnostati, si veda *The Ethnostate* di Wilmot Robertson, Howard Allen Enterprises, Inc.

PARTE X

Prospettive e previsioni

CAPITOLO 38

Ipnosi nucleare

IN NESSUNA PARTE DI QUESTO STUDIO, fatta eccezione per qualche accenno di sfuggita nei capitoli dedicati alla politica estera, si è parlato seriamente di quel nuovo e impressionante strumento di guerra che è il missile a testata nucleare. L'omissione è stata deliberata. La stessa parola nucleare solleva perturbazioni semantiche che tendono a emozionare e a oscurare piuttosto che a chiarire la discussione significativa di qualsiasi argomento, in particolare le relazioni internazionali. In secondo luogo, nonostante il suo orrore, la guerra nucleare è pur sempre una guerra e come tale può essere studiata al meglio in un contesto militare. Anche le implicazioni non militari delle armi nucleari - l'ipnosi nucleare, ad esempio, che tende a bloccare ogni approccio realistico alla politica estera - rientrano a buon diritto nella categoria della guerra psicologica.

Incongruamente, i risultati militari immediati della scoperta delle armi nucleari, almeno fino al presente scritto, sono stati quelli di incanalare la guerra verso percorsi più convenzionali.[1209] Per mantenere le bombe a fissione e a fusione disattivate in modo sicuro, le potenze nucleari e non nucleari che si sono impegnate nei conflitti del secondo dopoguerra hanno tenuto sotto controllo le loro operazioni militari più di quanto ci si potesse aspettare. L'esistenza di santuari,[1210] la presa di ostaggi, la detenzione di prigionieri a scopo di riscatto, la rinnovata popolarità della guerriglia e il

---

[1209] Un modo piuttosto tortuoso di mettere in pratica un'altra brillante "profezia" di Engels. Nel 1878 scrisse che la tecnologia militare "ha raggiunto un tale stato di perfezione che non è più possibile un ulteriore progresso che abbia un'influenza rivoluzionaria... tutti gli ulteriori miglioramenti sono più o meno irrilevanti per la guerra campale. L'era dell'evoluzione è quindi, in sostanza, chiusa in questa direzione". *Anti-Dühring*, p. 188.

[1210] Hanoi e il suo porto, Haiphong, sono stati esempi notevoli di santuari non bombardati o non bloccati durante la maggior parte della guerra del Vietnam. Anche quando i raid aerei erano consentiti e veniva stabilito un blocco marittimo, l'aviazione e la marina degli Stati Uniti si limitavano a obiettivi puramente militari. Nella guerra di Corea, le linee di rifornimento dei "volontari" cinesi erano off limits per il generale MacArthur, ai cui aerei da guerra era vietato sorvolare la Cina rossa.

riallestimento di vecchie navi da guerra indicano un passo indietro nel passato militare.[1211]

È stato nei primi giorni della Seconda Guerra Mondiale che gli stessi liberali ed egualitari che in seguito si sono presentati come i più accaniti oppositori della guerra atomica hanno dato il via alla corsa agli armamenti nucleari. In effetti, è un eufemismo dire che l'ideazione, la progettazione, lo sviluppo e la produzione della prima bomba atomica al mondo furono, dall'inizio alla fine, un lavoro d'amore di una minoranza. La cronologia inizia con Lise Meitner, una scienziata tedesca rifugiata, che nel 1938 si recò in Danimarca e consegnò al fisico Niels Bohr i dati di un esperimento di fissione appena eseguito a Berlino. Bohr trasmise l'informazione a Einstein e quest'ultimo, che all'epoca viveva a Princeton, scrisse una lettera al Presidente Roosevelt per sollecitare l'America ad avviare immediatamente un programma di sviluppo della bomba su larga scala. La prima lettera fu consegnata a mano dal banchiere Alexander Sachs e conteneva l'accusa (falsa) che i tedeschi stessero costruendo una bomba atomica. Con il progredire della Seconda Guerra Mondiale, Fermi, Bethe e Szilard elaborarono i dettagli della bomba atomica, che fu costruita sotto la direzione di Oppenheimer. Dopo il loro lavoro sulla bomba A, Teller e von Neumann continuarono a sviluppare la bomba H. Nel frattempo, i Rosenberg, Greenglass e Sobell rubarono diversi schemi di bombe e li consegnarono ai russi.[1212]

Che la bomba nucleare, così come lo spionaggio che vi si è sviluppato intorno,[1213] fosse fondamentalmente un progetto di una minoranza è dimostrato dalla lista di nomi riportata nel paragrafo precedente. Ogni persona è ebrea, ad eccezione di Roosevelt e Fermi, quest'ultimo italiano con moglie ebrea. L'antisemitismo tedesco aveva provocato una prodigiosa reazione da parte della comunità ebraica mondiale, che comprendeva numerosi fisici nucleari di alto livello, molti dei quali formatisi all'Università tedesca di Gottinga. Ma fu Einstein, ancora considerato dai media un

---

[1211] Un'eccezione è rappresentata dall'uso di gas velenosi da parte del governo iracheno contro la minoranza curda.

[1212] Fatti, nomi e date sono stati tratti, in gran parte, da Robert Jungk, *Brighter than a Thousand Suns*, Harcourt, Brace, New York, 1958.

[1213] Una delle scuse offerte da coloro che vennero in difesa delle spie atomiche - e furono in molti - fu che gli scienziati sovietici avrebbero prima o poi penetrato da soli i misteri dell'energia nucleare. In risposta, si potrebbe affermare che la formula segreta del fuoco greco fu custodita con successo dal VII al IX secolo dall'Impero Romano d'Oriente. Rivelarne la conoscenza non solo era considerato un tradimento, ma anche un sacrilegio. Fu il fuoco greco che aiutò il governo bizantino a respingere l'attacco arabo a Costantinopoli e quindi, secondo Will Durant, a "salvare l'Europa" e a prolungare la vita dell'Impero Romano d'Oriente per quasi 800 anni. *L'età della fede*, pp. 424-25.

modello di umanitarismo, il maggior responsabile della "vendita" della bomba al governo americano. In qualità di principale promotore dell'arma più letale di tutti i tempi, l'estensore della Relatività ha svolto un ruolo nella storia della guerra che in precedenza era stato attribuito a Basil Zaharoff, ai Krupp e agli altri "mercanti di morte" che sono diventati personaggi di riferimento della demonologia liberal-minoritaria.

Sebbene la bomba non fosse stata completata in tempo per essere sganciata sulla Germania, la confraternita di scienziati atomici che l'aveva costruita aveva poche remore a usarla contro il Giappone, alleato di Hitler. La decisione finale, ovviamente, spettava al Presidente Truman. Lo scienziato che si oppose al progetto in modo più deciso fu Ernest Lawrence, un membro della maggioranza.[1214]

Le motivazioni razziali degli scienziati di minoranza che concepirono e produssero la bomba atomica furono rese perfettamente chiare nel dopoguerra quando Oppenheimer, il più influente fisico nucleare americano, tentò di fermare lo sviluppo della bomba H proprio nel momento in cui i russi avevano iniziato un programma accelerato per costruirne una propria. Oppenheimer spiegò il suo ripensamento appellandosi a principi liberali e pacifisti consolidati. Era determinato, diceva, a rinunciare al "lavoro del diavolo".[1215] Ma poiché lui e praticamente tutti i suoi colleghi erano stati pacifisti, liberali e persino ultraliberali prima della comparsa di Hitler, il loro secondo cambiamento di cuore nel giro di un decennio potrebbe essere più logicamente attribuito a un cambiamento di nemico. È lecito dubitare che Oppenheimer sarebbe stato così diligente nel costruire bombe se Hitler non fosse stato antisemita, e così rapido nell'abbandonare il suo lavoro sulle bombe se non avesse avuto il tipico debole dell'intellettuale di minoranza per il marxismo.[1216]

Ci vollero molti sforzi da parte del governo americano per superare l'opposizione di Oppenheimer alla bomba H, sostenuta dalla parte più influente dei media.° Di tutti gli scienziati di minoranza di alto livello, solo

---

[1214] Jungk, op. cit., p. 186n. Uno sviluppo successivo, la bomba al neutrone, progettata specificamente per uccidere le persone, è stata un'idea di Samuel T. Cohen, uno scienziato californiano. L'esplosione molto ridotta della bomba al neutrone provoca pochi danni alle cose. *Newsweek*, 17 aprile 1978, pag. 36. 7. Ibidem, p. 333.

[1215] Oppenheimer aveva molti legami con i comunisti, che alla fine gli costarono l'autorizzazione di sicurezza in mezzo a un clamore della stampa che riportò alla memoria l'affare Dreyfus.

[1216] Quando "il Comitato speciale del Consiglio di sicurezza nazionale ordinò finalmente di procedere a pieno ritmo con il programma della bomba H, il voto fu di due a uno. David Lilienthal, unico membro di minoranza e primo presidente della Commissione per l'energia atomica, votò no". Ibidem, pp. 284-85.

Edward Teller e von Neumann sembrarono percepire i pericoli di lasciare che la tecnologia nucleare americana rimanesse indietro rispetto a quella russa. Sia Teller che von Neumann avevano avuto un'esperienza diretta con il comunismo nella loro Ungheria. È stato il vigoroso e convinto Teller, molto in anticipo rispetto ai suoi colleghi nell'individuare il passaggio di Stalin al nazionalismo e all'antisemitismo, a battersi con maggiore determinazione per la bomba H, spesso di fronte alle ondate di diffamazione e calunnie della stampa.[1217] Alla fine, gli Stati Uniti hanno preceduto la Russia nella realizzazione della bomba H di soli dieci mesi.

Non essendo riuscita a far uscire l'America dalla corsa agli armamenti nucleari, la lobby del disarmo ha proposto un divieto reciproco sovietico-americano di tutte le armi nucleari. I russi si dimostrarono disponibili, ma rifiutarono di permettere ispezioni in loco. In linea di massima la coalizione liberale di minoranza era disposta a concedere questa concessione. Fortunatamente lo Stato Maggiore e la maggioranza del Congresso non lo erano.

Negli anni immediatamente successivi alla Seconda Guerra Mondiale, le argomentazioni a favore del disarmo nucleare si basavano sulla paura, sul pacifismo, sul disfattismo e su velleitarie proposte di governo mondiale. La vecchia fissazione della sinistra sulla Russia come luogo di nascita del comunismo e di realizzazione del sogno marxista era un'importante forza motivante, come dimostra lo slogan pacifista ben pubblicizzato "Meglio rosso che morto". Gran parte della propaganda per il disarmo ebbe origine alla Casa Bianca. Consulenti presidenziali di minoranza influenti come Seymour Melman, Jerome Wiesner e Walt W. Rostow proposero politiche che andavano tutte a vantaggio militare dell'Unione Sovietica. [1218]

Negli ultimi anni, il declassamento della sicurezza nazionale americana è stato più efficace che nel settore della difesa civile. In caso di guerra nucleare, la capacità della manodopera e dell'industria americana di sopravvivere a devastanti attacchi con bombe H rappresenterà la vittoria o la cosa più vicina alla vittoria. In parole povere, il Paese la cui popolazione e i cui impianti industriali sono più sparsi e più profondamente "scavati" avrà maggiori possibilità di evitare la sconfitta totale. In gran parte come risultato dell'indifferenza e a volte dell'aperta inimicizia dell'America verso l'intero concetto di difesa civile, l'elaborato sistema di difesa civile della Russia è

[1217] All'inizio Teller fu trattato come un emarginato dai suoi colleghi ebrei. In seguito, quando i neoconservatori ebrei si rivoltarono contro la Russia per aver armato e sostenuto gli Stati arabi radicali, fu riaccolto nell'establishment.

[1218] Per una rassegna concisa ma completa delle attività della Lobby del Disarmo, con tanto di identikit dei principali lobbisti, si veda l'omonimo capitolo di Evans, op. cit.

molto avanti. Attualmente l'Occidente sembra aver dimenticato la minaccia nucleare russa, soprattutto a causa degli enormi problemi interni che affliggono il Paese. Ma questo non significa che i suoi missili a testata nucleare siano stati accantonati. Le bombe H del Cremlino sono ancora in grado di radere al suolo quasi tutte le grandi città americane con la semplice pressione di un pulsante.

Non è necessario essere un generale o un ammiraglio per sapere che la sorpresa dà un vantaggio schiacciante nella guerra nucleare. Eppure un presidente americano, John Kennedy, ha dichiarato che gli Stati Uniti non saranno mai i primi a lanciare un attacco nucleare[1219] - una promessa gratuita e confortante per un nemico dotato di armi nucleari che potrebbe avere idee diverse. Il maresciallo Grechko, il defunto ministro della Difesa sovietico, disse nel 1970: "Gli americani si stanno prendendo in giro da soli. L'unica guerra da combattere e da vincere è quella atomica, ed è a questa che dobbiamo essere preparati".[1220] Un misterioso ufficiale dei servizi segreti russi, il colonnello Oleg Penkovskiy, che potrebbe o meno aver avuto stretti legami con la CIA, affermò categoricamente che la Russia aveva costruito la sua strategia nucleare su un primo attacco contro gli Stati Uniti. Ha anche affermato che molti strateghi militari russi non sono affatto convinti che entrambe le parti sarebbero distrutte in una guerra nucleare, ritenendo possibile vincere una guerra del genere, purché sia breve e non degeneri in un conflitto di logoramento. Lo Stato Maggiore russo, ha aggiunto, conta sulla sorpresa totale e sulle esplosioni delle bombe più grandi della Russia per sferrare un attacco di proporzioni paralizzanti.[1221] Poiché forse metà della popolazione americana e una parte sostanziale del complesso industriale americano sarebbero esposti alla distruzione termonucleare, non è confortante pensare che gli americani si affidino alla scarsa abilità dei tiratori russi piuttosto che a un sistema di difesa civile altamente organizzato per la sopravvivenza delle loro famiglie e delle loro fabbriche. Nel frattempo, con il suo personale chiave e molti dei suoi impianti di difesa più importanti al sicuro sottoterra, la Russia sarebbe ben preparata per gli attacchi di rappresaglia degli Stati Uniti.

La Russia, tormentata dall'interno da un sistema politico ed economico caotico e dall'esterno da nazionalità sempre più inquiete e infelici, è pronta per questa terribile scommessa? Sarà mai pronta? Un segno che il Cremlino

---

[1219] Evans, op. cit., pp. 262-63.

[1220] *Reader's Digest*, ottobre 1970.

[1221] "Quando le circostanze saranno favorevoli per sferrare il primo attacco nucleare, l'Unione Sovietica lo sferrerà con la scusa di difendersi da un aggressore. In questo modo prenderà l'iniziativa". Oleg Penkovskiy, *The Penkovskiy Papers*, Avon Books, New York, 1966, pp. 72-73, 250-54.

potrebbe pensare in questa direzione sarebbe un attacco preventivo alle basi missilistiche e alle installazioni atomiche cinesi, perché è difficile credere che la Russia segua il modello americano e permetta al suo più grande e minaccioso nemico di costruire uno stock nucleare letale. Troppo velocemente per la soddisfazione della Russia, la Cina sta diventando uno dei principali membri del club nucleare mondiale, che comprende Gran Bretagna, Francia, India, Israele e forse Sudafrica. Anche altre nazioni, in particolare l'Iraq e il Pakistan, vorrebbero farne parte e ci stanno lavorando duramente. Il fatto che le due superpotenze nucleari, dopo aver accettato di interrompere i propri esperimenti atmosferici, permettano alla Cina e alla Francia di continuare i loro dimostra una preoccupante mancanza di interesse non solo per la sicurezza dell'America e della Russia, ma per la sicurezza del mondo.

Se la dominazione liberal-minoritaria dell'opinione pubblica americana non fosse stata così totale all'indomani della Seconda guerra mondiale, l'umanità non avrebbe mai dovuto preoccuparsi della possibilità di una guerra termonucleare. Dal 1945 al 1949 gli Stati Uniti hanno avuto il monopolio assoluto delle armi nucleari. Avevano prodotto una bomba atomica con quattro anni di anticipo sulla Russia ed erano ancora più avanti nello sviluppo e nella produzione di sistemi di trasporto. In qualsiasi momento di un periodo di cinque-dieci anni, gli Stati Uniti, senza alcun timore di ritorsioni efficaci, avrebbero potuto presentare all'Unione Sovietica un ultimatum che richiedeva l'immediato smantellamento di tutte le sue installazioni nucleari, portando così l'accumulo nucleare della Russia a un punto morto. Se la Russia avesse ignorato l'ultimatum, gli Stati Uniti avrebbero potuto realizzare lo smantellamento di propria iniziativa con un attacco preventivo a tutto campo, non contro la popolazione russa ma contro le strutture nucleari e i siti missilistici russi. Lo stesso trattamento preventivo avrebbe potuto essere applicato in seguito a qualsiasi altra nazione abbastanza sciocca da iniziare ad accumulare un arsenale nucleare.

Durante il primo decennio critico dell'era atomica, molti americani ragionevoli e realistici sostennero una politica di questo tipo, umanitaria nel senso più alto del termine, perché avrebbe potuto salvare centinaia di milioni di vite. Ma questi americani non sono mai stati ascoltati o, se ascoltati, sono stati messi alla gogna senza pietà e poi messi a tacere. La cacofonia liberal-minoritaria del disarmo unilaterale e dell'accomodamento con la Russia a qualsiasi prezzo, compresa la condivisione della ricerca atomica americana, non ammetteva alcun dibattito sui vantaggi di un angolo permanente sulle armi nucleari.

Come suggerito all'inizio di questo capitolo, l'attuale equilibrio di potere nucleare tra Russia e Stati Uniti può effettivamente avere un effetto calmante e contenitivo sulla guerra, localizzando e limitando i conflitti e dando una nuova importanza ad armi antiquate come il fucile e a tattiche antiquate come il combattimento corpo a corpo. Ma se ciò non dovesse accadere, e se dovesse scoppiare una guerra nucleare, non è detto che l'intera civiltà - nonostante le terribili previsioni dei catastrofisti - venga completamente cancellata. [1222]

L'umanità è già sopravvissuta ad alcune prove che si avvicinano all'orrore previsto per una futura guerra nucleare. Cartagine non avrebbe potuto essere demolita più completamente da una bomba H di quanto non lo sia stata dalle legioni romane. Si dice che Gengis Khan abbia ucciso 1,6 milioni di uomini, donne e bambini a Herat. Si dice che non sia rimasta viva nemmeno una persona quando Tamerlano passò per Baghdad.[1223] La peste nera ha spazzato via da un quarto a un terzo della popolazione europea nel 1348-50.[1224] Gli uomini hanno combattuto molte guerre in cui non sono stati fatti prigionieri e hanno perso molti assedi in cui tutti gli assediati, indipendentemente dall'età o dal sesso, sono stati uccisi. Sebbene le bombe a fusione da megatoni siano centinaia di volte più letali delle bombe atomiche da chilotoni sganciate su Hiroshima e Nagasaki, è degno di nota il fatto che entrambe le città siano oggi più popolate e più fiorenti di quanto non fossero prima della comparsa delle nubi a fungo.

Anche ammettendo che una guerra nucleare su larga scala annienti l'intera popolazione di Europa, Nord America e Asia, un paese come la Nuova Zelanda o l'Australia sarebbe in grado di portare avanti la civiltà del XX secolo senza quasi interruzioni. Se si ricorda che la popolazione di Atene era di soli 130.000[1225] all'epoca di Pericle, la qualità umana sembrerebbe essere un ingrediente fondamentale della civiltà più della quantità umana. In effetti, un cinico o un darwinista sociale incallito potrebbe affermare che una guerra nucleare potrebbe effettivamente aiutare la civiltà distruggendo o frenando le minacce non nucleari ma ugualmente pericolose per l'umanità: il degrado urbano, l'eccessiva industrializzazione, la natalità esponenziale dei geneticamente impoveriti e i molti altri disastri ecologici e disgenici dell'epoca attuale.

[1222] I profeti di morte e desolazione sono in voga fin dai tempi del diluvio e di Sodoma e Gomorra. L'invenzione della fionda, della lancia, dell'arco e delle frecce e della polvere da sparo potevano essere terrificanti ai loro tempi come le armi chimiche, biologiche e nucleari lo sono per gli uomini dell'epoca attuale.

[1223] *Ency. Brit.*, Vol. 12, p. 1001.

[1224] *Scientific American*, febbraio 1964, p. 114. Nel 1970, da 300.000 a 600.000 pakistani orientali morirono in un ciclone del Golfo del Bengala. *Time*, 30 novembre 1970, p. 16.

[1225] Solo 50.000 di questi ateniesi erano cittadini. Cfr. p. 238.

Ciò che va temuto quasi quanto la guerra nucleare è l'ipnosi nucleare a cui il pubblico americano è stato sottoposto per quasi mezzo secolo. Prima si dice agli americani di produrre bombe atomiche, poi di sganciarle su due città mal difese di una nazione già sull'orlo della sconfitta,[1226] poi di rinunciare agli immensi vantaggi strategici della bomba A condividendo i segreti atomici dell'America con la Russia, poi di accettare il disarmo nucleare senza ispezioni, poi di eliminare la bomba H nello stesso momento in cui la Russia stava costruendo la propria e, infine, in nome del Trattato sulla limitazione degli armamenti strategici, di garantire a quella che allora era l'Unione Sovietica un vantaggio nei missili balistici intercontinentali a testata nucleare. Ma questa non è affatto la fine. Dal momento che la politica nucleare della coalizione liberal-minoritaria non è così disinteressatamente umanitaria come si pretende, ci si possono aspettare ulteriori spostamenti e inversioni di rotta. Che i commissari russi inizino a imitare i pogrom degli zar, che si intravedano i barlumi di un Dunkerque israeliano in Palestina, che i bianchi sudafricani si sollevino e si ritaglino una patria indipendente, che un movimento fascista si faccia strada in qualche parte dell'Occidente, che si verifichi uno qualsiasi di questi eventi e i lobbisti del disarmo abbandoneranno rapidamente le loro maschere pacifiste e saranno i primi a chiedere l'incenerimento termonucleare del "nemico".[1227]

Il sonnambulismo che ha circondato la formulazione della strategia nucleare americana svanirà non appena si riconoscerà che le armi nucleari non sono una questione ideologica. Non devono servire come palo della cuccagna o pedine degli scacchi in un gioco di politica razziale. Poiché ogni testata su ogni missile americano è una spada di Damocle sulla testa di ogni potentato straniero con progetti aggressivi sul Nuovo Mondo, le armi nucleari sono niente di più e niente di meno che la principale linea di difesa americana.

[1226] Gli attacchi atomici su Hiroshima e Nagasaki saranno sempre considerati una macchia nella storia americana e saranno imputati al popolo americano nel suo complesso invece che alla minoranza di scienziati che inventarono e costruirono la bomba e agli "umanitari" liberal-minoritari che ordinarono e applaudirono il bombardamento. È lo stesso gruppo che ha sostenuto e applaudito l'attacco aereo del 1945 su Dresda, che ha ucciso 35.000 persone - alcuni dicono 135.000 - in una sola notte, molte delle quali erano rifugiati di guerra, l'avanguardia degli 11 milioni di tedeschi che fuggivano verso ovest dalle depredazioni dell'Armata Rossa e dalle punizioni dei polacchi e dei cechi.

[1227] Un segno di ciò che ci si può aspettare è stato un incidente poco pubblicizzato che si è verificato durante la recrudescenza della guerra arabo-israeliana del 1967. Il SANE (Sane Nuclear Policy Committee), che era sempre stato in prima linea in ogni tentativo di limitare e indebolire la capacità nucleare americana, dovette cancellare una marcia per la pace perché molti dei suoi membri si stavano preparando a manifestare per una maggiore assistenza militare a Israele. Dinsmore, *All The News That Fits*, p. 323.

Il modo più sicuro per evitare una guerra nucleare è riconoscere che non è la preparazione nucleare ad aumentare le probabilità di un primo attacco contro l'America, ma il disfattismo, la divisone e la discordia promossi da un mass media orientato alle minoranze. L'obiettivo sembra essere quello di distruggere la volontà di resistenza dell'America, intaccando il principale mezzo di resistenza, l'importantissimo deterrente nucleare. Coloro che invocano un congelamento nucleare non verificato e organizzano manifestazioni violente davanti alle centrali nucleari, invitano i militaristi totalitari d'oltreoceano ad avvicinarsi al grilletto nucleare. Chi non capisce che la guerra nucleare richiede la modifica, e non l'abbandono, di antichi concetti di tattica e strategia, potrebbe un giorno invitare un attacco nucleare da parte di chi invece lo fa. Coloro che affermano che non può esistere una vittoria in una guerra nucleare stanno rendendo possibile tale vittoria per l'altra parte.[1228]

Un'America dominata dalla maggioranza sarebbe relativamente impermeabile agli interessi egoistici e alle richieste speciali che l'hanno recentemente coinvolta in tante crociate estere infruttuose e senza profitto. Lo sforzo nazionale verrebbe ritirato dalla difesa mondiale di regimi politici degenerati e di ideologie superate, per concentrarsi sul benessere dell'America. In un contesto nucleare, ciò significa un impegno incrollabile verso l'idea che la guerra sia l'ultima corte d'appello, non per la protezione di investimenti stranieri e di patrie straniere, non per Gracchiani in cerca di gloria o Messia razzisti in abiti egualitari, ma per una società che si trova di fronte alla duplice minaccia della disintegrazione in patria e di una pioggia di missili termonucleari dall'estero.[1229]

[1228] Il desiderio di Mikhail Gorbaciov di concludere il maggior numero possibile di accordi di riduzione degli armamenti nucleari non era ispirato dall'amore per la pace, ma dalla consapevolezza che l'unico modo per fornire ai russi i beni di consumo di cui sono stati privati per tanto tempo era quello di tagliare l'enorme bilancio militare.

[1229] Chi ritiene che l'enfasi sulle questioni militari in questo capitolo sia fuori luogo, dovrebbe ricordare che la disgregazione degli imperi porta tutt'altro che pace, come ad esempio l'India dopo il ritiro degli inglesi e l'Indocina dopo la fuga dei francesi.

CAPITOLO 39

Raduno dell'Europa settentrionale

Tuttavia, non è alle difese nucleari dell'America che la Maggioranza deve guardare per liberarsi e rigenerarsi, ma alle difese della mente. Non ci sarà fine alla sua espropriazione finché la Maggioranza non imparerà a rifiutare tutte, ripeto *tutte*, le principali correnti del pensiero liberale moderno, e non ci potrà essere tale rifiuto finché non si comprenderà chiaramente la vera natura delle forze illiberali che generano e dirigono il liberalismo moderno. Le assurdità, le falsità e le contraddizioni del marxismo, del freudianesimo, dell'antropologia egualitaria di Boas e della socialdemocrazia contemporanea non sono importanti in sé. Ciò che è importante è come e perché sono state sviluppate e sintetizzate nel più inflessibile assolutismo intellettuale dai tempi della scolastica medievale.

Per capire cosa è successo alla Maggioranza è necessario innanzitutto rendersi conto che il declino e la caduta di qualsiasi razza o nazione possono essere causati dal successo come dal fallimento. La società in difficoltà sa bene che non deve abbassare la guardia. Non può permettersi di ignorare le motivazioni e gli atti dei suoi avversari. È consapevole che ogni abrogazione dei suoi beni, materiali o immateriali, è una perdita che può essere recuperata solo con gli sforzi più prolungati e ardui. Al contrario, la società di successo o benestante, in virtù della sua eccedenza di beni di prima necessità, ha il tempo di allontanarsi dalla mole dell'esistenza quotidiana. Meno toccati dalle forze esistenziali della condizione umana, i suoi membri hanno la rara e pericolosa opportunità di estendere il loro individualismo ben oltre il normale punto di rottura sociale.

Misurata con qualsiasi metro di misura del progresso materiale verso la vita buona, la storia non ha mai registrato una società di maggior successo di quella degli Stati Uniti dalla fine della guerra civile alla fine degli anni Venti. Anche gli elementi incapaci e inabili della popolazione, quelli geneticamente o culturalmente inadatti a partecipare pienamente e volontariamente a una società industriale di tipo occidentale e orientata al progresso, stavano avanzando, anche se lentamente. Persino i più umili tra i nuovi arrivati dall'Europa, rispetto a quelli che si lasciavano alle spalle, stavano immensamente meglio dal momento in cui avevano messo i piedi sul suolo americano. E per tutto il tempo ogni americano, di qualsiasi provenienza e a qualsiasi stadio di assimilazione, veniva esposto a possibilità inimmaginabili di auto-realizzazione e realizzazione grazie all'impetuosa vitalità dell'immaginazione e dell'impresa della Maggioranza.

Chi ha successo può permettersi di condividere il proprio successo e la Maggioranza lo ha fatto con una prodigalità senza limiti. Con poche qualifiche o condizioni, i privilegi faticosamente accumulati dalle istituzioni della Maggioranza furono distribuiti gratuitamente a membri di altre razze e culture, che li accettarono come un fatto scontato, spesso con uno spettacolo di ingratitudine, e poi li usarono per scopi completamente diversi da quelli per cui erano stati pensati. I nuovi americani cominciarono a votare, non come individui ma come membri di blocchi. Anche se molti di loro prosperarono molto in un'economia libera, spesero gran parte della loro ricchezza in progetti di gruppo spesso contrari all'interesse nazionale. Si rallegravano della libertà che non erano mai riusciti a conquistare per se stessi; ma invece di trattarla con rispetto e di farne tesoro in modo responsabile, la consideravano un dono, un possesso legittimo e permanente, indipendentemente dal fatto che la meritassero o meno, che lavorassero per acquisirla o che lottassero per mantenerla. I loro figli si affollavano nelle scuole pubbliche gratuite di un sistema educativo ineguagliabile, dove imparavano abbastanza sulla civiltà americana per criticarla, ma non abbastanza per sostenerla e farla progredire.

All'inizio molti membri della minoranza inassimilabile cercarono di inserirsi nel modello generale della maggioranza. Ma come potevano essere buoni democratici quando la democrazia era sempre stata estranea alla loro esperienza storica? Come potevano sostenere un establishment quando avevano sempre odiato tutti gli establishment? Molti erano eruditi in legge - la loro religione era spesso la loro legge - ma quanto erano lontani questi esercizi teologici dalla common law anglosassone! Per quanto riguarda l'assimilazione, come potevano mescolarsi con gli altri quando l'intero segreto della loro sopravvivenza era stato lo stare separati?

Hanno accarezzato un po' il sogno americano, ma è sfuggito loro. I loro intellettuali leggevano Locke, Jefferson, Emerson e Mill, ma in seguito preferirono parenti del Vecchio Mondo come Marx, Freud e Boas. Gli apocalittici del Vecchio Testamento del marxismo avevano un suono familiare e piacevole. Il simbolismo antropomorfico di Freud si adattava bene a un popolo religioso in cerca di un sostituto per una fede morente e anacronistica. Fu una manna dal cielo quando Boas dichiarò che tutte le razze erano uguali. La Dichiarazione di Indipendenza lo aveva lasciato intendere, ma ora era un "fatto scientifico".

Non ci volle molto per scoprire che queste nuove teorie erano molto più di un gioco intellettuale. Esse costituivano un'ampia scorta di armi dottrinali fatte su misura per una strategia del *divide et impera*. Marx aveva separato gli uomini non in razze, ma in sfruttatori e sfruttati, capitalisti e proletari, e la Maggioranza era così separata. Freud aveva trasformato gli uomini in animali senza cervello, e la Maggioranza era così animalizzata. Per quanto riguarda le grandi guide del governo della Maggioranza, il Nuovo Testamento e la Costituzione, aggiungendo un po' qui e sottraendo un po' là, enfatizzando alcune parole e reinterpretandone altre, entrambi potevano essere rivoltati contro la Maggioranza e usati per produrre ulteriori divisioni nei suoi ranghi già divisi.

Nel frattempo, i membri della Maggioranza continuavano a fare i loro affari alla cieca, convinti che l'America avrebbe rifatto gli stranieri al suo interno, e non il contrario. Solo un manipolo di preveggenti rifiutò queste fantasie ambientaliste e mise in guardia da ciò che stava realmente prendendo forma dietro la cortina fumogena della retorica proletaria e della legislazione "progressista". Ma Henry Adams, Madison Grant, Lothrop Stoddard, Henry Ford, Ezra Pound, Charles Lindbergh e Carleton Putnam erano voci che gridavano in una camera d'eco. Tutto ciò che si è sentito è stato il coro di calunnie, a un milione di voci, che li ha stigmatizzati come eccentrici pazzi o razzisti assassini. Ezra Pound, la più amara e poetica di queste voci, fu scelto per un castigo più spettacolare. Per settimane, l'uomo descritto come "il principale fondatore e lo spirito guida della poesia moderna in lingua inglese"[1230] fu esposto in una gabbia di ferro a Pisa e poi rinchiuso per dodici anni in un manicomio del Distretto di Columbia.[1231]

Anche negli anni '60 e '70, quando la morsa delle minoranze liberali sulla nazione si era stretta fino a diventare una morsa, i membri della Maggioranza non riuscivano a credere di essere diventati un popolo di poco o nessun conto nel loro stesso Paese. La maggior parte aveva ancora una casa, un'auto di ultima generazione e un congelatore ben fornito. Ma non avevano più predicatori o insegnanti efficaci che difendessero la causa della Maggioranza, nessuna letteratura o teatro contemporaneo, nessuna stampa di cui parlare e, con l'eccezione di alcune teste parlanti in TV e alla radio, nessun forum di espressione a livello nazionale. Mentre la sua ascesa veniva efficacemente cancellata, la Maggioranza si trasformava in uno sciame di droni della classe media e della classe bassa, a cui erano ancora permessi alcuni comfort fisici, ma accuratamente isolati e garantiti dai punti di osservazione del processo decisionale e di formazione delle opinioni. Ai

---

[1230] *Who's Who in America*, 1969-70.

[1231] "Per gli americani era una barbarie incredibile da concepire ed eseguire". Charles Norman, *Ezra Pound*, Macmillan, New York, 1960, p. 397. L'anziano Pound, va aggiunto, fu tenuto in isolamento nella sua gabbia pisana, non gli fu permessa la posta e fu costretto a dormire sul pavimento di cemento. Si confronti questo trattamento con quello riservato a Jane Fonda e Ramsey Clark, che trafficarono con il nemico ad Hanoi durante la guerra del Vietnam. L'ex procuratore generale Clark, mentre era membro dello studio legale Paul, Weiss, Goldberg, ecc. è stato *testimone della difesa* nel processo contro il sicario della Nuova Sinistra la cui bomba ha ucciso uno studente della maggioranza all'Università del Wisconsin.

magnati industriali della maggioranza furono concessi ancora alcuni anni o decenni di limitata indipendenza all'interno degli stretti confini delle loro aziende - qualcuno doveva pur far girare le ruote - ma dovevano tenere la bocca e la mente chiuse. Quanto ai politici e agli intellettuali della maggioranza, erano ancora al sicuro, purché obbedissero alle voci dei loro padroni.

Tuttavia, non tutto era chiaro per le minoranze. L'egualitarismo, un dogma contagioso dal potenziale epidemico, stava sfuggendo di mano. Era prevedibile che la razza dominante, ridotta all'uguaglianza, fosse destinata a un'ulteriore perdita di status. Era comprensibile che le razze soggette, dopo essere state portate all'uguaglianza, cercassero di salire più in alto, soprattutto dopo che dotti professori avevano lusingato i loro geni e stuzzicato le loro ambizioni con allusioni alla superiorità razziale. Era logico che i neri, dopo essersi sentiti dire che erano uguali o superiori ai bianchi, attribuissero la colpa dei loro svantaggi sociali non a limiti mentali innati, ma a una diabolica cospirazione bianca. Era inevitabile che alcuni neri, giunti a questa conclusione, sentissero di avere il diritto di vendicarsi e di bruciare le città per "prendere i bianchi". Ma il problema era che "il bianco" era spesso un membro di un'altra minoranza inassimilabile, l'ebreo che possedeva la maggior parte delle case popolari e dei negozi al dettaglio del ghetto.

Così i proprietari ebrei di negozietti e i pensionati ebrei meno abbienti sono stati sacrificati agli scippatori e ai piromani delle terre di nessuno urbane, questi ultimi spesso lavorando in nero con i proprietari dei bassifondi, mentre i radicali ebrei e gli intellettuali rinnegati della Maggioranza, rintanati al sicuro nei sobborghi, redigevano manifesti in cui denunciavano il Ku Klux Klan e l'energia nucleare e chiedevano dosi sempre più massicce di busing forzato e Affirmative Action. Come se nulla fosse, i milionari Gracchiti e le minoranze di sinistra di vecchia data, alcuni dei quali ora si definiscono neo-conservatori, hanno continuato a pagare la maggior parte dei conti. Dopotutto, si trattava di una guerra, e non si doveva permettere che qualche piccolo tradimento e qualche perdita potessero sminuire una vittoria già in vista. In ogni caso, tutti erano troppo impegnati per tornare indietro e un rallentamento avrebbe potuto dare alla Maggioranza il tempo di riorganizzarsi.

Il tempo era certamente essenziale. Le orecchie più sensibili cominciavano a sentire brontolii e mugugni nell'entroterra, nel cuore del paese, nel Sud e nel Sud-Ovest e, cosa più preoccupante, nei sacri boschetti dell'accademia, dove gli Arthur Jensen e gli Edward Wilson stavano alzando la voce. Finalmente la Maggioranza stava emettendo qualche sussurro di resistenza. Per stroncare queste lievi e difficilmente pericolose agitazioni, lo stato maggiore liberal-minoritario aprì tutti i vecchi punti fermi, la cacofonia mortifera del dogma marxista e liberale e i subdoli appelli egualitari al razzismo delle minoranze, nonché alcuni nuovi punti fermi: la droga, la pornografia, l'omosessualità, il divario generazionale e la liberazione della donna. Come al solito, i grossi calibri hanno colpito i punti più deboli delle difese della Maggioranza: gli studenti e le giovani donne. Ma si concentravano anche sull'obiettivo principale, l'ultima ridotta della Maggioranza, la famiglia.

Per salvarsi dall'estinzione spirituale, la Maggioranza non ha altra scelta che disimparare rapidamente tutte le lezioni che le sono state impartite dall'inizio della sua espropriazione. La dignità dell'individuo? Il trionfo della ragione? I diritti dell'uomo? Gli antenati della Maggioranza erano stati i primi a sviluppare questi concetti e ad applicarli alla società. Nella loro forma moderna e perversa sono stati gli assassini della società. La democrazia, il liberalismo autentico, la legge comune, il libero gioco dell'immaginazione, le scoperte tecnologiche, tutte le grandi conquiste politiche, sociali e scientifiche dell'uomo occidentale stavano diventando il bottino dell'uomo non occidentale. La storia, una volta "ristrutturata" dall'intellighenzia liberal-minoritaria, non solo è diventata un'assurdità, ma una frode deliberata, la strategia di base di una guerra in cui la verità è stata la prima vittima. L'ambiente, il clima, la geografia, l'economia, la religione e il cieco caso furono solennemente proclamati come gli unici possibili (e ammissibili) creatori del passato e del futuro. La razza era ancora l'indicibile determinante storico, sebbene i più rumorosi denunciatori e negatori della razza fossero, come sempre, i più grandi razzisti.

La disperazione stessa delle negazioni ha dato corpo all'affermazione che la storia si concentra sulla razza; che la razza è scritta in ogni oscuro paragrafo e in ogni lucida pagina della storia umana; che dove non c'è coscienza della razza non c'è coscienza storica; che dove non c'è coscienza storica c'è cronologia ma non storia; che l'essenza della storia è l'ascesa e la caduta delle razze.

Per lo storico razziale la razza è l'essere e il divenire dell'umanità organizzata. Come la razza è stata il fattore di controllo del passato umano, così lo sarà nel futuro. Il destino dell'uomo è ora diventato il destino del mondo. Sono necessari sforzi supremi per porre fine alla devastazione dell'ambiente - sforzi supremi che possono essere intrapresi solo da grandi gruppi di uomini con riflessi politici e sociali simili, da grandi squadre, non da grandi folle, in particolare da grandi razze. La razza, la più alta manifestazione dello spirito di squadra, può essere il modo in cui la natura organizza gli uomini per realizzare l'irrealizzabile.

Proprio come il corpo rifiuta gli organi trapiantati, le razze hanno l'abitudine di rifiutare le ideologie trapiantate. Possono accettarle temporaneamente, ma l'accumulo di "anticorpi" è incessante. L'unica ideologia accettabile per tutte le razze sembra essere il grande disegno dell'evoluzione, che alla fine selezionerà una di esse per dare vita a una nuova specie, la migliore dell'uomo.

In un'epoca che comincia a svelare i misteri del gene, le cui frequenze e combinazioni spiegano le differenze individuali e razziali, la razza che più probabilmente innalzerà gli *ominidi* di un altro gradino nella scala evolutiva sarà quella che si concentrerà sulla penetrazione dell'enigma genetico. Non sarà certo la razza che disperderà le proprie energie in crociate dottrinali, cercando la propria salvezza al di fuori di sé, lasciandosi andare alla fortuna. Questa è la via del ritorno all'ooze primordiale, la via dell'evoluzione inversa.

Mentre il ventesimo secolo volge al termine, la razza più adatta a sostenere il peso principale del fardello evolutivo sembra essere quella nordeuropea. Ugualmente abile nella fisica e nella metafisica, nell'induzione e nella deduzione, nella teoria e nell'applicazione, ugualmente a suo agio nel macrocosmo e nel microcosmo, l'uomo nordeuropeo è riuscito a elevarsi un po' più in alto del re animale rispetto alle altre divisioni dell'umanità. Per il momento, due devastanti guerre interrazziali nella prima metà del secolo e l'espropriazione della maggioranza americana, la più grande riserva di geni nordeuropei, lo hanno messo a terra. In modo permanente o temporaneo, è presto per dirlo.

Riportare gli europei del Nord sulla strada dell'evoluzione, riaccendere l'efflorescenza nordeuropea è un progetto di una complessità monumentale. Tra tutti i popoli del Nord Europa, solo una maggioranza americana riabilitata, consapevole della storia che ha fatto una volta e che potrebbe rifare, avrebbe la forza e le risorse per realizzare un raduno nordeuropeo - non solo un raggruppamento politico ed economico cementato da alleanze militari e accordi commerciali, ma un raduno di coscienza razziale, la più duratura e tenace di tutte le forze sociali vincolanti. [1232]

Se si riuscisse a mettere insieme il lavoro e il pensiero di un popolo altamente dotato ma ampiamente disperso, ci sarebbe una tale preponderanza di potere che nessun predatore esterno oserebbe nemmeno sfiorare l'angolo più remoto dello spazio vitale nordeuropeo, in Europa, in Angloamerica o in Australasia. Le minoranze all'interno di questo spazio vitale, non più in grado di prosperare grazie alla divisione dei loro ospiti, potrebbero

---

[1232] Una cittadinanza comune non è raccomandata. Il raduno non deve essere visto come un'associazione di superstati. Avrebbe una maggiore forza e una maggiore resistenza se si basasse su unità razziali e culturali piccole e indipendenti, invece che su nazioni grandi e ingombranti. In Europa la tendenza dovrebbe essere quella di ripristinare l'autogoverno delle vecchie province; negli Stati Uniti si dovrebbe incoraggiare la separazione delle razze in etnostati. Si veda Wilmot Robertson, op. cit.

finalmente imparare a guardare a se stesse per il sostentamento. Costrette a un'autosufficienza non abituale, potrebbero ricostruire le proprie culture impoverite e trarre vantaggio dall'esperienza.

Questa è la prospettiva scintillante di un raduno nordeuropeo, una Pax Euramerica, un ordine mondiale più comprensivo della Pax Romana e più duraturo e costruttivo della Pax Britannica. La Pax Romana, sebbene Roma fosse governata ai tempi della sua espansione da patrizi di origine nordeuropea, non fu mai disposta o in grado di spingersi abbastanza a nord da avvolgere i popoli della Germania e della Scandinavia. Di conseguenza, la prima e migliore occasione di unità europea andò perduta.

La Pax Britannica, che ha mantenuto la pace così a lungo in gran parte del mondo non bianco, fondando al contempo nuovi mondi bianchi nei continenti appena scoperti, è stata disgenicamente disastrosa per gli europei del Nord ovunque. La diplomazia britannica dell'equilibrio di potere, che ha diviso ed esaurito l'Europa per centinaia di anni, è stata una delle cause principali degli sfortunati conflitti del XX secolo, che hanno abbassato in modo così significativo la qualità genetica di tutti i combattenti, con il pool genetico britannico che alla fine ha subito il danno maggiore di tutti. Inoltre, proprio all'apice dell'impero, la Gran Bretagna perse i suoi più importanti possedimenti in Nord America, una battuta d'arresto razziale dalle conseguenze gravissime. Se si fosse potuta evitare la secessione delle tredici colonie - impresa non impossibile per una sottile abilità statistica del XVIII secolo - la Pax Britannica sarebbe stata ancora il pilastro della politica occidentale. Invece, l'attuale Gran Bretagna è un piccolo regno insulare stanco, la cui ripresa attende un nuovo slancio dell'inestinguibile spirito britannico.

I tedeschi hanno fatto crollare la Pax Romana con le loro vittorie e la Pax Britannica con le loro sconfitte. In quasi tutti i tempi dal Medioevo, la Gran Bretagna avrebbe potuto smorzare il militarismo tedesco sostenendo, non opponendosi, alla storica missione tedesca di difendere l'Occidente dalle incursioni dell'Oriente. Ma la Gran Bretagna si è autonominata arcinemica dell'unione europea, quella stessa unione europea che avrebbe stroncato il bolscevismo sul nascere e vietato la presenza di eserciti slavi sulle rive dell'Elba.

Il raggruppamento nordeuropeo, il cui compito primario è il consolidamento, la sicurezza e l'avanzamento dei popoli nordeuropei, sarebbe il primo ordine mondiale i cui confini geografici coincidono con quelli razziali, una volta che gli elementi minoritari sono stati separati e rispediti nelle loro vecchie patrie o stabiliti in nuove patrie. Una simile confederazione intercontinentale su base genetica, un modo radicalmente nuovo di riunire un popolo disperso, potrebbe superare o alleviare alcuni dei pericoli per l'umanità che il criptorazzismo della politica proletaria sembra moltiplicare. Ci sarebbe spazio per i russi e gli altri slavi di origine nordeuropea, ora che l'ingombrante conglomerato sovietico è andato in pezzi. Non ci sarebbe assolutamente posto per lo sfruttamento vecchio stile dei non bianchi o per l'adattamento forzato delle civiltà autoctone alle norme culturali del Nord Europa.

Ma tutto dipende dal destino della maggioranza americana. Se la sua espropriazione non viene fermata e invertita, non ci sarà nessun raduno del Nord Europa, nessun consolidamento razziale, nessun arresto del declino dell'Occidente, nessuna smentita di Spengler. Anzi, presto non ci sarà più l'America. La storia si ostina a sottolineare che quando il gruppo di popolazione dominante se ne va, se ne va anche il Paese. Come è sempre più evidente, la caduta della maggioranza americana è la caduta dell'America stessa.

Appendici

APPENDICE A

Spiegazione del censimento razziale

Durante il dibattito sulle quote di immigrazione all'inizio degli anni Venti, si cercò di determinare la percentuale di americani bianchi originari di vari Paesi del Vecchio Mondo e di alcuni Paesi del Nuovo Mondo. I risultati, pubblicati in *Immigration Quotas on the Basis of National Origin*, 70th Congress, 2d Session, Senate Document 259, p. 5, sono riportati nelle pagine seguenti. Le colonne di destra della tabella contengono le stime della composizione razziale della madrepatria effettuate da Carl Brigham, professore associato di psicologia all'Università di Princeton. Brigham voleva mettere in relazione i voluminosi risultati dei test di intelligenza dell'esercito della prima guerra mondiale con la razza. I suoi risultati sono stati duramente contestati, non tanto per le sue stime razziali, ma perché li ha utilizzati per "dimostrare" la superiorità intellettuale dei nordici americani. Cfr. Carl Brigham, *A Study of American Intelligence*, Princeton University Press, Princeton, N.J., 1923, pp. 160, 190.

In seguito Brigham ritrattò la sua ipotesi di superiorità intellettuale nordica, ma non le sue attribuzioni razziali, che sono simili a quelle di Carleton Coon in *The Races of Europe*, con la notevole eccezione dell'Irlanda. In questo caso, Brigham sembrò andare completamente fuori strada. Non ha incluso la grande componente alpina irlandese e sembra aver deciso, in contraddizione con la maggior parte degli altri antropologi, che l'elemento keltiano fosse più mediterraneo che nordico. Le percentuali nella voce Regno Unito sono le stime razziali di Brigham per l'Inghilterra. Brigham aveva cifre separate per la composizione razziale della Scozia (85% nordica; 15% mediterranea) e del Galles (40% nordica; 60% mediterranea). Aveva anche due categorie per la Turchia: Turchia (in Europa) e Turchia. I dati relativi alla prima sono riportati nella tabella. Le percentuali omesse da Brigham possono essere ricavate da *The Races of Europe* di Coon o da studi razziali di antropologi europei.

TABELLA A % DELLA POPOLAZIONE BIANCA DEGLI STATI UNITI PER PAESE DI ORIGINE E RAZZA

| Paese di origine | % della popolazione bianca | | % BIANCO CHIARO Nordico | % BIANCO Alpino | % BIANCO SCURO Medit. |
	1790	1920			
Austria	*	0.9	10	90	
Belgio	1.5	0.8	60	40	
Cecoslovacchia	0.1	1.8			
Danimarca	0.2	0.7	85	15	
Estonia	...	0.1			
Finlandia	*	0.4			
Francia	1.9	1.9	30	55	15
Germania	7.4	16.3	40	60	
Regno Unito	77.0	41.4	80		20
Grecia	...	0.2		15	85
Ungheria	...	0.6	10	90	
Irlanda	4.4	11.2	30		70**
Italia	...	3.6	5	25	70
Lettonia	...	0.2			
Lituania	...	0.2			
Paesi Bassi	3.3	2.0	85	15	
Norvegia	0.2	1.5	90	10	
Polonia	*	4.1	10	90	
Portogallo	0.1	0.3	5		95
Romania	...	0.2		100	
Russia	*	1.8	5	95	

| Spagna | 1.0 | 0.2 | 10 | 5 | 85 |
| Svezia | 0.5 | 2.1 | 100 | | |

TABELLA A (segue) % DELLA POPOLAZIONE BIANCA DEGLI USA PER PAESE DI ORIGINE E RAZZA

Paese di origine	% della popolazione bianca		% BIANCO CHIARO Nordico	% BIANCO Alpino	% BIANCO SCURO Medit.
	1790	1920			
Svizzera	0.9	1.1	35	65	
Siria, Libano	...	0.1			
Turchia	...	0.1		60	40
Jugoslavia	...	0.5			
Tutti gli altri	*	0.2			
Canada	1.6	4.3	80	20	
Terranova	*	0.1	80	20	
Messico	0.7	1.2			5
Indie Occidentali	*	0.1			2

(*) Meno dello 0,1%.

(**) Vedi Appendice A.

Ovviamente, basarsi sui dati del censimento del 1920 per le origini degli immigrati bianchi lascia molto a desiderare, ma le percentuali di razza bianca della popolazione bianca nel suo complesso non sono cambiate radicalmente dal 1920. Sulla base della tabella precedente, è ora possibile ottenere un'approssimazione molto approssimativa del numero di nordici, alpini e mediterranei negli Stati Uniti. Il metodo è il seguente:

1. Moltiplicare il conteggio rivisto del Census Bureau del 1990 della popolazione bianca (188.136.858, Tabella I, p. 57) per la percentuale del 1920 indicata per ciascun Paese (colonna 2, Tabella A). L'aritmetica produrrà una cifra approssimativa per la popolazione di ciascun gruppo di nazionalità.

2. Moltiplicare questo numero per le percentuali indicate nelle tre colonne di destra della Tabella A. Le percentuali possono essere indicate per una, due o tutte e tre le razze, a seconda dei casi. Il risultato approssimerà il numero di nordici, alpini o mediterranei all'interno dello specifico gruppo di nazionalità.

3. Sommare tutti i componenti nordici, alpini e mediterranei in tutti i gruppi di nazionalità per ottenere il numero totale delle tre razze negli Stati Uniti.

Per illustrare questo metodo di proiezione, la componente alpina degli americani di origine tedesca può essere determinata come segue: Nella Tabella A è riportato che il 16,3% della popolazione bianca nel 1920 proveniva dalla Germania. Considerando il 16,3% del conteggio rivisto del censimento del 1990 della popolazione bianca (0,163 × 188.136.858) si ottiene una cifra di 30.666.308, che rappresenta l'attuale numero di americani di origine tedesca. Nella colonna alpina della tabella, si stima che il 60% della popolazione tedesca sia di razza alpina. Prendendo il 60% del numero di americani di origine tedesca (0,6 × 30.666.308) si ottiene 18.399.785 come numero di alpini americani di origine tedesca.

Il metodo di proiezione, tuttavia, presenta alcuni problemi. Alcuni dei gruppi di nazionalità della Tabella A non sono suddivisi in percentuali razziali. Le divisioni razziali di altri sono ovviamente imprecise o mal definite. In alcuni casi, è possibile ottenere percentuali razziali migliori da *The Races of Europe* di Carleton Coon che dalla Tabella A. Spesso, è più accurato affidarsi a un conteggio diretto dei gruppi di popolazione, come indicato in fonti di riferimento quali la *Harvard Encyclopedia of American Ethnic Groups o One America,* piuttosto che moltiplicare la percentuale di popolazione bianca del 1920 per il conteggio rivisto del Censimento del 1990. Quando le statistiche per i gruppi di origine nazionale sono prese da fonti di riferimento, vengono moltiplicate per la Tabella A o per le percentuali razziali di Coon, a seconda di quale sembra più accurata, per ottenere il conteggio razziale approssimativo. Quando queste non sono disponibili o sono troppo vaghe, l'autore introduce le proprie stime.

Nella Tabella B della pagina seguente vengono utilizzati i vari metodi e procedure sopra descritti per ottenere un censimento della popolazione bianca americana del 1990 per razza. In alcuni casi la componente nordica è ottenuta sottraendo i totali alpini e mediterranei dal totale dei bianchi. Le fonti e i metodi utilizzati per ottenere i dati della Tabella B sono riportati nella colonna di destra. Quando *The Dispossessed Majority* è citato come fonte, il lettore può trovare la fonte o le fonti primarie per i dati razziali. Infine, nella Tabella B non c'è la colonna degli ispanici. Come spiegato in questo studio, si stima che solo 2.000.000 di ispanici siano bianchi, e sono stati inclusi come mediterranei nella categoria dei bianchi della Tabella II.

TABELLA B NORDICA, ALPINA E MEDITTERANEA DEGLI STATI UNITI.

	TOTAL	NORDIC	ALPINE	MEDITER-RANEAN	SOURCE
ALBANIANS	70,000		70,000		HE, p. 23 RE, pp. 601-4
ARABS[a]	1,500,000			1,500,000	1990 Gallup Poll, See below
ARMENIANS	1,000,000	10,000	330,000	660,000	Economist, 9/21/85 RE, p. 629
AUSTRIANS	1,693,232	169,323	1,523,909		PM
BELGIANS	1,501,488	900,893	600,595		PM
BRITISH[b]	77,888,659	77,888,659			See below
BULGARS	70,000		28,000	42,000	HE, p. 187 RE, pp. 611-12
CANADIANS	2,000,000	1,600,000	400,000		PM, HE, p. 191
CZECHO-SLOVAKS	1,750,000	250,000	1,500,000		HE, pp. 261, 928, 934 RE, pp. 560-62
DANES	1,316,958	1,316,958			PM
DUTCH	3,602,600	3,198,327	564,410		PM
ESTONIANS	200,000	80,000	120,000		HE, p. 340
FINNS	752,547	452,547	300,000		PM RE, p. 351, AE
FRENCH	3,574,600	1,072,380	1,966,030	564,190	PM RE, p. 522
GERMANS	30,666,308	12,266,523	18,399,785		PM
GREEKS	1,400,000		210,000	1,190,000	HE, p. 430 PM
HUNGARIANS	1,128,821	112,882	1,015,939		DM, p. 140 RE, pp. 585-86
IRISH	21,081,329	6,321,398	14,759,931		PM, DM, pp. 127-36 RE, pp. 375-76, AE
ITALIANS	6,772,926	338,646	1,693,232	4,741,048	DM, pp. 146-48 RE, pp. 555-56, AE
JEWS	5,828,000		5,203,000	625,000	DM, p. 152 RE, pp. 639-46, AE
LATVIANS	86,000	26,000	60,000		HE, p. 638 RE, pp. 362-65, AE

TABELLA B (segue) CENSIMENTO NORDICO, ALPINO E MEDITERANEO DEGLI STATI UNITI

	TOTAL	NORDIC	ALPINE	MEDITER-RANEAN	SOURCE
LITHUANIANS	331,000	66,000	265,000		HE, p. 665 RE, pp. 365-68, AE
NORWEGIANS	2,793,796	2,539,848	253,948		PM
POLES	5,100,000	1,275,000	3,825,000		PM, HE, p. 787 RE, pp. 563-67, AE
PORTUGUESE	564,410	28,220		536,190	PM, RE, p. 495
ROMANIANS	90,000		54,000	36,000	HE, p. 881 RE, pp. 614-16, AE
RUSSIANS[c]	338,646	16,932	321,714		PM, OA, p. 130 RE, pp. 573-74, AE
SPANISH[d]	357,554	37,637		319,917	PM, AE RE, pp. 489-95
SWEDES	3,950,874	3,950,874			PM, AE
SWISS	2,069,505	724,327	1,345,178		PM
TURKS	100,000		60,000	40,000	HE, p. 992 RE, pp. 576-84, AE
UKRAINIANS	488,000		488,000		HE, p. 998 RE, pp. 569-71
YUGOSLAVS	1,000,000		1,000,000		HE, p. 918 RE, pp. 587-95
OTHERS[e]	6,881,468	1,007,832	2,779,330	3,094,306	
TOTALS	188,136,858	115,651,206	59,137,001	13,348,651	

a   Includes Syrians, Lebanese, Palestinians, Iraqis, Saudis, Iranians and other Middle Eastern Moslem and Christian groups.

b   There is a large Nordic-Mediterranean component in the British population. But, since overall it is more Nordic than Mediterranean, it has been listed in the Nordic column.

c   Excludes Soviet Jewish immigrants.

d   Includes 100,000 Old Immigration Spaniards who have now been completely assimilated, largely by intermarriage.

e   Since many whites have been impossible to classify racially, they have been allocated arbitrarily among the three white races.

KEY: For racial totals: PM (Projection Method from Table A); HE (*Harvard Encyclopedia of American Ethnic Groups*); OA (*One America*); DM (*The Dispossessed Majority*); RE (*Races of Europe*); AE (Author's estimate).

Attenzione: considerando le ampie discrepanze e l'eccessiva semplificazione dei dati razziali riportati nell'Appendice A, si deve comprendere che l'unica ragione per cui tali dati vengono forniti è quella di fornire una somma molto approssimativa - e spesso molto confusa - del numero e delle proporzioni delle tre razze bianche negli Stati Uniti attuali.

APPENDICE B

Studio censuario dei gruppi di ascendenza

Nell'ultimo decennio l'Ufficio del censimento ha giocato a fare lo yo-yo statistico nei suoi sforzi di tabulare le origini nazionali della popolazione statunitense. Prima si sosteneva che i tedeschi fossero il gruppo di origine più numeroso, poi gli inglesi, quindi i tedeschi (in uno studio del 1981) e ora di nuovo gli inglesi (Census Supplementary Report PC 80-SI-10, pubblicato nell'aprile 1983). Sebbene questo studio sia ancora un po' approssimativo, è un po' più credibile dei precedenti perché si basa sul censimento del 1980.

Nell'esaminare queste cifre, il lettore deve comprendere che si tratta di estrapolazioni dal modulo lungo del Censimento del 1980, allegato a ogni sesto questionario del Censimento. Si deve anche comprendere che nelle sue estrapolazioni l'Ufficio del censimento ha annunciato, con un certo pudore, che 23.182.019 persone non hanno dichiarato alcuna ascendenza e 1.762.587 non hanno indicato alcuna ascendenza correttamente identificabile o classificabile. Ancora più significativo è il fatto che 13.298.761 persone abbiano indicato semplicemente "americano" o "Stati Uniti".

Per quanto riguarda il numero di persone che hanno dichiarato un'ascendenza multipla, la persona che ha dichiarato di avere origini tedesche e inglesi è stata elencata sia nella voce tedesca che in quella inglese della colonna delle ascendenze multiple. Alcune persone hanno addirittura dichiarato una triplice ascendenza, ad esempio indiana americana, inglese e francese, e molte di queste sono state elencate in ciascuna delle tre categorie speciali di ascendenza multipla.

Poiché all'Ufficio del censimento è vietato per legge contare le persone in base alla loro religione, l'importantissima categoria degli ebrei non compare da nessuna parte nelle tabelle, anche se per molti versi gli ebrei sono i più "ancestrali" di tutti i gruppi di ascendenza.

Tenendo a mente questi punti, il lettore può ora esaminare in modo più intelligente lo studio del Census Bureau. Questa volta, come già osservato, gli inglesi superano i tedeschi, e li superano più nel gruppo mono-anagrafico che in quello pluri-anagrafico.

1980 Census Bureau Count of Americans According to National or Geographical Origins

Ancestry Group	Persons reporting at least one ancestry	(%)	Persons reporting single ancestry	Persons Reporting multiple ancestry
European (excluding Spaniard)				
Albanian	38,658	.02	21,687	16,971
Alsatian	42,990	.02	15,941	26,449
Austrian	948,558	.50	339,789	608,769
Basque	43,140	.02	23,213	19,927
Basque, French	11,920	.01	6,830	5,090
Basque, Spanish	8,534	—	5,652	2,882
Basque, n.e.c.	22,686	.01	10,731	11,955
Belgian	360,277	.19	122,814	237,463
Belorussian	7,381	—	4,253	3,128
Bulgarian	42,504	.02	21,489	21,015
Croatian	252,970	.13	107,855	145,115
Cypriot	6,053	—	3,889	2,164
Czech	1,892,456	1.01	788,724	1,103,752
Danish	1,518,273	.81	428,619	1,089,654
Dutch	6,304,499	3.35	1,404,794	4,899,705
Eastern European *	62,404	.03	52,459	9,965
English	49,598,035	26.34	23,748,772	25,849,263
Estonian	25,994	.01	16,721	9,273
European *	175,461	.09	142,626	32,835
Finnish	615,872	.33	267,902	347,970
French (1)	12,892,246	6.85	3,062,077	9,830,169
German	49,224,146	26.14	17,943,485	31,280,661
Greek	959,856	.51	615,882	343,974
Gypsy	6,322	—	3,350	2,972
Hungarian	1,776,902	.94	727,223	1,049,679
Icelander	32,586	.02	13,128	19,458
Irish	40,165,702	21.33	10,337,353	29,828,349
Italian	12,183,692	6.47	6,883,320	5,300,372
Latvian	92,141	.05	55,563	36,578
Lithuanian	742,776	.39	339,438	403,338
Luxembourger	49,994	.03	16,164	33,880
Maltese	31,645	.02	18,385	13,260
Manx	9,220	—	3,430	5,790
Northern Irelander	16,418	.01	6,338	10,080
Norwegian	3,453,839	1.83	1,260,997	2,192,842
Polish	8,228,037	4.37	3,805,740	4,422,297
Portuguese	1,024,351	.54	616,362	407,989
Rumanian	315,258	.17	141,675	173,583
Russian, n.e.c. (2)	2,781,432	1.48	1,379,585	1,401,847
Ruthenian	8,485	—	2,581	5,904
Scandinavian *	475,007	.25	238,991	236,016
Scottish	10,048,816	5.34	1,172,904	8,875,912
Serbian	100,941	.05	49,621	51,320
Slavic *	172,696	.09	70,124	102,572
Slovak	776,806	.41	361,384	415,422
Slovene	126,463	.07	63,587	62,876
Swedish	4,345,392	2.31	1,288,341	3,057,051
Swiss	981,543	.52	235,355	746,188
Ukrainian	730,056	.39	381,084	348,972
Welsh	1,664,598	.88	308,363	1,356,235
Yugoslavian *	360,174	.19	199,884	160,290
Other European, n.e.c.	77,762	.04	58,432	19,330
North African and Middle Easterner				
Arab/Arabian *	92,647	.05	71,454	21,193
Armenian	212,621	.11	155,693	56,928
Assyrian	29,268	.02	22,519	6,749
Egyptian	41,122	.02	34,812	6,310
Iraqi	15,621	.01	12,289	3,332
Iranian	122,890	.07	108,949	13,941
Israeli	52,843	.03	41,008	11,835
Jordanian	11,499	.01	9,990	1,509
Lebanese	294,895	.16	170,749	124,146
Moroccan	7,105	—	4,625	2,480
Palestinian	21,288	.01	15,838	5,450
Saudi Arabian	5,491	—	5,224	267
Syrian	106,638	.06	53,967	52,671
Turkish	64,691	.03	39,117	25,574
Other North African or Middle Easterner, n.e.c.	31,578	.02	25,707	5,871
Subsahara African				
African *	203,791	.11	105,869	52,922
Afro-American	20,964,729	11.13	20,524,020	440,709
Cape Verdean	23,215	.01	18,244	4,971
Ethiopian	7,641	—	6,503	1,138
Ghanaian	6,775	—	6,322	453

Ancestry			
Nigerian •	47,857	.03	43,854	4,003
South African •	8,658	—	5,975	2,683
Other Subsahara African, n.e.c.	31,442	.02	19,370	12,072
Asian (excluding Middle Easterner)				
Asian Indian	311,953	.17	280,728	21,225
Cambodian	18,102	.01	16,052	2,050
Chinese	894,453	.48	757,777	136,676
Filipino	795,255	.42	630,188	165,067
Indonesian	25,873	.01	9,699	16,174
Japanese	791,275	.42	666,856	124,419
Korean	376,676	.20	343,705	32,971
Laotian	55,598	.03	53,320	2,278
Pakistani	25,963	.01	22,615	3,348
Taiwanese	16,390	.01	15,332	1,058
Thai	64,024	.03	52,324	11,700
Vietnamese	215,184	.11	201,334	13,850
Other Asian (excluding Middle Easterner), n.e.c.	105,632	.06	79,966	25,666
Non-Spanish Caribbean, Central & South American				
Bahamian	11,975	.01	9,663	2,312
Barbadian	21,425	.01	17,668	3,757
Bermudan	10,551	.01	7,236	3,315
Brazilian	27,640	.01	18,750	8,890
Dominica Islander	5,649	—	4,943	716
Dutch West Indian	38,408	.02	8,298	30,110
Guyanese	31,853	.02	27,048	4,805
Haitian	90,223	.05	81,509	8,714
Jamaican	253,268	.13	223,652	29,616
Trinidadian and Tobagonian	43,812	.02	39,014	4,798
Virgin Islander (U.S.)	7,098	—	4,762	2,336
British West Indian, n.e.c.	9,827	.01	7,239	2,588
Other West Indian, or Central or South				
American (excluding Spanish) n.e.c. (3)	135,515	.07	105,384	30,131
Spanish				
Argentinean	37,909	.02	28,109	9,800
Bolivian	16,048	.01	12,585	3,463
Chilean	31,843	.02	24,410	7,433
Colombian	156,276	.08	137,162	19,114
Costa Rican	26,992	.01	21,121	5,871
Cuban	597,702	.32	500,564	97,138
Dominican	170,698	.09	155,930	14,768
Ecuadoran	87,973	.05	77,247	10,726
Guatemalan	62,098	.03	54,674	7,424
Honduran	55,565	.03	45,294	10,271
Mexican	7,692,619	4.09	6,992,476	700,143
Nicaraguan	45,077	.02	37,845	7,232
Panamanian	44,754	.02	33,546	11,208
Peruvian	57,938	.03	44,884	13,054
Puerto Rican	1,443,862	.77	1,270,420	173,442
Salvadoran	84,757	.05	77,384	7,373
Spaniard (4)	94,528	.05	62,747	31,781
Spanish/Hispanic •	2,686,680	1.43	1,685,151	1,001,529
Uruguayan	8,590	—	7,240	1,350
Venezuelan	33,029	.02	25,548	7,481
Other Spanish, n.e.c.	65,195	.03	52,774	12,421
Pacific				
Australian	53,754	.03	22,324	31,430
Guamanian/Chamorro	27,015	.01	18,635	8,380
Hawaiian	202,054	.11	84,104	117,950
Other Pacific, n.e.c.	70,552	.04	53,562	16,990
North American				
Aleut and Eskimo	50,555	.03	38,468	12,087
American Indian	6,715,819	3.57	1,920,824	4,794,995
Canadian	456,212	.24	223,645	232,567
French Canadian	780,488	.41	442,465	338,023
Other North American, n.e.c.	12,845	.01	9,707	3,138

n.e.c. = "not elsewhere classified"
• This category represents a general type of response, which may encompass several ancestry groups.
(1) Excludes French Basque.
(2) Includes persons reported as "Russian," "Great Russian," "Georgian" and other related European or Asian groups.
(3) The majority of persons in this category reported "West Indian."
(4) Excludes Spanish Basque.

Ma il confronto può diventare più significativo se questo studio fa quello che non hanno fatto quelli del Censimento, cioè eliminare gran parte dei doppioni aggiungendo la colonna con un solo cognome alla metà, non a tutta, della colonna con più cognomi. Perché contare due volte la stessa persona? Se tutti i tedeschi con più origini venissero contati come tedeschi, molti di loro verrebbero contati di nuovo quando vengono contati gli inglesi o gli olandesi o i francesi o altri gruppi con più origini.

Prima di esaminare più da vicino i dati del censimento, è necessario rispondere a un'altra domanda. Perché confrontare gli americani di origine tedesca con quelli di origine inglese? Perché non confrontarli con quelli di origine britannica? I tedeschi non costituiscono un gruppo razziale o culturale compatto e centripeto. C'è molta differenza tra un tipico bavarese e un tipico prussiano, certamente tanta quanta ce n'è tra un tipico inglese e un tipico scozzese. Se si vogliono fare confronti numerici tra americani di origine inglese e americani di origine tedesca, sembra più ragionevole utilizzare una categoria britannica piuttosto che inglese. Ciò può essere ottenuto aggiungendo i gruppi di ascendenza delle terre britanniche e dei domini britannici al gruppo di ascendenza inglese del Census Bureau.

TABLE 1
BRITISH ANCESTRY GROUPS

Ancestry Group		#1 Single Ancestry	#2 Multiple Ancestry	Column #1 + half of Column #2
English		23,748,772	25,849,263	36,673,403
Manx		3,430	5,790	6,325
Northern Irelander		6,338	10,080	11,378
Scottish		1,172,904	8,875,912	5,610,860
Welsh		308,363	1,356,235	986,480
Canadian		223,645	232,567	339,928
Australian		22,324	31,430	38,039
	Total	25,485,776	36,361,277	43,666,413

Cosa fare con i 10.337.353 irlandesi mono-anagrafici e i 29.828.349 irlandesi pluri-anagrafici? Alcuni di questi devono essere irlandesi scozzesi. Di conseguenza, il 10% degli irlandesi mono-ancestry (1.033.735) è stato assegnato alla categoria Scotch-Irish. Il risultato (5.507.987) viene poi aggiunto al totale britannico (43.666.413), portandolo così a 49.174.400. Ma c'è dell'altro. Come già detto, 13.298.761 persone hanno risposto alle domande sulla loro ascendenza con un semplice "americano" o "U.S.". Ovviamente si tratta di americani le cui famiglie sono nel Paese da così tanto tempo che hanno dimenticato o non si preoccupano più delle loro origini. Questo è un altro modo per dire che gli antenati di questo gruppo dovevano quasi certamente provenire dalla Gran Bretagna, un'opinione in parte giustificata da Bruce Chapman, direttore del Census Bureau, che ha ammesso all'Associated Press che il numero di antenati degli americani inglesi potrebbe essere basso. "Gli inglesi, essendo stati assimilati in questo Paese prima che la parola 'assimilati' fosse anche solo pensata, a volte tendono a essere considerati come una vernice di fondo su una casa, che c'è ma semplicemente non viene sottolineata o particolarmente notata".

Chapman avrebbe fatto meglio a usare il termine britannico-americano, perché anche milioni di irlandesi scozzesi provengono da famiglie che sono state in questo Paese per due secoli, un periodo abbastanza lungo per diventare confusi sulle proprie radici.

In ogni caso, l'aggiunta di 13.298.761 "americani" al precedente totale britannico di 49.174.400 ci dà un totale britannico complessivo di 62.473.161, che si avvicina sempre di più alla cifra indicata da Carl Brigham nella Tabella I, Appendice A. Rispetto al totale tedesco di 33.583.815 (17.943.485 tedeschi mono-anagrafici più la metà dei 31.280.661 tedeschi pluri-anagrafici), la cifra britannica è quasi doppia. Questo modo di dimensionare i due maggiori gruppi di origine nazionale dell'America è più sensato del modo in cui il Censimento ha gestito il problema confrontando gli inglesi con i tedeschi.

Enumerare la maggioranza

TABLE 2
AMERICANS OF NORTHERN EUROPEAN ANCESTRY (EXCLUDING BRITISH)

Ancestry Group	#1 Single Ancestry	#2 Multiple Ancestry	Column #1 plus half of Column #2
Irish (not included in British group)	9,303,618	25,354,097	21,980,666
German	17,943,485	31,280,661	33,583,815
Alsatian	15,941	26,449	29,165
Belgian	122,814	237,463	241,545
Danish	428,619	1,089,654	973,446
Dutch	1,404,794	4,899,705	3,854,646
Icelander	13,128	19,458	22,857
Luxembourger	16,164	33,880	33,104
Norwegian	1,260,997	2,192,842	2,357,418
Scandinavian	238,991	236,016	356,999
Finnish	267,902	347,970	441,887
Swedish	1,288,341	3,057,051	2,816,866
Swiss	235,355	746,188	608,449
Total	32,540,149	69,521,434	67,300,863

Le statistiche sui gruppi di ascendenza del Census Bureau possono essere utilizzate anche per stimare il numero di tutti gli americani di origine nordeuropea, oltre a quelli provenienti da Gran Bretagna e Germania. Se si aggiunge il totale britannico della Tabella 1 (62.473.161) al totale della Tabella 2 (67.300.863), si può notare che 129.774.024 americani appartengono a gruppi di ascendenza nordeuropea. Dal punto di vista razziale, questo numero rappresenta il nucleo di base della Maggioranza americana. Ma se si vuole ottenere un totale di tutti i membri della Maggioranza, bisognerebbe includere almeno una parte dei gruppi di ascendenza dei Paesi mancanti nella tabella precedente e dei Paesi dell'Europa centrale e orientale, nonché dell'Italia settentrionale. Molti membri di questi gruppi sono già stati assimilati alla Maggioranza o sono sulla buona strada per l'assimilazione.

TABLE 3
AMERICANS OF CENTRAL AND SOUTH EUROPEAN ANCESTRY

Ancestry Group	#1 Single Ancestry	#2 Multiple Ancestry	Column #1 plus half of Column #2	% Assimilated or Assimilable	No. Assimilated or Assimilable
Austrian	339,789	608,769	644,173	75%	483,130
Belorussian	4,253	3,128	5,817	90%	5,235
Croatian	107,855	145,115	180,412	90%	162,371
Czech	788,724	1,103,732	1,340,590	95%	1,273,561
Eastern European	52,439	9,965	57,421	75%	43,066
Estonian	16,721	9,273	21,357	90%	19,221
European	142,626	32,835	159,043	75%	119,282
French	3,062,077	9,830,169	7,977,161	90%	7,179,449
French Canadian	442,465	338,023	611,476	95%	580,902
Hungarian	727,223	1,049,679	1,252,062	90%	1,126,856
Italian	6,883,320	5,300,372	9,533,506	75%	7,150,130
Latvian	55,563	36,578	73,852	90%	66,467
Lithuanian	339,438	403,338	541,107	80%	432,886
Polish	3,805,740	4,422,297	6,016,888	75%	4,512,666
Russian	1,379,585	1,401,847	2,080,508	75%	1,560,381
Ruthenian	2,581	5,904	5,533	80%	4,426
Serbian	49,621	51,320	75,281	90%	67,775
Slavic	70,124	102,572	121,410	90%	109,269
Slovak	361,384	415,422	569,095	90%	512,186
Slovene	63,587	62,876	95,025	90%	85,523
Ukrainian	381,084	348,972	555,570	75%	416,678
Yugoslavian	199,884	160,290	280,029	90%	252,026
Total	19,276,083	25,842,476	32,197,316		15,366,106

La tabella 3 presenta percentuali che hanno lo scopo di eliminare le componenti dei vari gruppi di ascendenza che, a rigore, non sono razzialmente qualificate per l'assimilazione (mediterranei scuri), nonché il numero di ebrei provenienti da questi Paesi. In altre parole, le percentuali sono pensate per tenere conto solo delle componenti nordiche, alpine e parzialmente mediterranee assimilate o assimilabili provenienti da questi Paesi. Sommando il totale di questo gruppo (15.366.106) al totale del Nord Europa (129.774.024) si ottiene 145.140.130, come numero di membri della Maggioranza americana, più gli americani che si stanno assimilando o hanno buone probabilità di assimilarsi alla Maggioranza. Questa cifra, inutile dirlo, si discosta dalla stima di 168.704.048 americani assimilati e assimilabili che si trova a pagina 64. Quest'ultima cifra è stata ottenuta grazie a conteggi di minoranze sponsorizzate privatamente e a proiezioni tratte da studi sull'immigrazione di mezzo secolo fa, non troppo utili perché non includevano una ripartizione delle razze bianche. La discrepanza può essere spiegata dalle 24.944.606 persone che non hanno dichiarato alcun gruppo di ascendenza o che non l'hanno dichiarato correttamente e di conseguenza non sono state conteggiate nei gruppi di ascendenza dello studio del Censimento.

Nota: Non ci sono molte sorprese nelle categorie non bianche dello studio del Censimento del 1990, ad eccezione dell'elevato numero di indiani con più famiglie. La cifra di 1.920.824 indiani mono-ancestry è un aumento significativo rispetto ai 1.323.476 indiani, eschimesi e aleutici elencati nel censimento del 1980. Ma il conteggio degli indiani con più ascendenze (4.794.995) apre gli occhi perché suggerisce che nel sangue della popolazione americana potrebbero essere presenti molti più geni indiani di quanto si sia creduto finora. È vero che alcuni membri della Maggioranza ritengono macho vantarsi di qualche goccia di sangue indiano come "prova" di essere discendenti dei primi pionieri o coloni occidentali. Diverse star di Hollywood e dei media (o i loro addetti stampa) rivendicano tale appartenenza razziale. Tuttavia, è difficile credere che Robert Mitchum, Anita Bryant, Marlon Brando, Johnny Bench e Dolly Parton siano discendenti di uomini rossi. L'ascendenza indiana di Billie Jean King, Cher, Redd Fox e Dan Rather è meno difficile da credere. In ogni caso, se il conteggio dei gruppi di ascendenza degli indiani è corretto, gli americani che scompaiono stanno diventando gli americani che proliferano.

Bibliografia

Adams, Henry, *L'educazione di Henry Adams*, Modern Library, New York.

Adams, Henry, *Storia degli Stati Uniti durante la prima amministrazione di Thomas Jefferson*, Boni & Liveright, New York, 1930.

Allegro, John, *Il popolo eletto*, Doubleday, New York, 1972.

Ardrey, Robert, *L'imperativo territoriale*, Atheneum, New York, 1966.

Arnold, Matthew, *Culture and Anarchy*, Cambridge University Press, Inghilterra, 1961.

Bacon, Francis, *New Atlantis*, Great Books, Chicago, 1952.

Baker, John R., *Race*, Oxford University Press, New York, 1974. Ristampato nel 1981 dalla Foundation for Human Understanding, Athens, Ga.

Ball, George W. e Douglas B., *L'attaccamento passionale*, W. W. Norton, 1992.

Beard, Charles, *President Roosevelt and the Coming of the War*, 1941, Yale University Press, New Haven, 1948.

Beard, Charles e Mary, *The Rise of American Civilization*, Macmillan, New York, 1930.

Benoist, Alain de, *Vu de droite*, Copernic, Parigi, 1977.

Boman, Thorleif, Il *pensiero ebraico a confronto con quello greco*, Norton, N.Y., 1970.

Brown, Lawrence, *The Might of the West*, Joseph J. Binns, Washington, 1979.

Carrel, Alexis, *Man the Unknown*, Harper & Row, New York, 1935.

Cattell, Raymond B., *Una nuova morale dalla scienza: Beyondism*, Pergamon Press, New York, 1972.

Cockburn, Andrew e Leslie, *Dangerous Liaison*, HarperCollins, New York, 1991.

Coon, Carleton, *L'origine delle razze*, Knopf, New York, 1962.

Coon, Carleton, *The Races of Europe*, Macmillan, New York, 1954.

Cuddihy, John M., *The Ordeal of Civility*, Dell Publishing, New York, 1976.

Darlington, C. D., *The Evolution of Man and Society*, Allen and Unwin, Londra, 1969.

Drury, Allen, *Una società molto strana*, Pocket Books, New York, 1968.

Dunlap, Knight, *Personal Beauty and Racial Betterment*, C. V. Mosby, St. Louis, 1920.

Dvornik, Francis, *The Slavs In European History and Civilization*, Rutgers University Press, New Brunswick, New Jersey, 1962.

Eibl-Eibesfeldt, Irenaus, *Ethology, the Biology of Behavior*, Holt, Rinehart & Winston, New York, 1970.

Eibl-Eibesfeldt, Irenaus, *Love and Hate, Holt, Rinehart & Winston*, New York, 1972.

Eliot, T. S., *Notes Towards the Definition of Culture*, Harcourt Brace, New York, 1949.

Ellenberger, Henri F., *La scoperta dell'inconscio*, Basic Books, New York, 1970.

Ellis, Havelock, *Studi di psicologia del sesso: Sexual Selection in Man*, F. A. Davis Co., Phila. 1906.

Emerson, Ralph Waldo, *English Traits*, E. P. Dutton, New York, 1932.

Findley, Paul, *They Dare to Speak Out*, Lawrence Hill Books, Chicago, Illinois, 1985.

Fogel, Robert William e Engerman, Stanley L., *Time on the Cross*, Little, Brown, Boston, 1974.

Fuller, Maggiore Generale J. F. C., *A Military History of the Western World*, Funk & Wagnalls, New York, 1954.

Gabler, Neal, *An Empire of Their Own*, Crown Publishers, New York, 1988.

Galton, Francis, *Genio ereditario*, Peter Smith, Gloucester, Mass., 1972.

Gehlen, Arnold, *Moral und Hypermoral*, Athenaum Verlag, Bonn, 1969.

Gibbon, Edward, *Declino e caduta dell'impero romano*, Modern Library, New York.

Gobineau, Arthur de, *Essai sur l'inégalité des races humaines*, Librarie de Firmin-Didot, Parigi, 1884.

Gradmann, Hans, *Das Rätsel des Lebens*, Ernst Reinhardt, Monaco, 1962.

Gross, Martin L., *La società psicologica*, Random House, New York, 1978.

Harvard Encyclopedia of American Ethnic Groups, Harvard University Press, Cambridge, Mass., 1980.

Heidegger, Martin, *Sein und Zeit*, Max Niemeyer Verlag, Tubingen, 1977.

Hernstein, Richard J. e Murray, Charles, *The Bell Curve*, The Free Press, New York, 1994.

Hoffer, Eric, *Il vero credente*, Harper's, New York, 1951.

Hooton, E. A., *Twilight of Man*, C. P. Putnam's Sons, New York, 1939.

Huntington, Ellsworth, *The Character of Races*, Scribner's, New York, 1925.

Keith, Arthur, *Una nuova teoria dell'evoluzione umana*, Peter Smith, Gloucester, Mass., 1968.

Kroeber, A. L., *Antropologia*, Harcourt, Brace, New York, 1948.

Macaulay, Thomas, *Storia dell'Inghilterra dall'adesione di Giacomo II*, Macmillan, Londra, 1914.

Mahieu, Jacques de, *Le grand voyage du dieu-soleil*, Edition Spéciale, Parigi, 1971.

Mallory, J. P., *In Search of the Indo-Europeans*, Thames and Hudson, New York, 1991.

Monod, Jacques, *Chance & Necessity*, Knopf, New York, 1971.

Nietzsche, Friedrich, *The Portable Nietzsche*, Viking Press, New York.

Novak, Michael, *The Rise of the Unmeltable Ethnics*, Macmillan, New York, 1972.

One America, Francis J. Brown e Joseph S. Roucek, Prentice-Hall, Englewood Cliffs, New Jersey, 1962.

Ortega y Gasset, José, *La rebelión de las masas*, Espasa-Calpe, Madrid, 1966.

Ostrovsky, Victor, *By Way of Deception*, St. Martin's Press, New York, 1990.

Pareto, Vilfredo, *La mente e la società*, Harcourt, Brace, New York, 1935.

Pendell, Elmer, *Perché le civiltà si autodistruggono*, Howard Allen Enterprises, Cape Canaveral, Florida, 1977.

Putnam, Carleton, *Race and Reality*, Howard Allen Enterprises, Cape Canaveral, Florida, 1980.

Putnam, Carleton, Race and Reason, Howard Allen Enterprises, Cape Canaveral, Florida, 1977.

Raspail, Jean, *The Camp of the Saints*, Social Contract Press, Petoskey, Mighican, 1995.

Ripley, W. Z., *The Races of Europe*, Appleton, New York, 1910.

Rushton, J. Philippe, *Race, Evolution, and Behavior*, Transaction Publishers, New Brunswick, New Jersey, 1995.

Russell, James C., *The Germanization of Early Medieval Christianity*, Oxford University Press, New York, 1994.

Schoeck, Helmut, *Envy*, Harcourt, Brace, New York, 1970.

Schrag, Peter, *Il declino della vespa*, Simon & Schuster, New York, 1971.

Schumpeter, Joseph A., *Capitalism, Socialism and Democracy*, Harper & Row, New York, 1962.

Seligman, Daniel, *Una questione di intelligenza*, Carol Publishing, New York, 1992.

Sheldon, William, H., *Varieties of Delinquent Youth*, Hafner, Darien, Connecticut, 1949.

Shuey, Audrey M., *The Testing of Negro Intelligence*, Foundation for Human Understanding, Athens, Ga., 1966.

Solzhenitsyn, Aleksandr, *Lettera ai leader sovietici*, Harper & Row, New York, 1974.

Sorokin, Pitirim A., *Contemporary Sociological Theories*, Harper & Row, New York, 1964.

Taylor, Jared, *Paved with Good Intentions*, Carroll & Graf, New York, 1992.

Tolstoj, Nikolai, *Il tradimento segreto*, 1944-1947, Scribner's, New York, 1977.

Unamuno, Miguel de, *Del Sentimiento Trágico de la Vida*, Las Americas Publishing Co., New York, 1966.

Unwin, J. D., *Sex and Culture*, Oxford University Press, Londra, 1934.

Weber, Max, *L'etica protestante e lo spirito del capitalismo*, Allen and Unwin, Londra, 1930.

White, Leslie A., *The Evolution of Culture*, McGraw-Hill, New York, 1959.

Williams, Duncan, *Trousered Apes*, Arlington House, New Rochelle, New York, 1971.

Wilson, Edward O., *Sociobiologia*, Harvard University Press, Cambridge, Mass., 1975.

Worthy, Morgan, *Eye Color, Sex and Race*, Droke House/Hallux, Anderson, South Carolina, 1974.

Yaffe, James, *Gli ebrei americani*, Random House, New York, 1968.

Yale, William, *The Near East*, University of Michigan Press, Ann Arbor, 1958.

Zayas, Alfred de, *Nemesis at Potsdam*, Routledge & Kegan Paul, Londra, 1979.

Altri titoli

OMNIA VERITAS
OMNIA VERITAS LTD PRESENTE:
LA DITTATURA dell' ORDINE MONDIALE SOCIALISTA
Per tutti questi anni, mentre la nostra attenzione era concentrata sui mali del comunismo a Mosca, i socialisti a Washington erano impegnati a rubare all'America...
DI JOHN COLEMAN
"Il nemico di Washington è più da temere di quello di Mosca".

OMNIA VERITAS
OMNIA VERITAS LTD PRESENTE:
La GUERRA della DROGA contro l'AMERICA
Il traffico di droga non può essere sradicato perché i suoi gestori non permetteranno che venga loro sottratto il mercato più lucrativo del mondo....
DI JOHN COLEMAN
I veri promotori di questo maledetto commercio sono le "élite" di questo mondo.

OMNIA VERITAS
OMNIA VERITAS LTD PRESENTE:
LE GUERRE PER IL PETROLIO
DI JOHN COLEMAN
Il racconto storico dell'industria petrolifera ci porta attraverso i colpi di scena della "diplomazia".
La lotta per monopolizzare la risorsa ambita da tutte le nazioni

OMNIA VERITAS
OMNIA VERITAS LTD PRESENTA:
LA MASSONERIA
dalla A alla Z
John Coleman
Nel XXI secolo, la Massoneria è diventata non tanto una società segreta quanto una "società di segreti".
Questo libro spiega cos'è la Massoneria
JOHN COLEMAN
LA MASSONERIA
dalla A alla Z

OMNIA VERITAS
OMNIA VERITAS LTD PRESENTE:
Oltre la
COSPIRAZIONE
SMASCHERARE IL
GOVERNO MONDIALE
INVISIBILE
di John Coleman
Tutti i grandi eventi storici sono pianificati in segreto da uomini che si circondano di totale discrezione.
I gruppi altamente organizzati hanno sempre un vantaggio sui cittadini
JOHN COLEMAN

OMNIA VERITAS
OMNIA VERITAS LTD PRESENTA:
LA DINASTIA ROTHSCHILD
di John Coleman
Gli eventi storici sono spesso causati da una "mano nascosta"...
JOHN COLEMAN
LA DINASTIA
ROTHSCHILD

OMNIA VERITAS
Omnia Veritas Ltd presente:
"Jack lo Squartatore... Un nome da antologia che brilla nel pantheon nero dei criminali leggendari - probabilmente l'assassino anonimo più conosciuto del pianeta. La sua fama duratura si basa sul suo anonimato ben custodito".
Jack lo Squartatore
la soluzione finale
de
Stephen Knight
Questa lettura offre una soluzione finale molto convincente...

OMNIA VERITAS
Omnia Veritas Ltd presente:
La Mia Battaglia
Mein Kampf
E 'stato in questo momento che i miei occhi sono stati aperti a due pericoli per l'esistenza del popolo tedesco: il marxismo e l'ebraismo.
ADOLF HITLER
La Mia Battaglia
Mein Kampf
Un documento di interesse storico

OMNIA VERITAS®
www.omnia-veritas.com

www.ingramcontent.com/pod-product-compliance
Lightning Source LLC
Chambersburg PA
CBHW071822270326
41929CB00013B/1879